福建省寿宁县地方志丛书之八

平溪镇志

黄立云 主编

光明日报出版社

图书在版编目（CIP）数据

平溪镇志 / 黄立云主编． -- 北京：光明日报出版社，2022.11

ISBN 978-7-5194-6944-3

Ⅰ.①平… Ⅱ.①黄… Ⅲ.①乡镇—地方志—寿宁县 Ⅳ.①K295.75

中国版本图书馆 CIP 数据核字（2022）第 229865 号

平溪镇志

PINGXIZHEN ZHI

主　　编：黄立云	
责任编辑：刘兴华	责任校对：宋　悦　乔宇佳
封面设计：中联华文	责任印制：曹　诤

出版发行：光明日报出版社
地　　址：北京市西城区永安路 106 号，100050
电　　话：010-63169890（咨询），010-63131930（邮购）
传　　真：010-63131930
网　　址：http://book.gmw.cn
E - mail：gmrbcbs@gmw.cn
法律顾问：北京市兰台律师事务所龚柳方律师
印　　刷：三河市华东印刷有限公司
装　　订：三河市华东印刷有限公司
本书如有破损、缺页、装订错误，请与本社联系调换，电话：010-63131930

开　　本：185mm×260mm	
字　　数：755 千字	印　　张：35
版　　次：2023 年 10 月第 1 版	印　　次：2023 年 10 月第 1 次印刷
书　　号：ISBN 978-7-5194-6944-3	
定　　价：199.00 元	

版权所有　　翻印必究

编委会

主　任　刘美森　　　　　顾　问　陈信文
副主任　魏锦发　李少玉　刘在翔　叶宝元
委　员（以姓氏笔画为序）
　　　　刘文丽　吴龙兴　陈　峰　李木清　李灿央　李　安
　　　　周少波　周少平　周道奇　周道琨　金维姿　梅春强
　　　　龚迪奎　黄立云　曾凤伟　蔡光镜　蔡万平　缪汝浩

编纂人员

主　编　黄立云
总　纂　黄立云
编　辑　周光钦　黄　翔
审　校　郑万江　吴厚华　吴思影

寿宁县平溪镇平溪、环溪村

平溪村古渡遗址

学生浣衣琴桥下

寿宁县唯一的平溪波浪形古琴桥

平溪镇环溪、平溪村

环溪村大王宫

明郧西王朱常湖化身为僧的环溪仙崖寺

平溪镇东木洋村

东木洋村上充自然村

东木洋村长洋自然村

平溪镇溪底村

平溪镇龙头坑村

平溪镇南溪村

南溪村南古殿

平溪镇南溪村

平溪镇柯洋村

平溪镇亭下村

平溪镇岭后村

平溪镇燕窠村

燕窠村于岭自然村

木场村狮子岩自然村

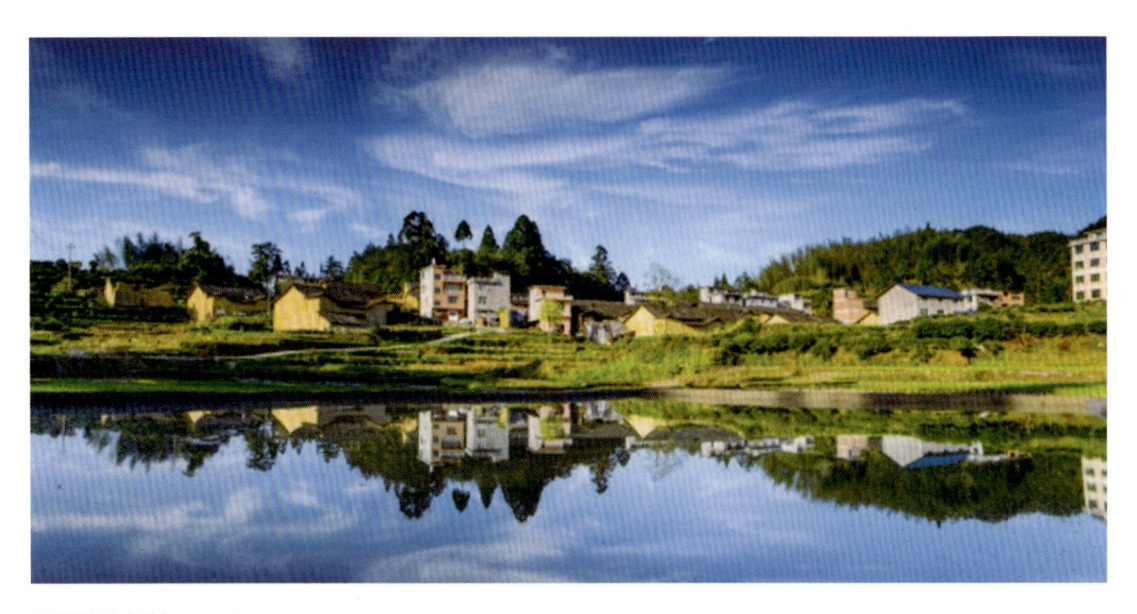

平溪镇木场村

平溪镇湖潭村

平溪镇屏峰村

屏峰村凤凰桥

屏峰村丹心亭

平溪镇岭根村

平溪镇岭根村

革命老区基点村——龙头坑村石刻

平溪镇岭兜村

平溪镇长溪村

长溪村源佳墩自然村

平溪镇长溪村

平溪镇东山头村

平溪镇东溪村

长溪村石门楼石雕 　　　　　平溪叶蜡石石雕 　　　　　屏峰村红军长征纪念碑

南溪村南古殿《沐殿增田碑》 　　平溪村葫芦门 　　　　　南溪村石门隘

20世纪70年代平溪公社中小学教职员合影

1958 年平溪机关团支部在寿山桥前合影

1954 年平溪区干部在大王宫下合影

1978 年儿童们在平溪卫生院接种疫苗

1976 年平溪卫生院培训赤脚医生

1970 年党代会代表在平溪公社办公楼前合影

1982 年育龄妇女在平溪卫生院做计生"四术" 　　1965 年平溪供销社职工送货下乡

1947 年游击队"三战三捷"旧址 　　冯梦龙记载的平溪周木匠故居 　　冯梦龙记载的平溪公馆

2022 年规划建设的平溪蟠龙山冯梦龙陵园设计图

1968年平溪村寿山桥（平溪桥）上方的临溪老街（桥北路）

平溪古渡遗址溪流的音乐喷泉

平溪村桥北路平溪桥上方局部

平溪村桥北路平溪桥下方局部

平溪村桥北路平溪桥下方局部

南溪莲花山石龟

平溪村上村自然村

明郧西王朱常湖藏身处——平溪鬼足洞

2013年张继禹会长（左）考察环溪文昌阁

木场村狮子岩茶园

平溪村文化长廊

南溪村冯梦龙"政寿交界"牌坊遗址

平溪中心卫生院

寿宁五中

建设中的寿宁五中新校区

平溪村文化广场

南溪村石门隘遗址

环溪村平溪桥下方局部

平溪村平溪桥

环溪村平溪桥上方局部

平溪村环平街

平溪村寿政公路连接线

2017年"冯梦龙生平归宿论证会"在平溪召开 　　　　黄立云向与会领导、佳宾介绍蟠龙山冯梦龙之墓

龚守栋率队首次踏勘蟠龙山 　　　乡贤刘美森、张廷发等第三次踏勘蟠龙山 　　　叶恩发等第六次踏勘蟠龙山

2022年建设中的蟠龙山冯梦龙陵园 　　　　环溪村大王宫附近的大腹岩

1989年7月19日上午，习近平书记一行从这里（清洋茶场）到屏峰后，步行前往下党现场办公

2020年平溪镇党委、政府召开《平溪镇志》审评会

2020年《平溪镇志》审评人员合影

凡 例

一、《平溪镇志》上限为明景泰六年（1455）寿宁建县之时，对需溯源的事物，适当上溯；下限截至2021年，个别事项延至2022年12月。

二、《平溪镇志》的记述范围与现行平溪镇的行政辖域相一致，除个别事项外，一般不越境记述。

三、《平溪镇志》以"存史、资政、教化"为宗旨，重点反映平溪镇域内的自然、经济、政治、文化、军事、人文等诸方面的历史与现状，以服务当代，垂鉴后世。

四、《平溪镇志》采用篇、章、节结构，以语体文记述。用志、传、记和图表、附录等体裁进行表述。

五、《平溪镇志》略古详今，唐、宋、元、明、清至民国，均以朝代年号括注公元纪年；中华人民共和国成立后，一律采用公元纪年。

六、《平溪镇志》的行文标点、数字书写、统计数据等均以国家有关规定为准；计量单位，除历史资料外，统一用国家法定计量单位；历史地名加注今名。

七、《平溪镇志》资料主要来自实地采集；部分资料来自历代省、府、县之史志及1989年《平溪乡志》油印稿和相关文献、年鉴、报刊等；有关谱牒、口碑及个人提供的资料，均经考证后载入。

八、进入21世纪以来，平溪境内大学生、高级职称人士如雨后春笋层出不穷。因人数众多且大多散布全国各地音讯难寻，为免挂一漏万，故未予记载。

九、《平溪镇志》坚持生不立传原则。副科及副科级以上职务，县高考状元、硕士学历、博士学历、大学教授，市级及市级以上党代表、人大代表、政协委员和获省部级、地厅级表彰者均列入人物表。

序 一

修志存史，功在当代，利在千秋，善莫大焉。古之盛世修志，多止于州县，乡镇之志多为阙如，实为憾事。辛卯之秋，我与时任县地方志编纂委员会主任的黄立云商议，值此国运昌盛、经济繁荣、社会和谐前所未有，域内人才辈出、蓬勃兴旺，当趁此良机，发挥乡贤力量，调剂一些资源，编修一部《平溪镇志》，让悠悠千年的平溪历史得以展现传承。

2015年仲夏，纵贯古今、跨越千年，洋洋40余万字的《平溪镇志》（三审稿）摆上我的案头。抚卷品读，我深感高兴与欣慰！本书主编黄立云，系我平溪同乡、高中同窗、大学同年。他在学生时代勤奋学习，学业尤以文科见长，文字功底颇深，屡得师长表彰；参加工作后，经多岗位历练，曾在县直多部门任领导职务，在任寿宁县方志委主任期间，主编第二轮《寿宁县志》，编著出版了四部寿宁方志丛书，修史经验颇丰，成果颇多，盛得赞誉，实为《平溪镇志》主编之不二人选。五年来，编者以虔诚之情，敬畏之心，日夜加班加点，多方寻访查阅，旁搜博采，将散佚在《三山志》《福建通志》《建宁府志》《福宁府志》《政和县志》《寿宁待志》《寿宁县志》以及档案、谱牒、寿序、行述、诗文等官方史志、民间文物和石刻碑铭中有关平溪的史料、诗文一一辑入志中，不厌其烦，几经删增，数易其稿，终成书卷。镇党委政府、县直机关、村委、镇直单位、仕外人士、退休老同志等平溪镇籍乡贤，多方收集、提供史料，三番五次审阅核校志稿，力求去伪存真，去芜存菁，使志书繁而不杂、简而不疏，努力提高志书质量，尽量使之无愧于前人、今人与后人。我深知《平溪镇志》分量之厚重，也深知众多平溪乡贤为《平溪镇志》的完成，付出了辛勤的汗水与心血！

乡镇志书可以弥补县志之短，是保存乡村地方史料的最佳载体。县志记载的是一个县的整体情况，由于县域幅员广阔、内容众多、篇幅所限，故对行政村、自然村的形成演变，姓氏家族的迁徙繁衍，以及各地的地理人文、风俗民情等等无法详细记述。而乡镇志书可补县志记载之所缺、详县志记载之所略。随着时代的发展，社会的进步，城镇化进程的加快，大量农村人口向城市集聚，农村人口日趋减少，许多村庄仅余老人留守，一批村庄已经荒废或已整村搬迁，如果不抓紧抢救挖掘，许多村庄变迁的史料就会随之消失。因此，将乡村发展演变历程用志书形式记载下来，将乡村历史风貌较为全面地留传给后人，是一项刻不容缓的文字德政工程。

《平溪镇志》是寿宁县第一部由地方乡贤组织编纂出版的乡镇志书。平溪，是寿宁境内最早有人类繁衍生息之地，早在新石器时代就有先民在平溪犀牛山磨制石器、临水而居；平溪，有文字可稽的历史可追溯到距今836年的宋淳熙九年，南宋状元、福州知府梁克家编修的《三山志》里就有"平溪里"的记载，宋时的平溪已经是寿宁境内规模最大的村庄；明建文四年，浙江会稽诗人郭斯垕在《过平溪作》诗中赞美平溪"处处鱼盐间草市，家家鸡犬类桃源"。平溪，是古代诗人心目中美丽的"桃花源"。

编修《平溪镇志》对保存乡邦文献、弘扬传统文化、延续平溪文脉，有着重大的历史和现实意义。然修志工程始于空白，困难重重。但平溪乡贤热情满怀，信心百倍，志在必成。编者无畏艰辛，苦心潜研，精心撰述；在县乡任职的乡贤一呼百应，积极参与，踊跃筹集经费；《平溪镇志》的编修出版更离不开县、镇两级政府的大力支持。《平溪镇志》的出版发行，不但填补了平溪志书的空白，也为寿宁编修乡镇志书做了有益的探索，提供了一些可资借鉴的方法、经验。

《平溪镇志》是平溪人民弥足珍贵的一笔精神财富，它全面再现了平溪长达千年的历史风貌，是研究平溪历史的一部小百科，对了解、研究平溪的前世今生有着重要意义。《平溪镇志》客观记载了平溪历史发展进程中的顺利与挫折、经验与教训，可供主政者明借鉴；《平溪镇志》翔实地描述了平溪人豪爽勤劳的朴实民风、勤奋好学的传统美德、善恶分明的侠肝义胆、乐于助人的善行义举和不甘落后的进取精神，可供世人敦教化；《平溪镇志》也是奉献给所有走出家乡、远离故土的平溪人士的一份特殊礼物，远方游子既可借此寻根觅祖，缅怀先人，也可凭此了解家乡、铭记乡音、增强乡情。

光阴荏苒，世事沧桑，匆匆又过三年。时值盛夏，万物欣荣，黄立云再次将精心修改过的《平溪镇志》送阅，细细品读，更觉新时代、新发展，家乡变化日新月异，不觉感慨万分。当年本志开编时的平溪乡，已在癸巳年冬升格为平溪镇；辛卯年动工的寿政二级公路（县城至平溪段），已于2016年竣工通车，极大地缩短平溪与寿宁县城的时空距离，有力推动平溪经济社会的发展。品读《平溪镇志》，可以清晰地触摸平溪的发展轨迹，领略平溪跨越前行的矫健步伐，聆听时代进步的厚重足音。我深为家乡的发展变化而高兴，更为家乡未来的兴旺发达而激情满怀。在《平溪镇志》付梓出版之际，谨向全体编纂人员，以及所有为《平溪镇志》的编纂出版做出贡献的各界人士致以崇高的敬意！

刘美森
2018年8月8日

序 二

寿宁黄立云先生又一新作成,邀序于予。予索观其志书之凡例、目录、概述及后跋,稍知其主持编纂《平溪镇志》之规模及过程,不禁为之赞叹。

予识立云早在他任寿宁县地方志编委会主任之时,颇知其于修志兢兢业业,态度认真,工作踏实,作风严谨,为人又十分热情诚恳。我虽离开方志工作有年,难得他仍系念前缘,友情所在,美意当珍,故不揣冒昧应命为文。

果如前人所言,治世兴文,盛世修志。虽在山乡僻壤如寿宁平溪,距县城七十多里,户过七千,人不满三万,在有识领导与热心乡贤的倡导支持下,由富于修志经验且文字畅达的黄立云主笔,在不太长的时间内,修成一部巨著。须知这是在为山乡首修新志,常人会以为那是无可称道、乏善可陈的地区。不承想几年间居然出此皇皇巨著,实在令人出乎意表而刮目相看。全志共七十多万言,分二十二编,章节竟达二百七十多项。恕我孤陋,似乎从未见过如此浩繁的乡镇志。

观其内容涉及自然地理、建置沿革、居民人口、村庄概况、政治经济、各业物产、交通水利、教育卫生、文化艺术、军事民政、民俗信仰、诗文著述、方言传说、诸多人物乃至杂记,林林总总,堪称"一方全史"、人文大观。全书包罗诸有,资料翔实,结构合理,体例完备,文风朴实而流畅。为平溪镇存史立传全赖此书,因此主持与参与编修者实在功不可没。魏文帝曹丕说过:"文章乃经国之大业,不朽之盛事",而志书正可当之。不仅平溪乡民据此可以全知一镇之历史事实,外人借此亦可认识平溪,后人循此广播宣扬,传流无穷,此正是名山事业之功,光前裕后,造福一方之盛举。文化人之功德心与成就感也于此可见。

一事之成赖众人之力,一书之成穷许多岁月。本志编修始于十年之前,中间经历许多曲折,人事变动,经费筹集,内容延伸,文稿审改,耗费的是时间与修纂者的心血。幸赖当事领导的支持与主修者的担当,终于在黾勉从事中蒇功,交出一份完美的答卷,呈献给平溪的父老乡亲,示范于县邑内其他乡镇,即使在省域内,如此镇志怕也是难有比肩的。

历代人们对于谱志的编修大多夸赞作者的辛劳与担当精神，这是不待说的，因为事在人为，无人担承则百事不成。但笔者以为，进步言之，人们还应审视编修撰述的内容及其质量。精神化为物质，人们可从志书这一文化载体中评判这项工作，体会其价值和意义。《平溪镇志》确实让人们看到了它的亮点，感受到它的价值。"镇志"以丰赡的资料，忠实记录了一个乡镇、一百多个村落的历史与现状，经济与人文，作为"一方之全史"，岂是浪得虚名？

由《平溪镇志》的编修，笔者想到了目前中央关于振兴农村、建设美丽乡村的号召，这为新时期的农村建设提供了极好的机遇和指导的目标，但是农村中缺乏的往往是建设人才和资金投入。本土的乡贤多因文化上的限制，未能熟知乡村历史、理解文化内涵；外来的"乡贤"又因对村史和文化的隔膜，也难以对乡村社会的"文创"改造做恰切的表达，因此无法展示个性，体现特色。大多是将设计者的个人想象或照搬已有植入乡村现场。如能像平溪镇一样，先修镇志，以此为基础，逐步挖掘乡镇村庄的过往历史和文化内涵，结合当前的村况与农民需求，进行设计和创造，自可避免"千村一面"的呆板设计和虚空想象，从而凸显每个村庄与众不同的历史文化底色。如能做到这些，可以想象，农村新貌将会呈现繁花盛开的局面。酒香何惧巷子深，花香引得蜂蝶来。文创，文创，是以固有文化为基础的创造。

我深望《平溪镇志》的出版，能引起人们对山区边远乡村的重视，这样有助于对它们的历史发掘与文化展示，能有益于当前广泛而热络的社会主义新农村建设，满足小康社会中众多旅游爱好者日益高涨的对农村社会的了解的愿望和对享受自然风光与乡野情趣的渴求。同时也盼望有更多的专业工作者与乡贤能关注乡镇村庄的史志编修，以便为其树碑立传，存史资治，为乡村振兴和文化建设提供可靠的资讯。笔者的期望可能有些超现实，但有《平溪镇志》做样板，我对此充满信心。我相信，有村镇志的文化记载做基础，农村的发展和改造一定会有更多的本土意味与理性表达。我愿以此短序献上拙见并求教于方家，同时借此为本志的出版致贺。

卢美松
2021 年 8 月 9 日

【作者简介】

卢美松 福州人，1944 年 10 月生，1968 年毕业于北京大学中国历史专业。历任福建财会管理干部学院副院长、福建省地方志编纂委员会副主任、福建省文史研究馆馆长。

目 录

概 述 ·· 1

大事记 ·· 4

第一编 建制区划 ·· 27
第一章 区域隶属 ·· 29
第一节 区域位置 ·· 29
第二节 建置沿革 ·· 29
第二章 行政区划 ·· 31
第一节 明朝行政区划 ··· 31
第二节 清朝行政区划 ··· 33
第三节 民国行政区划 ··· 33
第四节 共和国行政区划 ·· 34
第三章 村级建制 ·· 37
第一节 村级建制演变 ··· 37
第二节 农村基层组织 ··· 38

第二编 居 民 ·· 41
第一章 人口与民族 ·· 43
第一节 人 口 ·· 43
第二节 户 口 ·· 45
第三节 民 族 ·· 46
第四节 百岁老人 ·· 46
第二章 姓氏与宗族 ·· 48
第一节 姓 氏 ·· 48
第二节 宗 谱 ·· 58

第三节　宗祠 …………………………………………………… 63

　第三章　计划生育 ………………………………………………… 67
　　　第一节　计划生育机构 ……………………………………… 67
　　　第二节　计划生育政策 ……………………………………… 68
　　　第三节　计生奖惩措施 ……………………………………… 69

　第四章　外出务工与境外人士 …………………………………… 72
　　　第一节　外出务工　经商人员 ……………………………… 72
　　　第二节　定居　侨居境外人士 ……………………………… 73

第三编　自然地理 …………………………………………………… **75**
　第一章　地　貌 …………………………………………………… 77
　　　第一节　地　形 ……………………………………………… 77
　　　第二节　土　壤 ……………………………………………… 79
　　　第三节　植　被 ……………………………………………… 79
　　　第四节　溪流　泉水 ………………………………………… 81

　第二章　气　候 …………………………………………………… 82
　　　第一节　四季特征 …………………………………………… 82
　　　第二节　气　象 ……………………………………………… 83
　　　第三节　灾害性天气 ………………………………………… 84

第四编　村庄概貌 …………………………………………………… **85**
　第一章　行政村 …………………………………………………… 87
　　　第一节　平溪村 ……………………………………………… 87
　　　第二节　环溪村 ……………………………………………… 91
　　　第三节　溪底村 ……………………………………………… 93
　　　第四节　南溪村 ……………………………………………… 95
　　　第五节　柯洋村 ……………………………………………… 96
　　　第六节　亭下村 ……………………………………………… 97
　　　第七节　岭后村 ……………………………………………… 98
　　　第八节　燕窠村 ……………………………………………… 99
　　　第九节　木场村 ……………………………………………… 100
　　　第十节　湖潭村 ……………………………………………… 101

第十一节　屏峰村 …… 102

　　第十二节　岭根村 …… 103

　　第十三节　岭兜村 …… 105

　　第十四节　长溪村 …… 106

　　第十五节　东溪村 …… 107

　　第十六节　东木洋村 …… 108

　　第十七节　东山头村 …… 110

　　第十八节　龙头坑村 …… 111

　第二章　自然村　荒废村 …… 113

　　第一节　自然村 …… 113

　　第二节　荒废村 …… 127

第五编　政　治 …… 133

　第一章　政　权 …… 135

　　第一节　明清　民国政权 …… 135

　　第二节　乡(镇)人民代表大会 …… 136

　　第三节　区(公社　乡　镇)人民政府 …… 137

　　第四节　治安　司法 …… 140

　第二章　政　党 …… 143

　　第一节　国民党地方组织 …… 143

　　第二节　共产党地下组织 …… 143

　　第三节　中共组织建设 …… 144

　第三章　社会团体 …… 147

　　第一节　妇联　少先队　共青团 …… 147

　　第二节　老年组织 …… 148

第六编　农　业 …… 149

　第一章　农业生产条件 …… 151

　　第一节　劳动力 …… 151

　　第二节　耕畜与农具 …… 152

　　第三节　农田基本建设 …… 153

第二章　农业生产关系 ·· 154
第一节　封建土地所有制 ·· 154
第二节　土地改革 ·· 155
第三节　互助组与合作社 ·· 155
第四节　人民公社 ·· 156
第五节　联产承包责任制 ·· 158

第三章　农作物 ·· 159
第一节　粮食作物 ·· 159
第二节　播种面积 ·· 161
第三节　经济作物 ·· 162

第四章　农业技术 ·· 164
第一节　良种与肥料 ·· 164
第二节　栽培技术 ·· 165
第三节　植物保护 ·· 166
第四节　管理机构 ·· 167

第七编　茶业　林业 ·· **169**

第一章　茶　业 ·· 171
第一节　茶业生产 ·· 171
第二节　茶叶栽培 ·· 173
第三节　茶叶加工 ·· 175
第四节　机构与品牌 ·· 176

第二章　林　业 ·· 178
第一节　森林资源 ·· 178
第二节　林权改革 ·· 179
第三节　植树造林 ·· 179
第四节　名木古树 ·· 180
第五节　护林防火 ·· 181
第六节　林业机构 ·· 182

第八编　物　产 ·· **183**

第一章　植　物 ·· 185
第一节　植物类型 ·· 185

第二节 植物栽培 186
第二章 动 物 187
第一节 野生动物 187
第二节 动物养殖 187
第三节 疫病防治 190
第三章 矿产与特产 192
第一节 矿 产 192
第二节 特 产 192

第九编 经 济 197
第一章 商 业 199
第一节 商品供销 199
第二节 化肥农药经营 201
第三节 农副产品收购 202
第四节 个体经营 203
第二章 粮 油 204
第一节 粮油供应 204
第二节 粮油征购 206
第三节 粮站与粮库 207
第三章 企 业 209
第一节 民间作坊 209
第二节 社办企业 210
第三节 私营企业 211

第十编 经济管理 213
第一章 金融保险 215
第一节 金 融 215
第二节 保 险 217
第二章 财税工商 218
第一节 财 政 218
第二节 税 收 219
第三节 工商管理 220

第十一编　交通　邮电 … **223**

第一章　交　通 … 225
第一节　古　道 … 225
第二节　公馆　铺递 … 227
第三节　凉　亭 … 227
第四节　桥　梁 … 231
第五节　公　路 … 243
第六节　运　输 … 246
第七节　筑路建桥善举 … 248
第八节　交通运输机构 … 250

第二章　邮　电 … 252
第一节　邮政机构 … 252
第二节　邮政业务 … 253
第三节　电　信 … 253
第四节　无线通信 … 254

第十二编　水利　水电 … **255**

第一章　水　利 … 257
第一节　饮用水 … 257
第二节　水利工程 … 258

第二章　水　电 … 263
第一节　乡村电站 … 263
第二节　照明与电网 … 265
第三节　水电管理 … 266

第十三编　民政　脱贫 … **267**

第一章　民　政 … 269
第一节　抗日军属优抚 … 269
第二节　军烈属优抚 … 269
第三节　灾难救助 … 271
第四节　婚姻登记 … 272
第五节　福利事业 … 272

第六节　殡葬改革 …………………………………………………… 273

　第二章　脱　贫 ……………………………………………………………… 274

　　第一节　脱贫工作 …………………………………………………… 274

　　第二节　安居工程 …………………………………………………… 275

　　第三节　奔小康工作 ………………………………………………… 276

第十四编　教　育 ………………………………………………………………… 279

　第一章　明清两朝教育 ……………………………………………………… 281

　　第一节　明朝教育 …………………………………………………… 281

　　第二节　清朝教育 …………………………………………………… 281

　第二章　民国时期教育 ……………………………………………………… 283

　　第一节　旧式教育 …………………………………………………… 283

　　第二节　新式教育 …………………………………………………… 283

　第三章　共和国时期教育 …………………………………………………… 286

　　第一节　幼儿教育 …………………………………………………… 286

　　第二节　小学教育 …………………………………………………… 286

　　第三节　小学建设 …………………………………………………… 291

　　第四节　中学教育 …………………………………………………… 297

　　第五节　学制课程 …………………………………………………… 298

　　第六节　教学教研 …………………………………………………… 299

　　第七节　成人教育 …………………………………………………… 300

　　第八节　支教助学 …………………………………………………… 301

第十五编　卫生　体育 …………………………………………………………… 303

　第一章　医药卫生 …………………………………………………………… 305

　　第一节　中医药店 …………………………………………………… 305

　　第二节　医疗机构 …………………………………………………… 306

　　第三节　疫病防治 …………………………………………………… 311

　　第四节　妇幼保健 …………………………………………………… 312

　　第五节　地方药材 …………………………………………………… 315

　　第六节　病灾救助 …………………………………………………… 316

　　第七节　乡村名医 …………………………………………………… 317

第二章 体　育 — 319
第一节　学校体育 — 319
第二节　群众体育 — 320

第十六编　文化　古迹 — 321
第一章　群众文化 — 323
第一节　机构场所 — 323
第二节　群众文化 — 325
第三节　流行词语 — 327
第二章　书刊作品 — 329
第一节　书刊出版 — 329
第二节　媒体访谈 — 331
第三章　文物景点 — 336
第一节　文物　古迹 — 336
第二节　景　点 — 343
第四章　广播电影 — 347
第一节　广　播 — 347
第二节　电　影 — 347
第五章　电视网络 — 350
第一节　电　视 — 350
第二节　网　络 — 351

第十七编　军　事 — 353
第一章　兵事活动 — 355
第一节　堡塘铺隘 — 355
第二节　兵事活动 — 357
第三节　兵　役 — 359
第四节　民兵组织 — 360
第二章　革命武装斗争 — 361
第一节　革命烽火 — 361
第二节　老区与英烈 — 363
第三节　革命遗迹与文物 — 365

第十八编　民俗与宗教 ………………………………………………… 367

第一章　民　俗 ……………………………………………………… 369
第一节　人生习俗 …………………………………………………… 369
第二节　节令习俗 …………………………………………………… 373
第三节　衣食住行 …………………………………………………… 375
第四节　流行习俗 …………………………………………………… 380
第五节　传统陋俗 …………………………………………………… 380
第六节　民间禁忌 …………………………………………………… 381

第二章　宗　教 ……………………………………………………… 383
第一节　道　教 ……………………………………………………… 383
第二节　佛　教 ……………………………………………………… 388
第三节　基督教 ……………………………………………………… 392
第四节　俗神崇拜 …………………………………………………… 393

第十九编　方言与传说 ………………………………………………… 395

第一章　方言与土语 ………………………………………………… 397
第一节　方　言 ……………………………………………………… 397
第二节　土　语 ……………………………………………………… 397

第二章　民间传说故事 ……………………………………………… 399
第一节　民间传说 …………………………………………………… 399
第二节　民间故事 …………………………………………………… 402

第二十编　诗　文 ……………………………………………………… 415

第一章　古代诗文 …………………………………………………… 417
第一节　宋　诗 ……………………………………………………… 417
第二节　明　诗 ……………………………………………………… 417
第三节　清　诗 ……………………………………………………… 420
第四节　艺　文 ……………………………………………………… 425

第二章　现代艺文 …………………………………………………… 432
第一节　诗　词 ……………………………………………………… 432
第二节　民　谣 ……………………………………………………… 434
第三节　艺　文 ……………………………………………………… 434

第三章　书法楹联 ······ 457
第一节　书　法 ······ 457
第二节　楹　联 ······ 459

第二十一编　人　物 ······ 463
第一章　人物传 ······ 465
第一节　古代人物 ······ 465
第二节　近现代人物 ······ 467
第二章　科举人士 ······ 472
第一节　举　人 ······ 472
第二节　贡　生 ······ 472
第三节　廪膳生　增广生 ······ 476
第四节　太学生　国学生　监生 ······ 478
第三章　耆宾醇儒孝行善举 ······ 484
第一节　耆　宾 ······ 484
第二节　醇　儒 ······ 487
第三节　孝　行 ······ 491
第四节　善　举 ······ 494
第四章　仕宦人士 ······ 496
第一节　宋元仕宦人士 ······ 496
第二节　明朝仕宦人士 ······ 496
第三节　清朝仕宦人士 ······ 497
第四节　民国仕宦人士 ······ 499
第五章　共和国时期人物表 ······ 501

第廿二编　杂　记 ······ 521

跋 ······ 541

概 述

　　平溪镇地处寿宁县西南方，位于宁德、南平两市，寿宁、周宁、政和三县的结合部。东接芹洋乡、斜滩镇，南邻周宁县纯池镇，西连南平市政和县澄源乡，北靠下党乡。辖平溪、环溪、溪底、南溪、柯洋、亭下、岭后、燕窠、木场、湖潭、屏峰、岭根、岭兜、长溪、东溪、东木洋、东山头、龙头坑18个行政村，53个自然村，210个村民小组。镇政府驻地平溪村是全镇政治、经济、文化中心，海拔550米，距寿宁县城37.26千米。2019年，全镇共7389户，27129人，居全县第3位。2020年全国人口普查，平溪镇共有28793人，其中男15611人，女13182人。

　　平溪境内聚居30多个姓氏，主要有周、魏、黄、李、吴、蔡、刘、王、范、张、卓等。据宗谱记载，最早入迁平溪境内的是南宋庆元四年（1198）经浙江松源周墩迁平溪村厝坪墩的周姓及南宋末年迁岭后村肇基的魏姓；其次是明洪武廿七年（1394）由政和县澄源乡暖溪村迁上充村的黄姓以及明成化年间（1465~1487）由修竹村迁长溪村的李姓等。由于入迁姓氏来自四面八方，因此平溪境内有平溪、寿宁、汀州、政和、屏南、周宁、庆元7种方言，主要通行的是平溪、寿宁方言和普通话。

　　平溪境内海拔高低悬殊，最低的东溪村385米，最高的木场村1096米。平溪与东海直线距离约69千米，海洋性气候特征明显，雨量充沛，四季分明。年平均气温16.5℃，夏无酷暑，冬无严寒。平溪、松柏溪两溪之水穿境而流，亭下、柯洋、南溪、溪底、东木洋、平溪、环溪、岭兜、长溪、东溪等10个行政村沿溪而建，临水而居。流域内投产发电的有亭下、南溪、溪底、岭兜、东溪等水电站。

　　平溪镇面积125平方千米，居全县第4位。其中水田11891亩，农地3852亩，林地面积126044亩。平溪境内土壤富含硒、锌等微量元素，适宜发展有益消费者身体健康的高优农业项目。锥栗、板栗、茶叶、脐橙、水稻、番薯、马铃薯、中药材等特色优质农产品发展前景广阔。

　　平溪是寿宁锥栗、板栗生产及规模化养猪第一镇。2019年锥栗、板栗产量1394吨，占全县份额的66.6%；平溪规模化养猪数量也遥遥领先全县各乡镇。2019年生猪存栏8143头、出栏19624头，稳居全县第一位；2019年粮食总产5120吨，平溪与斜滩镇并列全县第一位；2019年平溪镇茶叶总产2108吨，居全县第三位。

　　平溪境内群峰耸立，西北有界屏峰与下党乡上党村，海拔1332米的南山顶；南部有界湖潭与周宁县祖龙村，海拔1321米的仙岗顶；西部有界东木洋与亭下村，海拔1303米的松党山。由于山高坡陡，因此平溪境内岭多且长。平溪村经屏峰村通往浙江省庆元县的北峰岭；平溪村经亭下、南溪村通往政和县的庚岭；平溪村通往周宁县纯池镇的平禾岭，均长达10多华里，名闻邑内。平溪境内群山绵延，闽浙两省山水相连，寿宁、政和、周宁及浙江省庆元两省四县交界的特殊地理位置，为中国共产党领导的游击队提供了进可主动出击，退可隐身潜藏的活动空间。20世纪30~40年代，平溪人民经受了严峻的血与火的洗礼，为革命事业做出了巨大的牺牲与贡献，18个行政村全部都是革命老区，龙头坑为革命老区基点村。1947年，游击队"三战三捷"奇袭平溪区公所，平溪成为寿宁县唯一一直坚持到全国革命胜利的红色老苏区。

平溪历史悠久。1999年犀牛山出土的石戈、石锛，证实平溪是邑内最早有先民繁衍生息之地；平溪也是福建存世最早的地方志——南宋状元梁克家编纂的淳熙《三山志》中记载的邑内规模最大的村庄；明永乐《政和县志》主编郭斯垕曾用"小桥流水映柴门""傍溪鹅鸭浮红掌""桑间少妇自采叶，舍下老翁闲弄孙"的优美诗句，为我们描绘了一幅600多年前平溪桃花源般的美丽风光。明清两朝，平溪为寿宁县城前往建宁府的必经之地，村中建有公馆、驿站、社仓，是连接闽东与闽北的重要物资集散地。每天"内外官司往来，舆马仆从咸萃"，道不尽的喧嚣与繁华。

平溪山川雄奇。仙岗顶、老虎冲、天堂湖、莲花坂等自然景观，似一方方未经雕琢的璞玉，像一位位待字深闺的佳丽，是造物主赐予的珍稀旅游资源，期待着人们早日撩开那神奇的面纱，展现那超凡脱俗的美丽。

平溪人文荟萃。石门隘、葫芦门的险隘雄堡，古渡遗址的摩崖石刻，文昌阁的楹联翰墨，三关胜境的神秘灵异等皆闻名遐迩。明大将王祁、大文豪冯梦龙、明世裔郧西王朱常湖在平溪仙崖寺、鬼足洞点燃的那一场绝地反击，燃遍八闽的反清复明烈火，将平溪浓墨重彩地载入中华民族的英雄史册。

平溪地灵人杰。李毓姬为邑内诗文入选乾隆《福宁府志》最多之人士；书法名家李廷森撰书的《沐殿增田碑记》，黄强题镌的龙岩寺"天池"，李烈刚书写的后墩"飞云桥"等墨宝，令古刹名桥增光添彩。特别是改革开放以后，平溪人文蔚起，精英辈出。一批考场翘楚连年夺冠，平溪成为邑内闻名遐迩的"高考状元之乡"；一批后起之秀跨洋越海闯荡世界，平溪成为邑内侨居海外人员最多之乡。侨居澳大利亚的黄翔（女）被选为维多利亚州福建同乡会副秘书长，侨居牙买加的李式金被选为牙买加福建同乡会副会长，侨居牙买加的李杨森当选中国侨联青年委员会委员，在异国他邦纵横驰骋施展才华。

平溪资源丰富。日夜吟唱的平溪流水，像一匹从仙界飘落的绿色绸缎，滋养着这方热土这方人。5万千瓦的水能蕴存量，溪底、岭兜、东溪等电站，为寿宁提供了源源不绝的绿色能源；湖潭的叶蜡石闻名邑内；木场的茶叶香飘四方；燕窠、亭下村的锥栗、中药材行销全国。近年，有机茶基地建设及脐橙、白术、杜仲、金银花等特色农副产品种植形成一定规模。

改革开放以来，平溪历届党委、政府立足镇情，努力建设社会主义新农村，平溪境内基础设施日趋完善。全镇18个行政村公路全部浇灌水泥路面；电话、无线通信、数字电视信号覆盖率达100%；自来水、电网改造工程逐步实施。中学、小学、幼儿园、卫生院、自来水、文化站、环卫队、养老院、农贸市场、广播电视站、义务消防队，以及信用社、供电所、变电所、林业站、派出所、邮政支局、工商管理所、电信管理站、移动营业部、联通营业部、农业服务中心等基本配套健全。现在，全镇各项基础设施日臻完备，农业产业结构日趋合理，经济、社会事业长足发展，群众生产生活条件明显改善。

打造天蓝水碧的山水生态乡镇，构建人心向善、社会和谐的美丽宜居家园，是平溪发展的必由之路。2019年11月，寿宁县城经平溪至政和县二级公路全线建成通车；2020年6月，寿宁五中新校区106亩征地工作全部完成，投资2亿多的五中新校区正在紧锣密鼓地建设；9月，平溪北岸休闲栈道、仿古景观水车竣工；12月，平溪文化广场、文化长廊、音乐喷泉等休闲文化设施建成投入使用；2021年，寿宁县委、县政府将平溪命名为"梦龙文化小镇"，列为"金牌旅游村"进行规划建设；2022年9月，全国唯一一座以纪念一代文豪、廉吏冯梦龙为主题的冯梦龙陵园在平溪蟠龙山动工兴建。我们坚信，紧随时代的发展步伐，平溪——这颗镶嵌在寿宁西南部的瑰丽明珠，明天一定会更好！

大 事 记

唐

大中十年（856）

是年，许延一、许延二兄弟弃官携眷南下，依母命在平溪梧桐树下分为叶、许两姓，其母叶氏夫人墓葬平溪村中。

五 代

后梁贞明六年（920）

是年，平溪属威武军长乐郡。

后唐同光四年（926）

是年，环溪村上游建灵岩寺。

后唐长兴四年（933）

是年，平溪属长乐府宁德县。

后晋天福六年（941）

是年，划宁德县北部设置关隶镇，镇治设在西里（今政和县镇前镇镇前村）天王寺北，平溪隶属福州府宁德县关隶镇。

宋 朝

咸平三年（1000）

是年，升关隶镇为关隶县，平溪隶属建宁军关隶县。

政和五年（1115）

是年，改关隶县为政和县，平溪隶属建宁军政和县。

政和八年（1118）

是年，朱熹之父、政和县尉朱松赋诗《南溪道中》。《南溪道中》是目前已知最早描述平溪境内风光之诗。

绍兴三十二年（1162）

是年，改建宁军为建宁府，政和县隶属建宁府，平溪隶属建宁府政和县。

淳熙九年（1182）

是年，宋状元、福州知府梁克家主纂的《三山志》载："长溪县永乐乡平溪里：大小鱼溪、西溪、麻竹、斜滩。"

庆元四年（1198）

是年，周理由江西南康县，经浙江杭州、庆元县松源镇周墩村徙平溪厝坪墩肇基。

宝祐二年（1254）

是年，平溪村周众捐产重建灵岩寺。

元　朝

至元廿六年（1289）

是年，改建宁府为建宁路，政和县隶属建宁路，平溪隶属建宁路政和县。

大德三年（1299）

是年，僧觉圆在平溪村南岸（今环溪村）建仙崖寺。

明　朝

洪武元年（1368）

是年，复改建宁路为建宁府，政和县隶属建宁府，平溪隶属建宁府政和县。

洪武十四年（1381）

是年，在南溪、亭下、岭后三村交界处的白岩头建天池庵。

洪武十八年（1385）

是年，平溪境内闹饥荒。

洪武十九年（1386）

是年，平溪村中古道内侧建平水大王宫。

洪武二十年（1387）

是年，连续饥荒，巨蟒伤害人、畜。

洪武廿三年（1390）

是年，斗米百钱。

洪武廿七年（1394）

是年，黄厚五、黄厚六兄弟由政和县澄源乡暖溪村迁上充村肇基。

建文四年（1402）

是年，政和县典史郭斯垕骑马途经平溪村，赋七律《过平溪作》。

景泰六年（1455）

五月初四日，都御史刘广衡为剿灭官台山寇，令官兵民勇提前一天过端午节。李球、黄昌永等民勇以给山寨喽啰贺节为名，挑着酒、肉、粽子进入官台山寨。

五月初五日，趁官台山寇酒醉之机，李球、黄昌永等民勇在寨中放火、打开寨门，与埋伏寨外的官兵内外夹攻，剿灭官台山寨。

八月，划出政和县南里十都、北里十一都、十二都，东里十三都、十四都、十五都和福安县平溪里十一至十四都设置寿宁县。

景泰七年（1456）

是年，官府拨款整修寿宁县城经平溪、长洋、庾岭、亭下、南溪等村通往政和县、建宁府的官道。

天顺元年（1457）

是年，官府在平溪境内建平溪公馆、南溪公馆。

成化廿三年（1487）

是年，连年饥荒，斗米百钱。

弘治三年（1490）

是年，黄仲昭《八闽通志·公署》载："平溪铺、南溪铺，上二铺在八都。"

弘治十一年（1498）

是年，湖潭村建福兴寺。

弘治十八年（1505）

是年，建宁府按察佥事阮宾分巡寿宁县，赋诗《南溪公馆》。

正德三年（1508）

五至七月，夏饥。米价三分，村民掘蕨根充饥。

正德十一年（1516）

八月初一日午刻，日忽昏暗，移时复明。

正德十六年（1521）

是年，夜半地震，房屋哗然有声。

嘉靖十年（1531）

南溪村建"半万书楼"。

嘉靖十四年（1535）

五月，饥荒；七月，地裂成河；十月，病疫成灾。

嘉靖二十年（1541）

是年，《建宁府志》出版。《建宁府志·贡赋》载："石门隘驻兵六十二名。"

嘉靖廿二年（1543）

冬，知县张鹤年捐俸重修南溪公馆。长乐进士陈时范路经南溪，撰《南溪公馆记》。

嘉靖廿三年（1544）

八月初一午时，日食。日忽昏暗，移时复明。

是年，群虎往来九都（斜滩、平溪、芹洋接壤地）地方，行旅维艰。

嘉靖廿八年（1549）

八月初旬，飓风大作。

万历十八一廿三年（1590—1595）

知县戴镗在南溪村修建社仓。

万历三十二年（1604）

十一月初九夜，地大震如雷，山谷回应。

崇祯七年（1634）

八月初十日，冯梦龙由建宁府赴任寿宁知县，夜宿南溪公馆，赋诗《石门隘》。

八月，冯梦龙上任伊始，即捐俸令平溪村周木匠制造三具捕虎木阱，以除虎患。半年间，平溪、山后、溪头连毙3虎。

是年，冯梦龙在寿宁与政和两县交界处建"政寿交界"牌坊；在平溪、南溪村建"平溪铺""南溪铺"牌坊，使入境者可计程而达。

崇祯九年（1636）

是年，平溪境内竹生米，状类小麦，收成大损。

是年，知县冯梦龙为平溪童谣《月光光》所触动，撰《禁溺女告示》颁布全县，令行禁止。

崇祯十年（1637）

春，知县冯梦龙在《寿宁待志·铺递》中载："余每铺立一牌坊，标名某铺。至南溪界首，复立坊题曰：'政寿交界'，使入吾境者可计程而达也。"

是年，知县冯梦龙利用郡（建宁府）归之便，前往泗洲桥捉捕恶霸陈伯进，经纯池、平溪返回寿宁县衙。

崇祯十一年（1638）

是年，知县冯梦龙离任，经平溪、南溪到建宁府转道古田县返归故里苏州。

崇祯十五年（1642）

是年，官府在平溪村葫芦门岭边修建社仓积储粮谷，备荒年赈济之用。

清　朝

顺治元年（1644）

是年，在平溪村西的官道上方建奶娘宫。

顺治二年（1645）

秋，冯梦龙与王祁由古田县经寿宁县泗洲桥、纯池来到平溪村，隐身平溪仙崖寺筹谋反清复明。

顺治三年（1646）

春，冯梦龙病逝平溪仙崖寺，墓葬平溪蟠龙山。

是年，明世裔郧西王朱常湖在平溪仙崖寺化身为僧，藏身鬼足洞筹谋反清复明。

顺治四年（1647）

春，朱常湖与王祁在平溪举旗反清。首战攻破鳌阳城后，相继攻陷政和、建瓯、建阳、崇安、邵武、顺昌、松溪及浙江庆元等府县，清廷震骇。

康熙八年（1669）

是年，浙江秀水人，明末诸生、查继佐弟子沈墨庵赋《歌鬼足洞》。

康熙十一年（1672）

是年，著名史学家查继佐将郧西王朱常湖与大将王祁在平溪举旗反清之事，载入纪传体史书——《罪惟录》。

康熙廿三年（1684）

是年，平溪境内猛虎成群。日伤一二人，路无行踪。

康熙廿四年（1685）

三月，天降冰雹如鸡蛋，平溪村房屋瓦片受损严重。

康熙廿五年（1686）

是年出版的《寿宁县志》载："平溪堡，在八都。长洋堡，在八都。庚岭堡，在八都。南溪堡，在八都。"

康熙三十五年（1696）

是年，长溪村万安桥水毁。

康熙五十年（1711）

是年，吴智灏由浙江庆元县潦头村迁木场村肇基。

雍正二年（1724）

是年，南溪堡设社学。后毁于火。

雍正十二年（1734）

是年，寿宁县划归福宁府，平溪归属福宁府寿宁县。

乾隆二年（1737）

是年，环溪村上游建大王宫。

乾隆十六年（1751）

是年，南溪村浦南桥水毁。

乾隆十九年（1754）

是年，南溪村监生李挺穗倡建浦南桥，僧普坤为首募缘。

乾隆廿五年（1760）

是年，平溪村猎手周仕恒为民除害，在金州洋扣铳击杀伤害人畜的巨蟒。

是年出版的《福宁府志·建置志·津梁》载："南溪桥，县南九十里。乾隆十九年，监生李挺穗倡建。""卧龙桥，在平溪。""平津桥，在灵岩寺前。""万安桥，在许洋坑。""归善桥，在新安九都。""长虹桥，在九都。""通政桥，在南溪堡宫前。"

乾隆三十一年（1766）

是年，黄以炫倡建长溪村万安桥，历时5年竣工。

乾隆三十九年（1774）

是年，上洋村西碇步岭头建福宁寺。

乾隆五十一年（1786）

六月，为振兴科甲，长溪村以银40两购地兴建石门楼官厅，次年竣工。

嘉庆四年（1799）

是年，南溪浦南桥水毁。九月，李廷森为首重建，更名折柳桥。知县巴杨河捐俸相助，并撰《折柳桥序》。

嘉庆十八年（1813）

是年，知县杨中迪感谢平溪村平水大王显灵除虫护粮之恩，撰《社主记》详载其事。

嘉庆廿五年（1820）

是年，知县胡效曾撰《平溪文昌阁序》。

道光六年（1826）

是年，福宁知府郑家麟为申报旌表国学生王国桢一家五代同堂、百口同居之事，经平溪、屏峰到党川（下党）访察。

道光十五年（1835）

是年，岭根村建平梁木廊桥——洋墩桥。

道光廿二年（1842）

是年，长溪村重建万安桥，中流置以砥柱，上盖廊屋。

咸丰八年（1858）

五月，太平军攻占政和县城。官府在寿宁、政和两县交界的黄岭头驻军守卫。

六月，太平军由政和县入境平溪，将设密室诱奸进香信女村姑的天池庵捣毁。

咸丰九年（1859）

八月廿六日辰时，溪底村建木拱廊桥——双龙桥。

同治三年（1864）

是年，平溪村下游仙殿岗的文昌阁被狂风摧折栋宇。

同治四年（1865）

是年，在平溪村下游的半月山重建文昌阁。

光绪十三年（1887）

春，长溪万安桥遭回禄，村民在上游暂时架设木板以通行。

光绪十四年（1888）

七月十日晨，南溪村折柳桥水毁。同年冬，李守正为首在原址复建。

七月十日，山洪暴发，水位涨至平溪上村岭七阶，冲毁平溪村飞虹桥。

是年，李冠魁倡议修建长溪村3墩石板桥——万安桥。

光绪十五年（1889）

九月，周尚颐为首募集8000银圆，兴建平溪石拱大桥——寿山桥。

光绪廿五年（1899）

六七月间，连续40多天干旱，溪河断水，禾苗枯萎。

光绪廿六年（1900）

夏，干旱69天，田土龟裂，禾苗枯死，民心惶恐。

中华民国

元年（1912）

是年，全县设鳌阳、平溪、斜滩3个区自治会。

是年，平溪村周芝仙为首募缘创办平溪小学，在平水大王宫后山建成教学楼2座，学校占地面积约4亩。

四年（1915）

三月，周铎、周温文在平溪办第三区公立国民学校。

五年（1916）

是年，创办长溪初级小学。

六年（1917）

元月，创办南溪初级小学。

七年（1918）

九月，创办党川（下党）初级小学，次年立案。

八年（1919）

是年，建瓯县霍乱流行。环溪村周树恩在建瓯县长赵模及署内诸君赞助下制成"经验灵通万应丹"，治愈患者无数。

十四年（1925）

是年，下洋坪村一魏姓大户参与为匪，官府派兵围剿火烧全村，仅村头一座民房幸存。

十七年（1928）

三月，杨志金从武汉市汉口普爱医院实习五年后，来平溪开设平民医院。平溪平民医院为寿宁第一座现代医院，杨志金为西医传入寿宁第一人。

十八年（1929）

冬，屏南土匪驻扎平溪村过年。杀害村民1人，烧毁民房2座，逼掠银圆2000元。

十九年（1930）

是年，屏南营土匪烧毁长溪村民房48座，屠杀46人。

是年，发生严重旱灾，大闹饥荒，村民挖草根、剥树皮以食。

是年，凤阳刘厝陈营土匪烧毁东山头村民房10座，打死打伤村民10人。

二十年（1931）

夏，周玉光股匪进攻屏峰蔡德会民团，枪杀9人，烧毁蔡氏祠堂。

是年，土匪火烧东溪村，全村仅4座房子幸存。

是年，周营土匪杀死东木洋村民3人，烧毁民房数十座。

廿一年（1932）

十月，范浚、韦银英以岭根村为落脚点，在平溪一带开展革命活动。

廿二年（1933）

元月，范式人到湖潭、岭根、木场一带进行革命活动。

二月，范式人、范义生到纯池下禾溪村，镇压了恶霸许海南。

廿三年（1934）

八月廿五日，寻淮洲、粟裕率领的中国工农红军北上抗日先遣队由福安穆阳入境寿宁，经湖潭、平溪到屏峰村宿营。

八月廿六日，红军先遣队由屏峰出发经下党夜宿托溪峡头村，次日向浙江庆元县开拔。

十月，湖潭村苏维埃政府在福善庵成立。

廿四年（1935）

是年，闽东独立师师长冯品泰率部至平溪一带活动。

廿五年（1936）

是年，福建省政府委托省立科学馆对全省送检的97种红茶进行分析评审，平溪的"玉团"红茶名列全省第一。

是年，在福建省建设厅编著的《福建茶产之研究》中，寿宁县的茶叶产地一共有8个，平溪、南溪名列其中，居全县四分之一。

是年，全省共有43家茶庄载入"福建内地茶庄一览表"，平溪"振泰春"茶庄名列其中。

是年，寿宁县有14种红茶送往福州分析评审，各地茶叶都要在产地前面冠以"寿宁"二字，唯独"平溪功夫"红茶前面未加"寿宁"二字。

廿六年（1937）

十二月，奉令设立"第三区县立平溪中心小学"。同年，平溪中心小学新校舍建成，教师7人。

是年，设立平溪邮政代办所。

廿七年（1938）

十二月，全县小学生时事测验，平溪境内党川（下党）初级小学平均成绩64分，位居全县第二。

廿八年（1939）

夏，屏峰村农民蔡得彭组织30个农民以游击队的名义，抵抗国民党抓丁派款，并攻打了松溪警察队。

十二月，全县四、六年级小学生国语科测验，平溪中心小学获六年级团体优胜；平溪中心小学、党川（下党）初级小学获四年级团体优胜。

是年，平溪乡升格为平溪镇。

是年，屏峰村农民蔡得余等13人筹款300余元，购买长短枪各一支，组织游击队开展"抗丁"斗争。

廿九年（1940）

四月，中共闽浙边地委游击队在上党等10多个村庄群众配合下，攻打政和县巫塘民团，缴获长枪2支。

六月，屏峰一带群众40多人，夜袭在政和县暖溪村水尾宫宿营的寿宁县长杨绍亿及保安队，救出被押壮丁80余人，缴获机枪1挺、步枪2支。

三十年（1941）

六月一日，动工建设寿宁县城至平溪的电话线。八月，竣工通话。

八月初一日午时，日食。历时3分钟，昏暗如黑夜，家畜乱窜。

是年，饥荒。野菜采尽、蕨根掘光，挖草根充饥。

是年，《福建之茶》载寿宁县有产茶村庄140个。平溪境内有52个产茶村，占全县产茶村的37%。

三十一年（1942）

是年，寿宁县卫生院在平溪创办分院。

三十四年（1945）

是年，左丰美、陈贵芳、江作宇等领导的中共闽浙边游击纵队，到达平溪一带进行革命活动。

三十五年（1946）

农历三月十三日夜，老虎窜入湖潭村阮昌厚厝咬死一头猪。村民鸣锣击鼓驱赶老虎，老虎弃猪而遁。

三十六年（1947）

三月，陈贵芳、张翼、池云宝等领导的闽浙边游击纵队相继到屏峰、上党一带活动，发展农会会员200多人，游击队人数扩大到百余人。

四月，闽浙边游击纵队攻打设在平溪周氏宗祠的国民党区公所，缴获机枪1挺，步枪10支。

十一月十五日夜，闽浙边游击纵队再次攻打设在平溪周氏宗祠的国民党区公所，缴获长短枪20支、轻机枪1挺及一批弹药物资。

十二月九日，闽浙边游击纵队第三次攻打设在平溪周氏宗祠的国民党区公所，歼敌一个排，缴枪31支。

十二月二十六日，国民党县政府在平溪、九岭、鹤溪组织"三乡联防清剿队"，疯狂"清剿"中共闽浙边地委、闽浙边游击纵队。

三十七年（1948）

七月，米价继续飞涨，每50公斤大米由200万元（法币）涨至800万元。

三十八年（1949）

四月十六日，中共闽浙边地委、闽浙边游击纵队的活动据点——溪底村大岗自然村，被匪军保安四团烧毁房屋5座，16位村民被杀害。1952年，寿宁县政府拨款重建大岗村被烧房屋。

四月十七日，李延年兵团200余人，全部美式装备，并有战马、随军家属等夜宿平溪小学。

五月底，平溪村人、城工部闽东工委寿宁县直属支部的肖良同城工部闽东工委福安师范支部接上关系。城工部寿宁县直属支部向中共闽浙边地委、闽浙边游击纵队提供情报及枪支、弹药与药品。

中华人民共和国

1950年

8月18日，寿宁县临时人民法庭判处匪首李承棠死刑。

11月，征收公柴（草）改为征收农业税。按产量以户为单位，依照税率征收稻谷。

12月，土地改革开始，没收地主土地、房屋、粮食，征收富农土地、公轮田，分给无地或少地的贫雇农和部分中农，实现耕者有其田。

是年，福建省电影巡回宣传队来平溪放映黑白影片《白毛女》，依靠人力踩踏发电，这是平溪有史以来第一次放映电影。

1951年

5月7日，李承柳为首的大刀会在杨溪头武装暴动，杀害杨溪头村农会主席杨显云等4人，抢走长枪1支。

5月8日上午，平溪区委书记李鸿儒率队前往杨溪头征剿大刀会暴徒，在七宝岗与暴动会徒相遇，击毙刀匪2名，李鸿儒不幸牺牲。

8月15日，寿宁县城召开公审大会，判处大刀会头子吴世光、杨奕山死刑。

是年，全县开展"镇反"运动，平溪区委在村中溪滩召开公审大会，15个反革命分子被就地枪决。

1952年

7月7日，确认土改成果的《土地房产所有证》颁发工作结束，过去的房地产契约一律作废。

9月，平溪区举办寿宁县首次城乡物资交流会。

是年，成立平溪供销合作社，资金由群众入股筹集，社址在寿山桥下方的临溪老街（桥北路）。

1953 年

夏，连续两个月滴雨未下。田土龟裂，禾苗枯黄。

是年，实行农业、手工业、私营工商业社会主义改造。

1954 年

9 月，棉布实行计划供应，每人全年定量 5 米，至 1983 年才敞开供应。

是年，城乡居民（非农业人口）及行政、企事业单位用粮，一律实行发证、定量、定点供应。

是年，寿宁县中队派驻两个班在东山头村设立防空执勤点，防范台湾敌特空降。两年间，防空执勤点的战士先后猎杀 8 头野猪。

1955 年

9 月 28 日，与平溪区毗邻的寿宁县纯池区划归周宁县管辖。

1956 年

1 月，抽调平溪片民工 55 人，自备工具参加修建鹰潭——厦门铁路。

2 月，平溪、托溪合并为芹洋区，设平溪、上党、南溪等乡。

1957 年

12 月，平溪区抽调民工 400 人，自备工具参加修建福安——寿宁公路。

1958 年

7 月，平溪中医卫生所、中医联合诊所合并为平溪公社医院。翌年，改称平溪公社保健院。

9 月，大刮共产风，砸锅砍树炼钢铁、全民办食堂、吃大锅饭；大刮浮夸风，搞移苗并丘，虚报宣传亩产千斤稻、万斤薯。

10 月 6 日，斜滩至平溪公路一期工程——斜滩至鸬鹚岔段 11 千米动工修建。群众义务投工投劳，国家拨款 20.87 万元，1959 年 3 月竣工。

是年，平溪剧团成立，演员 20 多人。演出剧目有古装戏《穆桂英挂帅》等 20 多部。

1959 年

1 月，平溪公社电影放映队成立，这是寿宁县成立的第一个公社电影队。

3 月，长洋、上洋、上充、胡坑、东木洋 5 个自然村从燕窠生产大队分出，成立东木洋生产大队。同月，全县撤区划为 8 个大公社。平溪公社辖东木洋、溪底、南溪等 14 个生产大队。

12 月，斜滩至平溪公路——鸬鹚岔至长溪段 16 千米动工修建。动用民工 19 万个工日（每个工日 10 分，年终参加生产队分红），国家拨款 11 万元，1960 年 5 月竣工。

是年，实行新衡制，每市斤由 16 两改为 10 两。

1960 年

是年，创办寿宁县农业学校，校址在长溪村大桥下北岸溪畔。

是年，在平溪金州洋修建拦溪大坝，水电站厂房为二层土木结构建筑。金州洋水电站系平溪境内第一座水力发电站。

是年，粮食紧缺，人们以野菜、树皮、观音土为食。因饥饿、劳累，致平溪境内大量暴发浮肿病并出现死亡病例，上级按人口分配米糠给患者治疗浮肿病。

1961年

6月，连日暴雨，交通中断10天，平溪供销社食盐脱销。

1962年

12月，国家拨款8.2万元，群众义务投工投劳，动工修建长溪至平溪村段9千米公路。

1963年

正月十五，各大队的舞龙、舞狮队伍齐集平溪。村中龙腾狮跃，家家鲤鱼灯、走马灯、蛤蟆灯、南瓜灯争奇斗艳，天上升腾一盏盏平安灯，歌舞升平闹元宵。

8月，重办平溪农业中学，校址设老公社（肖家大院）。

11月，平溪境内第一条4级泥结碎石路面公路——平溪至斜滩公路建成通车。

是年，平溪供销社第一座砖木结构办公大楼落成。

1964年

上半年，平溪农业中学迁到坂头（环溪）灵岩寺下面的平溪碗厂。

是年，坂头、燕前、南日洋3个自然村从平溪生产大队分出，设坂头生产大队。

1965年

8月20日，全县台风暴雨成灾。晚12时许，溪底村云雾坑自然村后山滑坡，毁坏民房3座，死亡19人。

8月，平溪村至南溪抵政和县界公路动工建设。冬，石门隘被炸毁。

是年，在长溪村创办"社来社去"的"寿宁县初级农村师范学校"。

1966年

9月，学校成立红卫兵组织，各村开展"横扫牛鬼蛇神""清理阶级队伍"等运动，文物古迹遭破坏。

10月，平溪剧团被解散。戏班服装、道具全部集中"寿山桥"上方溪滩烧毁。

1967年

12月，平溪村至南溪段公路竣工，长10千米，群众投工80万个工日，国家拨款34万元。

是年，平溪公社党委、革委会在平溪村金洋街内侧征地建公社办公楼。

1968年

6月，平溪至政和县城公路竣工通车。

是年，全民读"红宝书"，大刮"早请示""晚汇报""天天读"之风。

是年，平溪公社党委、革委会由肖家大院迁入金洋街内侧新建的公社办公楼办公，部分干部家属仍住在肖家大院。

1969 年

4月，寿宁县首批城镇居民户口的初中、高中毕业生分配到东木洋生产大队插队。

9月27日，平溪流域暴发特大洪水，沿溪村庄、桥梁、电站损毁严重，平溪境内流域溺亡8人。

12月，平溪公社碑坑生产大队率先办起贫下中农合作医疗站，翌年迅速推广至全县。

是年，木场、狮子岩自然村从平溪生产大队分出，设木场生产大队。

1970 年

8月26日，《福建日报》报道长溪村青年农民李玉山，到福州自费购买《毛主席语录》1715本，送给全县生产队长学习的新闻。

是年，坂头村灾后重建，在村后门山大柴林岗集中统一建设"坂头新村"。

是年，西山、上坪、溪后、牛坪、上昔洋、回山洋、大丘下、野猪炉等自然村从屏峰生产大队分出，设西山生产大队。

1971 年

是年，动工修建平溪——芹洋水利工程。在南溪村下游砌坝蓄水，渠道沿溪底、上充、平溪、清洋、岭根至芹洋乡尤溪村岭头，全长42千米。

是年，环溪村上游建坝蓄水。这是邑内唯一一座用石墩、松木枋建成的拦河大坝。2012年，改用水泥浇灌拦河大坝。

1972 年

6月，平溪群众筹资从溪流中捞回被洪水冲毁的"寿山桥"桥石，在原址重建为3水孔、8旱孔的石拱桥，更名"平溪桥"。

是年，平溪公社在杨溪头村办林场，面积3000余亩。

是年，溪底石拱桥重建不久即崩塌。

1973 年

是年，在屏峰村进行飞机播种造林。

是年，平溪中学在平溪村西峰堂（周氏宗祠）前建二层石木结构教学楼，内设8间教室，占地面积690平方米。同年，平溪中学停止招收高中新生。

是年，平溪公社党委、革委会在平溪公社办公楼右侧，征地新建一座人民会场（影剧院）。

1974 年

冬，上窑村群众在村下游的庵后岗挖出28件较完整的瓷器，其中14件壶、罐具有宋瓷特色。

是年，开通平芹水利工程水渠——"双龙隧洞"。隧洞从溪底村后门山穿过，高2米，宽2米，长400米。

1975 年

6月，屏峰村麻疹流行，全村580多人传染。

秋，皮定均司令员由政和县经平溪检查"农业学大寨"工作，对平溪大队党支部"物资刺激"妇女到金州洋改溪造田一事予以通报批评；福建日报对岭兜村改溪造田予以报道表扬。岭兜改溪造田工程，后因资金不继无果而终，劳民伤财。

是年，平溪初级中学由长溪村迁至平溪西峰堂前的教学楼办学。

是年，后坪、东山头、外洋墩、山头垄、半岭洋、吉岭头等6个自然村从东溪生产大队分出，成立东山头生产大队。

1976年

6月，平溪公社向县电影工作站赊购8.75毫米放映机、拉绳汽油发电机各一台，成立平溪公社电影队。

冬，省委书记廖志高途经平溪前往政和县，对平溪公社农田基本建设和揭批"四人帮"等工作表示满意。

是年，平溪公社抽调生产队员1200人，义务修建清洋茶场至屏峰公路。1977年10月，清洋至屏峰公路竣工通车。

1977年

8月，平溪人民会场（影剧院）建成，内设前厅、观众席（678个座位）及舞台。2013年10月，为修建寿政二级公路至金洋街连接线，影剧院被拆除。

9月，平溪中学开始招收高中新生，学制两年。仅办两届，1980年停止招生。

12月9日，平溪公社数百名历届初中、高中毕业生，赴县城参加"文革"结束后的第一场全国高考。

是年，经宁德地区卫生局批准，平溪公社卫生院升格为平溪公社中心卫生院。

1978年

3月，刘美森、黄立云、周道兴三位考生被录取，成为中华人民共和国成立后平溪境内第一批参加全国高考步入大学校门的大学生。

10月，县人民政府提倡晚婚。晚婚年龄为男28周岁，女25周岁。

1979年

是年，提倡一对夫妇只生育一个孩子，号召生育一胎的夫妇领取独生子女证。

是年，平溪公社党委、革委会在平溪公社办公楼后面再次征地6亩，新建一座党委、革委会办公大楼及一排干部家属小厨房。

1980年

7月7~9日，南溪村李妙勋参加全国高考，获寿宁县文科第一名。

是年，岭后、天池、下洋坪、白岩头、外白岩头5个自然村从亭下生产大队分出，成立岭后生产大队。

1981年

5月11日，暴雨成灾，燕窠村一农民溺水而亡。

5月，取溪水环绕全村之意，坂头生产大队更名为环溪生产大队。

是年，落实生产责任制，以户为单位承包责任田。

是年，平溪公社与平溪、湖潭生产大队合资建设大连坑水电站。

1982年

是年，平溪中心卫生院在平溪村下游的桥北路内侧征地建医疗综合楼。

1983年

是年，平溪中心卫生院投资21万多元，在平溪村下游的桥北路内侧建钢筋水泥结构四层医疗综合楼1座，建筑面积1578平方米。

1984年

1月18日，宁德地区中级人民法院在县城召开宣判大会，流氓集团主犯、环溪村村民吴某某被依法判处死刑，在县城执行枪决。

7月1日，南溪村农民李典伟创办南溪客运代办站，交通运输部发来贺信，誉为"全国第一家农民客运代办站"。

9月，全县撤社建乡。人民公社改称乡人民政府，生产大队改称村民委员会。

10月14日，66岁的张乃堂从台湾省绕道日本回到老家岭后村。张乃堂是寿宁县首位返乡探亲的台胞。

是年，在湖潭村将军山发现叶蜡石矿，同年动工开采。

是年，柯洋、宫仔下、东山垄、岔门底、新墓下、后门岗6个自然村从亭下村民委员会分出，成立柯洋村民委员会。

1985年

7月，柯洋村张江平参加全国高考，获寿宁县文科第一名。

是年，平溪中心小学建钢筋水泥3层教学楼。

1986年

7月，长溪村李兴权参加全国高考，获寿宁县理科第一名。

是年，平溪街道浇灌水泥路面，全长600米。

是年，东溪村民李元鲁、李阿忠在山中发现两只豹子，小豹被抓，母豹逃逸。

1987年

12月，下党、上党、碑坑、西山、杨溪头5个行政村从平溪乡析出，划归新建的下党乡，李烈苍任下党乡首任党委书记。

是年，周宁县纯池乡擅自在湖潭村松柏溪雷公潭一带毁林建设水电站，双方发生纠纷。

1988年

3月15日17时，一场百年罕见的特大冰雹袭击平溪乡，为害之烈前所未有。

是年，在湖潭村将军山叶蜡石矿山周围发现面积约两平方千米的石英石矿，储量约100万吨以上。

是年，为争夺松柏溪雷公潭一带山林权，湖潭村与周宁县纯池乡发生械斗。双方诉诸省、地法院，经终审判决，雷公潭一带山林归属湖潭村。

1989年

7月19日上午9时，习近平（时任宁德地委书记）一行沿着屏峰至下党古道，步行7.5千米到新建的下党乡调研扶贫开发工作。

是年，日洋、大岗、山头、龙头坑、下山头5个自然村从溪底村民委员会分出，设龙头坑村民委员会。

1990年

是年，乡政府将平溪桥桥面加宽，在桥上安装路灯。

1991年

7月，南溪村李建军参加全国高考，获寿宁县文科第一名。

7月16日，《人民日报》五版（加框花边）刊登黄立云采写的《他谱写了丧事简办三部曲》，首开邑内作者在《人民日报》（全国版）发表文章之先河。

是年，平溪乡政府从环溪村上游山涧引水到平溪村蟠龙山顶蓄水池。次年，平溪村民开始饮用自来水。

1992年

4月1日，福建省粮食厅统一制发《市镇居民粮籍证》，用以证明原城镇居民户的身份。从此，购买粮油不再使用各种证、票。乡村、城镇人口的粮食全部由自己生产或自行向市场购买。

1993年

9月，周光恩、李式文等退休干部为首筹集善款5075元，以"老区人民"的名义汇给山西省垣曲县皋落乡李鸿儒烈士遗孀——张凤华。

1994年

8月，城镇居民口粮恢复凭证定量供应，每人每月10千克大米，按月向粮站购买。

1995年

是年，环溪村大力发展花菇。

1996年

3月18日，平溪中学动工兴建综合宿舍楼。

1997年

6月，平溪中学在全县中考综合评比中获第一名，被县政府授予"先进教育集体"称号。

是年，平溪信用社营业所拆旧建新发生塌楼事故，2个工人死亡，致工程长期中止。

1998年

是年，动工修建平溪村临溪老街桥北路。

是年，全乡实行农村电网改造。此后，村民能够正常用电照明。

1999 年

7月，平溪村黄翔（女）参加全国高考，获寿宁县文科第一名。

8月17日，在平溪村犀牛山脚出土新石器——石戈1件、石锛2件。

2000 年

7月，环溪村周琨参加全国高考，获寿宁县理科第一名。

2001 年

4月14日，岭兜村计划生育教育对象张某被平溪派出所王某枪击致死，群众围攻打砸平溪乡政府，事件轰动全县。

10月10日，荷兰王国驻广州总领事馆领事唐孟珂到平溪实地考察计划援助的柯洋村自来水工程项目。

12月16日，平溪中学升格为"寿宁县第五中学"。

2002 年

是年，屏峰村开通移动手机通信。

2003 年

4月，为防范"非典"疫情，县政府在平溪设立临时体检站，对入境返乡人员登记造册、跟踪观察。

2004 年

7月，东木洋村温金辉参加全国高考，获寿宁县理科第一名。

2005 年

1月12~23日，平溪村黄翔（女）被中国新闻社福建分社选派参加（南京）第十届全国运动会赛事报道，成为邑内第一位参加全国性体育赛事报道的记者。

3月1~14日，平溪村黄翔（女）被中国新闻社福建分社选派赴北京采访报道第十届全国人大、全国政协会议，成为邑内第一位采访报道全国"两会"的记者。

是年，浇灌长7.5千米、宽3.5米的清洋茶场至屏峰村水泥公路。

2006 年

1月1日起，全国废止征收农业税——公粮。

12月1~15日，平溪村黄翔（女）被中国新闻社福建分社选派赴北京参加多哈亚运会赛事报道工作，成为邑内第一位参加洲际运动会赛事报道的记者。

是年，修通屏峰村至下党乡上党村的简易公路。

2007 年

8月20日11时许，龙头坑村山体滑坡，摧毁民房4座、教学楼1座，冲走猪2头，6户村民受重灾。

10月，乡政府在环溪村征地80亩建设安居工程，统一安置龙头坑灾民和白岩下、云雾坑、后山、下洋等地质灾害隐患村村民。

是年，因平溪乡出生人口政策符合率仅41.55%，南溪村15个出生人口有9个是政策外生育，乡党委、政府被县委通报批评。

2008年

1月2日，设立平溪乡教育奖学金。将本金30万元投资电站，每年以所得红利奖励、资助平溪境内优秀教师、学生。

3月5日，东木洋村王道芝被评选为寿宁县首届"孝老爱亲"道德模范。

6月，长溪村李梅芳、柯洋村魏旸参加全国高考，分别获得寿宁县文科、理科第一名。

8月8~24日，平溪村黄翔（女）被中国新闻社福建分社选派赴京采访报道北京奥运会。黄翔是中新社采访报道北京奥运会的六名持证文字记者中的最年轻、资历最浅者，也是寿宁县第一位参加大型国际体育赛事报道的记者。

12月，乡政府免费供应新品种茶苗，推广种植铁观音、金观音、金牡丹。

2009年

2月，平溪村黄翔（女）采访中国女子体操队在奥运赛场夺金的文章——《从来没有见过那么多的泪水》，入选东方出版社出版的《鸟巢·2008——中国新闻出版社的奥运记忆》一书。

6月，屏峰村王均参加全国高考，获寿宁县理科第一名。

是年，平溪乡敬老院投入使用，平溪境内8名孤寡老人搬进新居。

2010年

5月，湖潭村培育紫红色茶苗5万多株。这种紫红色茶叶清香缕缕，制成的茶叶香气沁人。

10月3日，环溪村金牛山文昌阁奠基，2011年10月15日举行落成典礼。

11月，平溪村侨居澳大利亚的黄翔（女）以最高票数当选"海都全球十大特约观察员"。

2011年

6月，屏峰村王琨参加全国高考，获寿宁县理科第一名。

9月，平溪派出所集中销毁从校园附近电玩店收缴的10台电子游戏赌博机。

是年，寿宁县城至政和县界二级公路动工建设。

2012年

8月21日，国家副主席李源潮在第640期《福建信息·寿宁县女大学生村官刘文丽"一肩挑"起小山村》上批示："刘文丽的成长历程和先进事迹请《大学生村官报》宣传一下。"

8月24日，省委书记孙春兰在李源潮副主席的批示件上批示："请信治、荣凯、小军、袁毅同志阅。建议在省里进一步宣传，并加强大学生村官的培养工作。"

11月3日，十八大代表、县医院妇产科主任（屏峰村）蔡玉美赴京参加党的十八大。

11月9日，地处源佳墩山场的寿政二级公路"发竹坪隧道"贯通。

12月1日，平溪村侨居澳大利亚的黄翔（女）当选维多利亚州福建同乡会第十三届理事会副秘书长。

是年，平溪乡茶叶产量达1061吨，第一次突破千吨大关。

是年，福建省地矿局发现平溪境内土壤硒、锌含量远高于全国丰度值。

是年，平溪境内有平溪碇步等17处历史文物被寿宁县政府公布为不可移动文物点。

是年，平溪村侨居澳大利亚的黄翔（女）获邀担任"澳大利亚首届大学生华语辩论赛"裁判。

是年，平溪村侨居澳大利亚的黄翔（女）获邀负责凤凰卫视"中华小姐环球大赛"大洋洲赛区的采访报道工作。

2013年

11月1日，副县长刘新秀、方志委主任黄立云及环溪村周武波陪同中国道教协会副会长张继禹到韶托黄槐湖、平溪文昌阁视察。张继禹会长题词："天道酬善""闽东道教宗祖——黄槐"。

12月5日，福建省人民政府批准平溪撤乡设镇。

2014年

3月，平溪镇党委、政府编印《影像平溪》画册，第一次图文并茂宣传平溪。

8月12日，平溪镇教育发展促进会成立。截至2018年5月30日，共到位基金131万元。9月，平溪镇教育发展促进会发放奖教助学金13万元，对在平溪境内任教、就学的优秀教师、学生进行表彰、奖励；对家庭困难的学生予以资助。

11月，乡贤黄立云有关冯梦龙古稀之年返闽抗清，墓葬平溪蟠龙山的论文——《一代英灵 魂归何方》在"中国·寿宁冯梦龙文化高峰论坛"发表，"引起与会者的广泛兴趣"。翌年，《一代英灵 魂归何方》收入海峡文艺出版社出版的《福建·寿宁冯梦龙文化高峰论坛论文集》。

2015年

5月14日，《福建日报》以彩色专版刊载"探访闽文化的精神力量（30）"——《黄槐：从一代清官到百姓心中神祇》。同版刊载的还有《黄立云：十年不辍，研究黄山公文化》。

是年，环溪村大王宫拆除，在原址扩建新大王宫。

2016年

5月9日，屏峰"初心广场"动工建设，次年5月20日竣工，造价45万元。

7月，寿宁县城至平溪村段二级公路竣工通车，平溪至寿宁县城公路里程缩为37.26千米。

12月，中共寿宁县委、县政府在屏峰村树立"中国工农红军北上抗日先遣队途经寿宁线路图"纪念碑。

是年，南溪村侨居牙买加的李式金当选牙买加福建同乡会副会长。

2017年

3月8日，屏峰村动工建设生态停车场，同年7月8日竣工，造价33万元。

4月7日，"寿宁县医院平溪分院"揭牌仪式在平溪卫生院举行。

6月30日，电影《冯梦龙传奇》在全国公开发行上映。影片艺术地再现了"冯梦龙墓葬平溪蟠龙山"的故事情节。

8月，平溪村黄立云经福建省作家协会主席团会议审议批准，成为平溪境内第一位省作协会员。

8月21日上午，龚守栋、叶恩发、吴发金、王凌四位退休厅级老领导组织"福州寿宁商会"企业家50多人，专程到平溪蟠龙山踏勘考察冯梦龙之墓。

8月21日下午，龚守栋、叶恩发、吴发金、王凌等领导在平溪镇政府主持召开《冯梦龙生平归宿（寿宁平溪）论证座谈会》，参加会议的有寿宁县传统文化研究会成员，平溪镇党委、政府班子成员及"福州寿宁商会"企业家代表等30多人。

是年，中共寿宁县委、县政府在南溪村上窑自然村的莲花坂设立"莲花山革命纪念室""平溪莲花山革命根据地纪念碑"。

是年，柯洋村侨居牙买加的李杨森任蒙特歌贝市市长顾问委员会成员，蒙特歌贝市—杭州市"双城姐妹城市"联谊会会长。

2018年

6月16日，平溪村下游东瓜洋动工兴建石拱大桥——卧龙桥。

8月24日，人民网消息："木场村荒野发现一片明末清初古茶树林，最老的野茶树龄达300多年。"

12月，南溪村、东溪村列入第五批中国传统村落名录。

12月，在南溪村上游建"古驿·南溪"石刻及石门隘遗址纪念墙；在原"政寿交界"牌坊遗址附近构筑纪念墙、纪念亭。

是年，平溪镇党委、政府编印《经典福建·平溪镇》，图文并茂宣传平溪。

2019年

7月22日，屏峰村举办古道健步、越野赛。来自中国和加纳、阿富汗、巴基斯坦、吉尔吉斯斯坦等国家的1000多名徒步爱好者，分别参加男、女35千米古道越野，男、女7.5千米古道健步比赛。

11月5日，国道G235寿宁县城经平溪至政和县二级公路全线建成通车。

11月，柯洋村侨居牙买加的李杨森当选中国侨联青年委员会委员；南溪村侨居牙买加的李式金当选福建省第二届侨商联合会副会长。

12月，中央电视台《中国影像方志》摄制组来寿宁拍摄《福建卷寿宁篇》，乡贤黄立云应邀在片中介绍古道、关隘、冯梦龙及官台山银矿等寿宁人文历史。

是年，柯洋村侨居牙买加的李杨森任蒙特歌贝市工商会主任、蒙特歌贝市—义乌市"双城联谊会"会长、牙买加福建同乡会副会长。

是年，新华社来寿宁拍摄《冯梦龙：兴利除害 求实恤民》电视片。乡贤黄立云应邀在片中讲述平溪周木匠制作捕虎木阱，帮助冯梦龙捕虎除害的故事。

2020年

2月，寿宁县政府为防范新型冠状病毒肺炎疫情扩散，在南溪村设检查站对入境人员进行体温测量、登记造册。

6月，在平溪蟠龙山征地106亩建设寿宁五中新校区。目前，新校区建设工程正在有序进行。

8月，宽2~2.2米，上自寿宁五中新校区，下至琴桥油坊水碓遗址的平溪北岸沿溪休闲栈道全面竣工。

8月，平溪中心卫生院与桥北路相邻的办公住宿综合楼，因危房被拆除。

9月，在平溪琴桥北岸原油坊水碓遗址处新建一座仿古景观水车。

9月，平溪村周城钰被外交部派驻所罗门群岛，成为平溪境内第一个在驻外大使馆工作的外交人员。

是年，位于"平溪桥"上方溪流中的"音乐喷泉"建成投入使用。

是年，柯洋村侨居牙买加的李杨森任蒙特歌贝市—珠海经济特区"双城联谊会"会长。

2021年

5月21日，寿宁五中蟠龙山新校区出土三孔并排砖拱葬棺古墓，民间传为冯梦龙之墓。该墓坐西朝东，中孔略大，左右两孔略小，墓中棺椁、尸骨朽化，现场未发现碑刻及随葬物品。现古墓被挖掘机挖毁，仅存残余墓穴。

6月初，叶恩发、黄立云、周晓明、周武波、黄定生、肖丰平等在寿宁五中校长李式洪陪同下到蟠龙山踏勘冯梦龙之墓。

10月12日，乡贤黄立云将《关于将平溪命名为'梦龙文化小镇'，列为'乡村振兴'重点乡镇规划建设的建议》呈送寿宁县委、县政府主要领导。

10月，分布在平溪、环溪两村共有352个停车位的停车场建成投入使用。

12月，寿宁县委、县政府将规划建设"梦龙文化小镇·平溪"列入议事日程。

2022年

4月27日，平溪村被县文旅局列为寿宁县第二期"金牌旅游村"。

7月11日，叶恩发、黄立云与地师罗明等人，在五中校长李式洪陪同下第六次到蟠龙山踏勘，筹划修建平溪蟠龙山冯梦龙陵园。

8月9日，寿宁县第一个乡镇侨联——平溪镇归侨、侨眷联合会成立，南溪村李式岩当选平溪镇侨联首任主席。

8月26日，黄立云、叶恩发、龚守栋等为首成立平溪蟠龙山冯梦龙陵园筹建组，并发出《关于兴建平溪蟠龙山冯梦龙陵园倡议书》。

9月9日，平溪蟠龙山冯梦龙陵园动工兴建。10月14日巳时，冯梦龙陵墓举行安碑仪式。这是全国唯一的一座冯梦龙陵园，也是全国第一座民间筹资修建的冯梦龙主题公园。

10月15日，台海网报道《致力打造'梦龙文化小镇'！宁德平溪镇举行冯梦龙陵园安碑仪式》。乡建中国网、廉政中国网及搜狐、知乎、大鱼号、今日头条等媒体相继予以转载。

10月，长洋村在平溪金州洋两溪交汇处兴建的单孔木拱廊桥——飞凤桥，是平溪境内唯一的一座木拱廊桥，也是全国现存单孔拱跨最长的木拱廊桥。

12月19日，新冠肺炎病毒开始在邑内扩散，一时间家家皆"阳"，幸免者寥寥。疫情期间，人们尽量不出门，出门必戴口罩，街市罕见人影。

第一编　建制区划

平溪村犀牛山出土的石戈、石锛证实，早在新石器时代就有先民在平溪流域农耕渔猎，繁衍生息。

唐宣宗大中、咸通年间，弃官南下的许延一、许延二兄弟将母亲叶氏安葬在平溪村中。

宋政和八年（1118），政和县尉朱松（朱熹之父）赋诗《南溪道中》；淳熙九年（1182），梁克家主纂的《三山志》中有"长溪县永乐乡平溪里：大小鱼溪、西溪、麻竹、斜滩"的记载。

第一章 区域隶属

第一节 区域位置

平溪镇位于寿宁县西南部,在东经119°19′,北纬27°20′之间。自明朝景泰六年(1455)八月寿宁建县至1945年7月,平溪东与芹洋乡、斜滩镇接壤,东南与凤阳乡相连,西南与宁德县(东洋分县)毗邻,西与政和县交界,西北与浙江省庆元县相接。

1950年8月,原属第三区(平溪区)的纯池乡升格为第六区(纯池区)。平溪西南部原与周宁县毗邻,变为与第六区(纯池区)毗邻,其余不变。

1955年9月28日,寿宁县第六区(纯池区)所辖15个乡划归周宁县管辖。平溪西南部原与第六区(纯池区)毗邻,变为与周宁县毗邻,其余不变。

1987年12月,原属平溪乡的下党、上党、西山、碑坑、杨溪头5个行政村划归新建的下党乡。平溪乡的西北部原与浙江省庆元县毗邻,变为与下党乡毗邻,其余不变。

2013年12月5日,平溪撤乡设镇。平溪镇东与芹洋乡、斜滩镇接壤,东南与凤阳镇相连,南与周宁县毗邻,西与政和县交界,西北与下党乡相接,总面积125平方千米。镇人民政府驻地平溪村距寿宁县城37.26千米;距宁德市158千米;距福州市270千米。

第二节 建置沿革

平溪,秦属闽中郡。西汉高祖时属闽越国,始元二年(前85年)属会稽郡冶县(今福州)。东汉属会稽郡侯官县。三国吴永安三年(260)以后属建安郡侯官县。晋属晋安郡温麻县(今连江)。南朝宋泰始四年(468)属晋平郡,齐属晋安郡,陈光大二年(568)属丰州。隋开皇九年(589),温麻县并入原丰县(今闽侯),属丰州。大业三年(607)属建安郡闽县(今闽侯)。

唐属福州连江县,武周长安二年(702)属泉州长溪县,唐天宝元年至乾元元年属长乐郡长溪县,以后又属福州长溪县。开成元年(836)感德场设立,寿宁分属长溪县与感德场。闽龙启元年(933)升感德场为宁德县,寿宁分属长溪县与宁德县,仍隶福州。闽亡,福州归吴越国。

宋咸平三年（1000），宁德县的关隶镇升为关隶县，政和五年改关隶县为政和县。绍兴三十二年（1162）升建宁军为建宁府，寿宁先后隶属建宁军关隶县、建宁府政和县。

淳祐五年（1245）长溪县分置福安县，寿宁的东南部属福州府福安县。元至元二十三年（1286）升长溪县为福宁州，辖福安、宁德两县。二十六年升建宁府为建宁路，寿宁的西北部属建宁路政和县，东南部属福州路福宁州福安县。明洪武元年（1368）建宁路改为建宁府，二年降福宁州为县，寿宁的东南部属福州府福安县，西北部属建宁府政和县。寿宁建县前，平溪一带分属政和、福安两县。

明景泰六年（1455）八月，划政和、福安二县地建寿宁县。政和县析出善政乡南里十都，北里十一都、十二都，东里十三都、十四都、十五都；福安县析出平溪里十一都、十二都、十三都、十四都归属新建的寿宁县，隶属建宁府。自此，平溪隶属建宁府寿宁县。清雍正十二年（1734），寿宁县由建宁府改隶福宁府，平溪随之隶属福宁府寿宁县。

民国二十五年（1936）设平溪区公所，下设联保主任。民国三十四年（1945），改区公所为乡，全县设11个乡。平溪乡下辖保、甲，一个保分若干甲。民国二十八年（1939），平溪乡升格为平溪镇。

1949年7月13日，中国人民解放军三野十兵团三十一军九十三师解放寿宁。7月20日，寿宁县人民政府成立，全县划为三个区。平溪为第三区，下辖平溪乡10个保、纯池乡10个保。

中华人民共和国成立后，平溪仍为第三区。1955年9月，改第三区为平溪区。1956年2月，平溪、托溪合并为芹洋区。1958年8月拆区并乡，全县仅保留斜滩、芹洋两个区。同年，宣告成立人民公社，平溪为跃进公社，南溪为先锋公社，上党为胜利公社。

1959年3月拆区并社，全县设八个大公社。平溪公社下辖14个生产大队。1961年5月，重新合并芹洋区，平溪境内有平溪、坂头、南溪、东木洋、长溪、屏峰、下党7个小公社。1965年7月再次撤区并社，平溪公社下辖14个生产大队。"文革"时，各公社、大队改称"××公社革命委员会""××大队革命委员会"。

1980年11月，"革命委员会"改称"管理委员会"。1984年9月选举建乡，平溪乡管理委员会改称平溪乡人民政府，并一直沿用至2013年12月5日。

2013年12月5日，福建省人民政府批准平溪撤乡设镇。自此，平溪乡人民政府改称平溪镇人民政府。

第二章 行政区划

第一节 明朝行政区划

寿宁县原系政和县善政乡南里十都,北里十一、十二都,东里十三、十四、十五都与福安县平溪里十一至十四都地。

明景泰六年(1455)八月寿宁建县后,将原属政和县部分划分为"坊隅"和"政和里",原属福安县部分划分为"福安里"。

一、万历何乔远《闽书·方域志·寿宁县》

析于政和者为坊隅及政和里。辖坊隅一、都十二,凡统图二十有五。

1. **坊 隅** 统图五。

山曰 香炉、高山、韶托、大蜀。

岭曰 纸被、溪头、车岭、弹子、章坑、杨梅、九岭、黄客、东门、清源、青竹。

2. **政和里** 一都、二都、三都、四都、五都、六都,以上凡统图八。

山曰 牧童、紫翠岩、白岩仙、佛漈、基德八仙、仙人迹、古鼎、百里林、东山、立茂。

岭曰 西表、俞岭(编者注:庾岭)、虎窣、芹洋、尤溪、官田、立茂、黄奇、小东古鼎。

3. **福安里** 七都、八都、九都、十都、十一都、十二都,以上凡统图十二。析于福安者,为福安里。

山曰 官台、渐山、弧长。

峰曰 天池。

障曰 铁仙。

岭曰 石虎、新峰、花岭、大同。

二、崇祯十年冯梦龙《寿宁待志·都图》

1. **政和里七都一图**

一甲:印潭村;二甲:禾溪头;三甲:泗洲桥;四甲:长洋;五甲:许济坑;

31

六甲：柘下村；七甲：硋窑村；八甲：淳池村；九甲：衙后；十甲：三顶桥。

2. 政和里七都二图

一甲：山头溪口村；　　　二甲：李长坑村（编者注：长溪村，下同）；

三甲：初垄（原注：军户）；四甲：长洋村；　　　五甲：李长坑村；

六甲：南溪；　　　　　　七甲：城内的小东门洋心；八甲：周墩村；

九甲：竹岭村；　　　　　十甲：葡萄洋村。

3. 政和里八都一图

一甲：平溪冢后村；　二甲：平溪桥头；　　三甲：平溪龙头坑村；

四甲：平溪下背岭兜（编者注：应为平溪下坝、岭兜）；

五甲：牛栏头碑坑（编者注：应为牛栏头、碑坑）；

六甲：平溪板头（编者注：平溪坂头）；　　七甲：平溪后池，　八甲：长洋；

九甲：修竹埁中（编者注：应为修竹、鼎墩）；十甲：平溪冢后。

4. 政和里八都二图

一甲：平溪村；二甲：印潭村；三甲：化竹坪村；四甲：庚岭头村；五甲：奖禄；

六甲：下党村；七甲：奖禄村；八甲：修竹村；九甲：平溪村；十甲：佳宅村。

5. 政和里八都三图

一甲：城内东街桥头下；二甲：平溪上洋村；三甲：平溪村；四甲：大连坑；

五甲：上窑村；六甲：碑坑；七甲：碑坑；八甲：南溪；九甲：栗坂；十甲：南溪。

6. 政和里九都

一甲：乌石岭；二甲：奖禄；三甲：李长坑；四甲：上东溪（编者注：东溪）；

五甲：徐家池村；　　　　六甲：修竹；　　　七甲：后坑岭（编者注：张坑）；

八甲：修竹；　九甲：前塘（编者注：钱塘）；十甲：奖禄。

7. 政和里十都一图

一甲：黄坛村；二甲：张广地村（编者注：广地）；三甲：江山村；

四甲：圈石；　五甲：坪坑桥村（编者注：坪坑）；六甲：芹洋村；

七甲：杨梅林；八甲：沙潭村；九甲：溪底（编者注：圈石溪底）；十甲：东山。

8. 政和里十都二图

一甲：曹坑；二甲：芹洋；三甲：托溪；四甲：芹洋丹溪桥（编者注：江瑶）；

五甲：托溪上村；　　　　六甲：托溪曹坑；　　　　七甲：芹洋溪源；

八甲：铁炉坪；　　　　　九甲：溪舟（编者注：溪州）；十甲：九岭新田下。

9. 政和里十都三图

一甲：峡头；二甲：潦头；三甲：芹洋村；四甲：芹洋村；五甲：大黍；

六甲：阜莽、双凤坑；　　七甲：鹤溪坪（编者注：托溪）；八甲：圈石村；

九甲：渺洋；　　　　　　十甲：潦底。

第二节 清朝行政区划

明末清初，统称为都、境，平溪为八都平溪境。大村设地保，平溪、长溪、南溪等村均设地保一人。康熙十年（1671），为利于计征赋税，按田置都图。

雍正六年（1728），改都图为乡镇村庄。全县划分为7境、8乡、112村。其中，西南乡自县西南10里韶托村至洋尾衕135里止，共26村，平溪属西南乡。

乾隆初，保留城中的境，乡间较大的村落也有按境划分。取消乡村，恢复实行都、图、甲制。每都三图，每图十甲。平溪境内的都、图、甲分布如下。

一、七都

一图　四甲：长洋村；

二图　二甲：李长坑；四甲：长洋村；五甲：李长坑；六甲：南溪村。

二、八都

一图　一甲：平溪冢后村；二甲：平溪桥头；　　　三甲：龙头坑村；

　　四甲：岭兜村；　　五甲：牛栏头（编者注：湖潭）；六甲：坂头；

　　七甲：平溪后池；　八甲：长洋村；　　　　　十甲：平溪冢后村。

二图　一甲：平溪村；四甲：庾岭头；九甲：平溪村。

三图　二甲：上洋村；三甲：平溪村；四甲：大连坑；

　　五甲：上窑村；八甲：南溪村；九甲：栗坂；十甲：南溪。

三、九都

三甲：李长坑；四甲：上东溪（编者注：东溪）。

第三节 民国行政区划

一、区划建制　民国元年（1912），全县设鳌阳、平溪、斜滩3个区，区署称"××区自治会"。

民国十七年（1928）9月，实行"县、区、村（里）、闾、邻"建制。第一级为县，第二级为区，第三级为村（里），第四级为闾，第五级为邻。规定5户为邻，25户为闾，百户以下为村，百户以上为里，20村里为区。全县设鳌阳、平溪、南阳、斜滩、蓝田、纯池6个区。

民国十八年（1929），县以下仍维持四级建制，但将"村（里）"改为"乡（镇）"。

民国二十三年（1934），规定县以下为县、乡（镇）、闾邻三级。10户为邻，10邻为闾，10闾以上为乡（镇）。全县设5个区、23个联保、283保、2771甲。平溪为第四区，辖3个联保。第一联保驻地平溪，联保主任周镇平；第二联保驻地溪源，联保主任张蔚章；第三联保驻地托溪，联保主任吴强。

民国二十五年（1936）冬，实行保甲制度，10户为甲，10甲为保，10保以上为镇。12月，全县设5个区，第一区在鳌阳，第二区在南阳，第三区在斜滩，第四区在平溪，第五区在衙后。

民国二十六年（1937）8月，全县并为3个区。民国二十八年（1939）7月，第一区区署在上犀溪，第二区区署在斜滩，第三区区署在纯池。

民国二十九年（1940）6月，三区区署设平溪，辖平溪镇、南溪乡、尤溪乡、赤岩乡、下禾溪乡。

民国三十年（1941）6月，原第二区改为第一区。原第三区改为第二区（平溪），增辖第一区的坪坑乡，平溪镇改为平溪乡。第二区（平溪）下辖平溪、南溪、尤溪、坪坑、赤岩、下禾溪6个乡。

民国三十四年（1945），撤区设乡。乡以6~11保编成，镇以12保编成，保以10~20甲编成，甲以10~25户编成。全县共设11个乡（镇）、107保、1339甲。这种县、乡（镇）二级制，一直延续至民国三十八年（1949）。

民国三十四至三十八年（1945~1949），平溪乡辖平溪、溪底、南溪、亭下、燕窠、湖潭、屏峰、长溪、尤溪、下党、上党等11保，共100甲。

二、平溪乡的保、甲（编者注：未含现属芹洋乡的尤溪保和下党乡的上党保、下党保）

一保　平溪、坂头、岭根、南地洋、长潭尾。

二保　南溪、上窑、云雾坑、新桥头。

三保　长溪、高山、源佳墩、百家山。

四保　湖潭、岭兜、东溪、马坑、大场、后山、范岔、下洋、东山头。

五保　燕窠、于岭、彭地、木场、长洋、扶坑、东木洋、上洋坪。

六保　屏峰、西山、溪后、上昔洋、孔雀洋、漈下洋、墓下洋。

七保　亭下、柯洋、岭后、下井、三角洋、下洋坪、白岩头、溪底源。

八保　溪底、上洋、日洋、上充、龙头坑、上山头、下山头、白岩下、漈坑洋、天池庵。

第四节　共和国行政区划

1949年7月13日寿宁解放。8月，仍沿用民国三十四年（1945）的建制，全县成立鳌阳、斜滩、平溪3个区人民政府。平溪区公所辖平溪乡10个保、纯池乡10个保。10月中旬，全县划为5个区。平溪为第三区，辖2个乡，11个保。

1950年8月，从第三区（平溪区）划出纯池乡设为第六区。1952年5月，从第二区划出凤阳乡设为第七区，全县共设7个区。第三区（平溪区）区公所辖平溪、溪底、南溪、亭下、燕窠、湖潭、屏峰、长溪、下党、尤溪、溪源等11个乡。

1955年9月28日，经省人民委员会批准，第六区（纯池区）划归周宁县管辖，第七区并入第二区。各地改为以区公所驻地名称作区名，即鳌阳区、斜滩区、平溪区、托溪区、南阳区。

1956年2月，全县分为4个区、2个镇、52个乡。平溪、托溪、芹洋合并为芹洋区，辖14个乡。

1958年9月至1959年3月，实行"人民公社化"。全县除保留斜滩、芹洋两个区委外，其他各区委全部撤销，新建23个人民公社党委，芹洋区作为派出机关，辖芹洋、平溪、托溪、南溪、修竹、广地、上党、坪坑、圈石、下党10个乡。

1958年8月上旬，县委在5个重点乡搞人民公社试点。9月15日，全县实现人民公社化。原来的农业生产合作社改建为23个政社合一、工农商学兵为一体的人民公社。不久又缩为20个人民公社。10月19日，根据省委领导的指示，全县办成一个大公社，原20个公社改为分社。平溪为跃进公社、南溪为先锋公社、芹洋为东风公社、修竹为红旗公社、上党为胜利公社。

1959年3月撤区并社，全县设8个大公社，下辖128个生产大队。平溪公社辖平溪、东木洋、上洋、溪底、南溪、长溪、东溪、亭下、燕窠、湖潭、屏峰、上党、下党、杨溪头14个生产大队。

1961年5月，实行区社建制，原来的8个公社，除芹洋、托溪、凤阳由县直属外，其余5个公社又成立5个区，下辖45个小公社。平溪区辖平溪、南溪、长溪、东木洋、屏峰、下党6个小公社，32个生产大队。

1963年5月，芹洋、托溪两个县直属公社与平溪合并为芹洋区，凤阳公社改为凤阳区，全县共设6个区。6月，坑底区并入鳌阳区，全县设5个区，即鳌阳区、斜滩区、南阳区、芹洋区和凤阳区，下辖48个小公社。芹洋区辖平溪、坂头、南溪、东木洋、长溪、屏峰、下党、芹洋、峡头、广地、溪源、坪坑、茗坑、圈石、托溪、漈底16个小公社。

1965年7月，再次撤区分社，全县设1个镇、12个公社，下辖127个生产大队。至此，全县各公社（镇）基本定型。平溪公社辖平溪、坂头、东木洋、溪底、岭根、南溪、亭下、燕窠、湖潭、长溪、东溪、屏峰、下党、碑坑14个生产大队。

1980年11月，全县各公社革命委员会改称公社管理委员会。

1984年9月，全县12个公社和鳌阳镇，改为11个乡和鳌阳、斜滩2个镇，下辖180个行政村、2个居民委员会。各乡镇管理委员会改称乡镇人民政府。

1984年9月至1987年12月，平溪乡人民政府辖平溪、环溪、东木洋、溪底、南溪、柯洋、亭下、岭后、燕窠、木场、湖潭、屏峰、岭根、岭兜、长溪、东溪、东木洋、东山头、上党、下党、碑坑、西山、杨溪头22个村民委员会。

1987年12月，平溪乡的下党、上党、碑坑、西山、杨溪头5个行政村和芹洋乡的下屏峰村，托溪乡的部分自然村，划归新成立的下党乡。1989年，平溪乡新设龙头坑村民委员会。

自1989年至2013年11月，平溪乡人民政府辖平溪、环溪、溪底、南溪、柯洋、亭下、岭后、燕窠、木场、湖潭、屏峰、岭根、岭兜、长溪、东溪、东木洋、东山头、龙头坑18个村民委员会。

2013年12月至2022年12月，平溪镇人民政府下辖的行政村不变，仍为原来的18个村民委员会。

第三章 村级建制

第一节 村级建制演变

自寿宁建县以来，平溪境内的村级建制先后有都、乡、村、保、生产大队、村民委员会等。

一、明 朝 平溪境内设七都、八都、九都。

1. **七 都** 有长洋、南溪村；

2. **八 都** 有平溪、长洋、南溪、上窑、栗坂、碑坑、下党、大连坑、庚岭头、平溪冢后、平溪桥头、平溪后池、平溪上洋、平溪龙头坑、牛栏头碑坑（编者注：应为牛栏头、碑坑）、平溪板头（编者注：平溪坂头）、平溪下背岭兜（编者注：应为平溪下坝、岭兜）；

3. **九 都** 有李长坑（编者注：长溪）、上东溪（编者注：东溪）。

二、清 朝 平溪境内设西南乡、西乡。

1. **西南乡** 有平溪、长洋、庚岭头、大连坑、平溪桥头、平溪后池、平溪冢后、平溪龙头坑、牛栏头碑坑（编者注：应为牛栏头、碑坑）；

2. **西 乡** 有南溪、上窑、栗坂、岭兜、碑坑、下党、平溪下坝、平溪坂头、平溪上洋。

三、中华民国

民国三十四年（1945），平溪乡有平溪、溪底、南溪、亭下、燕窠、湖潭、长溪、屏峰、尤溪、下党、上党11个保，100个甲。

四、中华人民共和国

1949年7月寿宁解放后，平溪区人民政府辖平溪乡10个保、纯池乡10个保。

1952年5月，第三区（平溪区）辖平溪、溪底、南溪、亭下、湖潭、长溪、燕窠、下党、溪源、下屏峰10个乡。

1959年3月，平溪公社辖平溪、上洋、溪底、南溪、亭下、长溪、东溪、燕窠、湖潭、屏峰、上党、下党、东木洋、杨溪头14个生产大队。

1984年10月,平溪乡人民政府辖平溪、坂头、溪底、南溪、屏峰、柯洋、亭下、岭后、燕窠、湖潭、木场、岭根、岭兜、长溪、东溪、下党、上党、碑坑、西山、杨溪头、东木洋、东山头22个村委会。

1989年,平溪乡辖平溪、环溪、溪底、南溪、柯洋、亭下、岭后、燕窠、木场、湖潭、屏峰、岭根、岭兜、长溪、东溪、东木洋、东山头、龙头坑18个村民委员会。

2013年12月5日,平溪撤乡设镇。平溪镇辖平溪、环溪、溪底、南溪、柯洋、亭下、岭后、燕窠、木场、湖潭、屏峰、岭根、岭兜、长溪、东溪、东木洋、东山头、龙头坑18个村民委员会,至今未变。

第二节 农村基层组织

1958年以后,平溪境内的村级组织先后有生产大队、村民委员会。1959年以来,为了方便管理,平溪境内的村级组织陆续拆分,逐渐增多。

一、生产大队

生产大队是人民公社直接管辖的农村基层组织,也是生产预算单位,下设若干个生产小队。

1958年9月,全县建立23个人民公社、123个生产大队,分别成立人民公社管理委员会和大队管理委员会。每个大队管理委员会有大队长、副大队长、民兵连长、妇女主任及会计、出纳等。

1968年4月,全县公社、大队管理委员会统一更名为:"××人民公社革命委员会""××生产大队革命委员会"。

二、村民委员会

1984年9月全县撤社建乡,生产大队全部改称村民委员会(简称村委会,下同)。村委会是由全村选民选举产生的村民自我管理、自我教育、自我服务的基层群众性自治组织,不是一级政权。至2005年,全乡18个村委会都建了"双委楼",供村党支部和村委会办公。

村委会由主任、副主任和会计、出纳、民兵营长、妇联主任及团支部书记等组成,每三年选举一次,任何组织或者个人不得指定、委派或者撤换村委会成员。2021年换届选举,上级规定全县村委会主任统一由村党支部书记兼任,俗称"一肩挑"。

村委会成员不是政府公务员,但从事村务工作要占用时间和精力,故给予适当补贴。2015年开始至2019年,全县行政村的党支部书记、村民主任,每人月工资1800元,社保财政补贴60%,自缴40%。2020年开始,月工资上调为2400元。

三、生产大队、村民委员会的拆分

1959年3月,长洋、上洋、上充、胡坑、东木洋5个自然村从燕窠生产大队分出,成立东木洋生产大队。

1964年，坂头、燕前、南日洋3个自然村从平溪生产大队分出，成立坂头生产大队。1981年5月，坂头生产大队更名环溪生产大队。

1969年，木场、狮子岩2个自然村从平溪生产大队分出，成立木场生产大队。

1970年，西山、上坪、溪后、牛坪、上昔洋、回山洋、大丘下、野猪炉8个自然村从屏峰生产大队分出，成立西山生产大队。

1975年，后坪、东山头、外洋墩、山头垄、半岭洋、吉岭头6个自然村从东溪生产大队分出，成立东山头生产大队。

1980年，岭后、天池、下洋坪、白岩头、外白岩头5个自然村从亭下生产大队分出，成立岭后生产大队。

1984年，柯洋、宫仔下、东山垄、岔门底、新墓下、后门岗6个自然村从亭下村委会分出，成立柯洋村委会。

1987年12月，下党、上党、碑坑、西山、杨溪头5个村委会从平溪乡分出，归属新成立的下党乡管辖，平溪乡下辖的村委会减为17个。

1989年，日洋、大岗、山头、龙头坑、下山头5个自然村从溪底村委会分出，成立龙头坑村委会。

【附　录】

一、2013年平溪镇行政村党支部书记、村民主任名录

村　名	书记	主任	村　名	书记	主任	村　名	书记	主任
平　溪	周廷芳	刘　云	岭　后	曾建兴	魏孝镇	岭　兜	林新英	张子贵
环　溪	周达雄	周孝森	燕　窠	张祖良	范祥福	长　溪	李阿亮	李金峰
溪　底	王光成	王光飞	木　场	吴炳源	吴林真	东　溪	李　艳	李岩子
南　溪	李寿明	李典生	湖　潭	吴应钦	范立让	东木洋	吴林春	黄登寿
柯　洋	张显新	张显新	屏　峰	王光树	蔡万营	东山头	—	阮学法
亭　下	王树平	吕祥庆	岭　根	吴乾清	周俊坤	龙头坑	吴远德	吴呈明

二、2020年平溪镇行政村党支部书记、村民主任名录

村　名	书记	主任	村　名	书记	主任	村　名	书记	主任
平　溪	周道绍	周万平	岭　后	曾启康	王佳幸	岭　兜	叶新清	张子团
环　溪	周孝森	周达雄	燕　窠	许振权	黄高英	长　溪	李阿亮	李健寿
溪　底	王光成	王光祯	木　场	吴林真	吴炳源	东　溪	李岩子	李　艳
南　溪	李寿明	李式岩	湖　潭	叶世英	阮刘忠	东木洋	吴林春	周继福
柯　洋	张显新	吴木才	屏　峰	蔡木场	陈同林	东山头	吴寿平	阮学法
亭　下	王青松	吕家宝	岭　根	周德恩	周先平	龙头坑	吴远德	杨达国

三、2021年平溪镇行政村党支部书记、村民主任名录

村 名	书 记	主 任	村 名	书 记	主 任	村 名	书 记	主 任
平溪	周道绍	周道绍	岭后	王佳幸	王佳幸	岭兜	张祖松	张祖松
环溪	周金福	周金福	燕窠	许振权	许振权	长溪	李阿亮	李阿亮
溪底	魏朝文	魏朝文	木场	吴林真	吴林真	东溪	吴元寿	吴元寿
南溪	李寿明	李寿明	湖潭	陈善文	陈善文	东木洋	吴林春	吴林春
柯洋	吴木才	吴木才	屏峰	蔡木场	蔡木场	东山头	吴发琴	吴发琴
亭下	王道权	王道权	岭根	周德恩	周德恩	龙头坑	吴阿银	吴阿银

第二编　居　民

根据谱牒记载，先后入迁平溪境内的有周、魏、黄、李、吴、毛、王、叶、吕、许、张、郑、陈、刘、胡、卢、范、肖、凌、蔡、温、罗、曾、阮、徐、余、高、谢、杨、符、陆、赖、韦、沈、邱、缪、甘、葛、邵39个姓氏。

目前已知，平溪境内最早的墓葬是唐大中、咸通年间许姓之母叶氏夫人墓，至今约有1160年历史；平溪境内长溪村古名许长坑、南溪村古名许堂，最初可能都是许姓聚居之地。据此推测，平溪境内肇基历史最早的应该是许姓。

2019年，平溪镇有18个行政村，共7389户、27129人。其中，男14810人、女12319人；城镇户41户、59人，乡村户7348户、27070人。平溪境内主要通行平溪方言、寿宁方言与普通话。

第二編 周民

第一章 人口与民族

第一节 人 口

明崇祯十年（1637），寿宁县有22图，每图10甲，计220甲，11932人。平均每甲54人。

民国三十一年（1942）7月8日，平溪乡共有11保，124甲，1666户，13327人，其中男7331人，女5996人。平均每甲107人，每户8人。

民国三十三年（1944），平溪乡共有11保，100甲，3167户，13304人，其中男7552人，女5752人。平均每甲133人，每户4.2人。人口密度为68人/平方千米，居全县第一。

1981年，平溪公社共出生534人，其中男278人，女256人。死亡149人，其中男89人，女60人。

1982年第三次全国人口普查，平溪公社共有4230户，22729人。人口密度为103人/平方千米。

1983年，平溪公社辖22个生产大队，248个生产队，4232户，22729人。其中男12206人，女10523人。平均每户5.37人。

1988年，平溪乡共有4405户，20342人。其中男10837人，女9505人。平均每户约4.6人。

1989年，平溪乡共有4565户，20490人。平均每户约4.5人，人口密度为158人/平方千米。

1990年第四次全国人口普查，平溪乡共有21968人。

2000年第五次全国人口普查，平溪乡共有5078户，21933人。其中男11704人，女10229人。平均每户约4.3人。

2006年，平溪乡共有5857户，25657人，平均每户约4.4人。

2008年，平溪乡共有6402户，26706人，平均每户4.1人。

2010年第六次全国人口普查，平溪乡共有6728户，27455人。其中男14786人，女12699人。平均每户4人。

2019年，平溪镇总户数7389户、总人口27129人，平均每户约3.68人。其中男14810人、女12319人；城镇户41户、城镇人口59人；乡村户7348户、乡村人口27070人；乡村劳动力11126人。

2020年第七次全国人口普查，平溪镇总人口28793人，其中男15611人，女13182人。

【附 录】

一、1982年、1988年平溪乡行政村人口统计表

行政村	1982年第三次人口普查				1988年核实人口数			
	户数	总人口	男	女	户数	总人口	男	女
合 计	4230	19005	10417	8588	4405	20342	10837	9505
平 溪	—	1555	823	732	400	1713	852	831
环 溪	—	1205	645	560	277	1193	638	535
溪 底		1374	759	615	335	1431	784	647
南 溪	—	1844	998	846	353	1908	1034	874
柯 洋	—	388	216	172	85	432	229	203
亭 下		1178	635	543	366	1254	679	575
岭 后	—	701	370	331	182	763	409	354
燕 窠		1334	722	612	269	1384	731	653
木 场		524	288	236	125	561	293	268
屏 峰	—	1924	1034	890	428	2025	1054	971
湖 潭		1296	696	600	264	1306	698	608
岭 根	—	625	310	315	129	671	345	326
岭 兜		570	298	272	122	601	317	284
长 溪		1946	1016	930	414	1593	1026	927
东 溪	—	465	244	221	152	505	253	252
东木洋		1175	805	370	334	1600	835	765
东山头	—	567	304	236	141	581	308	273
乡直单位	—	—	—	—	12	368	271	97
茶场、林场	—	334	254	80	17	93	57	42

编者注：上表中，1982年平溪乡共4230户、19005人。而1992年《寿宁县志·人口分布表》载，1982年"全国第三次人口普查"平溪乡共4230户、22729人，二者相差3724人。

二、1982—2019年平溪乡（镇）人口统计表

年份	人口	年份	人口	年份	人口
1982	19005	1998	24512	2009	27075

续表

年份	人口	年份	人口	年份	人口
1988	20342	1999	25373	2010	27455
1989	20490	2000	25881	2011	27625
1990	21968	2001	26031	2012	28025
1991	22307	2002	25531	2013	28137
1992	22697	2003	25738	2014	28895
1993	23054	2004	25339	2015	27018
1994	23253	2005	25504	2016	27094
1995	23498	2006	25657	2017	27138
1996	23855	2007	25847	2018	27130
1997	24218	2008	26706	2019	27129

编者注：《1982—2019年平溪乡（镇）人口统计表》的人口数字来自县统计局资料，1982年平溪乡人口19005人，2000年平溪乡人口25881人。而县统计局1982年"三普"平溪乡人口为22729人，2000年"五普"平溪乡人口为21933人，二者分别相差3724人、3948人。

三、2020年平溪镇行政村人口统计表

行政村	人口	男	女	行政村	人口	男	女
平溪	4033	2104	1929	屏峰	2593	1422	1171
环溪	2277	1192	1085	湖潭	1666	909	757
溪底	1134	630	504	岭根	783	444	339
南溪	2919	1565	1354	岭兜	805	421	384
柯洋	486	249	237	长溪	2707	1502	1205
亭下	1704	964	740	东溪	672	382	290
岭后	1028	565	463	东木洋	2330	1230	1100
燕窠	1779	980	799	东山头	637	356	281
木场	636	366	270	龙头坑	604	330	274

第二节 户 口

1955年，国务院先后颁布《关于建立经常户口登记制度的指示》《农村粮食统购统销暂行办法》《市镇粮食定量供应暂行办法》。从此，户口统计制度建立，粮食的产销供应与户籍挂钩。

1956年，全国统一制发户口簿册证件，国务院下发《关于防止农村人口盲目外流的指示》，城乡二元户籍制度初具雏形。1958年，全国人大通过《中华人民共和国户口登记

条例》，从此，城乡有别的户口登记制度与限制迁移制度以法律形式实施。

一、**农业户口** 一个家庭，父母是农业户口，所生子女也是农业户口。农业户口家庭，必须自己生产粮食养活自己，未经批准不得迁入城镇定居。

二、**居民户口** 指由国家供应口粮的城镇居民。政府按小口（7岁以下）、中口（8~16岁）、大口（17岁以上）给城镇居民定额供应粮食。城镇居民享有优先入学、参军、招工、招干等权利。

三、**"一家两制"户** 一个家庭，如父亲是居民户口，其妻子是农业户口，则夫妻所生子女也是农业户口。这种家庭，父亲由国家供应口粮，妻子、子女则按政府规定的定额、品种，由所在的生产队按大口（17岁以上）、中口（8~16岁）、小口（7岁以下）分配口粮。

一个家庭，如父亲是农业户口，其妻子是居民户口，则夫妻所生子女也是居民户口。这种家庭，父亲由所在的生产队分配口粮，妻子、子女则由国家供应口粮。

城镇居民口粮由国家定量供应政策，自1955年开始实施一直延续至1992年3月31日。此后，全国各地购买粮油不再使用各种证、票。

1992年4月1日，城镇《居民粮食供应证》全部转换为福建省粮食厅统一制发的《市镇居民粮籍证》，用《市镇居民粮籍证》来证明原城镇居民户的身份。从此，国家不再供应居民户口粮。全省城镇乡村人口的粮食，全部由自己生产或自行向市场购买。居民在全国各地迁移调动，均不再需要办理粮食转移供应手续，居民户、"一家两制"户自此消失。

第三节 民 族

平溪境内为汉民族聚居区，自古以来没有其他民族在此聚居。20世纪80年代以后，随着改革开放的不断深入，人口流动日趋频繁，外出读书、经商、打工的人员日渐增多，逐渐有少数民族女子嫁入平溪境内。1982年，外地嫁入平溪境内的畲族女子共9人。

1984年，国家规定对少数民族在生育、升学、就业、升迁等方面予以特殊优待政策。此后，子女不随汉族父亲之姓而改随少数民族母亲之姓的社会现象大量出现。

2000年以来，在平溪境内落户的畲族人口共22人。其中蓝姓10人，钟姓9人，雷姓3人；男性5人，女性17人。具体分布情况：东木洋村6人；平溪村4人；溪底村3人；长溪村3人；环溪、岭后、屏峰、亭下、东溪、东山头村各1人。

第四节 百岁老人

一、2015年平溪镇百岁老人

根据县老龄工作委员会办公室统计，2015年平溪镇有百岁及百岁以上老人6人，分别是：

1. 刘光后，男，一九〇二年四月六日生，时年113岁（编者注：疑户口簿有误）。家住岭兜村19号，一生务农为业，妻健在，婚后育4男2女。

2. 王连珠，女，一九一一年五月廿一日生，时年104岁。家住岭兜村，娘家下党乡上坪自然村。从事家务，婚后育1男1女。

3. 许中珠，女，一九一二年九月十二日生，时年103岁（编者注：疑户口簿有误）。家住湖潭村后山自然村15号，娘家周宁县纯池乡桃坑村。从事家务，婚后育3男3女。

4. 李启时，男，一九一四年五月十八日生，时年101岁（编者注：疑户口簿有误）。长溪村源佳墩自然村人，现居住长溪村上洋自然村。一生务农为业，五保。

5. 李琴菊，女，一九一五年元月三日生，时年100岁。湖潭村后山自然村人，现户口迁平溪村，住平溪村景新巷。从事家务，婚后育2男2女。

6. 赖金眉，女，一九一五年九月二十日生，时年100岁。岭后村人，娘家长溪村。从事家务，婚后育5男。

二、2020年平溪镇百岁老人

根据县老龄工作委员会办公室统计，2020年平溪镇有百岁及百岁以上老人3人，分别是：

1. 李琴菊，女，湖潭村后山自然村人，现住环溪村敦睦巷77号。一九一五年元月三日生，属虎，时年105岁。娘家长溪村，兄妹6人，排行老五。1932年17岁结婚，婚后生育2男2女。1938年5月生育第一胎。丧偶，现独居。

老人小学文化，从事家务劳动，家庭经济条件一般。虽然105岁了，但耳聪目明、身体健康。不仅生活能自理，还经常从环溪村步行7千米去老家后山村采茶叶、捡茶籽。在家里也闲不住，会帮忙洗菜、扫地，也会到屋旁的菜园拔拔草、浇浇水。从不喝酒、抽烟，会喝绿茶。每天三餐主食大米、蔬菜，口味偏淡。生活有规律，每晚7点上床睡觉，早上6点起床，睡眠质量好。

2. 吴隆英，女，平溪村人，一九一九年二月廿八日生，属羊，时年101岁。娘家芹洋乡溪源村，兄弟姐妹5人，自己是老大。婚后生育1个孩子，1980年丧偶，现与儿子同住。

老人不识字，性格内向、温和、不爱发脾气。从事家务劳动，家庭经济条件尚可。身体状况好，不仅生活完全自理，还能从事轻体力劳动。不抽烟，不饮酒，会喝少量绿茶。生活规律，每晚9点睡觉，早上6点起床，睡眠质量很好。每天三餐主食大米，配蔬菜，口味偏淡。

3. 吴新得，男，东溪村人，一九一九年三月十六日出生，属羊，时年101岁。家中兄弟姐妹4人，自己是老大。婚后生育2个孩子，现与配偶、子女同住。

老人不识字，性格外向、温和。从事农业生产劳动，家庭经济条件一般。身体状况较差，耳聋、手脚心冷，两年前摔伤不能行走，生活需要子女帮助。日常活动主要是与人聊天。从不抽烟、饮酒，爱喝绿茶。生活规律，早睡早起，睡眠质量一般。每天三餐主食大米，口味偏淡，晚餐多吃。

第二章 姓氏与宗族

第一节 姓 氏

夏商周以前,男子称氏,女子称姓。秦汉以来,姓氏合而为一。但在实际使用中,姓氏仍有区别。如两人初次见面,常用的是"请问贵姓?"而记录家族血缘关系的宗谱,通用的都是《□氏宗谱》。

一、周 姓

1. 平溪村　南宋庆元四年(1198),周理经浙江松源周墩徙平溪村厝坪墩为肇基之祖,至今繁衍35世。

2. 平溪鼎墩　南宋后期,周二由浙江龙泉迁平溪村鼎墩为肇基之祖,至今繁衍29世。

3. 环溪村　明嘉靖间,周果八由平溪村厝坪墩迁环溪村为肇基之祖,至今繁衍18世。

4. 岭根村　清康熙间,周景佩由平溪村厝坪墩迁岭根村为肇基之祖,至今繁衍13世。

5. 孔雀洋　清乾隆六年(1741),周有发由屏南县浅岩村迁屏峰村孔雀洋自然村肇基,至今繁衍10世。

6. 南溪村　清乾隆三十五年(1770),周士琚由平溪村迁南溪村定居,至今繁衍9世。

7. 上充村　清乾隆五十七年(1792),周景卓由平溪村葫芦门底下水井坪迁东木洋村上充自然村的茂竹山楼,后迁上充村定居,至今繁衍9世。

8. 溪底村　清乾隆五十九年(1794),周学相由平溪村迁溪底村定居,至今繁衍9世。

9. 屏峰村　清嘉庆十四年(1809),周学瓒由平溪村迁屏峰村定居,至今繁衍7世。

10. 洋坪村　清光绪十三年(1887),周士清由上党坑底村迁南溪村洋坪自然村定居,至今繁衍6世。

11. 上窑村　周姓与南溪村洋坪自然村周姓同宗。

12. 长洋村 清雍正十三年（1735），周昌腾由岭根村迁东木洋村长洋自然村定居，至今繁衍9世；民国元年（1912），周学登由燕窠村上洋坪自然村迁东木洋村长洋自然村定居，至今繁衍5世。

13. 泮洋村 民国六年（1917），周尚□由南溪村迁南溪村泮洋自然村定居，至今繁衍5世。

14. 长溪村 民国三十三年（1944），周继楚由环溪村迁长溪村定居，至今繁衍4世。

15. 柯洋村 周姓由南溪村迁柯洋村定居。

16. 庾岭村 周姓由燕窠村上洋坪自然村迁庾岭村定居。

二、魏 姓

1. 岭后村 元至元年间，魏祖光由政和县外屯乡下池村迁岭后村为肇基之祖，至今繁衍28世。

2. 下洋坪村 清咸丰年间，魏光盛迁岭后村下洋坪自然村定居，至今繁衍6世。

3. 柯洋村 1951年，魏成长由燕窠村于岭自然村迁柯洋村定居，至今繁衍3世。

三、黄 姓

1. 上充村 明洪武廿七年（1394），黄厚五、黄厚六兄弟由政和县澄源乡暖溪村迁东木洋村上充自然村为肇基之祖，至今繁衍23世。黄厚五、黄厚六的先祖是隋文帝时官西都留守、左班大学士黄隆20子——唐初南昌刺史黄威。20世纪90年代，上充村黄姓相继有7户，30多人迁平溪村定居。

2. 燕窠村 清康熙后期，黄田强（编者注：谱载黄田强，一说黄元益）由屏南县棠口际头村迁燕窠村为肇基之祖，至今繁衍11世。黄田强的先祖是隋文帝时官西都留守、左班大学士黄隆10子——宁德霍童石桥黄鞠。1980年以后，相继迁往光泽县6户，政和县4户，寿宁县城、蕉城区、福鼎市各1户。

3. 平溪村 清同治六年（1867），黄高瑞由芹洋村迁平溪村为肇基之祖。《芹洋黄氏宗谱》载：黄高瑞的先祖黄隆，又名黄高，号萧山，隋文帝时官西都留守、左班大学士，娶7妻，生21子，分别名为淑、封、通、荣、耸、魁、开、推、槐、鞠、松、震、荫、平、坚、挺、侗、尧、嵩、威、庞。

因隋炀帝无道残害忠良，黄隆写下《遣子诗》：骏马登程出异方，任从随处立纲常。年深外境犹吾境，身寄他乡即我乡。晓晚莫忘亲命语，晨昏须念祖蒸尝。愿祈苍天垂庇佑，三七男儿总炽昌。将21子分遣四方，各奔前程。

隋大业间，黄隆第20子黄威入赣肇基，唐初官南昌刺史。北宋初年，黄威第12代孙黄威九自南昌入闽，肇基武夷山五夫里。南宋理宗开庆元年（1259），黄威九后裔黄潢八由五夫里迁政和县澄源乡暖溪村为肇基之祖。元大德三年（1299），黄潢八后裔黄元二由暖溪村迁芹洋村为肇基之祖。

清同治六年（1867），黄元二裔孙黄高瑞（智房）由芹洋迁平溪村桥北路寿山桥上方肇基，至今繁衍6世。1980年以后，黄高瑞裔孙陆续迁往三明市、厦门市、福州市、寿宁县城、澳大利亚墨尔本等城市定居。2021年，留守村中的仅2户，7人。

4. 白岩头村 清雍正间，黄姓由汀州迁岭后村白岩头自然村肇基，至今繁衍10世。

5. 百家山村 民国三十五年（1946），黄姓由芹洋乡黄潭村迁长溪村百家山自然村定居。

6. 环溪村 民国十五年（1926），黄世隆由东木洋村上充自然村迁环溪村定居，至今繁衍3世。2005年，黄祖昌由环溪村迁厦门市定居。

7. 柯洋村 黄姓由屏南县棠口际头村迁柯洋村定居。

8. 大场村 黄姓由平溪村长潭尾自然村迁湖潭村大场自然村定居。

9. 长溪村 黄姓兄弟3人分别由长溪村下坑尾自然村、东溪锣鼓田自然村迁长溪村定居。

四、李 姓

1. 长溪村 明成化间，李琛由芹洋修竹村迁长溪村为肇基之祖，至今繁衍20世。

2. 南溪村 明正德十年（1515），李杰、李温兄弟2人由芹洋修竹村迁南溪村为肇基之祖，至今繁衍19世。

3. 东溪村 明嘉靖五年（1526），李镖由芹洋修竹村迁东溪村为肇基之祖，至今繁衍18世。

4. 源佳墩 清乾隆五十六年（1791），李重文由长溪村迁源佳墩自然村定居，至今繁衍8世。

5. 环溪村 清嘉庆二十年（1815）二月，李承凤从长溪村迁环溪村定居，至今繁衍7世。

6. 百家山 清咸丰二年（1852），李宣齐由长溪村迁长溪村百家山自然村路后厝定居；咸丰五年（1855），李宣雄由长溪村大垄自然村迁百家山自然村路下厝定居。

7. 平溪村 清咸丰间，李启沃由长溪村迁平溪村定居，至今繁衍7世。

8. 亭下村 清同治十二年（1873），李宣乐由南溪村迁亭下村后洋墩自然村定居，至今繁衍5世。

9. 湖潭村 清光绪间，李姓由芹洋阜莽村迁湖潭村定居，至今繁衍5世。

10. 东山头 民国十六年（1927），李宣钟与两兄长由长溪村迁东山头村半岭洋自然村定居。

11. 长洋村 民国二十九年（1940），李岩隆由平溪村鼎墩迁东木洋村长洋自然村定居，至今繁衍3世。

12. 后坪村 李姓从长溪村迁长溪村后坪自然村定居。

13. 柯洋村 李姓由南溪村迁柯洋村定居。

14. 平溪鼎墩 李有椿由芹洋乡阜莽村迁平溪村鼎墩定居。

五、毛 姓

1. 溪底村 明正德间，毛姓由浙江金华市毛洋青竹村迁溪底村肇基，至今繁衍20世。

2. 长洋村 民国三年（1914），毛阿炳由溪底村迁东木洋村长洋自然村定居，至今繁衍4世。

3. 平溪村 1981年，毛日阳由溪底村迁平溪村金洋街定居，至今繁衍2世。

六、叶 姓

1. 东溪村 明正德间，叶发旺由（周宁县）周墩浦洋村迁东溪村为肇基之祖，至今繁衍18世。

2. 湖潭村 清乾隆间，叶姓由（周宁县）李墩际下村迁湖潭村肇基，至今繁衍11世。

3. 长洋村 清乾隆三十五年（1770），叶姓由寿宁县城后叶巷迁东木洋村长洋自然村定居，至今繁衍8世。

4. 南溪村 清光绪十年（1884），叶姓从政和县镇前镇梨洋村迁南溪村定居，至今繁衍5世。

5. 环溪村 民国三十年（1941），叶林荣由岭兜村迁环溪村定居。此外，叶姓还有三、四家分别由南阳镇、平溪东山头村迁环溪村定居。

6. 岭兜村 叶姓从浙江庆元县迁岭兜村定居，至今繁衍6世。

七、王 姓

1. 桥下洋 明万历四十八年（1620），王日华由芹洋下屏峰村迁屏峰村亭下居住两代后，乾隆廿五年（1760），长孙王殿慎迁芹洋溪源村，次孙王殿成迁屏峰桥下洋村定居，至今繁衍7世。（编者注：400年仅繁衍9世，疑家谱记载有误。）

2. 途下厝 清康熙间，王正坚由下党村迁屏峰村途下厝肇基。

3. 溪底村 清乾隆元年（1736），王立满由下党村迁溪底村为肇基之祖，至今繁衍10世。

4. 孔雀洋 清嘉庆间，王殿超由芹洋下屏峰村迁屏峰村孔雀洋自然村为肇基之祖，至今繁衍10世。

5. 亭下村 清嘉庆间，王姓从下党村迁岭后村再迁亭下村定居。

6. 平溪村 清同治元年（1862），王爱昌由屏峰村孔雀洋自然村迁平溪村下坝定居，至今繁衍6世。王乃敦由下党村迁平溪村金洋街定居，至今繁衍3世。

7. 漈下洋 清光绪八年（1882），王爱新从屏峰村孔雀洋自然村迁屏峰村漈下洋自然村定居，至今繁衍8世。

8. 柯洋村 王姓由岭后村迁亭下村溪底源自然村定居。

9. 溪底源 王姓由下党村迁亭下村溪底源自然村定居。

10. 东木洋村 20世纪50年代，王光叶由溪底村迁东木洋村定居，至今繁衍3世。

八、吴 姓

1. 龙头坑 清顺治十七年（1660），吴姓由浙江庆元县举水迁龙头坑村肇基，至今繁衍13世。

2. 木场村 清康熙五十年（1711），吴智灏从浙江庆元县潦头村迁木场村为肇基之祖，至今繁衍11世。

3. 南溪村 清乾隆间，吴振行、吴海明同时从政和县新坑头村迁南溪村吴厝里肇基，至今繁衍11世。

4. 东山头 清乾隆间，吴永原从福安县迁东山头村肇基，至今繁衍10世。

5. 长洋村 清乾隆三十年（1765），吴姓从下党槽坑村海坑自然村迁东木洋村长洋自然村定居，至今繁衍8世。

6. 湖潭村 清乾隆间，吴姓由浙江泰顺县迁平溪村大连坑自然村，后再迁湖潭定居，至今繁衍8世。

7. 岭根村 清乾隆间，吴世贵由芹洋发竹坪村迁上岭根村定居；嘉庆十四年（1809），其长子迁岭根村洋中定居。

8. 东溪村 清乾隆间，浙江金华府康安县后垄村吴有林到东溪村做篾入赘陈家。

9. 东木洋 清同治、光绪间，吴忠发从龙头坑村迁东木洋村定居，至今繁衍6世；20世纪50年代，吴俊录、吴俊焕兄弟从南溪村新桥头自然村迁东木洋村定居，至今繁衍3世；20世纪90年代，吴炳强从木场村迁东木洋村定居，至今繁衍2世。

10. 环溪村 清光绪十七年（1891），吴亨嘉由芹洋尤溪村迁平溪村经商兼营茶叶。光绪廿一年（1895）在环溪村建房定居，至今繁衍6世。

11. 平溪村 吴启柱从芹洋上尤溪自然村迁平溪村鼎墩定居，至今繁衍3世。

12. 屏峰村 1950年，吴嘉熙从木场村迁屏峰村途下厝定居，至今繁衍3世。

13. 柯洋村 吴姓由浙江庆元县迁柯洋村定居。

14. 溪底源 吴姓由屏南县迁亭下村溪底源自然村定居。

15. 下井村 吴姓由浙江庆元县吴家山迁亭下村下井自然村定居。

16. 小溪村 1962年，吴姓由亭下村牛墩坂自然村迁亭下村小溪自然村定居。

17. 牛墩坂 吴姓由浙江庆元县吴家山村迁亭下村牛墩坂自然村做香菇而定居。

九、吕 姓

1. 村头村 清初，吕朋三、吕朋五由政和县牛途村迁亭下村村头为肇基之祖，至今繁衍18世。

2. 亭下村 吕姓由亭下村村头迁亭下村定居。

3. 柯洋村 吕姓由政和县牛途村迁柯洋村定居。

4. 庚岭村 吕姓由亭下村迁庚岭村定居。

5. 溪底源　吕姓由亭下村村头迁亭下村溪底源自然村定居。

6. 奶殿壑　民国时，吕姓从柯洋村岔门底自然村迁奶殿壑自然村定居。

十、谢　姓

1. 云雾坑　清初，谢姓3兄弟从宁化县到溪底村云雾坑自然村肇基，至今繁衍16世。

2. 狮子岩　清光绪初年，谢姓由南溪村栗坂自然村迁燕窠村横路下自然村，居住2代后再迁木场村狮子岩自然村定居，至今繁衍7世。

3. 长洋村　民国五年（1916），谢应新由溪底村云雾坑自然村迁东木洋村长洋自然村定居，至今繁衍3世。

4. 柯洋村　谢姓由溪底村岩坑自然村迁柯洋村定居。

5. 岭根村　1955年，谢承用到岭根村洋中定居。

十一、许　姓

1. 亭下村　清初，许梓由政和县澄源村迁亭下村为肇基之祖，至今繁衍15世。

2. 屏峰村　清雍正间，许良风由政和县澄源村迁屏峰村亭下村村头茶园岭为肇基之祖，至今繁衍10世。

3. 燕窠村　清末，许思廷从政和县澄源乡北斗村迁燕窠村定居。

4. 上窑村　许俊六由西溪头迁南溪村上窑自然村定居。

5. 村头村　许姓由政和县澄源乡迁亭下村头村定居。

6. 平溪村　1976年，许升松从周宁县纯池村迁平溪村定居，至今繁衍3世。

十二、张　姓

1. 岭兜村　清康熙三十四年（1695），张姓由屏南县双溪镇前洋村徙岭兜村肇基，至今繁衍12世。

2. 东木洋　清乾隆八年（1743），张崇官由屏南县双溪镇前洋村迁东木洋村为肇基之祖。

3. 湖潭村　清乾隆间，张姓由屏南县前洋村迁湖潭村肇基，至今繁衍11世。

4. 岭后村　清乾隆间，张新官从屏南县双溪村迁岭后村为肇基之祖，至今繁衍10世。

5. 长洋村　清光绪廿一年（1895），张乃生由亭下村下井自然村迁东木洋村长洋自然村定居，至今繁衍4世。

6. 柯洋村　张壁由屏南县岩后村迁亭下村下井自然村定居；张其又从下井村徙柯洋村定居。

7. 燕窠村　张姓由屏南县双溪镇前洋村迁燕窠村定居。

8. 下井村　张姓由屏南县迁亭下村下井自然村定居。

9. 溪底源　张姓由屏南县迁亭下村溪底源自然村定居。

十三、陈　姓

1. 平溪村　清康熙五十二年（1713），陈日标由（周宁县）秋坪村迁平溪村长潭尾自然村肇基。

2. 庾岭村　清雍正间，陈国茂次子日旺由古田县（今屏南县）七步街村迁庾岭村为肇基之祖，至今繁衍16世。

3. 燕窠村　清雍正间，陈国茂三子日生、四子日余兄弟俩由古田县（今屏南县）七步街村迁燕窠村为肇基之祖，至今繁衍16世。

4. 柯洋村　清乾隆初，陈日余之子荣亮由燕窠村迁柯洋村为肇基之祖。陈姓另一支由鳌阳茗溪村迁柯洋村定居。

5. 湖潭村　清乾隆间，陈惟仲由浙江泰顺县迁湖潭村为肇基之祖，至今繁衍10世。

6. 屏峰村　陈盛桂由政和县下园村迁屏峰村定居，至今繁衍9世。

7. 环溪村　1952年，陈岩春由长溪村迁环溪村定居，至今繁衍3世。

8. 岭根村　陈阿忠由屏峰村迁岭根村定居。

9. 村头村　陈姓由柯洋村后洋头自然村迁亭下村村头定居。

十四、刘　姓

1. 平溪村　清康熙间，刘振源从托溪村迁平溪村下坝为肇基之祖，至今繁衍11世。民国五年（1916），刘先寿从周宁县纯池乡芹山村迁平溪厝坪墩定居，至今繁衍5世。

2. 岭兜村　清康熙间，刘姓由浙江泰顺县仕洋村迁岭兜村肇基，至今繁衍11世。

3. 村头村　刘姓由政和县牛途村迁亭下村村头定居。

4. 柯洋村　刘姓由托溪村迁柯洋村定居。

5. 溪底源　刘姓由柯洋村迁亭下村溪底源自然村定居。

6. 东木洋　1952年，刘岩养、刘奶佑兄弟从燕窠村迁东木洋村定居，至今繁衍4世。

十五、胡　姓

1. 上山头　清康熙间，胡崇绩由浙江庆元县左溪村迁龙头坑村上山头自然村肇基。

2. 下山头　胡嘉颖由浙江庆元县左溪岱根村迁龙头坑村下山头自然村肇基。

3. 环溪村　20世纪60年代，胡姓从龙头坑村迁环溪村定居。

4. 平溪村　1989年，胡大金由龙头坑村上山头自然村迁平溪村锦雀巷定居。

十六、卢　姓

1. 三角洋　2013年版《寿宁卢氏宗谱》载：明成化间，卢念一由清源沈洋分迁岗后村。清初，其20世裔孙卢永珍迁三角洋村为肇基之祖，村中现有卢姓548人。一说：清康熙间，卢永定由清源沈洋村迁亭下村三角洋自然村为肇基之祖，至今繁衍11世。

2. 柯洋村　卢姓由亭下村三角洋自然村迁柯洋村定居。

3. 平溪村　1960年，卢万康调平溪小学任教，1986年在平溪村鼎墩建房定居，至今繁衍3世。

十七、范　姓

1. 湖潭村　明弘治间，范姓迁湖潭村定居。嘉靖三十七年（1558）五月不慎失火，全村房屋付之一炬，范姓随之迁往政和县牛途村，一子迁居湖潭下洋村。清乾隆二年（1737），范振济由广东潮州大埔坪砂甲坂乡迁纯池村赤林坪自然村，后迁前山村定居。乾隆十二年（1747）再迁湖潭村肇基，至今繁衍11世。

2. 燕窠村　民国十四年（1925），范通弟由湖潭迁燕窠村定居，至今繁衍4世。

3. 柯洋村　范姓由政和县双木坑村迁柯洋村定居。

十八、郑　姓

1. 平溪村　清乾隆二年（1737），郑轩柱从屏南县代溪郑家山村迁平溪村鼎墩杨梅桥头为肇基之祖，至今繁衍14世。

2. 东木洋　清乾隆九年（1744），郑启兴、郑启光兄弟从屏南县双溪镇郑家山村迁东木洋村为肇基之祖，至今繁衍10世。

3. 燕窠村　清乾隆间，郑文权由屏南县双溪镇郑家山迁燕窠村定居。

十九、肖　姓

1. 后山村　清乾隆二年（1737），肖必官由（周宁县）萌源村迁湖潭村后山自然村肇基。现仅肖志学、肖廷树、肖廷远3户仍在后山村居住，其余均外迁。

2. 平溪村　清嘉庆十七年（1812），肖高应由（周宁县）萌源村迁平溪村大石坂肇基。2009年，肖华根，肖传汉、肖传财由湖潭村后山自然村迁平溪村定居。

3. 东木洋　清嘉庆、道光年间，肖理满从湖潭村后山自然村迁东木洋定居。

4. 木场村　1941年，肖传有由湖潭村后山自然村迁木场村定居。

5. 长溪村　1988年，肖传兴由湖潭村后山自然村迁长溪村定居。

6. 环溪村　2000年，在政府"造福工程"资助下，湖潭村后山自然村肖廷山等16户先后迁入环溪新村定居。2008年，肖志康的四个儿子由湖潭村下洋自然村迁入环溪新村定居。

二十、凌　姓

1. 后山村　清乾隆二年（1737），凌裕鹊从（周宁县）纯池莲地村迁湖潭村后山自然村定居，至今繁衍8世。

2. 大垄村　1942年，凌成锦由湖潭村后山自然村迁长溪村大垄自然村定居，至今繁衍4世。

廿一、蔡　姓

1. 屏峰村　清乾隆八年（1743），蔡士緰、蔡士承从下党槽坑村迁芹洋法岭后，旋再迁屏峰村肇基，至今繁衍11世。

2. 岭根村　清乾隆间，蔡长裔因避纳丁粮而隐居下岭根村周氏家中，后其4世孙蔡元鼎迁上岭根村定居。

3. 环溪村 清光绪二十七年（1901），蔡姓从下党曹坑村迁环溪村定居，现繁衍5世。

廿二、温 姓

1. 东木洋村 清乾隆八年（1743），温惟谌由汀州府上杭县迁东木洋村为肇基之祖，至今繁衍12世。

廿三、罗 姓

1. 屏峰村 清乾隆八年（1743），罗兴盛兄弟4人由江西南丰梅子秀迁犀牛岗、下楼仔坪搭草楼居住。后罗克驭在屏峰村前厝基坪建15榴房屋一座安居，至今繁衍9世。

2. 平溪村 1980年，罗会清由屏峰村迁平溪村金洋街定居，至今繁衍2世。

廿四、曾 姓

1. 柯洋村 清乾隆九年（1744），曾景统、曾景辅兄弟从三明市宁化县方田乡朱王村黄屋坑迁上柯洋村定居。再迁柯洋村后门岗自然村定居，至今繁衍9世。

2. 平溪村 清乾隆九年（1744），曾景辅从三明市宁化县方田乡黄屋坑村迁上柯洋村肇基。其后裔迁平溪村桥北路定居。

3. 白岩头 清嘉庆十八年（1813），曾姓从汀州辗转至政和，后在南溪村尾单秋亭暂居。曾良会再迁白岩头定居，至今繁衍8世。

4. 宫仔下 曾姓由柯洋村后门岗自然村迁柯洋村宫仔下自然村定居。

5. 环溪村 1990年，曾良寿四兄弟从湖潭村下洋自然村迁环溪村定居。

6. 清洋茶场 曾举灼从柯洋村迁清洋茶场定居，至今繁衍2世。

廿五、阮 姓

1. 上洋墩 清乾隆十三年（1748），阮鼎生由（周宁县）李墩阮家洞村迁长溪村定居。道光年间，其孙阮兆武再迁长溪村上洋墩自然村为肇基之祖。

2. 湖潭村 清乾隆间，阮启长由（周宁县）李墩阮家洞村迁湖潭村为肇基之祖，至今繁衍11世。阮家洞村有上下两个阮氏宗祠，湖潭、大场的阮姓来自不同的宗祠。

3. 大场村 清乾隆间，阮姓由（周宁县）李墩阮家洞村迁大场村肇基，至今繁衍10世。

4. 环溪村 1992年，阮思林等几户从湖潭村迁环溪村定居。

廿六、徐 姓

岭根村 清乾隆间，徐士语由（周宁县）纯池村迁上岭根村定居，至今繁衍9世。

廿七、陆 姓

1. 于岭村 清乾隆间，陆姓由屏南县双溪村迁于岭村肇基，至今繁衍10世。

2. 白岩下 陆姓由浙江迁东木洋村白岩下自然村定居。

廿八、余　姓

狮子岩　清嘉庆十六年（1811），余学洪由纯池村上禾溪自然村西坑迁木场村狮子岩自然村定居，至今繁衍8世。

廿九、高　姓

1. 三角洋　清嘉庆后期，高姓由政和县澄源乡迁亭下村三角洋自然村定居，至今繁衍7世。

2. 岭根村　高姓由屏南县迁上岭根村山头住山楼，后迁上岭根村定居。

三十、韦　姓

环溪村　1942年，韦克林由清源三望洋村来坂头（环溪村）打铁，土改时分得房子遂在环溪村定居，至今繁衍4世。

三十一、符　姓

南溪村　1952年，符姓由下党村山底自然村迁南溪村定居，至今繁衍3世。

三十二、杨　姓

1. 长溪村　1957年，杨姓由溪底村日洋自然村迁长溪村定居，至今繁衍3世。

2. 环溪村　1994年，杨安利由南溪村上窑自然村迁环溪村定居。

3. 柯洋村　杨姓由下党乡下党村迁柯洋村定居。

三十三、赖　姓

1. 南溪村　赖姓由政和县澄源乡麒麟坑村迁南溪村定居。

2. 溪底源　赖姓由政和县澄源乡麒麟坑村迁亭下村溪底源自然村定居。

三十四、沈　姓

平溪村　1965年，沈木成由下党碑坑村迁平溪村定居，至今繁衍3世。

三十五、邱　姓

东木洋　1970年，邱长生由上党村山底自然村迁东木洋村定居，至今繁衍3世。

三十六、缪　姓

湖潭村　1976年，缪姓由凤阳乡官田村迁湖潭村定居。

三十七、甘　姓

长溪村　1990年，甘姓由长溪村下坑尾自然村迁长溪村定居。

三十八、葛　姓

平溪村　2001年，葛姓迁平溪村定居。

三十九、邵　姓

平溪村　2001年，邵姓迁平溪村定居。

第二节 宗　谱

宗谱是记载以血缘关系为主体的家族世系繁衍和重要人物事迹的特殊图书体裁，是中华民族的三大文献（国史、方志、宗谱）之一。宗谱对研究历史学、民俗学、人口学、社会学和经济学有着不可替代的独特功能。

一、周氏宗谱

（一）平溪、环溪村周理族系《周氏宗谱》

明永乐四年（1406）首修，董事周仲四，翰林学士知宗人府正堂吴于修序，已佚。崇祯十一年（1638）次修，周学年、周景甸、周景德等编修，乡进士候选县正堂叶蓁作序，现序存谱佚。清康熙四十年（1701）3修，周士榕编修，现序存谱佚。乾隆六十年（1795）4修，董事周启金等，陈祖舜编修，谱佚。光绪廿二年（1896）5修，浙江泰顺县庠生许元壁编修。果八、于德、建七三房分房立谱，各房一册。1~16世统一编制支图，17世起分房编修支图。

昭　穆（1~16世）：理海日之、禄觉礼运、山泰东敬、仲唐基伟。

1. 平溪村　根据5修本《周氏宗谱》的源流图，光绪廿二年（1896）许元壁修《统五公房小谱》；光绪廿五年（1899）修《西峰堂支谱》；次年修《濂生公支谱》；光绪三十三年（1907）周温文修《统五公支谱》；1983年吴谦修《尚仓公支谱》，董事周应根等；1985年吴谦修《士桓公支谱》；1994年吴谦修《涧七公房谱》，董事周廷芳；1999年金献箴修《尚德公支谱》，董事周举华等。

昭　穆（17~22世各房自排）建七房为：建金康夫景师。23世起，3房昭穆统一为：生士汝、学尚继俊、光乃道义、守斯忠贞、自克永盛、以振家声。

2. 环溪村　根据许元壁5修本《周氏宗谱》源流图，光绪廿四年（1898）修《汝修公支谱》，董事周尚师；光绪廿五年（1899）修《西峰堂支谱》，周郁文作序；1985年吴谦修《士榕公支谱》，董事周光楷等；同年修《继旋继颜公支谱》，董事周光理等；1986年修《仁生公支谱》，董事周继庄等；同年修《汝瓒公支谱》，董事周松等；1993年龚鸣修《汝臻公支谱》，董事周光雄等；1994年修《汝修公支谱》，董事周继忠、周鸿；2006年周光钦修《尚仓公支谱》，董事周应根。同年修《尚西公支谱》，董事谢淑娇。

昭　穆（果八房17~22世）：果熙照琪柯景鼎。23~45世与平溪村同。

3. 岭根村　清乾隆六十年（1745）春修《周氏宗谱》，龙川陈祖舜修，首事周启京、周宜峰，已佚；光绪廿二年（1896），许元碧、王祖庚再修，首事周学勋；1995年春，吴坚、周光临3修，首事周大明、周光相、周光仁、周光康。

昭　穆（1~16世、24~45世，与平溪、环溪村《周氏宗谱》同）17~23世：于训康轩之昌。

4. 泮洋村　民国八年（1919）首修《尚樾公支谱》，周郁文、郑成铭撰。1927年次修，胡应麟撰。

5. 上窑村 1980年9月修《仕清公支谱》，吴谦撰。

6. 上充村 1981年1月修《士贵公支谱》，吴谦撰。

7. 洋坪村 1984年11月修《启满公支谱》，叶瑞琪修撰。

8. 南溪村 1991年吴谦修《士琚公支谱》。昭穆与平溪村相同。

9. 溪底村 1994年4月修《继雄公支谱》，吴谦撰。

10. 孔雀洋 1995年9月修《有发公支谱》，吴谦撰。

11. 屏峰村 1995年修《学赞公支谱》，蔡树德撰。

（二）平溪村鼎墩

清嘉庆廿三年（1818）首修鼎墩周二族系《周氏宗谱》；光绪十五年（1889）2修；1984年3修，吴谦撰，董事周开明、周东彭等。

昭　穆（1~42世）：二七念六壬、征兴宗康受、添昌景玘禄、国正文承维、怀德恒开忠、良永茂增贤、进庄显顺广、均宽位定祥。

（三）《寿宁周氏联谱》

2006年1月，周乃会、周光钦修《寿宁周氏联谱》，共1436页，2008年3月印刷。

二、许氏宗谱

1. 上窑村 清乾隆元年（1736）首修《许氏宗谱》；光绪廿四年（1898）次修；1984年3修。

昭　穆（23~43世）：秉登联上达、华锡挺朝端、进升隆有得、嘉世永传芳。

2. 屏峰村 198□年修《许氏宗谱》。

昭　穆（27~42世）：良振进、杨林景星、庆云清以、振起昌宗。

3. 燕窠村 1982年编修《许氏宗谱》。

三、吕氏宗谱

亭下村 清乾隆十六年（1751）首修《吕氏宗谱》；1984年次修；2005年3修。

昭　穆（1~56世）：祖兴钦朋、胃浩子方、永远吉昌、茂盛呈祥、家庭正顺、邦国元良、志向宏伟、学文爱武、知仁明义、崇德扬善、高标凌云、丕振宗风、以慰先贤、恩泽万世、世代绵长、明享宗功。

四、范氏宗谱

湖潭村 清乾隆三十一年（1766）首修《范氏宗谱》；同治十一年（1872）次修；1995年春3修。

昭　穆（1~21世）：振、廷玉理周、瑞立祥庆、长应鸿禧、光前裕后、耀祖荣宗。

五、王氏宗谱

1. 溪底村 清道光十九年（1819）首修《王氏宗谱》；民国二十三年（1934）再修，分订两册。

昭　穆（1~16世）：春立中正、方启昌运、光明有基、声远益振。

2. 亭下村　清光绪三十年（1905）修《王氏宗谱》。昭穆（1~16世）与溪底村《王氏宗谱》同。

3. 屏峰桥下洋　民国十六年（1927）首修《王氏宗谱》，后两次续修。2004年与下屏峰村王氏编修联谱。

昭　穆（1~36世）：凤瑶旺国、大文日永、殿爱京学、奕成发茂、长振书声、英贤继起、齐庆熙明、尊师敬祖、孔道传兴。

4. 漈下洋村、平溪村下坝　民国十六年（1927）首修《王氏宗谱》，后又两次续修。2004年与下屏峰村王氏编修联谱。昭穆（1~36世）与屏峰桥下洋《王氏宗谱》同。

5. 屏峰路下厝　民国二十六年（1937）修《王氏宗谱》。

昭　穆（1~32世）：姜伏显马、通卓沃志、尚潘季雅、春立中正、方启昌运、光明有基、声远益振、福德世逢、学士贻善。

六、李氏宗谱

1. 长溪村　明嘉靖廿七年（1548）首修《李氏宗谱》，莆田林云同撰修，已佚；嘉靖三十六年（1557）2修，浙江嘉定云塘史士龙撰修，已佚；万历廿二年（1594）3修，李任撰修，已佚；清乾隆十年（1745）4修，浙江括苍松源永昂、润春撰修；乾隆五十五年（1790）5修，浙江处州府学增广生姚宁撰修，除各房支派世系图外，有八景诗、桥亭记、宗祠记、男妇传、墓志铭等。编排科学，内容详尽，履历生卒配葬备详名下，世系了如指掌。文化含量较高，是一本不可多得的研究长溪村史、李姓人文的重要史料；道光廿年（1840）6修，浙江东瓯罗阳增广生王章撰修，已佚；民国二十三年（1934）7修，浙江泰顺县胡效麟撰，董事李承胄、李空垄等10人；民国二十七年（1938）8修，浙江泰顺县胡效麟撰；1992年9修，浙江龙游县赖斐撰。

昭　穆（13~52世）：宗孔于德、思行守则、伊尹周公、宣承启烈、式典左昭、赞垂奕世、功标惠上、洪开大衍、美奂锦章、永绍祖先。

2. 南溪村　明嘉靖廿八年（1549）首修《李氏族谱》，莆田林云同撰，已佚；清乾隆元年（1736）2修，李清蒲撰；乾隆三十二年（1767）3修，李松龄、李挺隧撰；乾隆五十七年（1792）4修，李映麟、李周杰撰；道光廿一年（1841）5修，浙江泰顺县增广生王章撰，八品冠带国学生李廷蔚蓝阅，李公辅等14人参修。8开372页，楷书手写全一册；光绪三十年（1904）6修，浙江泰顺县增广生许元璧撰，楷书手写本，8开622页，全一册。内收新序2篇，旧序11篇，除各房支派世系图外，有八景诗、桥亭记、宗祠记、家训说、锦帐序、男妇传、墓志铭、田志铭、田地疏、祭祀产、坟墓图等。编排科学，内容详尽，履历生卒配葬备详名下，世系了如指掌。并录有经元李蓁的《前题》诗，进士陈时范的《南溪公馆记》，名士李廷森的《重修祠堂序》和冯梦龙、方伯、丁居信、巴杨河、马大纪、熊琛、杨中迪、柯抡等历任知县及解元陈从潮等人写的传、序。有的载入《福宁府志》《寿宁县志》，文化含量较高，是一本不可多得的研究南溪村史、李姓人文的重要史料。

昭　穆（1~48世）：兴大信鼎、二万兆尚、瑞明洪亮、宗孔于德、思行守则、伊尹周公、宣成启烈、式典文昭、赞垂家宪、瞻绍天芳、洪猷恭衍、世焕彝章。

3. 源家墩　民国十八年（1929）修《李氏宗谱》，浙江庆元县胡效麟撰，董事李瑞生、李成明。1992年续修，浙江龙游县赖斐撰。

昭　穆（13~52世）：宗孔于德、思行守则、伊尹周公、宣承启烈、式典左昭、赞垂奕世、功标惠上、洪开大衍、美奂锦章、永绍祖先。

4. 东溪村　1998年修《李氏宗谱》，浙江龙游县灵山赖斐撰。16开80页。

昭　穆（13~52世）与源家墩村《李氏宗谱》同。

5. 平溪村　1995年修《李氏宗谱》，环溪黄强、岱阳村吴谦撰，共278页。昭穆（11~12世）：兴祖；（13~52世）与源家墩、东溪村《李氏宗谱》同。

6. 百家山　1993年修《李氏宗谱》，浙江龙游县赖斐撰。

7. 亭下村　2010年12月修《李氏族谱》，环溪村周光钦撰，董事李孝甫。

七、陈氏宗谱

1. 屏峰村　清同治七年（1868）修《陈氏宗谱》，增生陈国华撰；光绪廿八年（1902），庠生王慎远、王觐光2修；民国二十六年（1937），王觐光3修。

昭　穆（1~21世）：振、寄富为栋、齐圣广渊、明允笃诚、德承大孝、瑞兆凤祥。

2. 湖潭村　清光绪十三年（1887）修《陈氏宗谱》，托溪太学生刘佐夏撰。

昭　穆（1~9世）：惟、应必光恒、学德从善。

八、黄氏宗谱

1. 平溪村　清同治六年（1867），黄高瑞由芹洋村迁平溪村为肇基之祖。因平溪、芹洋黄氏同宗，故平溪黄氏参与撰修《芹洋黄氏宗谱》，昭穆也与芹洋黄氏相同。

昭　穆（20~35世）（行）高士登立、庆定中邦、绍兴继发、家学延长。
　　　　　　　　（字）步有端正、允作振宗、应承昌运、策献熙雍。

2. 上充村　清光绪五年（1879）季春首修《黄氏宗谱》，邑生员夏廷钧撰，耀德氏述《江夏黄氏源流志》；光绪廿二年（1897）2修，黄瑞珍主修；民国二十七年（1938）3修，黄世增主修，屏峰慎远堂庠生王觐光撰《重修上春黄氏族谱序》。1984年4修，黄高柏主修。

昭　穆（11~32世）：光瑞超世、高士登立、庆定中邦、传家孝孙、继述修齐、道德。

3. 燕窠村　首修《黄氏宗谱》，未标注修谱时间和主修、撰谱人姓名。

昭　穆（15~30世）：天方有运、举步常亨、绍家宏振、为学克成。

九、蔡氏宗谱

1. 屏峰村　清光绪二十三年（1897）首修《蔡氏宗谱》，浙江泰顺县西坑庠生许元壁撰。1963年、1990年、1994年蔡树德先后3次为士谕公派下长房、三房、四房、五房编修6本支谱。2005年，环溪村蔡培青为长房重修支谱。

昭　穆（17~33世）：行则得众、万商来仁、世应昌妙、朝有忠臣。

昭　穆（21~37世）：万方来庆、中华振兴、国强家富、永享太平。

2. 岭根村　蔡氏修谱二次。

昭　穆（1~16世）：东联太宗、长启光有、宽则得士、万方来庆。

十、魏氏宗谱

1. 岭后村　民国元年（1912）首修《魏氏宗谱》，1979年因房屋失火烧毁。1980年2修，错漏较多。1986年春3修，政和县宝岩坑里魏观玉撰。

昭　穆（1~31世）：更应财忠、苏芮周保、旺玉露豪、京春华江、盛福庭光、明正兴发、文成奕世、元亨利贞。

十一、郑氏宗谱

东木洋村　清咸丰七年（1857）五月，延请芹洋溪源村姻亲张纯卿编修《东源洋郑氏支谱》。1982年编修《郑氏宗谱》，部分内容参考《东源洋郑氏支谱》，南阳吴钦、溪底王韶撰，手写8开116页，全一册。

昭　穆（1~31世）：日肇启、元逞生有、成功振兴、国泰民安、全树屏望、重履声扬、宏图丕显、银榜流芳。

十二、张氏宗谱

岭兜村　1985年二修《张氏宗谱》，首事张有长、张厚荣。

昭　穆（1~12世）：兴世其昌、碧有厚福、子成立义、如意端肃。

十三、阮氏宗谱

湖潭村　1992年8月1日重修《阮氏宗谱》。

昭　穆（1~20世）：大天日启、鼎瑞兆正、昌明永苏、承先志自、德振家声。

十四、胡氏宗谱

龙头坑村　1993年修《胡氏宗谱》，浙江庆元县胡建成撰。

昭　穆（1~28世）：九远近贵、叔敬永怀、增尚文自、加兰崇道、学儒明正、观光日承、昌瑞兆兴。

十五、吴氏宗谱

1. 岭根、洋墩村　上岭根村吴氏二次修谱，洋墩村吴氏首修《吴氏宗谱》。

昭　穆（1~16世）：公叔文子、启开清明、俊发永昌、良美方茂。

2. 南溪村　2000年修《吴氏宗谱》。

昭　穆（□~□世）：滔显、章文公子、添长璧振、旺广德利、用厚生和。

第三节 宗 祠

宗祠，又称祠堂、祖祠、宗庙，是供奉祖先神主牌位，举行祭祖活动的场所，也是从事家族事务活动的地方。

一、李氏宗祠

1. 南溪村 李氏宗祠位于南溪村中，明朝后期始建，坐南向北，土木结构。清乾隆廿四年（1759），李朴斋捐20金，村民集丁银30余两，将南溪凹门底山赎回修建祠堂。然"因堂寝草创，诸凡未备，风雨飘零，不数年间，内堂倾倒"。

乾隆四十四年（1779），李廷森首出白金20两，族众10余人出资将墙外园圃购入，祠路原出下衙官厅旁，与民房照墙外右闲基兑换，并购坪左角灰楼，凑成旗杆坪三分正，重新建起中堂。嘉庆十二年（1807），贡生李廷森捐银20两、李廷蔚等5人各捐银8两，凡登科添丁之户各出喜银一钱，每逢秋稔按丁捐谷一斗，建起内堂。嘉庆二十一年（1816），又集资建起头门两廊。

南溪李氏宗祠宽20余米，进深60米，建筑面积共1260平方米，此外还有后园及左右墙外空地，为平溪境内占地面积最大之宗祠。24世李奎文撰文："内堂为寝厅，左右四龛为昭穆位；左厅为敦亲堂，左为东库藏祭器，右为西库藏祭资；东楼为安主楼，西楼为藏谱楼；左厢为灵所，右厢为酒尊所；中堂左为众贤祠，右为报功祠。头门左为尚义堂，右为会议厅，厅后为庖房。东西厢后门一直，以防不虞。寝后大园一片，中拟立祧庙，有志未逮也。余地蓄古楹乔木花卉，翠萝交荫，以培后脉。登其堂，轩然开朗；视其寝，骤然幽静。北枕三台，南环玉带。朝天马耸立于东者，纱帽山也；献瑞于西者，龟图也。前临大陆，宽平驷马堪容；路接通衢，恍惚龙门在即。梦柳书声，天池月影，错杂于馨香俎豆间，真南溪胜景焉。"

南溪李氏宗祠宏伟壮观，飞檐翘角、粉墙黛瓦，墙头、檐下的泥塑工艺栩栩如生。依中轴线而建的主体建筑物有门楼、中堂、大殿；左右两边为厢房，内设敦亲堂、众贤祠、报功祠、尚义堂、会议厅以及寝厅、庖房和存放祭器、祭资、族谱等的库房。操场两侧立有40余根2米多高的旗杆石。

1949年以后，宗祠被长期用作学校或用于放映电影。"文革"期间，所有匾额、神龛牌位及操场上的旗杆石均被毁。1994年，南溪台胞李烈子捐款34000元重修。现门内空坪占地面积约540平方米；中厅占地面积约320平方米；正殿占地面积约260平方米。祠内现存清顺治十二年李如兰"文魁"匾，门口立清嘉庆十二年讲述祠堂田产事的"立归约"石碑一通。2012年，寿宁县政府公布为不可移动文物点。

2. 长溪村 李氏宗祠位于长溪鹅头，坐乙加卯三分。清道光三年（1823）重九，李运玲、周洛、经邦、围城、闻芳等倡建，缘丁捐谷，营息三年，募集白金3000余两。道光六年（1826）六月动工，道光八年（1828）落成。宗祠用地面阔12.17米，进深32.91

米，占地面积400多平方米。其中宗祠面宽10.77米，进深5柱9.39米。有门楼、天井、下厅、正厅等建筑。正厅面阔3间，正厅神龛祀李氏祖宗神主牌。

1949年后，宗祠被用作学校，原有戏台拆毁。2003年李金锋主持重修。2009年再次修葺，改四周土墙为砖砌，拆换部分檩条、椽条，油漆下厅、正厅柱子。

李氏宗祠的门楼为重檐歇山顶、抬梁为减柱式结构、柱础为扁鼓形，以及悬山顶、四角藻井及彩绘、文字等，仍保留清中叶建筑风格。2012年，寿宁县政府公布为不可移动文物点。

3. 东溪村 李氏宗祠坐落在东溪村下游，始建年代不详，内悬同治十二年（1873）"武魁"牌匾。坐东朝西，土木结构，上下两厅，深26米，宽16米，占地面积416平方米。1969年圮于水，左排冲毁，右排剩木枋。1986年重建。

二、张氏宗祠

岭兜村 清乾隆间建，坐落在村西山脚下，占地面积200平方米。"恩元进士"匾额被盗，对联因年久消失。1996年重修。

三、周氏宗祠

1. 平溪村西峰堂 俗称上祠堂，坐乾兼亥，因祠后峰高而得名。清乾隆廿六年（1761）二月十三日卯时建，仅草草数椽。因久历星霜，长经风雨，破壁颓垣，凄然若绝。咸丰三年（1853）十月二十九日丑时重建。改为坐亥加乾，上下拓为两堂。光绪廿五年（1899），周郁文撰《西峰堂记》。

因年久失修，致祠堂倾塌。2020年6月，周应根、周道扬为首募资近百万元在原址重建，现主体建筑已竣工。

2. 平溪村灵凤祠 俗称理公祠，位于平溪村后路巷西端，清嘉庆二十五年（1820）建。坐北朝南，二进式建筑，土木结构，占地面积600平方米。知县胡效曾应周御等人之请，撰《灵凤祠记》。

民国后期，周氏宗祠被国民党区公所占用。1947年，闽浙边游击纵队曾三次夜袭平溪区公所。1950年后被平溪茶站占用，祠前大坪旗杆石被毁。1969年农历八月十六日下午，茶站大门墙体被洪水淹浸崩塌。1970年灾后重修，茶站强行将墙外大坪圈入墙内。1992年茶站解体，宗祠被周氏族人收回。

2012年，周氏宗祠作为国民党区公所之旧址，中共闽浙边游击纵队在此取得三战三捷之辉煌战绩，被寿宁县政府公布为不可移动文物点。

四、陈氏宗祠

屏峰村 清道光廿三年（1843）建，坐落在村北的半月山脚，占地面积80平方米。内外摆设简陋，原有的牌匾均已消失。

五、范氏宗祠

湖潭村 清同治七年（1868）七月初五辰时建，坐辛酉，位于村中路边，土木结构，建筑面积180平方米。

六、蔡氏宗祠

屏峰村 位于村中店基,坐寅向申兼艮坤分金。占地面积522平方米,建筑面积352平方米,清同治十三年(1874)十一月初三日辰时升梁,首事蔡行源。土木结构,上下两厅,中有四级石梯,上厅龛内置3位始祖灵牌,下厅建有戏台。栋面建有双层太祖亭,外面竖立"源远流长"牌匾。祠前及两旁向外墙头塑有八仙神像。门前空坪直至溪边,占地面积170平方米。

1950年至1992年,蔡氏宗祠一直被小学占用。1967年,"文革"破"四旧",3位始祖灵牌、下厅栋面双层太祖亭及两旁外墙的八仙塑像等全部被毁。1993年,蔡万芳、蔡众妙等为首筹资重建,1994年9月竣工。2011年,蔡友功、蔡万芳等再次筹资30多万元重修,2012年10月竣工。

七、黄氏宗祠

平溪村 平溪村黄氏一支与芹洋黄氏同宗,因此宗祠也与芹洋黄氏一样建在芹洋村中的旗山之下。

八、王氏宗祠

1. 溪底村 位于溪底村中,民国十四年(1925)建,占地面积200多平方米,土木结构。上厅神龛供祖宗灵位,下厅设戏台。2011年重修。

2. 亭下村 坐落在亭下村右边,坐乙加卯三分,始建年代不详。2004年,王昌老、王运福等在原基址复建,占地面积200多平方米。

九、阮氏宗祠

湖潭村 始建时间不详,坐落在村中榴洋排,占地面积约130平方米,土木结构。1992年八月初一重修。

十、郑氏宗祠

东木洋村 坐落在东木洋村店坪,2010年建。

十一、叶氏宗祠

东溪村 位于东溪村下游,占地面积300多平方米,始建时间不详。

十二、吕氏宗祠

亭下村 位于亭下村东,2003年10月动工,2005年5月落成,首事吕祥松、吕观禄等。占地面积2亩,建筑面积406平方米。主楼高12.6米,附建3层宿舍、厨房,占地面积70平方米,建筑面积200多平方米,四周植花、树。

中国书法家协会副主席佟韦题写"吕氏宗祠"门额,北京书法家协会副主席张书范、世界华人书画家联合会副主席孟天宇、文化和旅游部中国艺术研究院特邀书画师冯麟征等为宗祠堂柱书写对联。

【附　录】

富阳新祠堂记

尝闻君子将营宫室，宗庙为先。盖宗者尊也，尊其始迁之祖，以明水源木本之义，而岁时享祀以敬之也。故自通都大邑，暨山陬海，澨莫不有时举。余族自前明成化年间，始祖瑛五公肇基富阳，草创甫就，其宗祠之建有志未逮。所以，祖考仅依南峰堂之侧，厥后世代相守，未尝另造宗祠。迄今三百余载，子姓繁衍，若仍循旧章，则堂庑既卑，寝室亦狭，无以伸祀事之典。

迨至道光三年重九之夜，余与十一世孙周洛，及十四世孙经邦、维城佥议倡建。邀同人十一世孙闻芳等缘丁捐谷，营息三年。至丙戌岁，计谷八千有奇。第靡费浩繁，难以骤举。其工匠供给随丁照派，而白金尚缺，又蒙殷户另捐。爰是相阴阳度原隰，卜吉日以兴艺事。肇工于丙戌六月，至戊子岁而落成。陆续总计靡费白金三千余两。规模虽未宏大，而祠宇颇壮观瞻。是以合族得祀始迁之祖，而祖父得祔庙而血食焉。

从此春秋祭祀，序昭穆、定亲疏、别长幼，所谓礼以义起也。唯愿吾族孝子慈孙，世世存宗祖之心而敬不已耳。于是乎记以勒诸石碑，得绵天地亘古万年为不朽也。本祠坐乙加卯，清道光丙戌年十月廿二庚午日卯时竖柱，午时升梁。

富阳（编者注：长溪）十世孙　运玲　斋沐百拜

第三章 计划生育

第一节 计划生育机构

1969年,寿宁县成立计划生育领导小组,开始提倡计划生育,号召多子女的夫妇做绝育手术。平溪村青年农民周某,生育3胎后自愿做了输精管结扎手术,轰动一时。1976年,寿宁县计生小分队到平溪公社各大队开展计生调查摸底工作。

一、计划生育办公室

1979年11月,平溪公社成立计划生育领导小组,配备1名计划生育专职干部开展计生工作。1984年,县计生办在平溪乡设计划生育观察点。1985年1月,平溪乡成立计划生育委员会,乡主要领导兼任计生委主任。1986年,原公社计生专干转为乡计生助理员。

1993年6月,全县乡镇计生委更名计划生育办公室。1995年6月,各乡镇计生办均按"万人一干"配备计生专职干部。2016年,平溪镇计生办公室更名为平溪镇卫生计生办公室。

二、计划生育服务所

1992年2月成立平溪乡计生服务所,编制3人,为集体所有制事业单位,受乡镇人民政府领导。经费由县财政视情定额拨款,不足部分由其他收入补充。

1996年11月,平溪乡计生服务所人员编制10名,经费由乡财政开支。1997年12月,乡计生服务所改为全民事业单位,人员编制、经费开支渠道不变。

2002年,平溪乡计生服务所卫技人员不仅开展查环、查孕等业务,还能独立开展上环、结扎、人流、引产等"四术"业务。

2016年,全县乡镇计生办公室更名为卫生计生服务中心,加挂计生协会牌子;将计生服务职能、人员编制划转到卫生院。原平溪镇计生服务所更名为平溪镇卫生计生服务中心。

三、计划生育协会

2001年12月,平溪乡及下属18个行政村成立计划生育协会。

第二节　计划生育政策

1979年，宣传"一个不少、二个正好、三个多了"；其后又提出"一对夫妇、二个孩子、间隔四年、提倡晚婚"，倡导使用避孕药品、器具，逐步推行上环、人流、结扎等节育措施。

1980年，寿宁县革委会规定城镇居民男26周岁、女24周岁；农村社员男25周岁、女23周岁方准结婚。机关、学校、工矿企业、干部职工，一胎化要达80%以上，农村社员一胎化要达30%以上。同时实施"一胎上环、二胎结扎、计划外怀孕人流引产"的政策，未经批准生育第2胎者，以违反计生政策处理。

1981年3月9日，寿宁县政府本着"晚婚、晚育、少生、优生"的原则，实行"奖一限二不生三"政策。提倡和鼓励一对夫妇只生育一个孩子，机关、学校、厂矿等企事业单位工作者要全面实现一胎化。要求生育第二个孩子者，与头胎的间隔应在5年以上。10月5日，县政府又规定："符合规定有计划地安排生育者，由本人申请，群众评议，主管口（局）签署意见后，及县计划生育部门批准，发给准生证。凭准生证和婴儿出生证办理粮油供应手续；只有婴儿出生证无准生证，概不填发粮油供应证。"

1982年，强制推行非农业户口夫妇只生一胎并领取《独生子女证》；农业户口夫妇生育2胎后落实长效节育措施的政策。全县各乡镇开始建立"七簿一卡"的计划生育台账。

1983年9月，规定妇女生育一胎的要上环，生育2胎的要结扎。

1986年规定，城镇居民计划外生育第2个孩子者，征收社会抚育费500~800元。农民计划外生育第2个孩子者，罚款200元；超生3胎的罚款500~800元。

1987年，计生工作日益趋紧，全县各乡镇均挑选精兵强将成立计生专业队，以确保完成县委县政府下达的计生任务。并规定计划外生育第2个孩子者，征收超生子女费不低于1500元；生育第3胎的不低于3000元；第4胎以上的累计加倍处罚，并落实绝育手术。

1988年，县政府强调计生和人口统计应及时、准确，不得瞒报、虚报、篡改或其他伪造行为。婚嫁异地者，应在半年内申报户口或暂住户口。

1990年以来，以控制人口增长为目标，全县各乡镇每年都集中组织2~3次"四术"服务月活动，以落实上环、结扎、人流、引产等节育措施。

2000年春节，利用流动人口返乡的机会，以2女结扎为突破口，狠刹多胎生育。

2007年8月，县计生局下发《关于开具新生入学计生证明有关事项的通知》，要求在新生入学开具计生证明时，要认真核实新生父母的有关计生证件。9月，县委召开全县千人计生攻坚战动员大会。

2009年8月，县政府要求全县幼儿园、小学，新生入学必须持户口簿注册登记。无户口者，应补办户口登记后方予入学。

2010年,县财政将社会抚养费全部返还供乡镇计生工作专款专用。

2010年以来,随着人们对生活质量的追求,以及教育费用、房价的不断上涨,"少生优生,幸福一生"的思想逐渐为男女青年所认同,主动实行计生节育的育龄对象越来越多。

2013年11月15日,《中共中央关于全面深化改革若干重大问题的决定》提出,启动实施一方为独生子女的夫妇可生育两个孩子的政策。2014年3月31日,福建省"单独两孩"政策正式施行。

2016年1月1日起,提倡一对夫妻生育两个子女。对生育第一和第二个孩子的夫妻,孕后可持身份证、结婚证、户口簿到一方户籍地或现居住地村(居)或乡镇进行登记,自主安排生育。

2021年5月31日,为了应对人口老龄化,解决持续低迷的人口出生率问题,中央决定实施一对夫妻可以生育三个子女政策及配套支持措施。

第三节 计生奖惩措施

一、计生奖励措施

1981年3月9日,寿宁县政府规定凡孩子未满14周岁领取《独生子女证》的夫妻,发给独生子女保健费。干部、职工一次性发给300元;夫妻双方都是城镇居民的发给100元;夫妻双方均是农村的由乡镇计生机构发给100元。行政机关、群众团体、事业单位的独生子女保健费,从福利费中支出;厂矿企业从职工福利基金中开支;临时工、合同工,由所在单位经费中开支;农村社员由大队公益金中统一支付。

对领取《独生子女证》的独生子女及其家庭,按月发给儿童保健费三至五元。农村社员记给保健工分每月30份(均至14周岁);一次发给保健费100元,或记保健工分3000份;对生第一胎刚分娩就办理领取独生子女证手续的产妇,产假延长到4个月,假期工资照发,工分照记,并不得影响其全勤评奖、调资、晋升;在入托、入学、招工、就医等方面,优先照顾独生子女。学费免至国家实行的普及教育年限。农村独生子女凭证吃成年人的基本口粮。城镇居民的独生子女,凭证供应一份半的副食品(至14周岁)。对实行晚婚者,双方婚假延长到15天,对晚育者,延长产假15天,假期工资照发,工分照记。

二、计生违规惩罚

1985年11月27日,寿宁县政府规定:1979年11月1日以后超生3胎(含3胎)以上,1980年4月5日以后超生2胎(含2胎)以上的干部、职工,从计划外生育之日起,按规定征收多子女费。过去征收或未连续征收的,一律补征收。不同时期的计划外生育,按不同时期的规定执行,具体如下。

1. 1979年11月1日至1980年4月4日，计划外生育第3胎孩子以上的干部、职工，根据闽革（1979）32号文件规定，每月按夫妇双方工资总额征收5%的抚育费（双职工家庭从男方工资扣取）。征收时间从小孩出生之月起至14周岁止。

2. 1980年4月5日后，未达到法定婚龄而早婚的干部、职工，按寿革（1980）1号文件规定，罚款300元。

3. 1980年4月5日至1981年3月8日止，计划外生育第2个孩子以上的干部、职工，按寿革（1980）1号文件规定，以每月工资额计算（双职工按级别高的一方），第2胎的扣罚10%，第3胎的扣罚15%，第4胎的扣罚20%，罚款时间从小孩出生之月起至14周岁止。

4. 1981年3月9日至1982年5月28日止。按寿政（1981）4号文件规定，干部、职工计划外生育第2胎孩子者，每月征收多子女费3元，第3胎孩子以上者，从怀孕算起，每月征收多子女费5元，直至小孩满14周岁止。

5. 根据闽政（1982）73号文件规定，1982年5月28日以后，干部、职工计划外生育第2胎孩子的，夫妇双方各扣每月工资10%，超生第3个孩子以上者，夫妇双方各扣每月工资15%，直至小孩满14周岁止。

6. 已领独生子女证又计划外生育的，除收回《独生子女证》、独生子女保健费及其他优惠补贴外，再按上述不同时期的规定给予经济处罚。

此外，还规定对计划外生育的干部、职工，除进行经济处罚外，同时应视情况给予政纪处分。

1. 1982年12月31日前计划外生育的干部、职工，已受政纪处分的，仍然生效。

2. 凡1983年1月1日起，计划外生育第2胎（含2胎）以上的干部、职工，于1985年10月6日以前已受党纪或政纪处分（指处分有文字上报干部、职工分管权限部门）并已执行的，现在不再做处分。

3. 1979年调资和机关1982年，企业1983年调资时，单位已经评上调资名单，因计划外生育，县未批准调资者，算为影响一次，未再犯不再影响。

4. 凡1983年1月1日以后超计划生育者，过去未受处理的，根据宁署（1983）综182号通知和寿政综（82）225号规定处理：

（1）计划外生育第2胎的双职工，夫妇双方各降一级工资或在工资改革中符合高套的不予高套。并各开除留用一年，单职工降一级工资或不高套并开除留用一年；单职工本人是合同工或正式干部职工的家属是合同工的，应予解雇辞退（含民办教师）。

（2）计划外生育第3胎孩子以上双职工，一方开除公职（双方是干部，开除男方；一方是干部，一方是职工，开除干部一方；一方全民工，一方集体工，开除全民工一方），另一方降一级工资或不高套，并开除留用一年；单职工降一级工资或不高套，并开除留用2年；单职工本人是合同工或正式干部、职工，家属是合同工的予以解雇辞退（含民办教师）。

（3）凡连续两次（含2次）以上计划外生育的双职工双开除，单职工单开除，不得留用。在重要部门工作的干部、职工，违反计划生育造成极坏影响的，要予以调离。

今后，机关、企事业单位的计划生育工作要落实责任制，做到一级抓一级，级级有人管。领导干部要实行职、权、责挂钩。从1986年1月1日起，凡单位出现计划外生育的，要追究单位领导责任。对于严重失职的单位领导，直至给予经济制裁或纪律处分，并追究其主管部门的主要领导人责任。对隐瞒不报的，要严肃追究领导责任。

第四章 外出务工与境外人士

第一节 外出务工 经商人员

1979年以来，国家实行改革开放政策，农村青壮年男女开始走出大山到城市务工。犀溪姑娘率先外出务工，紧接着斜滩人士到上海经营茶叶，再后来芹洋农民南下北上办"超市"，邑内涌现农民到城市务工经商办企业的热潮。20世纪90年代以来，平溪境内男女青壮年也不甘人后，纷纷走出山门。2013年以来，留守家园从事农业生产的大多是老弱病残者。

一、东溪村 外出务工经商办企业的男女青壮年达300多人。2005年，东溪人仅在广州就创办皮具加工厂24家，有的还申请了世界知名品牌，成为寿宁皮革生产经营的引领者；少数则在江苏、上海经营钢材生意。2013年，村中留守人口仅100多人。

二、后坪村 外出务工经商办企业的男女青壮年达100多人。大部分在闽南地区经商办企业。2013年，村中留守人口仅40多人。

三、马坑村 20世纪90年代以来，村民多数前往广州务工或办厂生产皮革箱包；一户迁上海办羊毛衫厂。2013年，村中仅有5户，6个老人留居。

四、湖潭村 21世纪以来，村中青壮年男女大多都在广州等地经营皮具加工或在上海、杭州、西安等地经销茶叶。

五、岭兜村 全村30多人分别在广东、福州、厦门等地经商、办厂、打工。

六、岭根村 村中半数青壮年在江浙和北京、上海、广州一带的酒店、鞋厂、印刷厂务工，部分在外从事建材、日杂百货、茶叶零售等。

七、源家墩村 外出务工经商办企业的男女青壮年达280多人。部分在广州经营皮革、服装生意，少数在广州、泉州经营超市。

八、东木洋村 2013年，在浙江苍南、嘉兴，广东汕头等地经营超市的有：东木洋11户、上充15户、上洋13户、长洋12户。

九、狮子岩村 2013年，全村200多人，常年在村务农的约百人，余均外出务工、经商、办厂。2020年，全村228人，其中男145人、女83人；在外务工、经商、办厂的有94人。

第二节 定居 侨居境外人士

20世纪40年代以前，由于地处深山，交通不便，经济落后等原因，平溪境内几无人员前往台湾、香港、澳门等地定居。2005年以前，平溪境内也无跨洋越海侨居异国他邦之人士。

一、台湾地区

1949年，国民党政权败撤台、澎、金、马地区，平溪境内始有人随军前往台湾。目前已知定居台湾的有张乃堂、王奕仙、李启回、张后继、李典相、李烈子、陈瑞英、蔡方年、李洛、王福民、王福君、王福兰等十多人。1984年10月14日，时年66岁的张乃堂从台湾省绕道日本回到老家岭后村，成为寿宁县首位返乡探亲的台胞。

二、侨居海外

2005年，南溪村李式金远赴牙买加蒙特歌贝市经商，成为改革开放以来平溪境内侨居海外第一人。2009年，李式金为首创办美皇百货公司（Beauty Queen），现任牙买加美皇集团董事长。2013年，创办金鹰（Golden Eagle）男装品牌；2014年，创办WOlfcreek户外运动包品牌；2016年，创办Affordio线上线下批发网；2019年，成立Hua Square百货公司；2020年，为首联合创办LCHDeveloPmentLimited。

2006年10月，柯洋村李杨森侨居牙买加蒙特歌贝市。2009年，李杨森与李式金联合创办美皇百货公司（Beauty Queen），现任牙买加美皇集团总经理。2018年，联合创办Hua sure Limited零售商城；2020年，联合创办LCHDeveloPmentLimited。

2008年，平溪村时任中国新闻社福建分社新闻部主任的黄翔（女）侨居澳大利亚墨尔本市。2010年11月，黄翔以最高票数当选"海都全球十大特约观察员"。2012年，黄翔相继获邀担任"澳大利亚首届大学生华语辩论赛"裁判和负责凤凰卫视"中华小姐环球大赛"大洋洲赛区的采访报道工作。12月1日，黄翔当选澳大利亚维多利亚州福建同乡会第十三届理事会副秘书长。

2013年，溪底村王阳宝夫妻前往老挝人民民主共和国，在与泰国毗邻的博胶省首府会晒市种植香蕉3000多亩。近年，任老挝宁德商会会长的王阳宝又转往菲律宾发展。

据县侨联统计，2021年平溪镇侨居海外从事劳务或经商的有100多人，其中德国3人、波兰2人、美国1人、日本2人、加拿大1人、牙买加17人、澳大利亚4人、捷克斯洛伐克1人、巴布亚新几内亚1人、老挝35人、泰国2人、越南3人、柬埔寨9人、菲律宾9人、新加坡7人、马来西亚7人、印度尼西亚1人。平溪成为改革开放以来，邑内侨居海外人员最多之乡（镇）。

【附 录】

平溪镇侨居海外人员

姓　名	出生年月	侨居时间	侨居国家　城市
黄　翔	1982.12	2008.05	澳大利亚　墨尔本市
黄文婕	2014.02	2014.02	澳大利亚　墨尔本市
黄文敏	2018.05	2018.05	澳大利亚　墨尔本市
李式金	1976.08	2005.05	牙买加　蒙特歌贝市
李林翠	1977.06	2005.05	牙买加　蒙特歌贝市
李杨森	1980.06	2006.10	牙买加　蒙特歌贝市
邹丽珍	1986.06	2007.09	牙买加　蒙特歌贝市
黄岩花	1953.07	2010.09	牙买加　蒙特歌贝市
王妙富	1989.06	2012.08	牙买加　蒙特歌贝市
李建英	1990.01	2014.05	牙买加　蒙特歌贝市
李　真	1987.09	2014.05	牙买加　蒙特歌贝市
李籽彤	2005.09	2014.08	牙买加　蒙特歌贝市
李嘉豪	2002.02	2015.08	牙买加　蒙特歌贝市
李文玉	1999.07	2015.08	牙买加　蒙特歌贝市
李晓晴	1990.01	2017.09	牙买加　蒙特歌贝市
李建梅	1999.06	2017.09	牙买加　蒙特歌贝市
李昭民	1995.06	2017.09	牙买加　蒙特歌贝市
李智敏	2001.01	2018.03	牙买加　蒙特歌贝市
曾良琴	1996.12	2018.08	牙买加　蒙特歌贝市
周道华	1991.07	2019.03	牙买加　蒙特歌贝市
李林斌	1990.04	2013.09	德　国　布伦瑞克市
王阳宝	1984.06	2013.05	老挝　博胶省会晒市
常丹丹	1986.08	2015.06	老挝　博胶省会晒市

第三编　自然地理

平溪镇东西相距16.8千米，南北长13.2千米，总面积125平方千米。属中低山地形，土壤富含锌、硒等微量元素。平溪境内海拔最高的南山顶1332米，海拔最低的东溪村385米，二者高低悬殊近千米。

平溪境内主要溪流有发源于政和县，由西向东流经新桥头、南溪、栗坂、云雾坑、溪底、上洋、东木洋、平溪、环溪、岭兜、百家山、上洋墩、长溪等村的平溪，和发源于木场村狮子岩自然村，流经周宁县域及平溪境内东溪等村的松柏溪。

第一章 地 貌

第一节 地 形

一、山 脉 平溪镇地处鹫峰山系洞宫山脉东麓,一脉从西南边界的南山顶延伸至岩尖山;一脉则由与政和县交界的振山延伸至仙岗顶。地势由西北向东南倾斜,主要的山脉与河流均为西北——东南走向。

平溪境内山峦密布且高低悬殊,北部的最高山峰南山顶海拔1332米,南部最低点东溪村海拔385米。由于山地坡度较大,因此平溪境内溪涧纵横。由于主要溪流比降较大,所以溪两侧梯地面积较少,多数形成狭谷地。

平溪境内地形以中低山为主,海拔在385米至1116米之间,坡度在35°~55°之间。岩体结构大部分以火山岩掺杂少量花岗岩组成,具有岩壁的形态特征。主要溪流有平溪、松柏溪。

二、海 拔 平溪境内的木场、屏峰、岭后、湖潭等村为中山地貌区,约占全镇面积的25%,海拔在800~1100米之间;燕窠、亭下、南溪、柯洋、龙头坑、东山头等村为中低山地貌区,约占全镇面积的32%,海拔在600~800米之间;平溪、环溪、东木洋、溪底、岭根、岭兜、长溪、东溪等村为低山地貌区,约占全镇面积的43%,海拔在385~600米之间。

三、山 峰 平溪境内山峦起伏、沟壑纵横,地势高低悬殊。海拔1200米以上的山峰有仙岗顶、老鸦山、白岩尖、振山、南山顶。

1. 仙岗顶 位于湖潭村与周宁县交界处,海拔1336米,为平溪境内最高峰。岗顶面积约1.2平方千米,上有清泉,水清如镜。古传宋黄山公在岗顶修道炼丹,遗下一石香炉。清康熙十五年(1676),信众在岗顶建仙宫,每年农历六月初一和九月初九,各地香客云集,热闹非常。咸丰年间毁于火,1950年重建。登顶观日出,只见一轮红日如火球般升腾,天际红霞辉映,蔚为壮观。北麓将军山盛产叶蜡石,为寿宁主要非金属矿区。

2. 莲花坂 在南溪的上窑和屏峰、上党、龙头坑等村之间。方圆面积约6平方千米,最高峰海拔1332米。清南溪贡生李廷森赋《连岫叠青》,诗云:"秀耸群峰翠几层,芙蓉面面势崚嶒。分明远岫窗中列,恍惚新荷沼底徵。插漠青排天一色,临空黛抹露初凝。山容如此真清净,玉井莫将太华钦"。

3. 罗家山 因古时罗家在此定居而得名,海拔1278米,山峰高耸,直插云霄,山上有古银坑遗迹。罗家山位于平溪、凤阳与周宁县交界处,附近有"鲤鱼弹琴"古墓遗址。

4. 白岩尖 位于东木洋、溪底、燕窠三村之间,海拔1195米,面积约2.6平方千米。以火山岩和少量花岗岩为主体,怪石嶙峋,形态各异。山上遍植杉、松、翠竹,山脚垦殖茶、桐、榛等经济林,群山苍翠。崖顶建有佛龛神座。

【附 录】

平溪镇行政村、自然村、荒废村海拔高度表　　　　　单位:米

村名	海拔	村名	海拔	村名	海拔	村名	海拔
平 溪	550	桥头洋	—	茶 坪	—	百家山	465
上 村	608	柯 洋	720	上洋坪	1114	大 垄	446
千 排	652	东山垄	751	木 场	1096	冬瓜洋	476
长潭尾	611	宫仔下	728	狮子岩	1098	林 家	—
环 溪	568	岔门底	906	湖 潭	846	富源新村	—
燕 前	726	新墓下	729	大 场	693	东 溪	385
南日洋	697	亭 下	757	后 山	727	马 坑	612
溪 底	596	溪底源	754	范 岔	689	岭 尾	469
底 坑	659	三角洋	926	下 洋	549	锣鼓田	—
底 楼	711	村 头	740	屏 峰	885	东木洋	573
上 楼	752	下 井	761	潦下洋	739	长 洋	565
后 瓯	—	牛墩坂	1056	墓下洋	706	上 充	618
云雾坑	—	松树坂	739	孔雀洋	741	上 洋	585
村楼后	691	小 溪	855	桥下村	—	白岩下	788
朱坑洋	657	洋 尾	916	岭 根	558	扶 坑	667
下洋仔	706	后洋墩	733	洋 中	553	东山头	628
南 溪	717	别潦岩	—	上岭根	647	山头垄	659
栗 坂	716	新墓下	—	下岭根	—	半岭洋	628
半 洋	731	岭 后	860	岭 兜	475	后 坪	580
洋 坪	859	下洋坪	769	新州洋	—	外 洋	579
上 窑	849	白岩头	943	长 溪	460	吉岭头	507
新桥头	755	天池庵	979	上 洋	462	龙头坑	680
奶殿涧	720	外白岩头	920	高 山	615	日 洋	773
东山洋	722	燕 窠	776	源佳墩	542	大 岗	763
潦底洋	824	于 岭	845	下溪尾	494	山 头	847
七星洋	—	彭 地	797	常州洋	465	上山头	780

第二节 土 壤

2012年，福建省地矿局在寿宁组织开展土地质量地球化学评估工作，发现平溪境内土壤硒含量大于0.4mg/kg，锌含量均值79.5mg/kg，均远高于全国丰度值。

一、黄 壤 黄壤主要分布在北部与西北部800米以上的中山山地。续分为黄壤、粗骨性黄壤和黄泥土（耕作黄壤）3个亚类。

二、红 壤 红壤分布最广，在平溪境内东部、南部、西部的800米以下低山及丘陵地区均有分布，可分为红壤亚类、黄红壤、粗骨性红壤、水化红壤与耕作红土5个亚类。

三、紫色土 紫色土局部分布于东部和中部的中、低山地，是制造紫砂陶器的好材料。不具有脱硅富铝化作用，土壤矿物质养分的储备较红壤、黄壤丰富，肥分较大，含有丰富的氮、磷、钾养分。分紫色土和耕作紫泥土两个亚类。

四、水稻土 水稻土是平溪境内主要耕作土壤。全乡有水源的地方及沿溪两岸的山垄田、梯田或小洋田，均广为分布。有地表水型的淹育（或渗育）水稻土、地下水型的潜育水稻土、良水型的潴育水稻土和还原性水分侧渗（漂洗）作用的侧渗型水稻土4个亚类。

1. 淹育水稻土 这类水稻土面积最大，成土母质为红壤、黄壤、紫色土的坡积物或堆积物。溪河两岸沙质田则为冲积母质所形成，多分布于坡地、岗背或山垄中上部地带，多系梯田或山垄田，有小面积望天田，干旱年份歉收。

2. 潜育水稻土 分布在有地下泉眼或引冷泉水长期灌溉的山垄田或洼地田。因长期浸渍，土体糜烂，土壤结构被破坏形成烂泥田。由于潜育作用，有机质不易分解，常产生有碍作物生长的有毒物质——亚铁硫化氢等，续分为烂泥田、冷湿田2个土属。

3. 潴育水稻土 成土母质为红壤、黄壤或紫色土坡积物和堆积物。分布在地势较开阔低缓或沿溪两岸。地下水在50厘米以下，土体往往既受地表水的作用，又受地下水季节性活动或毛细管作用的影响，因此属良土型。这类土壤水耕熟化年度长，加工培土较好，肥力水平中上，是平溪境内水稻土中肥力最佳的一类。根据成土母质不同，续分出灰泥田、潮沙田2个土属。

4. 侧渗型水稻土 分布在坡地梯田中下部或山垄田中部地带。土体受还原性水分长期侧渗漂洗，其中的黏粒部分被漂洗淋失，产生较厚的白和白灰色的漂洗层。厚度约20厘米，有的可达70~80厘米，产生一个白鳝泥田土属。

第三节 植 被

平溪境内属中亚热带温暖湿润的海洋性气候，历史上森林密布，植被繁茂。由于"大跃进""文革"期间的乱砍滥伐和20世纪80年代的垦荒及花菇栽培等影响，村庄周边和交通便利的近山、低山，原生植物基本消亡，人工种植的茶、杉、油茶、马尾松等单一群落代替了原生群落。

21世纪以后，随着电力、煤气等能源，以及钢筋、水泥、机砖、铝合金等建筑材料的普遍使用和大量农村人口进入城镇，平溪境内植被日趋茂密。

一、针叶林

包括松树林、杉树林。全乡均有分布，基本上是人工营造的中、幼龄林。大多分布在海拔500~1000米的山坡，主要群落有：

1. 马尾松—杜鹃+铃木—芒萁，主要分布在海拔700米以上的中山上部。
2. 马尾松—檵木+刚竹—芒萁，主要分布在中山中、上部或低山上部。
3. 杉木林，基本上是人工林，分布在海拔800~1100米的中山沟谷地带。
4. 黑松林，主要是机播林，分布在海拔1000米以上的中山地带的仙岗顶、东山头。主要群落：黑松—胡枝子—芒萁。林中伴生有少量次生杉木幼树。

二、阔叶林

1. 常绿阔叶林，主要分布在海拔600米以上湿润肥沃的山地。多成为各种阔叶混交林的建群林。主要群落：甜槠—刚竹—中华里白。
2. 落叶阔叶林，主要分布在中山坡。主要群落：乌刚栎+甜槠—乌药—芒萁。

三、人工经济林

1. 油茶，主要分布在海拔700米以下的地区。
2. 山苍子，主要分布在海拔500~1000米的中低山各植被群落中。
3. 茶树，平溪境内各村广为栽培，主要分布在低山丘陵25度以下的缓坡地和农地上。

四、混交林

（一）次生常绿阔叶混交林

1. 甜槠+木荷混交林，分布在海拔900米以上土壤肥沃，水湿条件好的中山地带。多系经人工择伐的次生林。
2. 甜槠+苦槠混交林，分布在海拔600~700米的低山陡坡地带，主要群落：甜槠+杜鹃—芒萁，分布在海拔400~600米的西北部的低山腹地。

（二）次生针阔混交林

1. 马尾松+甜槠—铃木连蕊茶—狗脊群落，分布在海拔500~700米的低山缓坡地带。
2. 甜槠—木荷—五节芒萁群落，分布在海拔1000米的黄壤地带。
3. 苦槠+马尾松—苦竹—芒萁群落，分布在海拔900~1100米的中山斜坡上。
4. 黄山松+甜槠—老鼠刺—铁芒萁群落，分布在中山上部的陡坡上。

此外，平溪境内村庄大都有竹林分布。在海拔800米上下的中山坡，分布有刚竹、杜鹃、甜槠、青岗栎等灌丛；芒萁、五节芒、甲蕨类等草甸也有零星出现。

第四节 溪流 泉水

一、溪流

平溪境内较大溪流为平溪、松柏溪，支流有24条。因地形高低悬殊，河床乱岩遍布，均不能通航。流域内植被覆盖率较高，河水清澈，含沙量少。落差大，水能资源蕴存量大。

1. 平溪 发源于政和县西表岭紫翠岩，由西向东流经平溪境内的南溪、溪底、上洋、东木洋、平溪、环溪、岭兜、长溪等村，至斜滩境内的交溪亭汇入斜滩溪，后由福安注入东海。邑内流程50千米，流域面积320平方千米，总落差611米，平均比降1.23‰，蕴存水能49255千瓦。

2. 松柏溪 流经东溪村段又称东溪。发源于木场村狮子岩自然村山坳，向西转入周宁县祖龙村门下，扭西而东流经湖潭村四岩山边直下马坑岭尾、东溪等村。在凤阳镇新村之下与平溪合流，至交溪亭汇入斜滩溪。平溪境内流程31.5千米，落差645米，平均比降1.41‰，蕴存水能3513千瓦。

3. 亭下溪 发源于亭下村牛墩坂、三角洋自然村的深山之中，由南往北流经小溪、村头、亭下、柯洋、玉村等村，在南溪村注入平溪。

4. 大连坑溪 湖潭村西南将军山叶蜡石矿区的三条山涧之水，在马池岗的三山口汇集形成瀑布，在环溪村下游注入平溪，流程4000多米。

二、泉水

平溪境内泉水众多。田间地头，路旁亭边，一股股清泉由地底下、岩石间沁出，可供过往之人解渴，在村中则凿井供居民饮用。闻名邑内的有白岩头的"天池"和木场村的"天堂湖"。

1. 天池 在南溪、亭下、岭后三村交界的白岩头天池庵上方，有一片天然高山湿地，旱不涸，涝不溢，俗称"天池"。清南溪村廪生李廷森赋诗《天池映月》，诗曰：峰头一水正盈盈，二月映波分外清。错让骊珠求象罔，浑机佛性解空明。高寒不与银河隔，潋滟长涵玉宇平。见说仙浆奇绝处，涝时绿净旱澄泓。

2. 天堂湖 在木场村东山上，海拔1200多米。天堂湖天旱不涸，湖中生长的午时莲，叶绿如荷，浮于水面；茎根如丝，深扎水下；花开九瓣，瓣如白玉，蕊似金丝。每当午时，田田莲叶由水下上浮，托起朵朵莲花。随着瓣展蕊现，幽幽清香弥漫湖面。午时一过，叶藏茎缩，朵朵莲花悄然没入水中皈依宁静。欲再睹芳颜，非次日午时不可。

81

第二章 气 候

第一节 四季特征

平溪与东海直径距离约69千米,具有明显的海洋性气候特征,全年风向以东南风为多。气候温暖湿润,雨量充沛,四季分明,夏无酷热,冬无严寒。旧时民谚云:清明断霜,谷雨断雪。由于平溪境内海拔高低悬殊,因此"一山有四季,十里不同天"。21世纪以来,随着地球趋暖,冬春季节温度有所上升,霜、雪天气减少。

一、春 季

平溪境内累年月平均气温为:2月,7.7℃;3月,11.4℃;4月,16.4℃。立春以后,残雪暗随冰笋滴,新春偷向柳梢归。气温逐渐上升,雨量明显增加。5月,受北方冷空气影响,局部地区有时会出现"倒春寒",气温明显下降,严重影响秧苗、茶叶生长。局部地区有时会出现冰雹灾害。1988年,湖潭、木场出现3次冰雹,造成农作物、屋瓦损毁。

二、夏 季

平溪境内累年月平均气温为:5月,20.0℃;6月,22.9℃;7月,26.0℃。5~6月为梅雨期,雨水频繁。正如诗人所咏:黄梅时节家家雨,青草池塘处处蛙。6~9月受台风影响,常出现灾害性狂风暴雨。7月,是全年最热月份,累年均气温为26.0℃。

三、秋 季

平溪境内累年月平均气温为:8月,25.1℃;9月,22.5℃;10月,17.7℃。民谣云:一场秋雨一阵凉。九月开始,昼夜温差增大,除中午外,早晚都很凉爽。降水减少,气候干爽,有利水稻、地瓜等农作物的收割、加工。苏轼诗云:荷尽已无擎雨盖,菊残犹有傲霜枝。一年好景君须记,最是橙黄橘绿时。

四、冬 季

平溪境内累年月平均气温为:11月,13.2℃;12月,9.0℃;1月,6.6℃。入冬后,由于北方冷空气频繁南下,气温急剧下降。平均初霜日期在12月上旬,终霜日期在3月间。冬季雨量少,一月份平均气温最低。昔时,"岁暮霜雪冰入骨",家家老幼"火笼抱膝度寒冬"。近年，海拔700米以上地区偶有结冰、下雪。

【附 录】

平溪镇各行政村累年平均气温

行政村	海 拔	平均气温（℃）	行政村	海 拔	平均气温（℃）
平 溪	550	16.4	湖 潭	846	14.8
环 溪	568	16.4	屏 峰	885	14.6
溪 底	596	16.3	岭 根	558	16.3
南 溪	717	15.4	岭 兜	475	16.9
柯 洋	720	15.4	长 溪	460	17.0
亭 下	757	15.4	东 溪	385	17.4
岭 后	860	14.6	东木洋	573	16.3
木 场	1096	13.2	东山头	628	15.9
燕 窠	776	15.2	龙头坑	680	15.1

第二节 气 象

一、降 水 平溪境内雨量充沛，累年降水量约1600~2300毫米。全年降水最多的是7~9月的台风雷雨季节，约为500~800毫米，占全年降水量的33%；6月梅雨季节次之，为500~650毫米，占全年降水量的30%。但台风、雷雨少的年份，7~9月的降水量少于梅雨季节，甚至出现夏、秋干旱。

1963、1965、1972年，均发生春旱，持续时间最长的达56天。1957、1967、1971、1986年，均发生夏旱，持续时间最长的为29天。1959、1960、1969、1972、1984年，均发生秋旱，持续时间最长的为59天。干旱，对高山区冷水田特别有利，因此旱年常是高山区冷水田的丰收年。

二、日 照 平溪境内累年平均日照数为1765.6小时，占可照时数40%，累年平均日照时数以7月份最多，达240小时；2月份最少，仅108小时。累年逐月平均日照，7月份最大达56.4%，5月份最少为27.8%。

三、露 平溪境内年有露日为185天。7、8月份较多，每月都在20天以上。累年1月份为最少月，多年平均只有8~9天。

四、雾 平溪境内年平均雾日为85天。以1~5月为最多，平均都在12天以上。秋季较少，每月只有5~6天。高山地区的木场、上洋坪等村，因海拔较高，雾日亦随之增多。

第三节 灾害性天气

一、雨 平溪境内灾害性天气主要为暴雨导致的洪灾。1969年9月27日，平溪流域因连日暴雨引发的洪灾为邑内之最。2001年8月30日，平溪境内突降暴雨，仅三个小时的雨量就超过100毫米，为1969年以来强度最大的暴雨。

二、雪 平溪境内降雪一般都在12月至3月间，平均初雪日期为12月28日，终雪日为3月4日。20世纪90年代以前，累年平均降雪日为7~8天。累年平均雪日以1月份为最多，达2~6天。1960至1966年的雪日，年均仅1~2天。1976~1977年的雪日多达15天。90年代以后，年降雪天数渐趋减少，有时甚至全年无雪。

三、霜 平溪境内平均初霜日为11月2日至12月3日；终霜日在3月12日至4月12日。木场、上洋坪等高海拔地区和低海拔的东溪、长溪、岭兜等相差20天左右。低洼与背阴地，霜冻会严重些，有霜期也长些。

四、雨凇 俗称树挂，也叫冰凌。平溪境内一般出现在冬、春季节，气温零度以下的阴天。雨凇使乔木、灌木成为银枝玉叶，晶莹耀眼。木场、上洋坪、白岩头等地每年都有雨凇。严重的会压断树枝、农作物、电线，影响生产生活。

五、冰雹 平溪境内冰雹年均1~2次，多数在春夏之间。冰雹一般粒粗如黄豆，每次持续时间约2~4分钟。1988年3月15日，特大冰雹袭击平溪乡，为害之烈前所未有。

【附录】

气象谚语

1. 雷打昼，雨就到。　　2. 雷打秋，对半收。　　3. 雨夹雪，落不歇。
4. 立冬晴，透年暝。　　5. 清晨响雷做水灾。　　6. 清明要晴，谷雨要雨。
7. 猫喝水晴，狗喝水雨。　　　　　　8. 春寒多雨水，夏寒井底干。
9. 谷雨，冻死老鼠。　　　　　　　　10. 立夏，寒死老龙巴（父亲）。
11. 夏吹南风晴，夏遇北风雨。　　　　12. 正月出蚊虫，二月寒死人。
13. 立夏晴，棕衣、笠斗满田坪。　　　14. 未惊蛰先响雷，七十二日天不开。
15. 立春之日雨淋淋，阴阴湿湿到清明。　16. 吃了端午粽，棉袄、棉被才好送。
17. 芒种做晴火烧街，夏至下雨烂了鞋。　18. 惊蛰响雷米似泥，春分有雪病人稀。
19. 六月台，米生苔；七月台，无米筛。　20. 早晨霞，水流柴；黄昏霞，没水烧茶。
21. 天上星星闹嘈嘈，明日地下雨滂沱。　22. 春雾晴，夏雾雨，秋雾狂风，冬雾雪。

第四编　村庄概貌

早在新石器时代，就有先民在平溪村犀牛山磨制石器临水而居。明朝，平溪境内分为七都二图、八都、九都，设有26甲，仅次于县治所在地鳌阳。

平溪境内临溪而建的行政村有亭下、柯洋、南溪、溪底、东木洋、平溪、环溪、岭兜、长溪、东溪、龙头坑等；远离溪流的行政村有岭后、燕窠、木场、湖潭、屏峰、岭根、东山头等。海拔最高的行政村是木场，海拔最低的行政村是东溪。

2022年，平溪镇辖平溪、环溪、溪底、南溪、柯洋、亭下、岭后、燕窠、木场、湖潭、屏峰、岭根、岭兜、长溪、东溪、东木洋、东山头、龙头坑等18个行政村。

第一章 行政村

第一节 平溪村

平溪村位于寿宁县西南部,是平溪镇政府驻地,也是平溪镇的经济、文化、政治中心,距寿宁县城37.26千米。东与清洋茶场和岭根、岭兜村交界,南与环溪村隔溪相望,西与东木洋、长洋村毗邻,北与屏峰村相接,通用平溪方言。全村面积约6.8平方千米,耕地面积1309亩,其中水田面积951亩,农地面积358亩。2013年,辖上村、金州洋2个自然村,18个村民小组,509户,3064人,其中男1614人,女1450人。2020年全国人口普查,全村4033人,其中男2104人,女1929人。

平溪村是邑内最早有人类生存的地方。1999年8月,在平溪村上游100多米的犀牛山出土了3件石锛、石戈,证实早在新石器时代就有先民在这里繁衍生息。

平溪也是邑内最早有文字记载的村庄。早在南宋淳熙九年(1182),福州知府梁克家编撰的《三山志》中,就有"长溪县永乐乡平溪里:大小鱼溪、西溪、麻竹、斜滩。"的记载。民国二十八年(1939),曾设过平溪镇。

平溪,早在600多年前就是《政和县志》主编郭斯垕向往的"桃花源"。其载入明永乐《政和县志》的《过平溪作》:"立马溪边唤渡船,绿杨烟暖向波悬。高峰碍日疑天近,阴壑犹霜觉地偏。处处鱼盐间草市,家家鸡犬类桃源。隔溪茅屋门孤掩,重忆杨雄草太玄。"是目前已知最早描述平溪山水风情之诗。

寿宁建县之前,平溪一带隶属政和县。政和县城前往官台山银场的白银古道,就从平溪村中经过。明景泰六年(1455)寿宁建县,一直到清雍正十二年(1734),寿宁县均隶属建宁府管辖,平溪是寿宁县城通往建宁府治的必经之地,也是政和、寿宁两县重要的物资集散地。沿海的食盐、鱼虾等海产品经平溪运往建宁府的各个山区县,内陆的各种山珍野味也从平溪销往霞浦、福安、宁德等沿海郡县。

明崇祯十年(1637),知县冯梦龙在《寿宁待志·都图》中写道:政和里八都一图一甲住平溪冢后村,离城四十里。男耕读,女绩。粮多,民顽,欠;二甲住平溪桥头,离城四十里。出梨、草鱼。民耕田,稍顽;四甲住平溪下背岭兜(编者注:应为平溪下坝、岭兜),离城四十里。男耕读,女绩。民稍顽;六甲住平溪板头(编者注:应为坂头),

离城四十里。民贫，女绩，多逃。粮少，难完；七甲住平溪后池，离城四十里。民贫，耕绩。粮颇少，稍难；十甲住平溪冢后，离城四十里。男耕读，女绩。民极顽，粮欠。有僧寄户田，宜另征。政和里八都二图一甲住平溪村，离城四十里。耕绩，民稍顽。粮少，难完。甲首多为盗；九甲住平溪村，离城四十里。男耕读，女绩。粮少。政和里八都三图三甲住平溪村，离城四十里。男耕读，女绩。民稍顽。

斯时，一村有9甲，邑内仅有一个平溪村。当年的平溪，是全县人烟最稠密的村庄，村中建有社仓、公馆、驿站，每天内外官司往来，舆马仆从咸萃，道不尽的繁华与喧嚣。明景泰六年（1455）至清雍正十二年（1734），这一段长达280年的繁荣兴盛，是平溪的黄金时代。

明末清初，郧西王朱常湖、王祁、冯梦龙等在平溪举义反清，一场绝地反击的烈火由此点燃，并迅速燃遍八闽。这场反抗异族入侵的战火，将平溪与朱常湖、王祁、冯梦龙等一起载入中华民族的英雄史册。

从明景泰六年（1455）至1969年9月，平溪北岸溪边那条铺着规整鹅卵石的老街，每一家店铺的前面都有凉亭，家家凉亭相接形成一条长达数里的既能遮阳又可避雨的长廊。凉亭的临溪一侧建有"美人靠"。"美人靠"既供来往行人憩息，又兼护栏保护行人安全。沿街数十家经营各色山货海产品的店铺都是前店后宅，街上一天到晚人流如织，生意繁忙。前人戏笔遣兴：两岸春风细柳垂，一排长廊显龙威。长虹三环跨南北，灯笼闪闪竞星辉。富人宴饮山海味，穷人云集故事堆。八十老翁嫌夜短，新婚夫妇忘入帏。

20世纪50年代以前，平溪葫芦门旁边的"苦槠坪"和下坝一带是清一色的原始槠林。数百棵有着近千年树龄的槠树，每一棵都需二、三人方能合抱，葱茏浓密的树冠遮天蔽日，裸露地面的树根盘根错节。在鼎墩的清波岭山涧边，十多棵百年柳杉如排列整齐的士兵，英姿飒爽。六棵腰大数围的千年风水树——柳杉，像久经沙场的将军，威风凛凛地驻守峡口，忠实地护卫着千年古村。在老街王家店铺一带的溪边，有十多株桑树亭亭如盖，青翠欲滴。沿溪两岸垂柳成荫，溪水清澈碧透，鱼儿嬉波逐浪，人与自然和谐相依。

1949年，一支败退台湾的国民党军队途经平溪，看见溪中鲤鱼如此之多，纷纷投弹炸鱼，溪中鱼儿几无幸免。1958年大炼钢铁，那片珍稀原始槠林横遭劫难，被刀砍斧剁连根刨起用来烧炭炼钢，只留下徒有其名的"苦槠坪"地名让后人遥想追怀。1969年，百年不遇的特大洪水又将两岸桑树、柳树席卷荡尽。1976年修筑清洋茶场至屏峰公路，峡口柳杉也被全部砍伐。

平溪南北两岸自古统称平溪村，村中地形广敞方圆，河流平缓宽阔，村庄下游水口处悬崖高耸，河道逼仄，形成堪舆学上的"捍门"。在捍门边的溪畔小山上有一座仙殿，仙殿下方有一深潭，人称仙殿潭。在仙殿潭上方的溪流上，有一山环水绕形似黑白双鱼的道教太极图。这种天然"太极"十分罕见，全县仅平溪、斜滩两处。

相传，古时官员往来经过此地，见此"捍门"与"太极"，都要文官下轿、武将下马，步行进村。宋元年间，在下游冬瓜洋旁半月山上方的一棵古松旁建有木拱廊桥——卧龙桥。当年，行人由北岸经卧龙桥到达南岸，沿溪直上到"大腹岩"狐狸潭的平津桥，再回到北岸的平溪村。

清道光年间，卧龙桥被夜宿桥内的乞丐失火焚毁后，在北岸险嘴岩凿岩筑路直抵平溪村。光绪三年（1888）七月十日，洪水冲毁平津桥，只好在现在的"平溪桥"处临时搭建简易木桥以通南北。光绪四年（1889），周尚颐为首的建桥董事会募集8000银圆建造石拱桥。经过3年精雕细琢，建成三孔两墩"寿山桥"。桥长55米，宽5.75米，溪中两个石墩迎水向的突出部设计成三角形，以减缓水流冲击力，上雕凤首，造型十分精巧美观。大桥比两岸路面高约2米，有青石台阶与两岸道路相接。

1969年9月27日下午2时许，天降倾盆大雨，在短短的2个多小时里，溪水暴涨至沿溪老街店铺的2层楼。只见惊涛浊浪肆虐翻卷，千年古村顿成汪洋泽国。由于上游众多廊桥、房屋被冲毁，桥孔被木料堵塞，再加两岸河堤被湍急的洪波淘空，致使建成仅80年的"寿山桥"被洪水轰然卷走。

1972年，黄登三等村民从溪流中捞回桥石，在大桥原基础上重建石拱桥，并在溪中两礅的旁边加砌6个小拱，在南北两岸增砌两个旱拱，使原来的3孔变成了11孔，并更名"平溪桥"。1988年，又将南北两岸桥头的两家店铺拆迁，原来的桥头石阶改为贯通两岸的公路。2008年，乡政府将桥面拓宽两米增设人行道，将石栏杆改为铝合金圆管栏杆，并在桥上安装6根铝合金圆管灯柱，每根灯柱上安6盏路灯。每当夜幕降临，36盏路灯与溪水交相辉映，成为村中一景。2008年，平溪村委筹集资金16万元，在大桥下方百余米处修建拦水坝蓄起一湖碧水，并向溪中投放鱼苗。现溪中游鱼成群，常有游人投饵观赏群鱼争食。2013年12月，平溪村委筹资28万元，又在下游险嘴岩河段筑坝蓄水。

1963年11月，斜滩至平溪公路通车后，平溪公社、供销社、卫生院、信用社、邮电所、粮站等单位及影剧院先后建设在公路北侧，形成一条新街道。1969年，沿溪老街遭洪水冲毁后，公路新街日渐热闹起来。1986年，铺设长660米、宽7米的混凝土路面。1989年，公路北侧从下往上依次有卫生院门诊楼、供销社营业楼、供销社仓库、农行营业所、邮电所、乡党委政府综合楼、电影院、粮站、粮库、中心小学、中学等单位；公路南侧均为民房，沿路经营着106家个体商店。

1995年，公路新街因上连金州洋下至杨梅桥头，故以谐音命名为金洋街，沿溪老街命名为桥北路。1993年，平溪至环溪村公路通车。2008年，与平溪桥相连接的两端道路命名为环平街，并浇灌水泥路面。每月初九、廿三墟日，金洋街、环平街商贩云集，货物琳琅满目。赶墟的人山人海，车水马龙。

平溪村肇基历史最早、人口最多的是周姓。2013年，平溪村周姓239户，906人；李姓62户，282人；王姓45户，205人；吴姓28户，140人；肖姓21户，88人；郑姓15户，71人；张姓10户，70人；黄姓11户，60人；阮姓14户，52人；陈姓9户，44人；叶姓10户，43人；曾姓11户，41人；刘姓7户，38人；蔡姓3户，32人；卢姓10户，

30人；许姓6户，27人；吕姓7户，22人；范姓2户，16人；徐姓1户，10人；罗姓1户，7人；胡姓1户，7人；何姓1户，7人；陆姓1户，5人；韦姓1户，3人；雷姓1户，2人；葛姓1户，2人；邵姓1户，2人。

2013年，平溪村有一路、二街、十巷道、一新村，分别是——

一、桥北路

即杨梅涧至大石坂的沿溪老街，长373.6米，宽3米；支弄1条，长21米，宽2米。桥北路有土木结构瓦房19座，砖木结构房屋2座，砖混结构平顶楼房17座。

1998年，规划建设杨梅涧至思源桥头的防洪堤，堤面为宽8米的沿溪公路。乡贤慷慨解囊，村民投工投劳，沿路住户捐地，县直单位资助，累计耗资80多万元，2008年秋完成平溪桥以下路段建设。2020年，寿宁县政府在桥北路上游的蟠龙山征地建设寿宁五中新校区。2022年，民间筹资在五中新校区旁的蟠龙山修建冯梦龙主题文化园。

二、金洋街

自金州洋至杨梅桥外，长1.5千米，宽13米，既是街道也是交通要道。寿政二级公路通车前，通往周边市县的车辆都从这里经过。金洋街南侧除工商所、信用社、卫生院办公宿舍综合楼、小学教学楼和一家个体卫生所外，其余皆为个体商店和民居；北侧多为乡直机关单位。以镇政府为中心，向上依次有农技站、影剧院、百货店、食品店、粮站、候车点、中心小学、寿宁五中、农机修理站、个体加油站；往下依次有邮政支局、电信支局、华龙公寓、宏光公寓、供销社、卫生院、食品站、生猪屠宰场、税务所、工商所、供销社家属楼。

金洋街有土木结构瓦房7座；砖木结构楼房30座；砖混或钢混结构民房83座。其中外墙用水泥粉刷的44座，贴瓷砖的43座，未粉刷的33座。

金洋街两侧有宽2米的支弄3条，计长330.6米。沿弄民房有钢混平顶结构19座，砖木结构、土木结构各2座。其中外墙粉刷的18座，未粉刷的5座。

2018年，在金洋街6号新建一座平溪村委楼，占地面积60平方米，2层，建筑面积120平方米。

三、环平街

平溪段长约90米，宽10米，与金洋街相交成丁字街。有砖混结构楼房20座、钢筋水泥框架结构楼房1座。沿街有肉铺、菜店、水果店、汉堡店、美容店、服饰店、理发店、手机维修店各1家，超市、杂货店、眼镜店各2家，饮食店、便利店、五金店各3家。

四、巷道、支弄

1. 源兴巷 在厝坪墩，主道长324.5米；支弄11条，计长570米，宽2.3米。巷内有土木结构瓦房21座，砖混结构平顶楼房32座。

2. 锦雀巷 在厝垄，主道长248.7米；支弄7条，计长240.5米，宽2.4米。巷内有土木结构瓦房7座，砖木结构房屋3座，砖混结构平顶楼房36座。

3. 景新巷 在镇政府右邻，主道长193.1米，宽2.1米；支弄1条，长20米，宽1.8米。巷内有土木结构瓦房4座，砖木结构房屋1座，砖混结构平顶楼房2座。

4. 洋墩巷 在供销社后面，主道长133.2米，宽2米；支弄5条，计长238米，宽2米。巷内有土木结构瓦房6座，砖混结构平顶楼房32座。

5. 鼎墩巷 在鼎墩，主道长338米，宽2.8米；支弄8条，计长735.4米，宽2.5米。巷内有土木结构瓦房32座，砖混结构平顶楼房32座。

6. 葫芦巷 由葫芦门至山垄尾，主道长359.6米，宽2.6米；支弄2条，计长138米，宽2米。巷内有土木结构瓦房11座，砖混结构平顶楼房14座。

7. 后路巷 由影剧院对面小巷至仓楼，长269米。巷内有土木结构瓦房18座，砖混结构平顶楼房6座。

8. 朝阳巷 由粮站大门对面接后路巷，长90米，宽1.5米。巷内有土木结构瓦房2座，砖木结构房屋3座，砖混结构平顶楼房2座。

9. 桥北巷 由邮电所对面连接桥北路，长92米，宽1.6米；支弄1条17米，宽1.3米。巷内有土木结构瓦房1座，砖混结构楼房2座，在建1座。2017年，刘庆生、刘美森四兄弟兴建的九层钢混框架结构大楼，是平溪境内第一座安装电梯之楼房。

10. 王家巷 由原信用社对面接桥北路，全长89米。巷内有土木结构瓦房3座，砖混结构平顶楼房6座。

五、金州洋新村

1998年，平溪村委会动工修建自杨梅涧至金州洋的沿溪公路——桥北路，在金州洋修建宽10米，长385米的防洪堤，后因资金不济而中止。随后，村委会在金州洋建村委、支部办公楼各一座，村民也陆续在金州洋建房居住。2020年，镇政府在金州洋防洪堤修建宽约2米的休闲木栈道。

平溪村历史悠久，历代文物古迹众多。但由于1958年"大炼钢铁"和"文革"期间的毁坏以及1969年的特大洪灾洗劫，文物古迹多遭破坏。至今保存较为完好的有碇步、葫芦门、平水大王庙；修复的有仙殿、上方庵、奶娘宫；以及甲午年孟冬镌的古渡遗址摩崖石刻。2012年，碇步、犀牛山遗址、闽浙边游击纵队夜袭平溪国民党区公所"三战三捷"战斗旧址（周氏宗祠），被寿宁县政府公布为不可移动文物点。2022年，平溪的文化地标——全国第一座民间筹资修建的冯梦龙主题文化园在蟠龙山动工兴建，这座全国唯一的冯梦龙陵园，因其厚重的人文历史而名扬八闽。

第二节　环溪村

环溪村位于平溪南岸，北与镇政府驻地平溪村隔溪相望，东与湖潭村接壤，西与长洋村毗邻，南与木场村相连。自古以来，平溪南北两岸村庄统称平溪村，语言、风俗等均相同。1964年，南岸划为坂头大队，辖燕前、南日洋自然村。1981年5月，取溪水环绕村庄之意更名环溪大队。全村面积4.7平方千米，耕地面积952亩，其中水田764亩，农地188亩。2013年，环溪村（环溪新村未在内）有489户，1883人。2020年全国人口普查，全村2277人，其中男1192人，女1085人。

冯梦龙《寿宁待志·都图》载：政和里八都一图六甲住平溪坂头，离城四十里。民贫，女绩，多逃。粮少，难完；政和里八都三图四甲住大连坑，离城四十五里。男耕女绩。粮少，易完。

1960年，平溪公社在坂头村建酿酒车间；在灵岩寺下面的山冈建碗窑。1971年，在坂头村上游修建一座长60米的拦河大坝。大坝是在溪中砌16座石墩，每两墩之间以30度斜坡铺厚松木枋以蓄水。这是迄今为止，寿宁县唯一一座用石墩、松木枋建成的拦河大坝。同时修建引水渠道920米，不仅灌溉坂头洋农田310亩，也方便了坂头村民生活用水。还在林公大王宫下方至平溪大桥的溪岸，复建高4米，宽2米的水毁防洪堤500米。

1973年，坂头村建成龙井水电站。1993年，平溪经环溪至湖潭村公路通车。1997年，环溪村道浇灌沥青路面；2008年浇灌水泥路面。2004年，国家拨款500万元在环溪村后的布袋山（山形如装满谷物的布袋而得名）上开荒造田。

2013年，村中（环溪新村未在内）周姓339户，1281人；吴姓27户，113人；李姓26户，99人；王姓10户，44人；叶姓10户，44人；陈姓10户，35人；黄姓9户，38人；谢姓9户，32人；蔡姓6户，28人；郑姓5户，19人；阮姓5户，17人；曾姓4户，17人；胡姓4户，17人；柳姓4户，14人；卓姓3户，16人；高姓3户，14人；吕姓3户，12人；徐姓3户，10人；杨姓2户，10人；韦姓2户，7人；范姓2户，6人；朱姓1户，4人；张姓1户，3人；余姓1户，3人。

2013年，环溪村有个体商店12家，村卫生所1家。村中有一街、2新村、5巷道、84支弄。

一、环平街

环溪段长500多米，宽6米；有食杂店8间，铝合金店3间；卫生所、理发店、肥料店、农药店各1间。砖混结构楼房51座，钢筋水泥框架结构楼房6座。

1. 金鹅巷 长150米，宽2米，主要以支弄为主；有土木结构瓦房36座，砖混结构楼房68座，钢筋水泥框架结构楼房3座。

2. 敦睦巷 长280米，宽3米；有土木结构瓦房15座，砖混结构楼房44座，钢筋水泥框架结构楼房3座。

3. 桥墩巷 长80米，宽6米；有土木结构瓦房7座，砖混结构楼房26座，钢筋水泥框架结构楼房2座。

4. 后隆巷 长55米，宽3米；有土木结构瓦房4座，砖混结构楼房17座，钢筋水泥框架结构楼房3座。

5. 桥上巷 长180米，宽3.4米；有土木结构瓦房1座，砖混结构楼房25座，钢筋水泥框架结构楼房3座。

二、坂头新村

1969年9月27日，特大洪水将坂头大队淹成一片废墟。1970年，公社将县政府下拨给坂头大队水灾户的救灾款，全部用于新村建设。公社派专人负责"学大寨，建新村"，全村原有住房全部拆除，木料、砖头、石材无偿收归集体。村民不管有房无房，房多房少，一律集中到村后山大柴林岗统一建房。新购的木料、石料和木匠、石匠师傅的工资由公社支付，粗工则由搬迁户自己负责。搬迁后的宅基地无偿收归集体复耕。

新建的大寨式土木结构瓦房，内侧为厨房、厕所，中间是两米宽的通道，外侧作宿舍。最大的一座安排20户，最小的一座住4户。大队只负责在新址建起屋架，盖上瓦片，然后分配给各户自行装修。到1976年，先后建成51座，共入住130户，700多人。其中两座长85米，宽5.8米，可供入住20户，110人。全村除洋尾10多座外，大多数村民都搬迁到新村居住。

"文革"结束后，坂头新村的村民又陆续回迁到原宅基地建房居住。1990年以后，坂头新村有20多座土木结构瓦房改建为砖混结构楼房。

三、环溪新村

2007年8月20日，龙头坑村山体滑坡，摧毁民房4座、教学楼一座，6户村民受重灾。10月，乡政府在环溪村征地86亩建设安居工程，统一安置龙头坑灾民和下洋、后山、白岩下、云雾坑等地质灾害隐患村村民。至2013年12月，先后建成砖混结构楼房83座，钢筋水泥框架结构楼房64座；安置230户，800多人。

环溪村文物古迹有仙崖寺、大王宫、灵岩寺、大腹岩等。2011年10月竣工的金牛山文昌阁，系寿宁县唯一的石构道教建筑。尤为难得的是环阁镌有众多名家题咏的诗文楹联，为邑内一绝。

第三节 溪底村

溪底村位于平溪镇西部，距镇政府驻地平溪村4千米。溪底村原名溪鲤，因村前河流盛产鲤鱼而得名。后因方言"鲤"和"底"谐音，改称溪底。东与上洋村接壤，南与燕窠村相接，西与南溪村交界，北与下党乡相邻。面积约7.3平方千米，耕地面积1179亩，其中水田897亩，农地282亩。2013年，辖上楼、底楼、后瓯、云雾坑、漈坑洋、村楼后、下洋仔等7个自然村，共277户，1299人。除云雾坑村讲汀州话外，余皆通用平溪方言。2020年全国人口普查，全村1134人，其中男630人，女504人。

溪底村临溪而建，公路通车以前，房屋大多建在溪流北岸，公路通车后，溪流南岸房屋日渐增多。2013年，村中有一条临溪街道、3条巷道。

临溪街道 长200多米，宽12米。有卫生所2家，杂货店4家；土木结构瓦房11

座，砖混结构楼房13座。

1. 桥头巷 长100多米，宽2米，有土木结构瓦房9座，2010年浇灌水泥路面。民国年间，有浙江景宁县铁匠在此开铁铺，还有一家草鞋铺；巷头厝中有一练功石锁，重30多斤，前几年丢弃河中。

2. 学堂巷 原称祠堂弄，长100多米，宽2米，2010年浇灌水泥路面。有土木结构瓦房8座，砖混结构楼房7座，一座王氏祠堂。

3. 面前洋碓巷 长110多米，宽2.2米，有土木结构瓦房10座，砖混结构楼房2座，2010年浇灌水泥路面。民国年间，巷头有一私塾，办学七年半，有生员5~10人，塾师魏有录；巷尾有一水碓，1969年水毁。

全村共有土木结构瓦房50多座，砖混结构楼房40多座；148户，1000多人。毛姓最早肇基溪底村，现有13户，80多人。人口最多的是王姓，120户，700多人。此外还有魏姓5户，60多人；周姓4户，30多人；吴姓2户，15人；吕姓2户，10人；李姓1户，9人；陆姓1户，2人。

溪底村一水中流，两岸房屋沿溪而建。下游溪中有一船形沙洲，名曰"双龙岛"。沙洲上有古松10棵，状似渔舟逆流而上，古称"双龙搞舟"。前人赋《双龙岛上》，诗云：双龙波浪上溪游，不畏风波不畏流。料是毓灵钟此地，仍留宝筏渡人舟。1987年，在村庄上游建一座3墩钢筋水泥桥。2005年，又在村中修建一座钢筋水泥桥。2010~2012年，在村中建2座拦河坝，蓄水养鱼供人观赏。

溪中沙洲下方有一座清咸丰七年（1857）建的木拱廊桥，因桥头建有双龙阁，故名"双龙桥"。前人赋《双龙屋桥》，诗云：双龙对峙镇江中，倒映夕阳瑞气浓。抑傲儿童堪授教，传书坯上老人翁。1969年9月27日双龙桥水毁，次年在原址建石拱大桥。因石匠技术不精，建成几天即自行塌毁。1983年重建石拱桥，1987年在桥上建廊屋。桥廊外墙书"溪里桥"，桥头悬匾"双龙桥"。2012年，双龙桥被寿宁县政府公布为不可移动文物点。

平溪至政和公路从溪底南岸临溪而过，由于此段公路平坦，村民大都置有自行车、板车、拖拉机、三轮摩托车等交通运输工具。2002年，在村庄上游建水电站。2017年12月至2020年12月，省税务局干部蔡明强驻溪底村任第一书记，筹资1000多万元改造溪底村民房立面、浇灌水泥村道、建设溪边木栈道、修缮村委楼。此外，还拓宽并浇灌溪底至日洋长3.2千米、宽3.5米的机耕路水泥路面。

溪底村南岸上方有一山状若龙珠，又有两山蜿蜒盘旋宛如双龙戏珠，先人建亭龙珠之下，称"龙珠亭"。公路上方有一巨岩，高约7米，四方如刀切。岩上又有一石，远观似旗杆，古称"石旗杆岩"。前人赋《石旗杆岩》，诗云：忽然一石立巉岩，名曰旗杆景不凡。料是此间多杰士，铸成名器在尘寰。

第四节 南溪村

南溪村位于平溪镇西部，距镇政府驻地平溪村9千米。原名许堂，因溪水在南边绕村环流而更名南溪。北与下党乡交界，南与柯洋村毗邻，东与龙头坑、溪底村相连，西与政和县澄源乡牛途村接壤。冯梦龙知寿宁县时建的"政寿交界"牌坊遗址，就在新桥头自然村的黄竹桥西岸百多米处。

全村面积12.3平方千米，耕地面积1302亩，其中水田1080亩，农地222亩。2013年，辖栗坂、上窑、洋坪、新桥头、七星洋、奶殿壑、粗排仔、桥头洋等8个自然村，16个村民小组，709户，3093人，通用平溪方言。2020年全国人口普查，全村2919人，其中男1565人，女1354人。

南溪历史文化底蕴深厚。早在宋政和八年（1118），朱熹之父，政和县尉朱松就来过南溪，并留下一首七绝律诗《南溪道中》。

自明景泰六年（1455）寿宁建县至清雍正十二年（1734），南溪是寿宁县城通往建宁府的必经之地，官府在村中建有公馆、铺递、社仓。明弘治十八年（1505），建宁府按察金事阮宾分巡寿宁县，赋七律《南溪公馆》；嘉靖廿二年（1543），知县张鹤年捐俸重修南溪公馆，进士陈时范撰《重修南溪公馆记》；崇祯七年（1634）八月上旬，知县冯梦龙自府治建瓯经南溪到寿宁赴任履新，夜宿南溪公馆赋《石门隘》；清雍正间，知县方伯赋七律《南溪途中》。

冯梦龙《寿宁待志·都图》载：政和里七都二图六甲住南溪，离城五十里。男耕读，女绩。民顽，粮欠。政和里八都三图八甲住南溪，离城五十里。多逃龙泉。粮少，悬欠；十甲住南溪，离城五十里。本村公馆，民开店卖酒。粮少，易完。

南溪代有文人。李挺穗、李毓姬的诗文入选乾隆《福宁府志》；李廷森、李魁光、李芝光的书画墨宝流传至今。明清年间，村中办有义塾、私塾、书楼。

民国二十三年（1934）8月25日，寻淮洲、粟裕领导的中国工农红军北上抗日先遣队在平溪村兵分两路，一支由平溪走庚岭古道经亭下到南溪村宿营，次日向政和县进发。

1962年，平溪至政和县公路通车。1969年，在公路旁建购销站。1984年，村民李典伟创办的南溪客运站，被交通运输部誉为"全国第一家农民车站"。

公路建成通车后，粮站、购销站、村委楼、个体车站等相继在公路沿线落成，村民也随着在公路边建房，村中有饮食、修理、食品、日用百货等店铺十多家。

2013年，南溪村有361户，1460多人。其中李姓300多户，1056人；周姓40户，300人；吴姓5户，30人；叶姓5户，20多人；刘姓4户，20人；赖姓4户，20多人；符姓2户，9人；谢姓1户，6人。村中有6条巷道、46条支弄：

1. 龙山巷 长200米，宽5.7米；有土木结构瓦房8座，砖混结构楼房9座。

2. 中兴巷 长140米，宽1.1米；有土木结构瓦房20座，砖混结构楼房3座。

3. 外兴巷 长70米，宽1.4米；有土木结构瓦房5座，砖混结构楼房3座。

4. 新兴巷 长40米，宽3米；有土木结构瓦房5座，砖混结构楼房一座。

5. 武进巷 长120米，宽1.5米；有土木结构瓦房20座。

6. 北福巷 长130米，宽1.4米；有土木结构瓦房14座，砖混结构楼房5座。

南溪村前溪流宽阔，沿溪两岸绿柳翠竹掩映。村南有双孔石拱公路桥通往柯洋、亭下等村。此路原为明清两朝寿宁县城经平溪通往建宁府的古官道，沿途曾建有5座木拱廊桥、一座文昌阁、一座石构节孝牌坊。

村中有一条明崇祯初年修建的水渠，沿老街延绵500余米缓缓流淌。遇到房子则改暗渠，或在渠上置石板以便行走。每隔一段距离，都铺设青石板供村民打水、洗菜、浣衣。清晨，家家户户到水渠挑水饮用；白天，妇女们则在渠边洗菜、浣衣。此渠既为火险提供水源，又能灌溉下游农田。公路通车以前，沿渠老街布满经营各类商品的店铺。公路通车后老街日渐冷落，只有渠水依然静静流淌。

南溪村前，清溪绿水湾环流淌。清贡生李廷森赋诗《玉带环流》：村前村后水为环，户接檐齐玉带间。约束山容归晓镜，潆洄曙色媚晴湾。衣襟欲擅江湖胜，沼渚终输鸥鹭闲。漫道方流多美璞，虹光夜夜烛仙寰。乡贤李芳林也赋诗《南溪胜境》：南溪胜境几千秋，满眼风光乐醉游。河水环流飘玉带，间阎稠密赏金球。欲寻八景知何处，尚有群峰可探幽。更喜村庄增秀色，宗祠重整衍箕裘。

南溪村的文物古迹有明代水渠、栗坂碇步、李氏宗祠；文物遗址有石门隘、"政寿交界"牌坊、清代"节孝"牌坊及上窑古窑址等。2012年，栗坂碇步、李氏宗祠、沐殿增田碑、上窑古窑址等被寿宁县政府公布为不可移动文物点。

第五节　柯洋村

柯洋村位于平溪镇西南部，距镇政府驻地平溪村10千米。西与政和县澄源乡接壤，北与南溪村相连，东与溪底村相接，南与亭下村毗邻，通用平溪方言。

柯洋原属亭下村委会，1984年分出设柯洋村委会，辖宫仔下、东山垄、岔门底、新墓下、后门岗等5个自然村。面积1.6平方千米，耕地面积428亩，其中水田339亩，农地89亩。2020年全国人口普查，全村486人，其中男249人，女237人。

曾姓最早肇基柯洋，房屋建在溪涧西岸。公路通车后，村民陆续在公路边建房。2013年，柯洋村有一条村道、3条巷道、11条支弄。

1. 村　道 既沿溪公路，长300米，宽3.5米。有土木结构瓦房1座，砖混结构楼房2座；食杂店1间，茶叶加工厂1家。

2. 黄家巷 长50米，宽1.6米；有土木结构瓦房3座，砖混结构楼房2座，钢筋水泥框架结构楼房1座。

3. 陈家巷 长30米，宽2米；有土木结构瓦房1座，砖混结构楼房4座。

4. 张家巷 长80米，宽2米；有砖混结构楼房7座。

2013年，村中有138户，683人。其中曾姓35户，175人；张姓20户，96人；吕姓14户，72人；李姓14户，67人；刘姓13户，68人；陈姓9户，51人；黄姓8户，36人；卢姓4户，16人；谢姓4户，22人；范姓4户，16人；王姓3户，17人；吴姓3户，16人；杨姓3户，15人；魏姓2户，9人；周姓2户，7人。

柯洋村前，一条宽约10米的小溪缓缓流淌。相传，古时下游蛇山与龟山晚间会聚拢致溪水上涨，故称挡洋。后飞来一香炉挂在蛇山大柿树上，龟蛇两山从此不会相聚，溪水不再上涨，因此改名柯洋。1978年修通公路。1998年，在奶殿壑村公路旁建村委楼。

明清两朝，寿宁县城往建宁府的官道从柯洋经过，沿途三、五里就有一座木拱廊桥，这些静卧官道途中的古朴廊桥，构成一幅幅优美的江南水乡画卷。1982年，通往亭下的木拱廊桥改建为石拱桥。只有那条唯一幸存的平梁木廊桥——南源桥和清贡生李廷森撰书的沐殿增田碑，与几经修建的南古殿朝夕相守，共沐风雨。2012年，南古殿前的平梁木廊桥——南源桥被寿宁县政府公布为不可移动文物点。

第六节 亭下村

亭下村位于平溪镇西部，距镇政府驻地平溪村12千米。南与周宁县桃源村接壤，西与政和县牛途村交界，北与柯洋村相接，东南与岭后村毗邻。面积11平方千米，耕地面积822亩，其中水田649亩，农地173亩。辖村头、小溪、桥头、下井、溪底源、牛墩坂、后洋墩、三角洋等8个自然村，14个村民小组。除三角洋村通用汀州话外，余皆通用平溪方言。2020年全国人口普查，全村1704人，其中男964人，女740人。

亭下村房屋沿溪而建，形成一带状村庄。2013年，村中有一条村道、4条巷道、28条支弄。

1. 村 道 既沿溪公路，长1500米，宽12米。有食杂、药铺、肥料、钢材等店铺18家；土木结构瓦房16座，砖混结构楼房21座，钢筋水泥框架结构楼房18座。

2. 下井巷 长300米，宽3米；有土木结构瓦房10座，砖混结构、钢筋水泥框架结构楼房各1座。

3. 村头巷 长250米，宽4.5米；有土木结构瓦房28座，砖混结构、钢筋水泥框架结构楼房各9座。

4. 溪底源巷 长180米，宽3米；有土木结构瓦房47座，砖混结构楼房15座，钢筋水泥框架结构楼房2座。

5. 后洋墩巷 长60米，宽4.5米；有土木结构瓦房12座，砖混结构、钢筋水泥框架结构楼房各10座。

2013年，亭下村有441户，1920人。其中王姓110户，486人；吕姓90户，381人；卢姓76户，355人；吴姓53户，242人；张姓35户，150人；李姓20户，86人；许姓

20户，85人；郭姓15户，40人；刘姓10户，45人；陈姓10户，40人；赖姓2户，10人。

王姓最早肇基亭下村。相传王姓始祖为岭后村人牧牛，严冬之时，见牛群常集聚泉旁取暖，知此有龙气遂迁此肇基创业。因祖屋之后有一亭，故得名亭下村。此泉后来拓为水井，井水冬暖夏冷，至今仍存。《王氏宗谱》录《古井流泉》诗：西河岸畔出甘泉，井砌庭前已百年。酿留宾客邀月饮，烹茶来鹤避炉烟。澄清不竭琼泉水，活泼长流石髓涓。象取水风能致养，供予饥渴弗投钱。

民国以前，亭下为通往政和、建瓯及周墩、穆阳的交通要道，周边村庄生产的茶叶、笋干等山货，沿海出产的食盐、鱼虾等海产品都要经此来往。

亭下溪由南往北流经村头、亭下、柯洋等村，汇入南溪。1955年办医疗站，现有村卫生所一家。1976年，修通亭下至南溪公路。全村有茶园500多亩。村中有个体碾米厂、代销店等。古建筑有王氏宗祠、虎马宫等。

第七节　岭后村

岭后村位于平溪镇西南部，距镇政府驻地平溪村15千米。东与燕窠村毗邻，西北与亭下村接壤，南与上洋坪村相接。

1980年，岭后、天池、下洋坪、白岩头、外白岩头等5个自然村从亭下生产大队分出，设岭后生产大队。全村耕地面积509亩，其中水田410亩，农地99亩。2013年，辖白岩头、下洋坪2个自然村，8个村民小组，195户，1003人。除白岩头曾姓家族使用汀州话外，余皆通用平溪方言。2020年全国人口普查，全村1028人，其中男565人，女463人。

2013年，岭后村有小卖部、卫生所各1家。村中有80户、500人。其中魏姓52户，350人；张姓28户，150人。村中5条巷道，分别是：

1. 上村巷道　长180米，宽1.6~3米，通往白岩头自然村。巷头有1座村委楼。巷内有土木结构瓦房16座，砖混结构楼房3座。

2. 中村上巷　长42米，宽2.2米。土木结构瓦房2座，砖混结构楼房1座。

3. 中村下巷　长30米，宽2米。砖混结构楼房1座，巷头有1株百年柳杉。

4. 下村上巷　长90米，宽1.9米。土木结构瓦房5座，钢筋水泥框架结构楼房1座。

5. 下村下巷　长80米，宽1.8米。土木结构瓦房5座，巷尾通桥下大王宫。下村公路内侧有钢筋水泥框架结构楼房4座；学校1座，2006年废弃。

1958年，在村南里许建水库灌溉农田，坝宽约20米，长30米，高3米，蓄水1800立方米。1970年扩建下村。1994年开通往亭下村公路；2008年，浇灌宽4.5米水泥路面。过去岭后村民饮用山泉水，2006年简易自来水入户饮用。村后、后门岗、路边有挂牌保护的数百年柳杉4株。

清咸丰八年（1858），天池庵被太平军捣毁。"文革"时庵址垦为水田。1985年，在离天池庵废墟约300米处建天池宫，占地面积120平方米，内塑五显、观音、土地等神佛。2006年，在宫后山顶建七仙女宫，占地面积十余平方米。

第八节　燕窠村

燕窠村位于平溪镇西南部，距镇政府驻地平溪村5千米。南与木场村接壤，西与岭后村相交，东北与东木洋毗邻。因村形如燕窝，故以燕窠名之。全村面积约9.3平方千米，耕地面积1174亩，其中水田924亩，农地250亩。2013年，辖于岭、彭地、上彭地、上洋坪等4个自然村，12个村民小组、380户、1879人。燕窠村通用屏南话，彭地村通用汀州话，余皆通用平溪方言。2020年全国人口普查，全村1779人，其中男980人，女799人。

张姓最早肇基燕窠。2013年，燕窠村有113户、558人。其中张姓40户、200人；陈姓28户、140人；黄姓16户、100多人；郑姓10户、50多人；许姓10户、50人；范姓8户、30人；魏姓1户、10人。村中有一条村道、3条巷道。

1. 村　道　长600米，宽1.6米。有土木结构瓦房17座，砖混结构楼房3座；食杂店4家，药店1家。

2. 洋墩巷　长100米，宽1.5米。有土木结构瓦房4座。

3. 左后门巷　长300米，宽1.5米。有土木结构瓦房8座，砖混结构楼房1座。

4. 右后门巷　长200米，宽1.8米。有土木结构瓦房6座，砖混结构楼房3座；巷头有1座小学。

燕窠村中有一条小山涧供浣衣、洗菜之用。1961年，村中有代销店1家，私人店铺4家。1971年建医疗站，村医1人。1988年通电，此前用柴油机发电加工稻谷。通电后，村民购12mm电影机1部，在村中及周边村庄收费放映。

村民收入主要来自茶叶、中草药。家家养猪，户均2头。燕窠有养鸭专业户2户，各养鸭130~150只。近年种植中草药70多亩。果树以苹果、雪梨、锥栗为主。现有雪梨、锥栗上市。

2004年7月到2007年7月，省委组织部下派陈善举任燕窠村党支部第一书记，修通东木洋至燕窠4千米水泥公路；新盖村委楼、教学楼；修水利、兴农电、建沼气池；开通有线电视；移动手机信号覆盖全村。同时发动群众种植锥栗2000多亩，村民生产生活条件得到极大改善。

燕窠村有3棵柳杉，每株直径1米多；大王坪有棵百龄老松，状类伞形。村中有座百年仙殿，每年农历六月十五庙会香火旺盛。通往上洋坪自然村的茶坪岭，既陡且长，闻名平溪境内。2012年，燕窠亭被寿宁县政府公布为不可移动文物点。

第九节 木场村

木场村位于平溪镇西南部,东与湖潭村相接,南与周宁县纯池镇交界,北与环溪村毗邻,西与上洋坪、周宁县纯池镇桃园村接壤,距镇政府驻地平溪村11.5千米。木场村海拔1096米,是平溪境内海拔最高的行政村。

1969年,木场、狮子岩村从平溪生产大队分出,设木场生产大队,辖狮子岩自然村。木场村通用浙江庆元话,狮子岩村通用周宁话。全村耕地面积324亩,其中水田265亩,农地59亩。2020年全国人口普查,全村836人,其中男466人,女370人。

木场为吴姓血缘聚居村。2013年,村中有吴姓92户,580人;另有李姓、范姓、张姓、周姓各1户,约30多人。村中有一条村道、3条巷道。

1. 村　道　长300米,宽3米。有杂货店1间;土木结构瓦房10座,砖混结构楼房1座。

2. 上路巷　长100米,宽1.5米。有土木结构瓦房3座,砖混结构楼房1座。

3. 村中巷　长300米,宽1.5米。有土木结构瓦房8座,砖混结构楼房4座,巷中有杂货店1间。

4. 下路巷　长300米,宽3米。有土木结构瓦房10座,砖混结构楼房2座。巷尾有卫生所1间,小学1座。在通往狮子岩的公路内侧建有1座村委楼。

1986年,群众集资、政府拨给部分资金,动工修筑木场至平溪村公路。村民用锄头挖出路坯,后因财力不支而停工。

2004年,宁德市下派市交通局干部黄维祖到木场村挂职村支部第一书记,带领村民重建小学综合楼、修水利、浇灌水泥村道、安装有线闭路电视、拓宽浇灌木场至平溪、湖潭路口的7.5千米水泥公路。帮扶村民种植大量优质茶苗、锥栗,为农民增收打下良好基础。

木场茶叶历史悠久。因海拔高、云雾多、露水重、虫害少,这里生产的茶叶色香味俱佳,不仅入口清爽、余韵悠长且无农残,邑内外客商争相收购。2018年,木场村外荒野发现一片明末清初古茶树,最老的野茶树龄达300多年,县茶业局请省城专家专程到木场调研。2013年,木场村有茶叶初制加工厂2家。

木场村旁的天堂湖,生长一种野生荷花——午时莲,常有人慕名前往观赏。21世纪以来,木场户户造林,人人植树,全村栽植杉木数十万棵。木场山上出产席草、箬叶、牛头草、猕猴桃等,村民大都利用稻田养鱼。

明末清初,江西建昌的郿西王朱常湖藏身木场村下的鬼足洞,在平溪仙崖寺化身为僧,以行医为名集聚人马。顺治四年(1647),朱常湖与王祁在平溪举义反清,事迹载入明史《罪惟录》。

第十节 湖潭村

湖潭村位于平溪镇东南部,距镇政府驻地平溪村9千米。东南与东溪村交界,南与周宁县祖龙、赤林坪村接壤,西与木场、环溪村毗邻,北与岭兜村隔溪相望,东北与长溪村相邻,通用寿宁方言,略带周宁腔。全村面积约10.9平方千米,耕地面积1018亩,其中水田882亩,农地136亩。2013年,辖大场、后山、下洋、范岔4个自然村,19个村民小组,409户、1860人,其中男980人,女880人。2020年全国人口普查,全村1666人,其中男909人,女757人。

湖潭原名榅洋头,因村头有榅树数棵,故名之。后更名牛栏头,一是因为村中湖边有座山包状似牛形,湖边的石壁上又有一个10厘米深的牛蹄印(后因修筑公路被掩埋);二是当年范氏祖先来湖潭肇基时,准备买牛养殖。刚建好牛栏,当天晚上就有一头母牛来到牛栏生下一只小牛。第二天,邻村牛主人寻到湖潭,见母牛与牛犊相依栏中,遂不敢相认。此后,这头母牛为范氏在湖潭创业立下汗马功劳,因此村子更名牛栏头。20世纪50年代,因村中有一湖,又更名为湖潭。

冯梦龙《寿宁待志·都图》载:政和里八都一图五甲住牛栏头碑坑(编者注:应为牛栏头、碑坑),离城五十里,民贫,耕绩。粮少,难完。

湖潭是革命老区村。民国二十二年(1933),范式人曾到湖潭、岭根、木场一带进行革命活动。民国二十三年(1934)8月25日,寻淮洲、粟裕率领的中国工农红军北上抗日先遣队,由福安穆阳途经湖潭村吃过午饭后,继续向平溪、屏峰村开拔。10月,湖潭村苏维埃政府在福善庵成立。

2013年,湖潭村有250多户,1200多人。范姓最早肇基湖潭,人口也最多,有100多户,500多人;此外,阮姓百来户,约500人;张姓18户,100多人;叶姓13户,60多人;陈姓12户,60多人;李姓6户,30多人;吴姓4户,20人;胡姓1户,8人;缪姓1户,5人。村中有1条村道、1条巷道及洋头、湖沿2条路。

1. 村 道 长570米,宽1.5米,1998年浇灌水泥路面。沿路有食杂店4家、卫生所1家。村道上有土木结构瓦房17座,砖混结构楼房6座;村道下有土木结构瓦房16座,砖混结构楼房8座。

2. 路下巷 长130米,宽2米;有土木结构瓦房6座,砖混结构楼房1座。

3. 洋头路 长180米,宽2米;有土木结构瓦房8座,砖混结构楼房2座。

4. 湖沿路 2007年,在外经商人士捐资30多万元修建由圩后至湖沿公路,宽6米,长200多米。沿路有土木结构瓦房5座,砖混结构楼房5座。

5. 公路周边 有土木结构瓦房7座,砖混结构楼房19座。

湖潭村无溪流,用水困难,全村仅有一口四方井供日常饮用。1998年春,从3千米外引来清泉,解决了村民饮水问题。村中有面积约2000平方米的小湖,供蓄水防火之用。

村中有代销站、卫生所、药店各1家，个体商店3家。1965年建茶叶初制厂1座，现有全自动揉茶机1台；半自动碾米机2台，中型16mm电影机1台，由乡办龙头坑电站供应电源。2008年，浇灌湖潭至平溪水泥公路。2011年12月修建篮球场，并配备了体育健身器材。

21世纪以来，村中青壮年男女大多外出务工、经商、办企业。2013年，仅广州市白云区就有600多人，创办皮具加工厂30多家；在外经销茶叶的有百来人，其中上海5户、杭州5户、西安8户。

2013年以来，湖潭村中新建楼房如雨后春笋，幢幢新潮时尚，堪称平溪境内之最。但没有统一规划，任由村民随意而建，一座本可美轮美奂之村庄，因凌乱无序而令人心生遗憾。

湖潭村将军山一带叶蜡石、石英石矿产资源丰富，且矿区山水风光十分秀美，又与鬼足洞、仙岗顶、天堂湖相邻，旅游开发前景广阔。

第十一节　屏峰村

屏峰村位于平溪镇北部，距镇政府驻地平溪村10千米。东与岭根村及芹洋乡尤溪、溪源村毗邻，北与下党乡西山、下屏峰村相接，南与平溪、东木洋村相邻，西与龙头坑、上充村及下党乡上党村接壤，通用平溪方言。全村面积10.6平方千米，耕地面积1832亩，其中水田1151亩，农地681亩。2013年，辖溇下洋、孔雀洋、墓下洋3个自然村，共21个村民小组，594户、2563人。2020年全国人口普查，全村2593人，其中男1422人，女1171人。

屏峰村坐落在山峰之巅的盆地上，因村前大山像一道绿色屏风，故名屏峰。原先周边散落着官田、百基、缸窑、担斗、山后、下坑、亭下、岭尾、半楼、桥下、龙头、下龙头、后门山、草楼坂、白山头、溇下洋、墓下洋、大长湾、上窑后、下窑后、岗仔厝、面前岗、半厝岗、来仔排、厝仔排、下洋仔、杨梅地、水竹坂、溪底坂、仙殿岗、大弄路、八十园、上八角洋、下八角洋等小村落，有王、罗、鄢、陆、张、钟、朱、吴、周等姓人口居住，俗称"屏峰36村"。随着历史的变迁，周边小村居民陆续迁往智洋、店基、桥头、途下厝定居，形成相对集中的屏峰村。

2013年，屏峰村有土木结构瓦房114座，砖混结构楼房198座，钢筋水泥框架结构楼房3座。全村400多户，2000多人。其中蔡姓200多户，1000多人；王姓70多户，300多人；陈姓60多户，300多人；罗姓30多户，100余人；许姓9户，50余人；周姓8户，45人；吴姓2户，12人。村中有6条巷道——

1. 下行街　长450米，宽2.5米，有1家卫生所。对面是宽3.5米的水泥路，通往上党、下党村。

2. 二行街　宽1.5米，长60米。

3. 上行街 宽 2 米，长 90 米。

4. 后门路巷 宽 1.5 米，长 500 余米。当年，宁德地委书记习近平一行就是沿此巷道，徒步前往新建的下党乡。

5. 途下厝巷 宽 4 米，长 300 多米，路面浇灌水泥。有卫生所、碾米厂、茶叶初制厂各 1 家。

6. 大弄巷 宽 3.5 米，长 500 多米。可通往西山、下屏峰村。交叉路口处有卫生所、移动营业代办点、警民联络点等。

屏峰农民富有革命传统。1939 年夏，蔡得彭组织 30 多名青壮农民，上山抵抗国民党抓丁。1940 年 6 月，屏峰群众 40 多人，夜袭在政和县暖溪村宿营的寿宁县长杨绍亿，打跑保安队救出在押壮丁。同年 11 月，蔡得余等 13 个农民，筹款 300 余元购买枪支组织游击队，进行抗丁斗争。

屏峰至下党这条古道，虽偏处荒野却三次名载史册。清道光六年（1826），福宁知府郑家麟沿着这条古道到党川（下党）考察，将王国桢一家"五代同堂、百口同居"奏报朝廷旌表，次年皇帝钦赐给匾建坊。

1934 年 8 月 25 日，寻淮洲、粟裕率领的中国工农红军北上抗日先遣队入境平溪，当晚夜宿屏峰村。次日，沿着这条古道向下党、峡头村开拔。

1989 年 7 月 19 日上午，宁德地委书记习近平与地、县有关领导由寿宁县城出发，转道斜滩经清洋茶场来到屏峰。下车稍事休息后冒着炎炎烈日，头戴草帽、手持竹杖，沿着屏峰至下党古道，步行 7.5 千米前往新建的下党乡现场办公。

2015 年以来，屏峰乡贤多方筹资，先后新建了石拱廊桥"凤凰桥"和"丹心亭""初心广场"及生态停车场。依托"初心广场"、生态停车场等基础设施，2017、2019 年，屏峰村先后举办了两场规模恢宏的"清新福建、难忘下党、千人徒步"健身活动。

第十二节　岭根村

岭根村位于平溪镇东部，距镇政府驻地平溪村 3 千米。东与芹洋乡发竹坪村接壤，西与清洋茶场毗邻，南与岭兜村相连，北隔兰花顶与屏峰村相望。因村庄坐落在寿宁县城通往建宁府官道的大路岭和茶布岭两条岭道的下方，故称岭根。面积 2.7 平方千米，其中水田 385 亩，农地 116 亩。2020 年全国人口普查，全村 783 人，其中男 444 人，女 339 人，通用平溪方言。

村中原有郑姓，早已人去楼空，现宅基遗址与郑家大门条石尚存。之后入迁岭根村的是周姓。历史上，岭根村按地形分为上岭根、中村、洋墩 3 个自然村，近年由于房屋增多，三村日趋相连。

2013 年，岭根村有 131 户，710 人。其中周姓 50 多户，300 多人；吴姓 50 多户，260 人；蔡姓 10 多户，60 人；徐姓 5 户，20 多人；谢姓 4 户，20 多人；叶姓 3 户，16 人；

高姓2户，10人；陈姓1户，7人。村中有2条村道、9条巷道。

一、上岭根

村　道　宽1.3米，长200米。土木结构瓦房12座，砖瓦结构众厅1座，砖混结构楼房2座。

二、下岭根（中村）

1. 上新巷　宽2米，长90米。有食杂店1间，土木结构瓦房1座，钢筋水泥框架结构楼房4座。

2. 下新巷　宽约1.5米，长200米。有土木结构瓦房3座，砖混结构楼房、钢筋水泥框架结构楼房各2座。

3. 村头巷　宽约1.8米，长30米。有土木结构瓦房、钢筋水泥框架结构楼房各2座。

4. 水井巷　宽约1.3米，长80米。有土木结构瓦房12座，钢筋水泥框架结构楼房5座。

5. 桥里村道　宽约3.5米，长200米。有食杂店1家，土木结构瓦房5座，原生产队土木结构仓库2座，钢筋水泥框架结构学校1座，钢筋水泥框架结构楼房3座。

三、洋　墩

1. 上路巷　宽1.2米，长100多米。有售酒店铺1家，土木结构瓦房6座（其中2座各拆一半），砖混结构楼房1座，钢筋水泥框架结构楼房3座。

2. 下路巷　宽1.3米，长100多米。有售酒店铺、农药店各1家，土木结构瓦房2座半，钢筋水泥框架结构楼房2座。

3. 新村上巷　有售酒店铺1间，土木结构瓦房1座，钢筋水泥框架结构楼房2座。

4. 新村下巷　有砖混结构瓦房4座，钢筋水泥框架结构楼房2座。

5. 新村小巷　有土木结构瓦房3座，砖混结构楼房、钢筋水泥框架结构楼房各1座。

民国二十一年（1932）10月，寿宁革命先驱范浚与韦银英以岭根村为落脚点，在平溪一带开展秘密革命活动，拟在秋后举行武装暴动。后因范浚、韦银英在福安被害，原定暴动计划无法进行。

岭根村中有一条小溪涧，清道光十五年（1835）在溪上搭楸木平桥。光绪十七年（1891）改建为长19米，宽5.4米的木拱廊桥。民国初年，上岭根蔡姓建众厅1座，占地面积30多平方米。1993年，在兰花顶建马仙宫，内塑马杨柳倪田五仙神像；2012年，重建仙宫并开通公路。寿政二级路下的大王旁，有百年古松1棵。

1966年建合作医疗站、代销店各1家。1983年，村道拓为宽2米，长1.2千米的机耕路与斜滩至平溪公路相接。2008年，将机耕路拓宽为3.5米，并浇灌水泥路面。2009年，在村口新建一座山河桥。2013年，村中有半自动制茶机1台，碾米机2台。

2012年，寿政二级公路从岭根村前经过，将岭根村紧紧圈围起来，不仅让岭根村庄面貌大为改观，也让岭根前往平溪与寿宁县城的里程大幅缩短。

第十三节 岭兜村

岭兜村位于平溪镇东南部，距镇政府驻地平溪村5千米。东与长溪村相邻，北与岭根村接壤，西与平溪村相连，南与湖潭下洋村隔溪相望。岭兜原属岭根生产大队，1972年分出建立岭兜生产大队，辖新州洋自然村，通用寿宁方言。全村面积约3.3平方千米，耕地面积492亩，其中水田386亩，农地106亩。2020年全国人口普查，全村805人，其中男421人，女384人。

冯梦龙《寿宁待志·都图》载：政和里八都四甲住平溪下背岭兜，离城四十里，男耕读，女绩。民稍顽。

岭兜村临溪而建，村庄成带状形。因村庄在溪边，田地在山上，村民种田耕地都要爬岭，故称岭兜。1963年，斜滩至平溪公路在村外绕山而上，村民陆续在公路两侧建了30多座房屋，演变成了新村——新州洋。村前溪流和村后公路将岭兜村围成了一个圈，一条古道沿着小涧攀缘而上。古道边有一座大王庙，小涧上有8条石板桥、水泥桥连接两岸。

2013年，岭兜村有土木结构瓦房52座，钢筋水泥框架结构楼房40座。183户，900多人。其中张姓120户，600多人；刘姓30户，150多人；叶姓10户，50多人；谢姓8户，40多人；李姓6户，30多人；林姓4户，20多人；周姓3户，15人；阮姓2户，10人。村中有1条村道、3条巷道。

1. 村　道　沿着溪边通往岭兜电站，宽4.5米，长800余米。沿路有售卖日用品的小店3间，土木结构瓦房2座，钢筋水泥框架结构楼房13座。

2. 碓坑巷　宽2米，长300多米。有土木结构瓦房18座，钢筋水泥框架结构楼房5座。

3. 外村巷　宽1.5米，长200米。有土木结构瓦房5座，钢筋水泥框架结构楼房4座。

4. 大王岭　宽1.8米，长400米。路下有土木结构瓦房5座，钢筋水泥框架结构楼房2座；路上有土木结构瓦房5座，钢筋水泥框架结构楼房4座；岭中有土木结构瓦房5座，钢筋水泥框架结构楼房5座。

1961年，村中有医疗站、代销店各1家。1975年全国"农业学大寨"，平溪公社规划将岭兜村前溪流对面的高龙岗凿为河道，将村庄下游河床改造为农田。福州军区司令员皮定均由政和县来寿宁检查农业学大寨工作，对岭兜改溪工程大为赞赏。随行的《福建日报》记者以《真正学大寨》为标题发表文章，高度评价岭兜改溪造田工程。后因资金不继，改溪工程无果而终，劳民伤财。

岭兜村主要有茶叶、锥栗、脐橙等经济作物。20世纪90年代，村中办茶叶加工厂。2001年，在村庄上游建水电站，装机容量5000千瓦。村民原饮用井水、山泉水，2003年引简易自来水。2010年，村中安装路灯、浇灌水泥街道，小学改为村委、党支部办公楼。2018年，修筑寿政二级路"发竹坪隧道"口至岭兜村的连接线公路。

第十四节　长溪村

长溪村位于平溪镇东部，距镇政府驻地平溪村10千米。东与芹洋乡岔头坂村接壤，北与芹洋乡法竹坪村相邻，西与岭兜村交界，南与东山头村毗邻，西南与湖潭村相接，通用平溪方言。全村耕地面积2472亩，其中水田1642亩，农地830亩。2013年，辖大垄、高山、上洋墩、百家山、源佳墩、常州洋、富源新村7个自然村，23个村民小组，586户、2960人。2020年全国人口普查，全村2707人，其中男1502人，女1205人。

长溪村最初名叫许长坑，因许姓最早迁入，且在坑涧边肇基而得名。明成化间，李琛由修竹村迁长溪村为肇基之祖，随着李姓人口的增多而改名李长坑。清代又一度更名富阳，民国后定名长溪。

冯梦龙《寿宁待志·都图》载：政和里七都二甲住李长坑村，离城五十里，耕绩。民极顽，欠粮、拒捕、盗牛、唆讼，为泗洲桥之亚；五甲住李长坑村，离城五十里，男耕读，女绩。出草鱼。地虽同二甲，而顽次之；九都三甲住李长坑村，离城四十里，男耕读。粮多至九十两余。民极顽，为盗牛之薮，粮欠。在冯梦龙笔下，李长坑村民不是"欠粮""盗牛"，就是"拒捕""唆讼"，顽劣仅次泗洲桥。

2013年，长溪村有土木结构瓦房30多座，砖混结构楼房80座，钢筋水泥框架结构楼房2座。全村共280户，1080人。其中李姓270户，1020人；黄姓兄弟3人分别从下坑尾、东溪锣鼓田迁长溪，3户，17人；周姓2户，10人；林姓2户，9人；刘姓1户，9人；肖姓1户，8人；甘姓1户，7人。

长溪至平溪公路通车以前，长溪村房屋均建在溪流西岸。公路通车后，村民陆续在溪流东岸的公路两侧建房，逐渐形成一条新街。2013年，长溪村有一街、一路、3巷道。

1. 公路街　在东岸，宽6米，长500多米。有五金店、水泥店、煤气店、宰猪店各1家，农资店2家，食杂店4家；土木结构瓦房7座，砖混结构楼房22座，钢筋水泥框架结构楼房1座。

2. 溪仔路　宽1.5米，长600米。小涧上有3座水泥桥，1座石拱桥。杂货店、卫生所各1家。土木结构瓦房10座，砖混结构楼房3座。涧边有1座村委楼、1座李氏宗祠。涧上游有1座南峰庵，明代许姓始建。

3. 长景巷　宽4.5米，长280米。桥头有1家卫生所，1座土木结构瓦房，11座砖混结构楼房。

4. 石井巷　宽1.8米，长260米。有土木结构瓦房40座（其中3座为清代大厝），砖混结构楼房7座。

5. 石门巷　清乾隆五十一年六月，为振兴科甲，以银40两在此购地动工兴建石门楼官厅，故得名。石门楼至今尚存，为村民茶余饭后聚集之所。周边有食杂店4家。土木结构瓦房10座，砖混结构楼房5座。

长溪村临溪而建，原以渡船来往两岸。明朝后期始建"万安桥"，清康熙三十五年（1696）水毁。乾隆三十一年（1766）黄以炫倡建，岁久渐圮，道光廿二年（1842）重建，上盖栋宇。光绪十三年（1887）春遭回禄之灾，李冠魁倡议改为石桥。1969年9月27日水毁，1972年重建为石拱桥。

万安桥上方溪中建有82齿碇步，故老言为明代所建。清嘉庆十六年（1811），村中富户捐款，在村庄上游小涧砌石桥2座。

20世纪60年代，在万安桥下东岸溪畔建寿宁师范。后一度改为平溪中学，现为长溪林场。1964年，斜滩至平溪公路通车后，村民往东岸的公路两侧新建楼房，逐渐形成双面街市。1986年村办电影放映队，有16mm放映机1部。1995年，修筑从万安桥到村头的防洪堤。2003年，筹资浇灌万安桥和溪边一段的水泥路面。2004年，村头小桥、道路水毁，2006年筹资修复并浇灌水泥路面。2008年，乡政府浇灌北岸水泥街道路面。2010年，在上游动工兴建长47.5米，宽7.5米，1墩2孔钢筋水泥大桥——长安桥。2022年夏，途经长溪村的周宁县纯池至寿宁县尤溪二级公路动工修筑。

2013年，村中有分销处1家，医疗所2家，碾米机2台，日用品商店20余家。村中小巷及河堤全部浇灌水泥路面。2014年，长溪村通往三关胜境公路通车。2016年，寿宁县城至平溪二级公路通车后，途经长溪的车流、人流大为减少。长溪村告别往日喧嚣，重归旧时安详宁静。

第十五节　东溪村

东溪村位于平溪镇东南部，距镇政府驻地平溪村20千米。东与斜滩镇、凤阳镇接壤，南与周宁县交界，西与湖潭村毗邻，北与东山头村一岭之隔，通用寿宁方言。全村面积约3.3平方千米，耕地面积452亩，其中水田302亩，农地150亩。2013年，辖马坑、岭尾、锣鼓田3个自然村，7个村民小组，147户、600多人。2020年全国人口普查，全村672人，其中男382人，女290人。

冯梦龙《寿宁待志·都图》载：政和里九都四甲住上东溪，离城四十里，出榛油。男耕女绩。粮少，易完。

2013年，东溪村有土木结构瓦房25座，砖混结构楼房4座，钢筋水泥框架结构楼房12座；共73户，480多人。其中李姓40多户，约300人；叶姓20多户，100多人；吴姓10多户，60多人；张姓2户，10多人；陈姓1户，10多人。

历史上村民都在溪流北岸临溪建房，自2003年在南岸建电站厂房后，一些村民相继在南岸兴建别墅。2013年，村中有1条临溪村道、1条公路、2条巷道。

1. 临溪村道　宽2.5米，长360米。有食杂店2间，土木结构瓦房9座，砖混结构楼房1座，钢筋水泥框架结构楼房5座。下游有奶娘宫、木材加工厂、李氏祠堂、叶氏祠堂各1座。

2. 上路巷 宽1.5米，长300米。有土木结构瓦房4座，砖混结构楼房3座。巷头有小学1座。

3. 路巷头 宽2米，长200米。有土木结构瓦房5座，砖混结构楼房4座，钢筋水泥框架结构楼房3座。

4. 村对面公路 宽4.5米，长380米。2003年，在上游建电站厂房1座。2004年建村委楼一座，2006年浇灌水泥路面。同年，村民在公路内侧建钢筋水泥框架结构别墅4座。

东溪村两岸高山耸立，过去出门就要爬岭，交通十分不便。民谣："女儿不嫁东溪村，四条大岭插溪中，岭又陡，脚又酸。"21世纪以前，村民均在北岸沿溪建房，形成一个带状村庄。2006年，外出经商致富的村民在南岸公路边修建的别墅式楼房，与北岸土墙黑瓦的传统民居建筑形成强烈反差。

东溪村一水中流，松柏溪穿村而过，河床上遍布硕大卵石。过去，溪水清澈，鱼儿嬉游，景色优美。1969年9月27日，特大洪水卷走清乾隆年间建的木拱廊桥，冲走油坊、水碓、李氏宗祠和沿溪的十几座房子。劫后的东溪村一片废墟，满目疮痍，惨不忍睹。1993年上游建水电站，致使溪水锐减，河床裸露，鱼儿绝迹。

1972年，在原木拱廊桥旧址建石拱桥。1991年多方筹资，村民投工投劳修通公路。1994年，村电站出资为村民引来自来水。1995年，在上游建水泥桥1座。2007年，国家补助，村电站、景山林场、村贤捐资共300多万元，浇灌景山林场到东溪村水泥公路。2012年，在溪中修建4条水坝蓄水。2014年4月，村民集资50万在石拱桥上建廊屋，其中吴长福、吴长寿兄弟捐资20万。近年，在外经商、办企业的乡贤捐资20多万浇灌水泥村道，沿河两岸安装1000多米的不锈钢护栏，安装了22盏路灯，村中安装多副石桌供人弈棋休闲。

东溪村有林地4000多亩，盛产桐、榛、毛竹。民国年间，村庄上游建有油坊，邻近村庄的桐、榛均集中这里加工榨油。因为山林密布，植被茂盛，山上有麂、狗兔、穿山甲、野山羊等国家保护动物，"文革"前，山上还有老虎踪迹。1986年，村民在乾岗山中捕获2只小豹子。马坑自然村盛产毛竹、法竹、锄竹等，村民多以编织竹器创收。20世纪90年代以后，村民纷纷外出打工、经商、办企业，仅在广州就开办了40多家皮具厂。

第十六节 东木洋村

东木洋村位于平溪镇中部，距镇政府驻地平溪村1.5千米，辖长洋、上洋、上充、白岩下4个自然村。东与平溪、环溪村毗邻，北与溪底、屏峰村相连，西与燕窠、岭后村接壤，南与木场村相接。东木洋虽紧邻平溪村，但明清两朝及民国时期的寿宁县地图均无东木洋村名。

民国三十四年（1945），东木洋隶属平溪乡第五保燕窠村。1959年3月，长洋、上洋、上充、胡坑、东木洋5个自然村从燕窠生产大队分出，成立东木洋生产大队。1961年5月，东木洋升为小公社，辖东木洋、溪底等4个生产大队。1965年7月，东木洋恢复为生产大队。

2013年，辖长洋、上洋、上充、白岩下4个自然村，12个村民小组，536户。全村土地面积7.039平方千米，林地面积4.618平方千米，耕地面积1242亩，其中水田995亩、农地247亩。全村12个村民小组，536户、2330人。2020年全国人口普查，全村2330人，其中男1230人，女1100人。

东木洋原名东源洋，1951年更名东木洋，通用屏南方言。相传，古时下游的金钟岗每晚会与对面山合拢挡住溪流，致使溪水上涨淹没村庄，遂名当源洋，谐音东源洋。后得高人指点，村民以狗血淋山后两山不再合拢，溪流畅通村庄无恙。

清乾隆八年（1743），以制䊀为业的张崇官从屏南县双溪镇前洋村辗转来到东木洋，发现一株米豆果实累累，认定此处土地膏腴，遂举家迁此肇基。次年，郑启兴、郑启光兄弟也跟随舅舅张崇官从屏南县双溪镇郑山村来此定居，成为东木洋郑氏肇基之祖。此后，吴、肖、温等姓也先后陆续迁入。

2013年，东木洋村有土木结构瓦房65座，砖混结构楼房77座，钢筋水泥框架结构楼房1座。此外还有村委楼、小学教学楼、郑氏祠堂、张氏祠堂各1座，卫生所、农庄各1家，商店、茶厂各3家。村中有206户，964人。其中张姓65户，299人；郑姓63户，302人；温姓23户，106人；吴姓20户，93人；卓姓8户，37人；肖姓7户，32人；王姓6户，34人；李姓4户，20人；魏姓2户，13人；杨姓2户，10人；陈姓2户，5人；周姓1户，4人；邱姓1户，4人；刘姓1户，3人；许姓1户，2人。村中有1条村道、3条巷道、12条支弄。

1. 村　　道　为穿村公路，宽7米，长800米。

2. 路上巷　宽1.5~2米，长400米。有土木结构瓦房16座，砖混结构楼房31座，钢筋水泥框架结构楼房1座。

3. 路下巷　宽1~1.5米，长300米。有土木结构瓦房10座，砖混结构楼房27座。

4. 洋墩巷　宽1.5~3米，长900米。有土木结构瓦房39座，砖混结构楼房19座。

东木洋村临水而居，溪水环村蜿蜒而流，村庄下游溪畔有一株古松伟岸挺拔，与西岸苍翠的大王岗隔河相望。旧时，古道从东岸山脚沿溪而修，连接平溪、东木洋、上洋等村。

村中有80齿碇步一条，始建年代不详。1950年在碇步上游约50米处建一座木桥。东岸桥头有10多座屋宇及数家店铺，商旅往来颇为兴旺。1967年，为建平澄公路，拆除木桥改建为石拱公路桥。此后，村民陆续将房屋迁建到公路两侧。1969年9月27日，特大洪水冲垮石拱公路大桥，冲毁碇步，漂走东岸溪畔8座房屋，淹死男女8人，东岸被夷为平地，全村损失惨重。

1970年至1977年，东木洋先后3次修建防洪堤，共约500米。1996年，浇灌水泥村道。2009年安装路灯。2007年，3层钢筋混凝土结构的村委楼在原址兴建，2010年竣工。长期以来，村民均饮用溪水。2008年，部分村民合伙集资引山泉饮用。2012年，筑坝引上充山涧水供上充、上洋、东木洋3村饮用。2014年，建成村委附属楼及公厕。2015年以来，村中先后投资数百万元，建成灌溉水渠、排污管道、安全生态水系、碇步、拦河坝、休闲凉亭、防洪堤及护栏等系列工程。

第十七节　东山头村

东山头村位于平溪镇东南部，距镇政府驻地平溪村12千米。南与东溪村相邻，北与长溪村接壤，通用寿宁方言。1967年，后坪、东山头、山头垄、半岭洋、外洋墩、吉岭头6个自然村从东溪生产大队分出，设东山头生产大队，面积0.9平方千米。2013年，辖后坪、山头垄、半岭洋、外洋墩、吉岭头5个自然村，7个村民小组，159户、669人。全村耕地面积550亩，其中水田363亩，农地187亩。2020年全国人口普查，全村637人，其中男356人，女281人。

就地形而言，东山头村在长溪和东溪两条溪流之间的高山岗头，东溪、长溪两村就在东山头村的南北两边山脚。因村庄在大山之上，且大部分村民的房子大门都是朝向太阳升起的东方，故取名东山头。

2013年，东山头村有土木结构瓦房30座，砖混结构楼房2座，钢筋水泥框架结构楼房3座。有1家卫生所，2家个体商店。全村66户，377人。吴姓从福安县下承堂迁入，50多户，300多人；阮姓由周宁县迁入，后裔有阮、肖2姓。两姓各有6户，各30多人；李姓由长溪迁入，2户，10多人；叶姓2户，7人，分别从东溪、周宁县李墩镇漈下村迁入。全村分为村中、洋坪、水塘下3片。

1. 村中　有土木结构瓦房18座，钢筋水泥框架结构楼房2座，砖混结构村委楼1座。

2. 洋坪　有土木结构瓦房6座，钢筋水泥框架结构楼房1座，砖混结构小学1座。小学停办后，借用为村卫生所。

3. 水塘下　有土木结构瓦房6座。

东山头村没有溪流，村民以竹笕引山泉或凿井取水供日常饮用。1960年，在村中山涧下游建水塘蓄水。村后有座仙宫，门下有两棵百年古松，古松旁边有座圣母宫。

村民务农为业，以种植水稻、地瓜、马铃薯等为主，桐、榛、茶叶、山苍子等经济作物为辅。农闲季节，村民多外出从事木工技艺。2008年浇灌东山头通往长溪村水泥公路。

第十八节 龙头坑村

龙头坑村位于平溪镇西北部,距镇政府驻地平溪村7千米。北与下党乡上党村接壤,西与南溪村相邻,东与屏峰村相接,南与溪底村毗邻,通用平溪方言。

1989年,大岗、日洋、山头、下山头、龙头坑5个自然村从溪底村民委员会分出,设龙头坑村民委员会,辖日洋、大岗、山头、下山头4个自然村。2013年,全村120户、678人。2020年全国人口普查,全村604人,其中男330人,女274人。

龙头坑村上游有座马鞍山,远望似将军骑马张弓搭箭。马鞍山又像龙头在小溪中吸水,故得名龙头坑。冯梦龙《寿宁待志·都图》载:政和里八都一图三甲平溪龙头坑村,离城四十五里,民贫,女绩。粮才七两许。

龙头坑为吴姓血缘聚居村。清顺治十七年(1660),吴姓由浙江庆元县举水迁龙头坑肇基,至今繁衍13世。但冯梦龙《寿宁待志》载,明崇祯十年(1637)龙头坑归属政和里八都一图三甲。也就是说,彼时的龙头坑至少已有10户以上人家。吴姓肇基之前的龙头坑原住民们何去何从,至今成谜?

龙头坑南隔大溪,东、西、北皆崇山峻岭。1933年,范式人等曾在这里开展革命活动。此后,陈贵芳等领导的中共闽浙边地委、闽浙边游击纵队以龙头坑为根据地,常在平溪一带游击作战。

1949年4月16日,大岗自然村被匪军保安四团烧毁房屋5座,16位村民被杀害,大岗村成为寿宁县唯一在全国革命胜利前夕惨遭国民党匪军烧杀抢掠之村。1952年,龙头坑评为革命老区基点村,县政府拨款重建大岗村被烧房屋。

2013年,龙头坑村有32户,150多人。村中有土木结构瓦房17座,砖混结构楼房8座。龙头坑房屋分布较零落分散,村中有下洋、岗坂、面前湾、学校周边、村委楼周边等居民点。

1. 下洋 有土木结构瓦房3座。

2. 岗坂 有土木结构瓦房2座。

3. 面前湾 有土木结构瓦房3座。

4. 学校周边 有土木结构瓦房6座,砖混结构楼房4座。

5. 村委楼周边 有土木结构瓦房3座,砖混结构楼房4座,其中小学、村委楼各1座。

龙头坑村中溪涧上建有4座水泥桥,其中1座原为木拱廊桥,清道光年间建,2000年改建为水泥桥。桥东1株红豆杉,胸围约1.5米,树冠覆盖十几平方米;桥西1棵柳杉,高40多米,胸围约4.5米,均列为古树名木挂牌保护。村中小溪下游有上、中、下3个龙井。中井为方形,有人用绳子测深度,100米长的绳子所剩无几。下井呈圆形,相传古代有一条无尾龙居此。后来上游有人居住,龙嫌水质不洁飞到浙江龙泉。

2007年8月20日11时许，台风"圣帕"造成龙头坑村山体滑坡，摧毁民房4座、教学楼1座，6户村民受重灾。10月，乡政府在环溪村征地80亩建设安居工程，统一安置龙头坑灾民和下洋、后山、白岩下、云雾坑等地质灾害隐患村村民。

第二章 自然村 荒废村

第一节 自然村

自然村是自发形成，自然聚集在一起居住的村落，是乡村聚落最基本的组成部分，不是社会管理单位。2020年，平溪镇有53个自然村，一个清洋茶场。

一、平溪行政村

1. 上村 位于平溪村东2.5千米处，与平溪、清洋等村毗邻。清道光廿三年（1843），周尚喜从平溪厝坪墩迁上村肇基。2013年，村中有土木结构瓦房3座，砖混平顶楼房3座。全村共10户、53人，其中男28人、女25人。

2. 金州洋村 1969年9月27日，金州洋临溪田地被洪水荡为沙滩。1976年，平溪大队在金州洋一带围溪造田。1991年，平溪乡政府修建自来水工程需征用蟠龙山顶茶园，乡政府将金州洋一片田地与蟠龙山顶的黄登林等户的茶园互换。1998年，平溪村动工修建自杨梅涧至金州洋的沿溪公路——桥北路，后因资金不济而中止。2000年，平溪村委会将金州洋规划为安居工程及危房搬迁用地，在金州洋修建宽10米，长385米的防洪堤。随后，平溪村委会在金州洋建村委办公楼2座；村民建砖混平顶房2座，钢筋水泥框架结构楼房2座。2021年，金州洋有砖混、框架结构楼房30多座。

二、环溪行政村

原有大连坑、南地洋、燕前3个自然村，现已先后荒废多年。

三、溪底行政村

1. 底楼村 位于溪底村西北3千米处。2013年，村中有土木结构房屋3座，10多户、60多人。张姓自芹洋溪源村迁入，初期住在离村东面两三里的山间，后搬此定居，至今繁衍7世；赖姓从政和县麒麟坑迁此定居。

2. 朱坑洋村 位于溪底村东北1.5千米处，与云雾坑、南溪等村相邻。2013年，村中有土木结构瓦房7座。全村姓毛，10多户、60多人。

3. 下洋仔村 位于溪底村西2.5千米处，与云雾坑、龙头坑等村相邻。清末，陈姓俩兄弟从燕窠迁入，至今繁衍5世。1990年以后，多数村民迁平溪、环溪村定居。2013

年，村中有土木结构瓦房4座，2户、10多人。

四、南溪行政村

1. 栗坂村　位于南溪村东0.3千米处，与南溪村隔溪相望。冯梦龙《寿宁待志》载："政和里八都三图九甲住栗坂，离城五十里。耕绩，民多为盗。"

栗坂村临溪而建，村前有一条52齿碇步，始建年月不详。碇步下游30多米处有一座木拱廊桥，始建年月不详，1969年9月27日水毁。谢姓最早迁居栗坂。2013年，村中有谢、蔡、赖等姓，共32户、129人。

平溪至政和公路从栗坂村前经过，南溪道班曾建在栗坂村公路外侧。1969年9月27日，村前石拱公路大桥水毁，后在原址重建。2016年，村前县道改直拓宽为二级公路，在原石拱公路大桥下方再建一座水泥公路大桥。2019年，又在村前沿溪修筑栗坂至南古殿水泥公路，路面宽7.5米，长1.1千米，与柯洋、亭下等村联通。

2. 上窑（洋坪）村　位于南溪村北2千米处，与洋坪村紧邻。冯梦龙《寿宁待志》载："政和里八都三图五甲住上窑村，离城五十里。地出砖瓦。男耕女绩。"

上窑村下游有一宋代窑址，窑址附近有墙基、排水沟等村庄遗迹，后被垦为农田。村口有一上窑庵，许姓首建，始建时间不详，庵旁有百年柳杉7株。"文革"时砍伐柳杉，庵堂被压毁。"文革"后重建，占地面积300多平方米。

1986年建小学1座，土木结构，占地面积150平方米，设一至三年复式班，教师1人，学生30多人。2012年，因学生流失而停办。2011年，浇灌南溪往上窑公路水泥路面。

2013年，上窑村有土木结构瓦房23座，砖混结构楼房17座。全村40多户、220多人。其中许姓20多户、100多人；叶姓16户、90多人；胡姓2户、12人；吴姓1户、8人，在政和县澄源建房；周姓1户、6人，在宁德东侨购房。

洋坪村，原与上窑村紧邻，现与上窑村连成一村。2013年，村中有土木结构瓦房12座。全村姓周，共16户、80多人。

3. 玉洋村　原名桥头洋，与南溪村一溪之隔，位于南溪往柯洋村的公路边。1990年代初，南溪村一李姓迁此肇基。2013年，村中有土木结构房屋12座，9户、40多人。2020年，村中有土木结构瓦房6座、砖混结构楼房5座。全村16户、60多人。其中李姓13户、50多人，吴姓2户、7人，胡姓1户、6人。

4. 新桥头村　位于南溪村西约1.2千米处。由南溪村经石门隘西行1千米就到新桥头村。从新桥头村的黄竹桥往西百余米处为寿宁、政和之县界。明崇祯七年（1634），知县冯梦龙在此建牌坊一座，上书"政寿交界"等字。新桥头全村姓陈，村民用竹笕引山泉水饮用。2013年，村中有土木结构瓦房5座，23户、115人。2018年，寿宁县政府在"政寿交界"牌坊附近建"政寿交界"仿古纪念墙、纪念亭。

5. 七星洋村　原名半洋，位于南溪村西南，与南溪村隔河相望。200多年前，周姓从平溪迁此肇基。原以碇步通往南溪，后改为独木桥。1969年9月独木桥水毁后，改为钢筋水泥桥。2007年12月，村民集资浇灌村中水泥路。2008年，在桥头建土地庙，在桥中央建八角阁供奉观音。2013年，村中有土木结构瓦房16座，砖混结构楼房3座，59户、240人。

6. 东山村　原名奶殿壑，1995年更名东山村。位于南溪村南约1千米处，与柯洋村交界。因村旁南古殿俗称奶娘殿，故村庄得名"奶殿壑"。2013年，村中有土木结构瓦房8座，砖混结构楼房18座。居民有吕、吴、李等姓，共50户、247人。

7. 东山洋村　原名粗排仔，1995年更名东山洋，位于南溪村东南1千米处。20世纪70年代，最早在此肇基的李姓全部迁往奶殿壑村。

1992年，修建宽2.5米机耕路与柯洋村公路连接，1998年浇灌水泥路面。2000年，引后门垄泉水进村入户饮用。2011年拓建停车场。2013年12月，县脱贫办安排中央彩票公益金项目款10万元，村民吴厚镇捐资1万元，将公路拓宽为5米并浇灌水泥路面。2013年，村中有土木结构瓦房3座，砖混结构楼房4座。共16户、75人。

五、柯洋行政村

1. 宫仔下村　位于柯洋村西南约300米的公路下。2013年，村中有土木结构房屋6座，砖混结构房屋1座，仅有曾姓1户留居，其他村民均迁往新墓下村（后洋墩）定居。

2. 新墓下村　也叫后洋墩，位于柯洋村南1千米处，与柯洋村毗邻。2013年，村中有土木结构瓦房5座，砖混结构楼房14座。村中有李、曾、吕3姓，共27户、162人。

六、亭下行政村

1. 下井村　位于亭下村西南约300米处。2013年，村中有土木结构瓦房10座。全村22户、100多人。其中张姓12户、50多人；吴姓10户、43人。现有2户、10多人迁往浙江嘉善市定居。

2. 村头村　位于亭下村南，原距亭下村约150米，现与亭下村连为一体。2013年，村中有土木结构瓦房28座，砖混结构楼房9座，共90多户、500多人。吕姓由政和县澄源乡牛途村迁入，62户、300多人；许姓20多户、约百人；陈姓10户、43人；刘姓2户、9人。

3. 小溪村　位于亭下村南约2千米处，全村姓吴，有土木结构瓦房4座，10户、约40人。1962年，平溪公社批准牛墩坂5户、20多人迁小溪村开山种田。

4. 三角洋村　位于亭下村南约2.5千米处，有一条宽2米多的沙土机耕路通往亭下村，一条长8千米的沙土机耕路通往周宁县纯池镇桃坑村。清康熙间，卢永定由清源沈洋村迁此肇基，至今繁衍11代。高姓由政和县镇前来卢家招亲，至今繁衍7代。

20世纪70年代，村中有一二年级复式班，学生20多人，教师2人，2005年因生员锐减学校停办。村庄下游有2棵百年柳树，胸径一围左右。

2000年以后，村民多往上海、周宁、福鼎等地务工。此后，村民陆续外迁。卢姓外迁30多户、约180人。其中上海3户、21人；政和1户、4人；周宁县城8户、40人；

福鼎市龙安4户、23人；建阳区崇落乡30多人；邵武市2户、20多人；平溪村7户、37人；南溪村1户、4人。高姓1户、5人迁浙江嘉善市定居。

2013年，村中有土木结构瓦房38座，35户、250多人。其中卢姓33户、243人；高姓2户、10多人。

5. 溪底源村 位于亭下村西南150米处。2013年，村中有土木结构瓦房47座，砖混结构楼房15座。全村50多户、300多人。其中吕姓30多户、150多人，与村头村吕姓同宗；刘姓10多户、70多人；张姓10户、60多人；赖姓由政和县澄源乡麒麟坑迁来，2户、10多人；此外还有王、吴2姓。

6. 牛墩坂村 位于亭下村南4千米处，与三角洋村毗邻，相距约1.5千米，距周宁县纯池镇12.5千米。2013年，村中有土木结构瓦房8座。全村姓吴，38户、170多人。21世纪以后，大多数村民往周宁县城务工。村下游有胸径2围的挂牌保护柳杉6株。

七、岭后行政村

1. 下洋坪村 位于岭后村西1千米。村子坐东朝西，与亭下村毗邻。民国十四年（1925），村中一魏姓大户参与为匪，官府派兵围剿，全家50多人被杀，仅一人幸存逃往政和。殃及全村房屋被焚，仅留村头一座。

过去，村民外出均取道岭后、庾岭到平溪。1996年岭后村公路修通后，遂改往亭下、南溪方向到平溪。近年，村民多以摩托车为交通工具。2013年，村中有土木结构瓦房12座，砖混结构楼房2座。全村姓魏，共32户、180多人。

2. 白岩头村 原名白洋头，距平溪村7千米，距岭后村2.6千米。村子坐北朝南，曾姓由汀州迁此肇基，至今仍使用汀州话。学校门口的水田中有一巨岩状似蛤蟆。村南山间有一块石头，四面均匀地布满粗大的条形纹，仿佛仙人手爪抓过。上村大王旁有1株红豆杉，胸围2人方能合抱。

2013年，村中有3个生产小组。有土木结构瓦房20座，70多户、350多人。其中上村曾姓10多户、80多人；中村曾姓40多户、170多人，黄姓2户、12人，吴姓1户、7人；洋尾陈姓21户、105人。

八、燕窠行政村

1. 彭地村 在燕窠村东1.5千米处，与白岩下村毗邻。村子坐北朝南，全村姓吴，由汀州迁此肇基，至今说汀州方言。2011年，县政府推广种植金牡丹，彭地村种了500多亩。2013年，村中有土木结构瓦房20多座，砖混结构楼房4座。全村50多户、400多人，留居村中的有30户、180人。

2. 上彭地村 在燕窠村东北2千米处，与白岩下村毗邻。村子坐东北朝西南，全村姓吴，由汀州迁此肇基，至今说汀州方言。2013年，村中有土木结构瓦房30多座，砖混结构楼房10座，26户、120多人。留居村中的有20多户、40多人。

3. 于岭村 原名庾岭头，因位于庾岭尽头处而得名。于岭村坐北朝南，在燕窠村西1

千米处，与岭后村毗邻。冯梦龙《寿宁待志·都图》载：政和里八都二图四甲住庾岭头村，离城五十里。民淳。耕田。粮易。

庾岭由长洋村至庾岭头，为邑内名岭之一。清乾隆间，建庾岭头亭于官道边。《福宁府志》载有南溪李毓姬撰《募建庾岭头亭序》。文曰："寿岭甲全闽，车岭、乌石岭、九岭、庾岭其最著者也"，"惟庾岭北注南溪，南垂平溪，自下抵巅，各距十余里，仅于二村附近，各见一亭。舟车不通，往来贸易悉任肩荷。游客、殷商，优游者遥程负重，气索神疲，欲登反却，血沸鼻烟，度阜越陵，蜿蜒层折，矫首白云之端。"庾岭村后有100多亩阔叶林，是平溪镇仅有的两处阔叶林之一。

2013年，村中有土木结构瓦房34座，砖混结构楼房12座，83户、580多人。其中张姓16户、90多人；陈姓25户、180多人；陆姓20多户、100多人；魏姓13户、60多人；叶姓9户、50多人。由于青壮年男女大多在外务工经商，2013年，留居村中的有50多户、300多人。

4. 上洋坪村 在燕窠村西4千米处，与周宁县桃坑村毗邻。有竹林1300多亩，村民多以传统竹编技艺谋生。村子坐西朝东，全村姓周，有土木结构瓦房17座，40多户、180多人。1985年后，村民陆续迁往周宁县周墩村。2013年，留居村中的仅4户、5个老人。

九、木场行政村

狮子岩村 位于木场村东南约1.5千米处，与周宁县纯池镇毗邻，东邻纯池镇祖龙村，西界纯池镇桃园村，因村后一山状似雄狮而名之。

狮子岩村200多人，以余姓为主，通行周宁话。清嘉庆十六年（1811），余学洪由（周宁）纯池镇上禾溪西坑村迁狮子岩肇基，昭穆为学、承、为、国、以、礼、维、让、兴。民国初年，谢姓由燕窠横路下自然村迁入。

1980年以前，村中有土木结构瓦房14座。2013年，村中有土木结构瓦房13座，在建水泥砖混结构楼房4座。青壮年男女多外出务工，常年在村务农的约百人。2020年，全村228人，其中男145人、女83人；在外务工经商办厂的有94人。村中有废弃的土木结构瓦房2座，砖混结构、水泥框架结构楼房15座。

狮子岩村茶园别有风韵，深受摄影爱好者青睐。邑内摄影名家张培基拍摄的"木场小种茶园"照片就取材于此。2017年，中央电视台来寿宁摄制《影像方志·寿宁卷》，黄立云专程陪同导演曾欣一行到狮子岩摄制茶园风光。

十、屏峰行政村

1. 漈下洋村 在屏峰村南1.5千米处，与墓下洋村毗邻。村子坐西北朝东南，有土木结构房屋11座。全村姓王，30多户、200多人。2013年，仅5户、20多人留居村中。其他村民陆续迁往寿宁县城、宁德、南安、武夷山等地。

2. 孔雀洋村 在屏峰村东2千米处，与漈下洋村毗邻。村中有土木结构房屋16座，

30多户、300多人。以周姓为主，还有王姓5户、张姓1户。1971年，办民办小学，设1~2年级复式班，26个学生，老师1人，在生产队仓库2层上课。2005年，因学生锐减学校停办。2013年，仅有20多户、100多人留居村中。其他村民陆续迁往宁德、建瓯、广东汕头、浙江苍南等地。

3. 墓下洋村 在屏峰村南3千米处，与漈下洋村毗邻。有土木结构房屋2座，共5户、30多人。全村姓张，清晚期由芹洋溪源村迁入。2013年，有3户、8人留居村中。其他村民迁往平溪、溪源、武曲等村。

十一、湖潭行政村

1. 下洋村 在湖潭村北3千米处，与岭兜村毗邻。村子坐南朝北，有土木结构瓦房6座。村中有曾、范、肖3姓，共16户、100多人。2010年后，村民陆续迁往平溪、环溪等村。

2. 后山村 在湖潭村东北2.5千米处，与大垄村毗邻。村子坐西朝东，村中有土木结构瓦房20座，30多户、200多人。其中肖姓17座，20多户；凌姓3座，10户。1990年后，村民陆续迁往寿宁县城、平溪、环溪等地。2013年，留居村中的仅肖姓4户、10多人；凌姓1户、2人。

3. 大场村 在湖潭村北1.5千米处，与下洋村毗邻。村子坐南朝北，有土木结构瓦房30多座，35户、300多人。其中阮姓18户、120多人；叶姓10户、60多人；黄姓由长潭尾迁来，6户、30多人；李姓1户、9人。2000年后，村民陆续迁往平溪、环溪等村。2013年，仅有5户、20多人留居村中。

十二、岭根行政村

1. 洋墩村 原称下岭根。2013年，村中有土木结构瓦房16座，砖混结构楼房21座，共50户、250多人。其中吴姓41户、200多人；谢姓3户、20多人；蔡姓2户、10多人；高姓2户、10多人；周姓2户、10多人。2000年以后，村中迁往上海3户、10多人；宁德2户、10多人；平溪2户、10多人；寿宁县城1户、7人。

2. 上岭根村 2013年，村中有土木结构房屋11座，砖混结构楼房2座，共14户、60多人。其中蔡姓5户、20人；周姓3户、20人；徐姓3户、10多人；吴姓3户、10人。2000年以后，村中迁往平溪村及广州、上海、漳州等城市定居的有10户、70多人。

3. 下岭根村 曾一度改称中村。村中有土木结构瓦房20座，砖混结构楼房16座，共61户、360多人。其中周姓48户、300多人；吴姓7户、30多人；徐姓4户、20多人；陈姓2户、10人。2000年以后，村中迁往寿宁县城8户、50多人；宁德5户、30多人；厦门5户、约30人；福州3户、10多人；漳州2户、10多人。

十三、岭兜行政村

新州洋村 20世纪60年代，有张、林、刘3姓从岭兜村迁出，在村东1千米处的公路边建3座土木结构瓦房，取名新州洋村。2013年，全村共6户、30多人。

十四、长溪行政村

1. 大垄村 位于长溪村上游 2 千米的溪流南岸山坡上,全村原有土木结构瓦房 9 座（1983 年烧毁 1 座,2010 年烧毁 5 座）,18 户、90 多人,通用平溪方言。清乾隆间,李照于从长溪迁此肇基,至今繁衍 15 代;民国年间,凌成景由后山到大垄当上门女婿,现繁衍 4 世;张姓 1 户、9 人。灾后,村民相继建了 2 座砖混结构楼房。

1985 年,建成宽 2.5 米,长 57 米石拱桥。1987 年,开通大垄到百家山村的机耕路。2012 年 3 月,浇灌机耕路水泥路面。1998 年,在村下游建元帅宫。2007 年,集资修建简易自来水池,村民用上了自来水。2013 年,全村 11 户、32 人。

2. 高山村 位于长溪村北 2.5 千米处,与芹洋岔头坂村毗邻。村中原有土木结构瓦房 8 座,20 户、100 多人。其中李姓 17 户、80 多人;叶姓 1 户、7 人;范姓 1 户、5 人;陈姓 1 户、5 人。1993 年,全村 20 户全部集中迁往岔头坂的公路边建房。2013 年,陆续建成土木结构瓦房 1 座,砖瓦房 3 座,砖混楼房 12 座。

3. 源佳墩村 位于长溪村北 2.5 千米处,与高山村毗邻。民国年间,源佳墩富甲一方,有李姓 96 户、500 多人。李光华、李蔚藩先后毕业于北平法政大学警官系、法律系。2013 年,村中有土木结构瓦房 20 座,砖混结构楼房 2 座。李姓 20 多户、120 多人;王姓 2 户、14 人;张姓 1 户、8 人。

4. 常州洋村 位于长溪村西 2.5 千米处,与岭兜、百家山村毗邻。1990 年以后,有 6 户相继迁往浙江和政和县定居。2013 年,村中有土木结构瓦房 2 座,砖瓦房 3 座,砖混楼房 1 座。全村 14 户、83 人。其中李姓 10 户、50 多人;吕姓 1 户、12 人;曾姓 2 户、13 人;许姓 1 户、8 人。

5. 上洋墩村 位于长溪村北 300 米处,前临溪流,长溪往平溪公路穿村而过,村旁有百年香樟树 3 株。1976 年 10 月,建插队知识青年宿舍楼 1 座,占地面积 600 平方米,2 层砖木结构。1980 年,21 位插队知青返城后,知青楼转为长溪粮站。2000 年,信众集资建元帅殿 1 座。2013 年,村中有土木结构瓦房 15 座,砖混结构楼房 20 座,全村 39 户、140 多人。其中阮姓 35 户、120 多人;陈姓 2 户、10 人;叶姓 2 户、12 人,1950 年由寿宁县城迁入。

6. 百家山村 位于长溪村西 1 千米处,与上洋墩村毗邻。1978 年以后,有 15 户、80 多人先后迁建阳一带定居。2013 年,村中有土木结构瓦房 30 座,砖混结构楼房 10 多座,85 户、430 多人。其中李姓 82 户、420 多人;黄姓 2 户、15 人,1946 年由芹洋黄潭村迁入;周姓 1 户、4 人。

7. 富源新村 2012 年 5 月,在外经商的李烈旺在源家墩村对面的马坪动工兴建福源新村。新村的征地补偿、土地平整、"三通一平"及建筑材料等费用全部由李烈旺垫付,20 多万元修路资金由李烈旺赞助。

新村规划为 4 排,建 3 层半砖混结构楼房 24 座。每座房子占地面积 80 平方米,地价 2 万元。2013 年 10 月,24 座楼房全部竣工。源佳墩村李姓 23 户、103 人;王姓 1 户、7

人，全部在春节前迁入福源新村。

十五、东溪行政村

原有岭尾、马坑、锣鼓田3个自然村，均已先后荒废。

十六、东木洋行政村

1. 上充村 原名上春，位于东木洋村北5千米处，与上洋村相邻。2013年，村中有土木结构瓦房30座，砖混结构楼房5座，共79户、430多人。其中黄姓50户、260多人；周姓20户、90多人；吴姓8户、50多人；阮姓1户、6人。20世纪40年代以来，黄姓先后迁环溪3户、平溪7户、建阳6户、建瓯2户。

清光绪间，在村南小涧边建社庙一座，庙旁有百年柳杉3株。2004年，浇灌宽3.5米通村水泥公路。2005年，建小学教学楼1座，有学生20多人，老师1人。2009年，因学生流失停办。2012年，引山涧之水入村饮用。此后，相继投资200多万元，完成防洪堤、停车场、大王林整治等。2018年，修筑村后上山机耕道。2021年，拓宽上洋至上充公路。

2. 上洋村 位于东木洋村西北1.5千米处，与东木洋、上充、溪底等村相邻，寿宁县城至政和县二级公路在南岸临溪而过。冯梦龙《寿宁待志·都图》载：政和里八都三图二甲住平溪上洋村，离城四十里。耕绩。粮少，易完。

2000年以前，上洋村房屋均在北岸临溪而建，呈带状分布，全村共91户，457人。村上游一条61齿碇步，通往南岸的福宁庵及溪底村，始建年代不详。村东有一山涧，涧边一条机耕路通往上充村。

1969年9月27日，上洋村河堤全部冲毁，沿河16座房子墙倒屋塌，村前木桥水毁，漂走房屋2座，受灾27户、217人。1986年，在原址建1墩2孔石拱桥，可供小车单行。桥头涧边的社庙旁有挂牌古枫2株。1990年以来，部分村民相继迁往平溪、寿宁县城及福鼎、政和、浦城、宁德、福州、上海等地定居。2010年以来投资100多万元，先后完成防洪堤、拦水坝、临溪堤岸村道护栏及停车场等项目建设。

2013年，村中有土木结构瓦房24座，砖混结构楼房2座，钢筋水泥结构楼房11座。全村71户、382人。其中卓姓60户、331人；张姓4户、14人；王姓3户、17人；吴姓2户、9人；李姓1户、6人；范姓1户、5人。

3. 长洋村 位于东木洋村南2千米处，与金州洋、东木洋、环溪、燕窠、木场等村相邻。通用平溪、周宁两种方言。明清两朝，寿宁县城往建宁府官道从村前经过，长洋因此兴盛一时，旧称"百户"。

冯梦龙《寿宁待志·都图》载：政和里七都一图四甲住长洋，离城四十五里。民贫，耕绩；政和里七都二图四甲住长洋，离城五十里。民贫，耕田。粮颇少；政和里八都一图八甲住长洋，离城五十里。民贫，耕绩，养猪。粮少，稍易。

明崇祯年间，寿宁有3个"甲"的村庄屈指可数，因此长洋跻身邑内为数不多的大村行列，可谓实至名归。清顺治三年（1646），明郧西王朱常湖在平溪化身为僧、隐身潜藏的鬼足洞，距长洋村仅数里之遥。被知府李拔载入《福宁府志》的庾岭，起始点也在长洋村头。

相传，旧时长洋举村赴浙江龙泉"吃大户"，反遭屠村而致衰颓。笔者推测：长洋之兴衰，大概缘于村前官道之兴废。清雍正十二年（1734），寿宁由建宁府划归福宁府管辖，随着寿宁行政重心的东移，长洋村前官道商旅锐减，被边缘化的长洋村从此日渐式微。

清康熙廿五年《寿宁县志·建置志·堡隘》载："长洋堡，在八都。"清康熙《建宁府志》载："仁政桥，在长洋，林进易等建。"民国二十六年（1937）重建为单孔石拱桥，2006年改建为水泥桥。

2008年，在村庄上游筑坝修渠引山涧之水绕村环流。2010年9月，浇灌长568米，宽4.5米，从思源桥到仁政桥的村道水泥路面。2013年，又在村头、奶娘宫前、外垄仔下、金钟岗湾、村尾修筑5道水坝蓄水，并在两岸修建长达近千米的石栏杆。2014年，村民捐款、上级补助共40多万元，在村庄上游建钢筋水泥"长洋中桥"。

2013年，长洋村有两纵三横5条小巷，路面皆浇灌水泥。村中有土木结构瓦房25座，砖混结构楼房38座，钢筋水泥框架结构楼房1座。全村62户、456人。其中周姓21户、105人；吴姓20多户、120人；毛姓80多人，此外还有叶、张、谢、李等姓。近年，先后有8户、60人外迁广西南宁、福州、闽南、宁德、寿宁县城定居。2020年，长洋村有土木结构瓦房15座，砖混结构楼房49座，钢筋水泥框架结构楼房8座。

2018年，在村前修建钢筋水泥"东环桥"。同年动工修筑的长洋防洪堤，长千余米，宽4.5米，从仁政桥头一直连接到东木洋溪畔大王处，长度为平溪境内防洪堤之最。堤上建有5座风格各异、美轮美奂的仿古亭台，堤内建有多功能运动场，沿堤可从长洋村通车至思源桥。

2020年，在防洪堤白岩鼻段溪流处建碇步与对岸寿政二级公路相连。2022年，长洋仁政桥头的奶娘宫拆旧建新，同年鼎建的还有与思源桥近在咫尺的木拱廊桥——飞凤桥。今日长洋，已经成为平溪境内人居环境最美之村庄。

4. 白岩下村　位于东木洋村西2.5千米处，海拔788米。因坐落在东木洋和溪底两村交界处的白岩尖下而得名，村后白岩尖建有神庙。村中有陈、郑、陆等姓，原有50户、210人，通用屏南话。因存在地质灾害隐患，2007年以后，村民相继迁平溪、环溪等村定居。2013年，全村仅6户、20多人。通村公路至今尚未浇灌水泥路面。

十七、东山头行政村

1. 后坪村　位于东山头村东北3千米处，全村姓李，由长溪村迁此肇基。2013年，村中有土木结构瓦房15座，50户、300多人。村民多往泉州、广州务工。

2. 外洋墩村　位于东山头村东1千米处，全村姓李。20世纪70年代，吉岭头村5户、40人迁此建房定居。2013年，村中有土木结构瓦房2座，11户、80人。21世纪以来，全村老少均在广州市白云区办厂生产箱包。只有清明、中元、春节时，各家派代表回来祭祖小住。

3. 半岭洋村 位于东山头村北1千米处，村中原有土木结构瓦房6座，水泥砖混楼房2座。有李姓9户、80多人，长溪村迁来；陈姓1户、10人，芹洋黄潭村迁来。2013年，2座瓦房拆除。有4户、20多人到长溪村建水泥砖混楼房3座，户口尚未迁出。

十八、龙头坑行政村

1. 日洋村 原名叶洋，位于龙头坑村东1.5千米处，海拔800米。北与屏峰，南与珠坑洋、溪底，东与上充等村相邻。清康熙间，杨姓自浙江庆元县龙溪村迁此肇基。不久，沈姓亦从浙江庆元县龙溪的石梯自然村迁此。此后，又有毛、吕、罗姓迁来，罗姓来自珠坑洋。最兴盛时全村有50多户、400多人。21世纪以来，人口大量外迁。2013年，村中有土木结构房屋14座、砖混结构楼房3座。留守村中的只有10多户、50多人。

2. 山头村 位于龙头坑村西南2千米处，海拔860米，有耕地600余亩。与溪底、云雾坑、龙头坑等村相邻，村后可至莲花坂。村边有枫树、红豆杉等古树，树下供奉大王神位。村中胡姓，原有40多户、200多人，自浙江庆元县代根村徙此肇基。此外还有范、陈、周等姓。2013年，村中有土木结构瓦房12座。村民大多迁往环溪新村，留守家园的仅4户、8位老人。

【附 录】

一、清洋茶场

1959年11月，平溪公社在清洋建社办茶场。自此，原属平溪生产大队的清洋归属平溪公社。当年，全场有17户，80多人。1974年7月，首批寿宁县初高中毕业生（知识青年）16人；次年7月，第二批寿宁县初高中毕业生4人到清洋茶场插队落户。1976年，公社在清洋茶场建插队知青宿舍楼1座，土木结构，楼上、楼下各8间。1977年后，插队知青或参军或升学或安排企事业单位工作，先后全部离开茶场，知青宿舍楼归属清洋茶场。

20世纪70年代，平溪公社在清洋茶场办砖厂。90年代转让给私人扩建为机砖厂，至今仍在生产。2007年，福建盛辉生态农业有限公司在清洋茶场建养猪场兼营茶叶生产，原清洋茶厂以年租金2000元租给盛辉公司。2013年，清洋茶场共有土木结构瓦房3座，砖混结构楼房4座。2014年、2016年，先后又建两家茶厂。

2020年，清洋茶场有农田66.6亩，茶园120亩（其中福建盛辉生态农业有限公司租用茶园50亩，福建景泰茶业有限公司租用茶园60亩，平溪村民租用茶园10亩）。全场有土木结构瓦房2座、砖木结构楼房1座、砖混结构楼房8座；村委楼1座、茶厂3家，知青楼1座（危房）。茶场旁还有一个公路道班。

2020年，清洋茶场党支部有党员6人，其中女2人、男4人。在清洋茶场落户的有

33户、127人。其中周姓12户、53人；李姓4户、26人；郑姓3户、12人；曾姓2户、10人；吴姓2户、6人；魏姓1户、5人；张姓1户、4人；范姓1户、3人；农姓（壮族）1户、2人；此外，还有夏姓、陈姓、阮姓、王姓、蔡姓、郭姓各1人。

二、1981年平溪公社下辖生产大队、自然村的户数、人口表

大队	自然村	户数	人口	大队	自然村	户数	人口
平溪	平溪	267	1353	环溪	环溪	244	1151
	上村	10	54		燕前	3	9
	千排	14	51		南地洋	1	6
	长潭尾	3	19	溪底	溪底	129	674
东木洋	东木洋	102	515		大岗	10	45
	上充	51	299		日洋	27	132
	上洋	43	262		上楼	2	5
	长洋	33	196		底楼	6	31
	胡坑	11	73		后瓯	7	23
	白岩下	15	153		朱坑洋	5	14
南溪	南溪	180	934		龙头坑	34	292
	洋坪	20	105		村楼后	1	9
	上窑	41	238		下山头	77	89
	栗坂	18	83		云雾坑	11	64
	半洋	14	81		下洋仔	4	15
	新桥头	10	47		上山头	（废村）	—
	粗排仔	6	35	燕窠	燕窠	89	521
	磜底洋	6	40		于岭	49	295
	奶殿塰	20	131		上彭地	34	206
亭下	亭下	53	296		下彭地	11	63
	柯洋	39	230		上洋坪	28	166
	洋尾	8	44	木场	木场	58	332
	路后	3	20		狮子岩	20	120
	下井	17	77	湖潭	湖潭	142	812
	村头	39	246		下洋	10	53
	岭后	39	200		后山	28	171
	小溪	6	32		大场	40	236
	牛墩坂	15	82		范岔	7	24
	三角洋	38	206		三宝岩	1	6

续表

大 队	自然村	户 数	人 口	大 队	自然村	户 数	人 口
	别磜岩	16	70	东溪	东 溪	66	275
	下洋坪	21	122		马 坑	23	130
	溪底源	33	168		岭 尾	3	18
	东山垅	4	25		后 坪	28	131
	岔门底	9	52		东山头	60	285
	宫仔下	8	35		山头垅	9	43
	白岩头	42	200		半岭洋	9	43
	天池庙	3	19		外洋墩	6	42
长溪	长 溪	177	798		锣鼓田	1	6
	高 山	20	109		吉岭头	废 村	—
	林 家	4	15	岭根	岭 根	—	—
	大 垅	15	73		洋 墩	38	249
	源佳墩	74	334		岭 兜	101	552
	常州洋	10	64		上岭根	82	479
	冬瓜洋	1	10		下岭根	19	106
	上洋墩	32	176	屏峰	屏 峰	—	—
	百家山	52	238		桥 头	111	665
	下溪尾	13	55		智 洋	58	346
下党	下 党	110	524		村 头	98	516
	林 尾	2	11		孔雀洋	20	171
	后村垅	27	144		磜下洋	22	131
	亚橘树	19	86		墓下洋	6	34
	木角楼	3	19	杨溪头	杨溪头	37	220
	后门山	废村	—		石后坑	4	20
上党	上 党	27	161		溪边厝	1	8
	神 坑	12	78		葡萄岩	2	7
	坑 底	52	294		黄瓜垅	2	17
	后 洋	20	109		下山底	2	13
	上 村	20	126		灰楼后	8	68
	王 坑	9	51		七宝岗	8	21
	赤路洋	5	27		单独塈	8	34
	溪源头	15	44		山林岗	9	43
西山	西 山	32	169		上山底	5	40
	溪 后	2	7		下山底	2	13

续表

大队	自然村	户数	人口	大队	自然村	户数	人口
	牛坪	15	16	碑坑	碑坑	84	461
	上坪	15	76		阜园	2	18
	大丘下	12	98		梅只岗	5	32
	野猪炉	8	40		碑坑山	31	210
	回山洋	18	117		底碑坑头	16	96
	上昔洋	18	117		外碑坑头	10	18
合 计	自然村	136	户数	4078	人口	21826	—

三、1987年平溪乡下辖行政村、自然村

行政村	自然村
平 溪	上村、千排、长潭尾；
环 溪	燕前、南地洋；
溪 底	大岗、日洋、上楼、里楼、后瓯、朱坑洋、龙头坑、村楼后、上山头、下山头、云雾坑、下洋仔；
南 溪	南溪、洋坪、上窑、栗坂、半洋、新桥头、粗排仔、磜底洋、奶殿壑；
柯 洋	宫仔下、岔门底、东山垄；
亭 下	洋尾、路后、下井、村头、小溪、溪底源、三角洋、牛墩坂；
岭 后	天池庙、白岩头、下洋坪、别潦岩、外白岩头；
燕 窠	于岭、上彭地、下彭地、上洋坪；
木 场	狮子岩；
屏 峰	桥头、智洋、村头、磜下洋、孔雀洋、墓下洋；
湖 潭	下洋、后山、大场、范岔；
岭 根	洋墩、上岭根、下岭根；
岭 兜	—
长 溪	高山、林家、大垄、源佳墩、常州洋、冬瓜洋、上洋墩、百家山、下溪尾；
东 溪	马坑、岭尾；
东木洋	长洋、上洋、上充、胡坑、白岩下；
东山头	后坪、山头垄、半岭洋、外洋墩、吉岭头；
下 党	阑尾、后村垄、亚桔糒、木角楼；
上 党	坑底、神坑、后洋、上村、王坑、赤路洋、溪源头；
碑 坑	伏园、梅只岗、碑坑山、里碑坑头、外碑坑头；
西 山	溪后、牛坪、上坪、大丘下、野猪炉、回山洋、上昔洋；
杨溪头	石后坑、溪边厝、黄瓜垄、上山底、下山底、山林岗、单独壑、七宝岗、灰楼后；

续表

行政村	自 然 村
备 注	清洋茶场；

四、1989年平溪乡下辖行政村、自然村

行政村	自 然 村
平 溪	上村、千排、长潭尾；
环 溪	燕前、南地洋；
溪 底	上楼、里楼、后瓯、朱坑洋、村楼后、云雾坑、下洋仔；
南 溪	栗坂、上窑、洋坪、新桥头、粗排仔、磜底洋、奶殿壑、桥头洋；
柯 洋	宫仔下、岔门底、东山垄；
亭 下	洋尾、路后、下井、村头、小溪、溪底源、别磜岩、三角洋、牛墩坂；
岭 后	天池庙、白岩头、下洋坪、别漈岩、外白岩头；
燕 窠	于岭、上彭地、下彭地、上洋坪；
木 场	狮子岩；
屏 峰	桥头、智洋、村头、漈下洋、孔雀洋、墓下洋；
湖 潭	下洋、后山、大场、范岔；
岭 根	洋墩、上岭根、下岭根；
岭 兜	—
长 溪	高山、林家、大垄、源佳墩、常州洋、冬瓜洋、上洋墩、百家山、下溪尾；
东 溪	马坑、岭尾；
东木洋	长洋、上洋、上充、胡坑、白岩下；
东山头	后坪、山头垄、半岭洋、外洋墩；
龙头坑	日洋、大岗、上山头、下山头；
备 注	清洋茶场；

五、2013年12月平溪镇下辖行政村、自然村

行政村	自 然 村
平 溪	上村、金州洋；
环 溪	—
溪 底	底楼、下洋仔、朱坑洋；
南 溪	栗坂、上窑、玉洋、东山、新桥头、七星洋、东山洋；
柯 洋	宫仔下、新墓下；
亭 下	下井、村头、小溪、溪底源、三角洋、牛墩坂；

126

续表

行政村	自 然 村
岭 后	白岩头、下洋坪；
燕 窠	彭地、于岭、上洋坪；
木 场	狮子岩；
屏 峰	潦下洋、孔雀洋、墓下洋；
湖 潭	下洋、后山、大场；
岭 根	洋墩、上岭根、下岭根；
岭 兜	新州洋；
长 溪	大垅、高山、源佳墩、常州洋、上洋墩、百家山、富源新村；
东 溪	—
东木洋	长洋、上洋、上充、白岩下；
东山头	后坪、山头垅、半岭洋、外洋墩；
龙头坑	日洋；
备 注	清洋茶场；

第二节 荒废村

趋利避害是人类的本能。乱世之人，纷纷逃离都邑郡县，远遁深山老林。太平之世，人们向往繁华热闹，蜂拥挤进都市城镇。特别是20世纪80年代以后，户籍政策有所松动，农村男女青壮年外出务工经商者、在城市购房定居者日趋增多，平溪境内陆续出现了一些无人居住的荒废村庄。

2020年，平溪镇的千排、燕前、上楼、后瓯、洋尾、路后、茶坪、范岔、岭尾、马坑、胡坑、大岗、长潭尾、南日洋、村楼后、云雾坑、磜底洋、岔门底、后门岗、东山垅、东山后、天池庙、横路下、桥下村、大连坑、冬瓜洋、锣鼓田、山头垅、吉岭头、上山头、三宝岩（暗坑）、外白岩头（洋尾）、下溪尾（中村、外村、林家）等33个自然村已荒废，无人居住。

一、平溪行政村

1. 千 排 位于平溪村东北1千米处。清朝中期，周姓迁此肇基。20世纪90年代后期，因村后山体有滑坡隐患，全部迁往平溪鼎墩定居。

2. 长潭尾 位于环溪村下游约2.5千米。清康熙五十三年（1714），陈日标由（周宁县）秋坪迁此肇基。同年，黄姓随之迁入。此后，周发松由（周宁县）粗垅迁入。长潭尾地处环溪至湖潭村中途，村人好客，凡来往过客均待之以礼，奉之以茶，令人倍感温馨。1956年以后，陈、黄、周3姓先后迁入平溪和环溪村定居。

二、环溪行政村

1. 南地洋 位于环溪村南 2.5 千米处。村中原有土木结构房屋 2 座，共 5 户，20 多人，均为周姓。1960 年起陆续迁往环溪村定居。

2. 燕 前 位于环溪村西 4 千米处，村中只有 1 座土木结构房屋，未通电、未通公路、饮用山涧之水，一谢姓人家在此定居 9 代。1998 年，"造福工程"将谢家 7 人迁往环溪村定居。

三、溪底行政村

1. 上 楼 位于溪底村西 4 千米处，在云雾坑村西南的后门山岗上，距云雾坑村 1.7 千米，海拔 800 多米。清同治二年（1863），李姓由南溪村迁此定居。村边奉祀许仙师为大王，大王边有 1 株红豆杉。村中有土木结构房屋 6 座、7 户、60 余人，耕地面积 60 多亩。20 世纪 60 年代后期，全村迁后瓯村居住。20 世纪 80 年代后，相继再迁南溪村及政和县定居。

2. 后 瓯 位于溪底村西 4 千米处，与云雾坑、南溪等村相邻。原有土木结构房屋 2 座，李姓 6 户、30 多人。20 世纪 70 年代，全村先后迁往南溪的栗坂、玉村自然村和亭下的溪底源自然村定居。

3. 村楼后 原名青楼后，距溪底村约 0.5 千米，海拔 750 米。200 多年前，吴姓 3 人由浙江庆元县举溪村迁入溪底村松毛路溪边，搭茅楼种"青"为生。一年后，1 人迁龙头坑村，1 人迁下党村大丘后。几年后，松毛路溪边茅楼烧毁，遂迁居村楼后，全村仅 1 座土木结构房屋。2013 年，3 户、20 多人迁溪底村定居。

4. 云雾坑 位于溪底村西 1.5 千米处，地处寿宁至政和二级公路内侧，与北岸的底楼、村后山的后瓯、上楼等村相邻。明隆庆年间，谢姓 3 兄弟从宁化县到此肇基。村中原有土木结构瓦房 10 座，30 多户、200 多人。1965 年 8 月 20 日，台风暴雨成灾。晚 12 时许村后山滑坡，毁坏民房 3 座，死亡 19 人。2009 年后，村民先后迁平溪、环溪村定居。

四、南溪行政村

磜底洋 位于南溪村西南 2.5 千米处，村中有 4 座土木结构瓦房，居住周、李 2 姓共 9 户、50 多人。2006 年，村民全部迁往南溪、奶殿壑村定居，此地现为南溪村饮用水水源。

五、柯洋行政村

1. 岔门底 位于柯洋村西 4 千米处，与政和县牛途村交界。全村姓吕，由牛途村迁入。原有土木结构瓦房 9 座，10 户、40 多人。

2. 东山垄 位于柯洋村东南 600 米的山垄，全村姓李，南溪村迁入。村中原有土木结构瓦房 2 座，5 户、32 人。1992 年后，由"造福工程"帮助迁往后洋墩村旁定居。现村址复垦为农田。

3. 后门岗 位于柯洋村西南 1 千米处。全村姓曾，原有土木结构房屋 3 座，6 户、32

人。1996年后,先后迁往柯洋村定居。

4. 东山后 位于南溪村东2千米处。全村姓吴,有土木结构瓦房2座,6户、30多人。1955年,部分村民迁往东山洋村定居。1969年,余下部分迁往奶殿壑村定居。

六、岭后行政村

1. 天池庙 位于岭后村东2.6千米处,海拔900多米,与白岩头村毗邻。村子坐北朝南,有土木结构瓦房3座,曾姓7户、吴姓2户、卢姓1户,共60多人。20世纪90年代,全村先后迁政和县石屯镇、白岩头村、南溪栗坂村定居。

2. 外白岩头 又叫洋尾,紧邻白岩头村,位于岭后村东7千米,海拔930多米。原有土木结构房屋6座,陈姓10来户、60多人。20世纪90年代,全村先后迁福鼎市定居。2018年,陈姓1户、5人回迁居住。

七、燕窠行政村

横路下 位于燕窠村南部,由环溪村往木场村、周宁县禾溪村的三岔路口附近。原有土木结构瓦房1座,清朝后期,谢姓由南溪栗坂村迁此。居住2代后,民国初年迁往木场村狮子岩自然村定居。

八、屏峰行政村

桥 下 位于屏峰水尾桥下游200米处,全村姓王。原有土木结构瓦房3座,3户、67人。1972年,"农业学大寨"平整土地,举村迁至屏峰村定居。

九、湖潭行政村

1. 大连坑 位于湖潭村西3千多米处。冯梦龙《寿宁待志·都图》载:"政和里八都四图四甲:南门,离城45里,住大连坑。男耕女绩。粮少,易完。"大连坑村废于何时、村民移迁何处,不详。

2. 三宝岩 也叫暗坑,与范岔村毗邻。原有土木结构房屋1座,周姓1户、6人。原来由初垟迁入,20世纪80年代回迁初垟(今周宁县祖龙)。

3. 范 岔 位于湖潭村东2.5千米处,原有土木结构房屋5座,5户、25人。其中张姓由芹洋张坑村迁入,2户、10多人;李姓从周宁县李墩村迁入,1户、8人;何姓由屏南县迁入,1户、3人;徐姓由周宁县纯池村迁入,1户、3人。1992年,张姓、李姓迁往湖潭村定居,其他村民也相继移居外地。

十、长溪行政村

1. 冬瓜洋 位于长溪村北1千米处,村中原有土木结构瓦房10座,全村姓李,20多户、100多人。20世纪40年代以后,多数村民陆续迁往长溪村定居。1969年,又有3户迁武夷山市。至20世纪70年代,村中仅余土木结构瓦房1座。

2. 下溪尾 也叫下坑尾,位于长溪村东3千米处,由中村、外村、林家3个村子组成。中村有黄姓2户、13人;外村有李姓13户、60多人;林家村有兄弟3人,分为甘、林、李3姓。甘姓1户6人，林姓1户9人，李姓1户12人。1990年，下溪尾中村、外村、林家的村民全部由"造福工程"安排迁往长溪村建房定居。2013年，村址土地复垦。

十一、东溪行政村

1. 岭　尾　位于东溪村西0.5千米处，村中1座寺庵，1975年倒塌。原有土木结构瓦房2座，7户、30多人。其中吴姓由浙江迁来，4户、20多人；张姓由周宁县徐头岗迁来，3户、10人。2009年，多数迁环溪村定居，吴姓1户迁湖潭村定居，岭尾村遂荒废。

2. 锣鼓田　位于东溪村西0.6千米处，原有土木结构瓦房1座，1户、3人。1998年，徐姓兄弟2人携母迁周宁县纯池村定居，房子随之倒塌。

3. 马　坑　位于东溪村南4千米处，村中原有土木结构瓦房16座，30多户，100多人。全村姓吴，由浙江迁此肇基。1980年代以前，由于马坑地僻路远，生存条件恶劣，平溪境内父母常会吓唬小女孩："不听话，长大后将你嫁到马坑。"

20世纪90年代以来，马坑村民大多前往广州务工或办厂生产箱包，1户迁上海办羊毛衫厂。2012年，政府以每平方米补助30元，将村中10座瓦房拆除复耕。2013年，村中仅有5户、6个老人居住。

近年，村中老人相继离世，几座瓦房也残破不堪。2020年，村中最后一个五保老人也被女儿、女婿接往东山头村后坪自然村居住。现村中只有一座景山林场工区管理楼。村旁有2株胸径分别为30、40厘米的红豆杉。

十二、东木洋行政村

胡　坑　位于东木洋村西南部山坳，有上下两个小村落，海拔667米，距东木洋村约1千米。村中原有土木结构房屋5座，9户、50多人，全村姓温，通用周宁方言。因村后山体出现裂缝存在地质灾害隐患，1959年上胡坑村2户迁入东木洋。1987年后，下胡坑全村相继迁往东木洋村定居。

十三、东山头行政村

1. 山头垄　位于东山头村东4千米处，由长溪村迁此肇基，村中原有土木结构瓦房2座。2005年后，李姓12户、80多人全部迁寿宁县城定居。

2. 吉岭头　距东山头村2千米处，由长溪村头迁此肇基。村中原有土木结构瓦房1座，李姓5户、40人。20世纪70年代，举村迁东山头村外洋墩建房定居。

十四、龙头坑行政村

1. 大　岗　位于龙头坑村西南0.5千米处，海拔800米，与山头村相邻。全村姓吴，与龙头坑村吴姓同宗。村中原有土木结构瓦房5座，12户、70多人。2013年，村中房子全部拆除，村民分迁龙头坑、平溪村定居。

2. 上山头　位于龙头坑村西南2.5千米处，与山头村相邻。村中原有土木结构瓦房2座，胡姓5户、40多人。20世纪70年代以来，全村相继迁平溪、环溪、上窑等村及寿宁县城定居。

【附　录】

一、2013年平溪镇下辖行政村、自然村、荒废村

行政村	自然村	荒废村
平　溪	上村、金州洋	千排、长潭尾
环　溪	—	燕前、南日洋
溪　底	底楼、下洋仔、朱坑洋	上楼、后瓯、村楼后、云雾坑
南　溪	栗坂、上窑、玉洋、东山、七星洋、新桥头、东山洋	磜底洋
柯　洋	宫仔下、新墓下	岔门底、后门岗、东山垄、东山后
亭　下	下井、村头、小溪、溪底源、三角洋、牛墩坂	洋尾、路后
岭　后	白岩头、下洋坪	天池庙、外白岩头（洋尾）
燕窠	彭地、于岭、上洋坪	茶坪、横路下
木　场	狮子岩	—
屏　峰	潦下洋、孔雀洋、墓下洋	桥下村
湖　潭	下洋、后山、大场	范岔、大连坑、三宝岩（暗坑）
岭　根	洋墩、上岭根、下岭根	—
岭　兜	新州洋	—
长　溪	大垄、高山、上洋墩、源佳墩、常州洋、百家山、富源新村	冬瓜洋、下溪尾（中村、外村、林家）
东　溪	—	岭尾、马坑、锣鼓田
东木洋	长洋、上洋、上充、白岩下	胡坑
东山头	后坪、外洋、半岭洋	山头垄、吉岭头
龙头坑	日洋、山头	大岗、上山头
备　注	清洋茶场	—

二、平溪镇古今地名对照表

古村名	明代隶属 都坊	明代隶属 图	明代隶属 甲	清代隶属	民国隶属 乡	民国隶属 保	今名	现隶属行政村
长洋	七都	一	四	西南乡	平溪	燕窠	长洋	东木洋
长洋	七都	二	四	西南乡	平溪	燕窠	长洋	东木洋
长洋	八都	一	八	西南乡	平溪	燕窠	长洋	东木洋
李长坑·富阳	七都	二	二	西南乡	平溪	长溪	长溪	长溪
李长坑·富阳	七都	二	五	西南乡	平溪	长溪	长溪	长溪
李长坑·富阳	九都		三	西南乡	平溪	长溪	长溪	长溪
平溪冢后	八都	一	一	西南乡	平溪	平溪	平溪	平溪
平溪桥头	八都	一	二	西南乡	平溪	平溪	平溪	平溪
平溪板头	八都	一	六	西南乡	平溪	平溪	环溪	环溪
平溪后池	八都	一	七	西南乡	平溪	平溪	平溪	平溪
平溪冢后	八都	一	十	西南乡	平溪	平溪	平溪	平溪
平溪	八都	二	一	西南乡	平溪	平溪	平溪	平溪
平溪	八都	二	九	西南乡	平溪	平溪	平溪	平溪
平溪	八都	三	三	西南乡	平溪	平溪	平溪	平溪
平溪上洋	八都	三	二	西乡	平溪	溪底	上洋	东木洋
平溪龙头坑	八都	一	三	西南乡	平溪	溪底	龙头坑	龙头坑
平溪下背岭兜	八都	一	四	西乡	平溪	平溪	岭兜	岭兜
牛栏头碑坑	八都	一	五	西南乡	平溪	湖潭	湖潭	湖潭
大连坑	八都	三	四	西南乡	平溪	湖潭	湖潭	湖潭
庚岭头	八都	二	四	西南乡	平溪	燕窠	于岭	燕窠
南溪	七都	二	六	西乡	平溪	南溪	南溪	南溪
上窑	八都	三	五	西乡	平溪	南溪	上窑	南溪
南溪	八都	三	八	西乡	平溪	南溪	南溪	南溪
栗坂	八都	三	九	西乡	平溪	南溪	栗坂	南溪
南溪	八都	三	十	西乡	平溪	南溪	南溪	南溪
上东溪	九都		四	西南乡	平溪	长溪	东溪	东溪

备注：图中"古村名"，原载明知县冯梦龙《寿宁待志·卷下·都图》。

第五编 政 治

明朝，平溪境内村庄有平溪、南溪、坂头、岭兜、东溪、长洋、上洋、上窑、栗坂、桥头、冢后、后池、下背、初垅、下党、碑坑、庚岭头、牛栏头、李长坑、龙头坑、大连坑，分属七都、八都、九都。

民国年间平溪曾设镇，辖平溪、长溪、溪底、南溪、亭下、湖潭、燕窠、屏峰、尤溪、下党、上党等11保，共100甲。

1949年10月1日，中华人民共和国成立。中共寿宁县委在全县设5个区分党委，第三区分党委驻地平溪。

2019年，平溪镇党委下辖21个党支部，有中共党员664人，其中男性党员523人，女性党员141人。平溪镇人民政府下辖18个村民委员会。

第一章 政 权

第一节 明清 民国政权

一、明 朝

洪武十四年（1381）规定：凡居处相邻近的110户人家编为一里；每里之中，推丁多粮多的10户为里长；其余100户分为10甲，每甲10户。每甲有首领一人，名曰甲首。

冯梦龙《寿宁待志》载，崇祯十年（1637）平溪境内村庄分属：七都一图（长洋）、二图（长洋、初垅、南溪、李长坑）；八都一、二、三图（平溪、上窑、碑坑、南溪、栗坂、长洋、上洋、下党、龙头坑、大连坑、庾岭头、平溪桥头、平溪板头、平溪冢后、平溪后池、牛栏头碑坑、平溪下背岭兜）；九都（李长坑、上东溪）。

二、清 朝

雍正六年（1728），改都、图为乡镇村庄。全县划分为7境、8乡、112村。乾隆年间，取消乡、村，重设坊、里、都、图。乾隆末年，全县有2坊、2里、17境、12都、26图。

三、民国时期

民国元年（1912）分区设署，全县设鳌阳、平溪、斜滩3个区，区署称"××区自治会"。

民国十七年（1928）9月，实行区、村、闾、邻四级制。规定5户为邻，25户为闾，百户以下的乡村为村，百户以上市镇为里，20村里为区。全县共设鳌阳、平溪、斜滩、南阳、蓝田、纯池6个区。每区分别成立区公所和村公所，区公所为地方自治机关。区、村、闾各置区长、村主任、闾长1人。民国十八年（1929），村里改为乡镇，设立乡镇公所，置乡镇长1人。

民国二十三年（1934），实行县、乡镇、闾邻三级制，10户为邻，10邻为闾，10闾以上为乡镇。全县设鳌阳、斜滩2个镇和平溪、南阳、犀溪、武曲、凤阳、纯池、托溪、玉壶8个乡。同年冬，实行保甲制度，10户为甲，10甲为保，10保以上为镇。

民国二十五年（1936）12月，全县设5个区。第一区在县城、第二区在南阳、第三区在斜滩、第四区在平溪、第五区在衙后。区下设联保，联保下设保，保下设甲，分别配联保主任、保长、甲长各1人。民国二十六年（1937）8月，原"××县第×区区署钤记"改为"××县政府第×区区署钤记"。

民国二十八年（1939），平溪乡升格为平溪镇。因福建省第三行政督察区只发给寿宁县第一、二、三区署钤记3颗，民国二十九年（1940）6月，寿宁县5个区并为3个区，下设15个联保、193个保、2453个甲。第一区署设县城，第二区署设斜滩，第三区署设平溪。平溪区署辖平溪镇、尤溪乡、南溪乡、赤岩乡、下禾溪乡。

民国三十四年（1945）撤区设乡，乡以6~11保编成，镇以12保编成，保以10~20甲编成，甲以10~25户编成。全县共设11个乡镇、107保、1339甲。平溪乡辖平溪、长溪、尤溪、湖潭、燕窠、溪底、南溪、亭下、屏峰、下党、上党等11保，共100甲。

民国二十九年（1940），根据《县、乡（镇）民代表会暂行规程》和《临时参议会组织规程》规定，寿宁县下令各保召开保民会议，推举出乡（镇）民代表会代表，各乡（镇）召开"临时乡（镇）民代表会议"，选举"乡（镇）民代表会专任主席"和"县临时参议员"。

民国三十一年（1942）12月，平溪乡举行"临时乡（镇）民代会"。到会代表成员主要为保长、联保主任、乡（镇）公所人员，亦有学界人士。会议选举产生大会主席，选举出县临时参议员。民国三十三年（1944），"临时乡（镇）民代会"撤销，正式成立乡（镇）民代会。

民国三十六年（1947）5月到9月，改选第二届乡（镇）民代表，以保为单位，召开保民会议，推选乡（镇）民代表直选"国大"代表。民国三十八年（1949）10月，乡（镇）民代表会随国民党政权的崩溃而消亡。

第二节 乡（镇）人民代表大会

1949年10月1日，中华人民共和国成立。12月，寿宁县召开首届各界人民代表会议第一次会议。1954年6月，根据《中华人民共和国人民代表大会组织法》和《选举法》的规定，寿宁县召开首届人民代表大会，开始以人民代表大会取代各界人民代表会议。

1987年9月，平溪乡召开第八届人民代表大会第一次会议。根据《福建省人大常委会关于乡、镇人民代表大会主席团工作的暂行规定》，人民代表大会主席团为乡人民代表大会闭幕后的常设机构，配备人大主席团兼职常务主席。

1990年9月，根据《福建省人大常委会关于乡、镇人民代表大会主席团工作的暂行规定》，平溪乡人民代表大会设立主席团，主席团设常务主席，常务主席李烈苍。

1995年2月28日，根据新修正的《地方组织法》，各乡、镇的人大主席团常务主席改称乡、镇人民代表大会主席，平溪乡人大主席李烈苍。

2007年3月9日，寿宁县人大常委会印发《乡镇人大主席团在会议期间的职责》《乡镇人大主席团在闭会期间的职责》《乡镇人大主席团成员学习制度》《乡镇人大主席团会议（议事）制度》《乡镇人大主席团成员联系代表小组制度》《乡镇人大代表小组活动制度》等系列工作制度，以规范乡镇人大的工作。

2013年平溪撤乡设镇，平溪乡人大主席团改称平溪镇人大主席团，主席周道琨。

【附 录】

平溪镇历届人大主席名录

姓 名	籍 贯	任 期	姓 名	籍 贯	任 期
李烈苍	芹洋	1989.02~1996.02	缪锦松	凤阳	2006.10~2008.01
缪锦章	凤阳	1996.8~1999.04	周道琨	平溪	2008.01~2019.11
黄先辉	清源	（书记兼主席）	叶水尧	犀溪	2019.11~2021.05
卓仕平	清源	（书记兼主席）	刘明旭	托溪	2021.05~2022.09
范世坤	芹洋	2002.07~2006.05	林毅	武曲	2022.09至今

第三节 区（公社 乡 镇）人民政府

1949年8月，寿宁县暂时沿袭民国时期的区、乡、保、甲制，全县划分为鳌阳、平溪、斜滩3个区，下辖10乡、1镇、107保。

一、区人民政府

1949年8月3日，平溪区人民政府成立。10月，全县划分为5个区，原有的乡、镇及保数不变。第三区驻地平溪，下辖平溪、纯池2个乡。其中平溪乡下辖11个保，纯池乡下辖10个保。

1950年6月，全县设6个区、78个乡、2个镇，第三区驻地平溪。11月，全县废除保、甲制。

1952年5月，全县设7个区。第三区（平溪）下辖平溪、溪底、湖潭、长溪、下党、燕窠、屏峰、南溪、亭下、尤溪、溪源等11个乡。

1956年2月，平溪、托溪两个区合并为芹洋区。全县设4个区，下辖52个乡，其中芹洋区下辖14个乡。

1958年8月，全县70个区、镇、乡撤并为24个乡镇。接着，县委又在平溪等5个重点乡进行建社试点。

二、人民公社

1958年9月，全县建立23个人民公社。平溪境内设跃进公社（平溪）、先锋公社（南溪）、胜利公社（上党）。

1959年3月"撤区并社",全县划分为8个大人民公社,下辖128个生产大队。平溪人民公社下辖14个生产大队。

1961年5月,恢复区、社(乡)建制,全县划分5个区,下辖45个小人民公社和3个县直属人民公社。其中,平溪区下辖平溪、南溪、长溪、屏峰、下党、东木洋等6个小人民公社,32个生产大队。

1963年5月,全县保留鳌阳、斜滩、坑底、南阳4个区;平溪区和芹洋、托溪两个人民公社合并为芹洋区。

1965年7月,再次"撤区并社"。全县原5个区、48个人民公社、205个生产大队撤并为12个人民公社、1个镇、127个生产大队。其中,平溪人民公社下辖平溪、坂头、溪底、南溪、亭下、燕窠、湖潭、屏峰、岭根、长溪、东溪、下党、碑坑、东木洋等14个生产大队。

1980年11月,撤销各人民公社(镇)革命委员会,恢复各人民公社管理委员会和城关镇人民政府。

三、乡人民政府

1984年9月,全县各人民公社管理委员会改称各乡(镇)人民政府。平溪乡人民政府下辖平溪、环溪、溪底、南溪、柯洋、亭下、岭后、燕窠、木场、湖潭、屏峰、岭根、岭兜、长溪、东溪、下党、上党、西山、碑坑、杨溪头、东木洋、东山头等22个行政村。

1987年12月,新建下党乡人民政府。原属平溪乡的下党、上党、西山、碑坑、杨溪头等5个行政村,划归新设的下党乡人民政府管辖。平溪乡人民政府下辖平溪、环溪、溪底、南溪、柯洋、亭下、岭后、燕窠、木场、湖潭、屏峰、岭根、岭兜、长溪、东溪、东木洋、东山头等17个行政村。

1989年,日洋、大岗、山头、龙头坑、下山头等5个自然村从溪底村民委员会分出,设龙头坑村民委员会。平溪乡人民政府下辖平溪、环溪、溪底、南溪、柯洋、亭下、岭后、燕窠、木场、湖潭、屏峰、岭根、岭兜、长溪、东溪、东木洋、东山头、龙头坑等18个行政村。

2003年,平溪乡人民政府设乡长1人、副乡长兼宣传委员1人、副乡长3人。设在乡政府内的单位有财政所、土地所、农技站、农机站、统计站、企业站、水电站、林业站、司法所、计生办、计生服务所、经济管理站、公安派出所等。此外,还有中心小学、寿宁五中、卫生院、粮站、邮电所、供销社、工商所、信用社、广电站、电信站、供电站等单位。

2004年,平溪乡人民政府设乡长1人、副乡长4人。设在乡政府内的单位有财政所、国土所、农技站、农机站、统计站、企业站、水电站、林业站、司法所、民政办、计生办、计生服务所、经济管理站、公安派出所等。此外,还有中心小学、寿宁五中、卫生院、粮站、邮政所、供销社、工商所、信用社、电信站、供电所等单位。

2009年,平溪乡人民政府设乡长1人、常务副乡长1人、农业副乡长1人、科技副乡长1人、副主任科员1人。设在乡政府内的单位有财政所、民政办、安监办、水电站、司法所、国土所、林业站、统计站、计生办、计生服务所、经济管理站、公安派出所、劳动保障服务所等。此外，还有中心小学、寿宁五中、卫生院、供销社、工商所、信用社、广电站、供电所、变电所、线务站、兽医站、电信站、邮政支局、粮食购销分公司等单位。

四、镇人民政府

2013年平溪撤乡设镇。镇党政机关行政编制19人，其中正科3人，副科8人。事业编制单位8个，人员21人。实际在岗的有44人，其中干部37人、职工3人、临时人员4人。

2013年，平溪镇人民政府设镇长1人、副镇长3人、副主任科员1人。设在镇政府内的单位有财政所、民政办、林业站、国土所、统计站、安监办、计生办、水电站、司法所、公安派出所等。此外，还有中心小学、寿宁五中、中心卫生院、广电站、供电所、文化站、信用社、工商所、电信站、邮政所、食品站、供销社、畜牧兽医站、粮油管理站等单位。

2016年，平溪镇人民政府设镇长1人、副镇长3人。设在镇政府内的单位有财政所、民政办、林业站、国土所、安监办、计生办、水电站、司法所、公安派出所等。此外，还有中心小学、寿宁五中、中心卫生院、供电所、广电站、文化站、信用社、电信站、邮政所、供销社、畜牧兽医站、市场监督管理所等单位。

2019年，平溪镇党政机关行政编制28人，其中正科3人、副科8人。事业编制单位6个，18人。实际在岗的有57人，其中干部43人、职工9人、临时人员5人。

2019年，平溪镇人民政府设镇长1人、副镇长4人。设在镇政府大院内的单位有财政所、司法所、民政办、林业站、国土所、安监办、计生办、水电站、公安派出所等。此外，还有中心小学、寿宁五中、中心卫生院、供电所、广电站、文化站、信用社、电信站、邮政所、供销社、畜牧兽医站、市场监督管理所等单位。

五、党政办公大楼

1949年8月，平溪村的肖家大院被没收，改装为平溪区政府办公楼。此后，一直沿用到1985年归还肖家。

1967年，平溪公社革委会在平溪村金洋街内侧征地建公社办公楼。次年，平溪公社革委会由肖家大院迁入金洋街内侧新建的公社办公楼办公，部分干部家属仍住在肖家大院。

1979年，平溪公社革委会在平溪公社办公楼后面再次征地6亩，新建一座占地面积600多平方米，二层砖木结构的办公大楼，同时附建一排干部家属小厨房。至今，这座大楼仍为平溪镇党委、政府办公楼。

此后，办公大楼石阶下方的旧楼被拆除，先后建成4座办公楼，形成中间为停车场，四周均为单位办公楼的类似四合院式布局。

1997年秋，乡领导在大院中雕塑一匹昂首奔腾的骏马。2002年，骏马雕塑被移往县城三峰寺外空坪。同时，在大门内筑一影壁，影壁内外分别题书"实事求是""为人民服务"。

2020年，镇党委、政府办公大楼下方大坪东侧的一座办公楼被拆除，在原址新建一座占地面积308.56平方米，建筑面积1334平方米的四层钢筋水泥框架结构干部宿舍楼。

【附　录】

平溪镇历任（区长、社长、主任、乡长）镇长名录

姓名	籍贯	职务	任　期	姓名	籍贯	职务	任　期
陈其懋	景宁	区长	1949.08~1949.09	叶渊富	坑底	乡长	1987.08~1987.12
严　珍	—	区长	1949.09~1949.10	缪长钻	凤阳	乡长	1990.06~1992.12
李振华	山西	区长	1949.10~1950.03	林勤铃	武曲	乡长	1992.12~1993.08
范世荣	山西	区长	1952~1953.06	张灿明	武曲	乡长	1993.09~1996.03
毛兆丰	平溪	社长	1959.03~1960.01	卢进玲	武曲	乡长	1996.03~1997.04
李章岩	芹洋	社长	1961.08~1963.05	王　斌	鳌阳	乡长	1997.04~1998.04
王运定	平溪	社长	1965.07~1968.04	李寿生	鳌阳	乡长	1998.04~2001.11
王运定	平溪	主任	1968.04~1970.02	蔡道炳	鳌阳	乡长	2001.11~2004.02
叶源南	惠安	主任	1970.02~1976.10	叶家宁	大安	乡长	2004.02~2006.05
叶源南	惠安	主任	1976.10~1978.01	李明瑞	斜滩	乡长	2006.05~2010.09
蔡友三	平溪	代主任	1977.05~1978.06	梅春强	鳌阳	乡长	2010.09~2013.12
吕观录	平溪	主任	1978.06~1980.02	梅春强	鳌阳	镇长	2013.12~2014.01
吴芳城	托溪	主任	1980.02~1983.08	李　文	鳌阳	镇长	2014.01~2017.07
郭洪金	寿宁	主任	1984.07~1984.09	缪汝浩	凤阳	镇长	2017.07~2019.11
郭洪金	寿宁	乡长	1984.09~1986.10	李木清	斜滩	镇长	2019.11~2022.09
郭渊春	斜滩	乡长	1986.10~1987.07	苏小和	芹洋	镇长	2022.09至今

第四节　治安　司法

一、治安机构

1. 民国治安机构　民国二十七年（1938）8月，设平溪派出所。民国二十九年（1940）元月，县设警察局，下辖城区、斜滩、平溪3个警察所，共有警官、警士28人，其中局长1人、巡官3人、警长3人。另有义勇警察324人在各乡执行任务。民国三十七年（1948），重新设立平溪、斜滩两个警察分所，人员增至63人。

2. 共和国治安机构　中华人民共和国成立后，平溪境内先后配备公安助理员、公安

干事、公安特派员及设立派出所，以维持社会治安。

1950年，平溪区公所配备1名公安助理员，在区委领导下工作。1952年，公安助理员改称公安干事。1956年，改为公安特派员1人，各乡设治保主任1人。主要职责是维持日常社会治安，调解民事纠纷，协助上级公安部门侦破各种刑事案件。

平溪派出所 1961年设平溪派出所，主要职责是加强户籍和治安管理，建立户口档案，发放居民身份证，编造治安花名册、寺庵僧众登记卡等。1983年，平溪派出所改称平溪公安派出所。1988年，在乡政府大院东侧建3层钢筋水泥框架结构派出所办公楼一座。

编　制 1983年设所长1人，工作人员3人。1988年，配备保安队员8人，分片包干管理社会治安工作。2013~2020年，平溪派出所编制4人，其中所长、副所长、教导员、干警各1人，另有临时人员5人。

职　能　（1）收集、掌握、报告影响社会政治稳定和治安稳定的情报信息，积极开展不安定因素的排查和化解工作，全力维护辖区社会政治稳定；（2）管理辖区内的常住人口、暂住人口，受理常住人口变动登记；（3）管理辖区内的重点行业、公共娱乐场所和枪支、弹药、爆炸、剧毒等危险物品；（4）指导、监督辖区内的机关、团体、企业、事业单位的内部治安保卫工作；（5）宣传、发动、组织、指导群众开展安全防范工作；（6）侦办辖区内一般刑事案件，协助侦查部门侦破其他案件；（7）办理治安案件，调解治安纠纷；（8）组织开展消防安全检查，参与火灾、爆炸、中毒等治安灾害事故的预防工作；（9）做好接处警工作，接受群众报警、求助，为群众提供服务；同时，配合当地党委、政府的中心工作；完成上级交办的其他工作。

二、司法机构

1. 法　庭 1984年，成立平溪人民法庭。1989年撤销。

2. 司法所 1985年成立平溪乡司法办公室，负责全乡司法工作。1998年更名为司法所。2011年，司法所升格为副科级，为县司法局的派出机构。2010年7月，县司法局向平溪乡政府购买司法所办公楼，共2层，占地面积123.2平方米，建筑面积246.4平方米。

编　制 1985年编制1人。1990年4月，乡镇司法助理员收归县司法局编制。2012年编制2人，同年11月增加社区矫正工作人员一名。2020年编制2人。

职　责　（1）负责社区矫正工作；（2）指导管理人民调解工作；（3）协调有关部门和单位开展对刑释人员的安置帮教工作；（4）指导管理基层法律服务工作等。

三、防火灭火

平溪境内长期以来没有防火灭火组织。明、清及民国年间，民间安排人员冬夜打更，提醒居民防火。一遇火警，只能鸣锣呼救，四邻村民主动带上水桶、斧、锯等工具赶赴现场灭火。2009年以前，平溪境内发生火灾只能向县消防队求救，由于县城与平溪相距遥远，待县消防队赶到现场已是烟消灰灭，一片废墟。

义务消防队 2009年3月，平溪义务消防队成立。2012年4月25日，平溪义务消防队在全县14个乡镇，18支义务消防队共300多人参加的消防技能大比武中，名列第三。

2020年，平溪义务消防队有队员18人。消防设备有消防车、泵蒲等。自2009年成立以来，平溪义务消防队共扑灭火灾百来起，其中民房火灾20多起，山林火灾70多起。

【附 录】

一、平溪公安派出所历任所长（特派员）名录

姓　名	任职时间	姓　名	任职时间	姓　名	任职时间
李启惠（特派员）	1966~1970	夏晓春	1993~1995	缪海龙	2008~2009
黄寿山（特派员）	1970~1975	郭尧树	1995~1996	张建龙	2009~2011
陈逊明（特派员）	1975~1982	徐韶康	1996~1997	翁镇东	2011~2013
徐应荣	1982~1986	赖正锦	1997~1999	陈鸿艺	2013~2016
刘　皋	1986~1990	刘宗雄	1999~2001	朱清华	2016~2019
叶光尧	1990~1993	吴邦旦	2001~2008	陈　锋	2019~2020

二、平溪司法所历任负责人（助理员）名录

姓　名	职　务	任职时间	姓　名	职　务	任职时间
蓝清元	助理员	1980~1983	陈从安	负责人	1992~1998
胡木龙	助理员	1984~1990	陈从安	所长	1998~2019
吴寿平	负责人	1990~1992	陈从安	负责人	2019至今

第二章 政 党

第一节 国民党地方组织

一、国民党地方组织

民国三十一年（1942），寿宁县召开国民党第一届党代会，全县有国民党员300余人，出席代表42人。大会选出执行委员3人，监察委员1人。民国三十三年（1944），国民党寿宁县党部在平溪区建立国民党区党部。1949年5月，国民党寿宁县党部自行解散，国民党平溪区党部也随之消亡。

二、三青团地方组织

民国三十五年（1946）3月，召开三民主义青年团寿宁县第一次代表会议，出席代表22人。民国三十六年（1947），平溪有数十人加入三民主义青年团。1949年5月，随着国民党平溪区党部的消亡，平溪三民主义青年团也随之消亡。

第二节 共产党地下组织

中国共产党在平溪境内的活动，最早从下岭根村开始。民国二十一年（1932）10月，范浚、韦银英深入平溪一带，以岭根村为落脚点进行秘密革命活动。民国二十二年（1933），范式人到湖潭、岭根、木场、亭下一带进行革命活动。民国二十三年（1934）初，在叶秀蕃、范式人、范铁民、许威等的领导下，湖潭村有10多人参加工农红军游击队。

民国二十三年（1934）8月25日，寻淮洲、粟裕领导的中国工农红军北上抗日先遣队由福安县入境平溪。红军先遣队在湖潭吃过午饭后来到平溪村，在平溪村兵分两路，大部队由平溪出发到屏峰村宿营；一支由平溪走庾岭古道经亭下到南溪村宿营，次日向政和县进发。

8月26日，红军先遣队由屏峰村出发，途经下党村鸾峰桥，夜宿托溪峡头村，次日向浙江庆元县开拔。红军沿途散发传单，宣传抗日救国，播撒革命火种。10月，在湖潭福善庵建立了平溪第一个村苏维埃政权。民国二十四年（1935），闽东独立师师长冯品泰率部到平溪一带活动。

民国三十四年（1945），左丰美、陈贵芳、江作宇等领导的中共闽浙边地委、闽浙边游击纵队到平溪一带进行革命活动。溪底村上山头自然村的胡明炎、胡明乐兄弟，长期为游击队进行地下交通工作。

民国三十六年（1947）3月，陈贵芳、张翼、池云宝等领导的中共闽浙边地委、闽浙边游击纵队相继到屏峰、上党一带活动，发展农会会员200多人。游击队人数扩大到百余人，游击区扩大到木场、湖潭、西山、杨溪头等村。

民国三十六年（1947），闽浙边游击纵队在平溪人民的大力配合下，连续3次夜袭设在周氏宗祠的国民党平溪区公所，取得三战三捷之辉煌战绩。4月，游击队首次夜袭平溪区公所，缴获机枪1挺、步枪10支。11月15日深夜，张翼、叶凤顺、池云宝率游击队再次夜袭平溪区公所，缴获长短枪20支、轻机枪1挺及一批弹药物资。12月9日，叶凤顺、池云宝率游击队第三次夜袭平溪区公所，又歼敌一个排，缴枪31支。

民国三十六年（1947）12月26日，为了消灭屡战屡胜的闽浙边游击纵队，国民党县政府在平溪、九岭、鹤溪组织"三乡联防清剿队"，对游击区进行疯狂扫荡。

民国三十六年（1947）4月16日，中共闽浙边地委、闽浙边游击纵队的活动据点——溪底村大岗自然村，被匪军保安四团烧毁房屋5座，16位村民惨遭杀害。尽管黑云压城血雨腥风，但平溪人民紧跟共产党闹革命，前仆后继勇于牺牲决不屈服，平溪成为寿宁县唯一红旗不倒，一直坚持到全国革命胜利的老苏区。

第三节 中共组织建设

1949年10月1日，中华人民共和国成立。中共寿宁县委在全县设5个区分党委，第三区分党委驻地平溪，党委书记李鸿儒。

1950年8月，区分党委改称区委会，第三区委会驻地仍为平溪。同时增设第六区委会，驻地纯池。

1955年9月，撤销第六、第七两个区，全县仍设5个区。原以数字排列的各区委全部改为驻地称呼，第三区改称平溪区。

1956年2月，撤销平溪、托溪两个区委会，改设芹洋区委会，书记范大金。

1958年9月至1959年3月，实行"人民公社化"，全县除保留斜滩、芹洋两个区委外，其他各区委全部撤销，新建23个人民公社党委。

1959年3月，全县"撤区并社"，建立8个人民公社党委。各公社党委设第一书记、第二书记、副书记。平溪人民公社党委第一书记刘子荣。

1961年5月，全县恢复5个区，保留3个人民公社。各区委设书记、副书记。平溪区委书记狄超荣。

1963年5月，全县改设鳌阳、斜滩、南阳、芹洋、凤阳5个区。各区委设书记、副书记。

1965年7月，再次"撤区并社"，全县设1个镇、12个人民公社。平溪人民公社党委书记李章岩，副书记夏成寿、刘时回。

1966年5月"文化大革命"开始后，全县党政部门受冲击，陷入瘫痪状态。1967年3月，各人民公社成立"人民武装部生产领导小组"，代理公社党政日常工作。此后，全县各公社生产领导小组又更名为党政合一的"革命委员会"。1979年，全国各级革命委员会改为各级人民政府。

1984年9月，全县"撤社建乡"。平溪人民公社党委会改为平溪乡党委会，党委书记叶源南。

1985年6月，全县各乡镇党委增设纪律检查组，并配备专职纪检组长。1987年9月，各乡镇纪律检查组改称纪律检查委员会。

2003年，中共平溪乡委员会设党委书记1人、副书记兼纪检书记1人、综治副书记1人、组织委员1人。下设党委办公室、人民武装部等机构。

2004年，中共平溪乡委员会设党委书记1人、副书记3人。下设党委办公室、人民武装部等机构。

2009年，中共平溪乡委员会设党委书记1人、党务副书记1人、计生副书记1人、综治副书记1人、组织委员1人。下设人民武装部、党政办公室、综合治理办公室等机构。

2013年12月，中共平溪镇委员会设党委书记1人、正科级组织员1人、副书记1人、纪委书记1人、组织委员1人、宣传统战委员（兼副乡长）1人。平溪镇第一任党委书记龚迪奎。

平溪镇委员会下设党委办公室、人民武装部、综合治理办公室等机构。下辖24个党支部，其中乡直机关、事业单位6个，行政村18个。全镇中共党员534人，其中正式党员519人、预备党员15人；男性党员467人、女性党员67人。

2014年12月，中共平溪镇委员会下辖26个党支部，其中乡直机关、事业单位6个，行政村18个、非公企业1个、农民专业合作社1个。全镇党员641人，其中正式党员631人、预备党员10人；男性党员547人、女性党员94人。

2019年12月，中共平溪镇委员会下辖21个党支部，全镇党员664人。其中男性党员523人、女性党员141人。

2020年12月，中共平溪镇委员会下辖21个党支部，全镇党员647人。其中男性党员509人、女性党员138人。

2022年4月，中共平溪镇委员会设党委书记1人、副书记（兼镇长）1人、副书记1人、党委政法委员（兼人大主席）1人、党委委员（兼纪委书记、监察组长）1人、党委统战委员（兼副镇长）1人、党委宣传委员1人、党委委员（兼人武部长）1人、党委组织委员1人、党委委员（挂职、兼派出所长）1人。

【附 录】

中共平溪（区、公社、乡）镇委员会历届党委书记名录

姓 名	籍贯	职务	任 期	姓 名	籍贯	职务	任 期
李鸿儒	山西	书记	1949.10~1951.05	陈 敏	大安	书记	1993.04~1997.03
赵恒玉	山西	书记	1951.05~1952.08	卢进玲	武曲	主持	1997.03~1998.08
普继尧	山西	书记	1953.05~1955.01	王 斌	鳌阳	书记	1998.08~1999.08
庞志华	山西	书记	1955.10~1956.02	黄先辉	清源	书记	1999.08~2001.11
刘子荣	山西	书记	1959.03~1961.01	卓仕平	清源	书记	2001.11~2004.02
狄超荣	山西	书记	1961.01~1963.05	蔡道炳	鳌阳	书记	2004.02~2006.06
李章岩	芹洋	书记	1965.07~1968.04	叶家宁	大安	书记	2006.06~2008.01
叶源南	惠安	书记	1971.04~1977.05	王登振	凤阳	书记	2008.01~2010.03
蔡友三	平溪	书记	1977.05~1978.06	简树铃	凤阳	书记	2010.03~2012.02
吕观录	平溪	书记	1978.06~1984.07	龚迪奎	南阳	书记	2012.02~2016.05
吴维茂	坑底	书记	1984.07~1987.07	曾凤伟	大安	书记	2016.05~2018.12
周祖南	平溪	书记	1987.07~1987.12	金维姿	大安	书记	2019.01至今
高如弟	武曲	书记	1987.12~1993.04				

第三章 社会团体

第一节 妇联 少先队 共青团

一、少先队

1952年，平溪小学成立少年先锋队。"文革"期间，少先队组织的名字、标志被取消，代之以"批判走资派"为目标的"红小兵"组织。1978年10月，党中央宣布恢复重建中国少年先锋队。

1995年，成立平溪学区少年先锋总队，下设平溪中心小学少年先锋大队。2012年，平溪学区少年先锋总队下设7个大队，队员1380人。2014年，总队下设21个支队，共有少先队员1175人。

2020年，平溪学区少年先锋总队下设1个大队，共有少先队员868人。其中男队员450人、女队员418人。

二、共青团

1953年，平溪区公所配备中国共产主义青年团干部1人。

1. 团代会 1955年，召开共青团平溪区第一届代表大会，选举周纯武为书记。2014年9月，召开共青团平溪镇第十六次代表大会，应出席会议代表52人，实到会代表42人，其中男代表27人，女代表15人。

2. 平溪镇团委 2013年，共青团平溪镇委员会有22个团支部，578名共青团员。2014年，全镇有24个团支部，251名共青团员，其中男团员138人，女团员113人。2020年，平溪镇团委下设19个团支部，共有团员233人。

3. 寿宁五中团委 2014年，共青团寿宁五中委员会下设6个团支部，共有团员103人，其中男团员47人，女团员56人。2020年，共青团寿宁五中委员会共有团员8人，其中男团员5人，女团员3人。

三、妇女联合会

1950年，平溪区公所设妇联专干1人。1951年，召开平溪区第一届妇女代表大会，选举张英任妇联主任。20世纪80年代以来，平溪乡共召开7届妇代会。2013年至2020

年，平溪镇设妇联主席、专职干部各1人。

第二节 老年组织

一、老人长寿会

1987年，"平溪乡老人长寿会"未经有关部门登记成立。1990年，老人会成立"平溪老人福利会"，从事存贷款业务。1995年起，"平溪老人福利会"用定期、活期存单票据的形式，以高于银行存款利息的方法吸收公众存款，并从事贷款业务，其收益用于老人福利及办公费用、工资等支出。

1997年1月至2002年1月，"平溪老人福利会"向不满50岁的296户非老人会会员，吸收资金2544688.30元。由于借出款项无法全部收回，造成部分存款户存款不能兑现。2002年6月，副会长周某外逃。2003年9月12日，周某在浙江省嘉兴市被抓获。2004年2月，周某等3人因犯非法吸收公众存款罪，分别被寿宁县人民法院追究刑事责任并处罚金。

二、老年人活动中心

2001年，平溪乡老年人活动中心成立。乡政府给老年人活动中心安排办公室、活动室，添置了办公桌椅，电讯部门免费安装电话。还新建了门球场，购置了门球、柔力球、地掷球、台球桌、乒乓球桌、乐器、棋、牌等活动器材。每年拨给一定活动经费，订阅7种报刊。

三、老年人体育协会

2002年，平溪乡老体协成立，李烈苍任支部书记，王乃敦任主席。2003年9月9日，举办第一届老年人运动会，比赛项目有象棋、篮球、乒乓球。2004年10月，举办第二届村级老年人运动会，比赛项目有篮球投篮、门球过门、地掷球、门球，90多人参加。2005年春节期间，举办"迎春杯"老年人象棋、门球、地掷球、柔力球比赛和猜灯谜活动。2012年5月29日，举办健身晚会。至2012年，老体协11次组队参加全县老年人体育运动会，共获得奖杯5个，奖旗1面，奖状20张。其中，2004年获地掷球第一名，柔力球第二名；2005年、2012年获门球第一名，太极拳（剑）第四名。

四、全民健身辅导站

2012年8月，平溪乡全民健身辅导站成立，站长周金英、副站长周松。队员自发集资800多元，将灯光球场的白炽灯改为节能灯。2013年正月初四，应"平溪乡大学生回乡春节联谊晚会"组织者邀请，健身队员上台表演太极拳、太极扇、红梅拳、健身球，深受观众欢迎。

第六编 农 业

平溪境内四季分明，温度适中，雨量充沛，适宜发展山区农业。粮食作物主要有水稻、番薯等；经济作物主要有茶、大豆、锥栗、板栗、油茶、油桐、马铃薯及中药材等。

长期以来，平溪境内一直沿用镰刀、柴刀、锄头、犁耙等传统农业生产工具。20世纪70年代以来，虽有拖拉机、插秧机等农业机械，但山高坡陡田小路窄，至今难以推广使用。

第一章 农业生产条件

第一节 劳动力

宋元明清以来，平溪境内与全国一样，都是沿袭男耕女织，男主外，女主内的传统生产生活方式。农业生产主要依靠男劳力，妇女则在家里从事纺纱、织布、纳鞋、缝衣以及炊煮、洗刷、禽畜饲养等。

民国时期，烽烟四起、社会动荡不安，瘟疫、饥荒绵延，平溪境内人丁死亡、外流严重，劳动力数量减少。农民多为文盲，沿袭传统耕作方式，日出而作，日没而息。妇女在家从事家务劳动。

20世纪50年代以来，农村开展扫盲教育，部分农村男女青壮年能够初识文字。虽然国家实行男女平等，男女同工同酬，但女性地位仍低于男性。由于家庭贫困，农村上学读书的女孩远远少于男孩。直至1980年，女孩上初中读书的仍极少，读高中的更是寥若晨星。

1955年以来，国家长期严格实施户籍管理制度，将城乡居民划分为"农业户"和"非农业户"两种不同的户籍，实行城乡二元分治政策。"农业户"只能在生产队参加集体生产劳动，评工记分，年终分红。"非农业户"的粮食供给、副食品供应、劳动保障、户籍、住宅、教育、医疗、就业、保险、婚姻、征兵等待遇全面优于"农业户"。"农业户"要转为"非农业户"，难于上青天。

20世纪80年代后期，户籍制度有所松动。平溪境内大批农村青壮年男女外出务工、经商、办企业。同时，随着生活水平提高和教育事业的发展，农村适龄男女都能入学读书。

1999年秋季开始，中专、大学招生人数大幅增加，大学也由"精英教育"转变为"平民教育"，大批成绩不佳的初中、高中毕业生也可以通过高学费进入大中院校读书。

21世纪以来，由于大批农村青年大学、中专毕业后留在城市就业，大量农村男女青壮年进城务工、经商，再加上为使下一代能接受更好的教育，众多经济条件可以的人家，都将子女送到城里上学读书，家中大人也随同进城照顾孩子，因此留守农村从事农业生产劳动的多为50多岁以上的老年人。

2000年"五普",全乡农村人口21933人,其中男11704人、女10229人。2013年,全镇农村人口27625人,劳动力9240人。

2016年,全镇农村人口27094人。其中男14726人、女12368人;0~17岁6254人,18~34岁8354人,35~59岁8525人,60岁及以上3961人。

2019年,全镇农村人口27129人。其中男14810人、女12319人;0~17岁6232人,18~34岁7973人,35~59岁8578人,60岁及以上4346人。

第二节 耕畜与农具

一、耕 畜

平溪境内牧养的耕畜有水牛、黄牛。主要以水牛为主,亦有少数村庄使用黄牛耕作。21世纪以来,一些建设工程也雇用外地的驴、马来驮背石料、水泥等建筑材料。

1. 水 牛 身躯粗壮,体健力强。成年公牛体重400至500公斤,母牛体重300至400公斤。水牛拉力大,役用性能好,公牛拉力平均114公斤,日可耕犁黏质壤田3至3.5亩,沙壤田4至5亩。

2. 黄 牛 体型较小,耐热,善于山地活动,性情温顺易驭,拉力较水牛小,仅能耕砂质田。20世纪80年代以后,随着小型拖拉机的使用,平洋地带的耕牛逐渐被淘汰。

二、传统农具

主要有田间耕作、田间管理及收割、加工、运输等农具。

1. 耕作类农具 主要有板锄、山锄、膑刀、犁、耙、耙板、秧盆、灰桶、耙轭、田踏、推板等,这些农具至今仍在使用。

2. 田间管理类农具 主要有草耙、花箍、尿桶、尿勺、粪楻、畚箕、耨篰、水车、灰筛等。早在20世纪60年代,水车已被电动抽水机取代。80年代以后,随着化肥的大量使用和冲水马桶的日渐普及,尿桶、尿勺、粪楻、灰筛等日渐消亡。

3. 收割类农具 主要有镰刀、禾楻、禾梯、簟、篮、篓、布袋、谷筛等,这些农具至今仍在使用。由于小型踏板打谷机的使用,禾楻、禾梯已日渐减少使用。

4. 粮食加工类工具 主要有砻、舂臼、舂杵、石磨、畚斗、米扇、水碓、脚碓、米筛、糠筛、米栳、簸箕、薯刨、笊篱、篾芮等。20世纪80年代以后,随着粮食加工的机械化,砻、米扇、水碓、脚碓、米筛、糠筛、米栳等传统粮食加工工具退出历史舞台;舂臼、舂杵、石磨、畚斗、簸箕、薯刨、笊篱、篾芮等也鲜有使用。

5. 运输类工具 主要有扁担、拄杖、棕绳、麻绳、麻袋、箩筐等,这些工具至今仍在使用。

6. 砍伐类农具 主要有锯、斧头、柴刀等。20世纪80年代以后,随着电饭锅、高压锅、电磁炉和煤气灶等的推广普及,锯、斧头、柴刀等工具虽然至今仍在使用,但使用频率已大为降低。

7. 遮阳避雨类农具 主要有斗笠、蓑衣等，至今仍在使用。

二、农业机械

主要有喷雾器、抽水机、脚踏打谷机、电动打谷机等。20 世纪 80 年代，喷雾器、脚踏打谷机得到普遍使用。2008 年，国家推行农机下乡补贴，一些农民购买了小型犁田机。

第三节 农田基本建设

20 世纪 70 年代中期，清洋茶场作为公社的农田基本改造示范点，将部分梯田改造为可机械化耕作的平整洋田；岭根村将洋墩 20 多亩农田改造为秧田。

一、耕地开发

1975 年，南溪大队在洋墩搞小丘并大丘大会战；公社在东木洋大队长洋坂改溪造田 1000 多亩；平溪大队在金州坂围堤改造水毁溪滩，造田 200 多亩；岭兜村在村前挖山开掘河道，规划将原有溪流河床改造为农田。10 月，皮定均司令员从政和县前往寿宁途经平溪，对岭兜改溪造田工程予以表扬；《福建日报》发表文章对岭兜改溪造田工程予以宣传推广。但岭兜改溪造田项目终因工程浩大半途而废，劳民伤财。

1976 年冬，省委书记廖志高在地委书记温秀山、县委书记田泽林等陪同下由寿宁前往政和县，途经平溪听取公社革委会副主任蔡众回关于农田基本建设和揭批"四人帮"等工作汇报，廖书记对平溪公社因地制宜将平整土地与精耕种肥相结合表示满意。2009 年，东木洋等 6 个复垦项目，新增耕地面积 552 亩。

二、农田基本建设

1969 年，坂头村遭百年不遇洪水袭击，全村墙倒屋塌。灾后，全村移至村后山垄重建，将原村址垦复为农田。1971 年，在村庄上游修建拦溪大坝，修渠引水灌溉坂头洋新增农田。

1975 年，公社组织劳力在长洋、金州洋溪滩平整土地、搞农田基本建设。2004 年，上级拨款 500 万元在环溪村布袋山上开荒造田。2005 年，柯洋村修建多条水渠，引水灌溉农田、改造中低产农田。

第二章 农业生产关系

第一节 封建土地所有制

明景泰六年（1455）设县时，寿宁已有官田地和民田地、学田与公轮田之分。官田为国有，经官府发佃，收租公用，常为有权有势者包佃或再转佃给无地农民。学田，系官府动用公款，官员捐俸或民间集资，为兴学而置，亦有将讼断私田、充公土地划归学校，出佃收租，作为办学之资。公轮田为宗族公田，租产用于修建祠堂与祖坟、祭祀及办理族内其他公益事业等开支，也抽出部分作为鼓励族人子弟就学用资，俗称"油灯租"。

封建社会，寿宁土地兼并严重，耕地多数集中在地主、富农手中，贫苦农民少地或无地，靠租种富家田地维持生活。民国三十四年（1945），全县耕地面积23.49万亩，只占全县总人口4.4%的地主、富农，却拥有耕地6.11万亩，占耕地总面积的26%；占总人口45.6%的工商业者及自耕农，拥有耕地14.37万亩，占耕地总面积的61.2%；而占全县总人口50%的贫困农民，仅占有耕地3.01万亩，占耕地总面积的12.8%。富者不种地，靠收租生活，而平民百姓则出卖劳动力，租种富者田地。除向富者交足地租外，还要交捐纳税，每年只剩少量收入来维持生活。遇灾荒之年，无法交租纳粮，许多人不得不卖儿卖女。

一、租佃关系

有永佃、定期与不定期租佃3种。永佃为世代连续租佃；定期有3~40年不等；不定期则是1~3年以内的租佃。

二、地租

地租有定额实物租、实物分租、钱租、押租等4种。定额实物租，不管收成好坏，按固定实物定额纳租；实物分租，以当年实际产量按固定比例分租，一般对分，也有倒四六、倒三七，最高为百分之百，租种者只能在秋收后再种一季冬种作物（小麦或马铃薯）作为自己的收成；钱租，不管粮食价格高低、收成好坏均按每年固定租钱纳租；押租，将地契作借贷抵押，按最低估值定租交纳；"课田"抵押的土地，当年就由债权人调耕，以地租定额偿清债款。

三、雇 工

富家雇佣贫农做工,有长期雇工、短期雇工、临时雇工之分。长期雇工,雇佣期在一年以上,俗称"长年"或"长工";短期雇工,农忙季节雇用,雇佣期在一年以内;临时雇工则3~5天不等。

四、借 贷

有钱债、谷债、牲畜债3种类型。钱债,每月利息在50~100%;谷债,年利以加五、加八或加倍计算;牲畜债,将母羊、母牛、母猪租给贫民饲养,所产仔畜对分。母畜死亡,养户免赔;母畜增值则为畜主所有。母畜所产的第一代仔畜,如养户继续饲养的,所产仔畜按养户3份,畜主一份分成;母畜再产一代仔畜则全部归饲养户;牲畜债,放母猪债的畜主每胎收取断乳仔猪一头;放小猪债的则到成猪宰杀时收回成本,并加一、二成息。租用种公畜的畜主向租者收取配种费,租用种公猪,租者每次要交黄豆一斗。

第二节 土地改革

1949年10月,中共寿宁县委领导组织农民协会,在全县农村开展"反霸斗争"和"减租减息"运动。1949年冬,开展"三七五"减租运动,当年地租按原额每50公斤减租18.75公斤。减租减息改善了部分贫苦农民的生活,但没有根本改变封建土地私有制的不合理状况。

1950年12月,寿宁县土地改革委员会成立,在全县开展土地改革运动。土地改革分3期进行。第一期从1950年12月下旬开始,至1951年4月结束,主要在23个乡进行,参加土改工作人员237人。第二期从1951年7月开始,至10月结束,主要在20个乡进行,参加土改工作人员253人。第三期从1951年11月开始,至1952年3月结束,主要在37个乡进行,参加土改工作人员349人。至此,全县80个乡的土地改革全部结束。

1951年冬至1952年,陆续在全县范围颁发《土地房产所有证》,农民以家庭为单位从事农业生产,除上交国家农业税外,全部收获归个人所有。土地改革激发了农民的生产积极性,促进了农业生产的发展。

第三节 互助组与合作社

土地改革完成后,贫雇农和部分中农分到土地、生产农具、粮食及房屋,但个别农户因经济基础薄弱,不能抵抗自然灾害,重新出现雇工、放债及买卖土地等,贫富分化现象又开始出现。

一、互助组

1952年,中共寿宁县委、县政府引导农民本着"自愿互利"的原则,组织生产互助组。农业生产互助组有临时互助、常年互助两种,实行劳动互助,耕地仍属户有,生产费用各户自付,收入除交国家税收外亦归各户。互助组成员的劳动实行评工记分,季度结算,各组员应得工价和应支付工分对抵,长、短工分则折为钱、谷支付。三区平溪常年组共93个、999户、3948人。

二、初级农业生产合作社

1953年6月25日,南阳区官洋乡首先办起全县第一个初级生产合作社。入社农民在自愿互利的原则上将土地评产入社,收入按土地40%、劳动力60%的比例分成。社员参加集体劳动,实行评工记分、按劳计酬、农活定额的管理办法。

1954年1月8日,根据《中共中央关于农业合作化问题的决议》精神,全县掀起农业合作化运动热潮,平溪区也开始建立初级生产合作社。随着初级社的发展,管理体制也逐步得以建立健全。初级社领导由社员大会选举产生,设社长、副社长、会计、出纳员、仓管员。建立农业生产核算制度,实行统一收支,统一分配的管理办法。初级社的生产资料得到人民政府的优惠照顾,生产发展较快。1955年,水稻亩产由1950年的95公斤,提高到160公斤;人均占有粮食由1950年的193公斤增至245公斤。

三、高级农业生产合作社

1956年1月31日,根据中共中央《1956~1957年全国农业发展纲要草案》《农业生产合作社示范章程》精神,批准成立高级农业生产合作社。由于大批农民入社,管理体制跟不上,导致当年粮食减产,人均收入低于个体户,出现部分农民退社现象。福建省和福安专区调拨粮食,发放贷款、救济款支援,农业生产滞后和人民生活困难等问题得到缓解。

1958年,高级社成为稳定社会主义农业经济的主体,取消土地分红,原属社员所有的茶、竹、油茶、林木、耕牛及农具均折价入社,实现生产资料归集体所有,按"各尽所能,按劳取酬""兼顾国家、集体、个人三者利益"的社会主义分配原则,收益实行春、夏预支,年终决算,首先完成国家税收,提留生产管理费用、公积金、公益金,然后按工分分红到社员,同时执行"勤俭办社,民主管理"原则,建立财产进出仓登记,开支审批制度;生产采取定额计酬、小段包干、包工到组、超奖减赔的措施,使农业生产走上集体化的道路。

第四节 人民公社

1958年8月,根据《中共中央关于在农村建立人民公社问题的决议》精神,开展"总路线""大跃进""人民公社"运动。月底在平溪、南阳、斜滩、武曲、芹洋5个乡镇进行建社试点。9月,全县290个高级农业合作社改建为28个人民公社。全乡耕地和所有生产资料全部入社,非农业户也加入人民公社。人民公社实行工、农、商、学为一体的"政社合一"的领导体制,统一农业经营,统一组织劳动,统一调动财力、物力。

全县取消乡村建制,公社成立管理委员会,下设生产大队、生产小队。以生产大队为基本核算单位,管辖生产小队及大队范围内的各事业单位。国家银行、粮食、商业、教育、文化及农、林、水等部门的下属基层单位也下放至人民公社管理,实行双重领导。

人民公社刚成立时不用地名命名,有超英、火箭、逢春、金星、幸福、红旗、东风、先锋、光荣、胜利、光明、上游、冲天、卫星、和平、红星、团结、跃进、红专、五星、前进、登峰等名称。10月,根据省委主要领导的指示,全县改为20个人民公社,实行供给制与分配制相结合的管理体制,以"组织上军事化,行动上政治化,生活上集体化"为原则,大力宣传"一大二公",并提出提前进入共产主义社会等不切实际的口号。用军事化手段管理劳力,生产上进行"大兵团作战"。全社大办食堂,毁林烧炭,改民房为厂房,打碎铁锅炼钢铁。县委还提出许多不切实际的口号,致使高指标、瞎指挥、浮夸风和"共产风"在全县严重泛滥。当年秋,公社一边集中劳力"大炼钢铁",致使成熟的水稻、番薯无人收割;一边又将成熟的水稻、番薯进行"移苗并丘",造假谎报亩产"千斤稻""万斤薯"。

1958年"大办食堂""大炼钢铁",造成各地粮食紧缺。1959年4月29日,毛泽东主席在《党内通信》中强调:"节约粮食问题,要十分抓紧,按人定量,忙时多吃,闲时少吃,忙时吃干,闲时半干半稀,杂以番薯、青菜、萝卜、瓜豆、芋头之类。此事一定要十分抓紧。"1959年12月,县委根据上级部署,召开县、社、队三级干部扩大会议,开展所谓"反右倾、鼓干劲、保卫总路线"为中心的整风运动。会后,又在农村分期分批开展以社会主义教育和两条道路斗争为中心的整风整社运动,相继掀起"大办工业、大办交通、大办文教、大办卫生、大办水利"和"每人一千斤粮、一亩菜、一亩林、一亩油茶、一头猪"的热潮,"共产风"再度刮起。

1960年,国家遭受困难又兼自然灾害影响,平溪境内人均每日口粮不足1斤稻谷,社员靠野菜、草根、树皮甚至观音土充饥。因饥饿和营养不良,各村男女老少相继发生浮肿病。11月,贯彻中共中央《关于农村人民公社当前政策问题的紧急指示信》(即十二条),清理"一平二调",反对"共产风"、瞎指挥风、命令风、浮夸风和干部特殊风,进行"整风整社"。

1961年开始下放食堂,向群众退赔。下半年,贯彻执行中共中央《关于农村人民公社工作条例》,全县农村实行"人民公社、生产大队、生产小队三级所有,队为基础,独立核算,自负盈亏"的核算分配制度。同时,生产小队有生产资料和生产资金的分配、使用自主权。社员实行评工记分,按劳计酬的分配制度,实行"包产、包工、包成本、奖增收"的生产责任制,允许社员自由冬种一季,农业经济开始复苏。

1962年下半年起,饥荒有所缓解。同时对农业管理体制进行调整,实行以生产小队为基本核算单位,重新推行"按劳分配"制度,恢复自留地,允许社员从事家庭副业生产,农业生产开始恢复。

1964年,全县继续开展面上社会主义教育运动。"社教"延至1966年"文化大革命"开始才结束。"社教"运动以阶级斗争为纲,把"清政治、清经济、清组织、清思想"作为主要内容,虽然解决了一些干部作风和经营管理问题,但运动后期混淆了两类不同性质的矛盾,使一些干部受到不应有的打击。

"文革"期间,批判"三自一包,四大自由",把社员自留地全部收归集体,把发展家庭副业、饲养母猪等视为"资本主义尾巴"予以割除。许多农民因偷种几棵瓜、豆、菜、地瓜、土豆等农作物,而被挂牌游街批斗。公社规定男社员每月出工28天,女社员每月出工25天,晚上还要到生产队集中学习革命理论。村民如要外出探亲访友,需生产队出具证明并经大队盖章同意,否则会被视作"盲流"予以抓捕。

"文革"期间开展的"农业学大寨"运动,虽然在平整土地、开山造田中取得一定成效,但由于大肆宣传"宁要社会主义的草,不要资本主义的苗",实行所谓"政治评分"等不切实际的措施,严重挫伤农民的生产积极性。平溪公社多数生产队,一个男劳力每天的工分价值仅约0.3元人民币。社员们虽然一年忙到头,却难以维持一家温饱。

第五节 联产承包责任制

1979年,农村少数生产小队实行定任务、定质量、定时间、定工分的"四定"承包制,用常年包工、季节包工、临时包工等形式,将农活包给生产小组或社员个人完成。春、夏、秋农忙季节,则采用"包工到组,责任到人,定额到地,进行验收"的办法,取得较好效益。

1980年,县委组织干部到农村落实农业生产责任制,但由于受"左"的思想影响,不准分组分队,不准搞固定作业组,不准分田、搞包产到户。

1981年,开始推广各种形式的农业生产责任制,平溪公社绝大多数生产小队实行家庭联产承包责任制。实行承包责任制的生产小队,将集体土地按人口多少分别包到农户耕作,承包户对土地只有使用权,没有所有权。农户可以自主安排生产经营,在"兼顾国家、集体、个人三者利益"的前提下,承包户除按比例上交公粮、交售征购粮和交足集体提留公积金、公益金、生产管理费外,其他收入均归各承包农户,达到多劳多得和方便管理的目的。此后,农业生产责任制得到不断健全完善,农民生产积极性空前高涨。同时,在发展农业经济上,贯彻改革、开放、搞活的方针,种植、饲养、加工、运输、服务业和乡村企业都得到全面发展,重点户、专业户和经济联合体不断涌现。

2002年,《农村土地承包法》第二十条规定,耕地的承包期为30年。2008年,《中共中央关于推进农村改革发展若干重大问题的决定》规定,现有土地承包关系要保持稳定并长久不变,并按照依法自愿有偿原则,允许农民以转包、出租、互换、转让、股份合作等形式流转土地承包经营权。

第三章 农作物

第一节 粮食作物

平溪境内粮食作物主要有水稻、番薯。1977年，平溪公社的粮食（稻谷、番薯米、地瓜粉）总产量仅3500吨。十一届三中全会后推行家庭联产承包责任制，大大提高了农民的生产积极性。1983年，粮食（稻谷、番薯米、地瓜粉）总产量增至7500吨，比1977年翻了一番多。

一、主　粮

1. 水　稻　平溪境内千年传承不变的都是一年一熟的高秆水稻。明冯梦龙在《寿宁待志》中写道："寿凿石为田，高高下下，稍有沙土，无不立禾，山高水寒，岁止一熟"；"早稻有乌节早、赤芒早及红白金。晚稻有大乌、光生、黄柏、政和红，糯有红糯、白糯、肥糯、珍珠糯"。

清代，籼糯稻除乌节早、赤芒早、黄柏等传统品种仍沿用外，又新增清流早、芒丁早、上东早、下南早、赤壳早、大红、溪头早、乌带等；糯稻增加大糯、珠糯、三下槌、林下黄、大小黄、紫红等品种。

民国时期，水稻生产以单季晚稻为主，中稻次之。平均亩产85.5公斤，人均占有稻谷130公斤。

20世纪50年代开始试种间作稻，60年代开始试种双季稻，70年代初大力推广双季稻。1973年，脱离客观实际，不顾海拔高低，气候宜否，在高海拔山区盲目强制推广种植双季稻，结果遭受"三寒"，致使粮食大减产。

1982年，随着农业联产承包责任制的落实，农民生产积极性空前高涨，平溪境内大面积推广杂交水稻，不适宜种双季稻的稻田改种单季杂优，粮食获得丰收，全乡稻谷总产量达5308吨，比1971年增产36%。从此，农村告别"地瓜当粮草，糠菜半年粮"的苦日子，人们开始常年吃白米饭。杂交水稻一般亩产350公斤。1987~1988年，亩产平均在360公斤以上，最高的甚至超过500公斤。1985年以后，籼稻类高秆水稻被淘汰，杂交水稻已成为主要水稻品种。

2013年，全镇水稻种植面积11380亩，产量4425吨。2016年，全镇水稻种植面积

10260亩，产量4097吨。2019年，全镇水稻种植面积8368亩，产量3474吨。

高秆水稻品种　高秆水稻亩产150~200公斤，主要有籼稻、糯稻、粳稻三大系列。籼稻品种有政和白、早仔、屏南白、红壳、乌壳早、红米铁、三百粒、一齐平、慢慢红、广东红、上府稻、大红早、红米仔、宁德秋等；糯稻品种有大糯、乌壳糯、红槽糯、冷水糯、白糯仔、笔立糯、大冬糯等；粳稻品种有白芒仔、长芒禾、无芒禾、红芒禾、叶下陀等。

矮秆水稻品种　矮秆水稻品种有青小金、奎陆矮、广解九号、珍福、珍汕、珍珠矮、珍八398、福矮、铁骨矮、早丰收、广东糯、广二矮、鸭仔矮、矮南特、矮南早、辐射、干南早、铁金、四川早、朝阳1号、桂朝、矮白秋、470、农红等。

杂交水稻品种　有单季稻、双季稻两大系列，单季稻品种主要是杂交水稻、术稻、农红、四七零、闽优2号、闽优3号，汕优3号、汕优6号、汕优63、汕优64、威优3号、威优6号、威优63、白优3号、白优6号、白优63、红优等；双季稻品种主要有青小金、早丰收、矮南早、福矮1号、矮南特、奎录、珍珠矮、丁山、广九、二九南、船功稻、朝阳等。

2. 番　薯　俗称地瓜，有红皮、白皮两种，明万历间传入平溪。因其不择地而生，很快得到推广，平溪境内旱地普遍种植番薯。番薯收成主要取决于土地肥沃程度，产量悬殊较大，一般亩产500多公斤。番薯除刨丝晒干为番薯米外，还可加工为淀粉或用于酿酒、制糖。

长期以来，平溪境内百姓一直以番薯米为主粮。农家每年都要选用生长良好、无病虫害、大小适度的薯块留作种薯。1956年，燕窠农业生产合作社经过试验选育出良种竖模薯，因其植株节密蔓短竖立而名，生长期仅80天，薯块较大，株结薯块3~5个，可连作两季。1960年引种鸡母薯、愚北白。1966年引进新种瓜，次年大面积推广种植。1969年引进北京薯、鸭爪薯、福薯。1979年，相继引进抗瘟薯、华北48、湘农黄皮、朝薯。

20世纪90年代以来，由于水稻产量的大幅度提高，大米成为主粮，番薯多被作为饲料或用于加工淀粉，种植面积及产量逐年减少。

2013年，全镇番薯种植面积2396亩，产量647吨；2019年，全镇番薯种植面积2267亩，产量603吨。

传统番薯育苗　在惊蛰至春分期间，在平整的苗床上铺一层厚厚的农家垃圾肥料，将上年秋收时藏在土洞越冬的薯种均匀地摆放在上面，然后覆土遮盖严实。待薯种出苗后，再分散移植。

扦插番薯育苗　1979年，运用薯蔓短枝扦插栽培技术，在向阳避风的农地用塑料薄膜覆盖育苗获得成功。

二、杂　粮

平溪境内杂粮有马铃薯、小麦、大豆、玉米、高粱等，多种植在村边坡地、河边沙地及田埂上。

1. 小　麦　清乾隆《福宁府志》载："雍正年间，潘毓贤任周墩县丞，施麦种给农民，不责其偿，数年后麦盈野，至今赖之"。小麦性喜干燥，适于沙质壤土栽培，为冬种夏收的主要粮食作物之一。民国时期，平溪为全县七个主要种植区域之一，亩产约35公斤。1956年，亩产约50公斤。1959年，引进福州红麦、华东2号、浙场9号、南大2419新品种，1962年全乡大面积种植。20世纪70年代后，小麦播种面积日趋减少。80年代，随着杂交水稻连年丰收，小麦与水稻相比经济效益低，因此种植面积再度锐减。2000年以来，平溪境内小麦仅有零星种植。

2. 大　豆　又叫田埂豆，品种有乌豆、白毛豆、雷纹豆、六月拔。民间多利用田间地头种植，尤以田埂栽培居多，罕有成片种植。1962年，引进新品种矮脚锣槌豆、褐毛绿皮豆，播种面积逐年扩大。1982年，随着农业生产承包责任制的落实，种植面积比70年代有所增加。

2001年，全乡大豆种植面积1210亩，产量112吨；2010年，种植面积793亩，产量152吨；2013年，全镇大豆种植面积812亩，产量154吨；2016年，全镇大豆种植面积853亩，产量167吨；2019年，全镇大豆种植面积791亩，产量212吨（编者注：平溪境内大豆主要种在田埂上，因此种植面积、产量只能粗略估算）。

3. 马铃薯　又叫土豆，原产秘鲁、智利，17世纪中叶传入中国。马铃薯块茎中含有8～29%的淀粉及蛋白质、矿物质和维生素等多种营养成分，丰产性好，适应性广，是人类重要的粮食、蔬菜、饲料和工业原料。20世纪80年代以前，马铃薯为平溪境内重要的粮食作物、经济作物。

马铃薯一年二熟。一是在立春前后播种，小满时节收获后续种番薯；二是在番薯收获后，种植马铃薯。马铃薯的产量与土地肥沃程度密切相关，贫瘠之地亩产仅百来斤，肥沃之地亩产可达500多公斤。

1962年，引进朝鲜马铃薯良种，产量大幅度提高。1986年，全乡冬种马铃薯1807亩，占农地总面积的47.5%。2001年，全乡马铃薯种植面积4200亩，产量559吨；2010年，全乡种植面积2749亩，产量717吨；2013年，全镇马铃薯种植面积2816亩，产量620吨；2016年，全镇马铃薯种植面积3077亩，产量689吨；2019年，全镇马铃薯种植面积2595亩，产量522吨。

第二节　播种面积

2013年，全镇农作物总播种面积28584亩，其中粮食播种面积17870亩，稻谷播种面积11380亩，番薯播种面积2396亩，马铃薯播种面积2816亩，大豆播种面积812亩，药材种植面积843亩，蔬菜种植面积7132亩。

2016年，全镇农作物总播种面积28820亩。其中粮食播种面积17292亩，产量5725吨；稻谷播种面积10260亩，产量4097吨；番薯播种面积2523亩，产量680吨；马铃薯播种面积3077亩，产量689吨；大豆播种面积853亩，产量167吨；药材种植面积810亩；蔬菜种植面积7798亩，产量8060吨。

2019年，全镇农作物总播种面积22075亩。其中粮食播种面积14603亩，产量5120吨；稻谷播种面积8368亩，产量3474吨；番薯播种面积2267亩，产量803吨；马铃薯播种面积2595亩，产量522吨；大豆播种面积791亩，产量212吨；药材种植面积350亩；蔬菜种植面积6810亩，产量7228吨。

第三节 经济作物

平溪境内经济作物主要有油茶、油桐、苎麻、油菜、烟叶、香菇、棕榈树、山苍子等。

一、油 茶

油茶别名茶子树、茶油树、白花茶，系常绿小乔木。因其种子可榨油供食用，故名。历史上，平溪境内油茶的经济地位仅次于茶叶。油茶全身是宝，茶油色清味香，营养丰富，耐贮藏，是优质食用油，也可作为润滑油、防锈油用于工业；茶饼既可作肥料，又可用于洗发清除头皮屑；果皮是提制栲胶的原料。

二、油 桐

油桐有两种，一种称大桐，寒露前后采摘，寿命不到10年；一种叫金桐，立冬前后采摘，寿命长达100多年，单株产量高。桐油是重要工业用油，广泛用于制漆、塑料、电器、人造皮革、油墨等制造业。

三、苎 麻

苎麻为荨麻科多年生草本植物，是古代纺织业的主要原料，民间赖以纺织麻布，供做衣裤。明《寿宁待志》载："苎山亦曰麻山，一年三熟，谓之'三季'。富者买山，贫者为佣，中人则自力其地。力薄则指苎称贷，熟而偿之"。"凡完粮结讼则必俟苎熟，荒则否"。明代，苎麻为平溪境内主要经济作物和农家主要的经济收入。

清康熙《寿宁县志》载：寿宁货物有"苎布、麻布、机布、土葛布"。清代，苎麻纺织业已发展至一定规模，纺织苎麻布为当时平溪境内农村妇女主要劳动项目和主要家庭副业收入。农户织麻纺布，多用于缝衣裳、编织布袋、围裙及搓苎绳纳鞋底用。少数农村妇女精织细麻布缝制夏服或"孝衣"。

民国时期，平阳布销往寿宁，苎麻生产逐年下降。产区主要分布在溪沿岸及低海拔丘陵地带。1986年至1988年，苎麻列入扶贫项目，但因价低难以推广种植。现有零星种植。

四、油 菜

又叫油白菜，颜色深绿，帮如白菜，属十字花科白菜变种。油菜冬种春收，含多种营养素，维生素C尤为丰富。油菜的嫩茎及叶可作蔬菜食用，具有解毒消肿，宽肠通便，降低血脂的作用；油菜籽含油量达 35~50%，可供榨油。民国时期，平溪境内广为种植。现仅零星栽培食用。

五、烟　叶

1963 年以前，农民种植烟叶多以自用为主，少部分上市出售。此后，由于外地卷烟大量调进，种植面积逐年减少。

六、香　菇

明清以来，一直沿用阔叶树段木培植香菇。由于消耗量大，阔叶树资源锐减，1987 年推广袋装木屑栽培香菇。2000 年以后袋装栽培香菇数量日渐减少，近年仅个别农户零星栽培。

七、棕　树

多种在房前屋后和村旁的溪流坑谷边。棕树的棕片用于制蓑衣、棕绳、棕垫、棕床等。因为棕树不会自行繁殖，故平溪境内风俗年轻人不种棕树。

八、山苍子

平溪境内分布较广，原为野生，大暑前后采摘，开采后 3~5 年便枯死，过去民间仅采少量作为解暑草药。1957 年，平溪境内开始蒸馏山苍子油。由于经济价值高，农民开始进行人工栽培。

第四章 农业技术

第一节 良种与肥料

一、良种引进

1. 稻种引进 1965年，平溪境内开始试种双季稻。1978年，杂交水稻在平溪境内试种成功，随后在全乡推广，稻谷产量显著提高。

2. 薯种引进 1960年，引种鸡母薯、愚北白；1966年，引进新种瓜；1969年，引进北京薯、鸭爪薯、福薯、长乐薯；1979年，相继引进抗瘟薯、华北48、湘农黄皮和朝薯，番薯产量获得提高。

二、肥　料

20世纪50~70年代，冬、春二季群众烧山灰、沤垃圾，广积农家肥。那时，农作物主要是施用人粪尿、草木灰、禽畜肥、垃圾肥、骨肥、绿肥等农家肥。70年代以后，农家肥、绿肥遭化肥排挤，日渐淡出。

化肥的大量使用，减轻了农民的劳动强度，提高了生产效率，粮食与经济作物获得大面积增产。但与此同时，人粪尿、垃圾肥、山灰等传统农家肥被弃之不用，不仅导致田地肥力衰减，也造成环境污染。

1. 农家肥 主要有人粪尿、草木灰、禽畜肥、垃圾肥、骨肥等。

人粪尿 20世纪80年代以前，农村每家厕所中都有粪楻、尿桶等，用以积贮人粪尿给庄稼施肥。每年生产队都要向公社、卫生院、中小学校等单位购买人粪尿给庄稼施肥。

草木灰 一种是秋收后，用稻秆烧成的稻秆灰；一种是冬闲季节，农民将山上芒萁连根铲下，晒干后烧成的山灰。

禽畜肥 主要是猪、牛、羊的粪便，少量为鸡、鸭、鹅、兔子的粪便。20世纪80年代以前，常有老农在村道上捡拾牛、猪、狗等动物粪便，给庄稼施肥。

垃圾肥 传统民居都有天井，主要用以收集垃圾。将垃圾摊晾晒干后烧成灰，再用粗筛除去石块、瓦片等杂物，就是肥效很好的垃圾肥。

骨　肥 将猪、牛、羊、鸡、鸭、鹅的骨头收集起来火化成灰，是含钙量很高的骨肥。

2. 绿肥 主要有红萍、紫云英等植物，供压青肥田。

红　萍 是一种高固氮、高光效、繁殖快、产量高、适应性广的蕨类植物，是优质水生绿肥和饲料。平溪境内稻田、池塘养殖红萍历史悠久。

竹　叶 将鲜竹叶均匀地压到田里腐烂，以改善土壤，提高肥力，俗称"压青"。20世纪80年代以前，生产队队员每年都要上山割竹叶"压青"。

紫云英 是绿肥、饲料兼用作物。适应性强，含有较多的蛋白质、脂肪、胡萝卜素及维生素C等营养。20世纪60年代，平溪境内始引进种植紫云英。

3. 化学肥料 随着社会的发展进步，化肥日趋成为农业生产的主要肥源。1975年，全乡粮食作物施用化肥411吨，1979年猛增至988吨，五年中增加1.4倍。1987年又剧增至1581吨，其中氮肥1105吨、磷肥452吨、钾肥24吨。

21世纪以后，随着化肥的广泛使用以及冲水厕所的日渐普及，化肥逐渐取代垃圾肥、人粪尿等农家肥。由于弃用传统农家肥，导致环境污染、耕地板结等现象不断加剧。

第二节　栽培技术

一、育　秧

20世纪50年代以前，采用满田撒播水秧；60年代初，用畦式水秧，克服播种不匀，管理不便的缺点；70年代后期，发展为先湿润后浸水的"湿润式水秧"和早稻用薄膜覆盖的"畦式湿润铲秧"，也有在地面做卷秧，或"二段培育秧苗""编织布育秧"等。

二、合理密植

行株密度，经历了株行距越密越好（4×6），到合理密植两个阶段。20世纪50年代前，种植为"行行尺二，兜兜（株）十二寸，下土寸二"。70年代初推广密植，亩丛数增加，光能利用率提高，产量增加，因此产生越密越好的错觉，结果适得其反。70年代后期，摸索出一套适合不同品种、气候、作物生育期等条件，进行合理密植的经验。早、中熟常规品种亩插2万丛，杂交水稻和迟熟品种亩插1.7至2万丛之间。

三、清除杂草

平溪境内杂草主要有稗、萍类、鸭舌草、节节草、矮慈姑、水莎草、牛毛草、丁香蓼、异型莎草、碎米莎草、圆叶节草、空心莲子草等。

1. 清除田间杂草 1980年前使用水旱轮作、人工中耕除草。1982年后，推广化学除草。水稻插秧后3~5天，将除草剂施入土壤，保持5天左右的寸水，除草效果良好。

2. 清除旱地杂草 1980年前使用水旱轮作、中耕除草、轮作换茬。1982年后，施用草甘膦除草。

3. 除草剂类型 农地用草甘膦；水田用丁草醚、克草醚、除草醚、克草胺、丁草胺、五氯酚钠等。

第三节 植物保护

一、农作物病虫害

1. 稻瘟病 俗称稻热病，农民称"瘟"，对早稻为害严重。民国二十三年（1934），早稻田流行稻瘟病，颗粒无收。

2. 纹枯病 俗称"烂尾脚"，对早稻危害严重。20世纪80年代后期，平溪境内水稻多为纹枯病所危害。

3. 白叶枯病 对晚稻危害严重。20世纪70年代，平溪境内局部地区时有发生；80年代，每年均有受害。1983年，全乡晚稻发病6000多亩，损失稻谷1.5万斤。

4. 水稻螟虫 螟虫一年可发育四代，第一代发生期最长，造成水稻枯心、枯鞘。20世纪70年代前，以三化螟为主，第一代和第三代可使早、晚稻枯心；第二代、第四代造成白穗。1980年后，二化螟、三化螟危害加剧。

5. 稻飞虱和稻叶蝉 农民称"蜢"，主要危害山区、丘陵稻田。

6. 稻丛卷叶螟 农民称"包叶虫"，一年发育五、六代。20世纪60年代，对山区稻田造成危害，尤以1970年为害严重。

7. 番薯瘟 传染性强，危害性很大。农民称："水头发病，水尾没命"。

8. 小象甲 农民称"臭虫"。民国时期已有发生，从沿海番薯种植区扩大到500米以下山区。

9. 小麦病虫害 锈病，有秆锈、叶锈、条锈三种，尤以秆锈影响产量。

10. 蔬菜病虫害 有菜粉蝶、菜蛾、菜螟、菜蚜、黄条跳甲、黄菜瓜、小地老虎、豌豆潜叶蝇、针纹夜蛾、豆秆蝇、豆荚螟等11种。

二、防治措施

1949年以前，农作物病虫害主要靠施撒草木灰混蛎壳灰，或用蛎壳灰、桐油防治，如遇严重病虫害则束手无策。此后，水稻病虫害采取轮作等措施防治。20世纪70年代以后，普遍采用化学、生物等措施防治。

1. 耕作防治 实行轮作换茬，冬季翻晒等。1952年，全乡挖稻根1.2万亩。1959年后，进行稻田冬翻。1990年，冬翻稻田面积达1.3万亩。

2. 农药防治 20世纪50年代，开始使用化学农药"六六六"防治病虫害。1960年后，使用DDT药剂、乐果、敌百虫等农药。1970年后，推广使用马拉松、杀虫醚、毒杀酚、叶蝉散、敌敌畏、稻瘟净、托布津、多菌灵、稻脚青、井冈霉素、代森唑。1980年后推广三氯杀螨醇、富士一号、克瘟散、异稻瘟净、水胺硫磷、杀虫霜、三环唑、稻瘟肽、杀螨特、速灭威、甲胺磷、甲磷等。

3. 生物防治 20世纪90年代后，采取措施保护青蛙、鸟类等害虫天敌，以调节生态平衡，防治病虫害。

第四节　管理机构

寿宁自建县至清代，均未设农业管理机构。民国二十七年（1938），设第四科（后改建设科）兼管农业事务。

1984年8月，成立平溪公社农机站；1988年，成立平溪乡水土保持领导小组。1989年，成立平溪乡农业技术推广站，工作人员3人，隶属县农业局。负责推广农业生产新技术、新品种，指导农民进行科学种田。

2009年，设农业副乡长专职负责农业生产。2020年，平溪农机站、农技站工作人员各1人。

第七编　茶业　林业

　　平溪是寿宁主要产茶区。海拔1200多米的木场村官山，有一片野生的明末清初茶树林。在8000多株灌木型茶树中，有一株径粗12厘米，树高4米，冠幅2米多。

　　民国年间，平溪"玉团"红茶八闽夺冠；"平溪功夫"香飘福建；平溪"振泰春"茶庄名闻全省。2019年，平溪境内有茶园1.7876万亩，年产茶叶2108吨，名列全县第三位。

　　历史上，平溪境内森林茂密。由于"大炼钢铁"与"文革"动乱，林业资源遭受严重破坏。20世纪90年代以后，随着电力、液化气的普及使用，传统木料被新型建筑材料所取代和大量农村人口城镇化，平溪境内林业资源得到较快恢复。

第一章 茶 业

第一节 茶业生产

平溪镇属中亚热带山地气候，海拔在385~1300米之间，年均气温在15~23摄氏度间，气候温和湿润，冬春多雾，独特的地理条件造就了平溪境内茶叶香浓、耐泡的优秀特质。特别是平溪境内没有污染源，青山绿水养育的原生态有机茶叶，尤显珍贵。

早在明代，茶叶就是平溪大宗的农业特产和对外流通产品。知县冯梦龙在《寿宁待志》中写道"三甲住初垄，出细茶"；"茶出七都"。"三甲"的"初垄"原属平溪，1955年改隶周宁县纯池镇，更名"祖龙"。"七都"即今平溪、斜滩部分地区。清中叶以来，平溪绿茶、红茶、乌龙茶就源源不断运往建瓯、福安、福州等地茶庄，远销国外。

民国年间，平溪茶叶在福建占有重要地位。民国二十五年（1936），福建省政府建设厅《福建茶产之研究》记载："福鼎、寿宁及宁德各县之产地及产额……计三县可产绿茶八万担，红茶二三万担。兹将其产茶之重要各区分述如后：寿宁县斜滩、武曲、平溪、南溪、渔溪、三望洋、秀洋及南洋等地。"文中所列的寿宁茶叶产地仅八个，而平溪、南溪就占了2个，居全县四分之一。

《福建茶产之研究》在第四章《福建茶之品质》第三节《茶叶之成分》中记载，当年全省共送检红茶97种（编者注：其中寿宁县14种），由建设厅"委托省立科学馆分析"，并将"省立科学馆分析之结果列表如次"，名列全省第一的是平溪送检的"玉团"红茶。分析结果如下："品名：玉团；产地：平溪；类别：红茶；化验结果：水分5.23%、灰分4.84%"。

平溪送检的"聚英"红茶，名列全省第47位。分析结果如下："品名：聚英；产地：平溪；类别：红茶；化验结果：水分7.44%、灰分5.36%"；名列全省第90位的还有平溪送检的"奇珍"红茶。分析结果如下："品名：奇珍；产地：平溪；类别：红茶；化验结果：水分7.84%、灰分4.93%。"

《福建茶产之研究》在第八章《福建茶叶之运销状况》第二节《茶叶之茶庄及茶价》中写道："内地茶庄甚多，不胜枚举，兹仅将重要各县列举数家（比较著名者）以明之。"在《福建内地茶庄一览表》（表九）中，全省共有20个县、43家茶庄入选，寿宁县的

"振泰春""丰大来""万生春"茶庄名列其中。"振泰春"茶庄就是平溪村肖振泰所创,茶庄设在平溪北岸碇步头的肖家大院内。民国三十七年(1948)肖振泰六秩寿庆,福建省政府主席刘建绪赠匾"福寿绵长"以志庆贺。

民国三十年(1941),唐永基、魏德瑞在《福建之茶·产茶种类·红茶》中写道:"市场上所谓平溪功夫,亦寿宁产也"。当年,平溪所产之茶量多质优,因此"平溪功夫"声名远播,为茶市中人所熟知。在寿宁县送检的14种红茶中,除平溪外其他地方送检的茶叶,都要在产地前面冠以"寿宁"二字,如"寿宁斜滩"。唯独"平溪"前面未加"寿宁"二字,由此可知当年平溪茶叶在福建的知名度之高。

民国三十年(1941),唐永基、魏德瑞在《福建之茶·产区概况》写道:"旧福宁府属之福鼎、霞浦、寿宁、福安、宁德、周墩、柘洋等县区及屏南一县……虽穷乡僻壤无不有茶树之种植,产量之多,几占全省总产量十分之七"。

在唐永基、魏德瑞记载的全省茶叶产区里面,寿宁县共有140个村庄名列其中,位居全县茶产区之首的是南溪村。当年,平溪境内名列茶产区的村庄有52个,占全县产茶村的37%。他们分别是:"南溪、曹地、碑坑、蟹坑、山江、白岩、下坪、下党、上党、坑底、溪源头、杨溪头、上山头、可洋、富洋、碓下、溪后、日洋、溪底、龙头坑、云霞坑、白头岩、亭下、下洋坪、上洋、上春、茂竹、西山、牛坪、上坪、溪下、枝春、东木洋、平溪、孔雀坪、西坑、上洋仔、青竹坂、上洋坪、燕窠、扶坑、院前、长洋、半岱、江山、长潭尾、大场、后山、胡潭头、东岭、扶洋、李长坑。"

对平溪一带茶叶的运销,《福建之茶·战前运输》也有记载:"内陆山僻者,则均赖肩挑至溪流附近,再转运至出口埠。""寿宁之茶其邻近政和者,如南溪各地,多就近由政和经闽江下运。"

民国后期,平溪村肖光南与妻子李贵妃一起承继祖业,经营"振泰春"茶庄,建立茶园、茶叶作坊、茶叶销售点等一条龙经营网络,产品多销往福州、东南亚。

中华人民共和国成立后,平溪境内茶业发展时有起伏。1958年11月,平溪公社在清洋建社办茶场。1970年,东木洋大队在长洋村开发万宝山茶场。但由于平溪境内茶叶品种单一,基本以福云6号、福云7号为主;茶业企业仅有几家茶叶初制加工厂,只生产红茶、绿茶,没有名优品牌。再加集体管理导致粗放经营、效益低下,严重制约着茶叶质量与经济效益的提高。1977年,平溪公社仅生产茶叶85吨。

十一届三中全会后,茶农生产积极性高涨,平溪境内有8户农民开垦培育10亩以上茶园,并培育一批高标准茶园。1984年,全乡年产茶叶135吨,比1977年增产50吨。同年,寿宁县茶叶生产现场会在平溪召开。

2007年11月,中共寿宁县委第十一届六次会议确立"打造闽浙边界生态新茶乡"的战略目标,平溪境内大力推广种植金牡丹、金观音等新品种乌龙茶。2011年春,为让茶农掌握更多茶叶种植与加工技术,乡政府组织茶叶种植大户、茶叶加工业主等18人,到福安坦洋、寿宁龙虎山茶场参观学习。当年,全乡茶叶产量929吨。2013年,仅东木洋村就有茶园 870 亩。

平溪历年茶叶产量均居全县第三位。2012 年，平溪茶叶产量第一次突破千吨大关，达 1065 吨。2013 年，全镇茶园面积 11208 亩，茶叶产量 1109 吨。2014 年，茶叶产量 1251 吨。2015 年，茶园面积 14654 亩，茶叶产量 1449 吨。2016 年，茶园面积 14854 亩，茶叶产量 1497 吨。2017 年，茶叶产量 1516 吨。2018 年，茶叶产量 1998 吨。2019 年，茶园面积 17876 亩，茶叶产量突破两千吨大关，达 2108 吨。

第二节　茶叶栽培

平溪境内山多雾浓，茶叶栽培地理环境优越。自古以来，平溪就是寿宁西部地区的茶叶生产加工集散地。历史上，平溪境内不仅盛产"平溪工夫"红茶，也是"坦洋工夫""政和功夫"的重要原料产地。近年，海拔 1096 米的木场村，生产的高山生态云雾茶尤为客商青睐。

一、茶叶品种

平溪境内主要茶叶品种有菜茶、福云六号、乌龙茶；新培育的茶叶品种有湖潭紫红茶；加工生产的有高山绿茶、高山红茶、高山乌龙茶等三大当家茶叶。

1. 菜　茶　是境内栽培历史最早的茶叶品种，长期以来都是零星地套种在田间地头。没有人工修剪，任其自由散漫生长；没有喷药施肥，仅凭吸纳日精月华滋养生长。菜茶是全天然的绿色生态茶叶，为茶农首选的家用饮品。据粗略估计，2013 年全镇菜茶面积有 3000 多亩。

平溪境内海拔 1000 多米的狮子岩自然村，因为海拔高，故常年多雾，日夜温差大。盛产的高山生态有机茶，香气高、滋味浓、耐冲泡，倍受茶商青睐。福建省高级农艺师、全国农产品地理标志评委会委员苏峰教授，对狮子岩菜茶赞赏有加："狮子岩菜茶在闽东高山茶中绝无仅有"，"狮子岩村的环境刚好就适合这种原生茶的生长，这里的茶并没有成为一个品种。同一个茶园的茶树，从东到西长得都不一样，真的非常奇特"。

2. 福云六号　20 世纪 70 年代，政府推广种植"福云六号"，极大地提高了茶叶产量。根据寿宁县《1989 年亩产 100 公斤以上高产茶园分布情况表》记载，平溪乡为 60 亩，其中亩产 100~149 公斤的 53 亩、亩产 150~199 公斤的 5 亩、亩产 200~249 公斤的 2 亩。上述高产茶园均为"福云六号"。2013 年，全镇有"福云六号"茶园 7000 多亩。

3. 乌龙茶　平溪境内早在清乾隆年间就栽培生产乌龙茶，且在福宁府享有盛誉。2008 年，县政府挖掘传统品牌，鼓励茶农种植或改植乌龙茶，采取补助、奖励以及发放妇女创业小额贷款、幸福工程——救助贫困母亲项目款、计生户小额贴息贷款等措施，大力推广种植乌龙茶。

2008 年 12 月，平溪乡试点推广种植金牡丹新品种，免费向茶农供应金牡丹茶苗，组织茶农参加县、乡举办的制茶技术培训班，乡政府也适时邀请县茶叶专家现场指导，对茶农进行栽培技术，茶园管理培训。

彭地村吴荣福定了2.1万株茶苗，种了7亩茶园。彭地村像吴荣福这样种植金牡丹茶苗的就有30户人家，面积达70亩。2013年，早春金牡丹茶青每公斤价值160元。示范种植的好效益，吸引了越来越多的村民参与种植金牡丹等新品种茶苗，仅燕窠村金牡丹等新品种茶苗种植面积就扩大了一倍。

2012年7月，全乡茶园面积1.35万亩，年产值8500万元。其中，新植改造金牡丹等新品种乌龙茶园3500亩，年产值1000万元，垦复荒废菜茶4000亩，形成小种茶、乌龙茶、生态茶园基地齐头并进的新格局。

4. 湖潭紫红茶　原产湖潭，因叶色紫红而得名。当茶叶上的露珠被太阳晒干后，茶园就会散发缕缕清香，制成的茶叶更是香韵悠长。2010年，湖潭村民范聪、范立让专门培育紫红茶苗5万多株进行推广种植。

传统茶叶都是纯生态无污染的饮用品。随着化肥、农药的大量施用，消费者担心茶叶农残会影响身体健康。为发展有机生态茶园，1984年，县茶业技术推广站复制6.5万只茶毛虫核型多角体病毒"福建一号"毒蛛，用于防治茶毛虫病，防治面积6384亩，效果较好。此后，这种生物防治方法在平溪境内推广。近年，一些有识之士在木场等村建立有机生态茶园，取得较好成效。

二、野生大茶树

平溪境内山间多有野生大茶树。植株高大的有路后坑的野生茶树，成片灌木型的有木场野生茶。

1. 路后坑野生茶树　1980年9月，调查发现平溪公社路后坑村（1988年划归下党乡）农户吴道品的山林中，生长着两株性状基本相似的野生大茶树，位于海拔754米的高山上。一株为乔木型，一株为灌木型，当地人称"茶王"。乔木型茶树高6.5~7米，主干直径17厘米，树幅1.5×7米，叶宽8.7厘米，树龄在80~100年。每年3月开始萌芽，单株可采鲜叶15~25公斤。

2. 木场村野生茶树林　2010年春，在海拔1200米的木场村官山，发现8000多株树龄百年以上的成片野生灌木型茶树。其中一株径粗12厘米，树高4米，树叶冠幅2米多。

2018年8月24日，人民网又报道"木场村荒野发现一片明末清初古茶树林，最老的野茶树龄达300多年。县茶业局请省城专家到木场古茶树林调研、检测并着手建立古茶树林保护基地。"

第三节　茶叶加工

20世纪50年代以前，平溪境内茶叶都是依靠人工手搓、脚揉加工而成。自家食用之茶，多用双手揉捻；售卖之茶，均用双足揉捻。日本茶商为争夺茶叶市场，曾潜入福建各地偷拍茶农双足揉捻茶叶的镜头，到处宣传中国茶叶不卫生，以败坏中国茶叶声誉。

一、传统茶叶生产

1. 绿茶初制　先将采下的鲜茶叶摊晾至柔软，然后以适量茶叶入釜微火炒动，使茶青软化，名曰"打青"。打青之后，用双足搓转揉捻，目的是使茶汁浸出、茶叶团为圆条。待茶汁透润、茶条圆结，然后散之箅上日晒至干。再倒入釜中用炭火徐徐炒之，至釜中茶叶触手苏滑若流，闻之芳香沁鼻，此为初制绿茶。

2. 红茶初制　制作流程有晒青、搓揉、焙干等。

（1）晒　青　先将采下的鲜茶叶匀铺箅上太阳晒之，翻动数次至软萎，以叶片展开不能复原为适度。雨天则摊置室内使之萎凋。

（2）搓　揉　晒青之后放入竹笭用双手或双足搓转揉捻（自家食用之茶，多用手揉捻），目的是使茶汁浸出、茶叶团为圆条。然后散之箅上晒至微干，再揉捻至茶条成线状。

（3）焙　干　揉捻完毕，复散箅上在阳光之下晒干。或将茶叶置焙笼之上用炭火烘干。

二、现代茶叶生产

1975年，屏峰大队集中全村各生产队的茶叶进行加工生产，1978年解散。1978年，岭根村有一茶叶初制厂，联产承包责任制后停办。

《1989年寿宁县茶叶初制厂分布及机械设备统计表》记载，1989年，平溪乡有茶叶加工厂10家；茶叶初制设备有杀青滚筒机4台、杀青机6台，揉捻机30台，烘干机7台，解块机4台，烘干机瓶式20台，双瓶式22台。

20世纪90年代，东木洋村有1家民营茶叶加工厂。2001年，屏峰蔡万盛、蔡众台创办的茶厂只经营了3年。2010年，屏峰蔡万盛、蔡岳山再次办厂，主要生产"坦洋功夫"红茶。

2013年，岭兜村叶章发在村里创办茶叶加工厂，年产茶干上千担。岭后村张杨通创办茶叶加工厂一座。南溪村有5家茶叶加工厂，亭下村有2家茶叶加工厂，柯洋村、亭下村头、三角洋各有一家茶叶加工厂，主要加工绿茶、红茶及茶珠、茶针等。溪底村有2家茶叶初制厂，每年生产茶叶约25000公斤，茶针5000公斤。

2014年，全镇有茶叶加工厂22家，主要从事绿茶、红茶的初制加工。其中9家进行技术设备更新，升级转型。

2015年，平溪境内有26家茶叶加工厂从事绿茶、红茶的初制加工。其中登记注册的有长溪雾峰茶业合作社、福建天润茶业发展有限公司、福建感恩茶业有限公司、吴传松茶厂、福建藏山阁茶业有限公司等5家。

2019年，平溪镇共有29家个体茶叶加工厂。具体分布为：环溪村、木场村、燕窠村、溪底村、岭根村、长溪村各1家；平溪村、屏峰村、岭兜村、柯洋村、东木洋村各2家；南溪村、彭地自然村、清洋茶场各3家；亭下村4家。

2020年，平溪境内从事绿茶、红茶、白茶初制加工的茶叶加工厂有28家。

第四节　机构与品牌

一、茶业机构

1952年10月，建立平溪茶叶收购站，地址在平溪村周氏宗祠。同年，将宗祠改造为办公楼、茶叶收购厅、茶叶品评室、茶叶仓库及职工宿舍楼、职工食堂、鱼池，专事茶叶加工、购销业务。并在宗祠左侧征地约10亩，建茶叶烘焙车间、茶叶仓库各一座，还有鱼池、厕所及菜园等。

1954年，平溪茶叶收购站划归县供销社管理。同年，县人民政府加强对茶叶市场的管理，全面取缔茶商茶贩，关闭茶叶自由市场。

1969年9月27日，特大洪水将平溪茶站淹没，茶站大门、围墙倒塌。1970年茶站重建大门、围墙，站长黄某某不顾村民强烈反对，擅自将宗祠墙外的空坪圈入墙内数十平方米。1981年，茶站一职工因突然停电未关闭电熨斗电源，恢复供电后致电熨斗过热失火，烧毁茶叶收购大厅。

1984年3月体制改革，县茶业局撤销，平溪茶站随之解体。此后，原茶叶烘焙车间、茶叶仓库，还有鱼池、厕所及菜园等建筑及土地被拍卖。1989年，周氏宗祠被周氏家族索回。

二、茶叶品牌

1950年，毛茶收购价由国家核定，以实物样品为依据，采取"分级、定等、定价"，并实行"好茶好价、次茶次价、对样评茶、按质论价"的原则和"外形内质并重、干湿兼看、分别定等、综合平均计价"的办法。1958年，根据平溪、芹洋等地毛茶的品质特征，采取在对样评茶的基础上给照顾2个小等执行。

21世纪以前，平溪境内茶农没有品牌意识，生产的茶叶只是初制品。2010年，乡政府提出"精加工，设示范，精包装，创品牌"的发展思路，致力把茶树变成"摇钱树"，茶业成为"聚宝盆"。政府出台多项优惠政策，吸引客商前来投资，鼓励乡贤回乡创业。2011年，浙江松阳茶商前来投资建设"三甲茶厂"，福州龙之行传媒有限公司投资兴建"茶之源"茶叶示范基地。

2011年,乡政府以寿宁县首届工夫红茶、乌龙茶制茶能手比赛、"寿宁杯"第二届海峡茶艺小姐电视公开赛为契机,引导茶企业提升品牌意识,打造知名品牌,涌现出"云天雷""藏山阁""洋洋一魁"等7个品牌。感恩茶业、利得隆茶业通过QS认证,另有5家茶企进入QS认证办理阶段。

2013年,福建景泰茶业有限公司在东木洋村成立。公司注册资金500万元,通过QS认证,是宁德市唯一引进武夷山岩茶种植技术和生产工艺的茶叶企业。

【附 录】

一、茶 疗

醋泡茶消毒。　盐泡茶消炎。　　茶叶嚼后涂擦疮肿处可消毒去肿。
橘皮茶祛气。　红糖泡茶舒肠胃。　茶泡鲜橄榄清肺。　姜茶治痢疾、风寒。
茶叶、银器煎服祛惊。　茶叶装入柚子皮内阴干,冲泡饮用治腹胀、消化不良。

二、茶 谚

常喝茶,少烂牙。　　　　　　　高山云雾出好茶。
好茶贵在及时采。　　　　　　　春茶不采,夏茶不发。
无意冲茶半浮沉。　　　　　　　酒喝头杯,茶吃二盏。
待客茶为先,茶好客常来。　　　客从远方来,多以茶相待。
客来一杯茶,茶好客常来。　　　泉烹佳茗迎宾客,风送茶香遣睡魔。
天光一碗茶,药店无交家。　　　粗茶淡饭少喝酒,人人活到九十九。
吃萝卜,喝姜茶,大夫闲得满街爬。　早茶一盅,一天威风;午茶一盅,劳动轻松。

第二章 林 业

第一节 森林资源

20世纪50年代初,平溪境内森林资源十分丰富。平溪村口一株古松,影摇千尺龙蛇动,声撼半天风雨寒。千排岭上,数十株百年柳杉沿岭而植,似士兵列队英姿飒爽;岭上峡口,古人为弥补岔口缺陷,植柳杉数株,凛凛如将军昂首拱卫。南北两岸溪畔,一排排桑树、柳树如美人照影亭亭玉立。

平溪村"葫芦门"附近,曾有百年以上槠树数十株。其中一株人称"槠王",根部朽成洞窟,小孩可从洞中穿过。"槠王"腹内每年可掏出成担的筷子,俗谓"竹篙鬼"作祟。还有3株槠树,树干大如禾楻,果实也比普通槠果略大。这些槠树早已被伐,但人们至今仍称此地为"苦槠坪"。平溪下坝也有树龄百多年,胸径数围的槠树几十株。这些古槠,树冠如云,郁郁葱葱遮天蔽日;根茎如龙,裸露盘曲虎踞龙蟠,蔚成一道美丽的风景线。

村落周遭古树名木如此之多,山上松树、杉树、落叶树更是枝繁叶茂,一望无涯。农家烧火做饭,只需到邻近山边扫集松针、捡拾枯枝,即可满足日常之需。

1958年"大炼钢铁",山上原始森林被砍伐殆尽,全部用以烧炭炼钢。平溪村中的珍稀古槠林也在劫难逃。"文革"期间,社会秩序混乱,所有传统道德、村规民约尽在扫除之列,社会砍树伐木成风,森林资源荡然无存。平溪村千排岭、峡口的数十株古柳杉及村口古松皆毁于这一时期。南溪村后山及大王林有柳杉数株,1958年"大炼钢铁"时砍伐烧炭。南溪上窑村有百年柳杉7株,"文革"时被砍伐。此后樵夫砍柴,需到十几里外深山才能有所收获;家家户户、男女老幼,常年要为灶膛烧火用柴而奔波劳碌。

1976、1986、1991、1994年,平溪境内四次进行飞机播种造林。近年,每年春节期间各村均植树造林。现木场、燕窠、屏峰、湖潭等村部分杉、松已经成林。2012年,平溪乡林业用地总面积129120亩,其中生态公益林31580亩、经济林15000亩、竹林地1500亩、用材林81040亩。林木总蓄积量约310111立方米,森林覆盖率70%,居全县前列。

第二节　林权改革

一、林木入社

1958年，根据中共福建省委、省人民委员会《关于正确处理林木入社政策，迅速完成林木入社工作的通知》精神，全部生产资料收归集体所有，山林权属一律收归公社。全民集中办食堂、伐木烧炭炼钢铁，导致乱砍滥伐成风。长溪村下坑尾的1000亩松树与大业坑的2000余亩阔叶树，全被伐掉烧炭，供应印潭铁厂炼铁。

二、林业"三定"

根据中共中央、国务院《关于保护森林发展林业若干问题的决定》，从1981年6月起，进行稳定山林权、划定自留山和确定林业生产责任制的林业"三定"工作。县、乡政府成立稳定山林权领导小组，组织稳定山林权工作队，开展"林业三定"工作，历时两年结束。

经过"林业三定"，平溪境内有2885亩山林属平溪公社所有。各生产大队均以生产队为单位，给每户划定自留山，南溪大队则分山分林到户。林业生产责任制，分成比例有承包者得70%或80%，集体得30%或20%两种形式。

三、林权制度改革

2004年，结合"三定"展开新一轮的集体林权制度改革，将原来的集体林权承包到户。全乡共完成129120亩的林权登记发放工作，真正做到分山到户。

四、生态林补偿资金

2008年，全乡31580亩生态林进行补偿资金发放工作。2012年，全乡补偿金均分发到林农的"一卡通"。

第三节　植树造林

一、造　林

民国二十五~二十六年，寿宁县开展征工服役造林工程。全县购进高0.5米的马尾松2万株、刺杉1.2万株，分别在平溪、纯池、阜莽、南澳等4个村庄及县城的女庵岗、鳌峰山种植。

1972年12月，中国人民解放军两次派飞机在平溪、托溪、芹洋、岱阳、凤阳、南阳、犀溪、大安、鳌阳等公社的37个大队飞播造林。

1987年2月，平溪乡的屏峰、南溪、东山头、仙岗顶为飞机播种区之一。

二、林　场

1974~1976年，全县规划建设10万亩用材林基地，平溪公社林场为全县6个公社林场之一。

（一）个体林场

20世纪80年代初，亭下卢明强等10户农民在三角洋岔头、溪源头、蛇墓岗等山场造林一万多亩，毛竹120多亩，修防火路6千米。卢明强先后被省、地、县林业部门、共青团等评为造林先进分子。

（二）集体林场

1959年以来，平溪境内先后办起了东溪、燕窠、亭下、长溪、杨溪头等集体林场，其中规模最大的是长溪、杨溪头林场，但都效益不彰。

1. 东溪林场 1959年春，响应县委号召创办东溪社队林场。因当时一哄而起，粗放经营，管护措施没跟上，三年困难时期抛荒。

2. 燕窠林场 1975年，在燕窠溪垄底建集体林场。

3. 亭下林场 1980年建亭下集体林场，造林356.5亩。

4. 长溪林场 1989年创办，总面积3万亩，1989年造林4000多亩。1992年4月，宁德地区编委批复为县、乡、村联办林场，为副科级事业单位。隶属县林业局，实行独立核算、自负盈亏、企业化管理。2005年有工作人员3人，其中县财政拨兑事业经费1人，县林业局自有资金支出2人。护林员7人，经费由林场经营收入或生态公益林管护经费中支出。

5. 杨溪头林场 1975年夏末秋初，平溪公社组织各生产大队劳力，自带衣被、锄头、柴刀，到杨溪头林场义务劈草炼山挖穴一个月。此后数年，各生产队均抽调社员，以生产大队为单位集中食宿、分片包干，春季义务植树造林15天；秋季义务劈草15天。1987年12月，杨溪头村划归新建的下党乡，杨溪头林场也随之归属下党乡。

6. 亭下、三角洋林场 1983年，亭下、三角洋两村合办林场1000亩，累计造林1356.5亩。

第四节 名木古树

阅沧海桑田，历人间劫难，平溪境内百年以上的名木古树寥若晨星。2013年，全镇百年以上树龄的有枫树3株、苦槠4株、松树5株、柳杉28株。

1. 松 树 东木洋村的大王潭边有1株古松，胸径1.2米，叶茂枝繁郁郁苍苍；上充村下游有古松1株，胸径1.3米，树龄约300年；湖潭后山村有古松1株，胸径0.9米；燕窠村大王坪有古松1株；屏峰底洋坑边有古松1株；南溪通往亭下村的公路边，有近百年古松2株；平溪上村的对面山有2株松树，胸径60厘米以上，约50多年。

2. 苦 槠 平溪村鼎墩大王前有2株槠树，左株腰围3.2米，右株腰围2.3米，遮阴面积约200平方米，栽种年代不详。湖潭村有2株槠树，树龄百余年，胸围2米。

3. 枫 树 云雾坑村大王边有古枫1株，县林业部门挂牌保护；湖潭后山村后有古枫2株；东木洋的上洋村大王坪有2株金丝梅枫香树，径围1米，树龄约200年，树冠遮盖面积达200多平方米，县林业部门挂牌保护。平溪村平水大王宫后有株枫树，树龄约200多年，胸径需3人合围。虽树腹中空却枝繁叶茂，树冠遮盖面积达300多平方米，1975年自然朽倒。

4. 柳　杉　平溪村千排大王旁有柳杉2株，1996年列为省级保护树木。左株牌号为09040364，右株牌号为09040363，挂牌时树龄已达150年。长潭尾至大场村的古道旁，2株柳杉似双胞胎，胸径均60厘米左右。屏峰村口石拱桥西端有7株百年柳杉，屏峰《蔡氏族谱》载，清乾隆八年（1743）蔡氏始祖蔡土伦手植。岭根村中有2株柳杉，大的一株胸围3米多，小的一株胸围近2米；大当岗1株柳杉，胸围近4米。岭后村中及后门坑岔有挂牌保护柳杉4株。牛墩坂村下游有胸径1.5米以上的挂牌保护柳杉6株。湖潭后山村有树龄二百多年柳杉1株，胸径约150厘米，1996年列为省级保护树木。燕窠村有胸径1米多的柳杉3株。上充村大坪楒树湾有柳杉5株、村下游有柳杉1株，胸径约130~150厘米，树龄约二百多年。白岩头村大王林有数株古柳杉，1992年被伐。

5. 梧　桐　平溪村厝坪墩四角井后上方30米处，有一株植于清代的梧桐树，胸径约1.3米。每逢花开香飘远近。1962年，村民在树下烧火取暖被熏烤而毁。

6. 樟　树　岭兜村头的溪岸边有两棵樟树，一段树干弯扭而粗大（内空），有一分枝平缓地向河中延伸而去。据说，溪水暴涨时青壮年可从树枝上爬到对岸。因村民常在树下点烛焚香祭拜，2000年被熏死。现仅留小的一棵。

第五节　护林防火

明清两朝，平溪境内乡村对森林防火工作十分重视。各村都有村规族约，禁止火种入山，并对火灾肇事者严加惩罚。

一、护　林

1987年，周宁县纯池乡为侵占湖潭村山林，擅自在松柏溪的雷公潭下建设水电站。1988年，为夺回山林权属，湖潭村与纯池乡发生械斗。双方诉诸省、地法院，经终审判决，该片山林归属湖潭村。

二、防　火

民国年间，各村对风水林严加管护，不仅严禁砍伐、焚烧，甚至禁牛羊入山放牧。一旦发生森林火灾，倾村出动灭火。灾后对肇事者予以经济处罚——或将肇事之家的猪宰杀，宴请全村老幼；或让肇事者请戏班来村中演戏3天，以儆效尤。

20世纪50、60年代，政府对一些山场实行封山育林，在路口树立森林防火标志，在各村醒目处张贴预防森林火灾的告示、标语。对火灾肇事者予以游街示众，责令出资公演电影等处罚。

1976年4月，闽浙赣护林联防区第二分会轮值平溪公社对联防区内两省（福建、浙江）三县（寿宁、政和、庆元）四公社（平溪、澄源、举水、西溪）的50多个生产大队的护林、防火、造林等工作进行总结表彰。平溪公社革委会副主任蔡众回率公社干部叶明长及公社电影队的黄立云、周庭芳，前往政和县新康、赤溪，庆元县举水、西溪等大队调研、慰问。

21世纪以来，随着液化气、电器的不断普及和钢筋、水泥、铝材等建筑材料的广泛使用，平溪境内山林植被日渐茂密。由于城镇化步伐加快，农村青壮年蜂拥入城，留守山村务农的多为老弱病残者，致使田间地头杂草丛生，农民为图省力常引火焚烧田埂杂草，导致森林火灾频频发生。

三、森林火灾

2006年4月2日，屏峰村民陈某在责任田烧田埂，火苗蔓延烧毁溪底坂山林100多亩。为逃避法律追究，四处躲避。

2008年4月8日，屏峰村民陈某在尤坑仔责任田烧田埂，火苗蔓延烧毁山林100多亩。被县检察院依法逮捕、起诉，县人民法院判处陈某有期徒刑3年。

2013年1月20日下午3时许，高山村李某烧山灰积肥引发山林火灾，烧毁林地83亩，10户村民的责任田被毁。2月1日上午，李某投案自首，主动给10户群众赔偿损失5000余元，到林业站缴纳造林押金4500元。因涉嫌失火罪，李某被取保候审。

2013年2月25日，下党乡上昔洋自然村80多岁老人卓某在山间烧杂草，火苗蔓延烧毁下党乡及屏峰牛奶岗一带山林8000多亩。卓某投案自首，因年老免于服刑，监外执行。

2020年2月20日，溪底村民魏某在溪底村与东木洋村交界处的福宁庵附近焚烧杂草引起火灾，烧毁山林面积约7亩，处以罚款1000元。

第六节 林业机构

20世纪70年代以前，平溪境内没有专门的林业机构和专职森林管护人员，依靠传统族规和村规民约维护森林安全。

1984年，平溪林业站成立，办公楼在平溪乡政府大院内，占地面积30平方米。2010年，平溪林业站为县林业局直属机构，有站长1人，工作人员2人。2019年至今，站长李式镜。

【附录】

平溪林业站历任站长名录

姓名	任期	姓名	任期	姓名	任期
吴其清	1984~1987	龚道生	1993~1996	范希云	2007~2010
周华光	1987~1988	李斌	1996~2000	徐斌	2010~2015
金发旺	1988~1993	张凯春	2000~2007	叶恒春	2015~2019

第八编　物　产

　　平溪境内温暖湿润的亚热带气候和山地、丘陵、河谷间杂的多层次地理条件，有利各种不同习性动植物的生长。平溪境内已知植物162种，动物110种。叶蜡石、石英石矿产蕴存量较大。

　　平溪是寿宁锥栗、板栗生产第一镇。2019年全县板栗产量2093吨，平溪板栗产量达1394吨，占全县66.6%；平溪也是寿宁规模养猪第一镇。2019年全县生猪存栏21760头，出栏44450头；平溪生猪存栏8143头，出栏19624头，均遥遥领先全县各乡镇，稳居全县第一名。

第一章 植 物

第一节 植物类型

平溪境内已知植物162种,其中蔬菜49种,花草27种,药类52种,竹类15种,木类14种,野果5种。野生食用菌有蓝垫、牛肝、苦菇等。

一、常绿针叶林

主要有马尾松、杉木林、柳杉林、湿地杉。多数为人工林,部分为原生的常绿阔叶林被破坏后,周边马尾松种子播入而自然形成的次生林。

二、常绿阔叶林

平溪境内历史上原以常绿阔叶林居多。由于长期滥伐,成片的常绿阔叶林现已鲜见,仅少数村庄幸存一些为数不多的风水林。

三、灌木林

主要分布在木场、屏峰等海拔较高的山上,植株高度1.5米左右,多成丛状生长。有杜鹃、野漆、白楝、女贞、山矾、铃木、山楂、赤杨、牡荆、凤香、木槿、山茶、老鼠刺、高粱泡、木芙蓉等。

四、混交林

原始常绿阔叶林被人为破坏后,郁闭度降低,林内透光度增强,为马尾松等的侵入创造了条件,进而逐步演替为针阔叶混交林。也有一些是人工造林而形成的杉、松、柳杉等针叶混交林。

五、竹 林

主要有毛竹、绿竹、四季竹。其他如石竹、化竹、金竹、苦竹、紫竹、水竹、雷竹、斑竹、黄竹、白叶竹等,平溪境内各村均有少量分布。

六、草 藤

陆生的有芒萁、铁芒萁、五节芒、牛头草、观音草、龙牙草、狗尾草、马鞭草、鸡肠草、山胡椒、断肠草、金线藤、千人拔、复盆、真蕨、葛藤、蓬蒿、紫苏等。水生的有红萍、马萍、水葫芦、水浮莲、细绿萍、茭白稗等。

七、花 卉

木本类有牡丹、芍药、杜鹃、木槿、茉莉、山茶、海棠、月桂、金橘、石榴、紫荆、芙蓉、瑞香、蜡梅、碧桃、扶桑、紫薇、白玉兰、三角梅、四季桂等。

草本类有菊花、葵花、荷花、萱草、百合、吊兰、文竹、水竹、月季、玫瑰、蔷薇、水仙、绣球、昙花、美人蕉、鹤顶红、君子兰、龙舌兰、蝴蝶兰、蟹爪兰、鸡冠花、牵牛花、喇叭花、大丽菊、夜来香、紫罗兰、宝石花、仙人球、仙人掌、吊金钟、含羞草、秋海棠、万年青等。

第二节 植物栽培

一、竹木类

1. 木 类 主要有松、杉、楹、柳、柏、樟、枫、梧桐等。

2. 竹 类 主要有毛竹、石竹、法竹、黄竹、金竹、绿竹、雷竹等。可供食用的笋类有毛笋、绿笋、石笋、金笋、化笋。农民除采掘鲜笋食用、腌制外，还制成笋干出售。

3. 经济作物 主要有茶叶、锥栗、板栗、竹笋、油茶、榛油、油桐、药材、香菇、蘑菇、棕片、山苍子等。

二、水果类

主要有梨、柿、桃、李、桔、柰、脐橙、葡萄、杨梅、枇杷、柚子、梅子、猕猴桃等。明清时期，农家房前屋后均有零星种植果树。《寿宁县志》载："平溪出梨"。柿的品种主要有水扁柿、无核水扁柿和牛心柿。猕猴桃主要有藤梨、鸟蛋、白毛桃、红毛桃等。过去，每当桃熟柿红，除自食外常作为馈赠邻里亲朋的礼物，上市者极少。2000年以后引进的脐橙，现已大量上市。2018年以后，一些村民开始引进栽培葡萄。

三、草本类

1. 粮食类 主要有水稻、番薯、高粱、玉米、小麦等。

2. 蔬菜类 主要有芋、瓠、芥菜、萝卜、茄子、番椒、白菜、花菜、艾菜、空心菜、大头菜、芥蓝包、山东乌、红头菜、金针花、泥鳅菜、丝瓜、金瓜、黄瓜、冬瓜、佛手瓜、刀豆、豌豆、蚕豆、扁豆、豇豆、御豆、八月江、门排豆、泥鳅豆、竹笋、绿笋、冬笋、甘笋、马铃薯、日头花芋等。

3. 经济作物 主要有大豆、蘑菇、席草、苎麻、药材、烟叶等。

4. 药用植物 （详见《医药卫生》）

20世纪90年代，乡政府先后在东山头建立银杏种植示范基地、清洋优质水果种植示范基地、环溪布袋山白术种植基地、东木洋杏鲍菇生产基地，但均效益不彰。

第二章 动 物

第一节 野生动物

　　历史上平溪境内森林茂密，野生动物种类繁多。根据志书记载，明、清两朝平溪境内老虎活动频繁。明崇祯七年（1634），知县冯梦龙上任伊始，第一件事就是捐俸请平溪工匠制阱擒虎。此外，豹、豺、猴、麂、獐、狐、水獭、山犬、山羊、鸭子豹、玉面狸、九节狸等更为常见。

　　随着人类活动的不断扩展，森林的不断消失，20世纪70年代，上述野生动物在平溪境内均已绝迹。80年代后期，随着生态环境的逐步改善，野猪、松鼠、啄木鸟、长尾哥等曾经一度销声匿迹的飞禽走兽不断增多。1986年，东溪村李元鲁、李阿忠在山中发现2只豹子，小豹被抓，母豹逃逸。21世纪以来，平溪境内野猪不断增多，现已泛滥成灾。

　　1. 节肢动物　　主要有虾、蟹、蜜蜂、蜻蜓、蟋蟀、蜘蛛、蚊子、苍蝇、螳螂、蟑螂、蜈蚣、蝗虫、黏虫、蛐蜓、玉米螟、三化螟、铁蜈蚣等17种。

　　2. 两栖类　　主要有青蛙、蛤蟆、水鸡、石鳞、蟾蜍、蝾螈、青骨、雨蛙等8种。

　　3. 爬行类　　主要有龟、蛇、鳖、蜥蜴、壁虎等5种。

　　4. 哺乳类　　主要有豹、麂、獐、狐、野猪、刺猬、野猫、野兔、老鼠、田鼠、松鼠、竹鼬、黄鼬、竹猫、柿猫、玉面狸、九节狸、穿山甲、土猫狸等。

　　5. 鱼　类　　主要有鲤鱼、鳜鱼、石斑、卫鱼、黄甲、青条、水蝙、鲇鱼、鲟鱼、黄鳝、泥鳅、田草、竹箭、青鱼、草鱼、鳙鱼、鲢鱼、鲫鱼、苋梳鱼、乌竹滑、柴头鱼等。

　　6. 鸟　类　　主要有鹩、燕子、麻雀、喜鹊、鸽子、山雀、杜鹃、黄鹂、黄莺、乌鸦、斑鸠、子规、翠鸟、画眉、鹧鸪、海鹅、水鸭、雉鸡、猫头鹰、大山雀、啄木鸟、叼鱼郎、百灵鸟、布谷鸟、白头翁、黄头子等。

第二节 动物养殖

　　冯梦龙在《寿宁待志》中写道，寿宁"民间多畜猪，亦有鸡、鸭，鹅少，蜜有"。清康熙《寿宁县志》载："寿宁有马、驴、牛、羊、犬、猫、鹅、鸭、鸡"。传统民居都有大院、天井、厢房，家家户户都利用这些空间及宅前屋后的空坪养猪、养兔、养鸡鸭。民谣云：鸡鸭换油盐，养猪为过年。

2010年，全乡畜牧业总产量624吨，总产值1291万元；水产总产值167万元。2013年，全镇肉类总产量969吨，其中猪肉859吨、羊肉7吨、禽肉92吨、兔肉6吨、蜂蜜3吨、禽蛋136吨。

2019年，全镇肉类总产量1793吨，居全县第一位。其中猪肉1570吨、禽肉211吨，分别居全县第一位；羊肉11吨、蜂蜜11吨，分别居全县第三位。此外，还有牛肉1吨、禽蛋174吨。

一、宠物饲养

1. 狗 是人类的朋友。"暧暧远人村，依依墟里烟。狗吠深巷中，鸡鸣桑树颠"是古人向往的田园生活。动乱年代，村民养狗以防盗御匪；太平时期，人们养狗以娱情养性。

2. 猫 21世纪以前，由于土木结构的民居建筑多有鼠害，因此农户多养猫以驱鼠灭鼠。21世纪以后，水泥钢筋框架结构的民居建筑将老鼠逐出户外，人们不再依赖猫捉老鼠，柔顺的猫成了时尚家庭的宠物。

二、家庭养殖

传统农村家庭大都饲养猪、鸡、鸭、鹅、兔子等；牛、羊和田鸭，则为少数专业户所牧养。

（一）畜类

1. 猪 20世纪90年代以前，农村户均养猪1.5头。有黑猪和白猪两类，猪仔多从斜滩、福安穆阳、浙江丽水等地输入，本地配种极少。1988年，全乡生猪存栏数约5200头。2000年以来，随着务农人口的不断减少，农村家庭养猪也日渐减少。

2. 牛 20世纪50年代以前，富裕人家普遍饲养耕牛，多数农户则租用富家耕牛犁田。民国时期，县政府把保护耕牛列为大事，设立耕牛保护团，不准乱杀耕牛，禁止偷牛。

1988年，全乡有黄牛255头，水牛115头。水牛、黄牛是主要畜力，黄牛除作役牛外，还有少量做菜牛。2010年，全乡牛出栏2头，存栏81头。2013年，全镇牛存栏100头。2019年，全乡牛出栏20头，存栏49头。

3. 羊 多为专业养羊户所饲养。成年公羊重40~50斤，母羊30~40斤。木场村把村后草场划为牧地，羊群多集中放牧，只季节性进行舍饲。2010年，全乡羊出栏407头，存栏861头；2013年，羊出栏504头，存栏1060头。2019年，全镇羊出栏782头、存栏556头。

4. 兔 20世纪90年代以前，平溪境内家家户户均有养兔。家兔每只重1.5~2公斤，繁殖快，富有营养价值。20世纪70年代引进安哥拉长毛兔，体型较大，体重2~3公斤，毛长6~10厘米。1987年，全乡有长毛兔5258头，家兔2460头。安哥拉兔以产毛为主，年拔毛2~4次，年均产毛0.36公斤，一时成为家庭经济的主要来源。90年代初，供销系统停止收购兔毛，长毛兔养殖随之锐减。2013年，全乡兔出栏4403头，存栏7569头。

（二）禽　类

平溪境内主要饲养鸡、鸭、鹅、田鸭等禽类。2010年，全乡家禽出栏5.14万只，存栏3.36万只；2013年，出栏6.3万只，存栏2.91万只。2019年，全镇家禽出栏12.61万只、存栏2.65万只。

1. 鸡　以放养为主，圈养较少。鸡舍简易，有土筑、砖砌、木制、竹编之别。鸡每年有3次孵化期，端午节前后孵出的小鸡，称"过节鸡"；秋收前后孵出的小鸡，称"新米鸡"；年底孵出的小鸡称"隔年鸡"。采用母鸡抱窝孵化，每次孵蛋20个左右。本地鸡饲养半年以上，公鸡体重可达1.5~2.5公斤，母鸡可达1.2~2公斤。母鸡年产蛋100~150个。母鸡产蛋后有抱窝习惯，俗称"懒孵"。为使母鸡缩短"懒孵"期，民间常用水浸抱窝母鸡、鸡腿上系草鞋让抱窝母鸡拖着走、用布蒙住鸡眼让抱窝母鸡站在横杆上，等等多种办法催醒。现多用西药催醒。

1982年，从福州、宁德、福安、泰顺等地引进良种鸡。肉用型鸡有红康、红波罗、新杂579、新浦东、平和鸡等；蛋用型鸡有来航、白洛克、罗斯鸡等。这些鸡除平和、新浦东外均不抱窝。肉用鸡成禽体重在2.5公斤以上，最高可达6.4公斤。蛋用鸡成禽体重2公斤左右，年产蛋250~280个，蛋粒重约60克。

20世纪80年代以来，农户、养鸡场普遍使用工厂生产的鸡饲料养鸡，人们称饲料喂养的鸡为"饲料鸡"。由于"饲料鸡"缩短了饲养时间，营养价值、口感均不如传统家养的"土鸡"，因此二者价格悬殊。

2. 鸭　有番鸭、半番鸭、田鸭。1985年以来还引进了北京鸭、樱桃鸭和法国白番鸭。

番　鸭　有放养和圈养2种，放养处所为溪、池、沟、塘和稻田。圈养则与鸡同舍共饲。鸭一年可以孵化4次，农历1~2月孵的雏鸭，称"头水鸭"；2~3月孵的雏鸭称"二水鸭"；4~7月孵的雏鸭，称"尾水鸭"；8~9月孵的雏鸭，称"重阳鸭"。孵化多用母鸡，也有用母番鸭或母鹅。雏鸭饲养至150天，公鸭体重可达2.5~4公斤，母鸭可达2~3公斤。1983年后，采用颗粒饲料喂养，雏鸭饲养90天即达2~4公斤。

田　鸭　以稻田放养为主，鸭群数量60~150只不等。母鸭体重一般为1.5~2.5公斤，年产蛋140~200个，蛋粒重50克。鸭苗多由福安、泰顺等地调进，且多系火孵雏鸭。1980年后，鸭蛋销量增加，田鸭养殖有较大发展。

3. 鹅　有本地鹅、狮头鹅2种。鹅素食，喜青菜、青草，食量较大。一般饲养90天，体重即可达4公斤。公鹅体重可达5~14公斤，母鹅体重可达4~9公斤。平溪境内溪流众多，许多村庄临水而居，得地利之便，家庭养鹅较为普遍。

（三）鱼　类

民国后期，部分农家在房前屋后开辟池塘养殖鲤鱼、草鱼，以供食用。1976年后，政府贯彻两条腿走路的养鱼方针，允许农民稻田养鱼。初时只养鲤鱼，以后陆续增养草鱼、鲢鱼、青鱼、鳙鱼、鲫鱼、罗非鱼等。1986年，推广稻田养鱼和溪流养鱼，禁止电鱼、炸鱼、毒鱼。20世纪80年代，日洋村民杨道会、罗来雄、毛兆福专业养鱼，年收入均上万元。

二、规模养殖

1. 养 猪 随着农户家庭养猪日趋减少，猪肉价格不断上涨。2007年7月，国家出台系列促进生猪生产的优惠政策，平溪境内随之出现一批规模化养猪场。2013年，平溪境内养猪场分别为南溪村、亭下村、柯洋村、龙头坑村、清洋茶场各一家，东木洋村2家。其中，清洋茶场盛辉养猪场规模最大。2010年，全乡猪出栏6863头，存栏6961头；2013年，猪出栏9784头，存栏10577头。

由于养猪场的排泄物大多未经处理直接排放溪流，致使环境污染严重，甚至严重影响下游居民饮用水。2015年3月以来，各地贯彻执行《关于加快推进生态文明建设的意见》，大批不规范的养猪场所被关闭，再加非洲猪瘟的影响，因此各地生猪存栏量锐减，猪肉价格随之上涨。2015年初，平溪境内猪肉由20来元/公斤，一路飙涨至2019年的80多元/公斤。

2019年，平溪镇猪出栏19624头，存栏8143头，居全县第一名。2020年，随着各地生猪存栏量的增加，平溪境内猪肉价格有所回落，每公斤降至70元上下。

2. 养 鱼 平溪境内溪流密布，山塘、水库多，水质好，人工养殖淡水鱼条件优越。平溪境内可供养鱼的水域面积约3.3万亩，其中溪流面积21500亩，水库面积450亩，稻田面积11569亩。

明清两朝至民国时期，平溪村中溪流放养鲤鱼供人观赏，严禁捕抓。溪中鲤鱼大的十几公斤，色彩斑斓，人称神鲤。1949年，一支国民党败兵路过平溪，见溪中鱼儿既多且大，顿时枪弹齐发，鱼肉横飞。从此，溪中养鱼之风顿息。

1980年以后，平溪境内养殖淡水鱼的主要有岭后水库、亭下村头水库、环溪电站水库。平溪村也重新禁溪养鱼，人鱼同乐美景再现。2019年，全镇水产品产量190吨，居全县第5位。

第三节 疫病防治

一、畜牧兽医站

1978年，成立平溪公社畜牧兽医站，配备兽医、检疫检验员1人。2013年，畜牧兽医站有干部职工3人，负责畜牧生产指导和防疫、检疫检验、治疗、疫情报告等工作。

畜牧兽医站位于平溪村金洋街131号，1978年8月建，占地面积133.5平方米。历任负责人：周乃益（1954~1982）、周乃文（1983~2013）。

二、禽畜疫病

鸡、鸭的常见疫病有鸡瘟、鸭瘟、禽霍乱、鸡痘、鸡白痢、球虫病。其中以鸡瘟、禽霍乱危害最大。兔的常见病有兔出血性败血症、臌胀、中毒、疥癣、球虫等。

猪的常见疫病有猪瘟、猪丹毒、猪肺疫、猪气喘、传染性胃肠炎、流行性感冒、仔猪白痢、"五号病"、中暑、软骨病、小猪水肿和产科病以及猪疥癣、蛔虫等寄生虫病。其中以猪瘟、丹毒、肺疫发病死亡率高。牛的常见病有流行性感冒、传染性血痢和瘤胃臌胀、腐蹄病、中毒、难产及疥癣、牛蜱、牛虱。黄牛、水牛在疫病上无明显差别，水牛多疥癣，黄牛多血痢。

三、疫病防治

历史上对畜禽瘟病、禽霍乱等疫病除传染源抑制蔓延外，无其他疗法。其他疫病，民间多采用中草药或土法治疗，如用油桐根烧灰或用苦楝根皮喂猪治猪蛔虫病，中暑则采用扎针放血，刺激循环系统。

1952年，发挥民间兽医作用，宣传"防重于治"的防疫方针，开展保护、增殖牲畜运动。1955年，组织民间兽医成立畜牧兽医工作者协会，协助人民政府加强畜禽保护、繁殖和疫病防治工作。1956年，县畜牧兽医站举办家畜保健员训练班，设立门诊，开展固定和巡回医治。1958年，设立检疫检验点（站），开展出入境检疫与产地检疫、市场交易检疫、屠宰检疫及屠宰场检疫。

第三章 矿产与特产

第一节 矿 产

一、钨 矿

下党村七宝岗原属平溪乡，1987年12月划归新建的下党乡。七宝岗钨矿属黑钨矿石英脉型，脉矿中的金属矿主要有黑钨矿、黄铁矿，脉石矿物有石英、绢云母、白云母等。矿点重砂异常区域东至碑坑山，西至山林岗，南至上党，北至碑坑，面积10.9平方千米，钨藏量约200吨金属量。1979年，平溪公社企业办曾开采七宝岗钨矿，开采量35吨，金额25万元。

二、石英石矿

1988年，县地质队再次复勘湖潭村将军山叶蜡石矿区，发现周边还蕴藏石英石矿100多万吨，分布山场约2平方千米。石英脉产于花岗岩体中，矿体呈脉状，矿石为白色、灰白色致密块状。

三、叶蜡石矿

湖潭将军山叶蜡石矿山面积约2平方千米，地质储量约600万吨，可开采储量约85万吨，属中型矿山。矿石主要销往日本生产耐火材料，工艺雕刻用材大都销往福州、罗源及杭州、青田等地。

此外，平溪境内有零星分布的紫砂陶土矿；清洋等地有质量较佳的砖瓦粘土矿；沿溪一带河沙、鹅卵石储量丰富。

第二节 特 产

平溪人民在长期的生产生活中培育、创造了许多名优特色产品。主要有锥栗、板栗、茶叶、榛油、番薯、糯谷、御豆、马铃薯、山龙姜、金针花、番薯扣、番薯糖、糯米馍、楮栗糕、立夏糊、重阳糕、桐油、山苍子油、叶腊石雕等。

一、食品类

1. 番　薯　俗称地瓜。明万历廿一年（1593），福州府长乐区陈振龙贿赂吕宋岛土著，得其薯藤数尺。陈振龙将薯藤绞入汲水绳混过海关，经七昼夜航行回到福州。试种成功后，陈振龙呈请福建巡抚金学曾在全省推广，此后传入平溪。

平溪地处亚热带季风气候，夏无酷暑，冬无严寒，日照时间长，生产的番薯以淀粉多、含糖量高而著称。从明代引进到20世纪80年代以前，番薯米一直是老百姓的主粮。实行联产承包责任制后，大米成了主粮，番薯主要用于喂猪，种植面积逐年减少。

番薯是番薯扣、番薯干等食品的重要原料。近年，随着生活水平的提高，番薯的需求量增多，平溪番薯的种植面积随之有所增加。其主要用于鲜食，将去皮的番薯切成块和大米一起煮，或加工为番薯粉、番薯干、番薯咸。

2. 糯　谷　平溪境内糯谷品种较多。冯梦龙《寿宁待志》载："糯米有红糯、白糯、肥糯、珍珠糯四种"。到了清代，又出现大糯、珠糯、三下槌、林下黄、大小黄、紫红等品种。糯谷加工成糯米，质地松软、色泽乳白。用糯米制成的糯米饭、糯米糍和糯米酒等食品美味清香。

20世纪80年代初，开始引进种植闽糯580和荆糯2号。经试种后，因植株形态好、茎叶繁茂、分蘖力强、穗长粒多、米质好、产量高，遂在全乡推广，种植面积和产量逐年提高，经省农产品质量监测中心检验认定，该产品糙米率、精米率、粒长宽比和透明度均达优质糯标准。

3. 马铃薯　俗称芋蛋。清代，平溪就开始种植"陕西芋"。民国时期又引进"平阳芋"。马铃薯具有容易种植、生长期短（约100天）、产量高、易贮存、美味可口的特点。

平溪是马铃薯生产大乡。1959年，平溪供销社开始收购马铃薯供省外贸局出口。1961年，从黑龙江引进"德友一号"良种"朝鲜芋"。1985年，应用地膜覆盖栽培马铃薯获得成功。此后，由于省内各地马铃薯生产发展迅速，外贸出口的质量标准过高，收购价格不尽合理，影响了农民生产马铃薯的积极性。

4. 御　豆　俗称皇帝豆，一年生草本植物。外壳如鱼形，有大小两种。大御豆扁而椭圆，略带黄、红花斑。小御豆有红、白两种。大、小御豆都含丰富淀粉、蛋白质和维生素，肉质疏松鲜美，是豆类中的佼佼者。

平溪境内种植御豆历史悠久，各村均广为种植。御豆是山中珍品，待客佳肴，既可供寻常人家作家常菜蔬，也是酒家宾馆宴客珍品。御豆的食用方法多种，可带壳水煮，也可煎炒、炖汤，亦可做成香脆可口的御豆酥。

5. 苦　蔗　别名苦菜，为多年生草本植物，有清热解毒去血脂的功能。《神农本草经》将其列为上品，主治明目、目痛、泪出、暴热火疮等病。各地都有野生苦蔗，路旁、山坡随处可见。苦蔗的叶片及顶端鲜嫩部分可鲜食或做成苦蔗干。随着食用人群的不断增多，近年也有人工栽培，成为本地一大土特产。

苦蔗烹调，将鲜叶洗净倒入锅中淖片刻以去除苦味，然后捞出沥干与肉片一起炒熟，一道绿色佳肴即可上桌。用苦蔗干炖排骨,可去油腻,入口清爽。用鲜苦蔗或苦蔗干煮米汤也颇受食客欢迎。

6. 山龙姜 因地下果实似生姜而得名。其花、叶、茎均类似"日头花"(向日葵),故俗称"日头花芋"。平溪境内栽培历史悠久,但至今尚无规模种植,村姑农妇每年腌制一点以待客。

山龙姜春天栽种,夏天开花,果实在根部,秋后挖采。山龙姜繁殖力强,今年种下一棵,明年就会长出一片。即使将其果实挖出,只要地下留有残余的只根片果,次年照样可以生长。

山龙姜洗净晾干切片,用手揉搓成熟软状,均匀地撒上一点盐巴,装在瓷瓶内压紧密封,贮放两个月后即可取食。将山龙姜与萝卜、地瓜混合放在锅里蒸煮,待锅里的萝卜成金黄色,山龙姜、地瓜成褐黄色时就可食用。山龙姜片和山龙姜咸,有一股淡淡的香甜味,口感好,入口清爽,甜而不腻,是早餐和茶点佳品。

7. 金针花 别名黄花菜,俗称"金针",多年生草本植物,初夏开花,花瓣呈红黄色,宜为景观作物栽培。20世纪90年代,台湾客商在寿宁推广种植台湾优良品种黄花菜,平溪乡广为种植,亩产鲜金针花蕾50多公斤。

将鲜金针花蕾与猪肉片一起爆炒,或将鲜金针花蕾在沸水中淖一下,置锅中与猪肉片一起炒熟,加入调味品即可食用。金针花干品多与鸡、鸭、鹅、猪肉等一起炖汤,食之可助睡眠。

8. 糯米馍 主要原料是糯米、红小豆,配料有糖、炒熟的芝麻、花生仁等。先将糯米用清水浸泡一晚,然后磨成糯米浆,滤干后反复揉捏到不粘手为止。

将煮熟的红小豆和糖捣成泥,混入炒熟的芝麻、花生仁搓成馅。再把馅填入糯米粉团中搓圆,垫上一张圆竹叶放进蒸笼蒸熟。糯米馍吃起来口感顺滑,有一股淡淡竹叶清香。

9. 番薯糖 平溪境内盛产番薯,因此家家户户都会加工番薯糖。先把番薯刨成丝倒入锅内和水煮熟后装进木桶,接着把嫩绿的麦芽舂碎掺入桶里搅拌均匀,密闭发酵两三个小时。再将过滤后的番薯汤汁倒进锅里加热,直至汤汁中出现"牛眼泡"或"米筛花泡"时,番薯糖就可以起锅了。番薯糖呈琥珀色,口感柔滑,甜而不腻。过去白糖稀缺,农村多用番薯糖来制作春节食用的米粑,也会用番薯糖将柚子皮熬制成柚皮糖。

10. 番薯扣 番薯扣是番薯加工成番薯米而衍生的淀粉产品。番薯扣既可以作主料也可以作配料,既可水煮也可以煎炒烹调。平溪盛产番薯扣,因此家庭主妇都会烹调番薯扣这道传统名菜。

番薯扣的制法:先将番薯粉放进水桶里,再加入适量用碱树灰(用常绿灌木"碱柴"烧制成的碱灰)过滤后的碱水,搅拌均匀成粉浆,用勺舀入糕笐置于锅内蒸煮几分钟至熟,再添加一层粉浆蒸煮。如此反复几次至糕笐满时,从锅里取出倒在大竹笐上晾干刨成粉丝,再将粉丝环成团晒干,番薯扣就加工完成了。

11. 槠栗糕 以野生槠栗的果仁为原料加工而成。槠栗,俗称鸳鸯果。将栗果晒干后取出果仁，磨浆过滤提取淀粉，经过蒸煮加工成糕片或糕丝，晒干即可食用。

将楮栗糕放进热水中浸泡至软后捞出，然后配以适量的葱、姜、芹菜、虾仁、目鱼丝等佐料下锅爆炒，再加入适量的盐、红酒、味精、辣酱进行烹炒，一道绿色生态佳肴就可上席。

12. 立夏糊 每年立夏之日，平溪境内人家大都会做"立夏糊"。其制作程序是，先将大米用水浸泡后磨成米浆，然后将笋丝、目鱼丝、五花猪肉等用盐、红酒、味精等烹调成配料，再将黄豆、花生米爆炒至香脆。上述工作完成后，将米浆置锅内微火煎熟，然后加入笋丝、目鱼丝、五花猪肉和黄豆、花生米等配料，一道美味的节令小吃就可上桌。

13. 重阳糕 重阳节，平溪民间有蒸米糕的习俗。因"糕"与"高"谐音，因此结婚、荣升、上大学等喜庆之宴，席中也少不了米糕。

平溪米糕有白糕和有馅糕两种。白糕就是将米糕卷成团，放进碗中，加入用酱油、味精、葱、猪油等调制的糕汤就着吃；有馅糕就是在白糕上面铺上一层用笋干、菜叶、碎肉片、番薯扣、鱿鱼丝等烹调成的馅卷起来，再用葱、酱油、味精、猪油等调制的糕汤就着吃。此外，也可将米糕切成条状，与肉片、菜叶、笋干、鱿鱼丝等原料放入锅中烹炒，谓之"炒糕"。

二、经济作物类

1. 板　栗 2019年，全县板栗产量2093吨，而平溪板栗产量达1394吨，占全县份额达66.6%。平溪板栗产量不仅遥遥领先全县各乡镇，高居全县第一名，且比第二名的下党乡整整多了1124吨。

板栗俗称栗子，富含维生素、核黄素，可以防治口腔溃疡，也能补肾、益脾、止泻。《本草纲目》载："有人内寒，暴泻如注，令食煨栗二三十枚顿愈。"鲜板栗既可水煮也可爆炒。趁热食之，香甜酥脆味美可口。板栗也可以和猪排骨或鸡、鸭、鹅等一起炖食。还可以加工成栗干、栗粉、栗酱、栗糕、栗子罐头等，既可代粮又可佐餐。

2. 锥　栗 平溪一带俗称榛子。李时珍《本草纲目》载："栗，肾之果也。栗能通肾，益气温胃，久食必强健。"早在宋、元时期，平溪各村就有零星种植。2002年，从建瓯引进锥栗种植，一株成龄锥栗年可采收坚果10~50公斤。

锥栗是一种纯天然的绿色食品，含糖量高，比板栗清香、脆甜。可鲜食、炒食、菜用、清炖，也可磨粉制作糕点，经济价值优于板栗。2010年，全乡推广种植锥栗4000多亩，其中燕窠3000多亩、长溪600多亩。2016年，平溪镇锥栗面积5000多亩，是寿宁最大的锥栗生产基地。

3. 榛　油 俗称香油、茶油，由榛果提取而成。榛树从开花到果子成熟，历秋冬春夏四季，吸天地雨露，吮日月精华。果实成熟期也是花开时节，花果并存，同株共茂，堪称人间奇果。

榛油加工程序：先将榛果曝晒开裂取出果仁，然后将果仁放在石臼里舂成细粉，用细筛筛后放到饭甑里蒸熟。蒸熟的果肉用棕或稻草包成直径约20厘米的"油饼",放入水碓油坊或油槽,用木片、木槌敲打"油饼"榨出榛油。2013年,平溪镇出产榛油20吨。2019年,平溪镇出产榛油53吨。

4. 桑 树 寿宁各地都有植桑,尤以平溪为多。过去,平溪村沿溪岸种植,一排排桑树亭亭如盖,郁郁葱葱。

明永乐年间,郭斯垕赋《山行杂咏》,诗曰:"过一山坳又一村,小桥流水映柴门。桑间少妇自采叶,舍下老翁闲弄孙。山雾欲收红日晏,蕨根新洗碧池红。停舆暂上岩亭坐,隐隐樵歌隔溪闻。"诗中"桑间少妇自采叶",描述的就是明初的平溪田园风光。

桑树全身是宝。桑叶可以饲蚕;桑葚可以食用;叶、根、皮、嫩枝、果穗、木材、寄生物等均可入药;木材可以造纸和制作各种器具。

5. 桐 油 平溪境内油桐分两种,一种三年桐,寒露前后采摘,寿命不到10年;另一种为千年桐,立冬前后采摘,寿命长达一百多年,单株产量高。1952年,供销部门开始组织收购桐油,此后数年,桐油产量迅速提高。1974年以后,由于化纤塑料制品的广泛应用,桐油需求量减少。同时,油桐对土壤要求较高,经济效益低,种植面积趋少,产量也急剧下降,20世纪90年代末停止收购。

6. 山苍子油 平溪境内野生山苍子树分布广,大暑前后采摘,开采后3~5年便枯死。民间习惯用山苍子作为解暑草药,夏秋季节常以山苍子泡茶解暑。1957年,以山苍子为原料,以铁锅、木桶、铁皮管道为工具,用蒸气蒸馏法试制山苍子油获得成功。由于山苍子油经济价值高,平溪境内各村曾广泛栽培山苍子树。

7. 木场茶叶 木场村海拔1096米,年均气温10~19摄氏度,产茶历史悠久。温和湿润,冬春多雾的地理条件,造就了木场茶叶的优秀特质——闻之芳香扑鼻,饮之香醇味浓,饮后味道回甘,被业内行家誉为"茶之上品"。特别是木场海拔高,虫害少,无须施药除虫。这种无农残污染的原生态有机茶叶,让消费者购之放心,饮之安全,因此声名远播,深受茶商青睐。

三、其 他

1. 叶蜡石雕 平溪是叶蜡石主产地,故业界将叶蜡石称之为"平溪石"。平溪叶蜡石软硬适中,纹理细腻,色泽鲜亮,可雕刻成印章、艺术品,产品销往省内外。

第九编　经　济

清乾隆以前，平溪是闽东北的重要物资集散地，村中商铺林立，生意兴隆。上府（建阳一带）的笋干、香菇、山麂、野鹿等山珍野味经平溪销往福安、霞浦、宁德等滨海县，沿海的食盐、鱼虾等海产品由平溪运往政和、松溪等山区县。

20世纪50~70年代，由于各类物资紧缺，因此粮、油、布、肉、蛋、糖、饼、煤油、香烟、火柴、肥皂等日常生活用品全部都要按人口凭票定量购买，各种票证五花八门。

改革开放以后，平溪境内涌现寿宁县盛辉生猪养殖有限公司、福建圣丰农业开发有限公司、福建景泰茶叶有限公司、寿宁县盛茗香茶叶有限公司等众多私营企业。柯洋村张显林，环溪村周春晖、周玉俊等相继进军上海滩，创办了上海川源国际物流有限公司、上海平溪房地产集团有限公司。

第一章 商 业

第一节 商品供销

一、明清两朝商品供销

明朝初年，平溪"处处油盐间草市，家家鸡犬类桃源"，是政和县重要的物资集散地，也是诗人向往的桃花源。

寿宁建县以后，平溪成为寿宁县城前往建宁府的必经之地。公馆、驿站相继建立，公役商旅往来骤然增加，呈现一派欣欣向荣的景象。

历经康熙、雍正两朝70多年的太平盛世，平溪村人口急剧增加，成为邑内人口最多的村庄。自杨梅桥头至碇步头，沿溪一带店铺林立，主要经营山货、海货、粮食、饲料、油盐酱醋以及草鞋、斗笠等日常用品，各种山珍海味也琳琅满目；客栈、酒家、面馆以及铁铺、油坊、缝纫店、竹木坊等也应有尽有；寺庵宫阁、凉亭宗祠、私塾戏班等也应运兴建。自寿宁建县至雍正十二年，平溪经历了280年的黄金发展时期。

雍正十二年（1734），寿宁县划归福宁府管辖。随着行政重心的东移，平溪如日中天的商业贸易发展势头不再持续，沿溪店铺的经营范围也相应缩减为油、盐、酱、醋、布匹、农具等日常生产生活用品。沿街店铺前的凉亭古道少了熙熙攘攘的人流，临溪古道千米长廊的美人靠上，也少了达商士绅谈货论价的身影。

二、民国时期商品供销

民国年间，平溪境内茶业有所发展，平溪、南溪、长溪等村出现一些茶商。茶业经济的兴起给乡村经济注入了活力，提高了农民的购买力，促进了商业的发展。茶行、百货、杂货、京果、饮食、屠宰等店铺有所增加。南溪、长溪、屏峰等村有了商品较为齐全的商店。溪底、湖潭、东木洋等村亦有几家简易的小卖部。

日寇侵占三都澳后闽东海运受阻，致使茶叶难以外销，众多茶行因此倒闭，火柴、食盐、棉布、煤油等商品也经常脱销。由于战祸蔓延，兵荒马乱，匪盗横行，依赖人力从斜滩、穆阳肩挑输入的商品物资，沿途常遭抢劫，导致物价飞涨，价格早晚不同，奸商、富户则乘机抬价。因此，老百姓只能穿用苎布、麻布织成的衣服；贫困者衣衫褴褛，鹑衣百结,甚至寒冬腊月还有赤身裸体者;脚上穿得多是布鞋、木屐;三餐煮饭用原始的火石敲击引火,晚上照明用桐油灯,贫困人家用松脂木、火篾照明。日本投降后,商业又逐步活跃起来,食盐、棉布、煤油、火柴等日用品源源输入,人们开始使用煤油灯。1947年后,因货币不断贬值,富商垄断商品囤积居奇,市场使用硬币、银圆,或用粮食以物易物。

三、共和国时期商品供销

1950年,平溪乡商会成立。当年,全乡共有各类商店26家。1952年,成立平溪供销合作社,地点在临溪老街(桥北路)的寿山桥下方。供销社资金由群众入股,给股民发供销社员证。所有商品价格由供销社统一掌握。屠宰、饮食业归供销社统一经营。供销社营业人员由最初的4人逐步发展到20余人,设百货、食杂、纱布、生产、饮食,屠宰等门市部。1953年,进行工商业社会主义改造;1955年,个体小商贩组成合作商店;1957年,绝大多数个体小商贩被纳入供销合作社为营业员。

1954年,平溪供销合作社在南溪、长溪、屏峰、下党等村设4个分销处,其他村均设代销店。当年,人们开始凭粮票、油票、布票、糖票、肉票、肥皂票等各种票证,定量购买各种生活用品。20世纪60年代,分销处改称购销站。

1965年,在平溪村公路内侧建砖木结构的供销社办公大楼及食堂、厕所、鱼池等设施,占地面积688.6平方米。随后又先后建成仓库5座。百货仓库,二层石木结构,占地面积313.2平方米;生产仓库,单层石木结构,占地面积316平方米;化肥仓库,单层石木结构,占地面积210.6平方米;农药、煤油仓库,单层石木结构,占地面积81.2平方米;食盐仓库,单层土木结构,占地面积300平方米。

1969年秋,供销社全部建筑均被洪水淹至3米左右,损失数十万元。食盐仓库被洪水冲毁,重新再建为砖木结构。1970年建食杂仓库,单层砖木结构,占地面积378平方米,并将商品仓库改造为砖木结构。1979年新建食盐、化肥仓库,单层砖木结构,占地面积397平方米。1982年,食盐仓库改建为三层钢筋水泥框架结构综合楼,建筑面积1200平方米,内设门市部、营业所、办公楼、宿舍等。1988年,平溪供销合作社有男女员工60人。

2000年以后,拥有大量黄金营业地段的平溪供销合作社在市场竞争中节节败退,日趋走向没落,只能依靠出租店铺、楼房收取租金苟延残喘。2003~2006年,平溪供销合作社连遗属人员每月几十元的补助费都无法发放。

墟 日 1952年,县农工部和物资交流办公室在平溪举办物资交流会。"文革"期间,物资交流会一度中断。1978年奉文恢复,重新规定每月农历初九、廿三为墟日。每逢墟日,工商所按摊位收取管理费,严禁违法商品上市。参加墟日贸易的商品主要有稻谷、大米、薯米、茶叶、茶油、桐油、木材、木柴、木炭、农具、炊具、蔬菜、水果、布匹、服装、药材、野味、猪仔等。

南溪购销站 原在村中老街租用村民旧店铺。1968年,在南溪村公路外侧征地600

多平方米，建单层土木结构的售货、住宿、办公综合楼一座；单层石木结构购销仓库一座；楼后空坪圈以围墙。当年，购销站有职工4人。1986年后，购销站租给私人开办个体商店。

屏峰购销站 屏峰村落集中，人口密集。民国期间，村中就有12家茶坊，茶叶加工后挑至斜滩水运福州。村中小涧边建有多个凉亭，形成一条生意街，并有外地商人到屏峰经商。民国十七年（1928）九月十七日，土匪火烧民房18座，屏峰村头村成为一片废墟。

20世纪60年代，平溪供销社租用屏峰蔡众登店铺设立购销站，职工2人。村民所需的棉布、百货、农药、化肥等生产、生活必需品由购销站凭票供应。货物从平溪挑往屏峰，挑工0.67元/100斤。红酒、酱油、药品等直接从斜滩进货挑往屏峰，挑工5.00元/100斤。

下党建乡前，屏峰是上党、下党、碑坑、西山、杨溪头等村的商品集散地。下党一带村民把农副产品挑到屏峰贩卖，将生活必需品从屏峰购回。1973年，平溪供销社在屏峰仙殿的右对面建了一座二层土木结构购销站，占地面积约120平方米，后改为农资仓库。1989年，又在旁边再建一座占地面积500平方米的两层砖木结构大楼。20世纪90年代初，购销站由集体经营改为个人经营。

长溪购销站 原在南岸村中老街租用村民旧店铺。斜滩至平溪公路通车后，在北岸万安桥上方的公路内侧征地修建购销站。占地面积460平方米，建筑面积400平方米。

【附　录】

平溪供销社历任主任名录

姓名	籍贯	任职时间	姓名	籍贯	任职时间	姓名	籍贯	任职时间
黄乃仁	平溪	—	朱玉正	芹洋	~1963	周东森	平溪	1989~1991
刘宝元	托溪	—	陈祖振	—	—	孙桂春	斜滩	1991~1993
郭正鸿	—	—	蔡则杰	犀溪	1963~1968	周道芳	斜滩	1993~1997
郭荣惠	—	—	曾纯达	南阳	1968~1974	周长江	平溪	1998~2001
刘德时	托溪	—	陈宜满	斜滩	1975~1980	李典章	芹洋	2002~2006
胡墩锦	—	—	孙道平	斜滩	1981~1988	李左平	平溪	2006~至今

第二节　化肥农药经营

一、化　肥

20世纪50年代，平溪境内开始使用化学肥料。80年代以前，化肥供应紧张，需由县、公社、大队逐级分配给生产队凭证购买。且只有尿素、过磷酸钙等几个品种。

20世纪80年代以后，化肥敞开供应，品种也不断增加，不仅有传统的尿素、钙镁磷、硫酸铵、过磷酸钙、碳酸氢铵，也有复合肥、液体化肥等等。施肥对象也从水稻、番薯、蔬菜、马铃薯，扩大到茶树、果树等农作物。

二、农 药

20世纪50年代，平溪境内开始使用六六粉等农药。70年代以后，农药品种增多，主要有六六粉、1605、鱼藤精、乐果、敌敌畏、敌百虫、甲铵磷、稻瘟净、托布津等。90年代以后，还有除草剂等除草农药。

第三节 农副产品收购

一、猪 肉

20世纪80年代以前，为了保证城市猪肉供应，供销社实行生猪派购办法。生猪收购一般在国庆、元旦、春节等节日前进行。派购任务由县下达，公社落实，供销社负责收购并调往福州等地。

1982年设立平溪食品站，专营生猪上调和市场猪肉供应工作，自负盈亏。年经营生猪600余头，年上缴利润2100元。1987年上调169头，1988年上调200头。20世纪90年代以后，生猪屠宰由个体户自主经营，自负盈亏。

二、桐 油

民国时期，东溪、湖潭等村均以桐油为重要经济收入来源。1978年，平溪公社建立桐油生产基地，垦复油桐4724亩，新辟2550亩。1979年，省供销社将平溪公社定为万亩油桐基地，建立油桐示范林6200亩。所产桐油全部由平溪供销社收购，销往福州。

三、兔 毛

1965年以前，平溪境内养殖的都是肉兔。1971年，供销社引进安哥拉长毛兔，自此开始收购兔毛。1973~1982年为兔毛收购高峰期。1983年夏秋之交，兔瘟蔓延，1984年收购量锐减。1986年以后，产量又逐年递增。20世纪90年代，停止收购兔毛。

四、马铃薯

平溪境内马铃薯黄皮黄肉，酥脆可口。自1972年以来，主要销往香港、日本。1974~1982年为出口高峰期。1983年以后逐年减少，20世纪90年代停止收购。

五、山苍子油

山苍子原为野生植物，历来只用作青草药。1957年供销社设点收购，蒸馏提炼山苍子油。1960年起，开始人工营造山苍子林。1979年推广改造蒸油灶，出油率达到4%，比1957年增加1倍。1981年为山苍子油收购的最高年份。1988年，国际市场疲软收购价暴跌，平溪境内停止蒸馏提炼山苍子油。

第四节　个体经营

目前已知,明建文四年政和县典史郭斯垕的《过平溪作》,是最早描述平溪境内商业活动之诗。诗人赞美平溪"处处油盐间草市,家家鸡犬类桃源",让我们鲜活地感受到600多年前,平溪村中那众多的商铺,浓厚的商业气息。寿宁建县以后,平溪、长洋、南溪等官道必经之村,更是商铺林立,客栈、酒家随处可见。

1953年以来,全国实行农业、手工业、私营工商业社会主义改造,平溪境内除房屋外,土地、山林、溪流等生产资料全部归属国家或集体所有,个体经济基本消亡。

1978年以后,市场经济逐步替代计划经济,个体商店如雨后春笋般发展起来。在生机蓬勃的个体经济不断进逼之下,供销社步步退缩,最终淡出历史舞台。2006年,平溪供销社只留下主任、会计、出纳3个在编职工,看守着面积庞大的大楼、仓库等固定资产。供销社将10间店面出租,月收租金5000元,用于支付供销社18名职工及遗属的社保、医保费。

2013年,平溪村有百佳超市(食杂)、海尔专卖超市(百货)、食杂市场各1家;食品类有肉铺5家、食杂店12家、粮油店2家、糕饼店4家、菜市场2家、卤店3家、食用油销售店3家、碾米厂3家、水果店4家、家禽销售点3个;餐饮食宿类有小吃店13家、餐饮店3家、公寓2家、宾馆1家;五金水泥电器类有建材店5家、修车行5家、电器店3家、五金店5家、水泥店3家、农具店2家、打铁铺2家、首饰店1家、摩托车修理销售店2家;此外还有医药铺6家、服装店12家、理发店6家、香仪店2家、农药店5家、照相馆1家、网吧1家、家具店2家、小摊贩20余家;联通、电信、邮政网络服务点6家。

2020年,平溪村有百佳超市(食杂)、海尔专卖超市(百货)各1家;食品类有肉铺2家、食杂店9家、粮油店3家、糕饼店5家、菜市场3家、卤店1家、奶粉店2家、水果店2家、烧烤店2家、收茶叶店2家、家禽销售点2个;餐饮食宿类有酒店1家、公寓1家、宾馆3家、饭店5家、小吃店9家、餐饮店5家;五金水泥电器家具类有电器店1家、水泥店2家、首饰店2家、建材店9家、家具店3家、摩托车销售修理店3家、农机维修加工店5家;医药类有医药铺3家、参茸补品店5家;装修类有窗帘店1家、瓷砖店3家;穿着类有服装店2家、鞋店2家;美容类有理发店6家、美容店1家;此外还有照相馆1家、玩具店1家、快递店3家、香仪店2家、农药店3家、便利店16家、小摊贩15家;联通、电信、移动、邮政网络服务点5家。

第二章 粮 油

第一节 粮油供应

平溪境内居民户出现在1955年,最早的是南下干部及其家属。20世纪70年代,平溪村破获一起伪造粮票案,罪犯周某某、周某某被法院判处有期徒刑。

20世纪80年代以前,平溪境内居民户口较少,只有公社干部、供销社职工、卫生院医护人员、学校教师及部分家属约百来人。

一、居民户粮油供应

1955年10月,开始实行粮食定量供应制度,除了发给居民粮食供应证外,还发行粮票。居民购粮时,需同时出示粮票和粮食供应证方予购买。人口迁移,则凭粮油迁移证到迁入地办理相关的购粮证件。

由于城乡二元户籍制度的严格管控,农村人口要进城落户几无可能。城乡粮食供应制度的不同,使同为国家公民的城镇居民与农村农民,二者身份天上地下,待遇悬殊。

1. 口粮供应 居民户口粮供应分6类25个等级,其中一般居民分为11个等级。居民户口粮要搭配地瓜米10%,地瓜米1.4斤抵成品粮1斤。一般居民供应标准为:①不满一周岁的月定量3.5公斤;②1~2周岁的月定量5.5公斤;③2~3周岁的月定量6.5公斤;④3~4周岁的月定量7.5公斤;⑤4~5周岁的月定量8.5公斤;⑥5~6周岁的月定量9.5公斤;⑦6~7周岁的月定量10公斤;⑧7~8周岁的月定量10.5公斤;⑨8~9周岁的月定量11公斤;⑩9~10周岁的月定量11.5公斤;(11)10周岁以上的月定量12公斤。

1990年4月1日,福建省粮食厅将儿童口粮供应定量标准简化为四个级次:从出生至3周岁为一级,成品粮定量5千克;4~6周岁为二级,成品粮定量8千克;7~9周岁为三级,成品粮定量11千克;10周岁以上,成品粮定量12千克。

2. 食油供应 居民户每人每月供应食油100克。1981年7月增至200克。1985年再增至250克。

1985年11月,平溪乡有居民口粮供应人口352人,其中轻体力9人、脑力工作者254人、学生19人、居民48人、10岁的8人、6岁的5人、3岁的9人。

1988年12月,平溪乡有居民口粮供应人口390人,其中一般重体力者3人、轻体力者25

人、脑力工作者253人、学生22人、居民67人、10岁的7人、6岁的2人、3岁的11人。

1992年,福建省政府决定4月1日起放开粮油供应价格和粮食市场。1993年4月1日,福建省粮食厅统一制发《福建省市镇居民粮籍证》,用以证明原城镇居民户的身份。从此,国家全面放开粮食收购和销售市场,实行购销多渠道经营。城乡所有居民户、农业户的粮油,全部由自己生产或自行向市场购买。2001年5月1日,国家粮食和物资储备局取消《市镇居民粮食供应转移证明》。从此,凡被大中专院校录取的考生,不必到县粮食局办理粮食供应转移证明。

二、农业户粮食供应

1955年以后,供应标准为3口以上的家庭,8周岁以上为大口,年供应原粮210公斤;1~8周岁为中口,年供应原粮175公斤;未满周岁为小口,年供应原粮75公斤。另外,单身汉年供应原粮250公斤,双大口的每人年供应原粮225公斤。

三、回销粮供应

1958年后,农村缺粮户与受灾缺粮户列入回销粮供应指标,但审批手续烦琐,只有少数关系户能获得回销粮供应。1982年,农村全面实行家庭联产承包责任制,加上推广水稻杂优良种,粮食大幅度增产,回销粮供应减少。20世纪90年代以后,缺粮户与回销粮不再存在。

四、猪肉供应

1950~1956年,猪肉敞开供应。1957年1月1日起,实行凭票供应。1962年7月起,试行猪肉议价敞开供应。议价猪肉零售价每公斤3.20元,比计划价高68.4%,但还是有价无市,不久即告中止。

自1957年开始凭票供应猪肉,一直延续到20世纪80年代中期。当时,家庭、餐饮业都用猪油炒菜,人们购买猪肉,首选猪油、肥肉,因此肥肉贵于瘦肉、排骨。那时每年人均供应猪肉不足一斤,因此食用油紧缺。家庭主妇三餐炒菜用油,只能象征性地用竹筷往油罐一沾,在铁锅中洒上几滴意思意思。同样人口的家庭,那个年代一年的食用油,远不及现阶段一个月的食用量。

五、种子供应

种子粮供应实行"以粮换种,等量或不等量交换,分别作价,差额找补"的办法。种子粮的供应分为三个阶段:第一阶段,自1957年开始,当年全县供应粮种2030公斤,全部由粮食部门代购、代保管、代供应;第二阶段,从1959年4月~1973年,调入的粮种主要由种子公司保管经营,种子公司不便保管经营的,由粮食部门代保管、代供应;第三阶段,从1974年起,粮种移交农业部门经营,其中,芹洋、平溪、托溪、大安、坑底等乡仍由粮食部门代保管、代供应。至1982年,粮种全部由县种子公司经营,救灾备荒种子仍由粮食部门经营。20世纪90年代以后,政府不再经营种子粮供应。

第二节 粮油征购

民国三十一年（1942），寿宁县设立田赋粮食管理处。平溪设田粮办事处，下有平溪、纯池、赤岩、阜莽4个粮库。办事处设主任一人，副主任由区长兼任，下设稽征股、储运股，仓库设仓管员、稽征员。

1949年7月，寿宁县人民政府设财粮科，全县有城关、斜滩、平溪三个区粮库。平溪区粮库设在葫芦门岭旁的原社仓处。10月，全县划分为鳌阳、平溪、斜滩、托溪、南阳5个区。区公所设财粮股，专门负责催征公粮。当年，按民国时期的征实图册分配征粮任务，平溪区完成公粮129吨，柴折谷4吨，公柴64吨。

1954年开始实行粮食统购统销，1955年设平溪区粮站。干部、非农业及部分手工业者，谓之城镇居民户，发证按月定量供应粮油。农户在交纳公粮及留下全家口粮外，剩余的粮食由粮站统一收购。粮站营业范围包括大米、番薯米、茶油、花生、面粉、面、米糠、麦麸等，上述粮油米面等只向城镇居民户按证平价供应，小部分议价出售。

1970年，平溪区粮站改为平溪粮油管理站，增加茶油购销。1976年，在南溪、屏峰、长溪分设3个粮点，负责就近征购公粮、余粮、议价粮等。

1985年4月1日，国家取消粮食统购，改为合同定购稻谷、黄豆。同年，地瓜米退出统购，平溪退出统购地瓜米272吨，其中征购69吨，加价203吨。粮站也由管理型改为经营型。公粮、余粮征购，也由生产队集体送粮改为以户为单位的个体农民送粮。

1988年，平溪粮站下设3个粮库、1个粮店、1个附属粮食加工厂。粮站职工共16人，其中集体工2人。平溪粮站、仓库等占地面积共2376平方米，仓容量1150吨，年征购粮食653.5吨。年加工粮食设备能力205吨。当年，全乡居民共91户，352人。年供应粮食216.8吨、油料2.15吨。

2000年，开始实行购粮补贴。2006年1月1日起，全国废止征收农业税——公粮，延续一千多年的农业税从此消失。

【附 录】

平溪粮油管理站1972~1987年购销情况表　　　　单位：吨

年份	经营量	征购量	议购数	销售数	平价利润（元）	议价利润（元）
1972	2184	902	—	303	-22888	—
1973	2093	937	—	131	-19864	—
1974	2586	1147	115	311	-5233	534
1980	3428	1097	212	368	-9186	3708
1981	3387	1003	32	371	-1481	5032

续表

年份	经营量	征购量	议购数	销售数	平价利润（元）	议价利润（元）
1982	3467	1192	256	266	-9607	6816
1983	3525	1189	476	510	-11720	11502
1984	4438	1106	472	831	-16264	15520
1985	3280	877	514	801	-17594	7100
1986	3700	828	978	825	-12712	12150
1987	3352	977	349	1033	-11154	9473

第三节　粮站与粮库

冯梦龙《寿宁待志》载，明万历十八年（1590）至廿三年（1595）春，知县戴镗在全县建社仓五所，共积谷1200石，其中一所建在南溪村。社仓是民办粮仓的一种，由朱熹首创。社仓不特指某个粮仓，而是一种储粮制度。粮食的来源是劝捐或募捐，存丰补欠。粮食的周转则是借贷的形式，一般春放秋收，利息为十分之二。

一、社　仓

1. 南溪社仓　系明万历十八年寿宁知县戴镗创立，是目前平溪境内已知最早的官府粮仓。清康熙廿五年以前沿袭明制，全县社仓仍为五所，南溪仍为其中之一。

2. 平溪社仓　雍正年间，官府在平溪村增建社仓一所，仓址在葫芦门下的沟涧西侧。民国三十年（1941），田赋改征实物，平溪为第三区粮仓，储粮3282市担。

二、粮　库

1949年，平溪区政府接管原平溪社仓，成立寿宁县第三区粮库。1955年，粮库仍设平溪社仓原址，部分粮食则分贮民房、西峰堂（周氏祠堂）。1958年，在社仓后面建粮库一座。1984年，原平溪社仓被平溪粮站作价出售，现旧址仍存。1966年，在金洋街新建的平溪公社粮站楼旁建单层粮食仓库2座。2020年，其中一座被拆建为文化广场。

1. 南溪粮库　1980年，在栗坂村对面的公路旁建粮仓1座，占地面积约120平方米。

2. 屏峰粮库　1981年，在屏峰村建粮点一座，占地面积1020平方米。1989年以前，屏峰、上党、下党、碑坑、西山、杨溪头等行政村的公粮、余粮都送往屏峰粮库收购。

3. 长溪粮库　1977年12月，占地面积600多平方米的上洋墩自然村粮库被改作长溪知青楼。长溪知青安置离开后，知青楼被县粮食局收回，改建为砖木结构粮食仓库，占地面积1015平方米。现已成危楼。

三、平溪粮油管理站

1955年设平溪区粮站，下辖纯池、赤岩2个粮点。编制5人，负责征收公粮（农业税）和供应平溪境内居民户口粮。

平溪粮站门市部原设在寿山桥上方沿溪老街（桥北路）。1958年，在平溪社仓下方的沟涧西侧新建一座粮站综合楼，内设门市部、办公室及职工厨房、宿舍。

1966年，平溪公社粮站在平溪村公路南侧（原名苦楮坪，现为金洋街88号）征地建砖木结构办公楼一座。1970年，平溪公社粮站更名平溪公社粮油管理站。1971年9月，平溪公社粮油管理站又更名平溪粮站革命领导小组。1980年，在站内建一砻一机的碾米厂一座。

1993年人员分流，部分粮站人员自谋出路。1998年体制改革，又有部分粮站职工按工龄长短发给人民币若干一次性买断。在编人员有站长、会计、出纳、仓管员等7人，每人月工资200多元。粮站职责也转变为完成县粮食局安排的储备粮收购任务。粮站店面则全部出租，店租上缴县粮食局。

2020年，平溪粮站职工7人，有砖混办公营业住宿综合楼、砖木结构粮食仓库各2座（其中一座仓库拆建为文化广场），占地面积共2544平方米。粮站楼房除一座二三两层留作自用外，其他楼房、店面、仓库全部出租，租金收入归县粮食局统筹支付职工的工资、社保、医保等。

【附　录】

平溪粮站历任站长名录

姓　名	任职时间	姓　名	任职时间	姓　名	任职时间
柳熊波	1955~1959	吴向仁	1978~1980	蔡锦冬	2002~2013
黄文灼	1959~1960	杨立满	1981~1985	吴　辉	2013至今
叶旦洪	1960~1962	吴世祥	1986~1997		
蔡兆景	1970~1977	胡齐先	1997~2002		

第三章 企 业

第一节 民间作坊

一、硋窑

宋代，南溪村上窑自然村烧制硋器、陶器，故得名上窑。

二、打铁铺

明朝以来，平溪境内大的村庄如平溪、南溪、屏峰、长溪等村都有打铁铺。2013年，平溪村有两间铁铺作坊，置有机动锻床，生产锄头、柴刀、菜刀等铁器。

三、竹木作坊

明清两朝、民国年间，平溪村有竹器铺、木工坊，生产竹木家具、农具。20世纪50年代以后，乡下农民农闲时编些扫把、斗笠、草鞋、畚箕等竹器，做些菜板、板凳、桌子等木器，利用墟日到平溪摆地摊出售。

四、糖饼作坊

清末至民国年间，平溪沿溪老街有几家加工薄荷糖、芝麻饼的家庭手工作坊，以前店后作坊的形式做些小本买卖。20世纪60~70年代，环溪村周光寿在家中加工薄荷糖、麦芽糖，自行沿街叫卖。80年代后期，周光寿儿子生育两胎女儿后，为生育男孩传宗接代，全家潜往上府谋生，平溪糖饼加工历史自此告终。

五、豆腐作坊

清末至民国年间，平溪沿溪老街寿山桥上方有一家加工生产豆腐的家庭手工作坊。20世纪70年代，平溪村有两家手工豆腐作坊，一家在金洋街南侧，一家在沿溪老街寿山桥上方。

六、银器作坊

20世纪70年代以前，平溪沿溪老街寿山桥上方的李家和寿山桥下方的王家银器作坊，加工生产银质手镯、项链、酒壶等器物。

七、裁缝作坊

民国年间，平溪沿溪老街有几家裁缝店，手工裁剪缝制衣服。20世纪50年代，个体裁缝被组织起来成立手工业制衣社，工具有尺、剪刀、脚踏缝纫机等。70年代中后期，手工业制衣社解散，裁缝师傅应约到用户家中裁剪缝制衣服。80年代，平溪、环溪村几位裁缝师傅在金洋街联合租店营业；李琴花等姑娘则在家中从事裁缝工作。

八、瓷器作坊

20世纪60年代，平溪公社在坂头灵岩寺下方建瓷器厂，生产碗、盘、杯、汤匙等瓷器，后因质量粗劣下马。

第二节　社办企业

1971年成立平溪公社企业组，后更名平溪公社企业办，此后再改名平溪乡企业站。由于没有下属企业，企业站早已名存实亡。2013年有站长1人。

清洋茶场　位于平溪村东2.5千米，海拔647米。1958年11月，平溪公社抽调各生产大队1000多劳力开垦清洋茶园，当年新垦茶园450亩，垦复旧茶园50亩，建茶叶初制厂3座。

1959年创建清洋茶场，当年茶场有17户，80多人。耕地63亩，其中水田55亩，农地8亩。1969年，建钢筋水泥茶叶加工厂1座。1976年，建插队知青楼、茶叶初制厂各1座。

1978年以前，清洋茶场年生产茶叶150多担，价值5万元，年均利润6000余元。1978年以后，实行联产承包责任制，将水田分户承包经营，茶山划片包干管理。1988年秋挖掉老茶树，栽植新品种茶叶。茶园边沿栽种金针花，场地周边零星栽植梨、板栗、苹果、山桂枳等果树。2007年，茶场将120亩茶园出租，其中60亩租给福建景泰茶业有限公司，50亩租给福建盛辉生态农业有限公司，10亩租给平溪村民。

茶叶加工厂　20世纪60年代，平溪、坂头、湖潭、南溪、屏峰、长溪等村都有茶叶初制厂，主要加工绿茶、红茶。

清洋机砖厂　20世纪70年代，平溪公社在清洋建砖厂。90年代，清洋砖厂转让给私人扩建为机砖厂，开始用机械制砖，用煤烧砖。生产的红砖比传统青砖略为厚大，价格也比青砖便宜。红砖问世后，平溪境内青砖绝迹。

稻谷加工厂　20世纪70年代，平溪公社碾米厂用砻谷机和碾米机加工生产大米，使人工舂米、砻米、筛米成为历史陈迹。

龙头坑电站　1999年，平溪乡政府将龙头坑电站作价卖给溪底电站，乡政府每年向溪底电站收取人民币21万元，至2019年期满。

叶蜡石采矿场　湖潭将军山叶蜡石采矿场距平溪村3千米，与湖潭、环溪、木场村相邻。1984年发现，1986年元月正式开采，年产2千吨。1989年产值30万元，税利10万元。1994年年产2万吨，产值150万元，税利30万元。

2006年起，矿山由私人承包，承包期8年。税费等由承包方缴纳，每年缴税90多万元。承包人每年向乡政府上交28万元，向湖潭村委交纳5万元。2015年后，矿山承包费由28万元降为23.8万元。2020年,矿山从业人员11人,年产矿石3万~4万立方米。

第三节　私营企业

2010年,平溪乡有私营企业36家;2011年41家;2012年44家;2013年52家;2014年67家。主要经营种类有茶业、餐饮、养殖、粮油、建材等。

稻谷加工厂　20世纪80年代以后,平溪境内各行政村都有私人碾米厂。

制香厂　2000年,东木洋村创办个体制香厂,生产寺庙用香。规模不大,手工操作。

茶叶加工厂　2013年,平溪镇各行政村都有个体茶叶初制厂,主要加工绿茶、红茶、乌龙茶。2020年,平溪境内从事红茶、绿茶、白茶、青茶初制加工的个体茶叶加工厂有28家。

寿宁县盛辉生猪养殖有限公司　2007年9月成立,法人刘在辉。养殖场建在清洋茶场,占地面积60亩,总建筑面积18000平方米,总投资近7000万元,是邑内规模最大的生猪养殖场。2021年,存栏能繁母猪850头,出栏商品猪16000头。

2011年,被福建省农业厅评为标准化生猪养殖示范场;2012年,通过农业农村部无公害农产品产地认证验收;2015年,被省商务厅认定为"省级副食品(生猪)调控基地"(寿宁仅此一家);2018年,通过环境评价验收;2015~2022年,连续七年被宁德市政府授予"市级农业产业化龙头企业"称号。

福建圣丰农业开发有限公司　2013年4月,燕窠村黄高英成立圣丰农业开发有限公司,下设水果、蔬菜、畜禽养殖三个专业合作社,在东木洋村开发蔬菜基地350亩,主要种植台湾超甜水果玉米、番茄、1号良种毛豆等多个优良品种。养殖基地有鸡棚700多平方米,散养山林100多亩,养殖贵妃鸡5万多只,土鸡2600多只。种植锥栗1200亩,脐橙800亩,金观音茶叶300亩。

寿宁县盛茗香茶业有限公司　2013年,屏峰村蔡岳山在岭根村前二级公路内侧征地3000多平方米建茶叶加工厂,茶叶生产设备有碾揉机、色选机等,系全镇第一家在管理楼安装电梯的企业。公司集茶青收购,茶叶生产、销售于一体,年产毛茶400多吨。2018年,获"宁德市第八届茶王赛"红茶类银奖;2019年,获海峡两岸茶叶交流协会举办的"寿宁高山茶第七届斗茶赛"红茶类金奖;同年,再获福建省茶叶协会举办的"21世纪海上丝绸之路博览会茶产业茶王赛"红茶类优质奖。

上海平溪房地产集团有限公司　2018年成立,公司地址在上海市宝山区长江南路180号A618室,董事长周春晖、总经理周玉俊均环溪村人。平溪房地产集团下设普陀、宝山、虹口、浦东、静安、闵行、嘉定等分公司,主要经营商业地产、酒店公寓等,系上海工商联盟会会员单位,现有商铺300多家,厂房、酒店、公寓、写字楼等总占地面积521860平方米。

第十编　经济管理

明清两朝,平溪境内乡村无食禄人员,所有地方事务均由宗族或里、保自理。20世纪50年代,平溪境内始设金融、保险、财政、税务、工商等经济管理机构。

2020年,镇政府驻地平溪设有财政所、农村信用联合社、保险代办站等经济管理机构。原有的税务所、农行营业所、工商行政管理所等早已先后撤回县城。

第一章　金融保险

第一节　金　融

一、信用社

1953年平溪乡信用站成立，每户入股2元，经审查合格后发给社员证。1959年，成立平溪公社农村信用联合社，下设南溪、长溪、东木洋三个信用分社，在16个生产大队设信用站，1972年12月，在平溪村金洋街公路内侧征地760平方米建办公营业楼，大楼占地面积220平方米。

1972年，平溪信用社工作人员9人，其中平溪3人，南溪、长溪、东木洋分社各2人。2011年，信用社工作人员6人。2020年，信用社工作人员7人。

1976年，信用社与农行营业所合署办公，次年又恢复独立营业。1996年，信用社与农行脱钩独立经营。1999年农行营业所撤回县城，将金洋街8号的农行营业所办公楼转让给平溪信用社。1997年，平溪农行营业所发生的办公楼破拆倒塌事故纠纷，直至2021年初才得以解决。3月，在原址动工新建平溪信用社办公楼。

1. 信　贷　1954~1980年，信用社的工作重点是农业贷款。贷款种类多次变更，累计有6种。一是发放低息贷款支持农业生产；二是肥料、种子、农药、水利等项目贷款；三是抗灾的低息或无息贷款；四是帮助贫苦农民参加农业社股份基金的贷款。1961年，对未偿还部分进行清理，经上级审批，给予豁免；五是乡、村企业贷款；六是个人贷款。

1986年，信用社开始办理扶贫贴息贷款。1987年，受农行委托办理发放贴息贷款。同年，县银行下达贷款任务110万元，收贷100万元，实贷款140万元，收贷款120万元。贷款对象是农业，有盈余资金时也可贷给商业。1987年存款12万元。1988年1~6月，实发放贷款114万元，收回贷款58万元。信用社历年都有沉淀贷款无法收回。

2005年，办理财政贴息的计生"三户"（二女结扎户、独生子女户、计生困难户）贷款。同年，信用社开始推行"万通借记卡"，并替部分乡镇事业单位代发工资。2008年，建成自助银行（ATM自动取款机）。同年，开始为政府对农户发放种粮补贴、生态村补贴。2012年，代办新农村养老保险业务。2013年以来，逐渐开始发放各类支农贷款，创业贷款，扶贫贴息贷款，代办社保业务。

2. 存　款　1953年信用社成立后，工商企业、机关团体、农村社队等存款逐年增加。1990年底，单位存款利率1.5‰；信用社转存营业所利率5.7‰。

储蓄种类　1953年至1990年，信用社开展的储蓄种类有活期储蓄、零存整取、有奖储蓄、存本取息、整存零取、定期储蓄、定期有奖储蓄、有奖贴花、贴现储蓄、定期整存整取储蓄等9种。

储蓄存款　1980年前，全乡存款余额很少。1980年后，国民经济稳定、持续、协调发展，人民物质生活水平日益提高，个人储蓄存款不断增多。2020年，全镇个人储蓄存款2.5亿元。

【附　录】

平溪信用社历任主任名录

姓　名	任　期	姓　名	任　期	姓　名	任　期
李吓偏	1972~1982	陈秋华	1994~1996	孙冠宇	2007~2010
魏光炳	1983~1985	叶章雄	1997~1999	林忠良	2010~2013
周乃相	1986~1989	王章清	2000~2003	陆传华	2013~2017
叶全福	1990~1993	叶章雄	2004~2006	刘木强	2017至今

二、农行营业所

1950年设平溪营业所，代理农村的生产、生活的放款和收贷工作。1952年，营业所主要业务是公款的收、贷工作，服务对象是全民所有制企业单位。

1975年，在金洋街内侧的邮政所隔壁建营业所办公楼，占地面积306平方米，内有办公楼、宿舍、厨房、厕所等，造价共1.7万元。1976年，营业所与平溪信用社合署办公，次年又恢复独立营业。

1992年，农行营业所在金洋街8号征地800多平方米，建三层钢筋水泥框架结构办公楼、厨房等。1996年，信用社与农行脱钩独立经营。1999年，平溪农行营业所撤回县城，将金洋街8号的办公楼等建筑全部转让给平溪信用社。

1. 存　款　1978年以前，累年存款额只有13600元，放贷30多万元。1987年，存款金额30万元，放贷金额60万元。1988年，因冰雹灾害，物价上涨，货币贬值，致存款下降。

2. 贷　款　营业所对扶贫有专款指标。1987年，发放贫困户贴息贷款16.8万元。1988年，第一批发放蘑菇栽培户2.1厘低息贷款6万元。其他贷款项目有养猪、茶苗、粉干厂、机砖厂、茶叶初制厂等。

1989年，累计贷款100万元，多属集体所有制企业贷款，收不回来的达30余万元。平溪水电站贷款14万元，旧电站贷款3.5万元，其他各村管委会小型电站的贷款，至今仍无法收回。1999年平溪营业所撤销，金融业务由信用社承担。

第二节 保 险

1987年,中国人民保险公司寿宁县支公司在平溪设保险代办站,租用店面一间,设代办员1人,不占国家编制,不发工资,从投保金额中提取2%作为代办费。主要险种是财产保险、简易人身保险。

第二章 财税工商

第一节 财 政

1949年8月至1951年,区乡财政采取"自筹自支"的办法。1952年,实行"分级管理,统筹兼顾"。1954年,福建省政府规定了乡镇财政的范围。

1965年,平溪公社依据省乡镇财政预算管理规定,实行"分级管理,统筹兼顾"的办法,财政收支实行"包、筹、禁"的管理方针。

1978年,根据上级制定的《关于农村人民公社财务管理办法》规定,平溪公社财政实行"定收定支,收入上交,交后下拨,增收分成,结余留用"的办法。

1985年设立平溪乡财政所,为乡政府下属机构,业务受县财政局指导。财政所负责乡政府各项预算外资金和国家规定的自筹资金的筹集分配组织管理工作,协助乡企业建立和健全各项财务会计制度,负责机关、卫生院、学区经费转拨、核销和各行政村建设经费的转拨、核销及征收木、竹、茶叶特产税。

1986年,平溪乡财政实行"定收定支,收支挂钩,超收分成,结余留用,超支不补,一年一定"的原则。1988年,按照财政新体制实行"收支挂钩,分级包干,一定几年"的财政管理体制,明确规定乡镇财政收入的范围。

财政预算内收入包括:乡镇范围内的产品税、营业税、增值税、集体企业所得税、城乡个体工商户所得税、屠宰税、滞销金及补税罚款、农业税、特产税和其他收入。

财政预算外收入包括:农业税附加、教育事业附加税、其他附加收入、公房租赁收入、租用土地费、集体其他收入、国库券利息收入等。

随着茶、竹、林、果和食用菌类生产的发展和减轻农民负担,扶持农业发展政策的落实,各类税收的比重发生很大变化。特产税的比重逐年增多,农业税的比重逐年下降。

随着改革开放的不断深入,村镇工农业发展速度加快,市场繁荣稳定,税源日益增多,预算内的财税收入,逐年有较大幅度的增长。

第二节 税 收

一、明朝赋税

冯梦龙《寿宁待志》载，明崇祯年间，"男子每丁约纳银四钱三分，妇女每口纳银一分三厘"。"崇祯九年，为确陈剿寇第一要策，恭请圣裁事，奉文因粮输饷，乡绅每粮一两，加银二钱。民间粮满五两者，加银五钱"。

二、清朝赋税

康熙《寿宁县志》载，康熙年间，"每成丁征银四钱三分二厘四毫五丝八忽二微二纤。每疾丁征银八分九厘四毫三丝七忽八微二纤八沙"。平溪境内农业税有丁口赋、田地赋附征税，全部摊丁入亩。

三、民国赋税

民国元年（1912），改地丁银为正税，改征银两为银圆。民国十七年（1928），税厘章程规定：茶叶每百斤征厘金银七钱七分。此外，各产地还得征收各种什税和厘金变相的茶税。

民国二十六年（1937），征收的赋税有田赋、随粮捐、一成征收税、串票税、房铺税、地宅税、营业税、屠宰税、厘金税、契税、茶税、渔税、当税、炉税、牙税和田赋附加、契税附加、自治附加、警察附加、保安附加、鸦片捐、印花捐、房铺地产附加等。

民国三十六年（1947），田赋已经预征至1952年。平溪境内开征的税种有所得税、货物税、营业税、屠宰税、车船税、盐税、茶税、渔税、牙税、烟酒税、契税、牲畜税、糖税、房铺捐、印花捐、鸦片捐等，征收方法为逐级摊派征收。屠宰税由经征人员直接征收外，边远乡村则由屠宰商认额包征或实行核定应缴税额委托保甲长代征。

四、共和国赋税

2013年，我国共有增值税、消费税、船舶吨税、固定资产投资方向调节税等20个税种，其中17个税种由税务部门负责征收。当年，平溪镇完成国税163万元、地税120万元。

1. 农业税 俗称公粮。1958年6月3日颁布《农业税条例》。1983年开征农林特产农业税，1994年改为农业特产农业税。2005年，取消"三提五统"等税外收费，开展改革农业税收为主要内容的农村税费改革。2006年1月1日起，废止《农业税条例》。

2. 工商税 1949年10月，征收油类税、营业税、屠宰税、特种消费行为税等4个税种。此后几经改革。2013年，征收税种有产品税、营业税、增值税、国有企业所得税、国有企业调节税、集体企业所得税、建筑税、国有企业奖金税以及屠宰税、车船使用税等。

五、税务管理

民国二十六年（1937）6月，寿宁县经征处在鳌阳、平溪、斜滩3个区设立经征分处，12个乡设经征所。民国三十一年（1942），撤销寿宁县经征处，改设寿宁县田赋粮食管理处，下设鳌阳、平溪、斜滩经征处和南阳乡临时征收处。

1950年平溪税务所成立。1966年，在平溪村杨梅桥头的公路内侧建二层砖木结构办公楼1座，占地面积500平方米。1985年续建厨房1间；1988年建车库、厕所。1989年，平溪税务所职工7人，其中平溪4人，芹洋组2人，下党组1人。同时，在各行政村设代征员协助工作。2003年，平溪税务所撤销。

第三节　工商管理

一、工商企业

1950年，寿宁县有个体商贩254户，861人。其中平溪33户，101人。1986年，平溪境内有个体工商户30户；1987年87户；1988年122户。经营种类有针织品、副食品、缝纫、糕饼、理发、运输、修理、屠宰、餐饮等。

1988年，平溪村有企业16户，其中全民企业有粮站、茶站、食品站等3家；乡镇企业13户。

2010年，平溪乡有个体商户134户；2011年183户；2012年201户。2013年，平溪镇有个体商户217户；2014年281户。经营种类主要有餐饮、副食品、日用品、水产品、五金零售及缝纫、糕饼、理发、运输、修理、屠宰等。

二、工商行政管理所

平溪工商行政管理所的前身是南溪检查站。1979年成立平溪工商行政管理所，工作人员5人。负责管理平溪、芹洋、下党3个乡的工商工作。1983年，以4000元购买占地面积89平方米的民房一座，以400元修建二层楼。1994年，在平溪村杨梅桥下方公路外侧建工商所大楼，占地面积110平方米，四层。

管理费　1979年以前，每年征收平溪合作商店管理费3~4千元。1979年，平溪合作商店划归平溪供销社管理，不再征收工商行政管理费。此后，管理费征收对象为个体工商业者，按营业额0.8%征收。1987年收入1.7万元；1988年上半年收入1万元。

摊位费　20世纪80年代以来，平溪墟日每月2次，时间为每月农历初九日和廿三日。以后，南溪、长溪、屏峰村也组织墟日。1987年，收入摊位费800多元；1988年上半年收入摊位费500元。

三、个体工商协会

1983年，平溪乡工商业个体协会成立，设正副主任2人，成员4人。会员每月缴纳会员费0.5元，用于订工商报，每户1份。

【附　录】

平溪镇历年工资、部分食品价格表

时间	技工工资（元/日）	粗工工资（元/日）	干部工资（元/月）	大米（元/斤）	猪肉（元/斤）	鸡蛋（元/个）	扁肉（元/碗）	拌面（元/碗）
1960	1.20	1.00	36	0.14	0.72	—	0.10 米票2两	0.10 米票2两
1970	1.20	1.00	36	0.14	0.72	—	0.10 米票2两	0.10 米票2两
1980	1.20	1.20	45	0.14	0.72	0.03	0.15	0.15
1985	1.50	1.20	71	0.14	1.20	0.05	0.20	0.20
1990	3.50	2.50	146.5	0.14	2.00	0.10	1.00	1.00
1995	17	10	363	0.55	2.00	0.15	1.00	1.00
2000	25	12	668	1.50	3.20	0.50	2.00	2.00
2005	30	20	867	1.50	3.20	0.50	2.00	2.00
2010	120	60	1767	2.30	7.00	0.60	2.00	2.00
2011	180	120	2020	2.30	8.00	0.70	2.50	2.50
2012	230	150	2278	2.50	10.00	0.80	3.00	3.00
2013	260	160	2455	2.50	12.00	0.90	3.50	3.50
2014	260	160	2455	2.50	12.00	0.90	5.00	4.00
2015	260	160	2600	2.50	15.00	1.00	5.00	4.00
2016	280	180	2600	2.60	15.00	1.00	5.00	4.00
2017	300	200	2600	2.60	20.00	1.00	5.00	4.00
2018	320	200	2600	2.60	35.00	1.00	5.00	4.00
2019	350	240	2800	2.80	40.00	0.80	6.00	4.00
2020	380	240	3000	3.00	35.00	0.80	6.00	4.00

　　说明：干部工资，指刚参加工作的大学毕业生的工资；1990年前，大米、猪肉、鸡蛋系指凭票定量供应居民户的价格。

第十一编　交通　邮电

　　明景泰六年寿宁建县，寿宁县城至建宁府（建瓯）的官道，途经平溪境内的平溪、环溪、长洋、庾岭头、亭下、柯洋、南溪、新桥头等村。1963年以前，平溪境内古道大多用鹅卵石铺筑，遇溪流则搭建木桥、石板桥、石拱桥、木拱廊桥或以碇步、渡船连接两岸。

　　1963年，斜滩至平溪公路通车。2010年，平溪境内行政村公路全部浇灌水泥路面。2019年竣工通车的寿宁至政和二级公路，途经平溪境内的岭根、清洋、平溪、东木洋、上洋、溪底、栗坂、南溪、新桥头等村。

　　民国二十六年（1937）设平溪邮电所，开展信函投寄、电话、电报等业务。20世纪90年代以来，电话、传呼机、小灵通、大哥大、手机、智能手机等通信工具，各领风骚三五年。2000年以后，书信、电报、有线电话等逐渐被手机、微信、QQ邮箱等取代。

第一章 交 通

第一节 古 道

历代先民逢山开路，遇水搭桥，在平溪境内修筑了百多条古道，形成村村相通，路路相连的原始交通网络。20世纪60年代以来，一些古道被扩建为公路，众多古道由于行人日渐减少而荒芜。

一、寿宁县城往建宁府官道

自明景泰六年（1455）八月寿宁建县至清雍正十二年（1734），寿宁隶属建宁府，寿宁县城至建宁府治建瓯的官道从平溪境内穿过，官道经过的村庄有：

1. **环溪村** 由平溪村下游的卧龙桥—环溪村；
2. **平溪村** 由环溪村—平津桥—平溪村（平溪公馆）；
3. **长洋村** 由平溪村—平津桥—长洋村；
4. **庚岭村** 由长洋村—庚岭—庚岭村；
5. **亭下村** 由庚岭村—亭下村；
6. **柯洋村** 由亭下村—柯洋村—南溪村（南溪公馆）；
7. **南溪村** 由南溪村—石门隘—新桥头；
8. **新桥头** 由新桥头—"政寿交界"牌坊—政和县—建宁府治建瓯。

民国《政和县志·交通》载："由邑城而东，一至牛屠（编者注：牛途）村，抵寿宁之南溪界。政邑商家年间采买绿茶，常与该村一带居民交通，旅程一百四十里，货物皆由陆运。"

二、现存古道

平溪境内现存较完整的古道有8条。其中知名度较大的有习近平总书记走过的"屏峰—下党"古道和载入《罪惟录》的"环溪—禾溪"古道。

1. **环溪村** 一条通往木场村、禾溪村、纯池镇、泗州桥村、周墩及屏南、古田县，载入明史《罪惟录》的鬼足洞就在这条古道的平禾岭附近。
2. **长洋村** 一条通往庚岭村、亭下村、柯洋村、南溪村及政和县、建宁府，明清两朝为寿宁县通往建宁府官道。

3. 东溪村 一条通往东山头、长溪村；一条通往周宁县纯池村；一条通往湖潭、周宁县祖龙村；一条通往炉坑村、凤阳镇。

4. 湖潭村 通往长溪、东溪及周宁县纯池、祖龙、赤林坪等村的古道都是羊肠小道，蜿蜒崎岖。

5. 屏峰村 一条通往平溪村，长5千米，去时要攀村头岭，回时要攀平溪岭和下坑岭；一条分别通往下党乡的上党、下党村，均长6千米；一条通往下党乡西山村，一条通往芹洋乡尤溪村，一条通往芹洋乡溪源村，一条通往下党乡下屏峰村，长度均约5千米。

6. 岭根村 一条通往清洋茶场，长2.5千米；一条通往芹洋乡尤溪村，长约5千米。

7. 长溪村 一条通往东山头、东溪村。

8. 源家墩村 一条通往芹洋乡发竹坪村。

三、山 岭

平溪境内众山蜿蜒，群峰昂耸，岭多且长。主要有庾岭、庙后岭、平禾岭。

1. 庾 岭 明、清年间，庾岭为寿宁县城通往建宁府的必经之道，也是寿宁最早的茶银古道之一。从海拔565米的长洋村蜿蜒而上，至海拔845米的庾岭头亭，长5千米，沿岭有3亭2泉。岭中亭建于明代，亭旁有清泉，亭前瀑布飞流而下。

清顺治三年（1646），明世裔郧西王朱常湖为反抗异族入侵，化身为僧隐藏在邻近庾岭的鬼足洞，史迹载入纪传体明史《罪惟录》。

岭头亭古名庾岭头亭，始建于明代，清乾隆年间陈睐三、许明壹为首重建。乾隆《福宁府志》载有南溪李毓姬的《募捐庾岭头亭序》。民国二十三年（1934）8月25日，寻淮洲、粟裕领导的中国工农红军北上抗日先遣队，一支由平溪走庾岭古道经亭下到南溪村宿营，次日向政和、庆元县进发。

2. 庙后岭 始于海拔550米的平溪村鼎墩，通往海拔860米的屏峰村，全长5千米，明嘉靖年间（1532~1540）建。古时，庙后岭是平溪通往浙江庆元、举溪和托溪等地的必经之路。

民国二十三年（1934）8月25日，寻淮洲、粟裕领导的中国工农红军北上抗日先遣队由福安穆阳到平溪村，大部队经庙后岭前往屏峰村宿营。沿岭原有2泉一亭，亭边有百龄古松2棵，高数丈。岭岔有胸径数围，冠盖如云的百年柳杉5棵，因1976年修建清洋茶场至屏峰公路而砍伐。

3. 平禾岭 在环溪村上游，全长5千米。由海拔550米的平溪河畔直上海拔1003米的周宁县禾溪岭头，落差453米。

平溪公路通车以前，平禾岭为平溪通往纯池、泗洲桥、周墩和屏南、古田县的交通要道。沿岭有2亭3泉，岭边杂木丛生，中间有百龄柳杉2棵。岭头建一亭，亭旁有数百龄柳杉3棵，胸径均达数围，高几十米。

明崇祯年间，知县冯梦龙曾借郡归之机抓捕邑内泗洲桥恶霸陈伯进，经平禾岭将陈伯进押回寿宁县衙惩治。平禾岭旁有一个鬼足洞,因明郧西王朱常湖在此举义反清而载入明史,闻名遐迩。

第二节 公馆 铺递

一、铺 递

明清两朝,平溪为官道必经之地,平溪境内设平溪、南溪铺以传递文书。平溪铺在平溪村大石坂附近的古道边,设铺司兵4人。南溪铺在南溪村西的南溪公馆左侧,距石门隘仅数百米。民国年间,平溪铺、南溪铺废。

二、公 馆

明清两朝,官府在平溪境内设平溪、南溪公馆,供过往官吏住宿、办公之用。清乾隆《福宁府志》载:平溪、南溪公馆门子各一人,年工食银每人2.4两。民国年间,平溪公馆、南溪公馆废。

1. 平溪公馆 在平溪村,明景泰六年(1455)秋建。嘉靖廿二年(1543)春,贵州普安人张鹤年由建宁府治经平溪赴任寿宁知县,见平溪公馆年久失修,遂重修大门、堂宇、寝室,粉刷墙壁,还新建文昌帝君亭一座,清康熙《寿宁县志》有载。

明崇祯十年,冯梦龙在《寿宁待志·卷下·附旧志考误》中记载:"前人题咏,或一时适兴之语,未必成诗,不必尽刻。……,平溪公馆阮公宾一首,南溪公馆徐作一首,元潭公馆张俭一首可存,余并宜删。"阮宾《平溪公馆》、徐作《南溪公馆》,二首已佚。

2. 南溪公馆 在南溪村,明景泰六年(1455)秋建。嘉靖廿二年(1543)春,知县张鹤年重修。弘治《八闽通志·建宁府》载:"南溪公馆在县西南政和里八都。"

崇祯七年(11634)六月,冯梦龙由建宁府治赴任寿宁知县,途经石门隘,夜宿南溪公馆赋诗《石门隘》,冯梦龙《寿宁待志》有载。陈时范撰《南溪公馆记》,清康熙《寿宁县志》有载。

第三节 凉 亭

民间认为建亭胜于修墓,是造福社会,荫泽儿孙的善事,功德无量。因此,亭址大都选择藏风聚气或朝山秀美之地。亭中正梁书建亭或重修时间,偏梁多书首事、捐款者及工匠姓名。有的还在亭柱题联、亭额题名、墙上绘画。亭内有凳,亭旁有泉,供行人小憩、解渴。

环溪村周玉美(女)赋《茶亭》,诗云:你撑一把凝固的伞,伫立半岭饱览风云。粗糙的石门石窗,粘住重叠的脚印。祖传的鸭嘴茶壶,贮满布施的真情。竹椅、长凳是免费的空调,慰藉行路的艰辛。八仙桌上的碗碗清凉,染绿多少吟咏的心。啊!那把伞变活了，在连山的云雾中浮沉……

2019年，平溪境内已知的存、废路亭（纪念亭）共48座，除屏峰丹心亭（纪念亭）、岭根候车亭外，其余46座均由乐善好施的村民或独资或募缘而建。

一、现存凉亭

1. 白　亭　在环溪村往木场、周宁县禾溪村的古道旁，土木结构，1950年重修。清顺治三年（1646），暂寓平溪仙崖寺的王祁、冯梦龙，与化身为僧潜藏在鬼足洞的郧西王朱常湖，为筹谋反清复明大计，经常在仙崖寺、鬼足洞之间往来。为躲雨、歇足，特在中途修建凉亭。因墙刷白灰，又因王祁、冯梦龙、朱常湖在平溪点燃的这场燃遍八闽的反清复明烈火，史称"白头变乱"，因此得名"白亭"。

2. 会公亭　在平溪村下游里许的仙殿岭头，坐东朝西，深5米，宽4.5米，西向单面为门，亭口可远眺平溪、环溪村。清康熙《寿宁县志》有载，1962年毁。1980年重建，2000年八月初四再修。

3. 庾岭亭　庾岭由长洋村至庾岭头，为邑内名岭之一。清乾隆间，在庾岭官道边重建庾岭头亭。清南溪村李毓姬撰《募建庾岭头亭序》，载乾隆《福宁府志》。

4. 燕窠亭　在燕窠村边里许，土木结构，燕窠往平溪村古道穿亭而过，始建时间不详。2012年，寿宁县政府公布为不可移动文物点。

5. 大场亭　在大场村边，清道光年间肖姓建，土木结构。

6. 范岔亭　在范岔村下游，清嘉庆年间建，土木结构。

7. 岔头亭　在平溪村东北的庙后岭头，坐西朝东，东向单面为门，清咸丰五年（1855）10月建。屏峰通公路后荒废。1983年10月，在原址下方公路边重建，深5米，宽5米。

8. 尿桶亭　在范岔村南里许，清咸丰年间建，土木结构。

9. 清洋亭　清光绪十七年（1891），岭根村民捐款修建，董事周尚帮、张文招。

10. 上窑亭　在南溪往上窑村的半岭中，清南溪村李贞元独资修建。后再修。

11. 托后亭　在岭根村岔路口，民国年间平溪吴作揭建。1982年，周俊纯为首大修。

12. 象鼻亭　在平溪至东木洋公路边象鼻山脚，1969年8月重建。坐北朝南，深4.2米，宽4.5米，土木结构，南向单面为门。因年久失修，腐朽欲坠，瓦片零落。

13. 燕前亭　在环溪村上游通往燕前、木场、长洋、燕窠等村的古道边，1975年6月建。土木结构，占地面积25平方米。

14. 转水亭　在环溪村大连坑小溪出口处的电站遗址旁边，1987年建。坐南朝北，土木结构，深4.2米，宽4.4米，北向单面为门。亭内对联："天地一寄庐，到此不妨少住稍歇息；光阴如过客，从今各勉前程万里云""水色山光留客住，溪声鸟语送人情""莫道行人唯我早，须知早我有行人"。

15. 增福亭　在湖潭村洋头，1988年八月初十建，砖木结构。

16. 长寿亭　在平溪上村岭头与上方庵之间，路从亭中通过。2009年农历七月重建。

17. 福寿亭 在岭根村下游公路口，2000年12月，徐林珍、周光相等为首兴建。亭内对联："苍松翠柏真佳客，明月清风是故人"；"浮生若梦，劝君不必多忙；且住为佳，到此何妨小坐"。

18. 四角亭 在环溪村林公大王宫下方，为灵岩寺山门亭，柱联：大法门开随处皆佛地，有缘人到入寺见如来。2001年建，占地面积16平方米。四面通透，色彩亮丽，飞檐翘角，古色古香。

19. 百岁亭 在清洋茶场往屏峰公路边，坐西朝东，雕梁画栋，颇为美观。2002年农历十月，吴开良兄弟为纪念祖母百岁而建。宽3.9米，深4米，南北西三向有水泥墩凳。2020年拆除百岁亭，在亭址处建一巨幅宣传栏，纪念1989年宁德地委书记习近平一行，途经此地转道屏峰前往下党。

20. 日洋亭 在日洋岭。2002年，毛溪后、罗来雄等为首重建。传说，此亭与日洋村的兴衰相关。

20. 南湖亭 在环溪村至南日洋和湖潭村的古道上，故称"南湖亭"。2003年10月建，砖木结构，占地面积16平方米。亭内碑刻：周生义建。

21. 龙珠亭 在上充村后路边，土木结构，因亭下山涧有龙井而得名。始建时间不详，2004年重修。亭边一株古松，2010年枯死。

22. 五里亭 在湖潭村红田，2005年八月十五建，砖木结构，约10平方米。

23. 香碓亭 在平溪村东北的庙后岭下，2005年11月14日辰时建。土木结构，坐西朝东，深5.1米，宽6米，路从亭中穿过。左右梁书：为名忙为利忙忙里偷闲，且向凉亭坐坐；劳心苦劳力苦苦中得乐，漫将笑语谈谈。

24. 万安亭 在源家墩至长溪村的机耕路与省道交接处，长溪李承才、源家墩李承田为首修建，亭名"万安"，祝愿来往商旅，万家平安。

25. 岔头亭 在庾岭村头。

26. 村头亭 在湖潭村上游。

27. 岭山亭 在溪底村上游。

28. 长寿亭 在南溪村下游1千米处。

29. 避雨亭 在大场路口，2011年建。

30. 老鸦亭 在南溪村与庆元县交界处。

31. 新　亭 在长溪村往周宁县纯池村古道1.5千米处。

32. 缸窑亭 在屏峰村北1千米处，通往上党、下党村。1989年7月19日上午，宁德地委书记习近平一行由屏峰村步行到新建的下党乡调研脱贫致富工作，途经缸窑亭并在亭中小憩。

33. 峰门亭 在屏峰村北3千米处，通往上党、下党村。1989年7月19日上午，宁德地委书记习近平一行由屏峰村步行到新建的下党乡调研脱贫致富工作，途经峰门亭并在亭中小憩。

34. 长乐亭　在长洋村下游的思源桥南岸，砖混结构，亭内立碑，记载建桥经历及捐款人芳名。

35. 莲花坂亭　在上窑村通往上党村的山顶。

36. 桥头岭亭　在桥头岭腰，1995年，吴细物等为首修建。

37. 长洋下亭　在长洋村往燕窠村方向，土木结构，始建年代不详。1960年，长洋村吴齐发、叶明庆、李岩隆等人重修。

38. 千排大王亭　在平溪村东北的千排庙后岭中段，1992年10月建。2006年7月重修。土木结构，坐西朝东，西面单向为门。左右梁书：四方顾客共坐片刻，五路行朋同饮一杯。

39. 屏峰丹心亭　1934年8月25日，寻淮洲、粟裕率中国工农红军北上抗日先遣队，由湖潭入境平溪夜宿屏峰。为纪念革命先烈，屏峰乡贤筹资16万元，2017年3月8日在村口凤凰桥外动工建设"丹心亭"，2017年9月9日竣工。建亭首事：陈信文；理事：蔡众回、罗会南、罗时泰。

40. 岭根候车亭　2020年，在岭根村口二级公路边建砖木结构候车亭。

二、已废凉亭

1. 文昌亭　明嘉靖廿二年（1543）春，知县张鹤年重修平溪公馆，同时在公馆前兴建一座文昌帝君亭。

2. 驻马亭　在平溪村大石坂，始建时间不详。明清两朝为邑内名亭，清康熙《寿宁县志》有载。民国年间毁。

前人赋《亭驻德骥》，诗云：千里骥游驻此亭，不须称力德堪称。天街踏遍霜蹄健，亘古留传岂计龄。清平溪周绍濂赋《长亭驻马》，诗云：马驻长亭首向东，驰驱千里快追风。来朝天骥精神健，看遍长安一日中。清源卓观澜依韵和之：几回铃韵响叮咚，追逐尘寰快似风。漫道马蹄忙不住，还羁一幅画图中。

有人依据《长亭驻马》及光绪拔贡郭鸿翔"为驻马之名峰"之语，认为平溪"原名驻马"。1997年秋，乡长卢某某在乡政府大院塑奔马一匹。2002年，平溪乡政府将奔马雕塑移往县城三峰寺门前大坪。

3. 太婆亭　在清洋茶场的知青楼前，清末至民国年间建，20世纪80年代后期毁。

4. 八角亭　在南溪村，清初建，1967年毁。南溪李廷森赋《亭宇夏凉》：一亭孤耸野云边，好向披襟溽暑天。地阔浓荫闲怀古，天风添爽籁绕鸣。凌晨气肃千峰雪，入夏凉生五月蝉。不是人间清福少，□□踏去只当前。

5. 村头亭　在南溪，清南溪李贞元独资修建。

6. 圩后亭　在湖潭村圩后，清代建。后因修建公路塌毁。

7. 上门亭　距亭下村5千米，清代建，20世纪80年代毁。

8. 畚斗亭　距亭下村5千米，民国年间建，20世纪70年代毁。

第四节 桥 梁

据历代志书、谱牒记载，平溪境内原有20多座木拱廊桥，历经战乱、灾毁，现已荡然无存。平梁木廊桥也仅存岭根、奶殿垄2座。平溪境内现存木拱廊桥、石拱桥、石板桥、水泥桥、琴桥等共80座。

一、木拱廊桥

是一种"以木架桥，桥上建廊，以廊护桥，桥廊一体"的古老而独特的桥梁样式。因形似彩虹，又称虹桥；因桥上建有桥屋，俗称厝桥。以梁木穿插别压形成拱桥，支撑在两岸的岩石上，底座由数十根粗大圆木纵横拼接对拱而成"八字结构"，不用钉铆，结构简单却坚固异常。

（一）现存木拱廊桥

长洋飞凤桥 2021年，长洋村乡贤吴龙兴为首在长洋、金州洋、东木洋"三洋"交集处（金州洋思源桥上方），倡建单孔木拱廊桥——飞凤桥。2022年10月动工架木，主墨师傅伏际村吴允旺。飞凤桥全长50米，单孔跨径40米，比拱跨37.2米的下党村鸾峰桥还长2.8米，为全国现存单孔拱跨最长的木拱廊桥。

（二）已毁木拱廊桥

1. 卧龙桥 在平溪村下游的东瓜洋半月山上方，宋代始建，桥旁植松。明弘治《八闽通志》载曰："洋尾桥"。清康熙《建宁府志》载："卧龙桥在平溪，周宪九等建。"廪生周绍濂在《寿山石桥记》中写道："宋建屋桥二，其上曰'飞虹'，废于水；下曰'卧龙'，废于火。"并赋《环水卧龙》，诗曰：环流带水响淙淙，中构危桥比卧龙。题柱于今追往事，低回古岸一株松。清源贡生卓观澜依韵和诗：山环屹屹水淙淙，龙去犹存小卧龙。借问当年谁做伴，沿崖北有老麟松。清道光间，卧龙桥被夜宿桥内的乞丐失火焚毁。岸边一株千年老鳞松，1960年代被伐。

2. 飞虹桥 在平溪村。前人赋《虹桥挂月》，诗云：水光一派接天光，月影临桥桥影长。上下颠连互熳烂，波间双彩焕文章。清光绪间，平溪廪生周绍濂也在《寿山石桥记》中写道："宋建屋桥二，其上曰'飞虹'，废于水；下曰'卧龙'，废于火。"但遍查明清两朝的省志、府志、县志，均未记载平溪"飞虹桥"。不知会不会是清乾隆之后，"平津桥"重建更名为"飞虹桥"？暂且存疑。

3. 新桥头桥 在南溪村新桥头自然村，明景泰七年（1456）建。1953年重建，长17米。1998年冬，被乞丐失火烧毁。

4. 小卧龙桥 在平溪村口的鼎墩杨梅涧上，清道光间建，清末毁于火。

5. 双龙桥 又叫溪里桥，在溪底村口，原为木拱廊桥。清咸丰七年（1857）八月廿六日辰时建，1969年9月27日水毁。1972年重建为石拱桥，尚未完工即塌毁。1993年在原址再建。溪底《王氏宗谱》载《双龙屋桥》，诗云：双龙对峙镇江中，倒映夕阳瑞气浓。抑傲儿童堪授教，传书圮上老人翁。

6. 观音桥 在龙头坑村下游，长10多米，宽4.5米，始建年代不详。因桥梁朽坏，2001年农历六月十九日拆毁重建为水泥桥。

7. 洋墩桥 在南溪村，原名"浦南桥"，系古时南溪通往平溪村要津，始建时间不详。明弘治《八闽通志》有载。清乾隆十六年（1751）水毁，乾隆十九年监生李挺穗倡建，僧普坤为首募缘重建，乾隆《福宁府志》有载。

嘉庆四年（1799）浦南桥又遭水毁，李廷森为首重建，更名"折柳桥"。光绪十四年（1888）七月十晨又被水毁，同年冬李守正为首再建。1969年9月27日，折柳桥水毁。1970年改建为双孔石拱公路桥，人称"洋墩桥"，通往柯洋、亭下村。

南溪李芝光赋《浦南广济》，诗云：一幅横桥间村前，往来济众万千千。观鱼倒影行天马，河里金鳞戏水边。还有一首《柳桥话别》，诗云：一望石门绿正齐，柳桥话别夕阳低。陌头溪畔人归去，风自东来日自西。环溪黄强赋《柳桥话别》，诗云：何人世外乐渔樵，话别当年在此桥。一曲骊歌情不尽，到今犹见水潇潇。南溪李芳林也有一首《柳桥话别》，诗云：他时绿柳乐渔樵，别后何人拆断桥。观昔华章留胜迹，而今悲叹忆长潇。

8. 南城桥 清康熙《建宁府志》载："南城桥，在南溪公馆上，李源长建。"

9. 蟹 桥 在南溪村附近，具体桥址不详。清李廷森赋《蟹桥垂钓》：溪山胜处足渔樵，垂钓便宜步野桥。明月为钩心不竞，清风作线手能调。飞虹远出云霄回，细雨斜侵鬓发飘。一幅严滩逋客景，添来客钓画难描。

10. 长春桥 在柯洋村，明弘治《八闽通志》有载。1982年改建为石拱桥。

11. 通政桥 在柯洋村。清康熙《寿宁县志》载："通政桥在南溪堡宫前。"康熙《建宁府志》载："通政桥，在柯洋，许文养等建。"

12. 许屯桥 明弘治《八闽通志》有载。桥址不详（编者注：南溪村原名许屯，此桥应在南溪境内）。

13. 南源桥 在奶殿塈村，明弘治《八闽通志》有载。清康熙《建宁府志》载："南源桥，在政和里，许文养等建。"

14. 仁政桥 在长洋村。清康熙《建宁府志》载："仁政桥，在长洋，林进易等建。"民国二十六年（1937）重建为单孔石拱桥，2006年改建为钢筋水泥桥。

15. 亭下桥 为亭下通往溪底源、三角洋，前往周宁县的木拱廊桥。20世纪90年代烧毁重建为石拱桥。

16. 万安桥 在长溪村，始建时间不详。清康熙《建宁府志》载："万安桥，在许洋坑，李永昌等建。"乾隆《福宁府志》载："万安桥，在许长坑。"光绪二十六年（1900）梅月，动工重建为石拱桥，光绪三十年（1904）竣工。1969年9月27日水毁。1970年政府拨款、村民捐资重建，长83米，宽5米，1972年竣工，2004年浇灌水泥桥面。

17. 安宁桥 在长溪村下游，明景泰年间建。清康熙《建宁府志》载："安宁桥，在许场坑，李球等建。"

18. 东溪桥　在东溪村下游，清乾隆间建。宣统三年（1911）水毁，1949年重建。1969年9月27日又被冲毁，1978年改建为单孔石拱桥。

19. 高峰桥　在屏峰村。清康熙《建宁府志》载："高峰桥在上坪峰，叶添等建。"

20. 龙头坑桥　在龙头坑村前，清道光间建。2000年改建为水泥桥。

二、平梁木廊桥

选择粗大的杉木为梁，梁木直接搭建在两岸的块石桥堍或河流中间的桥墩上，然后在梁上横铺杉木板，再在桥面上加盖廊屋的桥，其技术含量远逊木拱廊桥。

1. 平津桥　在环溪村上游的林公大王宫上方，宋朝年间始建，明弘治《八闽通志·地理·桥梁》有载。清康熙《建宁府志·津梁》载："平津桥在灵岩寺前，周清时等建。"乾隆间水毁，两岸桥柱岩孔遗迹尚存。

（编者注：根据两岸溪畔桥柱洞孔遗迹判断，平津桥应是先在两岸溪畔岩石凿洞以固定木柱，再在木柱上架梁安置木板，然后在桥板上建廊屋以遮挡风雨的木柱平梁木廊桥。）

2. 奶殿桥　在柯洋村，建于清代。长26米，宽4.9米，孔跨16.6米，48柱。用九根梁木横架，大者根部直径达80~90厘米。桥屋九间，歇山顶。桥下梁架的九根大梁木损坏了三根，后用小一些的梁木替换并添加斜撑柱。

3. 岭根桥　也称洋墩桥，原为平梁木廊桥，清道光十五年（1835）建。光绪十七年（1891）重建。董事周事武、周铭钦等11人，锯匠周俊鸿、吴昌富，木匠吴进蛟、徐纶佳和徐徒盛。1977年，蔡德时为首修缮，因屋顶漏水严重，藻井斗拱损坏过久无法修复而去除。桥长19米，宽5.4米，孔跨3.8米，6开间，28柱，东西走向。桥梁墨书对联：枕江横铁锁，才放春光下五湖；虹印玉潭清，上下影彩波底月。鹊飞银汉夜往来，人踏意中天；下联被砖墙顶住无法看清。其东边一间为古戏台，每逢佳节喜庆，村民聚此看戏。解放初期戏台废弃。桥中祀观音，神龛上悬匾"普陀胜境"，落款为民国十八年（1929）六月。

建桥前，桥西称上岭根，桥上称下岭根，而桥下是一片水田称洋墩。后来随着人口增长，洋墩也建了许多民房，所以当年村尾的风水桥，变成现在村中间的洋墩桥。2007年，周光林捐款1.5万元，将桥身倾斜的木廊桥改建成水泥砖砌桥，更换柱、椽，新建太子亭。桥东岸原有岩如鼓，击之则鸣。村民无知采石建房，石鼓无存，令人惋惜。

三、木　桥

将口径50厘米以上的原木削平或锯成两片横架在溪流两岸，这种木桥容易朽烂，一般寿命只有20~30年。

1. 东木洋桥　20世纪50年代，在碇步（今拦水坝）上游建木桥，宽约1米多，有栏杆。1967年修建平澄公路拆除，改建石拱公路桥。

2. 村头桥 独木桥，在南溪的村头村。1992年《寿宁县志》载："目前尚存的仅有南溪的村头桥"。

3. 石林桥 在平溪村鼎墩杨梅涧下游的李石林厝大门前，20世纪70年代改为石板桥。

4. 通天桥 在南溪七星洋村，桥长40米，宽1米。1969年9月27日，独木桥被洪水冲毁，改建为钢筋水泥桥。

5. 半洋桥 又名南城桥，在南溪村对面。1972年重建，2石墩，木桥。

6. 上洋桥 在东木洋村上洋自然村下游，通往上洋、上充自然村。1969年木桥水毁。1986年重建为1墩2孔石拱桥，更名"庆善桥"。

五、石拱廊桥

用块石砌筑桥拱，以卵石或块石砌桥面，上方建以木构桥屋，供人憩息、娱乐、贸易、祭祀等。

1. 观音桥 在屏峰村口，原为木拱廊桥——高峰桥。清雍正年间重建，改用卵石拱砌，易名屏峰桥。桥长3.5米，宽2.5米，桥上建廊屋。1957年，屏峰公社捐款20元，屏峰大队捐款45元整修。2002年又大修，南北走向，孔跨4.5米，宽5.6米，9开间，36柱，南端用砖砌。廊屋内固定木板凳被水泥凳取代，桥中神龛祀观音，因此人称"观音桥"。

2. 溪里桥 在溪底村口，原为木拱廊桥，1969年9月27日水毁。1972年，毛柳生、王昌甫为首募捐重建，由于设计不周，落成仅年余即崩塌。1993年集资再建。两端桥堍用条石砌筑在裸露的岩壁上，桥上廊屋两侧用砖块砌成，以遮挡风雨。桥长34.3米，宽5.8米，孔跨28.8米，7开间，东南与西北走向。与其他廊桥不同的是，桥两端各建一个翘角飞檐的楼阁，楼阁与廊屋间隔约一米，西北楼阁屋脊塑有双龙戏珠，东南楼阁上书"双龙桥"三字。桥中神龛祀观音。每年正月，乡民摆茶、酒、菜肴、猪头，点香、燃烛，祷告祈福。

3. 东溪桥 在东溪村口，2014年东溪村委倡建，桥上廊屋古色古香，蔚为壮观。

4. 凤凰桥 在屏峰村口瀑布之上，2015年4月17日动工，同年12月10日石拱桥建成，造价55万元。桥距水面6.8米、单孔、孔宽8米，桥面宽6.06米、大桥全长58米。2017年9月23日，造价约百万元的桥上廊屋竣工。凤凰桥古色古香，蔚为壮观。乡贤陈信文负责筹资，蔡众回、罗会南、罗时泰等负责监造。

六、钢筋水泥廊桥

观音桥 在龙头坑村，长约20米，原为木拱廊桥。2001年改建为钢筋水泥桥，桥面建砖木结构桥廊。桥西、桥东各有一棵百年柳杉、红豆杉。

七、石拱桥

1. 长溪小桥 在长溪村西的小涧上，原架木为桥，不数年即朽腐。清嘉庆十六年

(1811),尹珑、周亲、周榜等倡建,族内殷户题捐,凿石砌成上中两桥。

2. 寿山桥 清光绪十四年(1888)七月十日,洪水冲毁平溪木拱廊桥——飞虹桥,村民临时搭建简易木桥以通南北。

光绪十五年,周尚颐为首的建桥董事会募集8000银圆,在平溪村中建造石拱桥。历经三年精雕细琢,建成三孔两墩"寿山桥"。桥长55米,宽5米,溪中两个石墩迎水向的突出部设计成三角形,以减缓水流冲击力。上雕凤首,造型十分精巧美观。两岸桥头,均以石阶与街道相接。平溪《周氏宗谱》载佚名律诗《寿山桥赞》六首,诗云:

(一)叠石为桥气象豪,一溪流水自滔滔。年年春色长江锁,此地龙门万丈高。

(二)流水澄清一带环,桥成石嶂寿河山。巍峨永作名乡镇,宝筏千秋任往还。

(三)谁将人事补天工,中有名人秉至公。试问桥前来往客,几曾功绩颂隆丰。

(四)三门屹立状元桥,胜景登临四望遥。莫道中流无砥柱,一方保障在斯桥。

(五)利济情深意自诚,往来求必履咸亨。何人补缀乾坤手,有志从来事竟成。

(六)天道由来福善人,桥成辅助有神仙。试看两岸交通处,寿并河山万古新。

周绍濂赋《寿山桥竣》,诗曰:鞭石桥成助有仙,一轮月色印常川。中流砥柱擎天峙,锁住春光占大千。清源贡生卓观澜依韵唱和:人言出险籍神仙,我道无仙也济川。请看眼前驱石辈,谁资月殿斧三千。

1969年9月27日下午3时许,寿山桥水毁。1972年,村民从溪流中捞回桥石在旧址重建,更名"平溪桥"。仍为三孔两墩,在南北两岸桥头及桥墩旁增设8个旱孔,溪中两个石墩迎水向依然如旧。

1993年,平溪与环溪两岸通车,将桥两岸石阶填升为公路。2008年,浇灌水泥路面,桥面两边各加宽60厘米为人行道,原石栏杆改为不锈钢栏杆,并安装六组路灯。

3. 长溪桥 在长溪村。清光绪十三年(1887)春,万安桥遭回禄之灾。光绪廿六年(1900),在原址重建为三墩石拱大桥。

4. 小卧龙桥 原为木拱廊桥——杨梅桥,在平溪村口的鼎墩杨梅涧下游。1963年改建为石拱公路桥。跨度6米,高3.6米,桥宽6米,长9.2米。2008年,浇灌水泥街道时桥面加宽为7.4米,其两边各60厘米为人行道,同时加设水泥钢筋栏杆。

5. 平澄桥 又名东木洋桥,在东木洋村中,系平溪至政和县石拱公路桥,1967年12月竣工。长53.5米,两墩三孔,净宽5.6米。1969年9月27日水毁,1970年重建,改称东木洋桥。2000年桥身出现裂缝,用水泥加固,并将桥两侧加宽成人行道,修建铁护栏。

6. 白岩下桥 1968年建,长17.5米,宽4.5米。

7. 栗坂桥 在南溪村栗坂自然村前,1968年建。1969年9月水毁后重建。

8. 黄竹桥 在南溪村新桥头自然村木拱廊桥旁。1968年建,为寿宁—政和公路石拱桥,长23米,宽4.5米。寿宁、政和两县界碑就立在桥西数十米处。

9. 千排桥 在平溪村庙后岭中途,20世纪70年代建。卵石拱就,桥长3米,宽1.3米,跨度2米,高2.4米。

10. 南溪桥　在南溪村，也称洋墩桥，原为木拱廊桥——浦南桥、折柳桥，1969年9月27日水毁。1970年，重建为通往柯洋、亭下村的石拱公路桥。

11. 东溪桥　在东溪村下游，原为木拱廊桥。1969年9月27日水毁。1978年，政府拨款、村民捐资，在原址重建为石拱桥。

12. 三角洋桥　在亭下村三角洋自然村下游，原为木拱廊桥，民国年间建。20世纪70年代成为危桥。1979年吕观禄筹资，李应松为首重建为石拱桥。

13. 茶籽坑桥　原为木拱廊桥，民国年间建。20世纪70年代成为危桥。1979年吕观禄筹资，李应松为首重建为石拱桥。

14. 村头桥　在亭下村村头自然村，长15.6米，宽4.9米，1982年建，首事吕观禄。

15. 柯洋上桥　在柯洋村上游，原为木拱廊桥，始建年代不详。1982年改建为石拱桥。

16. 大垅桥　在长溪村大垄自然村门下，长57米，宽2.5米，1985年建。

17. 思源桥　原名金钟桥，在长洋自然村下游山涧与平溪河两水交汇处。1984年，长洋村周林浩、吴焕弟、周继友等人倡建，1985年正月动工。后因资金不济向省老区办求助，张翼予以拨款支持并题名"思源桥"。2000年冬建成，历时16年。桥长50米，宽5米，高9米，一墩、2孔、8旱孔。南岸桥头长乐亭内立碑，载捐款人芳名。

18. 妹仔岗桥　在溪底村云雾坑自然村前，1985年在政府资助下，村民谢启山等为首建云雾坑村至底楼的石桥，长30米，高15米，宽3米。

19. 上村桥　在平溪村上村自然村，长2米，宽1.5米，高1.8米，粗毛石拱就，1986年建。2005年，浇灌水泥路时将桥面加宽到6米。

20. 庆善桥　在东木洋村上洋自然村，一墩二孔，左岸与寿政二级路相连。1986年，上充、上洋两村合建。长50多米，宽4.5米，通往上洋、上充自然村。

21. 龙凤桥　龙头坑公路桥，在溪底村上游与南溪公路连接处。1999年建，长约100米，宽4.5米。

22. 众益桥　在亭下村，长15.7米，宽4.9米，首事吕观禄，1998年竣工。

23. 利民桥　在亭下村，长7.15米，宽5.13米，首事吕观禄，1998年秋竣工。

24. 思乡桥　在亭下村，长14.31米，宽4.32米，首事吕观禄，1998年冬竣工。

25. 亭下桥　原为亭下通往溪底源、三角洋、牛墩坂自然村，前往周宁县的木拱廊桥，清康熙间建。因年久朽坏，1961年吕观禄、王奶荣为首重建。20世纪90年代烧毁，吕观禄、吕祥鑫等为首重建为石拱桥。

26. 长洋桥　在东木洋村长洋自然村口，原为木拱廊桥——仁政桥。民国二十六年（1937）重建为单孔石拱桥，长约20米，宽5米。因桥基裂缝，2006年改建为水泥桥。

27. 休闲桥　在平溪村鼎墩小涧与平溪溪流相接处，与桥北路同年修建，桥长16米，宽10米，高3.6米，跨度6.6米，单孔水泥块石结构。

28. 墓下洋桥　在屏峰村墓下洋自然村。

29. 下坑桥　在长溪村下坑自然村上游。

30. 新仔桥　在长溪村源佳墩自然村口，长8米，宽4米。

31. 卧龙桥　在平溪村下游冬瓜洋溪中黑白双鱼太极处，3孔2墩，桥长120米，宽7.8米，2018年五月初三动工兴建。

五、石板桥

1. 鼎墩石板桥　在平溪村鼎墩杨梅涧下游的李石林厝大门前，原为独木桥。20世纪70年代，改建为由3条宽0.46米，厚0.15米，长3米的石条架设成的石板桥。

2. 鼎墩石板桥　在平溪村鼎墩杨梅涧上游，由3条厚0.15米，长3.8米，宽0.4米的石条架设而成。桥宽1.3米，高2.6米。

3. 千排大王桥　在平溪村千排大王左侧，由单条石板架就。石板长2米，宽0.6米，厚0.15米，跨度1.4米，高度1.2米，至今已百多年。

4. 安宁桥　在长溪村下游，通往源佳墩自然村。

5. 墓下洋单石桥　在墓下洋村边小涧，长约1.2米。

七、钢筋水泥桥

1. 通天桥　原为独木桥，在南溪村西七星洋村，1969年9月27日水毁。后用几根大木头建成简单小桥。1975年在原址建2墩，宽1米的钢筋水泥桥。2000年改为3墩，桥面宽3.2米，长48米的钢筋水泥桥。2005年，桥面拓宽为5.6米。2007年桥中间加宽，供奉观音。

2. 溪底村桥　在溪底村中，原为木桥。1987年重建为钢筋水泥桥。

3. 东溪桥　在东溪村中，1995年东溪村电站出资建设。

4. 长潭尾桥　在环溪村至长潭尾自然村中途，原为单孔木拱廊桥，长12米，宽6米，高5米。1969年水毁。1980年重建为石拱桥。1990年，大连坑电站水坝崩塌，泥石流冲毁石拱桥及发电站。1996年重建为水泥桥，2003年又被洪水冲毁，残存部分桥面。

5. 龙头坑桥　在龙头坑村，原为木拱廊桥，清道光年间建。1999年改建为钢筋水泥桥。

6. 长潭桥　在岭兜村，一墩双孔钢筋水泥桥，长40米，宽4米。2003年冬动工建桥墩，2013年冬续建桥面，工程历时十余年竣工。总造价292160元（含税），其中民间募捐101260元，单位赞助190900元。

7. 龙头坑桥　在龙头坑村中，2004年建。

8. 仁政桥　在长洋村口，原为木拱廊桥，清康熙《建宁府志》有载。民国年间重建为单孔石拱桥，2006年改建为钢筋水泥桥。

9. 灵仙桥　在岭根村下游碓基，原为木桥。2007年7月，洋墩村张后祯等为首在木桥上铺设钢筋浇灌水泥，桥上加盖廊屋。桥中祀观音，桥头联曰：赫赫仙桥似普陀，沥沥灵水如南海。

10. 龙头坑桥 在龙头坑村中，2010年建。

11. 长安桥 在长溪村中，一墩，2孔，长62米，宽7.5米。2010年2月兴建，2013年12月28日竣工。总造价约100万元，其中县交通局拨款30万，乡政府拨专项资金约30万，富源水电有限公司赞助6万，余为民间募捐。

12. 长洋上桥 在长洋村上游，原为简易木桥，通往木场村、周宁县。2012年改建为钢筋水泥桥。

13. 长洋中桥 在长洋村上游，钢筋水泥结构。2014年，村民捐款、上级补助，共计40多万元兴建。

14. 长洋下桥 在长洋村前，钢筋水泥结构，长28米，宽6米，2015年10月竣工。

15. 东环桥 在长洋村下游山涧与平溪河交汇处附近，钢筋水泥结构，有护栏，2018年竣工。桥头流芳碑载：东环桥总投资70万元，其中长洋村周继福乐捐5万元，群众捐资5万元。

16. 龙头坑桥 在龙头坑村中，2014年建。

17. 东木洋大桥 在东木洋平澄桥上游50米处，系寿政二级公路钢筋水泥公路桥，两墩三孔，有钢筋水泥护栏，2019年竣工。

八、碇 步

也称琴桥、垫步、马蹄桥。就是在溪流平缓处立石为磴，一步一石，稍露水面的水上通道。传统碇步都是由一高一低两块长条青石组成，这样即可稳固碇步，又能让来往之人在中途相遇时避让通行。平溪境内已知碇步15条，其中青石碇步10条，钢筋水泥碇步2条，已毁碇步3条。

（一）现存青石碇步

1. 平溪碇步 在平溪村肖家大院门前的水碓头，长85米，116齿，略呈波浪形，始建年代不详。这是邑内最长的碇步，也是全县唯一不按直线修建的琴桥。

周绍濂赋诗赞曰：长溪滚滚水漫漫，古岸无船舶钓潭。莫道石矼非利济，樵渔每怕路艰难。卓观澜依韵和之：古岸无舟雾自漫，谁将雁齿列深滩。于今想见徒矼政，不予民间病涉难。

2. 长溪碇步 在长溪村万安桥上方，明代建。长68米，原有82齿，后因村道拓宽，缩至76齿。2018年重修护坝。

3. 栗坂碇步 在南溪村栗坂自然村石拱公路桥上游约30米处，52齿，始建年代不详。

4. 岭兜碇步 在岭兜村碓坑小溪上建有2条碇步，各26齿，始建年代不详。20世纪90年代在碇步上方建钢筋水泥桥，碇步仍在使用。

5. 七星洋碇步 通往南溪村，长40多米，始建年代不详。

6. 墓下洋碇步 在屏峰村墓下洋自然村，13齿，始建年代不详。

7. 东溪上碇步 在东溪村石拱桥上方，46齿，始建年代不详，已毁。2012年9月村委在原址重建，46齿。

8. 东溪下碇步　在东溪村石拱桥上方，50齿，始建年代不详，已毁。2012年9月村委在原址重建，47齿。

9. 上洋村碇步　2013年，东木洋村上洋自然村在村庄上游筑坝蓄水，在坝上建碇步，55齿。

10. 百家山碇步　在长溪村百家山自然村上游，2020年建，67齿。

（二）钢筋水泥碇步

1. 上洋墩碇步　在长溪村上洋墩自然村下游，始建时间不详。原为简易石碇步，经常水毁，随毁随建。2017年，在原址新建77齿钢筋水泥碇步。

2. 白岩鼻碇步　2020年，在东木洋村长洋自然村防洪堤外的白岩鼻处建36齿钢筋水泥碇步，将防洪堤与对岸公路相连。每齿碇步长2米、宽0.3米、高0.6米。

（三）已毁碇步

1. 溪底碇步　溪底村有两条碇步。一在村头，民国年间建，60多齿；一在村中，1953年建，60多齿。皆在1969年9月27日水毁。

2. 上洋碇步　在东木洋村上洋自然村上游约1千米，61齿，始建年代不详。1969年9月27日水毁。

3. 东木洋碇步　在东木洋村石拱公路桥下方，始建时间不详。长约60米、80齿。1969年9月27日被洪水冲毁40多齿。2013年，在碇步旧址筑坝蓄水。

九、渡　口

平溪境内渡口仅平溪、东木洋两处。明永乐《政和县志》主编郭斯垕"立马溪边唤渡船"之诗，让平溪古渡名闻遐迩。

1. 平溪渡口　在平溪村仓楼下的溪岸边有一巨大岩石，系当年渡口系缆之石。明建文四年（1402），政和县典史郭斯垕在此驾舟渡河，赋《过平溪作》。清光绪间，环溪村廪生周绍濂、清源村贡生卓观澜赋《烟迷渡口》。2014年秋，为传承文脉，乡贤黄立云捐款浇灌渡口遗址水泥地坪并在溪畔勒石镌诗。

2. 富阳渡口　长溪村古称"富阳"，明朝以前曾"设渡以济"。清光绪廿六年，环溪村廪生周绍濂撰《重建富阳万安桥序》，云："我寿邑之南，距城五十里曰富阳有桥焉，上通浙地，下达闽疆。凡负贩者、樵苏者，旁午往来不绝。而有明以前，则固设渡以济也。"

3. 东木洋渡口　在公路大桥上游150米的蟹仔潭下游，原有一座木桥水毁后，以木筏在蟹仔潭渡溪。1945年，2个学童乘木筏从南岸到北岸读书，被上游"贼水"突袭，木筏倾覆。一13岁学童溺亡，一在下游500多米处获救。

【附 录】

一、南溪浦南桥序

寿宁阖境，群山耸叠，众壑横流，其有一中通而岸遥距者，借巨桥以便行人，由来旧矣。辛未，烁阳侯肆虐，桥没于洪波者计数处，南溪大桥其一也。

余莅任以来，首倡捐铁柱桥，余亦次第修举，而南溪桥卒未施工，余心戚焉。僧普坤住持南溪，慨然劝募，欲成兹果，诸士庶民亦踊跃乐从，因叩吾请序，此余素志也。

夫作善无论小大，总期有益于物而已。矧厥功告成利及万人，功德垂诸百世，非小小裨益而已也，普坤偕众等共勉之。积少可以成多，谋始必须有卒，谅诸士民皆恪遵余言也，故弁数语于其首。

乾隆十九年十一月起基，十二月十六驾马，二十年二十占描，四月十六上梁。

邑主进士　丁居信　撰

二、折柳桥记

南溪旧桥既毁，越一月李子廷森等以复建大桥为请，予即喟然曰是。即称闽浙通衢，尤隶建宁必由之要道欤。碇步既荡于昔年，而桥复毁于今秋，余前此未及知。

兹九月间以公务过其处，见两岸相距数十武，溪流浩瀚。虽当秋历揭，均不可施，则知日前已病于涉，而将来之虑于济者伊于胡底也。予是以恻然悯之，而以复建为请父老勖也。父老语予曰：艰于费。顾予视环寿皆山也，其木可以充柱梁，其土可以任陶瓦，有心为之，何患不能济。

今李生来殆好行其德者欤，李生勉乎哉。夫士君子胞与为量，远瞻海内，尚切民溺。由己之思，今斯桥当建，徒以工费浩大故遂然恝然置之，其将何以为心耶。且桥之建需费不下千金，然吾乌知数邑之间，遂无悯徒涉之艰，毅然挥金而与吾子同心者乎？则桥之成可事观者，吾即以吾子之请卜之也。

予范甑尘生，不能多所倾助，爰捐薄俸，以作乐善之倡。果能集腋成裘，共成盛事，则其有补于治绩者，固匪独予一人，而阴骘所关，尔诸生等亦匪浅显也。为我告诸人曰：捏泥涂金以装佛，其徼福匪虚；鸠工庀材以成梁，其利湿实。与其为虚，毋宁实也，吾子往矣。

知寿宁县事　巴杨河　顿首拜撰
嘉庆四年九月

三、折柳桥记

村东水尾有折柳桥，原始建斯，但横略两岸广阔，行惴惴唯恐坠。嘉庆庚申圮于水，先人玉堂、培岗诸君子鸠工庀材，鼎新改造上流，虽气象雄健远胜于前，而揆诸象形末叶地利。

惨光绪戊子初秋十日之晨刻，洪水滔天奔腾，氾滥匝地田园，墙屋漂流破坏莫可言状，是桥亦复荡焉。时与族叔守正等董其事，天时人和济美，即冬建桥旧址，美得所也。

山缠水曲人家，春树环流如带。水入石门出龙潭，昭昭一幅古画图。屏山叠翠，关门两岸雄峙；官鬼禽曜，把口关锁重重。四面含晖，艮峰笔架列左；长虹横空，震砂纱帽撑右。步行十里许，卓立石人奇古。回视百丈山巅，屹然一方保障。

自古名宦骚人戾止斯土，盘桓信宿赏胜搜奇，称美为桃源洞。临岐分袂，幽情不忍决离；沿溪柳绿，依依若解人意。都人士仿古折柳送别，而取以名桥云。

廪生　李锦云
光绪三十年岁在甲辰六月中浣之吉

四、万安桥序

我族万安大桥，盖志书所载络绎不绝者也，其胜在富阳境□。翼以虹梁，普济八方之族；关锁地脉，居然四乡之望。夫岂若可兴可废，不数传而湮没者哉。洞口属，荫护不替，我族长坑于是乎名与姓永也。

查通乘，肇自前明，历年颇远。朽坏倾颓，曷胜言喻。迨至我清康熙丙子岁，规模大也，欣有托矣。何当峻极大观，不思预防。其源超之，沙起水涨，以致水落石圮，望洋浩叹，有如思与维。

兹乾隆丙戌年，偶幸黄亲以炫究竟于伊母廷行家，竟得本祠高僧源忠，诚敬作斋，感动保障。有心人大俨等纠集缘事，拾腋成裘，颇卓焉，于戏！经济、学术两才情也，设不有学术者以寻其端，经济者以舒其略，虽财聚如山，不过点缀粉饰，只堪优游，奚能长久乎？故我等精神聚会，刻石两端作中流之砥柱。

自丙戌至丁亥，两年费金六百五十零。运木牛途，高大坚苍，挺长数仞，莫可纪极；更在村各林搜木作□，亦难胜数。丁亥、己丑，工深三年，亦费价金四百有零矣。戊子架木，庚寅竣工，木匠三年费金三百；锯匠、瓦匠亦费二百之金，其中零碎耗费，何止五百；以上共计所实费者贰仟四百余两。外姓客居亦喜助一百有余，余者皆各方信善乐助以补之也。

盘根错节，谭难枚举。而省城江右两司，精择旺相，何等严密已也。丙戌起而庚寅竣，经尽五年，区处多番，大都我众熟商其出入掌率，委余调理。余虽不才敢辞其任，而不支消澄清，以忠其事耶。至乙巳年，复行修饰外费四十余金，始得尽善而尽美。与以都城之事则小，而山陬之举正大也，此志曷敢不书也。佑启我后人，须知树人树德之意也夫。

起诉缘首　黄以炫　为倡缘首李若松

五、重建富阳万安桥序

原夫桥梁之设，所以便行人也。故有其创之，必有其继之者，庶彼岸之通无忧于病涉。第规模既大，斯需费浩繁。而司其事者，又非强有力之家，此集腋成裘，不能不有待于好善之士也。

我寿邑之南，距城五十里曰富阳有桥焉，上通浙地，下达闽疆。凡负贩者、樵苏者，旁午往来不绝。而有明以前，则固设渡以济也。溯斯桥创自国初，岁久渐圮。重建于道光壬寅，中流置以砥柱，鸠工庀材，盖造栋宇，额"万安"，盖欲其万斯年安澜有庆也。

迄乎光绪丁亥春，不谓忽遭回禄之灾。里人于上流暂设板以通，基地两岸陡，溪流湍急，行者心悸，常惴惴焉唯恐坠。又阅十三年，于兹矣里之善士李君冠魁、公检、长发、枝高每目击而心伤之。乃于履端之吉，复邀集其族人以咸、宣良、冠文、宣宝、宣定、宣浩，欲继前人之志，而更大其规模，以为长垂久远之计。遂请石匠琢石为墩者三，上乃得以铺石条成孔道，以达彼岸，坚致牢实，庶水火可无虞，而往来者欣稳步焉。

但用石较用木，经费数倍，度非八九千洋蚨不可。譬诸大厦非一木所能支，不类徒杠岂三冬之可待！伏望四方仁人君子，乐善好施，挥金相助。有力则多捐，冀足追踪，困捐寡资亦强，恕祈勿错过善缘。斯众志自可成城，而斯桥复万安，长保万斯年安澜有庆也。其为功德，诚未涯量矣。又岂独斯地司其之人足深感也哉，是为序。

环溪廪生　周绍濂　甫莲舫　谨撰
大清光绪廿六年庚子太岁仲春月下浣之吉

六、长溪村上中二石桥小引

桥之设便于人，桥之久坚以石。吾乡中隔一小溪，人居两畔。向侧徒架以木，晴暴雨湿，不数年而即朽腐也。况大木难求，一经改换，劳力伤财。余于嘉庆辛未之岁，邀集同人周亲、周榜等倡首创建，幸蒙族内殷户题捐，遂凿石以砌而两桥俱成。三十年来，时雨暴涨，波流无忧，岂非不朽之盛事。然则缘虽小，而功切大。金虽费，而计甚长。各位乐助，前立匾额，名书其中。兹因修葺谱牒，编之谱内，俾后知其创始之年，亦以志石之坚固耳。是为引。

行坚五　尹珑　志
道光二十年太岁庚子夏月

七、重修平溪桥序

平溪，河面开阔平坦，溪水悠悠长流，养育滋润着两岸勤劳朴实的人民，但也给两岸人民的生产、生活带来不便。为方便两岸畅通，宋代，平溪先民即在村头、村尾各建木拱廊桥一座，分别名飞虹、卧龙，惜飞虹毁于水灾，卧龙毁于火灾。此后，由于经济拮据，先民们便在河流中段搭建简易木桥通行。

1888年7月，木桥毁于水患。同年9月，先贤周尚颐首倡义举，捐资捐物，并广募善款。历时一年，建成三跨石拱大桥一座，名曰"寿山桥"。她犹如彩虹横卧平溪河上，以其结实的身躯承载着两岸的交通，也连接着两岸人民的亲情友情，她既是一道亮丽的风景，更承载着两岸发展的重责，见证着两岸的沧桑经历。

然而，天有不测风云。1969年9月27日，一场特大洪水冲毁了百年大桥。1972年，由平溪公社支持，村民募捐，在原址按原貌重建大桥，并更名"平溪桥"。

随着社会的进步发展，原先宽大的人行桥，车驶人行又显狭窄、拥挤。2008年初，两岸贤明之士组成修桥董事会，各董事捐款出力，不计酬劳，热心之士慷慨解囊，共捐资十数万元，桥面加宽2米，于同年12月竣工。使人车分道，方便安全，桥貌更加宏伟壮观。连接两岸的康庄和谐大道更加宽畅。为嘉善举，特为修桥捐资者勒石刻碑，铭记功德，流芳百世！

刘美森
2008年12月

第五节 公 路

平溪境内群山环耸，高峰入云，1964年以前没有公路。1962年12月动工修筑的长溪至平溪公路，是平溪的第一条公路。20世纪80年代以前，平溪境内公路主要依靠群众投工投劳或自筹资金修筑，国家投入十分有限。

一、县 道

平溪境内县道有2条，一是1964年通车的寿宁县城经斜滩至平溪公路；一是1975年通车的寿宁县城经芹洋至平溪公路。

1. 寿宁县城经斜滩至平溪公路 从寿宁县城经南阳、斜滩、垒石、厝基、石井、武济（牛替）、岔头坂、长溪、上洋墩、百家山、岭兜、清洋到平溪村，全长73千米。1963年，斜滩至平溪的泥结碎石路面公路开通。2000年，斜滩至溪底段浇灌柏油路面。2008年秋，长溪至上洋墩段浇灌6米宽水泥路面。

从斜滩经鸬鹚岔、武济（牛替）、岔头坂、长溪、上洋墩、百家山、岭兜、清洋、平溪、东木洋、上洋、溪底、南溪到达政和县的镇前（斜镇公路），通过县境部分长46千米。1958年12月10日动工，1968年6月通车。路基宽6.5米，路面宽3~3.5米，有桥梁6座，涵洞238道，设计负荷载重汽车15吨。斜镇公路分4期施工：

第一期，斜滩至鸬鹚岔，长11千米。1958年12月动工，1959年3月完成，国家投资70万元。

第二期，鸬鹚岔至长溪村，长16千米。1959年12月动工，1960年5月竣工，动用民工19万个工日，国家拨款11万元。

第三期，长溪村至平溪村，长9千米。1962年12月动工，1963年11月竣工。国家拨款8.2万元，平溪公社组织2000民工修路。民工由工地评工记分回生产队参加年终分红，每个工日再补贴人民币0.5元。

第四期，平溪村至南溪村抵政和县界，长10千米。1965年9月动工，1968年4月竣工，群众投工80万个工日，国家拨款34万元。

2. 寿宁县城经芹洋至平溪公路 从寿宁县城经潦头仔、童洋、日洋浦、广地、芹洋、尤溪、岔头坂、长溪、上洋墩、百家山、岭兜、清洋到平溪村，全长55千米。平溪经芹洋至寿宁县城公路，比经斜滩至寿宁县城缩短里程18千米，但芹洋线弯多路窄路况差。

2013年,每天有9班客车在平溪—寿宁县城往返运行。其中一班终点到南溪村,一班终点到燕窠村。另有两班客车专线运行平溪—屏峰—芹洋乡,两班客车运行平溪—福安专线。此外,还有政和、建阳、邵武、武夷山等长途客车途经平溪村。

二、省 道

寿宁县城经潦头仔、童洋、日洋浦、广地、芹洋、尤溪、岔头坂、长溪、上洋墩、百家山、岭兜、清洋、平溪、东木洋、上洋、溪底、南溪至政和县公路为省道202线,路基宽4.5~6.5米,路面宽3.5米,设计负荷载重15吨。

其中,平溪至政和县界公路从平溪村经东木洋、上洋、溪底、云雾坑、栗坂、南溪、新桥头到政和县界,全长12千米,群众投工80万个工日,国家拨款34万元。

1965年8月,平溪村至政和县界公路动工修建。1966年3月,因资金不济下马。同年11月续建,1967年12月竣工。1968年4月,平溪至政和县公路全线通车。

平溪至政和公路原为4级泥结碎石路面,1999年浇灌平溪至南溪段沥青路面。2008年浇灌平溪至上洋村段水泥路面。几年后,再浇灌上洋至南溪村段水泥路面。

三、国 道

寿宁县城至政和县二级公路 系福建省普通国省干线公路G235线,采用二级公路标准建设,预算总投资4亿元。路面宽8.5米(全幅式水泥混凝土),双向2车道,设计速度40km/h。2010年立项修建,2019年11月5日全线通车。

邑内部分自寿宁县城(鳌阳)经清源、托溪、芹洋、平溪5个乡镇至南溪(寿政交界处),总长50.42千米。其中,寿宁县城至平溪村段37.26千米,平溪村至南溪(寿政界)段13.16千米。

2012年11月9日,长952米,工程造价2000万元,地处长溪村源佳墩山场的"法竹坪隧道"贯通。2016年7月,寿宁县城至平溪村段建成通车。2019年11月5日,平溪村至南溪(寿政界)段建成通车。

四、乡村公路

2005年,全乡18个行政村修通公路。2010年,18个行政村公路全部浇灌水泥路面。

1. 清洋—屏峰公路 1976年,平溪公社抽调全社12个大队社员1200人修建清洋至屏峰公路。1977年8月公社组织专业队续建,10月竣工通车。全程7.5千米,路基宽4.5米,路面为宽3米、四级泥结碎石结构。

2002~2004年,王运潘、蔡众回等在县城工作的屏峰乡贤牵头,举全村之力筹资200多万元,拓宽浇灌8千米水泥路面。

2008年,筹资20多万元铺设三角坪至岗仔厝公路,路宽3.5米;加固加宽仙殿桥,浇灌蔡氏祠堂坪和村委楼门前至购销站门口水泥路面。

2010年以后,中巴客车每天上午从屏峰—平溪—芹洋;下午从屏峰—平溪—寿宁县城,再从寿宁县城—平溪—屏峰过夜。

2. 南溪—柯洋—亭下公路　1977年11月竣工，全程5千米，途经玉村、奶殿壑、柯洋、后洋墩、亭下至村头村。路基宽4.5米，路面为宽3米、四级泥结碎石路面。1998年，拓宽浇灌水泥路面。

3. 亭下—岭后公路　1983年开通公路，2009年浇灌水泥路面。

4. 上洋—上充公路　1986年修通3.5米宽机耕路，2004年浇灌水泥路面。2021年，乡贤黄建勇捐资10万元拓为4.5米水泥路。

5. 上村公路　1986年，平溪村委用集体农场土地与村民对换承包经营的土地，修了一条2米宽的机耕路供小型三轮车行驶。2005年，村民投工投劳，村委负责水泥、爆破材料及人员工资，将原路基拓宽为4米。浇灌宽3米，全长0.5千米的水泥路面。

6. 木场村公路　1987年动工修路，因江西修路民工被石头压死而停工。1995年续修，路宽3.5米。2006年拓宽为4.5米。2007年市交通局挂村帮扶，浇灌木场至平溪湖潭路口7.5千米水泥路面。2013年，浇灌木场至狮子岩村3千米水泥路面。

7. 湖潭—平溪公路　1990年动工修建，1993年竣工通车，全程约8千米。2008年，政府出资浇灌水泥路面。

8. 岭后村公路　1991年，开通村头经下洋坪的村级公路。2007年，筹资浇灌4.5米宽的水泥路面。2011年，黄家富、魏岩发为首筹资10余万元开通岭后村至天池庵的公路，全程2.5千米。

9. 东溪村公路　1991年，村民义务投工多方筹资开通从景山林场到东溪村的机耕路。2007年，国家拨款，村电站、景山林场、村贤捐资共300多万，浇灌全长9千米，宽4.5米的东溪村到景山林场公路。

10. 源家墩村公路　1994年，村民义务投工多方筹资开通长溪至源家墩村机耕路，路宽3米，长2.5千米。2011年，寿政二级公路工程建设部为了开凿隧道，将机耕路拓宽为4.5米。

11. 龙头坑公路　1994年开通公路，但无钱建桥与寿政路连接。1997年，长100米，跨度52米，高26米，宽5米的双层石拱桥建成通车，创下全县石拱桥之最。2007年，浇灌水泥路面。

12. 东山头村公路　1996年，村民义务投工多方筹资开通长溪到东山头村的机耕路。2009年，村民投工，国家拨款、村贤捐资100多万，浇灌全长3.5千米，宽3.5米的水泥路面。

13. 岭兜村公路　2000年，将通往电站小路改为宽4.5米，长900米的水泥公路。2010年，将全村小弄浇灌为水泥路面。将小溪碇步改为水泥涵洞桥。

14. 燕窠村公路　2007年，燕窠至东木洋村全长4千米水泥公路建成通车。

15. 后坪村公路　2006年，上级拨款、三关水电站出资共120万元，开通长溪至后坪村公路，全长3.2千米，宽3.5米。2009年秋浇灌水泥路面。

16. 日洋公路　2008年，动工修建溪底村至日洋村公路。

17. 长洋公路　2010年9月，浇灌长568米，宽4.5米，从思源桥到长洋桥的水泥路面。

18. 岭根村公路　2010年底，长约1.2千米的通村四级路浇灌为水泥路面。2016年，寿政二级公路从岭根村下游经过，缩短了岭根与县城、平溪的距离。

19. 狮子岩—周宁纯池村公路　2010年9月16日，周宁县民政局安置办主任余陈堂倡议集资修筑木场行政村狮子岩自然村至周宁县纯池村的2.6千米公路。余陈堂和狮子岩村民共捐款103.11万元，县乡政府拨款2.89万元。2012年3月16日动工，2013年10月18日竣工通车。

20. 栗坂—周宁县界公路　2013年，县交通局按3级公路标准测绘，全长8.5千米。其中南溪桥至柯洋、亭下段依原公路拓宽。修路资金先由柯洋村张显林垫付；周宁县纯池镇下楼村退休干部、寿宁县武装部原政委林运凯负责集资200万元修建。2019年，在栗坂村前沿溪修筑栗坂至上游南溪桥段的水泥公路，长约1千米，路面宽7.5米，系栗坂至周宁县界公路的起始段。

21. 上窑—南溪村公路　2009年，动工修筑南溪至上窑村3.5千米公路，按全村男女老幼分配，上窑村人均义务修路8米。公路占用南溪村民的田地，也按人口分摊补偿给南溪村民。

22. 上窑—莲花坂公路　2015年，动工修筑上窑至莲花坂公路。2018年浇灌水泥路面，长4.6千米，宽4米。

农村修路难，农民修路苦。1958年冬平溪境内开始修筑公路，当年公社从各生产大队抽调生产队员自备工具参加修路。这些筑路民工由工地评工记分，年终回生产队参加分红。

白云苍狗，岁月变迁。时过一个甲子，国家GDP已经跃居全球第二，但2009年修筑上窑至南溪村公路，2010年修筑狮子岩至周宁县纯池村公路，2013年修筑栗坂至周宁县界公路，2015年修筑上窑至莲花坂公路，依然依靠村民出钱出力。

第六节　运　输

1958年秋，平溪公社搞交通"大跃进"，将平溪村临溪古街道铺上一层黄泥土，谓之"公路"，用独轮车、板车运送货物。雨天，道路泥泞如烂泥田无法行走，行人怨声载道，不久复原为石路。

一、客运票价

1983年，农用运输车在平溪境内短途载客，票价要比客车高三分之一。2004年，寿宁县城—长溪村客运票价10元，春运票价12元；寿宁县城—平溪村客运票价12元，春运票价14元；寿宁县城—南溪村客运票价14元，春运票价17元。

二、车辆购置

(一) 单位公车

1975年，平溪境内单位共有自行车10多辆。1987年，全乡登记挂牌的（单位、家庭）自行车有97辆。1988年，税务所、工商所、财政所、供销社、公安派出所等单位共有公务摩托车5辆。

(二) 家庭私车

随着"文革"的结束，社会开始步入正轨。岭兜村开平溪境内私人购置自行车、摩托车、拖拉机之先河。1995年，东溪村有了平溪境内第一辆家庭轿车。

平溪村 1979年有了第一辆自行车；1992年有了第一辆摩托车；1993年有了第一辆轿车。2013年，全村有摩托车16辆、电动车12辆、轿车10多辆。

环溪村 1997年有了第一辆自行车；1998年有了第一辆拖拉机、三轮车；2008年有了第一辆摩托车；2009年有了第一辆轿车。2015年，全村有私人摩托车90多辆、电动车6辆、轿车20辆。

岭兜村 1977年有了第一辆自行车；1980年有了第一辆摩托车；1983年有了第一辆拖拉机、三轮车；2003年有了第一辆轿车。2013年，全村有摩托车10辆、轿车20辆。

亭下村 1978年有2辆自行车。2013年，全村有20多辆摩托车、16辆轿车。

长溪村 1986年有了第一辆摩托车；1995年有了第一辆轿车。2013年，全村有摩托车30多辆、三轮车7辆、轿车10多辆。

南溪村 1978年有了第一辆自行车；1985年有了第一辆拖拉机、柴三机；1998年有了第一辆摩托车；2003年有了第一辆轿车。2015年，全村有摩托车100多辆、轿车30辆。

柯洋村 1980年有了第一辆自行车；1992年有了第一辆拖拉机、柴三机；1996年有了第一辆摩托车；2000年有了第一辆轿车。2015年，全村有摩托车23辆、三轮车2辆、农用运输车3辆、轿车22辆。

东溪村 1991年有了第一辆摩托车；1995年有了第一辆轿车。2013年，全村有摩托车6辆、轿车30多辆。

湖潭村 1993年有了第一辆拖拉机、三轮车；2005年有了第一辆摩托车、轿车。2015年，全村有摩托车20多辆、轿车40多辆。

木场村 1995年有了第一辆拖拉机。2015年，全村有摩托车30多辆、轿车28辆。

屏峰村 2013年，全村有摩托车50多辆、三轮车5辆、农用车3辆、面包车2辆、轿车20多辆。

后坪村 2009年有了第一辆摩托车、轿车。2013年，全村有摩托车4辆、轿车5辆。

源家墩村 1995年有了第一辆自行车；1997年有了第一辆摩托车；1999年有了第一辆轿车。2013年，全村有摩托车6辆、三轮车3辆、轿车8辆。

狮子岩村 1995年有了第一辆自行车；1996年有了第一辆摩托车；2000年有了第一辆轿车。2015年，全村有摩托车6辆，轿车20多辆。2020年，全村有轿车41辆。

第七节 筑路建桥善举

历代以来，平溪境内热心公益，捐款修桥筑路者代有传人。为见贤思齐，弘扬正气，特列之于下。

一、捐款建桥

1. 浦南桥 在南溪村，又名南溪桥、折柳桥、洋墩桥。清乾隆十六年（1751）水毁。乾隆十九年（1754）监生李挺穗倡建，僧普坤为首募缘，同年十一月奠基，次年四月十六日上梁。知县丁居信撰《南溪浦南桥序》。乾隆《福宁府志·建置志·津梁》载："南溪桥，县南九十里。乾隆十九年，监生李挺穗倡建。"

嘉庆四年（1799），浦南桥又遭水毁，李廷森为首重建，更名折柳桥。九月，知县巴杨河捐俸相助并撰《折柳桥序》。光绪十四年（1888）七月十日晨，折柳桥又被水毁。同年冬，李守正为首在原址复建。

2. 万安桥 在长溪村，明朝始建，现名长溪桥。清康熙三十五年（1696）水毁，乾隆三十一年（1766），黄以炫、李若松倡建，募集善款贰仟四百余两，历时三年建成。

3. 溪里桥 溪底村木拱廊桥，清咸丰七年（1857）八月廿六日辰时建。南溪村李博庵，乾隆五十二年（1787）生，例授登仕郎，古稀之年乐捐善款助建。清郭鸿翔赞其："建亭修路，诸善事不胜纪，而溪底桥一役更啧啧人口焉。"

4. 寿山桥 在平溪村中，1972年重建更名平溪桥。清光绪十五年（1889），周尚颐为首募集8000银圆，历时3年建成3孔2墩石拱大桥——"寿山桥"。

5. 灵仙桥 在岭根村下游碓基，2007年7月重修，平溪村周光林捐款1.5万元。

6. 东溪桥 2014年建东溪村石拱廊桥，单位、团体捐款：东溪村委6万元、东溪基金4万元、三关虎墓1万元；村民捐款万元以上者：胡长福、吴长寿、陈将贵各捐7.1万元；吴安康、李式根、李道通各捐1.06万元；李游游捐1万元。

7. 卧龙桥 在平溪村下游冬瓜洋，2018年五月初三动工兴建，桥长120米，宽7.8米，3孔2墩。单位赞助、个人乐捐善款共200多万元。编者多次征集乐捐万元及万元以上者芳名，无果。

8. 平溪碇步 2009年夏，平溪碇步中段水毁。12月，乡贤肖丰平捐款两万元予以修复。

二、捐款修路

1. 南溪石门路 南溪《李氏宗谱》载：清代南溪李延勋，将石门隘一带沿溪路段易险为平，在南溪河坡岗尾造筑义冢，知县周邑尊佳其善举，赠匾"辟雍模楷"。

2. 云雾坑路 南溪《李氏宗谱》载：李善庵整修云雾坑一带道路、溪底碇步，方便行人奔走；独自从庚岭、长洋等处雇工改造、修筑南溪大桥之路。十年之内，凡平溪境内上通政和，下界福邑险峻难行之路、倾圮之桥梁，均捐金粟修建。远方募捐者入其家，皆有虚往实归之颂。以故口碑载道，不止一处。

3. 平溪桥北路 桥北路以"平溪桥"为中点，分桥上、桥下两段。1996年，平溪村委规划将大桥下段沿溪拓宽取直改道至上村岭处与公路相连；桥上段沿溪拓宽取直改道至金州洋的思源桥头与公路相接。

6月，乡贤刘美森率县直有关部门负责人到平溪现场办公，筹资12万元；乡政府、村委会组织乡直单位捐资5.42万元；村民捐款3.3万元。1997年，刘美森协调争取县上项目款24万元。2008年又协调县政府、交通局各支持15万元。上述资金共计74.72万元，主要用于大桥下方的防洪堤建设，部分用于开拓犀牛山段路基。

平溪桥下方路段 1996年底，村委将平溪桥至卫生院门口长300多米，宽1.5米左右的防洪堤拓宽取直。1997年，平溪村在福安市赛岐镇工作的李长江捐款8万元修建大桥下段部分防洪堤护栏。2008年，"水浪头"以上沿溪居民无偿拆除部分住房，捐助部分宅基地；"水浪头"以下居民捐地2354.69平方米，筑成长500米，宽8米防洪堤并浇灌水泥路面。

平溪桥上方路段 此段防洪堤修建工程因资金不济而中止，至今仍为"烂尾路"。2013年12月，乡贤黄立云捐款、筹资数万元，安装"平溪桥"上方的桥北路及去溪岭阶的不锈钢护栏；将仓楼下巷道旁的水沟改为暗沟以拓宽巷道；浇灌"平溪桥"上方的桥北路及巷道水泥路面；在仓楼下巷口处安置两副"寿宁红"石桌、石凳和两条"寿宁红"长凳，供男女老少休闲小憩。2014年冬，为方便村民取水、浣衣、晾晒东西，又捐款浇灌古渡遗址溪畔的水泥地面和洗衣台，在古渡遗址岩壁镌《过平溪作》《咏古渡》等历代诗文。

4. 长洋村道 2002年浇灌长洋村至思源桥水泥村道，长洋村吴龙兴捐款2万元、周爱民捐款1万元。

5. 屏峰公路 2003年，拓宽浇灌屏峰至清洋茶场公路水泥路面，屏峰村蔡永余捐款2万元，王光忠、王发银、蔡万延各捐款1万元。

6. 上充村道 2003年，上充村周光佺捐款1.16万元，吴林春、黄登寿等捐款3.4万元，村民集资8万多元，浇灌长870米，宽3.3米的上充至上洋村桥头村道。

7. 东木洋省道公路 2008年，乡政府浇灌平溪杨梅桥至长洋思源桥段公路水泥路面，东木洋村委会要求延伸浇灌到上洋村桥头。村委会成立筹资组，筹资4.5万元，其中张显秀女士捐款1.0086万元。

8. 南溪小学村道 2009年南溪村李智斌捐款1.6万元，浇灌南溪小学校门前面的水泥村道。

9. 东山头公路 2009年，东山头村吴万兴捐款3万元、阮学斌捐款2万元、阮学文捐款 1 万元，浇灌东山头至长溪村公路水泥路面。

10. 上洋村道 2011 年，东木洋村上洋自然村续建北岸下游村道（防洪堤），村民卓新明捐款 1 万元。

11. 亭下至桃源公路 2012 年，修建宽 8 米，长 8 千米的亭下至周宁县纯池乡桃源村公路。村民捐款万元以上者：张显林 45.5 万元、卢妙清 6.3 万元、卢明强 4.3 万元、卢妙松 3.3 万元，卢承庆女儿王运秀、吕家琦各 1 万元。

12. 狮子岩至周宁县公路 2012 年 3 月 16 日，动工修筑狮子岩村与周宁县城相接的寿宁平溪境内 2.6 千米公路，2013 年 10 月 18 日竣工通车。全村共筹资 106 万元，其中县乡政府资助 2.89 万元，村民捐款 103.11 万元。

村民捐款万元以上者有：余岩林、余陈堂、余福康、谢林福、余石光各捐 10.8 万元；余学华 9 万元、余奶立 6.3 万元、余陈居 6 万元、余礼长 5.73 万元、余陈林 3.9 万元；余延满、余观荣各捐 3.09 万元；余陈杏 1.62 万元；谢林贵、余礼元、余礼红各捐 1.5 万元。

13. 上窑至莲花坂公路 2015 年修筑上窑自然村至莲花坂公路，2018 年浇灌水泥路面。村民捐款万元以上者有：周康 26 万元、周道春 18.6 万元、郑文强（周宁县纯池）13.8888 万元、吕祥辉 5 万元、许周生 3.6 万元、周银旺 2.3888 万元；许式旺、许式鼓、许式生、胡发丁各 2.2 万元；许陈全 2 万元、叶信峰 1.68 万元；许林茏、叶忠信各 1.26 万元；周乃根 1.1166 万元、吕木荣 1.0608 万元；叶信花、李书文、李建灿、许华妹、许陈铨（周宁县）各 1.0600 万元；李淑华 1.0180 万元；周家森、吴远妹、刘保树（新坑头）、八仙殿（安凤）各 1 万元。

第八节　交通运输机构

1963 年 11 月，平溪公路通车以后，平溪境内先后有了客运站、搬运组、养路班等相关机构。但公办机构仅有清洋道班、南溪道班。

一、客运站

1. 平溪客运站 20 世纪 70 年代，平溪设客运代办站，租用卫生院附近民房售票，售票人员从售票收入中提取手续费。2000 年，成立"平溪平安客运站"，租用平溪粮站一间店面售票。

2. 南溪客运站 1984 年 7 月 1 日，南溪青年农民李典伟自筹资金 1 万元，在南溪村东的公路边建成一幢占地面积 130 平方米的二层楼房，开展客运代办业务。交通运输部发来贺电，誉称其为"全国第一家农民客运代办站"。

二、养路班

1. 清洋道班 1964 年成立，在清洋茶场公路边，占地面积 400 平方米，原为瓦房，外筑围墙。1985 年改建为二层砖混结构楼房，建筑面积 354 平方米。2010 年更名清洋公路站，职工5人。2014年减为3人。2020年，职工1人。公路养护设备有路面清扫车、多功能养护车等。

2. 南溪道班 1972年成立，在栗坂村公路边，占地面积278平方米，原为瓦房。1990年改建为二层砖混结构楼房，建筑面积146平方米，职工3人。2008年道班撤除，人员并入清洋道班，道班建筑封存。

三、平溪大队搬运组

1970年7月，平溪大队成立搬运组，搬运工7人，无固定地点。以扁担、麻绳、箩筐为工具，用人工肩挑背驮进行搬运。1975年，发展到12人。1985年增至16人。随着市场经济的发展，机械化程度提高，1988年，搬运组自行解体。

第二章 邮 电

第一节 邮政机构

明嘉靖《建宁府志》载,寿宁县有急递铺七个,其中两个为平溪铺、南溪铺。民国《福建通志·邮驿志》载,平溪铺、南溪铺,铺兵各三名。

一、明清铺递

明景泰六年(1455)寿宁置县,平溪是寿宁县城通往建宁府的必经之地。因此,官府在平溪、南溪村设铺递,专为府、县传送公文。清雍正十二年(1734),寿宁县改隶福宁府,平溪、南溪铺递名存实亡。

二、平溪邮电所

民国二十六年(1937),设立平溪邮政代办所,无专职邮递人员。投寄工作以托人寄带为主,常有信件失踪现象发生。

1950年,设平溪邮电代办所,配专职邮递员2名。设邮路二条,一是从平溪至寿宁县城;二是从平溪至纯池、赤岩等地。1953年,成立平溪乡邮电所,邮电所设在平溪村平水大王宫,内设总机房。编制3人,其中所长负责总机及内务工作,邮递员2人。1958年7月,改称平溪邮电所。

1969年,在平溪金洋街公路内侧建邮电所办公楼,土木结构,占地面积124平方米。内有营业、办公、住宿综合楼,厨房、厕所等建筑。所长1人,电话总机2人(日夜轮流值班),邮递员3人。

1987年,平溪邮电所升格为平溪邮政支局,设支局长、营业员、投递员各1人。1989年,职工5人。2020年,职工3人。

三、平溪邮政储蓄所

1987年底,平溪邮电所开展邮政储蓄业务。1998年,平溪邮政储蓄所撤销。

第二节 邮政业务

一、邮政业务

主要有电话、电报、汇款、包裹、信件投递、报刊发行、邮政储蓄及线路维护等。1988年，全乡信件投递44521件；汇款收入1250元。

1999年，邮、电分营。2011年，开办代缴电费，代售机票、客车票，代售化肥、农药、种子等业务。2020年，全镇汇款收入7880元。

二、邮件投递

1956年以前，邮件、报刊靠乡邮员投递，邮件交换点在乡村邮政代办点或邮票代售处，沿途方便的也有直接投递。1957年后，投递制度逐步健全。1965年，各生产大队普遍通邮。

1984年起，村级投递改为聘用当地村民承包投递，允许承包人收取适当的劳务费，使邮件、报刊能直接妥善地投递到户，到户率由承包前的30%提高到90%。邮电部门发给农民乡邮员每人45元/月工资，此外每人每月还可收取劳务费10元。

由于村庄分散，交通不便，报刊邮件量少，兼之物价波动较大，劳务收费标准偏低，致使一些乡邮员难以安心投递。1988年1月，县物价委员会调整乡邮投递劳务费标准，投递平信由原来的每件0.02元调至0.10元，给据邮件由原来每件0.04元调为0.20元。2020年，全镇信件投递5400件。

三、邮　路

1. 县城至平溪线　1949年以前托商贩代送。1950年起由芹洋接转，隔日投送，步班来往行程20.4千米。1956年后改为逐日步班。1958年，改为委办县城—斜滩的汽车邮路，再由步班来往斜滩—平溪。

2. 县城至纯池线　1951年开辟，2人逐日步班对行邮路，途经芹洋、平溪到达纯池，次日返回，单程45千米，步班行程90千米。1955年9月，纯池区划归周宁县管辖，邮路终止。

3. 平溪境内投递邮路　平溪—南溪，步班单程10千米；平溪—长溪，步班单程10千米；平溪—东溪，步班单程25千米。

第三节　电　信

民国二十六年（1937），寿宁至平溪电话线路接通，平溪区公所可直接与县政府通电话。抗日战争爆发后，因沿路电杆、电线损毁失修而终止。

1949年春，架设寿宁县城至平溪明线1路电话线路。1951年，对寿宁县城至平溪的电话线路进行更新，重新架设镀锌2.5号铁线（单线）30千米。

20世纪60~80年代，公社、各社直单位均安装一部手摇式电话，单位电话大多加锁，一般工作人员只能接听不能对外拨号。各生产大队电话安装在大队部，仅供干部使用。80年代以前，县、公社、大队电杆均为杉原木。1989年，寿宁县城至平溪中继线路有水泥杆10.07千米，明线线条26.64千米，线径线质3.0F。

1988年，全乡安装电话35部，其中家庭电话仅3部，均为单位领导之家庭。当年，全乡电话费收入10509元。

1999年1月，邮、电分营，成立寿宁县电信局平溪电信管理站，承接各项电信业务。2001年12月，80%以上自然村通电话。2009年，平溪电信管理站更名平溪电信分局。2020年，平溪电信分局有职工3人。

第四节　无线通信

无线通信是利用电磁波信号进行信息交换的一种通信方式，在移动中实现的无线通信称为移动通信，人们把二者合称为无线移动通信。

2018年以来，平溪境内开始流行具有通话、短信、微信、照相、摄像、游戏、导航及微信红包、人民币支付等功能的智能手机。公务人员、青年学生、出外务工、经商的青壮年男女，人手一机，人人机不离身。

一、电信

1995~1999年，平溪境内部分年轻人拥有传呼机。2001年，开通无线接入"市话通"。2005年，开通"超级无绳"小灵通电话业务，平溪乡建小灵通接收基站20个。

2007年，平溪境内开始经营宽带业务。从此，电脑的QQ功能、收发邮件功能成了现代通讯的重要组成部分。2009年，开始经营手机业务。2012年10月，实现天翼3G信号全覆盖，小灵通用户逐步迁移为天翼手机用户。2013年，全乡有天翼手机用户1500户。

二、移动

1993年，平溪建第一个移动通信信号站。1997年，全乡村村建信号站。2005年，平溪成立移动业务代办点。2011年，平溪乡大部分行政村完成宽带固网建设。

三、联通

2000年，平溪开设联通代理店。2002年，在平溪赤岭岗坂建设联通GSM基站，全乡联通通信网络覆盖率超过80%。

第十二编　水利　水电

　　明朝，平溪境内沿溪村庄开始修建水碓、油坊以加工稻谷、麦子和榛油、桐油。这些古老的水碓、油坊，多毁于1969年那场百年不遇的特大洪水。

　　民国年间，平溪小学用竹笕引山泉水至校园供师生饮用。20世纪90年代以来，平溪境内先后有15个村庄引水入户饮用。

　　1959年，平溪境内第一座水电站在平溪金州洋建成。此后，平溪境内先后兴建电站35座，现正常运营的仅4座，废弃电站多达31座。

　　全镇现有水库11座，均用于发电或农田灌溉。21世纪以来，沿溪村庄为美化人居环境，多在村中溪流筑坝蓄水。

第一章 水　利

第一节　饮用水

一、溪涧水

平溪境内溪涧众多，许多村庄临水而居。在饮用自来水之前，平溪、环溪、东木洋、长洋、上洋、上充、溪底、龙头坑、云雾坑、栗坂、南溪、新桥头、柯洋、亭下、岭兜、长溪、东溪等村庄，长期以来均就近饮用溪涧之水。

二、山泉水

明清年间，平溪境内一些远离溪流的村庄，就有人家用竹笕引泉水入户饮用。冯梦龙《春日往府》诗中的"水道将添笕"，描写的就是村民用竹笕从山上引水。

1. 岭根村　因村中山涧的水量不多，因此村民自筹资金，投工投劳引山泉水到各户饮用。

2. 源家墩村　村中没有溪涧，历代均用竹笕引山泉水到家中饮用。20世纪80年代以后，改用塑料管引山泉水到家中饮用。2013年建简易自来水。

三、井　水

平溪境内一些村庄周边没有溪涧，或溪涧离村稍远，或溪涧水量有限，因此村民就近凿井取水饮用。

1. 平溪上村　清道光三十年（1850），在村北凿水井一眼，1.2米见方，深1.2米，井沿用河卵石砌就。2006年秋，村民在村后用水泥浇筑一个2米×2米见方，深2.5米的蓄水池，将井水引入池中，再用水管接到村中各户。

2. 平溪厝坪墩　有一口四角井，长1.6米，宽1.2米，始建年代不详。冬暖夏凉，从不断流。

3. 亭下下井村　清代水井一口，至今仍在使用。

4. 亭下村头村　清代水井一口，1963年重修。村中建简易自来水后弃用。

5. 湖潭村　村中没有溪涧，因此在村尾、后洋墩、青奶洋、阮家大厝前后各掘一圆形水井；坪墩有一方形水井。

6. 屏峰村 因山涧水量不多，故村中凿有十几眼水井。大户人家常在厨房的墙外置一石槽，从井中挑水倒入石槽流入墙内厨房水缸。20世纪80年代以后，村民自愿组合，集资引山泉水入户。2013年，全村建有山泉自来水点10多个。

此外，如长溪、南溪和平溪（厝坪墩），环溪（八家里、八十丘）等村庄虽有溪流，但一些民居离溪流较远，村民也就近掘井取水。

四、自来水

20世纪40年代，平溪小学用竹笕从山上引泉水至校园供师生饮用，这是平溪境内单位最早饮用的自来水。90年代，平溪境内开始修建简易自来水。由于资金、技术等因素制约，各村的自来水均不规范，不仅没有专职人员管理、检测，一些水质还不达标，存在健康隐患。

1. 龙头坑 1990年，从山上引水供村民饮用。

2. 平溪村 1991年，平溪乡政府从环溪村上游的观音岗山涧，用水管引水到平溪村蟠龙山顶的蓄水池。1992年，平溪村民开始饮用自来水。

3. 东溪村 1994年，村水电站出资6万元引水供村民饮用。

4. 湖潭村 1999年，从仙岗下引水到村中蓄水池，再将水接往各户。

5. 柯洋村 2002年，从岔门底水头引水到亭下溪底源的后门山蓄水池，再将自来水接往村中各户。

6. 亭下村 2002年，从岔门底水头引水供村民饮用。

7. 岭兜村 2002年，引水供村民饮用。

8. 南溪村 2002年，引水供村民饮用。

9. 长溪村 2002年，村民自筹8万元，投工投劳建自来水。2009年，县移民开发局下拨资金10万元，解决剩余73户饮水问题。

10. 木场村 2004年，村民集资建蓄水池，引水供村民饮用。

11. 云雾坑 2004年，引水供村民饮用。

12. 溪底村 2005年，溪底水电站协助引水供村民饮用。

13. 岭后村 2006年，上级拨款引山泉水供村民饮用。

14. 后坪村 2007年，上级拨款引山泉水供村民饮用。

15. 东木洋 2012年，上级拨款在上充村修建自来水蓄水池。2014年2月铺设自来水管道，引山涧水供上充、上洋、东木洋3个村饮用。

第二节 水利工程

水是人类生产和生活必不可少的宝贵资源，控制和调配自然界的地表水和地下水，达到除害兴利目的而修建的工程，称为水利工程。

一、水　库

平溪境内最早的水库在南溪、环溪村。古人在村庄上游筑坝蓄水，修渠引水来推动下游水碓运转。二者不同的是，南溪村水渠是沿村中街道而修，环溪村水渠是依村前溪畔而建。

1. 湖潭村　水库面积1000多平方米，自肇基以来沿用至今。2011年，湖里放养1000多尾红鲤鱼。

2. 平溪村　1959年，在长洋山涧与平溪流水交汇处筑坝蓄水，供金州坂水电站发电。

3. 环溪村　1971年，在金州坂溪中筑坝蓄水，供环溪村农田灌溉之用。

4. 岭后村　1971年，在村后建水库，大坝长30米，宽20米，高3米。水域面积7亩，蓄水1800立方米，用于农田灌溉。

5. 南溪村　1972年，在南溪栗坂村下游筑坝蓄水，坝高10多米，原为平溪至芹洋水利蓄水之用。2003年，改为溪底水电站蓄水发电。

6. 亭下村　1978年，建水库蓄水发电。

7. 雾下洋　1984年动工，石拱坝高13.5米，坝顶长45米，控制集水面积6.05平方千米，蓄水11.4万立方米。利用平芹水利渠道引水至上尤溪水电站，装机2台320千瓦，1984年11月竣工发电。

8. 东溪村　1995年在村上游建水库一座，用于电站发电。

9. 环溪村　2001年，在神殿潭下游建水库一座，供岭兜电站发电。

10. 东溪村　2006年1月，在村下游建水库一座，坝高40.7米，库容189.9万立方米，供下东溪电站发电。

11. 东山头村　2013年，在村下游建水库一座，蓄水910立方米，用于农田灌溉。

12. 上山头村　建水库一座，蓄水5000立方米，用于农田灌溉。

二、水　渠

人工开凿水道，将溪涧之水引入农田或村庄为人类生产、生活服务。古代水渠一般用石砌，现代水渠多用石块、水泥砌筑。

1. 南溪水渠　建于明朝崇祯初年，从村庄上游的石门隘潭尾筑坝修渠引水到村中，溪水沿老街缓缓而流，分段供饮用、淘米洗菜、浣洗衣物及防火灭火之需，至今仍在使用。

2. 环溪水渠　环溪原名坂头，水渠在村上游的碇步护坝之下，1969年9月27日水毁。据说坂头水渠与寿山桥同期修建，渠首在平溪碇步南岸的护坝处，沿着坂头防洪堤引水到寿山桥下。此渠主要为推动寿山桥下的水碓运转；二可方便坂头村民日常用水。

3. 环溪水利　1971年，在环溪村上游修建一座16墩，长60米的拦河坝，钢筋水泥浇灌大坝底座，块石砌墩，用300根长2.5~3米不等、宽0.2米，厚0.1米的松木条拦河蓄水。水渠长920米，引水灌溉坂头洋稻田。2012年，改用水泥浇灌拦河大坝。

4. 平芹水利　1971年，在南溪栗坂村下游筑坝蓄水，在云雾坑底楼村凿通长100余米的隧道，途经龙头坑、溪底、上洋、上充、平溪、岭根、发竹坪、尤溪、溪源等村，并在清洋建电站。平芹水渠长32千米，其中平溪乡平溪境内24千米，芹洋乡平溪境内8千米。总投资34万元，其中国家补助12万元，沿线生产队投工7.2万个工日，1975年底竣工。因资金不足，工程质量差，维修资金缺，致使尤溪至溪源段早废。工程设计灌溉面积6250亩，1975年，实际灌溉面积1200多亩。1985年后，全线废弃。

5. 亭下水渠　1961年，由岔门底修水渠，长3千米。1962年，修牛墩坂水渠，长10千米。2005年，实行中低产田改造，修建了多条水渠灌溉农田。

6. 长洋水渠　1975年，平溪公社组织劳力对长洋溪滩进行改溪造田、平整耕地。2009年，用水泥修建灌溉水渠。

7. 东木洋水渠　1975年，对洋墩农田进行耕地平整，2009年，用水泥修建灌溉水渠。

三、水　碓

水碓的动力机械是一个大的立式水轮，轮上装有若干板叶，转轴上装有一些彼此错开的拨板，拨板是用来拨动碓杆的。每个碓用柱子架起一根木杆，杆的一端装一块圆锥形石头，正对着地面安置的石臼。当流水冲击水轮转动，轴上的拨板臼拨动碓杆的梢，使碓头一起一落地敲击着石臼中的稻谷，使其脱去谷壳成为大米。

1. 平溪水碓　在平溪村碇步头，始建时间不详。从猪姆岩溪潭引水至碇步头，利用水力转动水车，碓房地上并排安置5个石臼，水车昼夜转动不停，供村民免费加工稻谷。1965年，平溪碓房改建为二层建筑，底层仍供加工稻谷。二层为小麦、榛油加工作坊。1969年9月27日，平溪水碓被洪水冲毁，碓房成为废墟。2020年9月，镇政府在水碓遗址新建一座仿古景观水车。

2. 环溪水碓　在环溪村寿山桥头下方，利用上游的碇步护坝蓄水，修渠引水至寿山桥下转动水车。碓房内并排安置4个石臼，水车昼夜转动不停，供村民免费加工稻谷。1967年，坂头碓房改建为二层建筑，底层仍供加工粮食。二层为小麦、榛油加工作坊。1969年9月27日，坂头水碓水毁，碓基成了溪滩。

3. 新桥头水碓　在南溪新桥头木拱廊桥附近，始建时间不详，1969年水毁。

4. 南溪村南水碓　在南溪村南碓基，始建时间不详，1969年水毁。

5. 南溪下游水碓　在南溪村中下游，明崇祯初年建，1969年水毁。清李廷森赋《茅碓闻舂》，诗云：何处春声动急溆，白云碓里一茅茨。蛟龙浪急三千丈，乌兔轮忙十二时。玉杵频催风响动，香粳细捣客归迟。乐钟缓度遥相闻，多似辋川风物奇。

6. 东溪水碓　在东溪村下游，始建时间不详。碓房内安置石臼2个，供村民加工稻谷。1969年水毁。

7. 洋墩水碓　在岭根村中，1960年建，内置一石臼加工稻谷。1965年倒塌，后在原址建灵仙桥。

8. 下岭根水碓　在岭根村洋墩，1957年建。占地面积约150平方米，供茶叶初制厂做动力加工茶叶。1964年，碓楼改为小学教室。

9. 长溪水碓　在长溪村万安桥上方溪畔，始建时间不详。利用碇步蓄水入渠推动水车，碓房内并排安置4个石臼，免费供村民加工稻谷。1969年水毁。

10. 亭下水碓　清晚期在村头上园砌水坝，引溪水入渠推动水车，20世纪80年代废弃。

11. 源佳墩水碓　在村中大松树下，清晚期建。利用涧水入渠推动水车，碓房内安置2个石臼。20世纪80年代废弃。

12. 村头水碓　民国年间在亭下村头门下建水碓，1969年水毁。

13. 三角洋水碓　民国年间在三角洋下游建水碓，20世纪90年代修公路挖毁。

四、油　坊

平溪境内加工榛油、桐油的油坊均建在溪涧边，利用水车转动油坊碾槽内的碾轮，将榛子、桐子等压榨成榛油、桐油。

1. 平溪油坊　1965年，在平溪水碓楼上增建一层油坊，1969年水毁。

2. 环溪油坊　1967年，在环溪水碓楼上增建一层油坊，1969年水毁。

3. 东溪油坊　在东溪村下游溪边，始建时间不详。1969年水毁。

4. 溪底油坊　在溪底桥上游溪边，民国年间建。1969年水毁。

5. 长溪油坊　在长溪村万安桥上方溪畔，始建时间不详。1969年水毁。

6. 亭下油坊　民国年间建，在亭下村。

7. 三角洋油坊　民国年间建，在三角洋村。

8. 牛墩坂油坊　民国年间建，在牛墩坂村。

五、防洪堤

是指为了防止河流泛滥而建的堤坝，平溪境内平溪、南溪、长溪、东溪、溪底等村早在几百年前就已开始修筑防洪堤。

1. 平溪村　1969年9月27日，平溪村沿溪老街被洪水荡为溪滩，沿街30多座店铺及街道凉亭因地基被淘空而全部水毁。1970年，公社组织平溪大队各生产队社员义务投工投劳复建防洪堤（桥北路）。

2. 环溪村　1969年9月27日，特大洪水将环溪村沿溪古道荡为溪滩，全村墙倒屋塌，一座房屋被洪水漂走，全家4人溺亡。1971年，公社组织环溪大队各生产队社员义务投工投劳复建长1200余米，宽3.5米，高约4米的防洪堤（村道）。

2012年，综合治理环溪村平溪桥下的防洪堤724米。其中，新建防洪堤宽5米，长154米，加高加固防洪堤570米。由于质量问题，防洪堤迟迟未能验收。

3. 上洋村　1969年9月27日，上洋村沿溪古道被洪水荡为溪滩，全村墙倒屋塌。

2002年重建北岸防洪堤（村道），长260米，宽3米，高2.8米。2011年，续建北岸下游防洪堤（村道），长310米，宽3米，高3.6米。

4. 溪底村 1969年9月27日，溪底村沿溪公路被洪水荡为溪滩，全村墙倒屋塌。同年，重建溪底村沿溪公路。

5. 东木洋 1970年，修建村中大桥下段60米及桥上段约280米防洪堤。1977年，续修大王坪前150米防洪堤。2009年，因河床下降堤基外露，重新加固。2013年6月，修建大王至长洋防洪堤，长357米，宽3.2米，高约4米。

6. 长溪村 1969年9月27日，长溪村沿溪村道被洪水荡为溪滩，全村墙倒屋塌。1986年修建防洪堤。2011年改扩建防洪堤，宽4米，长280米。

7. 东溪村 1969年9月27日，东溪村沿溪村道被洪水荡为溪滩，全村墙倒屋塌。2010年修建防洪堤。

8. 南溪村 1969年9月27日，南溪村沿溪村道被洪水荡为溪滩，全村墙倒屋塌。1997年，政府出钱，村民出力，修建沿溪防洪堤。2013年，沿溪防洪堤扩建为高4米，宽8米，长260米的沿溪村道，并浇灌水泥路面。

9. 亭下村 从长潭至亭下桥头，断断续续砌防洪堤1.5千米。

10. 长洋村 2013年10月，修建村对岸防洪堤，长270米，宽2米，高1.8米。2018年，又从东木洋溪畔大王处修筑宽4.5米，长达千多米的防洪堤，一直连接到长洋村桥头，沿堤可从长洋村通车至思源桥。

六、拦河坝

由于长期乱砍滥伐，平溪境内森林资源锐减，溪涧水量也随之减少。再加筑坝截流发电，致使溪水更显枯竭。20世纪90年代以来，为免河床裸露有碍观瞻，也为满足百姓日常生产生活用水，沿溪村庄相继在村中溪流筑坝蓄水。

1. 平溪村 2009年，刘美森筹资15万元、周明东、周少平、周少波各筹资3万元，修筑平溪村平溪桥下王家巷前的拦河坝。

2013年12月，在县委书记卓晓銮支持下，刘美森争取市水利局拨款20万元，村委"一事一议"项目投入8万元，修筑平溪村下游险嘴岩拦河坝。

2. 东溪村 2012年，在村中建拦河坝4条，共投资80多万元，其中村委筹资40万元，乡贤李议江捐助40多万元。

3. 溪底村 20世纪90年代，村中溪流建2座拦河坝。

4. 上洋村 2008年，在村口桥下溪流筑坝蓄水，坝长54米，宽1.7米。2013年，在村头筑坝蓄水，坝长43米，宽2米，高1.8米。坝上有碇步55齿。

5. 长洋村 2008年，在村庄上游筑坝修渠引涧水绕村环流。2013年，又在村头、奶娘宫前、外垄仔下、金钟岗湾、村尾筑5道水坝蓄水。并在两岸修建长达近千米的石栏杆。

6. 东木洋村 2013年1月，在村中原碇步处筑坝蓄水；4月，在平口洋原碇步处筑坝蓄水。

第二章 水 电

第一节 乡村电站

平溪流域水能理论蕴藏量4.93万千瓦，可开发3.46万千瓦。1959年，平溪境内建成第一座水电站。至2020年，全镇正常运营的水电站4座，废弃的水电站有31座。

一、现有水电站

1. 东溪水电站　1993年征地筹建，电站厂房建在东溪村上游，1995年投入使用。

2. 岭兜水电站　1999年12月动工，投资2330万元，2001年6月投产发电，业主为寿宁县鹏举水力发电服务有限公司。水库大坝为浆石重力拱坝，高18米，库容36万立方米，引水隧洞长3110米。装机容量2500千瓦卧式机组两台，年设计电能2036万千瓦·时。

3. 溪底水电站　2002年底动工，投资3800万元，2004年8月投产发电。水库石拱坝高25.2米，库容23万立方米，引水隧洞长3112米，设计水头135米，装机8000千瓦，年设计电能2429千瓦·时。

4. 亭下水电站　2006年竣工，水库坝高12米，库容13.6万立方米，装机容量200千瓦，年设计电能56万千瓦。

二、废弃水电站

1. 平溪水电站　1958年动工兴建，装机容量10千瓦，1959年竣工发电。拦河大坝筑在金州洋上游，电站厂房建在金州洋。1969年9月27日，大坝被洪水荡为河床，水渠、电站厂房成为溪滩，一名电站工作人员被洪水卷走。

2. 屏峰水电站　1958年，在屏峰店基龟子建电站，尚未发电中途夭折。1959年，在亭下岗建电站，发电量20千瓦。因山涧水量不足，枯水期不能发电，又以失败告终。

1974年7月，村民集资购买一台12匹马力柴油机，一台碾米机和一台5万千瓦的发电机。白天碾米，晚上照明，各家限装15瓦电灯。村人操办红白喜事，事先得与电工商量，东家自己出柴油（因柴油紧缺，上级规定以柴油机的功率，凭证定量供应柴油），每晚只限发电3小时。

1978年，平溪公社与平溪、湖潭大队合建大连坑水电站。但屏峰线路距平溪变压器太远，屏峰村灯光微弱，家用电器不能使用。

1987年，蔡万珊、蔡万义牵头筹资，地区财政局拨款2万元支持，从芹洋尤溪电站拉线送电。由于线路长，电能损耗大，因此电费较贵，无法安装机器加工大米、粉干。直至2000年全乡进行农网改造，屏峰村才彻底解决用电问题。

3. 南溪水电站　1963年建，厂房位于南溪通往七星洋的观音桥下游10米左右，发电量为20千瓦。1969年9月27日水毁。

4. 坂头水电站　1973年，坂头村建成龙井水电站，发电量10千瓦。

5. 溪底水电站　1974年，利用平芹水利水源在坝岑岗建电站一座，3年后因平芹水利无法供水而报废。

6. 清洋水电站　1975年建，利用平芹水利水源在清洋建电站，装机容量40千瓦，不久因水渠严重渗漏而报废。

7. 亭下水电站　1977年建，装机容量40千瓦。

8. 大连坑水电站　1978年动工建设，1980年11月投产，耗资9万余元。装机容量160千瓦，主变压器1台200千伏安，配变压器14台615千伏安，架高压线路29千米，低压线路3千米。供电10个村，1317户。

9. 彭地水电站　1979年建，装机容量12千瓦。

10. 坂头水电站　1979年建，装机容量10千瓦。

11. 上窑水电站　1979年建，装机容量10千瓦。

12. 白岩头水电站　1979年建，装机容量10千瓦。

13. 东木洋水电站　1979年建，装机容量20千瓦。

14. 上洋水电站　1979年建。

15. 东溪水电站　1982年建，在东溪村北岸上游。1989年报废。

16. 芦坑仔水电站　1985年建，水坝位于长溪到后山村路边的芦坑仔小涧下游，电站厂房建在上洋墩村对面。政府补贴4万元，长溪村李东明、李岩寿、阮明基投资10万。由于水量不足，仅夜间发电。1989年报废。

17. 上窑水电站　1985年3月重建，装机容量12千瓦。水头60米，流量0.02立方米/秒，集水面积1.30平方千米，供电41户。

18. 龙头坑水电站　1986年9月，利用平芹水利水源在龙头坑建厂房85平方米，装机2台，容量640千瓦，总投资65万元，其中国家补助35.8万元。1988年1月建成发电，架线13.5千米，与乡属大连坑电站（装机160千瓦）联网运行。1989年，发电80万千瓦时。供平溪、环溪、湖潭、溪底、燕窠、南溪、东木洋等7个村用电。2003年，因溪底电站扩建，河水被占用，龙头坑电站报废。

19. 东溪水电站　1988年10月建，装机容量12千瓦。

20. 长溪水电站　2005年征地筹建，水库位于长溪村下游，电站在垄坑仔，2008年投入使用。

21. 溪底水电站　在溪底村上游，后因资金不足半途而废。

22. 亭下水电站　装机容量40千瓦。

23. 南溪水电站　装机容量5千瓦。

24. 环溪水电站　装机容量20千瓦。

25. 环溪水电站　装机容量26千瓦。

26. 彭地水电站　装机容量12千瓦。

27. 南溪水电站　装机容量12千瓦。

28. 溪底水电站　装机容量12千瓦。

29. 屏峰水电站　装机容量20千瓦。

30. 白岩下水电站　装机容量5千瓦。

31. 东木洋水电站　1980年，在上洋自然村上游筑坝建电站，装机容量20千瓦。

平溪境内环溪、南溪、溪底、东木洋等村庄曾先后多次建设水电站。如坂头（环溪）村4次建水电站，装机容量分别为10千瓦、10千瓦、20千瓦、26千瓦，最终全部废弃。

第二节　照明与电网

民国以前，平溪境内家庭大都用火篾照明，富户则用榛油灯照明。火篾依材质分为竹片、松木片、向日葵杆，斜插在用泥土做成的灯座上点燃照明。晚上外出，则用竹篾或含油脂较多的松木片点燃照明。

一、火　篾

竹　片　先将竹子锯成长约1米的竹筒，再将竹筒去皮后劈成竹片，然后捆成一把浸泡水中十几天，取出晒干备用。

松木片　将含油脂较多的松树根，用刀斧劈成条状备用。

向日葵杆　将向日葵杆捆成一把，浸泡水中几天，除去外皮晒干备用。

二、油　灯

民国年间，煤油传入平溪境内。因煤油来自外国，故称"洋油"。一直到1960年代末，平溪境内家庭照明大多以火篾、榛油灯为主，部分家庭则火篾、榛油灯、洋油灯三者兼用。晚上外出，仍用火篾或含油脂较多的松木片点燃照明。

三、电　灯

20世纪70~90年代，因电力不足、电压不稳，电灯忽明忽暗、时明时灭，平溪境内家庭既安装电灯，也要蜡烛、煤油灯备用。晚上外出，多用火篾、松明火把或手电筒照明。

2005年以后，平溪境内家庭大都用电灯、日光灯照明。平溪、环溪村中大街、小巷多安装路灯，晚上外出一般无须携带照明工具。

四、电 网

1980年，平溪境内架设10千伏输电线路10千米；1989年，延伸至49千米，覆盖平溪境内26个自然村。网内配变压器23台，总容量1195千伏安。

1994年，东溪村电网改造，村民可以用电灯、收看电视。1995年，后坪村电网改造，村民安装卫星接收器收看电视。

2005年，平溪乡全面实行电网改造。2009年，平溪境内各行政村的主要路、巷都安装路灯照明。

第三节 水电管理

一、水电工作站

1979年，成立平溪公社水利水电中心管理站。办公地点在乡政府院内，工作人员1人。主要负责全乡水利水电事业的规划、建设和管理工作。1985年，改称平溪乡水利水电工作站，为股级事业机构。县水电局下派水利水电工作助理员1人，乡镇集体人员2~3人。1989年12月，县水电局分配全民合同制工人1人。2020年，平溪水利站编制1人。

二、平溪供电所

办公地点在平溪镇政府大门口一层，2001年7月建，占地面积80平方米。2013年，平溪供电所职工13人。

2020年，平溪供电所职工13人。租楼办公，内设6间办公室，另有营业厅、实训室、健身房、图书室、周转房、工具室、带班室、厨房、仓库各1间。

三、平溪变电站

2003年前，由芹洋变电站向平溪乡供电。2003年，在平溪村下游仙殿后面的金瓜岗（上文昌阁遗址）动工兴建平溪变电站，占地面积2085平方米，站区绿化面积786平方米，总投资358万元，同年10月投入运行。

第十三编　民政　脱贫

赈灾、恤孤、济贫，古已有之。烈士褒扬、婚姻登记始自中华人民共和国成立以后。2004年，福建省开始实施低保制度。2019年，平溪镇有431户，868人享受最低生活保障。

20世纪80年代以来，党和政府致力农村脱贫致富奔小康工作。将一方水土难养一方人和有灾害隐患的村庄，有计划地搬迁到生产生活条件较好的地方，平溪境内的环溪新村、福源新村因此应运而生。

第一章 民 政

第一节 抗日军属优抚

民国二十七年（1938），省政府下拨、县政府筹集及商界募捐救济军属准备款，以救济抗日军属。当年7月7日，寿宁县政府在县体育场召开追悼抗战阵亡将士及死难同胞大会，并通告全县，停止娱乐活动，禁屠畜禽，素食一天。并令县佛教分会召集会员对阵亡将士及死难同胞进行礼忏，以示诚敬。民国二十八年（1939）6月，募捐优属救济金。因社会财源枯竭，筹集困难，收效甚微。贫困军属只能从保内公产中提供津贴补助。

民国二十六～三十一年，寿宁县先后成立"出征抗敌军人家属优待委员会""劳军分会"和"优待军属基金会"，负责军属安抚、办理募集发放优待款物等。同时对家庭赤贫、生活困难、患病无力医治、丧事无法处理、遭意外事故和无法养育子女的军属、烈属，规定由保、甲长或户主直接向优待委员会申请救济。县政府还颁布《国民优待抗战军人家属公约》，强调"抗战军属有困难者，应尽力帮助解决，有灾患者，应尽量设法救济"，逢年过节要"给抗属送礼"，有婚嫁喜庆应向其致贺。

第二节 军烈属优抚

1958年平溪人民公社成立后，配备专职民政干部。1984年，设立平溪公社民政办公室，负责救灾、恤孤、济贫、五保、低保、军烈属优抚和婚姻登记、社会福利等工作。

一、优待军烈属

1951年，县人民政府规定，年龄在18～50岁的农村男劳力，均有为烈军属代耕的任务。1956年，农民按劳动工日分红，对烈军属的优待也由代耕改为优待劳动日（每个劳动日为10分）。这种优待劳动工分的办法一直沿用至1981年。1982年，农村推行联产承包责任制后，对烈、军属的劳动优待改为现金优待，每人每年优待185～360元。优待金由大队向社员征收上交公社，由公社统筹统付。

1. 现役军人补贴、奖励 1989年，全乡有现役军人60人，乡政府每人每年补贴人民币360元。2012年,全乡有现役军人60人,县政府每人每年补贴6000元。现役军人在部队受到嘉奖者,每人奖励600元。2012年全乡有7人获奖,其中2人立三等功、5人评为优秀士兵。

2. 退伍军人补助　2012年起,中华人民共和国成立前参军的退伍军人,每人每季补助1650元;中华人民共和国成立后参军的病退人员,每人每季补助810元;参战人员每人每季补助1050元。中华人民共和国成立后参军的退伍军人,年龄达到60周岁以上者,每月按服役年限发给补助。

3. 拥军优属　1949年8月起,县人民政府在每年的"八一"、元旦、春节期间,组织"拥军优属慰问团",深入乡村慰问烈军属,开展拥军优属活动。并以联欢会、座谈会等形式,向驻军和烈军属、残废军人贺节拜年。

1953年,开展"一个人做一件好事"活动,为烈军属积肥,送柴片、食糖、时果、食盐、慰问信、贺年卡等。1964年春节期间,县、区、社三级政府携带慰问礼物深入各烈军属家慰问拜年。"文化大革命"期间,拥军优属工作继续进行。1979年,中共中央发布《关于发扬拥军优属、拥政爱民的光荣传统,加强军民军政团结的通知》,拥军优属工作进一步加强。

二、烈士抚恤

1950年,根据国家内务部《革命军人牺牲病故褒恤暂行条例》《民兵民工伤亡抚恤暂行条例》和《革命工作人员伤亡褒恤暂行条例》规定,革命军人、党政企事业单位工作人员及参战的民兵、民工因牺牲、病故或致残的均享受抚恤待遇。享受抚恤的对象,由县人民政府发给证书,凭证书领取抚恤金。

1953年,县政府给特殊困难的老区孤、老、残、疾烈军属每人每月补助8~10元。1958年起,家住农村的烈属,每人每月补助3~5元;家住城镇的,每人每月补助5~8元。

1964年,重新评定享受"五老"抚恤补助对象,享受定期补助。1969年起,对复退军人身体健康状况进行调查,患病无力医治的送往地、县、公社医院及时治疗,医疗费从优抚经费中开支。

1987年5月,经调查核实的红军失散人员被列为抚恤对象,享受定期补助。10月,定期补助改为抚恤。抚恤标准为每人每月15、20、25、30元四个档次。1988年8月1日起,按照国务院《军人抚恤优待条例》规定,抚恤标准再次提高,每人每月按20、27、36元三个档次予以补助。1989年,全乡发放烈属抚恤金2人,每人每季1809元。平均每人每月抚恤金为26.5元。

三、烈士褒扬

1951年,县人民政府配合福安专区行政公署老区工作组到平溪境内开展烈士普查工作,收集烈士事迹。1957年10月,经县人民政府审查、核实,初步评定革命烈士人员。

1952年，县人民政府收集部分烈士遗骸，葬于鳌阳镇蟹山烈士纪念塔内。1957年10月起，给革命烈士家属发《革命烈士证明书》，并坚持调查补漏、补发《革命烈士证明书》。

1964年10月，根据省民政厅的部署，在全县进行革命烈士情况普查、核实，澄清烈士的出生年月、籍贯、入伍时间、原工作单位、职务以及牺牲时间、地点、原因。

"文革"期间烈士评定工作停止，1980年恢复补评工作。1989年，评定土地革命战争、抗日战争、解放战争、抗美援朝、对越自卫反击战以及从事各项革命工作和保卫国家集体财产而光荣牺牲的人员。

第三节　灾难救助

平溪境内发生的火灾、水灾、雹灾、虫灾等自然灾害，由乡民政办负责申报救助。自2005年起，农村房子由省政府出资参加农房保险。一旦发生灾情，经县保险公司核实后发放保险赔偿款，每户最高赔偿限额5000元。

一、救　灾

1969年9月27日，平溪流域发生百年不遇的特大洪灾，环溪村大部分灾民在公社、大队支持下，搬迁到村后山腰建房定居。

1988年3月15日，平溪乡多个村庄受特大冰雹袭击，乡政府及时将县政府发放的救灾款、救济粮、救济衣被等物发到受灾群众手中。

二、困难救济

政府每年拨出专款，救济缺粮少衣的贫困户。春季，发春荒救济款；冬季，发放冬季救济；平时还有应急救济款。

三、社会救助

1. 张显林捐资救灾　1988年3月15日，平溪乡遭受冰雹灾害，许多村民的屋瓦被冰雹打碎，张显林把平溪乡砖瓦厂的所有瓦片购买下来免费帮助受灾村民。《福建日报》以《瓦片寄深情》报道此事。

2. 资助李鸿儒烈士遗孀　1993年7月，县司法局原局长、环溪村退休干部周光恩收到原平溪区委书记李鸿儒烈士遗孀——张凤华的求助信。

1951年5月8日，李鸿儒书记在七宝岗与大刀会匪徒的战斗中英勇牺牲。1959年，妻子张凤华携儿子李黑蛋辗转数千里来到平溪，将烈士遗骨背回山西老家，安葬在垣曲县皋落乡回村山麓，让烈士魂归故里。

从此，张凤华数十年如一日，每月靠垣曲县民政局48元的生活补助费，含辛茹苦抚育儿子，赡养李鸿儒父母和一个残疾兄弟。

为了帮助烈士遗孀，李式文、王运定、黄寿山等平溪籍退休干部专程赴平溪募集善款 1385 元；全县 14 个乡镇党委书记也捐款 2800 元……1993 年 9 月 30 日，周光恩以"老区人民"的名义，将 5075 元善款汇给烈士遗孀张凤英。

第四节　婚姻登记

1950 年前，男女只要年满 16 虚岁即可婚配。男婚女嫁均由媒妁撮合，父母决定。斯时也无婚姻管理机构，男女结婚只要公开举行仪式和有两个以上证人，即为合法。

1950 年，《婚姻法》规定女年满 18 岁，男年满 20 岁，方可结婚。结婚、离婚、复婚均需到当地人民政府登记。男女双方自愿要求结婚，需持户籍管理单位出具的证明，到区乡（镇）人民政府进行登记，领取结婚证，确定合法夫妻关系。

1980 年 11 月，开始由公社管委会办理基层干部、职工及农村群众的婚姻登记手续。1981 年，婚姻登记工作在乡民政办办理。1984 年起，涉外婚姻登记由县民政局承办，加盖县人民政府印章。2003 年后，结婚、离婚登记归县民政局办理。现役军人离婚，须征得军人的同意方可办理登记。

20 世纪 50~90 年代，农村履行结婚登记手续的人不多。1973 年，福建省革委会规定，晚婚年龄为女满 25 岁、男满 28 岁。干部、职工一定要达到晚婚年龄方可登记，因而结婚不登记的现象更为普遍。

2001 年 4 月，新《婚姻法》规定女满 20 岁、男满 22 岁为法定婚龄，不再强制晚婚。21 世纪以来，由于购买商品房、外出住宿等均需出示《结婚证》，婚姻登记工作开始步入正轨。

第五节　福利事业

五保、低保、鳏寡老人是社会弱势群体，他们有的丧失劳动能力，有的遭遇天灾人祸，有的无儿无女，饱尝人世辛酸，晚景凄凉。让五保、低保、鳏寡老人老有所养，老有所居，是政府的应尽职责。

一、五　保

1956 年，政府对乡村丧失劳动能力，生活没有依靠的老、弱、病、残、孤、寡人员实行"五保"。1957 年，每人供应口粮 200 公斤。1964 年，由生产队供给粮食，平均每人 153.3 公斤。1965 年，由生产队供给粮食，平均每人 181.5 公斤。

"文革"期间，生产队供给五保户的口粮，为每人年均稻谷 150~200 公斤。县革委会不再发现金，只在元旦、春节期间予以衣、裤、被、鞋等实物救济。1982 年，县人民政府发给救济款年人均 7.3 元，还发给一批冬令救济物资。1983~1986 年，县政府救济款为年人均 18.28 元。

2006 年，国务院《农村五保供养工作条例》规定，五保对象指农村无劳动能力、无生活来源、无法定赡养扶养义务人或虽有法定赡养扶养义务人，但无赡养扶养能力的老年人、残疾人和未成年人。"五保"，指保吃、保穿、保医、保住、保葬（孤儿为保教）。

2013年，平溪镇有五保户178户，183人，人均每月补助293元。2019年，平溪镇有五保户108户，114人。五保全治理者，每月828元；五保半护理者，每月1020元；五保全护理者，每月1212元。

二、低 保

2004年，福建省开始实施低保制度。当年，平溪乡有1058人享受最低生活保障，每人每月补助40元。由于监督机制缺失，基层干部弄虚作假，一些孤寡特困之人未能列入低保，因此社会反映强烈。几年后，县有关部门对全县享受低保人员予以审核调整。2013年，平溪镇有820户，1273人享受最低生活保障，每人每月补助100元。2019年，平溪镇有431户，868人享受最低生活保障，每人每月补助330元。

三、敬老院

2009年6月，上级民政部门拨款90多万元在环溪村下游建平溪乡敬老院。敬老院占地面积500平方米，建筑面积900平方米，房间27间，内设食堂、餐厅、宿舍、办公室。

2009~2013年，有8个孤寡老人在敬老院生活。2019年，有3个孤寡老人入住敬老院，每人每月840元。这些老人由政府负责参加农村医疗保险；大米、蔬菜、被子由政府统一提供；安排一名炊事员给老人煮饭，节日时会添加一些鱼肉。

第六节 殡葬改革

平溪境内民谣云：人生三件事，建厝葬墓讨媳妇。民间风俗，人死入土为安。因此平溪境内多土葬，讲风水，兴造墓。土葬有三大害，一要砍伐大杉树做棺材，破坏森林；二要占用大量山地，浪费资源；三尸体腐烂，污染环境。

1988年6月，全县推行殡葬改革，倡导死者尸体火化。当年，平溪境内有少量死者尸体送宁德火葬场火化。2005年寿宁县火葬场建成，各行政村设殡葬受理员，规定邑内死者尸体送县火葬场火化。2010年起，平溪境内死者尸体全部强制送县火葬场火化。

【附 录】

平溪镇历年死者尸体火化统计表　　　　　　　　　　　　　　单位：具

年度	火化尸体	男性	女性	年度	火化尸体	男性	女性
2014	110	67	43	2018	128	76	52
2015	120	70	50	2019	124	73	51
2016	123	73	50	2020	128	75	53
2017	126	76	50				

第二章 脱 贫

第一节 脱贫工作

1986年,省扶贫工作队到平溪乡协助开展扶贫工作,制定"确保粮食,发展茶果,振兴林业,开发矿山,推动企业"的发展方针。当年,全乡有贫困户1315户,7851人。全乡发放扶贫资金607户,金额114900元,脱贫207户。1987年,发放扶贫款904户,金额200492元,脱贫491户。

一、脱贫措施

1986年,成立平溪乡脱贫致富领导小组,乡长任组长,下设办公室,配备专职人员开展工作。平溪、环溪、湖潭、长溪、木场、亭下等10个村列为首批扶贫重点;南溪、屏峰、岭根、东溪、东山头等7个村由乡干部挂钩扶持。

规定每位包村干部挂钩5个贫困户,村主干包10户,每个党员联系3~5户。建档立卡,帮助贫困户科学种田,鼓励发展食用菌和养殖业为主的短期项目,推广发展高标准茶园、营造用材林、经济林等长期项目。

二、脱贫成果

木场村吴发义造林40亩,亭下三角洋村卢明强等6户贫困户联合造林1678亩;平溪村周福钦等2户,新植高标准茶园10亩。环溪村周光标垦复茶园12亩;胡大财全家7人,1987年仅蘑菇收入,人均达698元;大场村叶乃锦一家10口,1986年以来从事采矿、茶业、蘑菇生产,人均收入950元;长溪村李马荣一家7人,1985年人均收入240元,口粮约400斤。三年来,发展高标准茶园4亩,种植柑橘200棵,造林5亩,加上养殖业等项收入,1988年人均收入达745元,人均口粮810斤;溪底村王运德一家6口,1985年人均收入190元,人均口粮500斤。1988年,人均口粮1450斤,人均收入350元。1986~1989年,全乡扶贫1315户,脱贫1168户,未脱贫147户,人均收入384元,人均口粮687斤。脱贫率88.8%。

【附 录】

2013~2020年平溪镇贫困户数、人数情况表

年份	2013	2014	2015	2016	2017	2018	2019	2020
户数	367	367	407	410	305	303	303	303
人口	1500	1500	1670	1748	1339	1350	1365	1373

第二节 安居工程

自1959年以来，平溪境内一些存在地质灾害隐患或生产生活条件恶劣的村庄，如胡坑、燕前、上村、上楼、高山、下洋、马坑、岭尾、昌楼、云雾坑、潭前尾、墓下洋、上洋坪、天池庙、下坑尾、岔门底、东山垅、白岩头、白岩下、牛墩坂、磜底洋、外洋墩、半岭洋、龙头坑等，先后自发或在政府支持下，部分或整村搬迁到生产生活条件较好的地方定居。

一、灾害搬迁

将存在地质灾害隐患的村庄，有计划地搬迁到生产生活条件较好的地方定居。

1. 胡坑村 1959年村后山体出现裂缝，为防不测，全村9户，50多人先后迁往东木洋定居。

2. 坂头村 1969年9月27日下午，平溪流域洪水泛滥，坂头全村被淹。灾后，平溪公社决定将上级下拨的救灾款物集中使用，将全村轻、重灾户全部移至村后山上建房定居，将原宅基地复垦为农田。至1976年12月，除洋尾外，多数村民迁入"坂头新村"。1978年后，移居山上者大多陆续回迁原宅基地建房。

二、造福工程

1994年，福建省开始实施造福工程，将居住在高山、海上、偏远、存在地质灾害隐患的村庄搬迁到生产生活条件较好的地方。

1. 下坑尾搬迁 1994~1996年，长溪村下坑尾自然村12户搬迁到长溪村建房定居。

2. 岔门底搬迁 1998年，柯洋村岔门底自然村11户搬迁到柯洋村后洋墩建房定居。

三、安居工程

即"造福工程搬迁、地质灾害点搬迁、灾后重建"三者合称为"安居工程"。

1. 环溪新村 2007年8月20日，龙头坑村山体滑坡，摧毁民房4座、教学楼1座，6户村民受重灾。10月，乡政府在环溪村征用灾民安置新村用地30亩，采取"政府主导、集中重建、群众自建"的方式，相关部门予以税费减免，建设环溪新村安居工程。

此后，乡政府又扩征新村用地56亩，实行统一征地、统一平整、统一设计、统一落基、统一立面建设。2008年，建成78栋房子，每栋占地面积70平方米，安置龙头坑村等受灾户、造福工程搬迁户及下洋、后山、白岩下、云雾坑等地质灾害隐患村村民。至2013年12月，先后建成砖混结构楼房83座，钢筋水泥框架结构楼房64座；安置230户，800多人。

2. 福源新村 长溪村源家墩自然村是省定地质灾害点，全村90多户，400多人。2012年5月29日，源家墩村民李烈旺垫资130多万元，在源家墩村旁建设福源新村。2013年12月，24户村民迁入新居。

第三节 奔小康工作

小康是物质生活比较宽裕，精神生活比较充实，生活环境改善，人口素质提高，公益事业发展，社会治安良好，人们可以安然度日的社会经济状况。

1995年，寿宁县委、县政府根据福建省委、省政府部署，提出要在1997年消灭绝对贫困，基本实现小康，2000年全面实现小康的奋斗目标。

县上派出奔小康工作队员，到平溪各行政村驻村指导开展奔小康工作。重点帮助尚未解决温饱问题的贫困人口越过温饱线；帮助低收入人口提高收入水平，稳定解决温饱；帮助村财低收入村发展壮大集体经济；帮助改善农村基础设施，全面实现"五通"；帮助生活在"一方水土，养活不了一方人"的自然村、滑坡险情村群众实施"造福工程"。

历经5年奔小康工作，平溪境内社会经济状况虽有改善，但效果不彰。邑内民谣云：农村奔小康，白灰刷墙中，三包水泥灌厅堂，尿桶粪槿向外搬。

【附　录】
福建省直单位、宁德市直单位
历年派驻平溪镇扶贫、支教、挂职、驻村干部名录

1. 1988.04~1989.03 省直单位驻平溪扶贫工作队员
陈港土　驻平溪乡工作队员兼平溪乡副乡长　　现任福建省闽南地质大队纪检书记；
黄明光　驻平溪乡工作队员　　　　　　　　　现任中国农资集团福建公司经理；
江　靖　驻平溪乡工作队员　　　　　　　　　现任福建省华福技贸公司副总经理。

2. 1986~1987 省直单位驻平溪支教人员
黄子祥　驻平溪中学支教　　现任中科院福建物构所副研究员；
尹恩琳　驻平溪中学支教　　现任闽江饭店副总经理；
陈文豪　驻平溪中学支教　　现任福州新福达汽车服务有限公司董事长兼总经理。

3. 1996~1997 省直单位在平溪挂职干部

黄文玖　1996年任平溪乡副乡长　现任福建省供销社财务处主任科员；

叶　峰　1997年任平溪乡副乡长　现任福建省农资集团化肥分公司副总经理。

4. 2005~2013 省、市单位在平溪驻村干部

陈善举　2005~2007年，福建省委组织部派驻燕窠村第一书记，现任福建省委组织部电教中心主任；

黄维祖　2005~2007年，宁德市交通局派驻木场村第一书记，现任宁德市交通综合执法支队水陆运输稽查科科长；

郭　喜　2011~2013年，宁德市经贸委派驻东木洋村第一书记，现任宁德市经贸委信息科科长。

5. 2015~2020 省直单位在平溪驻村干部

罗义兴　2015年07月~2016年11月，福建省体育局派驻屏峰村任党支部第一书记；

胡　辉　2016年11月~2017年12月，福建省委组织部派驻屏峰村任党支部第一书记；

尧国斌　2017年~2020年，福建省委老干部局派驻屏峰村任党支部第一书记；

蔡明强　2017年~2020年，福建省国税厅派驻溪底村任党支部第一书记。

第十四编　教　育

明嘉靖十年（1531），南溪村建"半叶书楼"。康熙四十五年（1706），岁贡李益庵倡建南溪义塾"半万书楼"。民国元年平溪村创建小学，开平溪境内现代教育之先河。

中华人民共和国成立后，随着社会经济的发展，平溪境内相继兴办幼儿园、小学、中学。自1977年恢复高考至2011年，平溪有12位学子在全县高考中独占鳌头，人数居邑内各乡镇之冠，人们誉称平溪为"高考状元之乡"。

21世纪以来，大量农村人口进城读书、务工、经商、办企业。2020年，平溪境内18个行政村，仍在开办的仅亭下、屏峰、长溪、南溪、燕窠5所小学。学生最多的亭下小学，38人；学生最少的燕窠小学，4人。

第一章 明清两朝教育

第一节 明朝教育

嘉靖十年（1531），南溪村上游八角亭边建半叶书楼，规模恢宏，为合族义塾。当时，平溪境内较大的村落均有塾师设馆教书。一是大村或望族创办义塾，将族内的祭田收入提取一部分作为私塾经费，以鼓励族内学童就读；一是塾师在自己家中或村中的宗祠庙宇设馆授业，学费由学生交纳；一是由学童家长议定薪金，推举馆首聘请塾师教学。每所私塾只聘一位塾师，学生多则20余人，少则3~5人。凡私塾必有孔子牌位，清晨学生上学，先拜孔子，再拜塾师。

每年农历二月初二上学，冬至日结束。一般是3年读毕为一馆，9年完成全部学业。第一馆3年属启蒙阶段，以授书、背书和写字为基本内容。初学的教材有《三字经》《百家姓》《千字文》《五言杂字》《昔时贤文》等。以后则教授《四书集注》《诗经》《书经》《易经》《礼记》《春秋》和《左传》《战国策》《幼学琼林》等教材。第三馆则吟诗、作赋、辩难，并杂学旁搜书、画、数和经世济民的学问。

学生经县试、府试、院试合格成为秀才后，方得入县学或府学为生员。生员散处乡村，知县或学官定期集中生员授课，教学内容以《四书》《五经》等儒家经典为教材，也学史志策论和诗赋等。知县冯梦龙就曾为儒学"立月课"，将自己所著的《四书指月》发给诸生并亲为讲解。生员见官不必下跪，官员不得对生员用刑。

第二节 清朝教育

康熙四十五年（1706），岁贡李益庵倡建南溪义塾——半万书楼，以养后进。其子李静庵，雍正七年（1729）岁贡，授兴化莆田学训导，以疾辞不就，在南溪建家塾"梦柳轩"课读子孙。清康熙、乾隆间，诸生李毓姬赋《南溪书楼晚秋题壁》四首：

（其一）向随骥尾共经营，跛鳖曾追夸父程。榛楛苟完风雨蔽，烟尘不到纸窗明。

竹床藤枕依晨夕，笔砚图书快纵横。俯仰已惊成往迹，梦魂长绕此中行。

（其二）水澄山寂暮秋天，独眺长空境豁然。叶落寒枝鸦几点，桥横曲涧虹孤悬。
　　　　客穿锦树丹青古，栋隐林峦体势妍。荫翳何如萧爽好，岚光高并紫峰烟。
（其三）大夫赏下款怜才，君子虚中也觏灾。园濯柱怀王子植，月明谁恤令威回。
　　　　岁寒何处寻同调，气运以来那得恢。欲赋归欤无乐窟，萧萧景象眼慵开。
（其四）忆昔逍遥地上仙，静寻竹简倦寻眠。兴来倚栏观桃柳，风过开窗纳桂莲。
　　　　溪籁夜清弦管细，檀烟昼永雨茶鲜。尘劳暂息登临计，潦倒违楼十八年。

乾隆、嘉庆间，岁贡李廷森、拔贡李文光、增生李奎光父子三人，相继为南溪社学授业课徒。李廷森赋《文阁凌雪》，诗云：

　　九天阊阖望崔巍，新入文昌近紫微。东壁图书原有府，南溪风物更流辉。
　　星岁月编排云气，水色山光广帝扉。指点空青何处是，岗头宫殿影依稀。

热心家乡教育事业，民国六年创办南溪国民学校的乡贤李烈刚，仰慕先贤，凭吊书楼，也留下一首《书楼吊古》，诗云：

　　玉带环流得趣清，数椽书屋寄云林。先生道在羲皇上，谁识悠然太古心。

民国年间，平溪中心小学校长、南阳龚占龙到南溪觅古寻幽，感慨白云苍狗，岁月沧桑，也赋《书楼吊古》一首，诗云：

　　石门吊古有书楼，应是楼高古意悠。昔日楼头堪吊古，今日凭吊一荒丘。

清代，平溪也建有文昌阁供延师讲学。光绪八年至十一年（1882~1885），斜滩人、拔贡郭鸿翔在平溪文昌阁坐馆授徒，留下一篇《文昌阁赋》。

同治间，清源贡生卓观澜在屏峰任塾师，与平溪村廪生周绍濂诗文唱和成忘年之交。光绪廿五年（1899），刘仙寿就教湖潭私塾；周绍濂、周道南父子，在平溪文昌阁授教数十年，培养了大批学生，被福宁府考取的庠生就有10余人。光绪廿四年至廿七年（1898~1901）间，知县韩景琛为嘉奖屏峰秀才王昌振热心教育，为其私塾题匾"钦敬堂"。

第二章 民国时期教育

第一节 旧式教育

民国年间，平溪境内私塾与现代小学并存。平溪有塾师郭树椿（斜滩人）、蔡得隆、王定安、周裴臣；湖潭有塾师范阿辉；屏峰有私塾两所，塾师有王昌振、王维熊（下党人）。岭兜、岭根、岭后、木场等村均办过私塾。

私塾的教学方法是单一的注入式，老师讲，学生死记硬背。农村私塾教学大多只教识字，少有讲解。塾师教学时，根据学生的接受能力和进度，采用个别授业。私塾学规极严，除用戒尺打手心外，还有罚站、罚跪。

塾师由学生的家庭轮流供膳。启蒙生每年每人另交学费为银圆2~3元或谷子70~75公斤；较高层次的私塾，学生每人年交银圆10~12元。塾师常年可得银圆50元或谷子1500公斤。学生考取庠生，必备礼担（内装先生、师母整套衣服及谢师仪和其他礼物），着礼服登门"谢师"。塾师则回赠文房四宝，激励学生努力上进。

第二节 新式教育

民国改元，学堂改称学校。有高、初两等的小学称"高等小学"，只有初等的称"国民学校"。民国元年（1912）与民国十二年（1923），平溪民众两次募集资金修建校舍。

民国元年（1912），平溪村周芝仙为首募集资金创办平溪小学，在平水大王宫后山建成教学楼2座，学校占地面积约4亩。民国四年（1915）3月，周铎、周温文在平溪办第三区公立国民学校。民国五年、六年，长溪、南溪、党川（下党）等村相继创办初级小学。

民国六年（1917），李烈刚创办南溪国民学校，县长赵毓沧详报省教育厅给其记功表彰。李烈刚先后在南溪、亭下国民学校任校长。民国三十二年（1943），获县长郭振华"办学努力、成绩可观"嘉奖。民国三十五年（1946），县长陈家添为李烈刚授匾"获教廷龄"，嘉奖其办学成绩显著。

民国二十二年（1933），省财政给西浦、南溪、尤溪、党川、泗州桥初级小学，分别补贴8元、1.60元、1.60元、2.50元、2.50元。

民国二十五年（1936），平溪国民学校改称"第三区县立平溪中心小学"。民国二十八年（1939），实施"战时国民教育"，采取"保训教合一"即"政教合一"的方式，学校改称"战时国民学校"。同年，屏峰村设初小校。由于教育经费紧张，至民国三十年（1941），屏峰小学名存实亡。民国三十三年（1944），平溪中心学校改称平溪中心国民学校。

民国二十五年（1936）以后，第三区县立平溪中心小学有教师7名。周树志、龚占龙、连怀宾、周孝钦、李承棠等相继担任平溪中心小学校长。在历任校长的努力下，平溪小学教学质量不断提升，一时名闻遐迩。邑内赤岩、泗桥、纯池、芹洋、托溪及政和县镇前等村纷纷送子女前来入学，学生人数剧增。

周孝钦任校长期间，为学校解决三件大事，使学校办学条件、教学成绩名列全县前茅。一是在学校大门右侧掘水井一眼，又用200余根毛竹从周氏宗祠（西峰堂）旁引泉水至学校，解决师生饮用水问题；二是制作学生课桌椅100多副，教师办公桌10多张；三是运用滚木原理，将整座教学楼抬升一米，向北平移24米，腾出中间空地为操场，使校园布局更合理，光线更充足。从此，奠定了平溪小学大四合院式的建筑格局，并一直沿用至今。

民国二十八年（1939），教育部定每年八月廿七日（孔子诞辰日）为全国教师节。次年8月，福建省教育厅通令每年教师节应举行纪念活动。同年，县政府根据省政府的规定，委任鳌阳、平溪、斜滩、南阳、犀溪等中心小学校长为该校所在地副乡（镇）长。

民国三十五年（1946），第三区县立平溪中心小学又改称"寿宁县平溪中心国民学校"。1946~1948年，环溪村周树志任平溪中心国民学校校长。

民国三十五年（1946），平溪中心国民学校毕业生有周鸿、黄雄、黄登林、周继忠、李同春、周光亨、李廷康、周观信（班长，政和县东门头人）等。

民国三十六年（1947），平溪中心国民学校毕业生有平溪村黄登一（班长）、周光钦、吴广来、周伯玉、周圣和、周乃荣、周孝成、肖光寿；溪底村王光养、王寄生、王运文；湖潭村范庆禄、范秀发；长溪村李蔚华、李希蒋；燕窠村张厚增；东溪村叶良；芹洋乡阜莽村李玉振等。

当时，平溪中心国民学校的《毕业证书》上方印有孙中山总统像，两旁为中华民国国旗和国民党党旗。内书："学生×××系福建省寿宁县人现年××岁在本校小学部高小班修业期满成绩及格准予毕业此证"（编者注：原文无标点）寿宁县平溪中心国民学校校长周树志（学校公章、校长私章）中华民国×年×月×日

民国时期，平溪小学教师少，学校分散，且多数为复式教学。复式教学，就是因为教师缺、教室少、每个年级的学生人数也不多，因此学校将两种以上学习程度的学生合在一个教室上课。一般一、二组为一年级学生，三、四组为二年级学生；有的甚至一组为一年级学生，二组为二年级学生，三组为三年级学生，四组为四年级学生。教师给一

种程度的学生授课时，其他程度的学生就做作业或自习。这种"复式教学"法，一些自然村校一直沿用到20世纪90年代。

民国年间，平溪境内虽然有了现代小学，且较大的村庄都设有私塾，但贫困与落后将绝大多数农民子女拒之学校、私塾门外，特别是女孩根本无缘上学。

教　材　民国二十八年（1939）7月，国语课使用《小学高小适用实验国语教科书》《复兴国语教科书（初级）》；算术使用《高小新算术》《初小算术课本》；常识课使用《初小常识课本》；社会课使用《复兴社会教科书》；自然课使用《复兴自然教科书》。民国三十一年学年度（1942~1943），中心校采用"修正课程标准新编课本"，国民学校仍用《短期小学课本》。抗日战争胜利后，采用经教育部审定、中正书局出版的"国定本"或"省定本""审定本"。

课　程　清末民初，小学课程虽有修身、国文、体操等科，实际侧重于古文。民国四年（1915），教育部颁发的《教育纲要》规定小学课程有国文、历史、地理、算术、体操、图画、修身，高等小学还有读经、格致、博物。高小二年级另设英文课。民国八年，废止"读经"；民国十五年以后，废英文科；民国十八年，推行"党化教育"；民国二十一年，增设童子军课。

民国二十五年（1936），教育部在《修正小学规程》中规定小学教学科目和每周教学时间为公民训练（60分钟）、国语（420分钟）、社会常识和自然常识（150分钟）、算术（60~210分钟）、劳作与美术（150~180分钟）、唱游（体育与音乐180~240分钟）。国语包括说话、读书、作文、写字；"团体训练"包括"训育"与"卫生训练"两部分；高年级自然科内容包含动物、植物、矿物以及人体生理、简易理化和卫生常识。四年级起，算术科加教珠算。民国三十一年，教育部将教学科目修改为团体训练、国语、算术、常识、音乐、体育、图画、劳作和高年级的自然与社会，四年级起加设珠算课和算术科。

抗日战争胜利后，小学课程有"公民训练"、音乐、体育、美术、国语、算术、常识、社会（公民、历史、地理）、自然等，另有"课外集体活动"。民国三十五年（1946）上半年，平溪中心国民学校每天早上升旗、健康操后安排"训育与卫生"。四年级以上安排"级会""周会"和"自治会"活动；五年级安排一节"公民训练"；五、六年级每周有3节"童子军"课。

考　试　民国时期，对学生成绩的考查有平常考、月考、期考。毕业考则由县政府派员监督。考试评分采用百分制，以60分为及格。升级采取淘汰制，国语、算术二科均不及格者，予以留级；一科不及格的，给予补考。

第三章 共和国时期教育

第一节 幼儿教育

1959年,平溪公社无偿征用平溪村寿山桥上方的两家私人店铺,将其改装为幼儿园。将全村幼儿集中管护,让男女老少齐上阵,全民大炼钢铁。不久,因饥荒而解散。

1982年,在环溪村办学前班,学生20多人。1984年,环溪学前班合并到平溪中心校幼儿班,设大、中、小班,学生100多人,教师3人。地点在平溪村委茶厂,后搬到平溪小学新校舍。

1987年7月,寿宁县南阳职高幼教班毕业生4人分配平溪幼儿园任教。幼儿园设大、中、小三班,每班学生30~40人。同年,南溪小学、长溪小学、屏峰小学等几所较大的完小校也兼办一个学前班。

2005年9月,平溪乡有平溪、街尾、肖红、长溪、屏峰、南溪、亭下、湖潭等8个民办幼儿园(班)。2006年6月20日,平溪中心幼儿园通过评估。平溪中心小学综合楼一二两层为幼儿园教室,10位幼儿园教师,其中大专毕业1人,幼儿教育毕业2人。2007年9月,平溪中心幼儿园被县政府授予"先进集体"称号。

2011年,平溪中心幼儿园有教师7人,3~5岁入园幼儿155人。2012年,入园幼儿193人。2013年,入园幼儿255人,其中平溪中心幼儿园183人,另有72人在各行政村小学附设的学前班就读。

2014年,平溪中心幼儿园有教职员工9人(均为女教师)。2020年,有教职员工13人(均为女教师),其中专任幼儿教师9人。

2014年,3~5岁入园幼儿184人;2015年,入园幼儿193人;2016年,入园幼儿203人;2017年,入园幼儿249人;2018年,入园幼儿249人;2019年,入园幼儿301人;2020年,入园幼儿305人,其中男155人,女150人。

第二节 小学教育

1950年,提出"教育为人民服务,学校向工农开门",学生中农民子女增多,女生入学的也渐渐增多。1952年，平溪、南溪、长溪、溪底、湖潭、屏峰等11个乡设完小校，农民子女占学生总数的90%，贫雇农子女占学生总数的82.5%。1953年，入学儿童占学龄儿童总数的42%。

2010年3月23日，南平市延平区实验小学门口发生一起凶杀案，学生8人死亡，5人受伤。当年，平溪境内各完小校开始设保安人员，负责维护校园安全。保安人员工资由县财政支付，人员由县保安公司统一安排。

一、学　校

1950年成立平溪学区。1987年，平溪学区有完小校17所，初小校36所，公办教师53人，民办教师46人，临时代课教师45人，工农教育专干3人。全乡学生3619人，全乡7~14岁学龄儿童基本入学，普及率达94.8%。其中，平溪中心小学有教职员工29人，学生494人。

2005年，平溪乡有平溪中心小学；亭下、南溪、溪底、燕窠、湖潭、屏峰、长溪、东木洋等8所完全小学；岭根、岭兜、东溪、龙头坑等4所初级小学。

2015年，平溪镇有完全小学1所，初级小学9所。教职员工109人，其中男教师56人，女教师53人。学生共1113人，其中男学生562人，女学生551人。

2020年，平溪镇有完全小学1所，初级小学5所。教职员工83人，其中男教师28人，女教师55人。学生共868人，其中男学生450人，女学生418人。

二、学　制

1949年10月至1952年，小学学制为"四二制"，即初小学生念完四年级，须经完小校考核后进入五年级继续学习。初小在接受其他初小学生入学时多不进行成绩考核。1952年秋季，一年级新生实行"五年一贯制"。次年，根据全国教育会议精神，停止实行五年一贯制。1960年，根据"适当缩短年限，适当提高程度，适当控制学时，适当增加劳动"的教学改革精神，县上根据实际情况保留平溪等8所学校为五年制。

1963年冬，推行"两种教育制度"，采取"两条腿走路"的办法，为方便贫下中农子女入学，实行"多种形式"办学。学校改称"耕读小学"。其形式有半日制、巡回小学、早班、午班、晚班等。20世纪80年代初"耕读小学"停办。1969年，全省小学实施五年制，并改为春季招收新生入学。1974年，恢复秋季招生，仍为五年制。

1980年，将中小学学制改为十二年制。此后一段时间，小学五年制与六年制在寿宁县并存，但平溪境内的小学均执行五年制。1984年，部分全日制单双人校一度改办"简易小学"，主要学习语文、数学。1992年后不再办简易小学。2001年开始至今，全县小学由五年制改为六年制。

三、课　程

1949年8月，寿宁县人民政府训令各学校取消反动政治课程，其他课程照旧。1951年，国语改为语文，劳作并入美术科。1953年，国家颁发教学大纲，小学课程有语文、算术、体育、唱歌、图画、周会；高年级还有历史、地理、自然。1957年，高年级开设"农业常识"课。自习、课外活动（包括班队活动、兴趣小组活动、文体活动和其他社会活动）另行安排。20世纪60年代，规定四年级以上学生每年劳动2周，农村学校则集中放农忙假。

1963年后，平溪小学执行福建省和国家颁发的教学计划。农村简易小学课程以语文、算术为主，尤注重毛笔字、应用文、珠算、簿记的教学。1964~1965年版的耕读小学，文化课以语文、算术为主。

"文化大革命"初期，小学增设政治课，学习"毛主席语录"。全体师生每天早上要"早请示"，晚上要"晚汇报"，即向毛主席请示、汇报当天的学习活动情况。1969年复课后，执行省颁教学计划，开设"毛泽东思想"课，主要学习"毛主席语录"。文化课只开语文和数学。体育改为"军体"，美术、音乐合称"革命文艺"。每天上午第一节均安排"天天读"，清早还有"学军"活动。每周一般安排半天劳动，如遇临时劳动任务，劳动时间就更多。1973年，小学开设政治、语文、数学、体育、美术、音乐6门课程，四五年级增设常识课。各年级均取消考试，根据日常政治表现评定学生"优秀""良好""及格"。

1980年9月，四五年级增设"自然"课，每周2课时。1982年9月起，小学各年级开设"思想品德教育"课，每周一课时。1983年秋季开学，四五年级分别增设"地理常识""历史常识"课，每周2课时。1985年秋季开始，按《福建省全日制五年制小学教学计划》开课。1992年，四五年级设"社会"课，历史、地理课停开。

2004年，实施新的课程标准。小学课程包含"国家课程"和"地方与学校课程"两部分。国家课程为：品德与生活（一二年级每周各3节）；品德与社会（三四年级每周各3节，五六年级每周各2节）；语文（一二年级每周各8节，三至六年级每周各6节）；数学（一至四年级每周各4节，五六年级每周各5节）；英语（三至六年级每周各2节）；科学（三至六年级每周各3节）；体育与健康（各年级每周3节）；音乐（一至四年级每周2节，五六年级每周1节）；美术（一至四年级每周2节，五六年级每周1节）；"综合实践活动"和"信息技术教育"（小学阶段不少于68学时）；"研究性学习"（每周2节，可集中或分散安排）；"社区服务与社会实践"（每学年1周）；"劳动与技术教育"（每学年1周）。"地方与学校课程"（一二年级每周4节，三年级以上每周2节）。

四、教　材

1950年秋，部分学科采用省编新课本。1952年秋季起，采用全国统编课本，均由新华书店计划供应。"文化大革命"初期，学生只学习《毛主席语录》、"老三篇"（毛泽东的《为人民服务》《纪念白求恩》《愚公移山》3篇文章），唱"语录歌""样板戏"，搞"大批判"。1969年复课，语文、数学用省编课本，其他学科无课本。根据上级指示，县革委会组织小学教师自编"乡土教材"。各公社乡土教材汇集到县，经筛选修改，印发各校选用。

20世纪70年代末,国家新颁教学大纲,各校均使用全国统编教材。80年代开设的思想品德课用省编教材。1997年,宁德地区教育局组织各县编写"乡土教材",由地区教育局汇集出版分发各县小学选用。2001年起,使用人民教育出版社的"九年义务教育六年制小学教科书"。2004年起,使用经全国中小学教材审定委员会审定的"义务教育课程标准实验教科书"。语文课本由语文出版社出版;数学课本由北师大出版社出版;2005~2013年,用江苏教育出版社出版的课本。

五、教 学

1952年,强调学校的中心任务是教学。1953年4月,县人民政府发出《关于坚决纠正学校混乱现象的指示》,指出,学校的中心任务是教学,学校教育的基本方式是课堂教学,把教师和学生当作"机动干部、突击力量"是错误的。规定"在教学时间内不允许动员师生参加社会活动"。20世纪50、60年代,考试评分采用5分制,以3分为及格。升级沿用淘汰制,语文、算术二科均不及格者,予以留级;一科不及格的,给予补考。

1957年,学校更重视学生德、智、体全面发展,培养"有社会主义觉悟有文化的劳动者"。1958年,贯彻"教育必须为无产阶级政治服务,必须与生产劳动相结合"的教育工作方针,开展教育革命。师生参加劳动和勤工俭学活动,使理论联系实际的教学和劳动教育有所加强。

1966年"文化大革命"开始后,学校正常教学秩序遭破坏,原先行之有效的教学方法都被斥为"封建主义、资本主义、修正主义",教师不敢抓教学,作文、作业不敢批改,成绩只评"优""良""中""差"。学生只读《毛主席语录》、"老三篇",并不时停课闹革命。组织"红小兵"上街在要道处设岗,要过往行人背诵《毛主席语录》、"老三篇"。组织"贫下中农讲师团"上台给师生讲家史,进行阶级斗争教育。1972年,试图恢复正常教学秩序,要求"上好社会主义文化课"。1974年又批判"修正主义教育路线回潮",宣传"白卷英雄"张铁生,鼓动师生"反潮流"。

十一届三中全会以后,教育秩序得到恢复。20世纪90年代,现代化教学(电化教学)开始起步。进入21世纪后,远程教育、多媒体教育得到广泛应用,教育教学设施日趋完善,办学规模不断扩大,学校面貌焕然一新。传统的一根粉笔、一块黑板的教学模式向"无纸办公"等现代化的教学手段迈进。

【附 录】

一、2011年9月平溪乡幼儿园(学前班)、小学学生、教师人数统计表

学 校	学生	男生	女生	一年	二年	三年	四年	五年	六年	年级	小学教师	幼儿教师	入园幼儿
平溪小学	734	647	87	91	102	119	114	125	183	6	65	0	52
长溪小学	134	128	6	9	20	25	22	29	29	6	10	0	5

续表

学　校	学生	男生	女生	一年	二年	三年	四年	五年	六年	年级	小学教师	幼儿教师	入园幼儿
屏峰小学	96	91	5	10	10	19	21	17	19	6	11	0	17
南溪小学	140	138	2	21	22	22	13	21	31	6	10	0	37
亭下小学	122	119	3	8	25	17	19	27	20	6	10	0	26
燕窠小学	51	42	9	3	13	6	14	15	0	5	6	0	14
木场小学	7	4	3	5	2	0	0	0	0	2	8	0	0
溪底小学	11	2	9	2	5	4	0	0	0	3	5	0	11
岭根小学	11	6	5	6	5	0	0	0	0	2	4	0	6
东溪小学	4	2	2	2	2	0	0	0	0	2	2	0	8
东木洋小学	22	21	1	9	13	0	0	0	0	2	3	0	5
上磜小学	14	12	2	5	9	0	0	0	0	2	4	0	8
源佳墩小学	1	0	1	0	0	0	0	0	0	1	0	1	7
中心幼儿园	0	0	0	0	0	0	0	0	0	0	0	7	115

二、2013年2月平溪乡幼儿园（学前班）、小学学生、教师人数统计表

学　校	学生	男生	女生	一年	二年	三年	四年	五年	六年	年级	小学教师	幼儿教师	入园幼儿
平溪小学	799	444	355	94	125	140	137	142	161	6	4	0	0
长溪小学	136	70	66	21	17	26	26	0	6	5	0	0	18
屏峰小学	89	49	40	16	13	10	14	2	4	6	0	0	13
南溪小学	106	57	49	16	24	21	20	4	1	6	0	0	19
亭下小学	123	60	63	19	17	25	20	8	4	6	2	0	15
燕窠小学	21	4	17	9	3	9	0	0	0	3	5	0	8
溪底小学	6	3	3	3	0	3	0	0	0	2	2	0	3
岭根小学	7	3	4	7	0	0	0	0	0	1	2	0	3
东溪小学	5	2	3	2	3	0	0	0	0	2	1	0	4
湖潭小学	8	3	5	8	0	0	0	0	0	1	2	0	0
东木洋小学	14	8	6	8	6	0	0	0	0	2	4	0	11
上窑小学	4	2	2	0	4	0	0	0	0	1	1	0	0
源佳墩小学	4	4	0	4	0	0	0	0	0	1	1	0	1
中心幼儿园	—	—	—	小班41	中班54	大班51	学前47	—	—	—	—	9	193

三、2014年2月平溪镇幼儿园（学前班）、小学学生、教师人数统计表

学　校	学生	男生	女生	一年	二年	三年	四年	五年	六年	年级	小学教师	幼儿教师	入园幼儿
平溪小学	830	447	383	94	105	134	145	144	208	6	68	0	255
长溪小学	96	48	48	15	27	13	22	19	0	5	9	0	0
屏峰小学	64	31	33	19	15	10	10	10	0	5	8	0	16
南溪小学	79	37	42	15	16	19	18	11	0	5	8	0	11
亭下小学	80	37	43	13	18	19	18	12	0	5	9	0	5
燕窠小学	12	4	8	6	6	0	0	0	0	2	4	0	10
东木洋小学	13	11	2	8	5	0	0	0	0	2	4	0	5
溪底小学	2	0	2	0	2	0	0	0	0	1	2	0	0
岭根小学	5	3	2	5	0	0	0	0	0	1	1	0	2
东溪小学	8	3	5	2	6	0	0	0	0	2	4	0	8
湖潭小学	15	6	9	6	9	0	0	0	0	2	4	0	0
源佳墩小学	1	0	1	1	0	0	0	0	0	1	1	0	0
中心幼儿园	—	—	—	小班42	中班52	大班42	学前47	—	—	—	—	9	183

四、2012~2020年平溪镇完小、初小和教师、学生人数统计表

年份	完小	初小	教职工	男教师	女教师	小学生	男学生	女学生
2012	5	7	143	78	65	1351	647	704
2013	4	7	122	78	44	1390	747	643
2014	1	9	114	56	58	1166	593	573
2015	1	9	109	56	53	1113	562	551
2016	1	9	108	51	57	1045	525	520
2017	1	8	102	43	59	977	492	485
2018	1	6	84	40	44	900	455	445
2019	1	5	83	28	55	853	444	409
2020	1	5	83	28	55	868	450	418

第三节　小学建设

一、平溪中心小学

位于平溪村金洋街156号，前身为民国元年（1912）兴办的县立平溪中心小学。校园坐北朝南，呈长方形，依山势层层递升，占地面积约6亩。由大门进入，依次为甬道，

甬道左侧有一眼水井，两株枇杷，一株梨树；右侧为食堂，也有梨树一株。穿过甬道，是一座2层土木结构楼房（前座），一层通道两侧各有一间教室；2层为教师宿舍。楼房前有9级台阶通往操场，台阶两旁为空坪，供栽花种果。操场处原有一座土木结构2层教学大楼（后座），周孝钦校长运用滚木原理，将整座教学大楼抬升一米，向北平移24米，腾出中间空地为操场，使校园呈四合院式建筑格局。

1978年以后，平溪中心校在内操场两侧先后建了3座教学楼。1983年，前座大楼失火烧毁。1985年，在原址新建3层砖混结构教学楼，占地面积510平方米，内设12间教室、2间办公室、一间教研室。1988年秋，后面一座土木结构综合楼拆除。1997年在原址建设一座综合大楼，内设校长室、办公室、图书室、仪器室、教室。

2006年，乡政府征用原平溪粮站仓库3亩土地，建一座3层12间标准教室的教学楼，建筑面积946平方米。2009年8月，屏峰蔡玉秀女士捐资50万元，在平溪中心校新校区教学楼上增建两层"友三教学楼"，增加8间标准教室，新增建筑面积660平方米。并创建设施一流的"玉秀多媒体教室"一间。

2011年，小学东侧教学楼拆除，投资246万元新建寄宿生宿舍楼一座，建筑面积1905平方米。2012年"双高普九"验收后，平溪中心小学的教学设施、办学条件更加完善，播音系统、各学科功能室、远程教育收视室、自动冲洗式厕所等一应俱全。

二、行政村小学

2020年，平溪境内仍在开办的有亭下、南溪、屏峰、长溪、燕窠小学。2013~2020年，各校师生人数见（表二）。

1. 亭下小学 1958年办小学。1987年4月，兴建占地面积600多平方米的亭下小学3层教学楼，每层4个教室。开办学前班和1~6年级，教师9人，学生200余人。操场占地面积300多平方米，2004年浇灌水泥操场。2010年7月，改造学校用电线路。2011年，重修学校围墙，新建自动冲洗式厕所。

2. 南溪小学 民国时办国民小学，借用村中李氏宗祠上课。1950年后设完全小学。1986年，在南溪村洋墩选址新建教学楼，规划占地面积约1000平方米，造价13万元。当年完成基础工程建设。1987年筹资5万元，村干部李典伟垫资5500元，建成第一层教学楼。直至1990年4月，全村投资投劳才将这座占地面积144平方米，8个教室的2层教学楼建成。1997年，县脱贫办挂钩帮扶南溪村，拨款续建第3层。2009年4月，上级拨款、乡贤捐资、村民投工投劳浇灌水泥操场。同年，村民李智斌捐款1.6万元浇灌学校门前的水泥村道。2012年，在原址新建自动冲洗厕所。南溪小学规模最大时有学生350人，教师11人。

3. 屏峰小学 民国时期办初级小学，1951年办完全小学，均借用蔡氏宗祠上课。1966年，建两层土木结构教学楼1座，4个教室，每个教室约35平方米。1987年，征地3.2亩，建砖混结构教学楼1座，共有8个教室。教师10人，6个教学班，学生约150人。1991年建教学楼1座，教师11人，学生300多人。1998年，村民蔡永余捐款1万元；2008年，蔡玉秀捐款2万元，上级拨款浇灌1600多平方米水泥操场。

4. 长溪小学 1991年前，学校建在村头小涧上方溪畔，为二层土木结构建筑。1991年，沈炳麟先生捐资7万元，在永安桥下的长溪林场旁边建二层教学楼1座，命名"庆同楼"。1996年，政府拨款、村民每人集资20元再建一层。学校占地面积271平方米，建筑面积1035平方米。有9个班级，14位教师，学生397人。2006年，富源水电公司捐资3万元浇灌水泥操场。2011年，学校有6个年级，教师12人。

5. 燕窠小学 1956年办小学。1958年建土木结构教学楼一座。2004年9月，投资60万元拆旧新建3层教学楼一座，共6个教室，第三层6间为教师宿舍；另一座只一层，共4间，为学校办公室、厨房，2006年9月竣工，占地面积1700平方米。曾有教师8人，学生260多人。2010年，学校设1~3年级，学生32人，教师2人。

三、废弃的行政村小学

1980年代以来，由于国家长期实施计划生育政策，致使出生人口大幅减少，再加上大批农村青壮年男女前往城市打工、经商，子女也随之入城就学，导致农村小学生源锐减，平溪境内许多行政村小学陆续停办。

1. 岭后小学 1962年借民房办学。1973年，建土木结构教学楼一座，占地面积160平方米。1998年，新建砖混结构教学楼一座，占地面积120平方米。设1~5年级5个教学班，老师4人，学生最多时有70余人。2002年因学生流失，学校关门。

2. 龙头坑小学 1952年，借用大王宫办小学，教师1人。后发展到教师4人，学生80多人。1983年，政府拨款新建石木结构两层教学楼一座，4个教室，占地面积130平方米。2007年，"圣帕"台风造成山体滑坡，学校被泥石流摧毁停办。

3. 岭兜小学 1965年办小学，借村中众厅上课。1969年9月27日，特大洪水冲塌众厅。同年新建土木结构教学楼一座，学校占地面积500平方米。1999年，重建砖混结构两层教学楼一座，6间教室，学校占地3.5亩。教师5人，学生110多人。2009年因学生流失，学校供村委使用。

4. 东山头小学 1970年9月，动工建砖混结构两层教学楼，1972年6月竣工。占地面积65平方米，建筑面积130平方米。1986年，有学生52人，教师3人。2002年，学校被鉴定为危楼，上级拨款16万元重建，学校占地面积216平方米，两层框架结构。2009年因学生流失，教学楼改为村委楼。

5. 柯洋小学 1978年办柯洋小学，教师2人，设一至四年级，学生最多时有60人。1988年，将占地面积约120平方米的亭下大队第一生产队仓库作为教学楼，1个老师，设一二年级复式班。2010年因学生转到南溪、亭下小学就读，校舍被拆。

6. 木场小学 1956年借民房办学。1975年，建成土木结构教学楼一座，学生75人。1986年，上级拨款、群众集资建学校，占地面积316平方米。有教室4间，教师宿舍、办公室各1间，教师4人，学生90人。2002年，市交通局派干部驻村帮扶，建成木场交通希望小学。2011年因学生流失，学校关门。

7. 溪底小学　1951年办小学,学校设在村中王姓祠堂,老师2人,学生40多人。后学生增至200余人,老师8人,祠堂难以容纳。1996年,在村下游大王边征地600多平方米,建3层教学楼一座,操场一个。2014年,学校设一年级,学生2人,教师1人。2015年学生流失,学校关门。

8. 岭根小学　1951年办民办小学。1970年建教学楼,有3个代课老师。1997年,将原有土木结构教学楼拆除,在原址重建两层钢混结构教学楼,占地面积5亩。教师5人,学生90多人。2000年设1~4年级。2010年,设学前班、一年级,学生10来人。2~6年级学生到平溪中心小学就读。2010年,在教学楼上加盖一层作为村委楼,供岭根小学与村两委共同使用。2011年浇灌水泥操场。2014年,学校设一年级,学生2人,教师1人。2015年学生流失,学校关门。

9. 东溪小学　1959年办东溪小学,学校设李氏宗祠。1969年祠堂水毁后,学校迁到奶娘宫。1989年,政府拨款、村民投工捐料,在村后山冈建成砖混结构二层教学楼一幢,占地面积54平方米,建筑面积132平方米。教师3人,学生90余人。1996年有学生132人,教师4人。2011年,学校设1~3年级,教师1人。2013年,学校设一二年级,学生16人,教师1人。2014年,学校设一年级,学生3人,教师1人。2015年,学校设一二年级,教师2人。学生3人,其中男学生2人,女学生1人。2016年,学校设一二年级,教师2人,男女学生各2人。2017年学生流失,学校关门。

10. 湖潭小学　1953年办民办小学。1960年转为公办小学,学生先后在祠堂、庵堂、民房上学。1979年新建校舍一座,占地面积1000多平方米;1997年,在现在村委楼处建两层土木结构教学楼,占地面积约150平方米,底层3个教室,面前为200多平方米的操场。操场东侧有一座两层楼房,上层为教师宿舍,底层为教室。1986年拆除危楼,在原址建两层砖木结构教学楼,共6个教室。2001年,在学校东侧征地2300多平方米,建两层共6个教室的砖混结构教学楼一座。

2002年前,学生约200人,教师10人。2007年撤点并校,大部分学生到平溪中心小学就读。2011年,只剩一年级学生10人,一位教师。2013年,学校设学前班及一、二两个年级,学生20多人,一位教师。2014年,学校设1~3年级,学生16人,教师5人。2015~2016年,学校仅设1年级,教师1人,女学生1人。2017年因学生流失,学校关门。

11. 东木洋小学　1958年,借民房办小学。民办教师2人,学生10多人。1961年成立公办小学,搬到大队楼上课。1970年,建土木结构二层教学楼一座,占地面积200平方米,共5个教学班,有教师6人,学生130余人。1995年,拆旧建新为砖混结构二层教学楼,设1~5年级5个教学班,教师6人,学生130余人。其间,曾在东木洋插队的知青梅晓春捐赠4台电脑给学校。

2008年,3~6年级转到平溪中心小学就读,只有一、二两个年级继续开办。2013年,学校设一二年级,学生20人,教师3人。2014年,学校设一二年级,学生16人,教师3人。2018年因学生流失,校园改建为幸福苑。

四、废弃的自然村小学

20世纪90年代以来,上窑、长洋、于岭、大场、三角洋、牛墩坂、上洋坪、墓下洋、孔雀洋等大批自然村小学均因生源流失而相继停办。

1. 云雾坑小学 1975年借民房办民办教学点,1990年停办。

2. 日洋小学 20世纪70年代,以生产队仓库为教室办民办小学。后因生源流失而停办。

3. 山头小学 1985年,借生产队仓库为教室办民办小学,学生20人。1995年停办。

4. 白岩下小学 20世纪80年代中期,以生产队仓库为教室办民办教学点。1995年停办。

5. 白岩头小学 20世纪80年代,以生产队仓库为教室办民办教学点。2000年停办。

6. 上充小学 2003年建校舍一座。2006年停办。

7. 狮子岩小学 1975~1985年,教师1人,学生15~20人。1987年5月建校舍一座。1994年停办。现学校倒塌,只剩一块空地。

8. 源家墩小学 1987年建,占地面积65平方米,两层土木结构,建筑面积130平方米。2002年,学生22人,教师1人。2011年停办,教学楼由村集体看管。

【附 录】

一、平溪小学历任校长(主任)名录

姓名	籍贯	职务	任期	姓名	籍贯	职务	任期
吴松英	坑底	高小校长	1952~1957	吴厚华	平溪	学区校长	1984~1988
叶允涵	鳌阳	小学校长	1957~1959	吴呈祥	平溪	学区校长	1988~1994
卢万康	斜滩	小学校长	1959~1965	金希管	大安	学区校长	1994~1997
郑乃应	斜滩	教革会主任	1967~1972	叶仁义	平溪	学区校长	1997~2003
纪同祥	福鼎	教革会主任	1972~1977	缪步华	犀溪	中心校长	2003~2008
林树木	武曲	教革会主任	1977~1979	郑妙平	平溪	中心校长	2008~2014
王光俊	下党	小学校长	1979~1980	钟德辉	竹管垄	中心校长	2014~2015
周光族	平溪	小学校长	1980~1981	叶少雄	武曲	中心校长	2015~2021
叶在达	犀溪	学区兼中心校长	1981~1984	陈家江	鳌阳	中心校长	2021至今

二、2013~2020年平溪镇行政村小学班级、教师、学生统计表

学校	年份	学前班	年级	教师	保安	学生	男学生	女学生
亭下小学	2013	1	1~5	10	—	108	—	—
	2014	—	1~5	9	1	72	—	—
	2015	—	1~5	6	1	73	31	42

续表

学　校	年份	学前班	年级	教师	保安	学生	男学生	女学生
	2016	—	1~5	7	1	71	32	39
	2017	—	1~5	6	1	48	23	25
	2018	—	1~5	6	1	41	17	24
	2019	—	1~5	5	1	45	22	23
	2020	—	1~5	6	1	38	21	17
南溪小学	2013	1	1~5	9	1	121	—	—
	2014	—	1~5	9	1	87	—	—
	2015	—	1~5	6	1	70	32	38
	2016	—	1~5	6	1	57	23	34
	2017	—	1~4	4	1	40	16	24
	2018	—	1~4	4	1	31	11	20
	2019	—	1~3	4	1	13	6	7
	2020	—	1~2	3	1	9	3	6
屏峰小学	2013	—	1~5	10	1	100多	—	—
	2014	—	1~5	9	1	73	—	—
	2015	—	1~5	6	1	69	30	39
	2016	—	1~5	7	1	62	30	32
	2017	—	1~4	5	1	43	20	23
	2018	—	1~4	5	1	33	16	17
	2019	—	1~4	5	1	32	13	19
	2020	—	1~4	5	1	37	15	22
长溪小学	2013	—	1~6	9	1	107	—	—
	2014	—	1~5	9	1	91	—	—
	2015	—	1~4	6	1	59	30	29
	2016	—	1~4	6	1	47	21	26
	2017	—	1~4	6	1	40	18	22
	2018	—	1~4	6	1	38	16	22
	2019	—	1~4	6	1	32	14	18
	2020	—	1~4	6	1	27	14	13
燕窠小学	2013	—	1~2	1	—	10	—	—
	2014	—	1~2	3	—	12	—	—
	2015	—	1~2	3	—	13	7	6
	2016	—	1~2	2	—	5	2	3
	2017	—	1	1	—	2	1	1

续表

学　校	年份	学前班	年级	教师	保安	学生	男学生	女学生
	2018	—	1~2	1	—	3	2	1
	2019	—	1	1		2	1	1
	2020	—	1~2			4	2	2

第四节　中学教育

1958年4月,《人民日报》社论号召大办农业中学。1959年9月,平溪公社在全县率先办起平溪农业中学,校址在长溪村永安桥下。平溪农中设置茶叶、农业专业,学制2年。1961年,平溪农业中学停办。

1965年9月,平溪公社在长溪村创办"寿宁县初级农村师范学校",校长周寿生。当年招生一个班50人,学制五年,毕业不包分配。第一届毕业生48人,多数回乡当民办教师。1966年9月,又招一班50人,学校负责人袁世英。因"文革"动乱,学校停办,这班学生全部回家务农。

1969年8月,平溪办公社中学（初中）。1971年,平溪公社中学增办高中。1981年,平溪中学停止招收高中新生。1982年,平溪中学创办林业职业高中班。1985年,正式命名平溪职业高中,初中部仍为普通初中。

1973年,在平溪村西峰堂（周氏宗祠）前建成一座二层砖木结构教学楼,内设教室8间,占地面积约690平方米。1975年,平溪初级中学由长溪村迁至平溪西峰堂前教学楼办学。1986年,新建一座三层砖混结构教学楼,占地面积975平方米,能容纳12个教学班。当年全校教职工45人,其中职高教师8人,学生625人。

1994年全面普及义务教育,学生突破千人。1996年3月18日,动工建设宿舍综合楼。1997年10月,平溪中学通过"两基"评估验收。

2001年12月,平溪中学升格为寿宁县第五中学。2010年开始,学校设保安2人,负责维护校园安全。保安人员由县保安公司统一管理,工资由县财政支付。2012年5月,寿宁五中通过省级"双高普九"验收;同年11月通过省级"义务教育化学校"验收。2013年,寿宁五中有教职工65人,保安2人,学生800多人。2014年,有教职工60人,保安2人,学生680人。

2016年,校园占地面积8238平方米,建筑面积6501平方米,教学班12个,教职工58人,学生600多人。

2018年12月,投入资金900万元建设一幢标准化综合楼。建筑面积3000平方米,内设图书室、阅览室、电脑室、美术室、音乐室、音乐仪器室、多媒体教室、化学药品室、理化生实验室、理化生仪器室、理化生准备室等17个功能室。

1989~1999年，平溪中学连续十年取得全县农村中学中考"综合比率"前3名；1997年6月，周宇文同学为全县中考"状元"；2009年6月，周扬灿同学为全县中考"状元"。2005、2008、2011年，中考成绩均位居全县农村中学前3名；2008、2012、2014年，中考上一中高中人数均超过60人。

2020年6月，寿宁五中在蟠龙山新校区征地106亩。征地价为：田75元/平方，茶园、菜地45元/平方，山地19元/平方。目前，总投资1.75亿元的新校区建设工程正在有序进行。

【附 录】

一、寿宁五中（2014~2020年）教师、学生情况表

时间	教师人数	高级职称	中级职称	临时人员	学生人数	男学生	女学生
2014	59	15	20	4	578	247	331
2015	58	15	20	4	569	250	319
2016	54	15	20	4	543	280	263
2017	57	15	18	4	568	276	292
2018	52	15	18	4	570	264	306
2019	52	15	18	4	565	260	305
2020	49	15	18	4	528	249	279

二、寿宁五中（平溪中学）历任校长名录

李章岩	芹洋	1963~1966（区长兼）	龚乃清	南阳	1992~1993
袁世英	坑底	1966~1977	范志强	南阳	1993~1997
黄廷鼎	福鼎	1977~1979	凌秀平	平溪	1998~2004
吴绍杰	平溪	1979~1980	蔡万辉	平溪	2004~2013
张良贤	南阳	1980~1981	金向明	大安	2013~2014
卢万康	斜滩	1982~1984	徐庆钊	凤阳	2014~2016
林兆枚	南安	1984~1985	李式洪	平溪	2016~2022
周道兴	平溪	1985~1988	王洪华	斜滩	2022至今
刘达雄	清源	1988~1992			

第五节　学制课程

一、学　制

1959年，平溪农业中学学制2年，1961年调整为3年。农业中学以服务生产、便利学习为原则，教学可以采取半日制、半周制、隔日制、雨天多学、晴天少学、农闲多学、农忙少学的灵活教学方式。

1969年，新生入学由秋季改为春季，实行"二二制"，即初中、高中学制均两年。1974年，新生入学又由春季恢复为秋季，因此，本是二年制的在校学生，又延长了一个学期。1978年，初中恢复三年制。

从2004年开始，为了与"九年义务教育制""双高普九"和"义务教育标准化学校"的验收衔接，小学设一、二、三、四、五、六年级，普通初中的一、二、三年级则称"七年级、八年级、九年级"。

二、课　程

农业中学开设的课程有政治、语文、数学、农业知识（第一部分为基本知识，第二部分则结合当地实际教学）、卫生常识、（以劳动保健、农村公共卫生、个人卫生常识为主）、历史、地理、物理、化学。为保证语、数、农业知识有足够的教学时间，不设外语、体育、美术、音乐课程。政治课"以总路线为纲，学习毛主席著作，结合形势和中心工作，加强阶级观点、劳动观点、群众观点和集体主义教育"。语文课要求"增加政治因素"，数学课要求"密切结合实际，加授珠算、簿记、统计、简易测量"。

1960年，根据"适当缩短年度，适当控制学时，适当增加劳动"的精神和"加强政治，面向生产，精简重复，增加乡土教材，保证质量提高"的原则修订课程。

1966年，"文革"开始，中学"停课闹革命"。1969年春，执行省教学计划，中学各班课程和每周时数为：政治2课时、语文6课时、数学6课时、"工业基础知识"3课时、"农业基础知识"2课时，音乐、美术合并为"革命文艺"1课时，体育改称"军体"2课时。每天清晨集合出操称"天天练"，上午第一节安排"天天读"（读毛泽东主席语录、"老三篇"），第二节后安排课间操。正常情况下，每周安排半天劳动。"开门办学""学工""学农""学军"则另外安排。

1971~1973年，提出"上好社会主义文化课"。根据1973年省颁教学计划，各年级设置政治、语文、数学、农业基础知识、生理卫生、体育、美术、音乐。1980年，初中取消农业基础知识和生理卫生，改设生物。1981年，各年级开设"劳动技术"课。1983年，初中恢复生理卫生课，生物分为动物、植物两部分，分别在初一、初二讲授。每周总课时：初一32节，初二33节，初三34节。1991年起，初中开"青春期常识"课。1992年起，初中开"安全知识"课。20世纪90年代，县上要求学校开设"学法课"讲座，每周一节。

第六节　教学教研

1958年，贯彻执行"教育必须为无产阶级政治服务，必须与生产劳动相结合"的教育工作方针，开展教育革命。下半年，学生参加"大炼钢铁"和秋收劳动，时间长达2

个月，教学受到很大影响。1959年总结经验教训，课堂教学重新受到重视。1960~1961年，时值困难时期，许多学生因生活困难，无心学习，流生严重。

1964~1965年，改革教学、减轻学生负担，减少活动总量。教学要求运用启发式，讲课要求做到"少而精"，通过教师的主导作用，调动学生的自觉性和积极性，抓住关键，解决难点。减少考试次数，语文只考作文，历史、地理、生物等科只教不考。

"文革"期间，原有的教育思想、教学制度、教学方法被指为"封、资、修""管、卡、压"而遭到否定，教学设备遭破坏，教材内容粗糙，许多内容只下结论，不做推导过程阐述。上下课时要齐呼口号、只读"语录"，"不学abc，照样干革命"，搞"贫下中农上讲台""红卫兵上讲台"及"开门办学"，经常让学生参加政治活动或充当劳动力，"以社会为课堂"，在"学工、学农、学军"和"批判封资修"中学习。作业一般不批改，提倡"开卷有益"，成绩只评"优、良、中、差"，没有留级淘汰制度。1972年，提出"上好社会主义文化课"，但不久又批"智育第一回潮"，使教师"欲干不能，欲罢不忍"，教学质量难以提高。

1976~1977年，通过"拨乱反正"，教学秩序逐渐恢复正常。1978年，学校工作重点转移到以教学为中心的轨道上来。县编印教参资料给各校使用。组织教师学习新大纲，研究新教材，改进教学方法，开发学生智力，培养学生能力。

1988年，平溪中学教研室组织教师探讨教学方法，撰写教育教学论文，提高教师教育教学水平。20世纪90年代，在基本普及九年义务教育，基本扫除青壮年文盲的"两基"验收中，平溪中学教学设施进一步完善，现代信息技术开始在教学中运用。

21世纪初，学校开始开发校本教材，实行"素质教育"，启动"基础教育课程改革"。教师学习教育理论，改变教学理念，转变教学行为，注意调控与指导，立足过程，注意学生的参与互动，引导学生自主探索与合作交流，促进发展，提高教育教学质量。

第七节 成人教育

1950年，为扫除青壮年文盲，政府开办冬学夜校，招收对象为成年男女文盲者，冬闲多学、春忙少学。1952年秋，乡所在地成立中心夜校，各村成立不同类型的农民夜校。

1958年秋至1959年春，全乡开展为期6个多月的扫除青壮年文盲运动，18岁以上45岁以下的男女青壮年文盲全部入学。采取午学、晚学等形式，区、乡派扫盲干部，任课教师就地取材，义务教学。

1975年，以生产小队为单位办政治夜校、民兵夜校，常年坚持学习不间断。嗣后又改办扫盲班。1983年，在东木洋试点办裁缝专业班，学习时间1年。截至1987年，全乡有8227人脱盲，脱盲率为43.3%。

第八节 支教助学

一、支教

1986~1987年，福建省直机关赴寿宁支教讲师团的黄子祥（现任中科院福建物构所副研究员）、尹恩琳（现任闽江饭店副总经理）、陈文豪（现任福州新福达汽车服务有限公司董事长兼总经理）3人，在平溪中学支教一年。

二、助学

1. 张显林捐资助学 2009年1月，寿宁县教育发展基金会成立，柯洋村张显林承诺捐款500万元。每年捐款100万元，5年付清。至2014年7月，500万元善款全部到账。

2. 蔡玉秀捐建教学楼 2009年8月，屏峰村（定居厦门）蔡玉秀女士捐款50万元，在平溪中心小学新校区教学楼上，增建两层"友三教学楼"，建筑面积660平方米，计8间标准教室及设施一流的"玉秀多媒体教室"一间。

3. 李议江捐资助学 2011年，东溪村李议江向寿宁县教育发展基金会捐款15万元。

4. 福州市"简单助学" 2011年8月7日，福州市"简单助学"到屏峰村开展助学活动，向27名困难中小学生发放助学金18200元，并赠送图书25册给屏峰小学。

5. "陈·李助学金" 是福建师范大学副校长李敏与已故中宣部干部陈麒章共同捐资9万元设立的专项助学金。

2013年4月10日，"陈·李助学金"共向26名品学兼优的平溪籍贫困女学生发放助学金1.5万元。

2013~2017学年，"陈·李助学金"每年用1.5万元资助26名品学兼优的平溪籍贫困女学生。其中，小学女生11名、初高中女生15名。受助学生分别获得400~1200元的助学金。

6. 善款助圆大学梦 2013年7月，平溪村黄银芝以高考文科505分被福建江夏学院财会系录取。一纸《大学录取通知书》愁煞了时年72岁的单身老人黄登春，女儿读4年大学，学费、住宿费、生活费、来往路费，再怎么节省也要4万元左右。自己每月仅靠160元低保补助费维持生计，如何将女儿送进大学读书？在乡贤黄立云、黄立意兄弟的多方奔走下，从寿宁、三明、宁德、福州等地筹集了3.65万元，终于让黄银芝安心地走进大学校园。2017年7月黄银芝大学毕业，参加国家公务员考试被录用。

7. 善款助学周文慧 在平溪中心小学二年级就读的环溪村姑娘周文慧，家庭经济十分困难。经乡贤黄立云推荐并由县慈善总会审核后，浙江诗戈图鞋业有限公司自2022年8月起，每学年捐助2400元直至其高中毕业。

三、奖学基金

2008年1月2日，由平溪境内各界人士捐赠、县教育局及有关部门拨款，共筹集30万元设立平溪乡教育奖学金。将本金 30 万元投资电站，以所得红利奖励、资助平溪境内优秀教师、学生。

四、教育发展促进会

2014 年 8 月 12 日，乡贤刘美森首倡的平溪镇教育发展促进会成立。总顾问陈信文、周乃松、夏鹏、魏锦发；选举产生第一届名誉理事长刘美森、理事长周少平、监事长吴厚勤。截至 2017 年 12 月 30 日，共到位助学基金 131 万元，其中有关单位领导筹资 80 万元，乡贤乐捐善款 51 万元。

捐款乡贤芳名如下：叶在富（犀溪）、刘巧玲各 10 万元；周英、黄建英、余仙明、吴厚勤各 5 万元；吴秋莲、吴厚镇、李烈中各 2 万元；周琨、余增灿、王明辉、余陈堂、卓新明各 1 万元。

第十五编　卫生　体育

民国以前，平溪境内患者完全依赖中医、中药和青草医、青草药疗伤治病。清乾隆四十八年创办的"周回生"中药店，是平溪境内最早有医生坐堂看病的药店。民国十七年杨志金在平溪开设的"平民医院"，是邑内第一座现代医院，杨志金为西医传入寿宁第一人。

20世纪50年代以前，平溪境内体育项目主要有武术、棋类和跳绳、踢毽等。50年代以后，平溪境内中小学校每年均举办运动会。21世纪以后，随着生活水平的提高，平溪境内老年人与妇女锻炼健身逐渐蔚成风尚。

2018年，千人规模的"福建全民健身欢乐行"徒步健身活动在屏峰村举办，首开邑内徒步健身赛事之先河。参赛的不仅有国内徒步爱好者，还有尼泊尔、卢旺达、巴基斯坦等国家的选手。

第一章 医药卫生

第一节 中医药店

知县冯梦龙在《寿宁待志·风俗》中写道:"俗信巫不信医,每病必召巫师迎神,邻人竟以锣鼓相助,谓之打尪,犹云驱祟"。那个年代,人们视瘟疫如虎狼,"癞疾传染尤可畏,即至亲亦仇视之。贫儿无援,有未绝而被焚烧者"。平溪境内民谣云:"种痘不死种麻死",说明当年人们对"天花""麻疹"等疫病,是多么无奈与恐惧。

一、中药店

清代,平溪村先后有"周回生""育生堂""竹梅居""厚生仁""叶碧堂"等中药店。乾隆四十八年(1783)开办的"周回生"中药店,是平溪最早有医生坐堂看病的药店,也是邑内最早有文字记载的药店。

民国九~三十四年(1920~1945),周树恩由建瓯市返回平溪开设"厚生仁"中药店坐堂行医,此后周树恩又与周光地一起开办"民生原"。当时,周慕侨、周光斗在"竹梅居"中药店坐堂行医,周光济在周俊香、周乃生的"周回生"中药店坐堂行医。此外,平溪还有周俊贤、李式宫的"健康"中药店,周孝钦、周孝庄的"回生永"中药店和周发延、李式观合开的中药店。南溪村李四出坐堂行医的"四生"中药店,历史较久。长溪村有李承烟的"银生"中药店,屏峰村有周俊登的"爱其生"中药店。此外,下党村也有一家小药店。1950年,平溪境内数家中药店联合组成中医联合诊所。

二、中医师

平溪境内俗称医生为"先生"。清乾隆间,屏峰村蔡鼎昌精于医学、五行;道光年间,知县周立宰为南溪村李文光立传,太学承谟赞其"且通医术,乡人获吉。麻痘尤精,施无一失"。平溪村周回生主治麻疹、天花二病;周俊阁、刘仙寿以及"竹梅居"中药店医生周慕侨等都精于岐黄,颇有名望。宣统三年(1911)2月,周德中在平溪执业行医。

民国五年(1916)2月,周光济在平溪执业行医;民国九年(1920)5月,周树恩在平溪执业行医;民国二十年(1931)3月,周光地在平溪执业行医;8月,谢鸿才在平溪执业行医;10月,谢鸿均在平溪执业行医。同年,李烈刚在南溪村执业行医;蔡则任、蔡得松、蔡得所在屏峰村执业行医。

"育生堂"中药店医生周继配，精于中医儿科，行医46年活人甚众；周光济主治麻疹、天花二病；周慕侨专主时方；王祖禹专主经方；周俊阁、刘仙寿以及"竹梅居"中药店医生周慕侨，"厚生仁"中药店医生周树恩等都精于岐黄，颇有声望，誉为名医。

民国三十二年（1943），寿宁县经核准发给中医从业执照的中医生有41人，其中平溪乡有6人，占全县七分之一多。

1953年，成立平溪区中医卫生所，吸纳陈品怡、吴祖岐、张定民、叶明馨等4位中医药人员参加工作。20世纪50年代，南溪村有李式山，屏峰村有蔡得达、蔡乃良等中医；在东木洋村南岸桥头开药店的有上充人吴东林。

1964年，寿宁县有12人被列入福安专区老中医行列，平溪的周光济、王祖禹、周祖颐等三人榜上有名，占全县四分之一。

三、青草药

取之山野，经济方便。一些家传秘方对小儿惊风、夜啼，骨折、跌打损伤等有特效。

四、青草医

木场村吴家霖、吴家成，平溪村吴芝眉、王奕松，溪底村毛昌祖、南溪村刘时奎、于岭村张碧明等青草医生，疗效颇好，村民信赖。

1958年，个体药店、私人诊所被取缔，医药人员到村保健站工作。1982年，重新允许个体药店开业。

第二节　医疗机构

一、民国医疗机构

民国十七年（1928）3月，杨志金从武汉市汉口普爱医院实习五年后，来平溪开设"平民医院"。汉口普爱医院是清同治三年（1864）英国循道会在武汉创办的第一家教会医院，位于汉正街428号及485号。民国三十一年（1942），寿宁县卫生院在平溪开办分院。

二、平溪中心卫生院

1951年设平溪卫生所。1953年1月，创办第三区（平溪）中医卫生所。1954年，周孝庄、周阿溪等成立平溪中医联合诊所。1958年7月，平溪中医卫生所、平溪中医联合诊所合并为平溪公社医院。医院设在平溪村大石坂旁一座没收的地主仓楼，另在平溪村临溪的桥北路街头设1个门诊部。1959年，平溪公社医院改称平溪公社保健院。

1971年12月，平溪公社保健院更名为平溪公社卫生院。1977年，经宁德地区卫生局批准，平溪公社卫生院升格为平溪公社中心卫生院。1984年10月，平溪公社中心卫生院更名为平溪中心卫生院。2003年3月，因管理不善，经宁德市卫生局重新核定，平溪中心卫生院被降格为平溪卫生院。2012年，经宁德市卫生局再核定，复称平溪中心卫生院。2017年4月7日，平溪中心卫生院以"委托管理"模式由寿宁县医院托管，更名寿宁县医院平溪分院。

1. 门诊综合楼　1962年冬，县卫生科拨款在平溪村杨梅桥旁征地2亩兴建平溪公社保健院（今平溪村金洋街23号）。1963年春，动工建设二层7开间的土木结构门诊宿舍综合楼，建筑面积558平方米。1966年夏，门诊宿舍综合楼竣工，平溪公社保健院迁入新楼。

1969年9月27日特大洪灾，地势低洼的平溪公社卫生院水淹二层，四周围墙崩塌，器械、药物漂流，公家财产、私人财物全部付之洪流。灾后，将一层土墙改建为石墙。

1972年8月，在主楼前面建一座石木结构门诊楼，单层7开间，占地面积316平方米。并将原厨房改建为3间住院病房，增设一间化验室。1978年，新建105平方米的x光室。

1982年，新建占地面积124平方米的厨房和2个卫生间。1983年，建27平方米的医药批发仓库一间。同年，上级拨款16万元，总投资21万多元，在金洋街南侧的临溪一带征地2744平方米，兴建钢筋水泥结构4层医疗综合楼一座，建筑面积1578平方米。1986年验收使用。

1996年，因桥北路与县道连接需要，平溪中心卫生院临溪综合楼土地被桥北路占用910平方米；2007年，临溪综合楼右侧土地又被巷道占用40平方米。平溪中心卫生院临溪综合楼占地面积原为2744平方米，至2007年缩为1794平方米。2015年，卫生院临溪综合楼改为办公住宿综合楼。

金洋街北侧的平溪中心卫生院（旧卫生院），原占地面积为1039.6平方米。2005年投入资金131万元，将门诊楼、住院楼、厨房、厕所等旧楼全部拆旧建新。因金洋街、村道拓宽及与供销社相邻一侧取直，共让出土地面积约120平方米，新建为长43米，宽21.5米，占地面积共924.5平方米，建筑面积1683.5平方米的3层钢筋水泥框架结构综合门诊住院大楼，2006年投入使用。

2007年以前，平溪卫生院占地面积共3783.6平方米。2007年以后，平溪中心卫生院占地面积缩为2718.5平方米。

2015年筹集40多万元，完成平溪中心卫生院周转房修缮项目。2020年8月，平溪中心卫生院与桥北路相邻的办公住宿综合楼，因危房被拆除。

2. 科　室　1958年7月，平溪公社医院内设中医诊室、中医药房、注射室、挂号室，另在临溪老街设一个门诊部。1964年，平溪公社保健院增设西医、助产、护理等科室。1965年春，平溪公社保健院内设中医内科、西医、妇产、中药房、西药房等7个科室。

1974年，平溪公社卫生院增设五官科。1977年，平溪公社卫生院办医药批发部，为全社18个医疗站供应药品。

1983年，平溪公社中心卫生院增设中药科、心电图室、A型超声波室。1988年，平溪中心卫生院设15个医疗科室,一个批发部。1992年,平溪中心卫生院设内科、外科、中医科、妇产科、X光室、检验科、财务组。

2011年,平溪卫生院有内儿科、妇产科、骨伤科、中医科、外科、防疫科、放射科、化验科、B超室、心电图室、公共卫生科等科室。

2017年,平溪中心卫生院有药房、外科、儿科、全科、儿保、防疫、后勤、护理组、放射科、B超室、检验室、收费室、新农合、院长室、办公室、财务室、公共卫生科等17个科室。

3. 设 备 1979年6月,平溪卫生院有地区卫生局分配的丙种刀包、腹部刀包各1包,眼科器械刀包、五官科检查器(46.5元/包)各2包,显微镜、电冰箱、电动离心机、简易呼吸器、氧气瓶推车、30毫安X光机、离子交换纯水器、保温干燥箱(564元/台)、手术反光灯(41.5元/架)、铅屏风(352元/台)、血压计(29.4元/个)、蒸馏水器(164元/台)各1台,氧气瓶、浮标式氧气瓶吸入器各1个;县卫生局分配的压片机、电动吸引器、薄膜浓缩器、15毫安X光机(县医院借用)各1台,铅手套1副,铅防护椅1条,轻便产床1架;卫生院自购的血压计3架,立式照明灯2架,空气麻醉机(170元/台)2台,5孔手术灯2盏,手提高压消毒器2个,药物天平2架,牙科刀包1匣,基础外科手术包(439元/包)1包,血色素计1个,血球计算机1套,丁种手术器械箱1个,轻便脚踏吸引器1台,轻便手术床、综合手术床各1张,小型汽油发电机1台。

1983年,平溪卫生院添置微波针灸仪、心电图机、A型超声波等医疗设备。1989年有15、30、50毫安X光机,心电图机、高倍显微镜、微波针灸仪、A型超声波诊断仪、离心机、胃肠减压器等医疗设备。

2007年,平溪卫生院有300毫安X光机、全自动生化仪、B超诊断仪、便携式多功能参数监护仪、恒温箱、血球仪、心电图仪、胎心监测仪、胎心多普勒仪、自动洗胃机、双目生物显微镜、半自动生化分析仪、尿10项分析仪、泰美科普通光纤喉仪、超声多普勒胎儿监护仪、辐射式新生儿抢救台等医疗设备。

2017年,平溪中心卫生院有血常规BC5180、生化LWC220、尿常规VRIT-180、免疫荧光检测(CRP)、黑白超声诊断仪、北京万东X光机、心电图机等医疗设备。

4. 床 位 1964年,平溪公社保健院在必要时设临时病床。1974年编制床位8张。1984年,编制床位10张。除收治内科病人外,还开展计划生育4种手术,收治颅脑外伤、大面积烧伤等病人。1992年编制床位12张,实际开放10张。2005年床位30张。2011年床位38张。2014年床位30张。2015年床位20张,实际开放10张。2016年床位30张,实际开放60张,住院752人次。

5. 人 员 1953年1月,第三区(平溪)中医卫生所有医护人员4人。1958年7月,平溪公社医院有全民工2人、集体临时工6人。其中中医3人,西药2人,中药学徒、会计兼收费、炊事员各1人。1964年,平溪公社保健院增至10人。

1974年,平溪公社卫生院全员14人(其中全民10人)。其中中医、西医师、护士、其他卫技人员各 2 人，中药、医士、助产士、药剂、检验人员、工勤人员各 1 人。

1984 年，平溪卫生院有 23 人，其中卫技人员 21 人。除收治内科病人外，还开展计划生育 4 种手术，收治颅脑外伤、大面积烧伤等病人。

1988 年，平溪卫生院有 25 人。其中中医师、西医士、中药剂士各 2 人，主治医师、行政管理人员、工勤人员各 1 人，护士 4 人，其他卫技人员 12 人。1989 年，全院职工 20 人，其中卫生技术人员 19 人。1992 年，全院职工 21 人，其中卫生技术人员 18 人。

2005 年，平溪卫生院全员 30 人，其中卫技人员 25 人。2011 年，平溪卫生院编制 32 人，在岗人员 23 人。其中中级职称 4 人、初级职称 17 人，管理、工勤人员各 1 人；卫技人员有主治医师、公卫医师、护师、主管药师、药剂师各 1 人，中医士、主管护师各 2 人，执业医师 4 人，护士 3 人，药剂士 5 人。

2014 年，平溪卫生院编制 32 人，在岗 26 人。其中中级职称 4 人，初级职称 20 人，管理、工勤人员各 1 人；卫技人员有执业医师、护士各 5 人，药剂士 3 人，中医士、主管护师、药剂师各 2 人，公卫医师、护师各 1 人。

2017 年，寿宁县医院平溪分院编制 36 人，其中在编人员 23 人，临时人员 13 人。在编人员有主治医师、助理医师、妇幼医师、主管药师、高级放射技工、放射医士、检验士各 1 人，护士 7 人，药剂士 3 人，执业医师、主管护师、财会人员各 2 人；临时人员有护理人员 4 人，医生、药房、收费、办公室、公共卫生、心电图室各 1 人，工勤人员 2 人。

2020 年，寿宁县医院平溪分院编制 33 人，其中在编人员 28 人，临时人员 8 人。在编人员有副主任医师、妇幼医师、主管药师、主管护师、检验士、药剂士、高级放射技工、财会人员各 1 人；主治医师、助理医师、执业医师各 2 人；护士 13 人。临时人员有药房 2 人、收费 1 人、工勤人员 3 人。

三、村级卫生医疗

1958 年，开始创办村级保健站。村保健站受公社保健院和生产大队的双重管理。1959 年，东木洋大队利用张氏祠堂及 2 座民房的旧木料建成大队楼并设立保健站。

1. 合作医疗 1969 年 12 月，平溪公社碑坑生产大队率先办起贫下中农合作医疗站，1970 年迅速推广至全县。医疗站一人诊病开方、一人司药、一人记账。3 人均记工分，年终大队核算分红。合作医疗资金由个人和集体共同筹集，个人每年交 0.50~3.00 元的药品基金费。生产队社员均可申请参加合作医疗，病人就医每次只交挂号费或出诊费，免收医药费。医疗站提倡"一根针、一把草"治病，主要依靠青草药治疗一些感冒、中暑等常见病及轻微外伤。重病患者经赤脚医生同意后，到上级医院检查治疗，可报销医药费 30%~50%。

1977 年 7 月，平溪公社率先实行社队联办合作医疗，资金由合作医疗站向卫生院代批发购药总金额的 10% 提取，公社从救济款或公益金按人口每人提取 0.30 元，集中到联办合作医疗办公室使用。患者持合作医疗办公室发给的医疗证和大队合作医疗站住院介绍信，就可到公社卫生院住院治疗。到外地医院治疗者，药费 30 元以上部分由公社报销，

30元以下由医疗站解决。

1981年，全社有合作医疗站18个。此后，因医疗资金不足及村民外出务工日渐增多等因素，合作医疗站相继关门。1986年，大队合作医疗制度取消。

2. 赤脚医生 合作医疗站工作人员主要以生产队的工分为酬金，因而称之为"赤脚医生"。赤脚医生由大队推荐具有高小以上文化程度的青年2~3人，其中女性一名，经公社合作医疗领导小组批准，报县卫生局备案，由公社保健院或县卫生局组织短期培训后，回大队合作医疗站担任赤脚医生。1982~1984年，经考核合格的赤脚医生，国家每年给予技术和劳务补贴36~72元。

3. 村卫生所 1986年8月，大队医疗站改称行政村卫生所，赤脚医生改称卫生员。此后，行政村及个别人口较多的自然村，都是村医个体经营药店、诊所、卫生所。一些承担防疫、妇幼等基本公共卫生职能的村医，卫生医疗机构视其工作量，每年给予1000元~5000元左右的补贴。卫生所个体经营，自负盈亏。自2006年起，县政府每月给每位村医补贴100元。2013年，平溪境内12个行政村共有18个卫生所。

平溪村卫生所，村医周道扬，1946年5月生。环溪村卫生所，村医李启勤，1968年2月生。亭下村卫生所，村医吴传善，1944年11月生。柯洋村卫生所，村医王阿林，1961年11月生。溪底村卫生所，村医魏安波，1964年6月生。岭兜村卫生所，村医叶章德，1958年9月生。木场村卫生所，村医吴华锋，1975年5月生。东木洋村卫生所，村医吴炳强。1966年12月生。东山头村卫生所。村医周和平，1960年7月生。长溪村2个卫生所。第一卫生所村医李启数，1952年9月生；第二卫生所村医李建安，1967年4月生。屏峰村3个卫生所。第一卫生所设在店基，村医蔡万海，1964年11月生；第二卫生所设在桥头，村医刘晓玉，1976年11月生；第三卫生所设在三角坪，村医王成义，1962年6月生。南溪村4个卫生所。村医谢其斌，1975年5月生；村医李周平，1977年11月生；村医周妙林，1969年11月生；村医李寿忠，1962年9月生。

四、新型农村合作医疗制度

简称"新农合"，是由政府组织，农民自愿参加，采取个人缴费、政府资助的方式筹集资金，以大病统筹为主的农民医疗互助保障制度。2007年7月，平溪乡开始实施"新农合"。

【附　录】

一、平溪中心卫生院历任（所长）院长名录

姓　名	籍贯	任职时间	姓　名	籍贯	任职时间
叶明馨	清源	1952~1957	陈基官	长乐	1974~1978.05
吴祖岐	鳌阳	1957~1958	周寿松	环溪	1978.06~1989
陈品怡	鳌阳	1958~1959	刘福新	芹洋	1989~1993

续表

姓 名	籍贯	任职时间	姓 名	籍贯	任职时间
林章华	福安	1959~1961	叶允清	鳌阳	1993（主持）~2005
陈基官	长乐	1961~1968	周明星	平溪	2005~2020.11
邓炳麟	莆田	1968~1974	叶其敏	犀溪	2020.11至今

二、2007~2020年平溪镇新农合参保情况表

年 份	个人缴费（元）	政府资助（元）	参保人数	参保率%
2007.07~2008.12	15	105	18131	73.43
2009	20	80	21489	86.53
2010	20	120	22795	102.50
2011	30	200	23084	100.38
2012	50	240	21150	95.38
2013	60	280	22759	102.64
2014	70	320	22792	100.14
2015	90	380	22381	98.20
2016	120	420	22137	98.91
2017	150	450	21623	97.68
2018	180	490	21263	98.18
2019	220	520	20611	96.93
2020	250	550	20494	97.29

第三节 疫病防治

一、传染病防治

平溪境内流行传染病主要有天花、麻疹、白喉、性病、百日咳、结核病、麻风病、病毒性肝炎、细菌性痢疾、流行性乙型脑炎、脊髓灰质炎、流行性脑脊髓膜炎等。20世纪50年代以后，上述传染病相继得到有效控制。

2003年春，"非典"疫情肆虐北京、广州等地，平溪境内未发现感染者。2020年至2022年12月18日，平溪境内也未发现新冠肺炎病毒感染者。

2022年12月19日，新冠肺炎病毒突然在邑内扩散，一时间家家皆"阳"，幸免者寥寥。人们争相抢购药品，原本500多元一瓶的免疫球蛋白，竟暴涨至2000多元还一瓶难求。疫情期间，人们尽量不出门，出门必戴口罩，街市罕见人影。2023年2月初，邑内

"新冠"病毒突然消失的无影无踪。

1. 天花 古称"痘疮",是由天花病毒引起的一种烈性传染病,常常引起死亡。主要通过飞沫传染,表现为严重的病毒血症及接连出现的各阶段皮疹,症状为高烧和剧痛,皮疹最后形成瘢痕。

20世纪50年代以前,天花死亡人数占发病人数的20%~50%。1950年4月,县政府以平溪、托溪天花发现区为防治中心,组织医务人员分四片接种牛痘1.5万人次。牛痘的接种,使天花疫情在平溪境内绝迹。

2. 麻疹 主要通过飞沫直接传播,病人是唯一的传染源。发病季节以冬春季为多,以6个月至5岁小儿发病率最高。民国二十七年(1938),平溪境内各村麻疹流行,由于缺医少药,许多患者因病死亡。

20世纪60年代以后,政府实行麻疹疫苗免费接种,麻疹流行强度大大减弱。1975年6月,屏峰村麻疹流行,全村580多人传染。县卫生局高度重视,专门送医送药到屏峰村开展诊疗工作。1986年以来,平溪境内未发现麻疹患者。

二、地方病防治

1. 疟疾 俗称"打摆子"。1974年9月,卫生防疫部门派出防疫小组深入南溪、亭下大队开展疟防工作,经调查发病率为27%。给102例有疟史者进行秋季抗复发治疗,服药率达95%。1990年以来,平溪境内未发现疟疾患者。

2. 地方性甲状腺肿大 简称"地甲病",主要原因是碘缺乏,所以又称碘缺乏性甲状腺肿大,多见于山区和远离海洋的地区。

1983年,对地甲病流行情况进行抽查,全县实检11103人,受检率96.9%,查出患者63人,生理性肿大769人,发病率0.57%,肿大率7.47%,发病率最高的是环溪大队,达9.94%。

多食含碘丰富的海带、紫菜、虾米、海蜇、淡菜等,对预防碘缺乏性甲状腺肿大有较好的作用。2010年经省卫生厅评审,寿宁县基本消除碘缺乏病。

第四节 妇幼保健

20世纪50年代以前,平溪境内产妇均在家中分娩,由村中老年妇女或接生婆凭经验用传统方法接生,少数产妇还自产自接。新生儿断脐器械,多为竹片或剪刀。由于医疗卫生条件所限,"生子如过鬼门关"。如遇难产,母婴死亡率较高。

一、产妇分娩

1956年以后,政府大力推广新法接生,母婴死亡率大幅降低。20世纪60年代,公社保健院配有助产士。2003年6月,县卫生局下文取消家庭接生,孕产妇到卫生院进行产前检查和住院分娩的逐年增多。2008年,新型农村合作医疗制度将孕产妇住院分娩纳入报销范围，母婴双安目标完全实现。

二、疫苗接种

民国二十六年（1937），寿宁县开始利用生物制品对人群进行预防接种。最早使用的是"牛痘苗""鼠疫苗"，以预防天花、鼠疫这两种急性呼吸道传染病。以后，又陆续开展霍乱和伤寒菌苗的预防接种。

20世纪70年代，医务人员最难完成的工作就是预防接种。由于社会普遍对预防接种工作不理解，有的家长还有抵触情绪，因此基层医务人员要挨家挨户上门宣传预防接种的意义，劝说家长同意孩子接种疫苗。接种麻疹疫苗，因为没有标准的注射器和装疫苗的安瓿，疫苗装在长约10厘米、羊毛针大小的塑料管子里，医务人员只能用嘴将疫苗吹到接种处。

2021~2022年，上级要求全体适种人员必须连续接种三针"新冠"疫苗。由于"新冠"疫苗效果不佳，甚至有人因接种疫苗出现意外事故，镇政府因此无法按时完成接种任务。无奈只好采取物质奖励措施，甚至派人赴上海等地动员外出务工、经商人员回来接种疫苗。

三、计划免疫

1982年，寿宁县逐步把麻疹疫苗、脊髓灰质炎疫苗、百白破混合制剂、卡介苗等四种生物制品，有计划地按程序、年龄组进行预防接种，即开始推行计划免疫工作。

当年，公社卫生院对平溪境内0~7岁儿童进行登记，建立《预防接种登记卡》，按免疫程序对适龄儿童进行预防接种。

【附 录】

一、2004~2020年平溪中心卫生院妇产科住院分娩统计表

时间	产妇（人）	新生婴儿（人）	男婴（人）	女婴（人）
2004	234	234	124	110
2007	197	197	91	106
2008	167	167	90	77
2009	150	150	75	75
2010	96	96	53	43
2011	45	45	27	18
2012	53	53	30	23
2013	52	52	27	25
2014	86	86	44	42
2015	66	66	33	33
2016	38	38	21	17

续表

时间	产妇（人）	新生婴儿（人）	男婴（人）	女婴（人）
2017	12	12	7	5

注：表中产妇、新生婴儿数主要与当年妇产科医技力量相关；双胞胎产妇均送县医院生产；2018年起，全县乡镇产妇均送县医院分娩。

二、1982~2020年平溪中心卫生院卫生防疫预防接种统计表

年份	品种	乙脑	麻疹	百日破全程3次	卡介苗	小儿糖丸	乙肝	流脑
1982	应种数	—	—	—	—	—	—	—
	实种数	3382	—	—	—	—	—	—
	接种率%	—	—	—	—	—	—	—
1983	应种数	—	1376	1469	869	1474	—	—
	实种数	906	1201	1302	721	1421	—	907
	接种率%	—	87.28	88.93	80.42	96.40	—	—
1984	应种数	826	1228	1296	954	1394	—	—
	实种数	789	1081	1198	781	129	—	856
	接种率%	95.52	88.02	72.43	81.86	89.31	—	—
1985	应种数	698	1007	1205	898	1311	—	—
	实种数	607	962	1096	786	1289	—	786
	接种率%	86.96	95.33	90.95	87.52	97.63	—	—
1986	应种数	574	1126	928	885	1246	—	—
	实种数	342	1035	721	763	1120	—	699
	接种率%	65.27	91.92	73.69	84.44	88.28	—	—
1987	应种数	—	891	665	666	652	—	—
	实种数	929	668	565	502	529	—	851
	接种率%	—	74.79	84.90	75.38	81.13	—	—
2011	应种数	143	143	143	143	143	—	143
	实种数	126	131	138	142	140	465	120
	接种率%	88.11	91.95	96.50	99.30	97.90	—	80.54
2013	应种数	127	127	127	127	127	127	127
	实种数	103	122	126	125	126	124	123
	接种率%	81.1	95	99.21	98.43	99.21	97	96.85
2014	应种数	65	65	144	168	161	167	98
	实种数	51	57	127	168	149	166	69
	接种率%	78.46	87.69	88.19	100	92.55	99.4	70.41

续表

年份	品种	乙脑	麻疹	百日破全程3次	卡介苗	小儿糖丸	乙肝	流脑
2015	应种数	210	199	207	209	210	210	191
	实种数	190	183	206	209	207	209	191
	接种率%	90.48	91.96	99.52	100	98.57	99.52	100
2016	应种数	209	209	209	207	208	209	198
	实种数	204	202	207	207	203	208	198
	接种率%	97.61	96.65	99.04	100	97.6	99.52	100
2017	应种数	219	219	219	219	219	219	206
	实种数	209	204	215	218	215	218	206
	接种率%	95.43	93.15	98.17	99.54	98.17	99.54	100
2018	应种数	175	175	175	175	175	175	159
	实种数	162	160	165	167	169	167	159
	接种率%	92.57	91.43	94.29	95.43	96.57	95.43	100
2019	应种数	162	162	162	162	162	162	158
	实种数	145	121	156	158	157	158	142
	接种率%	89.51	74.69	96.3	97.53	96.91	97.53	89.87
2020	应种数	84	84	143	143	143	143	111
	实种数	51	52	125	138	133	139	65
	接种率%	60.71	61.9	87.41	96.5	93.01	97.2	58.56

注：应种数、实种数均包括初种和复种在内。

第五节　地方药材

平溪境内海拔高低悬殊，高、中、低山地带植物、动物均有分布，因此药材资源丰富。由于人类活动的不断扩大，部分植物药材如三尖杉在平溪境内已无存；一些动物药材如虎骨、麝香、熊胆、野牛角等早已绝迹。

一、动物类药材

蜂蜜、蜂蜡、蝉蜕、蜈蚣、蟑螂、泥鳅、地龙、蜗牛、水蛭、青蛙、蛤蟆、蟾蜍、鳖甲、龟板、蛇胆、蛇衣、水蛇、蕲蛇、狗鞭、牛角、羊角、壁虎、蚱蜢、鸡内金、乌骨鸡、穿山甲、金环蛇、白花蛇、眼镜蛇、乌梢蛇、四脚蛇、竹叶青蛇。

二、植物类药材

茶、山茶、油茶、百合、半夏、仙茅、葛根、天冬、狗脊、木神、菱根、大蓟、香附、麦冬、射干、栀子、枳壳、佛手、乌梅、委实、菱仁、侧柏、桑叶、荷叶、厚朴、陈皮、葛花、贯众、桃仁、桑皮、莲须、木瓜、青皮、巴豆、花粉、青蒿、艾叶、白术、芦根、谷芽、百部、干姜、姜黄、生姜、苦参、柿蒂、红花、橘络、木贼、麦芽、菊花、莲心、苦庶、樟脑、草莓、绿豆、豌豆、米豆、蚕豆、香柚、金橘、花椒、油桐、梧桐、巴豆、石榴、喜树、三七、芦竹、木槿、铁树、薄荷、荆芥、烟草、茄根、鲍壳、瓜蒌、党参、桔梗、薏苡、芋茅、紫萍、马萍、芦荟、大蒜、葱白、吊兰、山药、吴茱萸、何首乌、土黄柏、土茯苓、白茅根、覆盆子、鱼腥草、白毛藤、车前草、满山白、马尾藤、鹿衔草、益母草、半边莲、马鞭草、金樱子、女贞子、扁豆花、夏枯草、金银花、鸡冠花、桑寄生、土黄芪、楮实子、太子参、萝卜子、板蓝根、鸡血藤、毛冬青、马齿苋、使君子、土巴戟、忍冬藤、丝瓜络、南天竹、厚朴花、石菖蒲、天南星、淮山药、南山楂、赤小豆、蛇床子、紫荆皮、天竹根、紫苏叶、水半夏、地骨皮、双钩藤、青木香、枇杷叶、千人拔、月季花、紫云英、落花生、铁扫帚、含羞草、蓖麻子、木槿花、山芝麻、猕猴桃、仙人掌、五加皮、茉莉花、龙胆草、夏枯草、凌霄花、黑芝麻、车前草、六月雪、冬瓜皮、向日葵、蒲公英、野菊花、芦苇根、玉米须、淡竹叶、灯芯草、萱草根、万年青、金刚刺、美人蕉、水蜈蚣、过路蜈蚣。

三、名产药材

1. 厚 朴 全身是宝，茎皮、根皮及花均可入药，材质还可它用。明清以前，厚朴多是野生，主要分布在混交林、毛竹林中。1955年，平溪乡开始封山育林培植厚朴。1959年以后，厚朴被列入出口生产计划，县医药公司调入厚朴种苗安排林业部门及农户栽培，产品远销海外。

2. 白 术 为多年生草本菊科植物根茎。清末，木场等海拔600米以上的地区广为栽培。白术味苦、性温。入脾、骨经，能利尿，降低血糖，抑制脑膜炎球菌等。民间常用白术根块或白术片煎汤酿制糯米红酒，或用白术炖猪肚，经常饮食能强筋骨、祛风湿、补脾胃。

第六节　病灾救助

一、县红十字会救助

2005年5月18日，县红十字会为湖潭村白血病患者范某开展义诊募捐活动。地点在原县中医院门口（新华书店对面），参加义诊的有县医院、中医院10位医护人员；为义诊活动造势的有实验小学鼓乐队20人。

平溪同乡会的周乃会、周光钦、李启何、张廷发等乡亲率先捐款，县电视台、报道组记者到现场采访。当天募得善款三千多元，由县纪检委工作人员当场交给患者家人。随后，主持义诊募捐活动的县红十字会副会长黄立云又与患者家人到县直单位募得善款二千多元。

二、社会各界救助

2011年11月，福州市"简单助学"在寿宁在线慈善会、学生志愿者等协助下，为屏峰村甲型血友病患者、寿宁一中学生王明健筹募医疗资金近10万元。

2014年1月16日，寿宁县职业中专志愿队联系"家有喜事"糖果商、"绿野仙踪"闽东特产店，在鳌阳子来桥头开展"爱心接力、传递希望——为王明健加油"募捐义卖活动，共募得义卖善款3837元。

2014年7月，王明健以529分考入福建工程学院。宁德鸿爱会联系福建电视台为王明健录制募捐专题片，社会各界纷纷为王明健捐款，解决其大学期间的学习、生活及医疗费用。

第七节 乡村名医

李文光 南溪村人，清乾隆年间生。道光年间知县周立宰为其立传，太学承谟赞其"且通医术，乡人获吉；麻痘尤精，施无一失"。

周继配 名大铨，环溪村人，清同治六年（1867）生，庠生。23岁时目睹疫病流行，儿童夭亡甚多而习医。周继配精研儿科，行医46年，活人甚众。在平溪寿山桥下开设"育生堂"药铺，贫者不但济之以医，还施之以药。民国十一年（1922）卒。

周光济 平溪村人，清光绪十五年（1889）生，自幼随父学医。民国五年（1916），在平溪开设"回生堂"药铺。擅治麻疹、天花，周边方圆数十里颇有名气。1951年，周光济参加县卫生工作者协会。1952年2月，参与组织平溪中医联合诊所，1958年转入平溪保健院，1967年卒。

李烈刚 名芝光、字耀唐，南溪村人，清光绪廿一年（1895）11月生。寿宁鳌阳高等学校毕业，曾任南溪国民学校校长、平溪乡民代表，1953年卒。李烈刚精研岐黄，深究中医之术。"邻里求医者，不绝于道路"，行医足迹遍及寿宁、周宁、庆元、政和等地。常言"一身之奔劳事小，病家之负累无穷"。为减轻病家负担，他打破病家请医必"以轿来迎"的陋习，"勿论风雨晦明、不分贫富贵贱"都有求必应，躬身徒步以赴，"好行其德于闾里"。

王祖禹 平溪村人，清光绪廿九年（1903）生，少年时求学福州。曾在平溪、政和县任教，后师从周树恩学医。1956年，参加组建平溪中医联合诊所，同年9月福安专署中医进修班毕业，1958年转入平溪保健院。1976年卒。

刘履康 平溪村人，民国九年（1920）生，自幼随父学医。民国二十九年（1940），福安师范丙简班毕业，在平溪小学任教10年。1951年参加平溪防疫工作，1956年参加长溪中医联合诊所，1967年调入平溪公社保健院任中医。喜用《湿病条辨》方，治疗湿热病疗效甚佳。业余研习易经命理，推算颇为灵验。1980年退休，1986年卒。

陈基官 福建长乐区人，民国二十五年（1936）9月生，1956年福州医士学校毕业。

1956年春分配寿宁县医院从事临床医疗工作，1960年调平溪卫生院任医生、院长，至1978年离任，历时19年。他以"医者，必具仁道、仁义、仁人之心"，拯救了无数疑难病人，治愈患者数以万计，被平溪百姓奉为"神医"。

陈基官医德高尚。20世纪60、70年代，地处偏僻山区的平溪经济落后，很多人生病没钱看病买药。陈基官处处为贫苦农民着想，便宜药能治好的病，他绝不用贵药；青草药能治的病他就教人用草根树皮以节省医药费。当年的平溪交通不便，外出就诊都要爬山越岭。陈基官急患者之所急，十几年来，不管寒冬酷暑、白天黑夜、晴天雨天，凡有患者求诊，他脚穿解放鞋，身背药箱，有求必应。公社电影队放映电影，每每买了电影票进入影院坐下，广播喇叭就响起患者请他出诊的声音。他总是应声而起，难得完整看完一场电影。

陈基官医术精湛。1967年，平溪村民谢淑娇6岁的儿子腮部肿大似核桃，他教她用灯芯蘸香油点燃弹患处，"嗒"的一声响，没几天腮腺炎消除，至今四十多年未复发。1974年，环溪村4岁男孩周小果在泥地上玩耍，突然睾丸肿大，生殖器缩小，小便不通。他母亲急忙将孩子抱到卫生院，正在午睡的陈医生睡眼惺忪地看了孩子一眼，说："不需服药，将食醋倒在钵底，用肥皂磨成浆涂患处即可。"病孩母亲听后将信将疑，还以为是自己鲁莽吵醒医生，惹得医生生气不肯开处方。谁知回家用肥皂磨醋一涂抹，果然药到病除。环溪村金鹅巷一名农妇坐在家门外，将脚拇指肿痛的左脚搁在板凳上。陈基官出诊路过看见，教她抓两只泥鳅，采芙蓉花和"鸡角仔"外敷，果然治愈，不花一分医药费。平溪"寿山桥"上方老街一名9岁儿童，手掌不慎被雷管炸伤鲜血淋漓。陈医生争分夺秒连夜手术，煤油灯亮度不够，他急中生智用手电筒照明，小心翼翼地从炸得像蜂窝一样的手掌中挑出20多片弹片。小男孩忍痛不哭，他连连安慰赞许"从没见过这么坚强的孩子！"

为了防病治病，他亲自带队给少年儿童打预防针接种疫苗；亲自下乡巡回医疗，送医上门给患者做针灸、拔火罐。为了培养更多乡村医生，他在院长任期内，多次举办"赤脚医生"培训班，亲自给学员上课，介绍中草药材，传授医疗心得，提高"赤脚医生"的业务水平。1975年，给计生对象施行男扎、女扎手术的外科医生不多，善学习、肯钻研、敢探索的陈院长，亲自到手术室主刀做结扎手术。

陈基官的无私奉献，赢得了人民的信任与爱戴。平溪卫生院声名鹊起，远近患者纷纷慕名而来，满意而归。在1970年的"一打三反"运动中，陈院长因家庭成分问题，被错误地集中到"学习班"学习。成百上千群众冒着被抓被关的政治风险，自发到公社"保"他出来正常工作。

金杯银杯，不如人民群众的口碑；金奖银奖，不如民间草根的褒奖！1978年，陈基官奉调寿宁县医院工作。平溪人民闻讯，不约而同齐聚卫生院送行，大家是那么恋恋不舍，像亲人一样与他依依惜别。岁月如风飘逝，陈基官离开平溪已经40多年了，但平溪人民至今还念念不忘这位人民的好医生。

第二章 体 育

第一节 学校体育

一、幼儿体育

1982年，依据教育部《幼儿教育纲要（试行草案）》编写的教材，在幼儿园开设基础体操、徒手操、轻器械操、体育游戏等项目，培养幼儿的走、跑、跳跃、平衡、投掷、钻爬、攀登等技巧能力。

二、小学体育

民国二十五年（1936），平溪中心国民学校一二年级设唱游课，三至六年级设体育课。三年级每周授课120分钟，四年级每周授课150分钟，五、六年级每周授课180分钟。体育教材有中华书局出版的赵光治编纂的小学通用教材，也有商务印书馆出版的蔡宾的《新课程标准体育教科书》。

中华人民共和国成立后，教育部强调"儿童应具有强健的身体，活泼、愉快的心情"。体育被列为普通小学的基础课，规定每周2课时。简易小学受师资、场地限制，多未开设体育课。

1956年起，采用人民出版社编写的《中小学体育教学参考书》，各校开始推行第一套少年儿童广播体操。1961年采用《小学体育教材》。"文化大革命"期间，体育课改为军体课，体育锻炼项目被队列训练、射击、投弹与野营拉练取代。1956~1987年，已先后推行过6套广播体操。1988年，开始推行第七套儿童（韵律）广播体操。

平溪小学开展的主要体育活动有跳绳、踢毽、篮球、排球、乒乓球、羽毛球等；田径运动受场地、器材、设施限制，只有跑步、跳高、跳远等项目。

三、中学体育

1982年，《国家体育锻炼标准》公布实施，平溪中学普遍开展达标训练。平溪中学的主要体育项目为球类、田径。

球　类　平溪中学普遍开展的项目是篮球、排球。雨天室内活动主要是乒乓球、毽球。

田　径　田径运动项目主要有短跑、中长跑、跨栏、跳高、跳远、三级跳远、铁饼、标枪、铅球、手榴弹等。田径运动约占中学体育活动时间的20%。

第二节　群众体育

一、传统体育

平溪境内民间传统体育项目除武术、棋类、踢框格外，还有摔跤、拔河、登山、跳绳、踢毽子等。

1. 武　术　明清两朝以至民国时期，民间习武较普遍。一是乡民为防身与抵御盗匪；二是大户人家设馆聘师习武，以守护庄院。清朝年间，亭下村三角洋自然村有一位名叫三屈球的拳师，习武练拳数十年，终成一代远近闻名的拳师。

2. 棋　类　除中国象棋外，民间简便易学的儿童棋类有畚斗棋、状元棋、四横四竖、金木水火土等10多种。

3. 踢框格　儿童在地上划框格，练习技巧。主要有人头框、六格框2种。

4. 劈甘蔗　冬春时节，甘蔗上市。村民二人或数人买甘蔗一根，轮流用菜刀或柴刀将甘蔗由稍至根往下劈。劈得最长者为胜，众人喝彩；最短者为输，负责支付甘蔗钱。此竞技游戏为平溪村独创，盛行于20世纪50~80年代。

二、现代体育

中华人民共和国成立以后，球类、田径运动渐渐进入平溪境内中小学校。

1. 棋　类　主要有象棋、军棋、跳棋等。

2. 球　类　主要有篮球、排球、乒乓球、羽毛球等。

三、全民健身

2018年7月22日，"福建全民健身欢乐行"暨"不忘初心、难忘下党"全民徒步健身活动在屏峰村举办。国内各地知名跑团、跑友，还有来自尼泊尔、卢旺达、巴基斯坦等国的徒步爱好者共一千多人报名参赛。

2019年7月22日，屏峰村举办由"不忘初心、难忘下党"徒步健身活动升级而来的屏峰至下党的古道健步、越野赛。来自中国和加纳、阿富汗、巴基斯坦、吉尔吉斯斯坦等国家的一千多名徒步爱好者，分别参加男、女35千米古道越野，男、女7.5千米古道健步比赛。

第十六编　文化　古迹

早在新石器时代，先民们就用石戈、石锛等工具在平溪犀牛山渔猎、生息。宋代，上窑村因盛产砭瓦而得名。

平溪葫芦门为邑内唯一的民间古城堡；南溪石门隘为邑内唯一的古隧道；平溪古琴桥不仅长度为全县之最，也是邑内唯一不依直线修建的波浪形碇步。

明末清初，平溪义士云集。一场反抗外敌入侵之战在这里策划、爆发，让立足未稳的清朝政权寝食难安。这一段血与火的悲壮历史，至今仍"锁在深闺人不知"。

21世纪以来，平溪境内文化昌盛，硕果累累。刘美森主编的《廊桥流韵》《村名溯源》《寿宁传统技艺》；陈信文主编的《寿宁古村落》；周玉美创作的《山溪集》《绿萝裙》；李安编著的《神奇官台山》《史海探珠》；黄立云编著的"福建省寿宁县地方志丛书"——《寿宁待志校辑》《康熙寿宁县志注辑》《寿宁寺庙志》《天道酬善——爱民清官黄槐的传奇人生》《田园芹洋》《寿宁县卫生计生志》《寿宁县革命老区发展史》等相继出版发行。

第一章 群众文化

第一节 机构场所

一、文艺团体机构

1. 戏班、剧团 旧时，民间戏班、剧团地位卑微。民谣云："戏班做，戏班食；戏班散，做乞食。"

平溪戏班 具体创立时间无文字可考。清同治年间，平溪境内各村凡逢年过节，或者寺庙宫观礼佛拜神，都聘请平溪戏班演戏助兴，多则三五天，少则一夜。平溪戏班还远赴政和、建瓯、崇安及江西等地演出，声名远播。因为长年在外地巡演，一周姓男演员连结婚都无法赶回，只好让祖母代替新郎官与新娘一起拜堂入洞房。

平溪剧团 1958年平溪剧团成立，团长周岩正，演艺人员有周齐花、黄桂娇、周乃花、周秋菊、黄登三、黄登规、周光义、周乃栋、周光穗、周岩南等20多人。演出剧目有古装戏《穆桂英挂帅》《狸猫换太子》《九道山》等20多部。平溪剧团不仅深受邑内百姓欢迎，还到周宁、政和等县演出。演出收费，大人票价0.2元，儿童0.1元；包场则视村庄大小，每晚20~30元不等。

1966年，"文革"破"四旧"，剧团被勒令解散，戏班服装、道具全部集中"寿山桥"上方溪滩烧毁。

2. 平溪公社电影队 1959年1月，平溪成立寿宁县第一个公社电影放映队，队长周道南、队员罗会松。

1976年4月，"寿宁县第一届8.75毫米电影放映员培训班"在寿宁县委党校举办，平溪公社党委选送平溪村两位回乡知青参加培训学习40天。5月，培训结业，平溪公社电影队随之成立。公社向县电影工作站赊购8.75毫米电影放映机、拉绳汽油发电机各一台，巡回放映范围为平溪公社各生产大队及芹洋公社的尤溪、修竹、芹洋等生产大队。电影队有放映员2人，每人月工资30元、30斤福建省地方粮票。20世纪90年代中期，随着电视、录像、"VCD""DVD"等的普及，电影院门可罗雀，平溪公社电影队自行解散。

3. 文化站 1959年1月，平溪公社文化站成立，站址在平溪临溪老街。1975年，文化站迁到平溪影剧院对面的平溪大队部二层，设站长一人，每月由县文化部门补贴15元；1989年又迁到平溪影剧院二层；2001年，再迁乡政府大院楼上。

1964年，周鸿创作的《歌唱竹管垄》小演唱参加省农村文艺会演。1975年10月，文化站组织中学、小学师生及插队知青自编自演文艺节目，参加"寿宁县农业学大寨文艺会演"获二等奖。1988年，文化站举办书法创作竞赛。

4. 照相馆 民国后期，开始有外地摄影人员到平溪拍摄黑白人像照片。1965年，鳌阳张方云一家在平溪寿山桥上方桥北路开照相馆，直至1969年8月离开，这是平溪境内第一家照相馆。

20世纪70年代，环溪村吴广来兄弟俩在平溪村开办照相馆，拍摄黑白照片。为了照片更好看，吴广来兄弟会根据客户要求，用手工将黑白照片加工为彩照。90年代后期，平溪境内开始流行彩色照片。21世纪以来，随着人们生活水平提高，照相机拥有者不断增多，特别是手机附带拍摄功能以后，自拍自娱成为流行时尚，平溪境内照相馆不复存在。

5. 图书销售门市部 1956年，平溪供销社设立图书销售门市部，主要销售杂志、小说、连环画及地图、年画、宣传画等。

二、演出场所

1. 戏　台 平溪影剧院建成以前，各地戏班均在祠堂、宫庙戏台演出。南溪村李氏宗祠、平溪村周氏宗祠、屏峰村蔡氏宗祠及平溪村奶娘宫等都建有戏台，供戏班演出。

2. 露天放映 20世纪50年代，开始在平溪小学操场露天放映电影，如中途遇雨，则张伞遮盖放映机。"文革"时期，在平溪粮站水泥坪露天放映电影。80年代，粮站水泥坪建粮站综合楼。

3. 平溪奶娘宫 20世纪60年代初，在平溪奶娘宫演戏、放映电影。"文革"时期，平溪奶娘宫被平溪公社农械厂占用，戏台被拆。

4. 平溪影剧院 1973年，平溪公社党委、革委会在平溪公社办公楼右侧，征地新建一座影剧院（人民会场）。1976年影剧院建成，内设戏台和760多个座位，可供开会、演戏、放映35mm电影。20世纪80年代，影剧院兼营录像。90年代以后，随着家庭电视的普及，影剧院门可罗雀。2013年10月，为修建寿政二级公路到平溪村的连接线，平溪影剧院拆除。

第二节 群众文化

一、儿童游戏

1. 草 编 用麦秆编帽子、动物等。

2. 折 纸 以纸张折小船、飞机、官帽等。

3. 剪 纸 用剪刀、红纸剪双喜、窗花等图案。

4. 过家家 流行在四五岁儿童中间，以女孩为主，常以扮演妈妈、爸爸、姐姐、哥哥等角色，模仿哄小孩睡觉、做饭切菜之类居家生活现象。

5. 抢猴蛋 几个小伙伴用"锤子、剪刀、布"定输赢，输者当猴子。"猴子"手脚着地，腹下放三粒石子当猴蛋。游戏开始，小伙伴想方设法去猴子身下抢猴蛋。猴子用脚踢人以护蛋。抢蛋者若被猴子踢中，罚此人做猴子；若猴子踢不到人，猴蛋又被人抢光，则该猴子继续护蛋。

6. 打柴垛 20世纪90年代以前，周日、农忙假、寒暑假，小伙伴三五成群上山砍柴，常以"打柴垛"定输赢。到了砍柴地点后，约定每人先砍一捆柴草，齐刷刷摆在一处。再砍3根树枝或用3根"枪担"，在十几米远处支成一个三脚架，名曰"柴垛"。

然后每人将自己手中的柴刀，像扔手榴弹一样奋力抛向前方，以柴刀落地远近定先后顺序。柴刀落地最远者，第一个打柴垛。众人依序对准柴垛扔出柴刀，谁扔出的柴刀将柴垛打倒，谁就可以赢得那些柴草，高高兴兴地挑回家了。

接着，每人再砍一捆柴草摆在一处。重新以柴刀落地远近定出第二轮"打柴垛"顺序。如此循环往复，赢者一个个高兴地挑着柴草回家。最后，输者只好自己再砍一些柴草，孤零零地狼狈而回。

二、助兴游戏

平溪境内节庆活动或聚会饮宴之时，常以酒令、猜拳、舞龙、舞狮、放天灯等将活动推向高潮。

1. 酒 令 推一人做令官，其余人轮流按令表演，违令者罚酒。

2. 猜 拳 两人对阵，以出拳猜数目定胜负的酒宴游戏，是农村宴会上常见的助兴娱乐活动。

3. 舞 龙 中华民族自称龙的传人，龙代表吉祥、尊贵、勇猛，更是权力的象征。因此，从春节到元宵节，平溪境内大的村庄都有舞龙的习俗。人们也在喜庆日子里用舞龙来祈求风调雨顺，五谷丰登。

龙用竹、布等扎制而成，龙的节数以单数为吉利，多见九节龙、十一节龙。还有一种"火龙"，用竹篾编成圆筒笼子，糊上透明、漂亮的龙衣，内燃蜡烛，夜间表演十分壮观。

20世纪70年代，平溪厝坪墩少年自发组织了一支儿童舞龙队，颇受人们欢迎。春节期间，这支儿童舞龙队到单位和各家各户门前舞龙拜年，主人会给舞龙队一个红包，双方皆大欢喜。

4. 舞　狮　狮子为百兽之尊，形象威严勇猛，古人视作勇敢和力量的象征。人们认为狮子是祥瑞之兽，能驱邪镇妖，保佑人畜平安。因此，在元宵节及重大庆典活动时舞狮，以祈望生活吉祥如意，万事平安顺利。狮子欢腾跳跃，辗转腾挪，也为节日平添了许多喜庆和热闹。

5. 天　灯　相传清顺治初年，冯梦龙、王祁与郧西王朱常湖三人在平溪仙崖寺筹谋反清复明。为保护抗清义士，冯梦龙教村民用"天灯"传递信息。清兵进村，村民就将红色天灯飘上天空，朱常湖等人就退避深山之中。清兵撤走，则放黄色天灯报平安。因此，平溪境内村民称天灯为"平安灯"。民国初年，平溪村民放的天灯飘到白岩下村，烧毁村民草棚一座。因天灯存在火灾隐患，故天干物燥季节放天灯要慎防火灾事故。

三、益智游戏

以游戏的形式锻炼脑、眼、手的活动，使人在游戏中获得逻辑力和敏捷力。

1. 象　棋　传入平溪境内时间不详。因其价廉方便，老少咸宜，故上至达官巨商、骚人墨客，下至贩夫走卒、樵夫牧童，均可楚河汉界、遣将调兵、一展棋艺。诗云：两国对垒争输赢，金鼓未响动刀兵。马行二步鸿沟渡，将守三宫细柳营。摆阵出车当要路，隔河飞炮破重城。幄帷士相多机变，一卒功成见太平。

2. 军　棋　20世纪50年代后期，军旗传入平溪境内。两人对弈，双方的棋子都是25个，分别为军旗、司令、军长各一；师长、旅长、团长、营长、炸弹各二；连长、排长、工兵、地雷各三。吃子规则：司令>军长>师长>旅长>团长>营长>连长>排长>工兵。小棋遇大棋被吃，相同棋子相遇则同归于尽；工兵能排除地雷，其他棋子不能排雷；炸弹与任何棋子相遇都同归于尽。

3. 扑克牌　20世纪50年代，扑克牌传入平溪境内。最初，流行一副扑克牌4个人玩"四十分""红桃五""上下游"等；两个人则玩"抓乌龟""数二十四"等。80年代，部分人士开始打桥牌。上述玩牌，均属休闲消遣娱情。90年代以来，流行用两副牌4个人玩"八十分""五十K""斗地主"等，约定赌注以定输赢，扑克牌沦为赌博工具。

四、大众文化

改革开放以后，社会发展步伐加快。随着西风东渐，流行文化如潮而来。平溪境内音响、录像、舞厅、卡拉OK厅此兴彼退，你方唱罢我登场。

1. 音　响　20世纪80年代，国门打开，香港、台湾走私物品一拥而入。最初是电子表、计算器、布匹等，而后是录放机、音响。一时之间，平溪的大街小巷，播放的都是港台歌星演唱的流行歌曲。特别是邓丽君的歌声如天籁，令听众如痴如醉。90年代后期，音响渐渐归于平静。

2. 录像厅 20世纪80年代末、90年代初，平溪境内有录像厅7间。每家录像厅购彩色电视机、放像机、音箱等播放设备，摆上几排板凳，观众付费就可以入内观看从香港、台湾走私进来的武打片、枪战片、言情片以及一些儿童不宜的三级片、色情片。票价每人一元，从早到晚随到随看。1989年，平溪村有录像场一个，放像机5台。1990年，湖潭村有录像室一个，放像机1台。90年代中期，随着"VCD""DVD"的普及，录像厅自行关门淘汰。

3. 舞 厅 20世纪80年代初至90年代中后期，平溪境内流行跳舞。因此，一些单位将会议室改造成舞厅，供内部人员免费跳舞。当时，平溪村有营业性舞厅一家，每天晚上7点至12点营业。票价每人10元，女士免费入场。舞厅有偿提供酒、饮料、茶点、时新瓜果以及供献花用的花篮等。90年代后期平溪境内舞厅停办。

4. 歌 厅 20世纪90年代，平溪境内流行卡拉OK，之后又流行KTV。卡拉OK和KTV的区别是，卡拉OK是大歌厅，要专业人员帮你放歌，唱不好会惹人笑；KTV是包间，朋友相聚自己点歌，想唱哪首放哪首。也可以按自己的爱好听歌或者放DJ音乐跳舞，还可以开闪光灯配合。21世纪初，平溪境内歌厅销声匿迹。

5. 麻将场 麻将亦称"麻雀"，雅称方城之戏。清末传入平溪境内，普通麻将用竹片制成，高档者则为骨制。一般都在家中聚友相娱，能围坐搓麻者均为朱门富户。20世纪50～70年代，麻将绝迹。

80年代以来，麻将在平溪境内日渐普及。初期，用的都是手工洗牌麻将，朋友相约在家中搓牌，每子输赢五角、一元、二元不等。2008年以后，自动麻将桌逐渐增多。

2013年，平溪、环溪两村开设的收费麻将场有10多家。每家设麻将桌3至10多张不等，场中免费供应茶水。赌前约定赌注，每子二元、五元、十元、二十元均有。凡"双金自摸""杠上开花"等和大牌者，每次需付给赌场主人场资费。场资费依赌注大小而定，2元、5元、10元、20元不等。坊间有人赋诗嘲讽赌徒：袖里暗藏一把刀，四人场上逞英豪。无声血染征衣后，笑的笑来嚎的嚎。

第三节 流行词语

20世纪90年代以来，一些新的词语不断在网络、社会以及媒体上出现，其流行之快、影响之大，令人大有一日不见如隔三秋之感。现将传媒上常见的部分新词录之于下：

辞职·跳槽	集体·团队	领导·老板	失业·待业	亏损·负增长
撤职·下课	减肥·塑身	瘦弱·骨感	目录·菜单	计划·路线图
滋补·养身	偷情·外遇	奸情·劈腿	妾侍·小三	情人·包二奶
吃喝·腐败	东西·东东	好看·美眼	旅友·驴友	羡慕·流口水
丑男·青蛙	什么·神马	悲剧·杯具	岁数·年轮	看不懂·晕
丑女·恐龙	赴宴·饭局	吃·撮	倒霉·衰	尴尬·囧	支持·顶

追女孩·泡妞	老姑娘·剩女	资本家·企业家	传经布道·心灵鸡汤
提意见·拍砖	崇拜者·粉丝	超短裙·迷你裙	贪官污吏·老虎苍蝇
暴发户·土豪	女秘书·小秘	共同受益·双赢	半老徐娘·资深美女
强烈支持·狂顶	桃色新闻·绯闻	妓女·性工作者	嫖客·性需要者
坐出租车·打的	男同性恋·同志	女同性恋·闺蜜	意见统一·共识

第二章 书刊作品

第一节 书刊出版

进入21世纪以来，平溪境内乡贤编著出版的书籍、刊物如雨后春笋层出不穷。乡贤黄立云编纂的《寿宁县革命老区发展史》系"全国革命老区县发展史丛书"之一，由国防部长迟浩田上将撰总序，被国家图书馆、国家文物局、中央党校、中国版本图书馆等单位收藏。

一、出版社出版发行

1.《走向人格完美》 周啸翔编著，15万字，2003年11月中国文史出版社出版。

2.《廊桥流韵》 刘美森主编，25万字、334页、图文并茂，2008年3月海潮摄影艺术出版社出版。

3.《走进学校·走出樊篱》 周啸翔编著，17.5万字，2008年12月中国戏剧出版社出版。

4.《山溪集》 周玉美著，13万字散文集，148页，2009年4月，北京凯兹印务有限公司印刷、作家出版社出版。

5.《绿萝群》 周玉美著，16万字长篇小说，209页，2011年10月，中闻集团福州印务有限公司印刷、海峡文艺出版社出版。

6.《寿宁待志校辑》 黄立云校辑，42万字，536页，精装本，2012年3月福州力人彩印有限公司印刷、厦门大学出版社出版。

7.《寿宁寺庙志》 黄立云总纂，35万字、438页，2013年1月北京天正元印务有限公司印刷、线装书局出版。

8.《康熙寿宁县志注辑》 黄立云注辑，30万字、359页，2013年4月北京天正元印务有限公司印刷、线装书局出版。

9.《天道酬善——爱民清官黄槐的传奇人生》 黄立云编著，29.4万字、275页，2016年8月北京天正元印务有限公司印刷、北京群言出版社出版。

10.《寿宁传统技艺》 刘美森主编，179页、图文并茂，2016年11月福州力人彩印有限公司印刷、福建科学技术出版社出版。

11.《神奇官台山》 李安主编，230页、20万字，2016年12月福州万达印刷有限公司印刷，海峡文艺出版社出版。

12.《闽商领军人物》 编委会主任周小川、陈文荣，1313页、135.8字，2017年12月中国文艺出版社出版。

13.《寿宁古村落》 陈信文主编，492页、图文并茂，2017年12月，福州力人彩印有限公司印刷、福建科学技术出版社出版。

14.《田园芹洋》 黄立云著，照片26帧，199页、21.3万字。2019年1月，三河市华东印刷有限公司印刷、中国书籍出版社出版。

15.《寿宁县卫生计生志》 黄立云总纂，周少波、黄立云、叶允仁主编，照片118帧，732页、108.5万字，精装本。2019年7月，三河市华东印刷有限公司印刷、中国书籍出版社出版。

16.《史海探珠》 李安编著，吴传洪主编，265页、20.1万字，2020年9月福州力人彩印有限公司印刷、海峡文艺出版社出版。

17.《寿宁县革命老区发展史》 黄立云总编纂、范良满主编，290页、30万字。2021年4月，"全国革命老区发展史丛书·福建卷"——《寿宁县革命老区发展史》由海峡文艺出版社出版。

二、刊物出版

1.《传记·平溪镇专辑》 编委会成员：曾凤伟、缪汝浩、周晓明、胡锦华、袁军、周木尧、王振同、吴云。未署出版时间，约2017年印刷。福建省传记文学学会主办，创刊人钟兆云、出品人张福才、主编杨炜芳。

2.《艺风》杂志 福建省雕刻艺术家协会主办，社长陈宗勇、总编辑周小川、主编刘时明，2019年创刊至2020年12月，共出版10期。

三、内刊出版

1.《山韵——李安好新闻文集》 李安著，寿宁县文化馆主编，13万字、195页、印数1000册。内刊号：闽报刊字09023号。2003年10月笔架山印刷厂印刷。

2.《时光掠影——寿宁老照片》 编委会主任刘美森，执行主编周乃会，154页，4.8万字，印数2000册。内刊号：宁新出（2005）内书第29号。2005年8月印刷。

3.《村名溯源》 编委会主任刘美森，执行主编雷云凌，副主编李安、黄立云、缪旭照、龚启录、徐开敏。314页，印数2200册。内刊号：宁新出（2011）内书第59号。2011年12月印刷。

4.《寿宁乡贤》 吕纯振、黄立云编著，56万字、476页、图文并茂，印数3000册。内刊号：宁新出（2011）内书第79号。2011年12月福州荣芳印刷有限公司印刷。

5.《知青岁月》 编委会主任刘美森，主编吴宜荣，副主编徐开敏、李安、龚启录、黄立云。383页、26万字，印数2000册，内刊号：宁新出（2013）内书第68号。2013

年12月福建省邮电印刷厂印刷。

6.《影像平溪》 总策划刘美森，主编龚迪奎、梅春强、李文、周道琨，责编李安，美编张培基。87页，印数2000册，2014年3月印刷。

7.《寿宁习俗》（上）（下） 寿宁文史资料第21、22辑，政协福建省寿宁县委员会编，编委会主任陈信文，编撰李安。

四、个人自费印刷

1.《霍乱辨要》 周树恩述编，28页、7300字，民国八年（1919）8月刊印发行1370册。

2.《秋影集》 周光钦著，183页、13万字，寿宁县笔架山文印社印刷。

3.《代书录》 周光钦著，207页、12万字，寿宁县南山电脑工作室印刷。

4.《源流考》 周光钦著，74页、4万字，寿宁县南山电脑工作室印刷。

5.《心路旅程》 周乃会著，240页、其中照片124页、文字116页，7万字。2009年6月印刷。

第二节　媒体访谈

一、记者专访

2014年7月18日，《宁德晚报》在"人物版"专版刊登记者专访文章——《黄立云：冯梦龙在寿宁有新论》；同日，《宁德网》《寿宁新闻网》予以全文转载。

二、电视访谈

1. 中央电视台 2014年8月19~21日，中央电视台《鉴史问廉》摄制组来寿宁拍摄冯梦龙史迹，专题采访冯梦龙研究者李安、黄立云。2015年1月9日，《鉴史问廉》（共5集）在央视10套首播。

2. 福建电视台 2015年，福建省委宣传部将宋代爱民清官黄槐列为"闽文化的精神力量"代表人物。福建电视台根据省委宣传部的部署，专程来寿宁拍摄《济世爱民黄山公》专题片。乡贤黄立云应邀在片中介绍黄槐在徽州任上赈灾救民，弃官后更名黄山，为邑人狩猎除害、设馆办学、采药治病、驱瘟祛疫、创建廊桥、抗旱防涝，逝后被尊奉为大德至善之神——黄山公，闽浙各地为其建庙塑像、千秋祭祀之事迹。2015年5月17日，《济世爱民黄山公》专题片在福建电视台播出。

3. 新华社 2019年，新华社来寿宁拍摄《寿宁知县冯梦龙：新官上任除虎患》电视片。黄立云应邀在片中讲述冯梦龙上任伊始，捐俸请平溪周木匠制作捕虎木阱消除虎患的故事。10月，该片在优酷、腾讯、新华网首播。

4. 中央电视台 2019年，中央电视台"中国影像方志"摄制组来寿宁拍摄《福建卷 寿宁篇》，黄立云应邀在片中介绍寿宁的古道、关隘、知县冯梦龙和官台山银矿等人文历史。2020年7月,"中国影像方志"——《福建卷寿宁篇》在央视10套首播。

【附 录】

黄立云:冯梦龙在寿宁有新论

说到冯梦龙,宁德人往往会想起这位明代文学家、戏曲家,在寿宁当县令一事。然而,冯梦龙在寿宁为官几年?闽浙两省的景宁、泰顺、庆元、寿宁四县是否同年设县?很多人不明就里,往往以讹传讹。为了还原历史本来面貌,寿宁县委宣传部主任科员、寿宁县方志委原主任黄立云经过多方奔走、实地考证,逐一纠正了这些长期讹传的重要史实。

日前,黄立云根据史料记载和民间传说,大胆地提出冯梦龙一生最后的日子在寿宁度过,并安葬于寿宁平溪。这一说法,得到不少研究冯梦龙学者的认可。

"景泰庆寿"同年建县传说不实

寿宁是哪一年设县?长期以来,民间一直流传:"为了给皇太后庆寿,明景泰七年,浙江的景宁、泰顺、庆元和福建的寿宁四县同时建县,取闽浙边界这四县的首字组成'景泰庆寿'四字。"

其间还有一则寿宁和泰顺争疆划界的故事。说的是寿宁和泰顺设县时,因疆域争执不下,两县县令商定某日各从县衙出发,以相遇处为县界。为了给寿宁争取到更多的疆域,寿宁县令半夜就出发了,当他走到泰顺县衙时,泰顺县令还没有出发,因此泰顺县城之外的地域皆属寿宁。冯梦龙在《寿宁待志》一书中也记载了上述传说,因条件所限,冯梦龙未能对此予以核实,故行笔严谨的冯梦龙在故事前面加上"又传"二字。

这些传说是真是假?黄立云决定考证一番。他亲自驱车前往浙江景宁、泰顺、庆元三地,找到这三地县志,发现这三县的设县时间并不一致。泰顺、景宁两县设于明景泰三年(1452),而庆元县设于宋庆元三年(1197),更是早了250多年。"而且,寿宁设县的时间是明景泰六年(1455),也不是景泰七年",黄立云说。他通过查阅《大清一统志》《福宁府志》等志书,得知寿宁县于明景泰六年(1455)析置,属建宁府,首任县令是浙江桐庐举人陈醇。因此,"景泰庆寿"同年建县的传言不攻自破。

寿宁与泰顺划界的传说是否属实?黄立云从犀溪《缪氏宗谱》中查到寿宁与泰顺县令争疆划界的记载,证明传言非虚,明清两朝寿泰县界确曾划在泰顺城外五里。其后,在民国年间,两县又有两次划界之举。

此外,黄立云还纠正了"冯梦龙在寿宁为官四年"的说法:"明崇祯七年(1634)六月,冯梦龙由丹徒训导升任寿宁知县;八月十一日,冯梦龙抵达寿宁履新;崇祯十一年(1638),冯梦龙任满归里,冯梦龙明摆着在寿宁当了五个年头的知县,这是不容置疑的。如果要说四年,也应该是四周年,这样才与史实接近些。"

考证灵峰寺返途险出车祸

正是本着躬亲考证的精神,黄立云对冯梦龙撰写的《寿宁待志》一书,逐字逐句进行了细致校注。这些校注，有的取于史志典籍，有的来自实地探访，最后撰成《寿宁待志校辑》一书。

由于《寿宁待志校辑》史料翔实丰富，寿宁县委书记卓晓銮将其誉为"一部研究寿宁历史的百科全书。"福建省文史馆馆长卢美松也高度评价："其所辑录之资料，皆有所本，尤多取资省志、府志、县志，内容翔实可靠，于原志体例不仅无伤，且有补裨充实之功效，实为难得。"

14日，黄立云在接受记者专访时，讲述了实地考证中的一些故事。冯梦龙在《寿宁待志·佛宇》中记载了"灵峰庵"。"灵峰庵原属寿宁，1955年划归周宁。这个寺庙有一个故事：明弘治十二年（1499），许慈仁不仅自己出家，而且带领全家老小80多人一起皈依佛家，将家产田园悉数捐给灵峰庵。"黄立云告诉记者，经考察，证实《寿宁待志》关于灵峰庵的记载无误。

根据日程安排，下一站黄立云还要去凤阳乡大石村查阅该村的《张氏宗谱》。"当天我自己开车，自己整理资料，本来我有午休的习惯，想着下午还有一站要去，怕时间来不及，在灵峰庵吃过午饭，没有午休就出发了。结果车开到半路困得不行，便用手使劲掐自己大腿，可还是不管用，迷迷糊糊中，突然一脚急刹，车子停在路沿，人也惊醒了"。当时车子离路沿只有2厘米，险些酿成大祸，黄立云至今说起仍心存后怕，坦言："此后，再也不敢疲劳驾驶了！"

还有一次，黄立云驱车抄近路往临近泰顺的黄阳隘考察，黄阳隘是"寿宁现存最古老最完整的明代关隘之一"。此行要经过一段悬崖绝壁，黄立云看到路旁岩壁陡如刀削，崖下河水奔腾轰鸣，而路面宽仅3.5米，惊险之极，顿时感到头皮发麻，手心出汗。想要退回，但倒车更难，唯有硬着头皮将车慢慢往前开。事后，曾在坑底乡工作的其小舅子将黄立云一顿责怪："那段路你也敢开？经验丰富的驾驶员经过那里，都要打起精神，不敢丝毫大意。"

冯梦龙古稀之年返闽抗清卒于寿宁

黄立云告诉记者，经过多年研究，日前他得出一个新结论：冯梦龙在72岁那年返闽抗清，卒于寿宁平溪，葬在蟠龙山。"很多人知道冯梦龙在寿宁为官，但不知道冯梦龙在古稀之年又回到寿宁。"黄立云讲起了他的推论过程——

明崇祯十一年（1638），在寿宁当了五年知县，65岁的冯梦龙任满归里，回到故乡苏州。六年后的崇祯十七年（1644）十月，清军占领燕京，明朝灭亡，清朝建立。随后，清朝廷要求江南各省"剃发投顺"，不服即派兵镇压。

据史料记载，当年六月，明唐王朱聿键在福州建立南明政权，年号隆武。72岁的冯梦龙不愿剃发易服，做那屈辱的亡国之奴，决心追随南明政权抗清。他一路来到福州，并刊行了《中兴伟略》一书。顺治二年（1645）秋，冯梦龙辗转来到古田县，暂寓山中僧寺。此时，35岁的明朝大将王祁为了躲避清兵缉查，也在古田落发为僧，以讲经作掩护，联络旧部，招兵买马，伺机反清复明。

黄立云推测："冯梦龙与王祁系江苏老乡，俩人都有反清志愿，在寺院相遇后一见如故，遂成忘年之交。在寿宁当过5年知县的冯梦龙告诉王祁，寿宁地处闽浙边界，险隘雄关易守难攻，于是两人一同潜至寿宁平溪待机举事。"

史料记载，清顺治三年（1646），朱元璋的第十代孙——郧西王朱常湖在寿宁平溪仙崖寺剃度为僧，在距仙崖寺约10里的一个天然石洞——鬼足洞避难。

黄立云大胆推测，机缘巧合让冯梦龙、王祁与郧西王朱常湖在福建寿宁平溪相逢了，并共同在八闽大地点燃了一场绝地反击、抵抗侵略，史称"白头变乱"的反清烈火。

黄立云的推测是有依据的。明史记载，顺治四年（1647）春，朱常湖命王祁率众首攻寿宁县城，随后又相继克复政和、建瓯、崇安……及浙江庆元诸府县。尽管后来被清朝廷残酷镇压，但一时让立足未稳的清朝廷十分震骇。

黄立云的家乡正是寿宁平溪，在他小时候，村里"有见识"的老秀才曾提到，明末清初，有一个"龙知县"在平溪从事反清活动，用"天灯"为抗清人士报平安，平溪人敬重他，将他死后埋葬之山称为"蟠龙山"。

这个"龙知县"是何许人？黄立云查阅史书，发现从明崇祯到清顺治年间的寿宁县令没有一个姓"龙"的，而名字中带"龙"字的只有冯梦龙一人，且在平溪方言中，"冯"与"龙"的发音也相近。于是，他大胆推测，"龙知县"就是冯梦龙，他在古稀之年重返寿宁，在平溪从事抗清活动，逝后安葬平溪蟠龙山。

"研究冯梦龙的学者，大部分都认同冯梦龙晚年返闽抗清，死在福建，但具体死在哪里，无人知道，我是第一个提出他在平溪辞世的。苏州冯梦龙研究学者也认可这个结论，认为寿宁人民十分爱戴冯梦龙，冯梦龙为反抗外敌入侵而死，魂归第二故乡——寿宁，死得其所。"黄立云如是说。

对话黄立云：我眼里的冯梦龙

记者：冯梦龙在你眼里是个什么样的人？

黄立云：冯梦龙是一个奇人。他的人生可分为五个阶段，每个阶段都留下十分鲜明的烙印——

少年时期，他家境殷实，饱读诗书；青年时期，他流连风月场，痴恋名妓侯慧卿；中年时期，冯梦龙勤奋创作，一部"三言"，家喻户晓，但在科举路上，命运却给他开了一个残酷的玩笑。他编写教材供生员们学习，不少弟子金榜题名，而他自己却屡考不中，直到57岁才得了一个贡生；晚年时期，冯梦龙来寿宁当了5年知县，他珍惜这来之不易的机会，减轻徭役、改革吏治、明断讼案、革除弊习、整顿学风、兴利除害，打造了一个百姓安居乐业的寿宁；古稀之年，他以铮铮铁骨，耿耿丹心，投身反抗外敌入侵，给自己的人生画上一个闪耀着光辉民族气节的完美句点。

记者：冯梦龙在寿宁任内，留下了哪些著作？

黄立云：冯梦龙在寿宁知县任内所著的第一本书是诗集《游闽吟草》，可惜现已失传；第二本书是戏曲剧本《万事足》；第三本书是《寿宁待志》，这是一部体例独特的地方志书。他"略旧所存,详旧所阙",并将自己在寿宁任上的施政活动、建言献策及相关诗文载入书中,给寿宁留下一笔宝贵的文史资料。

记者:请向晚报读者推荐一首您最欣赏的冯梦龙诗文。

黄立云:可以推荐两首吗?一首是《石门隘》——削壁遮天半,扪萝未得门。凿开山混沌,别有古乾坤。锁岭居当要,临溪势觉尊。笋舆肩侧过,犹恐碍云根。这是冯梦龙宦寿之初,由建宁府经石门隘,夜宿南溪公馆所作。另一首是《戴清亭》。在冯梦龙之前,有一个寿宁县令名叫戴镗,是个清官,冯梦龙在县衙的梅树下盖了一间亭子,名曰"戴清亭",激励自己以戴镗为榜样,做一名清廉爱民的清官。诗云:"县在翠微处,浮家似锦棚。三峰南入幕,万树北遮城。地僻人难至,山多云易生。老梅标冷趣,我与尔同清。"

记者:冯梦龙在寿宁民间留下不少故事,能否讲一个?

黄立云:冯梦龙在寿宁功德最大的是禁溺女婴。当年,冯梦龙下乡听到小女孩唱民谣《月光光》,深受触动,不禁想起在县衙前的"子来桥"上,常有遗弃女婴在凄楚地哭啼,于是他着手调查,发现寿宁民间遗弃女婴、溺死初生女婴的现象十分普遍。于是,冯梦龙用白话文写了一篇《禁溺女告示》,这个告示很有执行力,奖惩措施很具体:一是发现弃女或溺女的,两邻要举报,不举报的要追责;其次,凡抱养弃婴之家,官府给钱资助并出具证明,养大之后不许亲生父母来认;第三,每月初一、十五,乡头都要报告本乡有无溺女现象。这样又罚又奖,寿宁溺女之风渐息,冯梦龙拯救了无数女婴的生命。

原载2014·07·18《宁德晚报·人物》(记者苏晓洁文/图)

第三章 文物景点

第一节 文物 古迹

平溪境内文物古迹主要有：平溪犀牛山的石锛、石戈，鬼足洞、葫芦门、平溪碇步；南溪上窑的宋代窑址、石门隘遗址、冯梦龙"政寿交界"牌坊遗址、"节孝牌坊"石构件，李廷森的"沐殿增田碑"及书画作品等。

一、文 物

1. 石 器 1999年8月17日，在平溪村犀牛山脚修筑公路时出土石戈一件、石锛两件。同年11月省文管会文物鉴定组鉴定：两件有段石锛为商周三级文物，石戈（残）为商周一般文物，现由县博物馆收藏。

2015年《寿宁年鉴·建制沿革》载："1999年8月，在平溪犀牛山出土的石戈、石锛，填补了寿宁石器时代考古的空白，表明八千年前的新石器时代，就有人类在平溪境内刀耕火种，繁衍生息。"

2. 宋 瓷 1974年冬，上窑村群众在村下游庵后岗挖出28件较完整的瓷器，其中具有宋瓷特色的壶、罐14件。盘口壶和带耳罐都是圆腹、圈足、作瓜棱形装饰，最高的壶20厘米，口径11厘米，底径7厘米，腹径14厘米，颈高6厘米。梅瓶是小口、短颈、丰肩瘦底，高16厘米，口径4厘米，底径7.5厘米。还有碗、高足杯、小杯、灯蝶等，纯厚古朴极具宋瓷特色。1987年8月，经省、地文物普查队勘测，上窑庵后岗宋代窑址面积约1600平方米。

3. 古 画 清南溪村贡生李廷森署石门生小幅卷轴式书画二幅，现存寿宁县文化馆。竹管垄乡芹菜洋村张良冬收藏李廷森的一幅国画——牡丹图。

4. 墨 宝 南溪村贡生李廷森为平溪周士尧古稀之寿撰写的真、草、隶、篆四体绿绸金字寿联八副；李廷森之子李奎光为南溪村南古殿题写的"灵机妙应"匾额；民国年间，南溪李烈刚题写的寿宁县城后墩国宝级木拱廊桥"飞云桥"、周宁灵峰寺"大雄宝殿"匾额；环溪村黄强题写的"平溪桥"、南山顶"天池"楷书石刻等。

5. 古 碑 清道光九年（1829），南溪村贡生李廷森为南溪村南古殿撰书《沐殿增田碑记》，记载奶娘宫集资置田产之事。"沐殿增田碑"为青石质，素面、碑首去角，高

1.26米、宽0.42米、厚0.08米，系平溪境内珍贵文物。

2020年10月1日，黄立云与缪福森到南溪、柯洋一带航拍《平溪镇志》照片，发现"沐殿增田碑"被仰面朝天弃置在南古殿对面的公路边。这时恰值镇党委书记金维姿下乡路过，黄立云忙向其介绍"沐殿增田碑"之来历，建议予以妥善保护，以防失落、损毁。金书记随即当面交代柯洋村委将"沐殿增田碑"移入南古殿中管护。

二、古遗址

1. 犀牛山石器遗址　1999年8月17日，在平溪村狐狸潭边的犀牛山脚修筑沿溪通村公路时，发现石戈、石锛等石器3件，遗址处及周边未发现其他文化堆积。

2. 上窑宋代窑址　在南溪村上窑自然村下游的庵后岗，占地面积约1600平方米。早在宋代，这里就因盛产硋瓦而得名"上窑"。明崇祯十年（1637），冯梦龙《寿宁待志》载：上窑村"地出硋瓦"。这说明一直到明末，上窑仍以"地出硋瓦"而名闻邑内。

3. 缸窑坂遗址　在屏峰村北约3千米的缸窑坂，因古时生产硋缸而得名。1989年7月19日，中共宁德地委书记习近平一行步行前往下党乡考察，曾在缸窑坂附近古道上的"缸窑亭"小憩。

4. 石门隘遗址　在南溪村上游百余米处，临溪一山状似牛头伸入溪中喝水。古人在牛脖子处凿洞穿山而过，名曰"石门隘"，始建年代不详。明嘉靖《建宁府志·贡赋》载，石门隘驻兵六十二名。

明清年间，冯梦龙、陈朝俨、周昉、李廷森、李蓁等文人墨客均赋诗咏赞石门隘；民国以来，南溪李烈刚、李式中，政和县澄源李振汉、南阳龚奉璋等邑内外人士也临隘赋诗。

1965年冬，修筑省道202线斜滩至政和县公路时，石门隘被炸毁。公路通车后，邵武水北人李烈强驰车经过石门隘，赋诗《咏石门》，感叹：悬岩绝壁耸高空，小径羊肠国道通。世上定然无鬼斧，人间真个有神功。石门评价他时景，车辆奔驰此日雄。着意身临现胜迹，尽看壁字溯芳踪。

2018年12月，寿宁县委宣传部、平溪镇政府在石门隘遗址建"古驿·南溪"石刻、石门隘景观墙等纪念建筑。

5. 政寿交界牌坊遗址　在南溪村新桥头自然村的黄竹桥西岸百多米，为寿宁、政和两县之县界。明崇祯七年（1634），知县冯梦龙在此建"政寿交界"牌坊。2018年12月，寿宁县委宣传部、平溪镇政府在"政寿交界"牌坊遗址附近公路临溪侧，建一座"政寿交界牌坊"仿古纪念墙及停车位。

6. 平溪碓楼遗址　在平溪村碓步头。木制水车轮直径4米，用底槽水冲力带动，水车轴直径60厘米，碓楼内置5个石臼供村民免费碓米。1969年碓楼水毁。2020年9月，平溪镇政府在水碓遗址处新建一座仿古景观水车。

7. 南溪社仓遗址　在南溪村中，明万历十九年（1591）知县戴镗建。冯梦龙《寿宁待志》载："查前任戴知县镗立社仓五所：一在城，即观音堂；四在乡，则小东、南洋、南溪、大洋四堡。"

8. 平溪社仓遗址 明崇祯十五年（1642）建，在平溪村葫芦门岭边，积储粮谷备为荒年赈济之用。

清嘉庆十八年（1813），平溪社仓稻谷布满蛀虫，眼看存粮将毁于虫害，村民着急万分。适知县杨中迪来到平溪，村民告以社仓蛀虫为害。杨知县听后，即沐浴斋戒，备办三牲之仪，具文祷告平溪村"平水大王"，祈求神灵除虫灭害。

次日清晨，知县人等到社仓一看，仓内蛀虫无影无踪。杨知县感激社庙大王除虫之恩，亲自书匾"佑此一方"悬之社庙，题联"山色灵光同普照、溪声惠泽共长流"，张于庙柱。杨知县意犹未尽，又挥笔写下《社主记》详载此事。返回县衙后，杨知县又具文申报朝廷，奏请皇帝降旨敕封平溪社庙大王为"平水大王"。

1950年，平溪社仓被粮站占用。1985年，平溪社仓拆毁。

9. 半叶书楼遗址 在南溪村中，乾隆初毁于火。书楼前朝天马山，后枕纱帽山，西倚八角亭，边环玉溪，旁有池塘映月，林木葱郁。

三、历史文物

1. 葫芦门 在平溪村厝坪墩，宋末元初建。因厝坪墩形似一只硕大的葫芦，故将堡门命名为"葫芦门"。葫芦门高3米，宽2米，厚3米，状如城门。堡墙用河卵石垒砌，堡门以雕琢方整的青石环拱。门楣上浮雕楷书"葫芦门"三字，笔画圆厚稳健，雕工精致细密，历七百余年风风雨雨仍完好如初。

2. 大石坂 在葫芦门岭下约百米处的三岔路口，有一石板长2米、宽1.6米、厚40厘米，盖在路中央的山涧涵洞上，因此得名大石坂。明清两朝，这里是寿宁县通往政和县、建宁府的官道，也是平溪村最早的集市贸易场所。当年，大石坂官道上建有一座"驻马长亭"，供过往驿使、客商歇息。

3. 石门楼 清乾隆五十一年（1786），长溪李氏为振兴科甲，耗费白银200两在长溪村中兴建石门楼，至今保存完好。

4. 节孝牌坊 清嘉庆年间，钦赐旌表南溪村李映淮之妻、李廷森之母——周孺人的节孝牌坊，建在南溪桥头洋的官道上。

牌坊系青石雕砌，上端镌"圣旨"，匾额镌"瑶台冰雪"；两对石柱分立左右，清嘉庆甲戌科探花伍长华撰联："一柱纲维擎陇西，九天雨露沾堂北"；"征苦节明经孙继子犹龙，嗣微音纯孝媳传姑割臂"。褒彰周氏孺人在丈夫30岁去世后，贤淑孝顺、尊敬长辈、顺承妇道、冰清玉洁、知书达理、善待四邻、教子有方。

传说，安置之时，牌坊一直难以顺利建竖，村人议论纷纷。在溪边洗衣服的周孺人听见非议之声，遂对旁边的村妇们说："自己一生清白，从无不贞之举。惟有一天，看见溪对面有一人酷似亡夫。心想，此人如是夫君该有多好啊。"话音刚落，工地上就传来庆贺节孝牌坊建竖成功的鞭炮声。因此村人云："人在做，天在看""举头三尺有神明"。

1976年，修筑南溪—柯洋公路时节孝牌坊被推倒，其中一根石柱折断，石构件被运到平溪建影剧院。2013年12月，因修建寿政二级公路平溪连接线影剧院被拆除，适值乡贤黄立云下乡平溪，忙电告南溪村委会主任李寿明，派人将节孝牌坊石构件运回南溪村。

2018年，弃置在南溪村中水渠边作洗衣石，高0.37米、宽1.89米，右镌楷书"知县事"，中镌"瑶台冰雪"，左镌"王露拜赠"的节孝牌坊石构件被窃，同时失踪的还有村民李木清大厝门前的一对石鼓及大厅匾额。

5. 惜字炉 古人认为字为世间至宝，能使凡者圣、愚者智。因而珍惜文字，敬重知识。认为将写有文字的纸张、书册等随地丢弃，不仅污染环境，来生还会得近视、色盲、白内障等眼疾，严重者还会双目失明。因此在村中设置惜字炉，专门用以焚烧写有文字的纸张、书册等。

《自知录》云："拾路边字纸火化，百字为一善；遗弃字纸不顾，十字为一过！"旧时平溪，常有身背纸篓、手持火钳的老人，在大街小巷捡拾字纸，然后倾入惜字炉中焚烧。待到黄道吉日之时，将炉中纸灰撒入溪流中，让文字"质本洁来还洁去"。平溪境内共有六处惜字炉，均为青石或青砖雕砌的仿楼阁式建筑。

平溪桥南惜字炉 清光绪十六年（1890），环溪村桥头的惜字炉与"寿山桥"同时建造。环溪惜字炉系青石雕砌，上镌笔力遒劲的"惜字炉"三字，左右联曰："大道毋教坠地，斯文慎捡还天""字化烟云腾异彩，炉留翰墨耀文光"；炉顶端有一个惟妙惟肖的葫芦，寓"福禄"之意。清周绍濂赋《石炉圣迹》，诗云：石炉惜字焕辉光，铸史镕金火德彰。贤圣精神存墨迹，文章归宿继书香。清卓观澜依韵和诗：迹经火浣便生光，候到纯清美更彰。娲石琢炉文有补，告天从此胜焚香。

平溪村惜字炉 在平溪村大石坂，青砖砌筑，下大上尖，状似塔形。正面开有拱门式炉口，用以焚化字纸。左右联曰："废墨收经史；遗文著汉唐"。横批："敬惜字纸"。始建时间不详，"文革"时毁。

岭兜村惜字炉 在岭兜村往平溪村古道的山涧凉亭旁边，青石雕砌，始建时间不详。

龙头坑村惜字炉 在村下游观音桥头，砖砌，1990年建。

亭下村惜字炉 在亭下村大王下面，清康熙年间建。高3米，宽4米，砖砌，三层塔形，塑有神像。"文革"时毁。1992年重建。

6. 平溪碇步 在平溪村肖家大院大门前，系邑内最长的碇步，始建年代不详。传说平溪碇步依麂迹而建，是邑内唯一一条不依直线而略呈波浪形修筑的古碇步。

7. 政寿交界牌坊遗址摩崖石刻 南溪村新桥头自然村的黄竹桥西百余米处为寿宁、政和两县之县界。明崇祯七年（1634），知县冯梦龙在此建"政寿交界"牌坊。2018年，发现在牌坊遗址对岸的溪畔悬崖上疑似镌有文字，但具体文字、镌刻年代、作者等不详。

四、古建民居

1. 李松龄故居 位于南溪村中，康熙年间李松龄父辈始建，雍正年间李松龄全面建成。大厝纵深超百米，宽40余米，横排六榴，共有门厅、房间60余间，最多时有10余家近百人居住。

门前道路用卵石编成图案，厅堂地面用三合土夯筑，正房主厅宽 5 米多，深 10 余米。门窗的木雕窗花，构图精美，雕工细致。三个天井的两边厢房都有客厅、厨房及房间。天井的台阶、井沿和底部全部用青石板铺陈。主天井两边用条石搭成花台，花台上的盆景、花卉五彩缤纷，争奇斗艳。厝内柱础、石鼓、石雕，雕工精细，惟妙惟肖，整整花了石匠们三年时间。因为这座大厝富丽堂皇，为了规避"官厅"嫌疑，大门由侧边开启，并有三重门。

有一年平溪境内大旱，李松龄乐捐数百担粮食救助灾民，知县特授"东平乐"牌匾以示嘉奖。李松龄孝顺长辈，善待兄弟，乐善好施，宽以待人，广受好评。厝内曾悬四块牌匾，现仅存"盛朝祥凤"悬于正厅之上。

2. 肖家大院 在平溪村碇步头，清光绪年间建。大院长 66 米，宽 24 米，占地面积约 1586 平方米，是平溪境内现存规模最大的民居建筑。

肖家大院两栋大三榴宅院同时联建，两宅中间有一门相通。厅堂陈列石鼓，每个天井的井沿都用整条青石砌成，每条青石重达千斤。大院上方的偏门处有一三角形鱼池，民国时为制茶厂。大院中心有一块面积约 300 平方米的空地，民国时为茶叶加工场所。

为防匪御盗，肖家大院围墙高耸，四角建有四座碉楼。大门朝东，第一道大门裹以铁皮。为防火攻，可从门上放水浇熄门口大火。由大门进入主楼需经过七道门。第三道是厚重的闸门，要用铁链滑轮方能升降。

肖家大院开门即能看见碇步和碓房水车。据说当年择此建房，图的就是门前水车能将流去的溪水上扬，象征财如流水去而能返。1950 年，肖家大院被没收，先后成为平溪区政府、平溪公社办公楼，公社干部家属楼。1969 年水毁，面目全非。十一届三中全会后，大院归还肖家后人。

3. 八角亭厝 该厝由三幢房子相连组成，共有房间 30 多间。中间一幢为主房，大厅宽 5 米，长 8 米，高 12 米，地面用三合土铺设。厝内窗雕精美，二楼栏杆为椭圆形珠状。为防匪御寇，房子南北两侧建有碉楼，碉楼有观察窗和射击口。防护墙外有厚实的窄门，平时开启，战时紧闭。沿溪修筑高 3 米、宽 4 米，长 200 余米的新路（防洪堤）。

位于南溪村西，土木结构，系李烈刚父辈所建。1934 年 8 月，中国工农红军北上抗日先遣队途经平溪，其中一部由平溪经南溪前往政和、庆元县，曾在此驻扎。

五、名人墓葬

1. 冯梦龙墓 在平溪村蟠龙山，清顺治三年（1646）葬。2022 年 9 月 9 日巳时动工重修，10 月 14 日巳时立碑，碑座浮雕梅兰竹菊四君子。墓碑高 168 厘米，宽 68 厘米，厚 10 厘米。正面镌"明冯公梦龙之墓"，系清初书法名家王铎墨宝；背面镌"冯梦龙苏州府吴县籍长洲县人明万历二年生南明唐王隆武二年卒墓葬寿宁县平溪蟠龙山二零二二年九月九日重修"，系西安市书法家协会会长董建平先生手书。

2. 李守朋墓 在南溪村栗坂自然村后门山，形取莲花。

3. 李挺穗墓 在山谷自然村后门，清嘉庆二年（1797）葬。

4. 李廷森墓　在南溪村头亭后，清道光十一年（1831）葬。

5. 周尚颐墓　在环溪村敬老院后面，形取飞燕。

6. 周绍濂墓　在环溪村下游往湖潭公路内侧的蟹墓旁，坐丁加午。1995年重修，墓联：前朝九曲水而秀，后叠万重山更高。

六、传统工具

20世纪70年代以后，随着科学技术的快速发展，一批农耕时代的传统工具逐渐被碾米机、脱谷机等现代化工具所取代。踏碓、土砻、米扇、杵臼、石磨、织布机、烧柴灶等逐渐退出历史舞台，演变为收藏新宠。

1. 踏　碓　古代木制舂米工具。由埋在地下的石臼，长达两米的木杆，以及木杆头上的碓头组成。人站在踏碓架上，用脚连续踩踏杵杆，使碓头不断起落舂米。

2. 土　砻　将稻谷加工为大米的工具，以泥、木、竹为主要材料制成。主体的两个砻盘是在竹丝编的空心圆柱里筑满红土、松毛的混合物，用木槌、铁锤夯实。上砻盘中空，成漏斗形用以盛谷。

上砻盘还有砻耳两个，砻斗一个；下砻盘固定在直径约70厘米的木支架上，有砻轴和砻脚、砻槽。上下砻盘之间磨合处铺设一排排竹片制成的砻齿，砻齿呈逆时针旋涡形放射状，竹片需经热铁锅加沙子不停翻炒至淡黄色才具有所需硬度。

上砻盘砻齿分八组，下砻盘砻齿分十二组，砻齿与砻齿之间用沙土填实并留下条条竹筷粗细浅沟。此外，还配有一支砻臂和一条吊绳。在下砻盘上部的外围还有一圈装盛糙米用的米槽，槽有一缺口，砻米时，磨好的糙米就从缺口处流到箩筐中。上砻盘接近米槽处，装有一竹片，名字叫土砻拨，当槽中糙米将满时，土砻拨就将米拨落。

师傅将土砻制作好后，要当场试磨。土砻如能脱谷壳、出米率高，就可以正常使用。反之，师傅要反复修改到能出米为止。砻米时，先将空箩筐放在木槽缺口下方，再把稻谷倒进砻斗并将砻臂的铁钩套进砻耳，然后用双手推动砻臂，这样，土砻的上盘就转动起来，稻谷通过砻槽流进上下盘的磨合处，经上盘转动碾压，稻谷便脱壳变成大米从砻齿沟流到米槽中，在土砻拨的拨动下流到箩筐中。土砻砻稻谷时声音"轰隆隆"响，一家砻米左邻右舍都听得到。民间用"竹唇竹齿，食谷放米"做谜面，谜底就是"土砻"。

3. 米　扇　是由风箱、摇手、车斗、漏粮斗、出风口等部件组成，用轮轴转动生风扇去谷物秕子糠皮的木制器具。

把风箱、车斗等主要构件搁在四根坚实的竖柱中间，风箱里安装六个风叶的叶轮。通过中心轴的摇手带动叶轮旋转，会像电风扇一样扇出风来向出风口吹去。出风口的过道上方搁着一个上大下小的喇叭形车斗。车斗很大，无盖无底，约能容纳一箩谷物。车斗底部的狭长出口处装有可以调节的活动底板。底板关闭，车斗内的谷物不会漏下；底板向下倾斜开口，谷物就从开口处哗哗地往下滚落。

由于风力作用，饱满的稻谷、米粒垂直漏到漏斗口下的箩筐里；干瘪轻飘的谷物或糠皮、草屑则被吹出出风口。用麻袋或塑料袋罩住出风口，可以直接将飘出的糠皮归集到袋中。米扇谜语：诸葛轻摇鹅毛扇，借得东风呼呼吹。高山流泻黄金雨，箩里谷米就装满。

4. 杵 臼 舂捣粮食等的器具，由杵与臼构成。杵臼的石臼，高约65厘米，以青石为材质，雕琢为上大下小的圆形，臼面中央往下凿出约35厘米的圆形臼坑。石臼大多为圆形，方形较为罕见。

杵由坚硬的杂木制成，杵锤长60厘米，圆形杵身直径15厘米，杵柄长70厘米，如同一个大号的木槌。还有一种石杵，杵锤扁平，锤底修成弧形，锤柄装在锤身上方4/5的地方。随着水碓特别是碾米机的出现，石臼的舂米功能已基本消失。如今的杵臼，主要用于制作糍粿之类传统美食。

5. 石 磨 有干磨、水磨两种。干磨多为磨米粉、豆粉、麦粉之用；水磨，主要用于磨豆浆点豆腐，磨米浆蒸米糕等。

干磨，由上下两块尺寸相同的圆形磨盘构成。上盘为转动盘，直径50多厘米，厚度约8厘米。盘面为凹形，凿一漏口，粮食从漏口处落下；下盘为固定盘，放置在簸箕等平面盛器之上。上下两个磨盘的接触面，錾有排列整齐的八区阴条磨齿，围绕中轴向外辐射，用以磨碎粮食。水磨与干磨的区别在于下盘。水磨的下盘底部向外延伸一圈，沿边凿出一条凹槽，向下开出一个槽嘴。磨出的液汁源源不断顺着凹槽、槽嘴流入摆放在地上的木桶。

石磨的上盘侧部凿有一个长方形石槽，槽内嵌入一块中间钻有圆洞的木制把手。在把手耳孔插一条木棍，便可以顺时针推动磨盘加工粮食。或用挂在横梁上的推手把，凭借手臂和身体前倾的力量推动石磨，更为省力。

6. 纺 坠 木制的纺纱工具，多呈鼓形、圆形、扁圆形等状，有的轮面上还绘有纹饰。

7. 纺 车 有手摇纺车、脚踏纺车两种。驱动手摇纺车的力来自手，操作时，需一手摇动纺车，一手从事纺纱工作。驱动脚踏纺车的力来自脚，操作时，妇女能用双手纺纱，大大提高了工作效率。

8. 织布机 木制。操作时织女坐横板上双脚踩踏拉板，双手穿梭经线织布。

9. 烧柴灶 有土筑、砖砌、木框架内填土等类型；视厨房空间、家庭人口多少，在灶台上安放单锅、双锅或两个大锅一个小锅。一般双锅灶居多，前锅供煮饭、烹饪；后锅供贮水温汤。锅灶烟囱直通屋顶。灶炕前放一条烧火板凳，旁边堆放火柴。

柴灶靠茅草、木柴烧火加热，每天要烧掉数十斤的茅草或十几斤的柴片。对森林资源、生态环境的保护十分不利。屋内堆满柴草，不仅影响环境卫生，也存在严重的火灾隐患。20世纪90年代以后，烧柴灶渐渐被煤气灶、电饭煲、电磁炉、微波炉等所取代，逐渐退出居民厨房。

【附　录】

一、沐殿增田碑记

　　石门村南古殿，敕封天仙圣母太后元君祠也，建自何年碑碣无征。相传古有飞来鼎炉止于山麓树巅，抚其铸有"昊封宫"字样。乃谛视枕山，蜿蜒恍若巨蛇。蛇首居然有剑斩痕，大类临水白蛇洞神迹，始悟崇福昭惠慈济陈夫人显镇因祀焉。

　　南溪李氏祖简七公于明隆庆年间，倡诸善信，捐银舍田详泐龛石为炤，为因殆难臆断。沿及国朝二百余禩，每岁上元设醮于此，凡有祷祈，灵应如响。第念世远田残，今仅存者逓冬收租百斗，资薄縻丝何以善后？

　　嘉庆庚辰春，偶有乡人擎俛彩仪金谋醵助，存为置田入殿之需。道光戊子复燃，两次积聚本息不下廿缗，时欲买田歉难为力。一二仁人劝众加谷变钱募垫，得新田六分以益之，坐落土名蛇头坑蛇仔岗右边坑塈安着。底至田头大岩坝后，外至吕家田，左右俱至山。虽为数无微，然儋石可储，度支不匮，其于神灵之供，祖宗之造，不无少补。至题捐名颗另碑附胪，以便征稽庶晓，植从长之基，杜冒争之渐，万古如新，诚盛举也，永寿诸石用垂不朽。

　　　　　　　　　　　　旹　龙飞清道光九年岁次己丑十一月戊申良旦
　　七十六叟玉堂　李廷森　撰并书

二、李母周孺人节孝坊序

　　例敕赠修职郎、驰赠文林故雍进士李映淮妻周孺人，七品恩荣庠生李挺穗媳，贡生李廷森母也，淑慎女箴，顺承妇道。诗谈萤帐，相夫子历试前茅；礼讲绫帘，辨君臣深明大义。乃鸿案正舞双鸾，而凤钗旋歌寡鹄；修文竟入于地，刘股莫挽所天。

　　何难殉死，鸠荣白头；未可轻生，雏哀黄口。于是手供涧席草，弗忘忱言；采陵兰花祈长乐，惟氏孝纯。廿六年感翁，念终九十三岁。奉吴、六指儿姑，浑嫡继为一体，以及垂慈竹培雅笋。学勖孟机三元，启王冯先路；书传欧荻八法，步羲献后尘。阶前虎梓枝乏连翘，几上熊丸药添独活。幸也一木能支，庶乎九原可作。

　　今兰桂叠策金门，瑜珥竞驰艺苑。三珠双璧，薛凤荀龙。凡此老幼有成，要皆孝慈所致。于戏！伤令审阅愁辛，叹鸦室之飘摇。龙真出骨，怜鹳林之淡薄；犀不镇心，几尝雨苦风凄。成此冰清玉洁，宜邀天宠，偿慰霜筠；爰泐锦坊，式敦风化。

　　　　　　　　　乡雍进士　知寿宁县事　岭南　杨中迪　顿首拜撰

第二节　景　点

　　平溪境内有天堂湖、仙岗顶等自然景观，也有历史人文与自然山水交相兼容之景点，如鬼足洞、蟠龙山、平禾古道等，但至今仍"锁在深闺人不知"。

一、自然景点

1. 天堂湖　在木场村东里许，海拔1200米。湖中生长的午时莲，平时沉没水下，仅午时向世人展示芳容。

2. 纱帽岩　在平溪村碇步下方百来米的溪流中央,有一岩石形似古代官帽屹立溪中。古谶云:"官帽露溪滩,平溪出大官"。

1972年8月,一外地石匠在"纱帽岩"挥锤凿石,被平溪供销社干部黄登林发现,忙涉溪夺锤厉言喝止,"纱帽岩"得以幸存,至今凿痕依稀可见。

清廪生周绍濂赋《纱帽岩》,诗云:中流一石最为奇,宛似纱帽献水湄。料是此间多杰士,故教大造铸朝仪。清源贡生卓观澜依韵和诗:岂真性淡爱居奇,留赠伊人在水湄。总是波臣朝海惯,公然纱帽署官仪。

3. 仙岗顶　位于湖潭村与周宁县祖龙村交界处,距平溪村6千米。岗顶海拔1321米,耸立着高数丈、横亘百来丈的黑色石屏障。传说黄山公在岗顶结庐炼丹,留下一座石香炉而得名。

清康熙十五年（1676）,信众在山顶建黄山仙宫,咸丰年间仙宫毁于火。1950年,村民在旧址重建。清末,平溪廪生周绍濂与清源贡生卓观澜登山赏景,赋诗:万山一顶独岩峣,号曰文峰四望遥。步月梯云凭此易,寄言杰士早凌霄。平溪乡贤黄强赋诗:闻道登云羽化仙,鹤随琴伴乐蹁跹。此翁久立前关外,欲向人间度有缘。

二、自然与人文景点

1. 鬼足洞　在平溪往周宁县纯池镇禾溪村的古道旁,这里岗峦环抱,危峰幽壑,崖壁陡峭,一望林莽。沿着险峻山径攀行,只见左侧悬崖一道瀑布宛悬云端,倾泻而下的水流如丝发飘坠,在洞口喷珠溅玉。沿着灌木星点的壁立悬崖,躬着身体手抓古藤脚踩苔藓来到鬼足洞口,只见一石如屏挡在洞门中央,形成一左一右两个洞口。人可从左口入洞,而右口如窗,可将洞外风光一览无余。

鬼足洞深约10米,宽约5米,高3米许,可容纳数十人。洞内昏暗,石洞底部乱石累累。洞内宛如寝室,天生一石似床如桌置洞穴深处。由于鬼足洞幽深神秘,阴森森令人毛骨悚然,村民皆不敢贸然入内。

清顺治三年（1646）,明郧西王朱常湖以鬼足洞为隐身之所,与王祁、冯梦龙一起在平溪点燃反清复明烈火。这场绝地反击的烽火硝烟,延烧至政和、建瓯、崇安、邵武、顺昌、建阳、松溪及浙江庆元诸府县,一时威震江南,让立足未稳的清廷十分震骇。

康熙十一年（1672）,著名史学家查继佐将朱常湖、王祁在平溪举旗反清之事载入纪传体史书——《罪惟录》。浙江秀水人、查继佐弟子沈墨庵赋《歌鬼足洞》。黄立云赋《鬼足洞》,诗云:国破家亡恨难平,忠勇万千举义旌。首义平溪燃烽火,威震八闽铭丹青。

2. 蟠龙山　从平溪村后的凤冠山逶迤而下,至平溪中学右边的金洋街（旧公路）外侧隆起四座小山包,将平溪村与金州洋一隔为二。故老相传,这四座原本无名的小山包,因冯梦龙在此安息长眠,从此有了一个内涵丰富的响亮名字——蟠龙山。

许多年后,平溪周氏将先人安葬在蟠龙山的那座临溪山包上,该墓形似"犀牛望月"，这座临溪小山因此得名犀牛山。其余山头仍称蟠龙山，一直沿用至今。2020年，在蟠龙山一带征地建设寿宁五中新校区，蟠龙山大部分被削平，仅余临溪的犀牛山和紧邻金洋街（旧公路）的那个小山包。

2017年6月，在中央党校出版社影视中心、央视电影频道节目中心、苏州市广电总台等单位联合出品的电影《冯梦龙传奇》中，艺术地再现了"冯梦龙墓葬平溪蟠龙山"之情节。2022年9月9日，邑人筹资重修蟠龙山冯梦龙陵墓。黄立云赋《蟠龙山》，诗云：一代文豪兼廉吏，古稀抗清志不移。魂归蟠龙山有幸，第二故乡是平溪！

3. 莲花坂　在上窑、屏峰、上党、龙头坑等村之间。面积约10平方千米，莲花坂一峰独耸众山平缓，山间散布众多道观寺庵。空心石敲声如鼓，神龟岩栩栩如生，为莲花坂标志性景观。2005年，开通上窑至莲花坂约4千米机耕路，2017年浇灌水泥路面。

20世纪40年代，中共闽浙边地委、闽东特委在莲花山一带开展革命活动，山中还有闽浙边游击纵队住过的"红军洞"。2017年，中共寿宁县委、县政府在莲花坂建莲花山革命根据地纪念碑、纪念室。

4. 三关胜境　在长溪村下游5千米处，山形如卧虎。明成化十三年（1477），李姓12世祖妣王德娘葬此。墓下一湖碧水，墓前三关紧锁，人称"三关虎墓"。

20世纪80年代以来，国家强制推行独生子女政策。因此每年清明时节，来此祈福生育男孩者络绎不绝。2008年以来，东溪村李议江捐资100多万建牌坊、修公路，规划建设三关胜境。2010年7月，三关胜境列入寿宁县"非遗"名录。2018年10月，列入宁德市"非遗"名录。

5. 平溪古渡遗址摩崖石刻　明永乐年间，平溪村靠渡船交通南北。政和县典史郭斯垕骑马途经平溪，在此唤渡过河，并留下一首七律《过平溪作》。

2014年冬，黄立云将永乐《政和县志》主编郭斯垕的《过平溪作》："立马溪边唤渡船，绿杨烟暖向波悬。高峰碍日疑天近，阴壑犹霜觉地偏。处处鱼盐间草市，家家鸡犬类桃源。隔溪茅屋门孤掩，重忆杨雄草太玄。"；清光绪廪生周绍濂的《烟迷渡口》："晓烟淡淡抹江中，唤渡人音隔岸通。摇曳橹声知不远，因教系缆认孤篷。"清源贡生卓观澜的和诗："指点白云一片中，当年曾道有船通。招招舟子今何在，错认浮烟隐短篷。"以及黄立云的《咏古渡》："杨柳轻拂荫小舟，一棹烟雨春复秋。时光恰似清溪水，日夜奔流无尽头。"等与古渡相关的诗文，镌刻在平溪古渡遗址岩壁上。

平溪古渡遗址石刻为平溪境内字数最多、面积最大的摩崖石刻；也是邑内题咏诗文年代最早、延续年代最长、诗文作者最多的摩崖石刻。

6. 庾岭古道　自长洋村通往亭下、南溪村，为明清两朝寿宁县城通往建宁府的官道。明崇祯七年八月，冯梦龙由南溪经庾岭赴任寿宁知县。清顺治三年，朱元璋第十代孙，明世裔郧西王朱常湖就潜藏在古道附近的鬼足洞，与王祁、冯梦龙等在平溪举义反清，史迹载入明史《罪惟录》。

庾岭有三亭。其一为庾岭亭，清乾隆《福宁府志》载有诸生李毓姬的《募建庾岭头亭序》。庾岭附近有一天池庵，庵僧饱暖思淫逸，设密室诱奸进香求子的信女，民怨汹汹。咸丰八年（1858）六月，太平军由政和县经庾岭前往攻打寿宁县城，顺路杀死恶僧，捣毁天池庵。

民国二十三年（1934）8月25日，红军北上抗日先遣队一部途经庾岭，向政和县开拔。庾岭是寿宁唯一载入《福宁府志》的古道，至今保存完好，具有历史文化保护价值和旅游开发潜力。

7. 平禾古道　公路通车以前，平溪至周宁县禾溪村的古道，为平溪通往纯池、泗洲桥、周墩和屏南、古田县的交通要道。平禾岭有2亭3泉，岭头亭旁有数百龄柳杉3棵，胸径达数围，高几十米。

《寿宁待志》载，知县冯梦龙曾借郡归之机抓捕邑内泗洲桥恶霸陈伯进，经平禾岭将陈伯进押回寿宁县衙惩治。平禾岭旁有一个鬼足洞，因明郧西王朱常湖在此举义反清而载入明史，闻名遐迩。

8. 屏峰·下党古道　下党公路通车之前，这条古道是上党、下党、碑坑、杨溪头一带村庄通往平溪、斜滩及寿宁县城的必经之路。屏峰、下党两村相距仅7.5千米，但海拔高差达410多米，因此这条古道主要以岭道为主，俗称上党岭，是寿宁最著名的一条红色古道。

民国二十三年（1934）8月26日，中国工农红军北上抗日先遣队6000余人，在军团长寻淮洲、政治委员乐少华、参谋长粟裕、政治部主任刘英的率领下，浩浩荡荡地从这条古道前往下党村，向托溪峡头、浙江庆元方向开拔。

1989年7月19日上午9时许，中共宁德地委书记习近平一行，在县委书记何团经等人的陪同下从屏峰村出发，大家冒着炎炎烈日，头戴草帽、手持竹杖，沿着屏峰·下党古道到新建的下党乡调研脱贫致富工作。途中，习近平一行在缸窑亭、峰门亭、木廊桥小憩。

9. 蟠龙山冯梦龙陵园　位于平溪村寿宁五中校园内，主要规划修建冯梦龙墓、冯梦龙石雕像、冯梦龙著作石雕、冯梦龙年谱步道、冯梦龙诗文环山步道及梦龙亭、姑苏亭、宦寿亭等建筑。这是全国唯一的一座冯梦龙陵园，也是全国第一座由民间筹资修建的纪念一代文豪、廉吏冯梦龙的主题文化园。

2022年8月26日，黄立云、叶恩发、龚守栋为首倡议修建蟠龙山冯梦龙陵园，福建省人大原副主任郑义正、福建省政协原副主席陈增光及龚守栋、叶恩发、吴发金、王宜新等老领导任冯梦龙陵园筹建组顾问；龚守栋、叶恩发、黄立云负责资金筹集；黄立云负责陵园规划设计；黄立云、张廷发、肖丰平主持陵园修建等事务。

10. 将军山叶蜡石矿区　平溪将军山是全国为数不多的叶蜡石、石英石矿山之一，储量、规模均居全省前列。将军山矿区距平溪村5千多米，与鬼足洞、仙岗顶、天堂湖相邻。矿区龙环虎抱，山青水秀，自然风光十分秀美，可开发为既可以让游客在矿区寻宝，又可以动手参与体验石雕艺术制作的旅游景区。

第四章 广播电影

第一节 广 播

1957年，平溪乡建立广播放大站。用杉树原木做电线杆，沿着乡村古道将广播线路接到人口较多的村庄。每个喇叭3.5元，由县广播站免费安装。每天早、午、晚3次播音，内容有音乐、新闻、天气预报等。

1965年，各生产大队建立广播室。1966年，架设县城至平溪广播专线，大队、生产队通广播。1970年10月，县、社、队广播传输实现载波化。1974年，推广水泥杆广播线路。20世纪60~70年代，平溪境内家家都免费安装广播喇叭。

"文革"期间，播放的主要是毛主席语录歌、毛主席的最新指示，《沙家浜》《智取威虎山》等革命样板戏及国内外新闻，有时也插播一些公社的会议通知。"文革"后期，公社抽调清洋茶场插队女知青任播音员。20世纪80年代以后，随着收录机、电视机的日渐普及，有线广播被淘汰。

第二节 电 影

1950年，福建省电影巡回宣传队在平溪中心小学操场放映黑白影片《白毛女》，依靠人力踩踏发电放映。由于用力不匀，银幕忽明忽暗。这是平溪有史以来第一次放映电影。

平溪公社成立电影队以前，平溪村二、三个月放映一次电影；平溪境内公路沿线村庄三、五个月放映一次电影；偏远村庄一年难得看上一场电影。

一、电影放映队

1959年成立的平溪公社电影队，隶属寿宁县电影公司。1976年成立的平溪公社8.75毫米电影队，隶属平溪公社。

1. 平溪公社电影队 1959年，平溪公社电影放映队成立，这是寿宁成立的第一个公社电影队。电影放映员2人，巡回放映范围为平溪、芹洋、托溪、凤阳、斜滩等5个乡镇。

2. 平溪公社8.75毫米电影队 1976年，平溪公社成立8.75毫米电影队，配一拉绳起动的小型汽油发电机。公社规定电影放映员2人，每人月工资30元，每月供应福建省地方粮票32斤。

第一年，县电影公司规定放映范围为平溪公社所有行政村、自然村及芹洋公社的芹洋、尤溪、修竹、岔头坂一带村庄。次年，芹洋公社8.75毫米电影队成立，平溪公社电影队放映范围为平溪公社平溪境内村庄。

1980年，电影放映机更新为16毫米。1981年春，平溪公社购入两台35毫米放映机，在平溪影剧院固定放映电影。1990年以后，受电视、录像、电脑等影响，影剧院门可罗雀。1995年，电影队自行解体。

3. 个体电影队 1978年，亭下吕林明父子购置放映机放映电影。1984年以后，南溪、溪底、长溪、屏峰、湖潭等村村民陆续购置16毫米放映机在村中放映电影。1995年后，个体电影队自然淘汰。

4. 省委宣传部电影下乡 2006年，福建省委宣传部推广电影下乡，赠送平溪乡16毫米电影设备一套。政府给放映员发放补贴，每村每月免费放映一场电影，但观众寥若晨星，甚至无人问津，不久即悄然消亡。

二、电影放映场所

平溪村的电影放映场所，大致经历了四个阶段。20世纪50年代初，电影都是在平溪小学操场公映，村民们自带凳子或席地而坐。1958年"破四旧"以后，平溪奶娘宫神像被毁，电影改在奶娘宫售票放映。"文革"期间，奶娘宫被用作公社农械厂，电影又改在平溪粮库的空坪（现粮站综合楼）公映。1977年平溪影剧院建成，平溪村放映露天电影的时代结束。

1. 大队放映电影 晴天，平溪境内各生产大队（行政村）一般都在小学操场放映电影；雨天，则安排在宗祠内放映。村民自带凳子，或坐或站自由观看。由于文化生活极度贫乏，1985年前，电影十分受欢迎。一村放映电影，周边村庄的村民都会奔走相告，点着火把成群结队前来观看。

2. 自然村放映电影 自然村没有学校、祠堂，因此不管晴天、雨天，都安排在民房厅堂放映。在尤溪村知青点，还将电影机架在宿舍床头，全体知青挤在床上看电影。

3. 平溪影剧院 平溪影剧院坐落在乡政府右侧，1977年建成，内设678个座位。影剧院分为3个部分，最里面是舞台，供演戏、开会、表演节目、张挂电影银幕等；中间是观众座位；外面部分为二层楼房。一层为大厅、电影放映室；二层为电影队、文化站办公场所。

1985年，平溪影剧院有职工6人，其中放映员2人，售票2人，场务2人。1986年，平溪影剧院承包给私人经营，每年上交乡政府2500元。1995年影剧院关门。2013年10月，为修建寿政二级公路连接线，平溪影剧院被拆除。

三、电影票价

电影放映主要有大队包场、罚款公映、售票放映三种收费方式。

1. 包场电影 "文革"期间，电影队巡回各村放映，视村庄人口多少收费。平溪村每场 30 元；芹洋村每场 20 元；南溪、长溪、屏峰、亭下等人口较多的村庄每场 15 元；溪底、燕窠、湖潭、岭根、岭兜、东溪、下党、尤溪、修竹、东木洋等村每场 10 元；木场、上党、碑坑、杨溪头、东山头、岔头坂等村每场 5 元；坑底、源佳墩等自然村，清洋茶场、尤溪知青点等每场 3 元。各村放映电影的费用多为大队支付，也有少数为村民集资支付。

2. 罚款电影 "文革"期间，大队将砍伐树木、偷鸡摸狗等违反村规民约者，个人私自种植几株番薯、马铃薯、瓜豆菜等"走资本主义道路"者，予以挂牌游街、批斗示众，并罚款公映电影以儆效尤。罚款电影的收费价格视村庄人口多少而定，多则 10 元，少则 5 元。

3. 售票电影 20 世纪 60 年代，在平溪奶娘宫放映电影，每张票价：成人 0.10 元，儿童 0.05 元。1977 年在平溪影剧院放映电影，每张票价：成人 0.20 元，儿童 0.10 元。80 年代平溪影剧院放映电影，每张票价：成人 1.00 元，儿童 0.50 元。1995 年，受录像、电视等冲击，影剧院门可罗雀，旋即关闭。

第五章　电视网络

第一节　电　视

1958年9月，北京开始在中南海为毛泽东主席播放黑白电视。1978年，寿宁县城个别大单位开始收看黑白电视。1979年，平溪一些乡直单位开始购置黑白电视机。

1990年后，电视机可以遥控调整频道、声音。2000年后，平溪境内黑白电视机逐渐被淘汰。2006年以来，液晶平板彩电又逐渐代替粗笨的显像管彩电，电视屏幕越来越大，价格也越来越便宜。2012年，3D、高清彩电开始进入平溪境内百姓家庭。

一、家庭电视机

20世纪80年代初，黑白电视机开始进入平溪境内百姓家。90年代中后期，平溪境内家庭开始购买彩色电视机。

1. 黑白电视机　1981年，平溪上村自然村周丰荣购买一台黑白电视机，接收安放在平溪高山顶的电视发射台信号，电视屏幕上的画面忽有忽无，忽明忽暗。

1986年，全乡共有175台黑白电视机。其中燕窠村彭地自然村有12台黑白电视机，为全乡电视机最多之村。湖潭村委有一台黑白电视机，部分村民也购买了黑白电视机。岭根村个别家庭购买14寸黑白电视机，每天晚上邻居们都集中在一起观看电视节目。当年，平溪境内家庭购买的都是12~17英寸的黑白电视机。

1994年，东山头村阮学民购买第一台黑白电视机。1995年，东溪村李艳、后坪村李松江购买第一台黑白电视机。

2. 彩色电视机　1986年，平溪乡各单位共有14台彩色电视机。1995年，湖潭村民开始购买彩色电视机；此后，CD、VCD也开始进入百姓家庭；2002年后，湖潭村黑白电视机逐渐更换为彩色电视机。1995年，东溪村李岩祖购买第一台彩色电视机；2013年，东溪村有彩色电视机90多台。1995年，东山头村吴江华购买了第一台彩色电视机；2013年，东山头村有彩色电视机31台。1995年，后坪自然村李岩宝购买了第一台彩色电视机；2013年，后坪村有彩色电视机23台。

二、电视转播台

1983年，平溪公社在高山设电视信号发射台，转播省电视台节目。发射台常遭雷击，

1988年报废。1998年，溪底村民筹资建电视转播台。

三、卫星地面接收站

1988年6月，平溪乡政府投资6万元，修建第一座乡级卫星地面接收站，1989年投入使用。

四、有线电视

1993年冬，平溪乡政府修建闭路电视（即有线电视）。此后，用户接收的电视讯号更加稳定，画面更清晰，可供选择的频道也更多。

20世纪80年代，平溪境内可供收看的仅有"中央电视台""福建电视台"2个电视频道。2010年，平溪境内电视频道发展到30多个。

第二节　网　络

一、电　脑

1997年，平溪境内少数乡直单位开始使用电脑。2005年，电信开办宽带业务后，电脑办公逐渐成为主流。此后电脑也开始进入寻常百姓家，人们可以利用电脑上网、视频、聊天、游戏、炒股、看电影、查找资料、传输文件、发表文章、网上购物等。

2013年12月，平溪镇党委、政府各部门共有办公电脑18台；寿宁五中（平溪中学）电教室有电脑22台；平溪中心小学电教室有电脑40台。

2020年，平溪镇党委、政府共有办公电脑62台；寿宁五中（平溪中学）有电脑117台，其中办公电脑49台，电教室电脑54台，85寸教学希沃白板14台。平溪中心小学有电脑156台，其中办公电脑65台，电教室电脑50台，教学希沃白板41台。

二、广电网络缴费点

2010年，寿宁县广电网络在平溪设广电网络缴费点，人员3人。2016~2021年，租用金洋街142号民房临街店铺办公。主要经营电视、宽带、网络等业务。2020年，业务收入60多万元。

第十七编 军 事

平溪厝坪墩的葫芦堡,是邑内最早的也是唯一的一座民间古城堡。葫芦堡的石拱堡门——葫芦门,至今依然保存完好。

南溪石门隘,是寿宁县最早的也是唯一用古法开凿的穿山隧道。明弘治中期,朝廷在石门隘驻军以为寿邑西隅屏障。嘉靖间,知县张鹤年在平溪境内增设碑坑、上下党隘。

清顺治三年,王祁、冯梦龙与明郧西王朱常湖在平溪举义反抗异族入侵,战火燃遍八闽。咸丰八年(1858),太平军由政和县入境平溪,捣毁设密室诱奸进香妇女的天池庵。

1934年,中国工农红军北上抗日先遣队入境平溪,夜宿屏峰村。1947年,中共闽浙边游击纵队三次奇袭平溪国民党区公所,取得三战三捷之战绩。1951年,杨溪头大刀会"五·八暴动",平溪区委书记李鸿儒血染七宝岗壮烈牺牲。

第一章 兵事活动

第一节 堡塘铺隘

平溪厝坪墩的葫芦堡,是寿宁最早的民间城堡。寿宁建县以后,明清两朝先后在平溪境内设置堡、塘、铺、隘。民国年间,由于刀、斧、剑、戟、弓弩等冷兵器逐渐被枪、炮等热兵器所取代,平溪境内的堡、塘、铺、隘也相继被淘汰废弃。

一、堡

有四种作用:一是军事防守用的城堡;二是古代土筑的小城;三是有城墙的村庄;四是指驿站。

宋末元初,平溪周氏族人根据厝坪墩地形,居高临下依山筑堡以资自卫。因城堡状似硕大的葫芦,故将堡门命名为"葫芦门"。这座民间古堡虽因修筑公路而挖毁,但石拱堡门——"葫芦门",至今依然保存完好。

明弘治中期,朝廷在全县主要村落及通道要口设41个堡,各堡由乡丁民壮把守,一乡有事,四方联防。寿邑西路与西南路有平溪、南溪、庚岭、泗洲桥、葡萄洋、禾溪、赤岩、筼竹溪、屏峰堡。

清康熙年间,平溪境内设有平溪、长洋、庚岭、南溪、屏峰、上党、下党等七个堡。康熙《寿宁县志》载:"平溪堡,在八都;长洋堡,在八都;庚岭堡,在八都;南溪堡,在八都;上下坪峰堡,在八都;上下党堡,在八都。"

二、塘

清代,为增强防卫,在主要通道沿途的重要村庄及关口增设塘汛,清乾隆《福宁府志》载,平溪境内有平溪塘、南溪塘。福宁知府李拔在《福宁府志·兵制》中写道:"塘汛之设,所以查奸究资守望也。无事则往来巡缉,有事则联络声援,法无善于此者。"

三、铺

明弘治《八闽通志·公署》载,寿宁县共有六个铺,平溪境内就有平溪、南溪二个铺,每个铺有铺兵3名。嘉靖《建宁府志·公署》载,寿宁县共有九个急递铺,平溪境内有平溪、南溪二个铺。

崇祯七年（1634），寿宁通往政和县、建宁府的正道有六个铺，平溪境内有平溪、南溪二个铺。知县冯梦龙在每个铺都立一牌坊，标上铺名。此外，还在南溪界首立一牌坊，上写"政寿交界"四个大字，使到寿宁之人可以计程而达。清康熙、乾隆年间，平溪境内仍设平溪、南溪二个铺。

四、隘

多居高临下，筑有工事，备有檑木、滚石，派弓兵轮流戍守。明弘治中期，朝廷在寿宁县边境险要道口设隘。守隘之兵，称弓兵，亦称机兵，编额200名。编制百人为一队，队设总甲、小甲各一名，由巡捕管理，县令统摄。明清两朝，平溪境内设有石门、碑坑、上下党三个隘。

1. 石门隘 在南溪村上游，是个穿山而过的人工隧道，何时修凿未见史载。邑内民谣以"三支蜡烛过岩川"喻石门隘之长。1965年冬，修筑南溪至政和县公路时，石门隘被炸毁。据村民回忆，石门隘宽约2米，高约2.3米，长约5米。南溪一侧隘口的岩壁纹理似天然佛像图，俗曰佛迹。

当年修此隧道，采用火烧水泼的热胀冷缩之法，待岩石疏松后再用钢钎、铁锤开凿，工程十分艰巨。为减少工程量，隧道比古道略高，故洞口两端都有石阶与古道相连。石门隘地势险要，为寿邑西隅屏障。明嘉靖二十年《建宁府志》载"石门隘屯兵62名"。清乾隆《福宁府志》载："石门在南溪村，横塞溪端，凿其中，以通往来。"

明清以来，文人墨客题咏石门隘之诗不绝。明崇祯七年（1634），61岁的冯梦龙由丹徒训导升任寿宁知县，由建宁府经石门隘到寿宁赴任，赋诗《石门隘》；清康熙县学训导周昉、浦城知县陈朝俨途经石门隘，也赋诗《石门》《咏石门》。

民国时期，南溪李芝芬《咏石门》，诗云：谁道金空石不空，南川溪畔一门通。从来罔识自然力，到此方知造化功。波浪层层声亦壮，嵯峨叠叠势尤雄。此间岂为九年豁，佛老遗留千古踪。南阳龚奉璋《咏石门》，诗云：壁立千寻不碍空，羊肠路尽石门通。无为莫信鞭移力，造化难言斧凿功。初入缩身嶙骨峻，一过豁眼快心雄。垂悬宏愿夷更显，不念弥陀现圣踪。政和县澄源李振汉《咏石门》，诗云：巍岩孤耸障晴空，不异桃源洞口通。胜地自然多乐趣，壶天造化有神功。回旋水曲源流远，屏蔽山环石壁雄。代有骚人成美韵，莫疑禹迹剩余踪。

2. 碑坑隘 位于碑坑村与浙江省庆元县西溪乡荡口村交界处的隘基（地名），离碑坑村约7.5千米。1991年出土"碑坑隘"石碑一块，现仅存断碑下半截，纹饰同"上下党隘"碑，二碑系同一时期所立。残碑正面中刻"县界"，右边刻"□月孟秋吉日"，内刻"桥亭共拾四座止"，左边刻"张鹤年立"。残碑背面中刻"隘口"，左边刻"至浙江后坑口"。

3. 上下党隘 位于下党与浙江省庆元县西溪乡交界处。1981年出土"上下党隘"石碑一块，碑半圆首，高146厘米，宽53厘米，厚11厘米，四周刻卷草纹饰。碑正面中刻"寿宁县界，"右边内刻"嘉靖贰拾肆年捌月秋吉"，外刻"去县六拾伍里桥亭共拾三座"，左边刻"知县事贵州普安张鹤年立"。背面中刻"上下党隘"，右刻"东至浙江田，南至后洋山",左刻"西至新坑口,北至浙江西溪"。现碑立于亚桔秀村中。离亚桔秀村约1千米处,有石城、烽火台各一座,现仅存残基。

第二节 兵事活动

一、反清复明之战

清顺治二年(1645)秋,一路追随南明隆武政权抗清的冯梦龙辗转来到古田县。时值江苏金坛人,三十五岁的明朝大将王祁也在古田落发为僧,俩人一起来到平溪,在离村里许的元代古刹仙崖寺住下,伺机反清复明。

顺治三年(1646),朱元璋的第十代孙,封地在江西建昌的明世裔鄜西王朱常湖也隐身平溪鬼足洞,在仙崖寺托钵为僧。冯梦龙、王祁、朱常湖三人志同道合,遂在平溪招集故旧,谋划恢复大明江山。

顺治四年(1647)春,王祁率众首攻寿宁县城,杀死清知县吴允焞。鄜西王所部大军从将领到士卒全部以白布缠头,故民间称为"白头变乱"。朱常湖、王祁以反清复明为口号,号召人民反抗异族入侵,不当亡国奴,且军纪严明,沿途百姓投附者众。一时之间,星星之火成了燎原烈焰,一路势如破竹,相继克复政和、建瓯、崇安、邵武、顺昌、建阳、松溪及浙江庆元诸府县。一时威震江南,让立足未稳的清廷十分震骇。

二、上洋大刀会暴动

民国二十九年(1940),卓岩山为首在上洋村设立神坛组织大刀会。5月,平溪区公署区丁抓走上洋村民卓仕益。卓岩山率法兵随后追赶,在东木洋桥头亭刺死一名区丁,缴获步枪一支。

区长吴采星怕法兵"刀枪不入"不敢追捕,委托平溪乡绅调解。双方商定:一、解散上洋村大刀会,并将法刀、法带和缴获的步枪送缴区公署;二、放回上洋村民卓仕益。嗣后,上洋村3位谈判代表将法刀、法带及步枪送缴区公署,却遭扣押。区长吴采星调集区丁、保安队50多人包围上洋村,纵火将卓岩山、卓德田两幢房屋烧毁。

6月,卓岩山纠集上充、日洋、溪底三村刀会50多人攻打平溪区公署。区丁紧闭大门,从炮楼居高临下击毙法兵2人,击伤1人。众会徒见子弹能打死人,纷纷逃窜。9月,卓岩山、卓章山因感染天花躲回家中被抓,投入县监狱。1941年三月被杀。

三、奇袭平溪区公所

民国三十六年(1947),平溪人民配合中共闽浙边游击纵队,三次奇袭设在平溪周氏宗祠的国民党区公所,取得三战三捷之战绩。

4月,江作宇领导的中共闽浙赣区党委游击纵队二支队攻打平溪区公所,缴获机枪1挺,步枪10支与一批弹药物资。

11月15日深夜,中共闽浙边区区委副书记张翼和闽北游击总队长叶凤顺、支队长池云宝,率领游击队攻打平溪区公所。由张翼带王信根一个班,摸进区公所隔壁的李林芳厝的3层楼簟坪,占领制高点。由雷声带领一个班化装成国民党军队,夺取平溪大桥碉堡。由池云宝、蔡众辉带一个班,趁敌开门小解之机,冲进公所解除了乡丁武装。这一仗不费一枪一弹,缴获长短枪20支,轻机枪1挺及一批弹药物资。

12月9日,叶凤顺、池云宝率闽浙边游击纵队再次攻打平溪区公所,歼敌一个排,缴枪31支。

四、大刀会"五·八"暴动

1951年5月7日,大刀会会首杨德洁将碑坑等村会徒40余人纠集到杨溪头村大王坪集中,号称"太平救国军"发动暴动,杀害村农会主席杨显云等4人。

8日上午,中共三区(平溪)区委书记李鸿儒闻讯后,一面将情况转告三区驻军县大队一连,一面率领区干部、区中队武装30余人奔赴杨溪头。在七宝岗与刀会相遇交火,击毙刀匪2人,李鸿儒不幸牺牲。县大队一连援兵赶到,毙匪1名,伤数名,活捉2名,会首李承柳一伙遁山逃命。

随后,中共寿宁县委立即召集驻军和三区、四区民兵及党政干部千余人,合围刀会匪徒。经数天围山搜捕,击毙会首杨德洁、李启章,活抓会首张宗祥、张邦居,103名刀会匪徒全部落网。

【附 录】

一、1992年《寿宁县志·反清复明之战》

清顺治三年(1646),明郑西王朱常湖托钵平溪的鬼足洞。顺治四年春,明将王祁僧服入洞见朱常湖,共商"复明"大计。尔后,集壮士数百人,以鬼足洞为据点,举旗反清。王祁亲率军众,攻下寿宁县城,俘杀知县吴允焞,抛尸于溪头岭下。因王祁军以白布缠头为号,民间称"白头变乱"。事后,建宁府尹檄政和知县共援寿宁。王祁获悉,撤出县城,绕道攻政和。王部军纪严明,所到之处,不取民间一物,沿途投附者甚多。不日即攻陷政和县城,杀死知县沈孚远,清朝廷震骇。顺治五年,清朝廷派饶崇秩率军500名,夺回寿宁县城,屯兵驻防。

二、清康熙《建宁府志·杂志》

顺治四年七月,妖僧王祁,金坛人,住古田山中,借讲经聚众,从东溪来攻城。时镇兵远调,防守者少。十三日,城陷,祁挟明废宗郑西王号召山寇,肆掠郡城,攻陷旁邑,唯浦城坚守得全。五年,大将军部堂统帅至郡,坚栅堀堑困之,祁无措,令城中老稚诵"摩诃般若波罗蜜"六字,冀以解围。四月朔,大兵用红夷炮从西门水流堀急攻三昼夜,声不绝。初二日,祁于宁远门关圣庙给散火药,忽炉中火飞燃火药,祁遍身焦烂。初三日,大兵焚善见塔及通都桥。初四昧爽入城,血刃三日,郑西王为乱兵所杀,祁投眢井不死,捞出伏诛。阖城自焚,男女自投水火,死者殆尽。乱始平。

358

第三节 兵 役

一、募兵制

明正统以后，朝廷采用雇佣招收的办法募集兵员，地方政府只设招兵处，任何人都可以投军。民壮参军后，兵士及其家属的户籍属于军府，称军户。世代为兵，非经免除，不能脱籍。

清光绪廿九年（1903），编练新军和民国初期的招兵也实行募兵制。除屯卫兵及充配为军的本人外，子孙随配入籍的亦称军户，兵员来源仍用招募制。

二、征兵制

民国二十二年（1933）6月，国民党政府募兵困难，遂改募兵制为征兵制。国民党《兵役法》规定：凡年满18~45周岁的男性公民都有服兵役的义务，征兵按"三丁抽一、五丁抽二"的比例，抽签确定应征对象。征集程序是按家庭调查、抽签、定兵进行。再由县送师管区或团管区，各部队到师管区或团管区接收。

民国二十六年（1937），成立寿宁县兵役宣传调查委员会。以联保为单位，调查全县壮丁情况。凡年满20~30岁的男子列为甲级壮丁；31~40岁的男子列为乙级壮丁。民国二十七年，国民政府颁布非常时期征集兵员及抽签实施办法，按签号次序征集壮丁入伍。

民国二十八年（1939）6月以后，兵员需求量大，每月选拔数次。征兵中，各种劣行应运而生，富人雇佣穷人顶替，权贵强拉强买，军官借机敲诈勒索。最后征兵变成"抓壮丁"，被抓壮丁捆绑送县集中，移交接兵部队。

三、志愿兵制

1949年，寿宁县人民政府成立后，为巩固胜利成果，动员青年自愿报名参军。经体检、政审合格后，一部分补入军队，一部分参加县大队、区中队和公安队等地方武装。

1953年，征兵的程序为适龄青年志愿报名，经区统一体格检查，政审合格后，送县审定征集。参军年龄为18~28岁，身高1.54米以上，身体健康，历史清白。军属待遇是免征公粮，无劳动力家庭由政府安排劳力代耕。至1954年，平溪有60多人志愿入伍。

四、义务兵制

1955年7月，中国人民解放军志愿兵役制改为义务兵役制。《兵役法》规定，凡年满18~22周岁的男女公民，家庭成分好、思想进步、身体健康、政治清白的均可在本人户口所在地报名参军。服役年限：陆军3年，海军4年，空军5年。

1978年，根据部队需要和本人自愿，部分义务兵改成与志愿兵相结合的制度。1984年5月颁行的《兵役法》规定，服兵役期限改为陆军3年，海军、空军4年。应征者要有初高中文化水平。1988年，实行新的军衔制后，将志愿兵改称为士官。

1998年12月29日，调整兵役制度，义务兵服役期限缩短为2年并取消超期服役，志愿兵实行分期服役制度。2008~2022年，全镇共计征集新兵入伍160人。兵种为解放军、武警；兵员去向为福建、四川、山东、江苏、浙江等省。

【附 录】

2008~2020年平溪镇征集新兵入伍情况表

时间	征兵（人）	男	女	时间	征兵（人）	男	女	时间	征兵（人）	男	女
2008	10	10	—	2013	10	10	—	2018	8	8	—
2009	18	16	2	2014	13	13	—	2019	9	9	—
2010	13	12	1	2015	14	14	—	2020	10	—	—
2011	12	12	—	2016	8	8	—	2021	春4；秋5	9	—
2012	7	7	—	2017	11	11	—	2022	春5；秋3	8	—

第四节 民兵组织

1951年，平溪区公所设人民武装部，配备正副部长各1名，干事2名。同年成立平溪、溪底、南溪、长溪、屏峰、湖潭、燕窠、亭下、下党等9个乡政府，各乡配备民兵队长1名，武装民兵30~50名。

武装民兵在村农会组织和县公安机关的配合下，开展剿匪、反霸、镇反等斗争，负责站岗放哨、巡查、值班，维护社会治安，确保国家、集体和人民群众的生命财产安全。1951年，杨溪头大刀会发动"五·八"暴动，平溪区民兵积极配合驻军参战，将匪徒全部抓获，迅速平定暴乱。

1957年，各生产大队成立民兵营，设正副营长各1名。区武装部主要负责全区民兵的训练、整组、征兵等工作，配合当地政府和公安部门，开展打击刑事犯罪活动，处理投机倒把、赌博、封建迷信等非法活动。

1958年，中共中央提倡大办民兵师。区人民武装都遵照上级部署，在各生产大队进行大规模的民兵组织建设。按年龄、健康状况，成立武装民兵、基干民兵、普通民兵。区设民兵团，区直单位、各大队设民兵营，村以下设连、排、班建制。全区民兵人数达四千余人，占总人口28%以上。

1962年6月，县建立武装基干民兵团，平溪公社基干民兵编为1个连。要求做到"召之即来，来之能战，战之能胜"，随时准备参军参战。1964年11月~1966年7月，平溪公社的武装基干民兵连组建成武装基干民兵营。1969年8月~11月，平溪公社组建850人的武装基干民兵连。

1985年，人民武装部改为地方建制，加强民兵预备役的调查、登记、训练、考核等一系列工作。组织培训民兵，开展射击、投弹等武装训练，为国家输送了大批的合格兵员。

第二章 革命武装斗争

第一节 革命烽火

民国二十三年（1934）8月25日，寻淮洲、乐少华、粟裕、刘英领导的中国工农红军北上抗日先遣队由福安穆阳来到平溪境内湖潭村，先遣队人马在湖潭吃过午饭后来到平溪村。

先遣队在平溪兵分两路，一支由平溪走庚岭古道，经亭下到南溪村住宿，次日向政和、庆元县进发。大部队则由平溪出发到屏峰村，指挥部设在店基，银行设在蔡得余家。由于部队人多，群众房屋不够住，红军战士向百姓借门板铺在小溪边的路旁休息，次日临行前一一归还。还用在穆阳缴获的银圆救济贫苦百姓，帮助群众劈柴、挑水、打扫卫生。平溪群众筹集猪肉、粮食、青菜等物资，挑到屏峰慰劳红军将士。次日拂晓，先遣队由屏峰村出发，途经下党村鸾峰桥，当晚夜宿托溪峡头村，次日向浙江庆元县境开拔。

民国二十四年（1935），闽东独立师师长冯品泰率部到平溪。黄立贵领导的闽北独立师也进驻平溪，与地方武装民团作战。

民国二十五年（1936）2月，范义生率闽东独立师第一纵队120多人，在碑坑头自然村与浙江庆元县国民党军和鹤溪（托溪）洋尾民团激战。4月，范义生领导的闽东独立师第一纵队在攻打上党战斗中，全歼上党民团。

民国二十六年（1937），寿、政、庆三县游击队政委范岩寿率部100多人留守政和县新康口村，平溪、溪底、岭根、东木洋等村有10多人参加游击队。陈贵芳、池云宝等游击队领导人在寿政庆等地开展革命活动时，曾多次在南溪村李烈刚医生的"八角亭厝"就诊，补给药品、粮食；李烈刚也多次前往政和县汀源、寿宁县下党等地医治陈贵芳部伤病员。

民国二十八年（1939）夏，屏峰村农民蔡得彭自发组织30个农民，以游击队的名义抵抗抓丁派款，并攻打了松溪警察队。民国二十九年（1940），许威领导的游击队100余人在湖潭与县保安队200余人激战。由于敌众我寡，游击队在村民掩护下退至禾溪村。一位战士被捕，在平溪大门冈光荣就义。

民国二十九年（1940）4月，中共闽北游击队在上党等10多个村庄群众配合下，攻打政和县巫塘民团，缴获长枪2支。6月，屏峰一带群众40多人，夜袭在政和县暖溪村水尾宫宿营的寿宁县长杨绍亿及保安队，救出被押壮丁80余人，缴获机枪一挺、步枪2支。

民国三十一年（1942），陈挺率游击分队30多人驻后坪村开展三五减租。后因叛徒告密，游击队撤退到廷甲晓，被国民党部队包围损失惨重。民国三十四年（1945），左丰美、陈贵芳、江作宇等人领导的中共闽北游击队，到平溪一带进行革命活动。

民国三十六年（1947）3月，陈贵芳、张翼、池云宝、陈果初、陈帮兴等领导的游击队相继到屏峰、上党一带活动，发展农会会员200多人。游击队人数扩大到百余人，游击区扩大到西山、溪头、湖潭、木场等村。

民国三十六年（1947）4月，闽浙边游击纵队攻打设在平溪周氏宗祠的平溪国民党区公所，缴获机枪1挺，步枪10支及一批弹药物资。11月15日深夜，闽浙边游击纵队再次攻打平溪区公所，缴获长短枪20支、轻机枪1挺及一批弹药物资。12月9日，闽浙边游击纵队第三次攻打平溪区公所，歼敌一个排，缴枪31支。

民国三十六年（1947）12月26日，国民党县政府在平溪、九岭、鹤溪组织"三乡联防清剿队"，对游击区进行扫荡。江作宇率部在下党山底与浙江交界的长垮地方与敌战斗，因敌我力量悬殊，游击队撤退。江作宇和3位随身护卫潜伏下党山楼治疗脚伤。

民国三十七年（1948）5月底，城工部闽东工委寿宁县直属支部书记范于高和中共党员、平溪村肖良到平溪、溪底、南溪等地寻找党组织。经多方努力，寿宁县直属支部与福安师范支部接上关系，回到了党组织的怀抱。支部党员积极筹集经费，购买日用品、枪支、弹药交给张翼、池云宝等领导的闽北游击队。

民国三十八年（1949）春，国民党保安四团到平溪一带"清剿"游击队。4月16日，保安四团突袭中共闽浙边地委、闽浙边游击纵队的活动据点——溪底村大岗自然村，威逼村民说出游击队去向。大岗村民宁死不屈，保安四团恼羞成怒，放火烧毁房屋5座，16位村民被杀害。

1949年，中国人民解放军挥师南下。5月底，国民党寿宁县统一委员会书记长柳和施和县长叶培松眼看大势已去，先后弃城逃跑。6月12日，叶培松与范乃扬在斜滩组织"闽东绥靖公署"，继续与人民为敌。

1949年6月7日，吴绍俊为首的"寿宁县善后委员会"接管了国民党县政府。并组建了"寿宁游击指挥部"，下设3个中队，拥有340多人枪。6月9日，范于高和肖良送《寿宁县善后委员会组织花名册》到政和，向二野十七军五十一团政治部主任兼政和县县长王浚德汇报工作。

6月19日，善后委员会组织游击指挥部的3个中队攻打斜滩"闽东绥靖公署"。经过3个多小时激战，叶培松、范乃扬匪部弹尽力竭狼狈逃往福安，投入赵祥荣为首的"福建人民谋生队"。不久肖良奉命率领部下前往政和，受训后编入第一军分区司令部警卫二连任文化干事。

1949年7月,中国人民解放军三野十兵团三十一军九十三师和浙南游击队在寿宁南区游击队的配合下入境寿宁。7月13日,三野第三十一军九十三师进驻寿宁县城,宣布寿宁解放。

第二节 老区与英烈

一、革命老区

第二次国内革命战争时期（土地革命时期）、抗日战争时期、解放战争时期建立的革命老根据地,简称"革命老区"。

1. 老区基点行政村 全县共有8个老区基点行政村,平溪镇龙头坑行政村为其中之一。

2. 老区基点自然村 全县共有69个老区基点自然村,平溪镇的龙头坑、大岗、上山头、下山头等4个自然村名列其中。

3. 老区行政村 全县共有179个老区行政村,平溪镇的平溪、环溪、溪底、南溪、柯洋、亭下、岭后、燕窠、木场、湖潭、屏峰、岭根、岭兜、长溪、东溪、东木洋、东山头、龙头坑等18个行政村,全部都是老区行政村。

二、革命英烈

1. 革命烈士 经寿宁县有关部门审定,自新民主主义革命以来,平溪镇共有31位革命烈士为革命事业而献身。

2. 革命"五老" 经寿宁县有关部门审定,平溪镇为革命作出贡献的"五老"共有40人,其中老游击队员10人、老交通员13人、老接头户13人、老地下党员1人、红军失散人员3人。

【附 录】

一、吴绍俊[①]

吴绍俊,又名吴贞禄,环溪村吴厝里人,民国十一年（1922）七月生。1944年三都中学高中毕业。1945年5月,参加国民党青年军三十一军二〇九师任班长。1946年8月退役入读泉州国立海疆学校师范教育系,1948年7月回寿宁中学任教。

1949年,中国人民解放军挥师南下。5月底,国民党寿宁县书记长、县长弃城逃跑。6月6日,吴绍俊为首成立"寿宁县善后委员会"。善后委员会由22个委员组成,主任吴绍俊,下设军事、民政、宣传、经济、文教等机构。

6月7日,善后委员会接管了国民党县政府,接收改编了县保安队、警察局。贴出安民布告,要求群众协助维持社会治安,保护银行、粮库、档案和公家财产;收缴民间枪支弹药,组建"寿宁游击指挥部",攻打设在斜滩的由国民党县长叶培松组织的"闽东绥靖公署",为寿宁和平解放做出了贡献。

1951年2月,"寿宁县善后委员会""寿宁游击指挥部"被错误定性为反革命武装应变组织,主要骨干以反革命罪被捕判刑,吴绍俊被判处死刑。

1986年2月,中共福建省委政法委员会和中共福建省委处理地下党历史遗留问题领导小组,先后批转福建省高级人民法院党组《关于寿宁县善后委员会反革命案件提审报告》,确认"寿宁县善后委员会"和所属"寿宁游击指挥部"是我党和中国人民解放军直接领导下的革命的群众性组织,为寿宁和平解放做了大量工作,原以反革命应变组织定性科刑,显属冤案,应予彻底平反昭雪。

【注　释】

①《吴绍俊》:根据寿宁县政协《寿宁文史资料第四辑》中的《一九四九年的寿宁县善后委员会》一文整理。

二、平溪镇革命烈士名录

姓名	出生年月	籍贯	参加革命时间	牺牲时所在单位、职务	牺牲时间、地点、原因
吴兴应	1883	东溪	1933.11	南区地下交通员	1934.03 被马坑民团捕送纯池杀害
王昌瑶	1916	南溪	1936.04	闽北游击队员	1936.06 政和遂应场后门战斗中牺牲
李骨骨	1915	长溪	1935.03	南区游击队员	1936.10 在刘厝东村战斗中牺牲
李刘荣	1915	东溪	1934	南区地下交通员	1937.05 被平溪民团捕送斜滩杀害
周光庄	1911	平溪	1937.05	寿政景庆中心县游击队员	1938.03 在"新康口事变"中牺牲
李奶弟	1909	平溪	1937.05	寿政景庆中心县游击队员	1938.03 在"新康口事变"中牺牲
蔡细德	1915	店基	1937.01	寿政景庆中心县游击队员	1938.03 在"新康口事变"中牺牲
张帮鼎	1912	屏峰	1935.06	寿政景庆中心县游击队员	1938.03 在"新康口事变"中牺牲
蔡众星	1901	屏峰	1935.03	新四军3支队6团战士	1938 北上抗日后失踪
王德明	1918	屏峰	1941.02	闽北游击队员	1941.04 在政和巫唐战斗中牺牲
王昌唐	1910	溪底	1940.04	闽北游击队员	1941.06.19 在政和温村战斗中牺牲
王阿纯	1928	溪底	1944.07	闽北游击队中队长	1949.03 在南平与敌战斗中牺牲
蔡众辉	1920	屏峰	1946.06	闽北游击队长	1949.04 内部错杀政和、寿宁交界处
周荣炉	1932	坂头	1949.04	志愿军23军69师3营9连通讯员	1951.05 在朝鲜战场牺牲
曾光发	1925	下洋	1949.05	志愿军1142团3营7连战士	1951.05 在朝鲜战场牺牲
吕祥进	1930	村头	1949.07	建阳军分区政和独立营2连战士	1952.02 在政和狮头战斗中牺牲
张岩根	1943	岭后	1960.11	解放军6581部队副班长	1964.12.17 连江浦口松坞车祸死亡
吴远庄	1913	龙头坑	1937	寿政景庆中心县游击队员	1938.03 在"新康口事变"中牺牲
周继全	1912	下岭根	1937.05	寿政景庆中心县游击队员	1938.01 在浙江庆元落岭村被敌杀害

续表

姓　名	出生年月	籍贯	参加革命时间	牺牲时所在单位、职务	牺牲时间、地点、原因
吴启连	1911.5	上岭根	1932.06	南区游击队员	1935.02 在下禾溪被捕送纯池杀害
林进荣	1909	下坑尾	1934.01	福安北区游击队员	1935.05 在下坑被捕送平溪杀害
吴远修	1914	龙头坑	1934.10	南区游击队员	1935 被敌杀害于政和马坑村
林进兴	1912	下坑尾	1934.01	闽北游击队第3支队5分队战士	1938.05.29 被捕，杀害于平溪
吴远祖	1910	龙头坑	1937.09	寿政景庆中心县游击队员	1938.03 被捕，杀害于鳌阳
周应和	1928	孔雀洋	1948.01	闽北游击队员	1948.03 在政和龙宫岗战斗中牺牲
吴远清	1926	龙头坑	1948.01	闽北游击队员	1948.08.06 在下岗村被捕送南溪杀害
李宣灼	1915	云雾坑	1946.02	闽北游击队员	1948.06 在政和档洋河边战斗中牺牲
叶明寿	1924	马栏岗	1944.12	新四军3支队6团1营2连战士	1945.08 在江苏宁县与日军作战牺牲
肖立光	1930	东木洋	1949.03	南区游击队员	1949.11 被敌杀害
叶阿老子	1912	大场	1933.03	福寿游击队员	1935.03 在柯洋被捕送鳌阳杀害
周阿德子	1927	孔雀洋	1948.10	闽北游击队员	1949.04 内部错杀政和、寿宁交界处
备　注	以上烈士名单录自1992年版《寿宁县志》				

第三节　革命遗迹与文物

一、革命旧址

1. 红军北上抗日先遣队入境寿宁第一村　湖潭村、平溪村。

2. 工农红军北上抗日先遣队宿营地旧址　屏峰村、南溪村。

二、战斗旧址

平溪区公所　1947年，中共闽浙边游击纵队在平溪人民支持下，三次攻打设在平溪周氏宗祠的国民党区公所，取得三战三捷之战绩。

三、革命纪念亭

屏峰"丹心亭"　位于屏峰村口，2016年7月竣工。

四、革命纪念室

莲花山革命纪念室　设在南溪村上窑自然村约2.5千米的莲花坂，2017年建。

五、革命纪念碑

红军北上抗日先遣队纪念碑　位于屏峰村。2016年12月，中共寿宁县委、县人民政府立。

莲花山革命根据地纪念碑　位于南溪村上窑自然村约2.5千米的莲花坂。2017年，中共寿宁县委、县人民政府立。

第十八编　民俗与宗教

　　明末清初，郧西王朱常湖与王祁、冯梦龙在仙崖寺风云际会，一场反清复明之火在平溪点燃并迅速延烧至八闽大地，让古刹名载史册。

　　环溪文昌阁，因造型别致且有众多名人题咏，成为邑内著名道教建筑。平溪境内民俗虽千年传承，但也随时代发展而演化变迁。

　　20 世纪 80 年代以前，平溪境内人民饱受饥寒之苦。改革开放以后，人们的衣、食、住、行，发生了翻天覆地的巨大变化。

第一章 民 俗

第一节 人生习俗

婴儿出生时的第一声啼哭，宣告新生命的诞生；丧礼上的哀乐，则标志着个体生命的终结。平溪境内伴随生命历程的传统习俗主要有诞生礼、婚嫁礼、寿辰礼、丧葬礼等。

一、诞生礼

婴儿诞生后，人生礼仪也由此拉开序幕，最初上演的是满月之庆。

1. 送 酒 男婴出生之后，要备酒、肉向外婆家报喜，俗称"送酒"。外婆家则回以鸡、蛋、婴儿衣裙等。

2. 洗三旦 婴儿出生第三天，要"洗三旦"，办"三旦酒"宴请亲友。

3. 满月酒 婴儿出生后，至亲好友向产妇、婴儿送礼物、红包，产妇家以红蛋答谢送礼的亲友。婴儿满月要理发，俗称"剃满月头"；要办"满月酒"宴请亲友。

4. 做周岁 婴儿出生一周年，俗称"纪岁"。婴儿父母以"纪岁面"宴请亲朋好友，祝婴儿健康长寿。外婆及亲戚朋友前往贺周岁，馈赠红包，也有送粽子、童装、玩具、童车等礼物，俗称"送晬"，家里要办"晬酒"宴请亲友。

二、婚嫁礼

古代，订婚是结婚前的一道必经程序。订婚对男女双方都有约束力，悔婚者按律科刑。明清法律规定，女方悔婚者，主婚人笞五十，女归本夫；再许他人者杖七十，已成婚者杖八十；后定娶者知情与嫁同罪，财礼入官；不知者不坐，返还财礼，女归前夫；前夫不愿者追财礼给还，其女仍从后夫。男家悔约再聘者同罪，须仍娶前女；后聘听其别嫁，不追财礼。

民国七年（1918），北洋政府法律认可的婚姻，必须具备两个要件：一为订婚，二为婚姻仪式。规定订立婚契以后，任何一方都不能随便悔约，否则受害一方可以提请赔偿因悔约造成的损失。如男方悔约，则不能要求返还财礼；女方悔约，则要加倍返还财礼。

旧时以父母之命，凭媒妁之言而订立婚约。聘婚龙凤礼单内容为礼金、婚用礼肉、礼担及于归吉日。富有者备办丰厚的陪嫁妆奁，贫困者从简。迎娶时男方配以鼓乐箫，

369

书绅名士之家鸣铳庆贺，一般村民放鞭炮庆贺。新郎、新娘一拜天地，二拜高堂，夫妻对拜后送入洞房。男女双方贺客盈门，大开喜筵，宴客三日。

中华人民共和国成立后，1950年5月1日实施《婚姻法》，废除包办强迫、男尊女卑的封建婚姻制度，实行男女婚姻自由、一夫一妻、男女权利平等的新婚姻制度。禁止重婚、纳妾、收养童养媳、干涉寡妇婚姻、借婚姻关系索取财物，男女双方订立的婚约没有法律约束力。

土改时期，大张旗鼓宣传《婚姻法》。平溪村一批青年女子与男青年自由恋爱结婚，不收礼金，不设酒宴，只摆茶点招待宾客。但由于旧风俗习惯的影响，民间依然存在婚约、婚嫁彩礼等旧俗。1951年，溪底村的婚嫁彩礼为72担干谷。因此，当年平溪境内流传"婚姻没买卖，暗后更去西（多）"。

1. 订 婚 经"红娘"牵线或男女双方自由恋爱确定婚姻关系后，男方择日送聘礼到女家订立婚约，议定礼金数额、结婚日期等。订婚之日，男方备酒席招待女方家人及亲友。由于订婚不受法律保护，订婚后撕毁婚约的较多。

20世纪90年代以来，越来越多的男女简略订婚仪式，直奔结婚主题，但婚前男方给女方送彩礼依然盛行。80年代，平溪境内彩礼数额千元左右；90年代，彩礼数额万元、3万元、5万元不等。近年货币贬值，彩礼数额一路上涨。2010年代，彩礼数额还在10万元以内；2020年，彩礼数额已经突破16万元。

2. 结 婚 封建社会，男女婚嫁必须有父母之命，媒妁之言，衙门不过问个人婚姻。民国年间，男女结婚要到政府民政机构登记，但前往登记者寥寥。斯时，《结婚证书》上的文字优美如诗："两姓联姻，一堂缔约；良缘永结，匹配同称。看此日桃花灼灼，宜室宜家；卜他年瓜瓞绵绵，尔昌尔炽。谨以白头之约，书向鸿笺；好将红叶之盟，载明鸳谱。"

结婚之日，男方或女方会以猪脚酬谢"红娘"。男女双方自由恋爱的也会请人代为"红娘"，也以猪脚酬谢之。20世纪50~80年代，结婚仍以家庭举办婚宴（事实婚姻）为准，到政府民政机构登记结婚者为数不多。

90年代，由于生育、购房、宾馆住宿等均要出示结婚证，新郎、新娘到婚姻登记机构办理婚姻登记手续的日渐普遍，婚姻登记工作逐步走上正轨。

2000年，国家开始推行婚前健康检查，男女双方要先到指定医疗机构（县妇幼保健所）进行健康检查，再到婚姻登记机构领取结婚证书。21世纪以来，平溪境内开始流行婚前拍摄室内、室外婚纱照。

嫁 妆 时代不同，嫁妆也不一样。20世纪50年代以前，平溪境内女方陪嫁物品多为木制家具，如桌、椅、脸盆、脚盆、马桶、梳妆台等，豪门大户陪嫁物品多达"36杠"满路红。

50、60年代，结婚陪嫁被视为旧风俗革除，男女双方将衣被等日常生活用品凑到一起，婚房大门贴上喜字、对联就行了。70年代后期，嫁妆改为男方筹办，流行"36条腿"，即床、桌、厨、柜、沙发等木制家具。

80年代，嫁妆流行"三转一响"，即手表、缝纫机、自行车、音响。90年代，嫁妆流行"三大件"，即彩色电视机、洗衣机、电冰箱。21世纪以后，嫁妆升级为液晶彩电、双门冰箱、自动洗衣机、摩托车等。

迎　亲　20世纪50年代以前，新娘出嫁都要坐花轿，因此平溪境内流行"大姑娘坐轿——第一回""扛轿理扛轿，不管新娘有尿无尿"等歇后语。

50年代，花轿被废除。自此以后一直到80年代中期，路程在一天以内的新娘都是和伴娘及抬嫁妆的亲友一起步行到男方家中。路途遥远的则搭乘客车前往。80年代中后期，流行吉普车、小车迎亲。90年代以后流行"花车"，即在轿车上用绢花、绸带装饰。车头贴一束塑料花，车前贴红囍字。

21世纪以后，迎亲轿车改用鲜花、绸带装饰。迎亲车队由轿车、面包车组成。一般6辆左右，并有逐渐增多之势。迎亲队伍中照相、摄像人员必不可少。车队到女方宅前停下，女方燃放鞭炮。然后，介绍人引领新郎及新郎的兄弟姐妹入宅。女方在桌上摆放"茶水"——糖茶、花生、瓜子、糖果、糕点，迎亲人员吃罢"茶水"，即在宅外燃放鞭炮，称为"催上轿"。

新娘"哭嫁"习俗在80年代已经消亡。新娘由父母送上轿车，新娘的兄弟姐妹、姑表兄弟姐妹、好友送嫁，送嫁称"做新客"。近年亦有男方邀请女方父母及长辈参加婚宴的，叫"请老客"。迎亲车队返回男方家时，男方燃放鞭炮迎接新娘一行。"新客""老客"由男方迎接入宅，亦以"茶水"招待。

婚　礼　结婚日期由男女双方及父母协商确定，一般选择节日、假日或阳历、阴历的双日、吉日，近年又时兴选择"八"，寓意"发"。利用节日、假日举办婚礼，方便亲友前来赴宴庆贺。

20世纪80年代以前，都是婚礼举办后男女双方才同居过夫妻生活。国家强制推行"一胎化"生育政策后，一些青年男女为了传宗接代，先同居待生下男孩后再补办婚礼。2016年以来，虽然国家允许生育二胎、三胎，但未婚同居，生儿育女后再补办婚礼者日渐增多。人们对此也习惯成自然，视为"先上船，后补票"见怪不怪。过去，结婚之日一般由男方设宴招待亲朋宾客。近年来，由于"80后"多为独生子女，因此也有嫁娶双方合在一起办喜宴。

20世纪50年代以后，邑内男女结婚均无"一拜天地、二拜父母、三夫妻对拜"之类仪式。亲友赴婚宴要送红包。1982年，政府规定婚宴不得超过3桌，婚宴红包3元；90年代初，婚宴红包10元。此后，婚宴红包由30元、50元、100元、200元，一路涨至2013年的300元，2020年的500元。虽然婚宴红包数额在不断上扬，但一般都是当年人均月工资的十分之一左右。80年代，婚宴请柬发放对象为亲朋好友三、五桌人；21世纪以来，因婚宴有利可图，请柬发放范围也不断扩大，多者达40~50多桌。

平溪境内婚宴，都是请厨师在家中烹饪。菜肴由20世纪60、70年代的海带、豆干、菜干、猪肠、猪血、肉片、猪肝糊、番薯扣等"老八样",演变为现在的全鸡全鸭十六炒、八冷盘、螃蟹、甲鱼必不可少。宴席之酒也由家酿红酒演变为白酒、葡萄酒及可乐、雪碧或椰汁、加多宝等饮料。每桌价格也由三五百元升至一千多元。新郎穿西装系领带,新娘穿婚纱到场敬酒。婚礼全程拍照、录像,制成DVD留念。婚宴后,新郎、新娘入洞房,有些地方还保留"闹新房"的习俗。

回　门　旧时,婚后第三天新娘要回娘家。新女婿要备办鱼、肉、烟、酒等礼品孝敬岳父、岳母。席间,新女婿由岳母引见女方家长辈,向长辈敬酒、敬烟,长辈亦给新郎"见面钱"。20世纪80年代,改为第二天女方家宴请亲戚朋友,新娘在新郎陪同下回娘家吃"回门酒"。近年,有些地方在新娘出嫁日,中午由女家设宴,新郎及"新客"到女家吃喜酒;晚上,男家设宴,新娘及女家"新客"到男家举行婚宴。

三、寿辰礼

旧时,平溪境内男女年满50虚岁开始"做寿"。此后,凡"逢十"之岁,亲戚朋友都会送礼贺寿。20世纪90年代以来,天命之年、花甲之岁甚至古稀之龄,举办寿庆仪式者日渐减少。

1. 生　日　旧时,平溪境内少年儿童无过生日之说。20世纪90年代以后,一些家庭准备蛋糕、蜡烛、饮料等邀请同学、朋友为孩子过生日。大家唱生日歌、寿星许愿、吹蜡烛、分蛋糕给众人品尝。

2. 寿　庆　旧时,女婿至亲等送寿仪,衣、帽、鞋、袜整套,并寿联、寿烛、寿面、猪脚、米粿等装成盒担,寿者一一收纳,回赠过半。一般亲属送寿联、寿面、猪脚等。

农历正月初一早晨,寿星登堂受子孙跪拜。初一日亲眷贺寿,在寿星门前鸣放鞭炮、爆竹。寿家备茶、酒酬答,并赠红包"挂红"。初二日,寿者家属逐户回拜,并举办寿宴答谢众亲友。

21世纪以来,平溪境内寿庆仪式从简。一般为全家聚餐,一起吃寿面、蛋糕,拍"全家福"照片留念。只有耄耋期颐者,六亲九眷必具贺寿礼仪。

四、丧葬礼

平溪境内之人去世,亲戚朋友必临祭吊唁,送香、纸、豆腐、挽联之类丧仪,直到亡者入土为安。

1. 送　终　父母、长辈临终时,儿孙们应在父母、长辈生前见最后一面,称"送终"。若在外地或医院,生命垂危者应尽快送回家归终。住在楼上者,应在生命终结前移居楼下归终。

2. 报　丧　家人去世后,儿孙要及时向亲友们报丧。旧时,交通不便,通讯不灵,报丧之人步行前往亲友家将雨伞置桌上,亲友就知道此人是来"报丧"。

3. 守　灵　家人去世后将遗体安放家中,在死者灵前点香烛至出殡。亲属日夜守护,谓之"守灵"。儿孙、至亲之人均要穿白布衣服、腰间扎草绳,称披麻戴孝。

4. 出　殡　丧家择吉日良辰出殡，备饭菜招待吊丧者，谓之"吃豆腐饭"。如死者是高寿之人，丧家将丧事当作喜事办。出殡之日，男女老少孝子孝孙披麻戴孝，亲朋送葬者亦挂孝，送葬者多至几百人。

20世纪80年代以来，流行花圈、挽联、鼓乐护送棺柩。90年代以来，流行用轿车送葬。2008年政府强制推行尸体火化，死者全部送往县城火葬场火化。从此，择地挖坟安葬之举消失，但出殡之后丧家仍要设筵酬谢亲友，花费甚巨。

5. 做　七　旧时，平溪境内流行"做七"。死后第七天为"头七"，到"断七"，共49天。逢"七"那天，供饭菜、点香烛、烧纸钱。做"五七"比较隆重，除供奉饭菜、点香烛、烧纸钱外，再次设酒席招待亲戚朋友。

"文革"期间禁止"做七"。20世纪80年代，"做七"死灰复燃。90年代以来"做七"大为简化，改为出殡后丧家请道士做一两天法术超度亡灵。

6. 安　葬　平溪境内葬法有三：①亡者年龄50岁以下或家境贫寒者，挖土埋棺以葬，称"通天冢"；②亡者年龄50岁以上，扦冢埋棺以葬，称"扦冢"；③家境富裕者，建厂贮棺待葬，称"厂葬"。

2008年以前，平溪境内丧家为亡者"扦冢"或"建厂"，全村男性青壮年都会上山帮忙，由于人太多，多数人或坐或站袖手围观。因此平溪境内民谣云："十人挖墓九人瞧。"

2008年，县政府规定亡者尸体全部送火葬场火化。尸体火化后，丧家将亡者骨灰盛骨灰盒或金瓮中，延请风水先生择地安葬。

第二节　节令习俗

2008年1月1日，国务院将传统节日"清明节""端午节""中秋节"规定为国家法定节日。改革开放以后西风东渐，"情人节""圣诞节"等西方节庆习俗也开始传入平溪境内。

一、传统节令习俗

平溪境内主要节令有春节、元宵节、清明节、端午节、中元节、中秋节、重阳节等。

1. 春　节　平溪境内俗称过年，有祭灶、祭祖、守岁、迎春等一系列民俗活动。

祭　灶　农历腊月廿四日，家家户户打扫室内外卫生。在灶神前点香烛、供糖果恭送灶神回天廷述职。据说每年年底，灶神都要回天廷向玉帝禀告人间善恶是非，因此人们奉拜家中灶君，请灶神汇报时多说好话，俗曰"祭灶"。

除　夕　除夕日，贴春联、杀鸡宰鸭、烹肉煎鱼准备年夜饭，先供祀祖宗，然后全家吃年夜饭。饭后，将灶王新画像供上，谓之接"灶神"。临睡前，长者给小字辈"压岁钱"。南溪村光绪李氏谱载："饮除夕酒，宗祠祝岁。儿童于夜分点灯照年以祈家人长寿。宿炊谓之隔年饭。"

守　岁　入夜，家人围炉守岁。据传，儿女守岁到天亮，父母会长寿。电视普及以后，家人围炉守岁收看央视"春晚"日渐成习。随着智能手机的普及，平溪境内收看电视和"春晚"的人越来越少。午夜，人们燃放烟花、爆竹，喜迎新年钟声。

迎　春　初一早晨，全家人从头到脚戴新帽、穿新衣、新袜、新鞋，晚辈向长辈奉茶拜年。然后开大门，点香、燃放鞭炮，迎接新的一年到来。

民间认为初一鸡、初二狗、初三羊、初四猪、初五牛、初六马、初七为人日，春节期间忌讲不祥语，扫地垃圾不往门外倒。南溪村光绪李氏谱载："元旦，早起焚香祝圣拜地主宗祠，谓之祈年；庆贺新正，拜家之长者、族间更相贺为礼。"

拜　年　初三开始，亲友之间送往迎来，相互拜年。20世纪80年代以来，拜年形式花样翻新，有电话拜年、贺卡拜年、鲜花拜年、BB机留言拜年、手机短信拜年、手机微信拜年等。

春节期间，人们多以看电视、搓麻将、打纸牌、走亲访友、野外踏青、同学聚会等为休闲内容。2000年，国家规定春节为"黄金周"放假7天，因此也有人外出旅游度假。

2. 元宵节　农历正月十五为元宵节，家家户户吃汤圆，寓意全家团圆。南溪村光绪李氏谱载："元夕，合族于本村奶殿庆祝上元，张鼓乐、设灯棚彩坊。生子之家点天炬一枝，儿童擎各色灯笼为戏。"

1963年，平溪公社要求各大队组织舞龙、舞狮队，平溪村家家扎彩灯以欢庆元宵节。正月十五，平溪村处处龙腾狮跃，晚上一盏盏鲤鱼灯、蛤蟆灯、南瓜灯、走马灯、五星灯争奇斗艳。21世纪以来，村民自发在元宵夜燃放烟花、爆竹，放天灯等欢度元宵佳节。

3. 清明节　南溪村光绪李氏谱载："清明日插柳门前，各家寒食祭先人墓。前一日，各房衣冠齐集宗祠宰牲致祭。是日染青、精饭。"

清明期间，平溪境内家家祭拜先人坟墓。先在墓前、土地神位前燃香点烛，摆上3杯茶、3杯酒、鱼肉菜肴等。然后清理墓地周边杂草，最后在财神炉内或墓前焚化纸钱、冥币。近年，一些村民扫墓祭奠从简，用水果、糕点代替酒菜。

4. 端午节　南溪村光绪李氏谱载："是日，悬蒲艾门前以辟邪气。先一日合族庆赏节候，盖为长房宗乐公征讨官台山寇，择端午日出兵。先一日军中饮蒲酒，示破釜沉舟之意。后人不没其功，遂沿其旧。"

平溪境内风俗，五月初四日过端午节，以纪念明景泰六年（1455），征剿官台山寨、为寿宁建县立下不世之功的英雄们。是日，户户包粽子，门挂艾叶、菖蒲，中午饮雄黄酒。小儿额头涂雄黄以驱避毒虫；儿童到新婚媳妇处"记节"扎红头绳，日后会爬树。

5. 七　夕　农历七月初七，是我国最具浪漫色彩的情人节。相传喜鹊要上天为牛郎、织女搭鹊桥银河相会。夜深人静时，在葡萄架或瓜果架下，能听到牛郎、织女的脉脉情话。

南溪村光绪李氏谱载："七夕，妇女舂桃仁炒食以免头痛疾。陈瓜菜于庭以祀织女。"是夕，情窦初开的少女，陈瓜果于庭中，穿七孔针以乞巧，祈祷有情人成眷属，婚姻幸福。诗云：七夕今宵看碧霄，牵牛织女渡河桥，家家乞巧望秋月，穿尽红丝几万条。

6. 中元节 农历七月十五日为中元节，俗称"七月半""鬼节"。是日，家家备酒菜、烧纸钱，祭祀列祖列宗。20世纪90年代以来，平溪境内人员或外出务工经商，或入城定居，农村人口日渐减少，"七月半"祭祖活动日趋式微。

7. 中秋节 农历八月十五为中秋节。是日，至爱亲朋互送月饼，新婚、未婚女婿尤重此俗。中秋夜，家人围坐庭中其乐融融，吃月饼、豆荚、花生等；少女中秋拜月，愿貌似嫦娥，幸福美满圆如皓月。南溪村光绪李氏谱载："中秋，制月饼、备茶、食时果，合族邀饮赏月。"

8. 重阳节 农历九月初九为重阳节，平溪境内流行吃重阳糕。重阳时节，金桂飘香，黄菊送爽，适合出游登高赏景。平溪境内一些村庄与托溪村一样，流行重阳节"巡游祭祀爱民清官、大德至善之神黄山公"。

二、外来节庆习俗

1. 情人节 2月14日，原为西方情人节，21世纪以后传入平溪境内，在年轻人和青年学生中较为流行。此日，恋人赠玫瑰、贺卡等，以示爱意。

2. 母亲节 5月第2个星期日为母亲节，21世纪以后传入平溪境内。儿女向母亲致以节日问候、赠送礼品，以感谢养育之恩。

3. 父亲节 6月的第3个星期日为父亲节，21世纪以后传入平溪境内。子女向父亲致以节日问候、赠送礼品，以感谢养育之恩。

4. 圣诞节 12月25日为"圣诞节"，21世纪以后传入平溪境内。朋友之间发贺卡、短信问候。

第三节 衣食住行

21世纪以来，平溪境内男女老少的衣、食、住、行与20世纪80年代之前相比，进步之快、变化之大，令人有恍如隔世之感。

一、衣

包括鞋子、袜子、帽子、服装、饰物、床上用品等。

1. 服装 明代，平溪境内男女多着蓝麻布，人人用布兜护肚，很少戴帽，贫家裤不掩膝。自清至民国，穿着以蓝色、藏青色土布为主，少数富绅则着细布、绸衫、绒袄。男子下田上山劳动，冬春着自织的苎布衫头，夏秋则光背短裤。

20世纪50~70年代末，全国统一按人口发放布票。一件衣服补丁加补丁，要穿几代人。因此，家家户户都是"新三年，旧三年，缝缝补补又三年"。冬春季节天寒地冻，平溪境内家家户户都是人手一个火笼御寒取暖。

80年代初，平溪境内部分老年人仍沿用土布。中老年人仍穿对襟衣、宽裆裤。男青年依然普遍穿中山装。80年代中期，服饰面料以涤卡、的确良、灯芯绒、花细呢为主。男青年以西装、领带、皮鞋，女青年以裙装为时髦。90年代鲜见中山装。人们追求服饰的舒适性，羊毛衫逐渐代替毛线衫。夹克、裙子、羊绒衫等也开始流行。

21世纪以来，服装款式渐趋多样化。皮装、牛仔衣、皮夹克风光一度；T恤衫、牛仔裤等休闲服饰成为主流；女裙经历长裙、喇叭裙、西装裙、一步裙、短裙等不断演变；吊带衫、超短裙、露脐装、九分裤等受到女青年青睐。

2. 鞋 明清时，穿布鞋、木屐，"贫儿多赤脚"。男性布鞋为黑色圆头低帮，女性多为红、绿等颜色鲜艳的绣花尖头鞋。民国十五年（1926）以后，女孩不再缠足。女鞋款式除颜色艳丽外与男性相同，只是鞋面多一根横扣的纽带。

20世纪50~70年代，冬春季以布鞋为主，夏秋季以木屐为主，农民劳作穿草鞋或赤脚。1965年以后，流行塑料人字拖鞋、塑料凉鞋。80年代，农民劳作，解放鞋代替了草鞋。90年代，塑料凉鞋被淘汰。此后，男士以皮鞋、旅游鞋为主。夏、秋季，女士流行高跟鞋、皮凉鞋；冬、春季则流行中、长筒皮靴。

3. 袜 明清时期，妇女以布缠脚、外罩绣花褶箍，男女鲜穿袜子。20世纪50~60年代，冬季富者穿线袜，贫者无袜可穿。70年代以后，尼龙袜逐步取代线袜。80年代以后，袜子有化纤、丝织、棉纱等。2000年以前，平溪境内夏秋季鲜有穿袜者。21世纪以来，冬春季多穿线袜，夏秋季多穿化纤、丝织袜。

4. 帽 自明清至民国，老年男性有的戴棉帽，小孩多戴虎头帽，中年妇女束绸帕，老年妇女戴横包棉帽圈，富家男子戴毛织帽、风帽。

1950年后，青年男子爱戴军帽，小孩子多戴毛织或纱织帽。老年人普遍戴棉帽、棉线帽。1985年后，男女青年大多不戴帽，个别时尚者戴鸭舌帽。夏秋季室外活动时，男女青年多戴太阳帽、软草帽。

5. 饰物 旧时，平溪境内幼儿、已婚妇女佩戴的都是银戒指、银手镯、银耳环、银项链等传统饰物，只有少数富人有金戒指、金项链。21世纪以来，开始流行黄金、玉石、珍珠等饰物。主要有戒指、耳环、镯子、项链、手链等。

6. 床上用品 20世纪80年代以前，平溪境内只有少数富裕之家才置棕垫、蚊帐、绣缎棉褥等床上用品。一般人家都是用稻草编成的草垫垫床，上铺草席。结婚时新弹的棉胎和粗布被套，一般都要盖上一辈子。棉胎板化了又扯开翻弹，被套也是补了又补。夏天，多数人家用艾草、锯末熏蚊。

20世纪80年代以来，草垫为棉褥所代替。90年代以后，床单逐渐取代草席，线毯、绣花枕套、人造丝被面、尼龙蚊帐也相当普遍。21世纪以来，多数家庭有毛毯、电热毯、踏花被，新婚则多用席梦思床。由于住房条件不断改善，居室多安装纱窗，因此蚊帐日渐减少。

二、食

包括主食、菜肴、茶叶、饮料、烟、酒、水果等。

1. 主 食 20世纪80年代以前，平溪境内主要以番薯米为主食，青黄不接时马铃薯也成为主食，一年难得吃上三、五天白米饭。因此民谣云：地瓜当粮草，糠菜半年粮。80年代以来，农村实行联产承包责任制，水稻连年增产，鸡鸭鱼肉、蔬菜水果等农副产品不断丰富，平溪境内开始以大米为主食。番薯、马铃薯除少量鲜吃，多用以沥粉、喂猪。

2. 菜 肴 20世纪50~70年代，平溪境内以青菜、咸菜为主，全部自种、自腌、自吃，市场无青菜售卖。家中如无来客，桌上鲜有鱼、肉、豆腐。海蟹子一斤2分钱，家家用酒糟腌制数十斤，吃上一年半载。80年代，海蟹子无人问津，遂绝迹。50~80年代中后期，猪肉要凭票供应，人均一年吃不上0.5公斤猪肉，肥肉比排骨、瘦肉贵。

90年代以来，平溪境内市场开始有新鲜蔬菜售卖。21世纪以来，由于养殖业的快速发展，平溪境内市场不仅猪肉、家禽、禽蛋等满足供应，也有商户经营海产品、淡水鱼等。市场上猪油、肥肉少人问津，排骨、瘦肉比肥肉贵。

3. 食用油 20世纪50~70年代，家家户户都用猪油、榛油炒菜。由于猪肉要凭票供应，因此家家猪油紧缺。主妇每次只能用竹筷往油罐沾一沾，然后将沾油的筷子在铁锅敲一敲，洒下几滴油来炒菜。那时全家一年的食用油，还不及现在一两个星期的用量。凡婚嫁喜庆等筵席，席中必有一碗人均一块、重约半斤的红烧猪肉。赴宴者舍不得吃掉这块红烧猪肉，大家都不约而同地将其带回家中做炒菜之油。21世纪以来，猪油日渐被植物油取代。

4. 茶 叶 平溪境内称茶叶为"茶米"，传统茶叶主要有绿茶、红茶、白茶、乌龙茶等。俗云：开门七件事，柴、米、油、盐、酱、醋、茶，居民素有喝茶之习惯。居民自家饮用之茶，均为手工自制的绿茶。客人到访，让座、敬茶为必备之礼仪。

5. 饮 料 20世纪80年代以前，平溪境内烟民抽的多为自种的烟丝，或者购买0.09元一包的"丰产"牌卷烟。当时，最高档的是每包0.50元的"大前门"牌卷烟，难得有人问津。80年代以来，烟民抽的一般为3.00元一包的"牡丹"牌卷烟。进入21世纪，先富一族抽的都是40元一包的"中华"牌卷烟。2020年以来，时尚人士又流行抽一包10支装的"细烟"。

6. 香 烟 20世纪50~70年代，烟民抽的多为自种的烟丝，或者购买0.09元一包的"丰产"牌卷烟。当时，最高档的是"大前门"牌卷烟，每包0.50元，难得有人问津。80年代以来，烟民抽的一般为3.00元一包的"牡丹"牌卷烟。进入21世纪，先富一族抽的都是40元一包的"中华"牌卷烟。2020年，时尚人士又开始流行抽一包10支装的"细烟"。

7. 酒 类 20世纪80年代以前，节日、宴客或产妇坐月子，用的都是家酿红酒。80年代以后，白酒、红酒各占半壁江山，"三两半""梦龙米烧""莱阳白干""黄华山米烧"等风行一时。啤酒有"溲水"味，刚引入时遭人嫌弃。90年代，啤酒和葡萄酒受到青睐，具有保健功能的补酒也颇受欢迎。21世纪以来，由于市场上白酒、葡萄酒"假冒伪劣"泛滥，啤酒多饮易患风痛症，饮料又有防腐剂，人们转而饮用家酿红酒。

8. 水 果 旧时，平溪境内房前屋后零星种植的水果主要有桃、梨、柿子、梅子、桑葚等，野生水果主要有杨梅、猕猴桃等，但二者均品质不佳，产量也不多。2000年以前，外来水果主要是春节消费的桔子、甘蔗。2000年以后，外来的桃、梨、苹果、橘子、葡萄、杨梅、李子等水果逐渐增多。2012年以来，随着交通运输的日益便捷，外来的香蕉、橙子、菠萝、龙眼、荔枝、草莓、蛇果、芒果、樱桃、火龙果、猕猴桃等也进入平溪市场。近年，平溪境内一些村庄开始引进种植脐橙、葡萄等优质水果。

三、住

包括住房、家具、厕所、厨房用具、家用电器以及燃料、照明、通信工具等。

1. 住 房 明代，平溪境内民宅多为单层木构瓦房，四围垒土为墙。清代以后，结构以三开间二进或五开间三进为主，均有楼厅。底层高3米，第二、三层高2米，中间厅堂，后堂作灶房，两厢为卧室。前后或左右另搭灰寮，用作厕所、猪圈、牛栏或堆放柴草、农家肥处所。

民宅讲究风水，重坐向，轻采光。富家建房占地宽敞，有大天井采光，阴沟排水。少数深宅大院还有与邻屋隔绝的风火墙，俗称"粉墙包栋"。店宇多是双层，楼上作居室，楼下开店铺；或临街设铺面，后边作灶房。店员多以柜台为床，俗称"起倒铺"。民国年间，平溪境内新建民宅仍沿用清代模式，均为土木结构。斯时，由于匪患频仍，少数富者在家中筑炮楼以资防卫。

20世纪80年代以前，由于社会普遍贫困，除单位和个别大队干部外，平溪境内极少新建房屋。20世纪80年代中后期，平溪境内一些温饱之家开始建房。由于水泥、钢筋紧缺，开始仍为土木结构，随后出现砖木、砖混结构三层楼房。

21世纪以来，楼房多为钢筋水泥框架结构。一些新建住宅，外嵌瓷砖，内灰粉壁，地面铺地砖、石板材或木地板。卫生间有热水器、抽水马桶等卫浴设备。2010年以来，外墙瓷砖遭淘汰，流行油漆刷墙。近年，湖潭、东溪、狮子岩等村新楼林立，栋栋新潮时尚。2017年，平溪村刘美森兄弟兴建的九层钢混框架结构电梯楼，开平溪境内楼房安装电梯之先河。2021年，侨居牙买加的李式金在南溪村兴建的别墅，集家居与茶叶加工为一体，建筑风格中西合璧，占地面积为邑内民居建筑之最。

2. 家 具 20世纪50年代以前，大户人家的室内陈设有青漆雕花木架斗床，以及衣橱、皮箱、藤箱、藤床、藤椅、八仙桌等；小户之家仅有饭桌、凳子、箱子、衣橱、木板床等日常必备之物。90年代以前，平溪境内人家都是请木匠到家中制作家具。

平溪境内家具变革，始于80年代中后期。当时，男青年准备结婚，请木匠制作的家具主要有高低床、三门橱、五斗橱、写字台、床头柜等。21世纪以来，流行购买成套组合家具，如茶几、沙发、餐桌、衣橱、老板桌、老板椅、电视柜、床头柜、美得梦床等。

3. 厨房用具 20世纪90年代以前，平溪境内用的都是烧柴灶。90年代末，平溪村一些居民开始使用燃气灶、电饭锅。21世纪以来，流行使用燃气灶、电磁炉、电炒锅、微波炉、抽油烟机等厨房电器。

4. 通信工具　20世纪90年代中后期，固定电话进入平溪境内寻常百姓家。此后，年轻人流行使用寻呼机。21世纪初，开始使用"市话通""小灵通"。2010年以来，年轻人流行使用手机。2017年以来，年轻人流行使用智能手机。

5. 家用电器　20世纪80年代以前，平溪境内家用电器仅有手电筒及炉灶烧火用的鼓风机，个别人家有钟表。80年代，家用电器主要有手表、速热器、收音机、录放机、电风扇、电饭锅、黑白电视机等。90年代，家用电器主要有音响、vcd、DVD、电熨斗、洗衣机、遥控电风扇、彩色电视机等。进入21世纪，家用电器主要有冰箱、电脑、热水器、全自动洗衣机、大屏幕彩色电视机等。

6. 厕　所　长期以来，平溪境内人家都是在房旁屋后搭一简易厕所，以解决内急之需。厕所内置尿桶、粪桶。在粪桶上横几片旧棺木，靠墙处搭一木梯，门口挂一破草席，简陋至极。2005年以前，平溪境内单位厕所多为蹲式水泥粪坑，地上尿水横流，蛆虫遍布。2005年以来，平溪境内新建公房、私宅，都有冲水卫生间，卫生状况极大改善。

7. 燃　料　平溪境内历来以芒萁、木炭为燃料。农村办起小型水电站后，农家普遍用上鼓风机。20世纪90年代以来，电饭煲、电炒锅、液化气等陆续进入普通家庭，为保护森林资源作出了极大贡献。

8. 照　明　明清时期，家庭多用火篾、松明照明，只有少数富绅、商户用桐油、茶油点灯或用蜡烛、灯笼照明。

民国十九年（1930），平溪境内开始供应煤油，富绅开始用煤油灯，商店逐步用上"风不动"（桅灯）。民国后期，煤油灯开始进入民家。由于煤油紧缺，直至20世纪50年代，民间仍在沿用火篾、松明、桐油灯、茶油灯。

60~80年代，平溪境内始有电灯照明，但灯光昏暗，时有时无。90年代以后，电压稳定，室内灯光明亮。2000年以后，平溪村街、巷安装路灯照明。

四、行

从古至今，平溪境内代步工具先后有轿子、自行车、客车、摩托车、电动车、小轿车等。

1. 轿　舆　公路未通之前，人们长年累月在崇山峻岭之间的古道上跋涉，只有少数官绅、富户出门乘坐客轿或滑竿。此外，新娘在结婚之日也会被抬上花轿风光一回。因此，"新娘坐轿——第一回""扛轿理扛轿——不管新娘有尿无尿"的歇后语一直在平溪境内流传。

2. 自行车　20世纪90年代中期，平溪境内公路沿线村庄一些年轻人开始购置自行车。

3. 摩托车　20世纪90年代后期，平溪境内公路沿线村庄一些先富起来的青年开始购置摩托车。

4. 电动车　2012年，平溪境内开始出现电动车。电动车速度介于自行车和摩托车之间，轻便且价廉，非常受欢迎。

5. 轿　车　21世纪以来，外出经商办企业者购买轿车的越来越多。每年春节、清明期间，平溪境内各村到处停满从外地回来过节、祭祖扫墓的轿车。

6. 客　车　公路通车以后，由寿宁县城至平溪、由斜滩至平溪的客运班车先后开通。20世纪70年代中后期，平溪、长溪、岭兜、东木洋、上洋、溪底、南溪等公路沿线村庄每天都有班车停靠。21世纪以来，屏峰、柯洋、亭下、岭后、燕窠、湖潭等村庄也有客运班车来往。

第四节　流行习俗

平溪境内流行习俗主要有择日、算命、寻龙葬墓等。20世纪50~70年代，这些习俗被视为封建迷信予以禁止，80年代以后又日渐风行。

一、择　日

平溪境内凡建房、入宅、迁居、嫁娶、丧葬、生意开张、工程动工等等，都要选择吉日良辰。20世纪50~70年代，"择日"被视为迷信活动予以破除。"文革"结束后，平溪境内择日之风又日渐盛行。

二、算　命

平溪境内之人大都相信"出世一声啼，百事都注定""人生有命，富贵天定"，因此家家都有《命簿》，新生儿一出世就请算命先生"定八字"算命。20世纪50~70年代，算命被视为迷信活动予以破除。"文革"结束以后，算命之风又日渐盛行。

三、寻　龙

平溪境内历来重视风水之说。选址建房、盖亭、建宫庙要看风水，葬墓更要寻"龙真穴的"之风水宝地。20世纪50~70年代，看风水、寻龙葬墓被视为迷信予以破除。80年代以后，看风水、寻龙葬墓之风再起，请风水先生寻找藏风聚气的风水宝地以安葬先人骸骨的越来越多。21世纪以来政府提倡公墓建设，因风水之地难寻，因此平溪境内也有人选择购买公墓以安放先人骸骨。

第五节　传统陋俗

平溪境内陋俗主要有观魂、问花、赌博、做功德、溺弃女婴、天旱祈雨等。20世纪50~70年代，观魂、问花、做功德等被视为迷信活动予以破除。

一、溺女婴

旧时，平溪境内溺女之风一直存在。其根源有三，一是重男轻女；二是嫁妆负担重，养女儿不合算；三是无节育措施，有的家庭连生数胎女婴，无法抚育。

明崇祯九年（1636），知县冯梦龙在牛栏头（湖潭）听见小女孩唱童谣《月光光》，那哀怨凄婉的曲调令他想起县城"子来桥"上,常有被遗弃的女婴在撕心裂肺地哭啼。他将此事放在心上,沿途了解弃婴情况。不问不知道,一问吓一跳,冯梦龙发现邑内溺死、遗弃女婴的现象十分普遍。为革除陋习,冯梦龙特发布《禁溺女告示》予以专项治理,收到一定成效。但官府禁令治标不治本,冯梦龙离任后,平溪境内溺弃女婴的现象又死灰复燃。

二、弃女婴

1959~1962年,由于粮食极度紧缺,浙江平阳一些家庭无奈将女孩送人以换取些许粮食度日,平溪境内一些家庭收留这些女孩做童养媳。20世纪80年代,这些女孩大都举家回迁平阳定居。

80、90年代,国家大力推行"独生子女"政策。由于重男轻女,一些家庭为生男孩以传宗接代而遗弃女婴。90年代以后,犀溪姑娘率先外出务工,赚钱回家建起一座座新楼房,眼见女儿胜过了男子汉,从此平溪境内遗弃女婴现象绝迹。

三、问 花

神婆将已婚女性比作一棵树,树上开红花即生女,开白花即生男。若树上无花蕊,则不会生儿育女,要设法祭度,使之开花。

四、观 魂

神汉或神婆替人(多为妇女)到阴间地府去探望已故亲人的魂灵。人民政府严禁观魂、问花之类迷信活动,但民间一直在悄然进行。

五、做功德

20世纪50年代以前,平溪境内盛行人死后请道士做道场以超度魂灵。50~70年代被政府禁止。70年代以后,死灰复燃。

六、赌 博

明、清、民国期间,平溪境内牌九、麻将、押花会等赌博现象一直存在。1950年至1965年,政府严禁赌博,赌徒金盆洗手。1965年以后,赌风复燃。特别是20世纪90年代以来,村村都有麻将场,也有人参与六合彩赌博。

第六节 民间禁忌

一、春节禁忌

正月初一至初七禁打骂小孩,禁讲粗话恶语。忌讲病、苦、穷、死、灾、杀等不吉之言;忌看病、服药;忌扫地倒垃圾;忌付款。初二日忌出门访友。正月内忌讨账,不清偿债务。

二、数字禁忌

民间对数字一、五、七的禁忌较多。每月初一、十五是敬神祭鬼的日子，忌服药、忌探病、忌说不吉利话。"逢五莫出门"，即每月初五、十五、廿五这三天，婴幼儿不宜出远门。农历七月初一至十五，忌搬家、忌小孩子夜间外出玩耍、忌躺在厅堂长凳上睡觉。凡婚嫁、丧葬、做墓、添丁及奠基、上梁、封顶、入迁新居等，七天之内钱、谷等不外借，忌付款理账。

三、生育禁忌

家有孕妇，忌在家中墙壁钉铁钉。产妇分娩后一个月内，忌吃咸菜、咸鱼、酸菜；探望未满月的产妇，忌直入产妇卧室；婴儿未满四个月，油类食品不能沾唇，否则会生马牙；儿童忌吃鱼籽，否则将呆板不善计算；忌说幼儿长得漂亮，要说长得丑；忌用尺打小孩子，否则长大做人失分寸；忌说幼儿大得快，若幼儿有什么意外会被孩子父母责怪。

四、丧葬禁忌

病人异地弥留之际，得设法抬回家中，不得作古在外。认为死在外面是做"门外鬼"，不吉利。忌尸体入村，故身死异地者只能停尸于村外。老人逝世称"归终"或"回去"。办完丧事，亲友、帮工们各自回家，禁言谢，忌挽留。

五、日常禁忌

忌反穿衣服。反穿衣服如穿孝服，表示家中服丧事。食饭搛菜忌用筷子敲击碗、盘，用筷子敲击碗、盘是乞丐讨食的手法，也是招引猫狗等畜生进食的讯号。忌将筷子竖插在饭菜碗上，这是祭死人的方式。

建房上梁时，忌讲"没钉"，因"没钉"与"没丁"谐音。卧室床铺忌正对屋顶横梁。床位不可朝向房门。忌妇女跨越扁担、拄杖、蓑衣、斗笠等农具。忌将女人裤子、裙子晾晒在行人道上，男人忌从女人裤子、裙子之下通行。忌将猫赠亲友，俗谚"猪来勤、狗来富，猫咪来戴孝布。"

六、其他忌讳

忌乌鸦叫，叫了村里会死人。忌黄昏公鸡啼。有一更火（失火），二更贼（失窃）之说。忌母鸡打鸣。谓母鸡啼为阴阳颠倒，阴盛阳衰，主祸事，家门不吉。忌耳朵发烧。有"左耳烧财（破财），右耳烧事（祸事），两耳烧都没事"之说。

第二章 宗　教

第一节　道　教

　　道教在寿宁的发祥，最早可追溯到北宋徽宗年间。时韶托人黄槐进士及第，官拜徽州知府。任上，为拯救数十万徽州灾民，黄槐冒身家性命之危，下令所辖州县开仓放粮赈灾。黄槐弃官后更名"黄山"，遁隐鹤溪升天成仙。邑人奉为大德至善之神——黄山公，成为闽东最早有文字记载的道教之祖。

一、黄山公庙

　　黄槐是福建民间影响力最大的爱民清官，是寿宁最杰出的一位历史人物。2013年，中国道教协会副会长张继禹应邀莅临寿宁考察韶托"黄槐湖"，欣然题词："闽东道教宗祖黄槐"。2015年，黄槐被中共福建省委宣传部列为"闽文化的精神力量"代表人物。2017年3月，"黄山公信俗"列入福建省非物质文化遗产名录。2018年，寿宁县政府成立"黄山公信俗申报国家非物质文化遗产领导小组"，县长张成慧任组长、分管副县长刘增康任常务副组长、县文旅局长任办公室主任，继续申报"国家非遗"。

　　亭下黄山公庙　明嘉靖元年（1522），平溪境内痘疹大作，夭殇儿童无数。亭下群众前往鹤溪黄山公祖庙祈求黄山公保佑，取回当年黄槐流传的秘方配以黄山仙岩的泉水煎药，治愈患儿无数。事后，善男信女专程从鹤溪祖庙迎请黄山公香火，建庙奉祀黄山公以佑生灵。

　　仙岗顶黄山仙宫　湖潭村南的仙岗顶，海拔1321米，岗顶平坦，面积约1.2平方千米，传说黄山公曾在仙岗顶炼丹修仙，遗有石香炉。清康熙十五年（1676），信众在岗顶建黄山仙宫。咸丰年间黄山仙宫毁于火，1950年重建。

　　清洋黄山公神位　"文革"后期，在清洋茶场插队的知青家长偷偷到韶托黄山公庙许愿，祈求黄山公保佑子女招工、招干、考试顺利，早日回城，事后如愿以偿。为报答黄山公护佑之恩，知青家长就在清洋为黄山公立了香火神位。

二、文昌阁

　　供奉掌管士人功名禄位之神。文昌帝君世为士大夫，为官清廉。凡世间之乡举里选，大比制科，服色禄秩，封赠奏予等等，都归文昌帝君掌管。

平溪上文昌阁 阁址在平溪村下游的仙殿岗（今平溪变电所），始建时间不详。清嘉庆廿五年（1820），知县胡效曾撰《文昌阁序》，云："余因公诣平溪之乡，见夫阁势高骧，题以文昌，询其巅末，乃周履绥等20余人所建也。"前人赋《阁影含晖》，诗云：紫阁亭亭含夕晖，斜阳岗影两相依。山光草色凌云起，轻送烟霞拂翠微。同治三年（1864），文昌阁被狂风摧折栋宇。

平溪下文昌阁 清同治四年（1865），在平溪村下游冬瓜洋旁半月山重建文昌阁，因其位置比原文昌阁低，故称"下文昌阁"。周绍濂、卓观澜赋诗《村前半月》。周绍濂诗云：山高半月吐光芒，文曲星临此一方。坐听松涛观兔魄，勤培丹桂发秋香。卓观澜诗云：玉镜高悬万丈芒，年年四照不殊方。宛如步月怜无路，一半留兹发桂香。

光绪七年（1881），周尚颐为首重修文昌阁。光绪十一年（1885），拔贡郭鸿翔撰《文昌阁赋》："环溪之东，有文昌阁焉。村居行里许，有地半月，势不甚高，里人建阁其上。其间石涧飞泉，禽声上下，溪流环出其旁，西望云树苍茫中，隐隐有人烟数百，亦天地奇观也。"并冀望学子们"竹简一篇，坐青毡而昼读；篝灯四照，通红焰而更阑"，"借文阁以修文，好爱梓潼之泽；居月山而咏月，定成苜蓿之盘"。

清廪生周绍濂赋《帝阁书声》，诗曰：巍峨帝阁祀文昌，讲席宏开岁月长。归到书房攻不寐，一天星斗焕文章。清廪生周道南赋《文昌阁观景》（二首），（一）《万室人烟》：晓望人家起火烟，旋看万里渐牵连。淡淡一抹随风变，顷刻祥云射九天。（二）《晚归樵唱》：夕阳西下晚风轻，樵子归途唱和明。虽是儿童歌信口，为将俗韵见真情。1958年"大跃进"时，文昌阁被拆毁。

南溪文昌阁 清乾隆间建，位于南溪往柯洋公路内侧的木城岗。李廷森赋《文阁凌雪》，诗云：九天阊阖望崔巍，新入文昌近紫微。东壁图书原有府，南溪风物更流辉。星窗月牖排云气，水色山宽敞帝扉。指点空青何处是，冈头宫殿影依稀。南溪文昌阁不知毁于何时，现仅存遗址。

环溪文昌阁 建在环溪村东南隅的金牛山上。2010年春，周小川、周武波倡建，同年10月3日奠基，2011年10月竣工。占地面积250平方米，主体建筑为两层半亭阁，全部以石构件组建。石砌基脚高约3米，周径11米，六角形。亭阁主体为6.6米正方，四周为回廊，高12米，六条盘龙石柱气势恢宏，葫芦状阁顶直刺苍穹。

沿着花岗岩石阶步上金牛山巅，只见精雕细镂的香炉、碑亭、九龙壁、文昌阁等古朴典雅，美轮美奂。主阁八根石柱和十五面廊板内外均雕刻黄苗子、贾诚隽、沈鹏、薛艺承、祖戬、张又栋、玄之、墨人、晓云、周景洛、孙展文、周野等名家的书法作品，行、草、篆、隶、楷，风格各异。

阁内供奉石雕文昌帝君神像，文昌帝君腰束玉带，体态雄伟，足踏后天八卦，遥望苍穹，佐天行化。全国人大常委会委员、中国道教协会副会长张继禹为文昌阁撰写序文；国家文物局原局长、北京故宫博物院院长吕济民为文昌阁题匾；全国政协常委、中国文联副主席覃志刚为文昌阁大门题联；鲁迅文学研究院常务副院长、著名诗人雷抒雁为文昌阁撰写碑志，众多名家墨宝令环溪文昌阁增辉添彩，倍感荣耀。

三、奶娘宫

奉祀女神陈靖姑。相传，陈靖姑17岁到闾山学法，能降妖伏魔，扶危济难。18岁嫁给古田人刘杞，24岁带孕祈雨消灾，献身古田临水。

南溪南古殿 在南溪与柯洋村交界处的公路内侧，明隆庆年间南溪李简七倡建，古为"南溪八景"之一。

1949年南古殿重建，土木结构。门楼、正厅均为重檐歇山顶。土改时神像被毁，"文革"时又遭严重破坏。1983年在旧址重建。2012年，因屋顶漏水，椽条腐烂，拆旧建新。现建筑为两进土木结构，门楼重檐，铺盖琉璃瓦。宫前有一座平梁木廊桥。

南古殿文化内涵丰富。清道光九年（1829）十一月，南溪贡生、邑内书法名家李廷森为南古殿撰书《沐殿增田碑记》，并赋诗《古殿晴霞》：古殿幽深帝子家，晴空蔚起赤城霞。九重天外来珠佩，五色云中想翠华。紫气浓薰朝日上，红光晚映夕阳斜。添将韵事三元夜，西漆南油景更赊。殿内匾额"灵机妙应"四字为南溪李奎光题；檐上"南古殿"三字为南溪李式山书。

2023年2月6日夜（农历正月十六日夜），南古殿因香烛失火被焚毁，南溪乡贤择农历九月初一在原址动工重建。

平溪奶娘宫 位于平溪村西肖家大院后面，占地面积约600平方米，建筑面积约485平方米，清顺治元年（1644）建。有宫前坪、大门、戏台、天井、大殿等建筑。进入大门有一宽约3米的走廊，平时观众看戏开会由走廊通行。二层则为演员化妆、道具间。

下厅中轴线上原为戏台，高约1.5米。迎神时舆轿出入则抽掉戏台活动台板，让迎神队伍与舆轿从大门正中出入直达大殿。戏台长8米，宽6米。两侧有门，右门曰"出将"，为演员上场门；左门曰"入相"，为演员下场门。戏台的左右均设有副台，供戏班吹拉弹奏锣、鼓、琴、箫及打字幕等人员使用。戏台屋顶为重檐歇山顶，斗拱、柱头均精雕细刻。戏台上方的八角藻井绘有精美的三国、水浒等戏曲人物。

戏台前方为放生池，供采光、养鱼。池两边走廊各宽1.3米，走廊旁是二层厢房，有宽2.8米、长3米的房间各两间，供戏班人员住宿。二层厢房外围以栏杆，可供观众凭栏看戏。大殿略高，与下厅的戏台齐平。

"文革"前，奶娘宫是平溪文艺活动中心，平溪剧团、外地戏班、杂耍、晚会和电影等都在这里演出。"文革"时神像被毁，戏台被拆。奶娘宫被公社农械厂和发电厂占用，面目全非。

20世纪90年代重修，更名临水宝殿。2002年，又易名莲花宝殿。大殿藻井绘龙凤壁画、八仙故事。大殿神座供奉陈、林、李三位夫人，左右金童玉女侍立。大殿左右两边为王、袁二将军。正殿两侧塑36婆神、72婆姐。

后坪奶娘殿 清嘉庆间建，位于长溪村后坪自然村下游，原为上下厅。1989年重建，将原来的上下厅改为一厅，长12米，宽14米。

长洋临水宫　原名奶娘宫，在长洋自然村桥头，清康熙九年（1670）始建，占地面积130平方米。光绪三年（1877），乡贤曾广燦为首重建。2005年再修，宫门两侧石镌楹联："闾山正教传天下　护国救民有万千"；大门二层檐间白底墨书"保赤恩深"四个大字，庙旁植有樟树、柳杉。

2022年，乡贤周继福、吴达从等六位首事在平溪村阮富华首捐50万元的鼎力支持下，共筹集善款198万元在原址拆旧扩建。新建的"临水宫"砖木结构，占地面积约500平方米，其中正殿面积228平方米、斋场面积266平方米（斋场共三层，建筑面积789平方米）。

东溪圣母殿　民国十三年（1924）建，在东溪村口。下厅为戏台。殿门上悬"顺天圣母"牌匾，牌匾雕工精细，上方刻有龙头，左右两边各有五个仙人抱着一条龙。圣母殿已残破多年，待修。

岭兜临水宫　1993年建，在岭兜小学后面，占地面积200平方米。内塑大小神像10尊。

亭下奶娘宫　在亭下村。

东山头圣母宫　在东山头村门下洋，分上下厅。

四、大王宫

1. 平溪村大王宫　位于平溪村肖家大院后面的古官道内侧，明洪武十九年（1386）建，奉祀上古治水英雄大禹。大王宫面宽12.3米，进深25米，占地面积300多平方米。

清嘉庆十八年（1813），位于平溪葫芦门岭边，积储粮谷备为荒年赈济之用的平溪社仓布满蛀虫，眼看存粮将毁于虫害，村民着急万分。适知县杨中迪来到平溪，村民告以社仓蛀虫为害。

杨知县亲往社仓视察，目睹虫害毁粮即沐浴斋戒，备办三牲之仪，具文祷告平水大王，祈求神灵除虫灭害。次日清晨，只见平溪河里漂满蛀虫。知县人等到社仓一看，仓内蛀虫无影无踪。

杨知县感激平水大王除虫之恩，亲自书匾"佑此一方"悬之社庙；又挥笔题联"山色灵光同普照，溪声惠泽共长流"张于庙柱。杨知县意犹未尽，还写下《社主记》一文详载其事，并赞曰："苟非神功浩荡，何以灵验至斯也。"返回县衙后，杨知县又具文申报朝廷，奏请皇帝降旨敕封平溪"平水大王"。

道光十五年（1835）举人、咸丰十年（1860）寿宁教谕宋际春，为平水大王宫题联："黍谷景风回凤律，桑田灵雨浥鸿麻"；教谕柯寅斗题联："福缓比屋隆金岫，德惠编氓普玉溪"；同治元年（1862），寿宁知县来裴为平水大王宫题联："降其永祥，功藏灵迹；受斯茂祉，乐极休成。"

20世纪50年代，平水大王宫被邮电所占用。1983年，村民重塑平水大王金身神像。

90年代末期，庙内一株数百年树龄，需数人方能合抱的大枫树因内部中空朽倒。令人惊奇的是那么高大的枫树王，它的枯朽倾倒既没有伤及一人一畜，也没有损坏一砖一瓦。就像一位阅历千年的慈祥长者，宁静安详地告别人世。

2. 环溪村大王宫　位于环溪村上游，清乾隆二年（1737）建。奉祀周宁县玛坑乡杉洋村人、忠平侯王林亘。大王宫临溪而建，面宽11米，进深14米，占地面积154平方米。大殿神龛上悬"惠我黎民"匾额。

殿内悬挂1995年重修时信众敬献的"灵下有赫"匾额，和善男信女还愿酬谢的"有求必应"旗幡。大殿两侧各有一尊还愿酬谢的石狮。大殿柱联"大德高被直与河山并寿，王猷远播居然日月争辉"；"随感而通合境皆称显圣，有求必应历代都谓明神"。中为天井，两旁有台阶通大殿。左廊墙外有一厨房。宫门外的临溪大道上有凉亭，亭外是潺潺流淌的平溪河，亭上题"芳亭隐翠"四字；墙壁楷书清廪生周绍濂咏景诗：芳亭隐隐晓含烟，翠色苍茫一望连。生意眼前凭指点，化工妙语乐无边。清源贡生卓观澜依韵和诗：山风吹散一溪烟，翠锁长亭万丈连。活泼天机何处是，鸢飞鱼跃夕阳天。

"文革"时大王宫遭破坏。当年推倒大王神像之人，几年后挑薪柴回家时，失足摔死在距大王宫10余米的"大腹岩"下，村民说是大王显灵报应。1995年重修。

2015年12月拆旧扩建，宫门上方悬匾"忠平侯王宫"。大门楹联：保境安民神功浩荡、依山临水庙貌庄严。殿内皆为花岗岩石柱、玄武岩柱础，上下两厅间有七级石阶相连。

大殿楹联：上苑春融花柳芳菲迎圣驾、中天日永檀沉馥郁引仙车；神灵有大功力于民者、里社宜荐馨香以祀之；威灵显赫风云壮、神降涵濡雨露施。

下厅楹联：御患捍灾迹著杉洋功万世、驱瘟逐疫恩波寿邑泽四民；银烛光天星冠露帔仙班列、祥云布地凤辇龙舆圣驾临；惠泽昭明长垂万世、威灵显赫永佑一方；殿宇辉煌地灵人杰、德沛平溪士民共仰。

忠平侯王宫颇为宽敞，惜上殿略低气势不够恢宏，宫门外墙镶嵌的山水瓷画也与庄严宫貌不相和谐。虽竣工经年，但捐款芳名尚未镌碑公示，故首事及乐捐者芳名不详。

3. 亭下村大王宫　在亭下小学西南，1998年2月奠基，占地面积200多平方米，宫旁有楹树、杉树、杂树。2006年11月，浇灌宫前水泥坪。

4. 岭后村大王宫　岭后与下洋坪两村合建，占地面积80平方米，2009年建。旁有数百年柳杉一株。

5. 木场村大王宫　在木场村下游树林中，2008年建，占地面积160平方米，一院一厅，奉祀忠平侯王林亘。

6. 湖潭村大王宫　在湖潭村下游，2001年10月22日建，砖木结构，占地面积60多平方米，宫后有2棵百龄椎树。宫右有一石砌大王神台，碑镌："当境土主神座"；两侧镌联："神感有灵长庇佑　恩赐合乡永祯祥"。

7. 墓下洋村大王宫　在墓下洋村下游，2001年10月22日建，砖木结构，面积约60

平方米。宫右有一石砌桌形神台，上立石碑，中镌"当镜土主神座"；左右镌联"神感有灵长庇佑，恩赐合乡永祯祥"。宫后有两株胸径约2米的百年椎树和几株杉树、柳杉。村里有春夏秋冬作"福"习俗，每季由一户作"福"头，家家户户都向大王供奉糍粑等供品。

8. 柯洋村大王 在柯洋村头，始建年代不详。

9. 长溪村大王 在长溪村，奉祀上古治水英雄大禹。

10. 长洋村大王 在长洋村上游，占地面积150平方米。始建年代不详。

11. 东溪村大王 在东溪村下游，大王前有一棵百年古树。始建年代不详。

12. 上充村大王 在上充村下游山涧公路旁，周边有几株古老柳杉。始建年代不详。

13. 南溪村大王 在南溪村李氏宗祠旁，占地面积约60平方米，旁有2棵百年古树。始建年代不详。

14. 白岩头村大王 在白岩头村中，大王后有百年柳杉数棵。

15. 平溪千排大王 在平溪千排，大王坪前有二株挂牌保护的百年柳杉。

16. 平溪鼎墩大王 在平溪鼎墩山涧东岸后门山，用青石垒成石桌。周边植树，其中一株为百年椎树。

17. 东木洋村大王 在东木洋村南岸溪边。传说清乾隆年间，屏南县双溪镇前洋村刘四尊公香炉飞落东木洋舞龙岗尾，东木洋张、郑两姓遂建宝塔供奉刘四尊公。2007年12月，扩建并用水泥浇灌大王坪。

五、其他道教宫观

1. 太白仙宫 在长溪村源佳墩自然村岗顶，始建年代不详，门前香炉镌"民国十年"。2010年重修。

2. 莲花坂八仙宫 在南溪村上窑自然村与下党乡上党村交界的莲花坂，2005年建，坐丑加艮三分。砖木结构，占地面积230平方米。

3. 五显灵官大帝宫 在东木洋村白岩下自然村，2003年建，占地面积80平方米。

第二节 佛　教

宋朝时佛教传入平溪，灵岩寺为平溪境内最早的佛教建筑。元代古刹仙崖寺因王祁、冯梦龙、郧西王朱常湖寓此举义反清而名载史册。

一、佛　寺

平溪境内有灵岩寺、仙崖寺、上方庵、福兴寺、天池庵、福宁寺、上窑庵、南峰堂、慈济老佛、庵门里庵、长溪观音阁、莲花坂观音宝殿等寺庵。

1. 灵岩寺 位于环溪村上游。明朝年间为寿宁四大名寺之一，也是平溪十景之一。平溪周氏族谱载："宋理宗宝祐二年（1254），里人周众捐产建灵岩寺于平津桥后，遂僧于斯,法名普显"。传说,灵岩寺兴旺之时,就是对岸周家衰败之际。康熙后期灵岩寺毁于火,有人说是周家所为。

清康熙《寿宁县志》载:"僧一元,九都人。顺治间,焚修灵岩寺。不事募化,人以钱谷与者,即转赈贫人。暑日烧茶丹溪桥,济行人渴。康熙十六年,结塔自焚。素不识字,圆寂之日,作偈二首,深彻禅关,观者咸惊异焉。"

清廪生周绍濂赋《灵岩胜迹》,诗云:灵岩自古本梵宫,僧家说偈总归空。于今览胜怀遗迹,半入烟云缥缈中。清源贡生卓观澜依韵和诗:徒留胜迹梵王宫,色相由来本是空。笑我凡心终莫破,凄然凭吊夕阳中。里人周光钦赋《灵岩禅楼》(二首):(其一)溪环水曲树重重,南岸巍然一小峰。隔水望山人不见,烟云缥缈寺门封。(其二)日落深山夜寂寥,一弓斜月照禅楼。空门唯有青灯伴,暮鼓晨钟度晚秋。

1986年,在旧址重建大雄宝殿,坐未,砖木结构。2001年,续建山门四角亭,斋堂、宿舍楼等。灵岩寺后有塔,山门入口处有亭。占地面积约800平方米,建筑面积650平方米。殿堂供奉三宝、观音、十八罗汉等。2007年住持释品智,常住僧众13人。灵岩寺食宿设施完备,内外环境整洁,是平溪境内规模最大、条件最好的寺庙。2022年,轿车可直达寺前空坪。

2. 仙崖寺 位于环溪村东,因背靠陡峭山崖而得名。寺后一岩状类雄狮,寺前天然分列两排岩石,仿如一道石门通往寺宇。

仙崖寺与金牛山文昌阁毗邻,四野绿水青山,环境清幽。寺前有一明代方柱形石塔,高约一米。石塔镌:"仙崖寺开山和尚本空禅师塔""正统九年甲子太岁檀那周口福师徒香火"等字。

乾隆《福宁府志》载,僧觉圆于元大德三年(1299)始建仙崖寺。明洪武元年至十八年(1368~1385),僧正宗二次重修。弘治元年(1488),僧本空重建。明正德三年(1508)重修,嘉靖年间(1522~1566)再修。

清顺治初(1646~1647),冯梦龙、王祁与明郧西王朱常湖隐身仙崖寺,在平溪点燃的反抗异族入侵的星星之火,迅疾燃烧到了八闽大地,让立足未稳的清朝君臣们寝食难安。从此,仙崖寺与举义反清的英雄们一起名标青史。

民国以后,仙崖寺香火零落,遂成一片废墟。1986年,僧题通与僧长善、僧长惠捐产重建佛堂,土木结构,坐乙辰,占地面积200平方米;斋房宽17米,深11米,占地面积187平方米。

2005年,在庵右建三层16间砖木结构综合楼,面宽20米,进深7.7米,占地面积约150平方米。2006年,建砖木结构大雄宝殿,面宽23米,进深19米,占地面积437平方米,供奉释迦牟尼、阿难、伽叶、三宝、伽蓝、地藏、三接引、药王、弥勒、韦驮等佛像。

正殿18根圆形磨光石柱,高5米,直径40厘米,由莆田购进。大门石柱楹联:仙天降瑞国泰民安庆华年,崖里蒙庥风调雨顺歌盛世;正殿对联:虎啸龙吟风景这边独好,山清水秀禅门今日重开。殿前水泥坪长23米,宽20米,面积460平方米,轿车可达。仙崖寺占地面积约1500平方米,建筑面积约1000平方米,为邑内规模较大寺院。

3. 上方庵 在距平溪村东里许的上村岭头,明洪武元年(1368)建。曾延请福州南台天宁寺高僧寿山到此传经弘教。

庵僧砚玲能诗,镌"无歧道""江上片云"于上村岭石壁。清道光十二年(1832),浙江钱塘人,知县赵信城为之匾曰:诗品绝尘。前人遗有一首《上方庵》,诗云:镗鼓声驰自上方,宫商音叶韵偏长。洋洋盈耳惊骚梦,堪配翕纯缴译章。

清廪生周绍濂赋《江上片云》,诗曰:万里长江月一轮,片云浮汉不生尘,无心出岫飘然去,踪迹人间莫认真。又赋《上方钟韵》,诗曰:上方隐隐岭重重,远韵悠扬梵刹钟。送到五更惊晓梦,烟云缥缈绕层峰。清源贡生卓观澜依韵和诗:西天云隔几千重,觉梦凭谁送晓钟。敲罢数声僧不见,岭头兀立一奇峰。

1958年前,上方庵有水田一片,山场15亩,年产干谷5000多公斤。1958年庵堂被毁,改为畜牧场,后又改为养鱼场。

1996年3月重建大雄宝殿,更名福庆寺。1997年,建砖木结构厨房一座。2000年12月22日,又落成砖木结构大雄宝殿一座,塑三宝、伽蓝、十八罗汉、四大天王、弥勒、韦驮等佛像。寺院占地面积450平方米,建筑面积380平方米。2007年2月,重修庵左上方塔。

2009年5月,募资4万多元,用长1.2米,宽28厘米的条石,将691级上村岭砌成规整石阶。2012年,岭头新建一座太子亭,飞檐翘角,古色古香。2013年6月,因修筑寿政二级公路,上村岭"无歧道""江上片云"石刻被挖毁。2018年,借道二级公路上村段避险道修筑通往福庆寺公路。2021年,在寺前砌筑石堪修建停车坪。

4. 福兴寺 在湖潭村中。明弘治十一年(1498)建。清乾隆廿六年(1761)二月十六日重建。光绪六年(1880)重修。上悬民国年间"慈光普照""慈云法雨"匾额。湖潭《范氏宗谱》诗云:福兴宝刹隔尘埃,普济慈尊色相开。佛法庵中观护法,牛来平溪境内显如来。四围山色禅关锁,九品莲花僧舍栽。国泰民安求必应,风调雨顺降楼台。

1964年再修。1984年,集资重建土木结构大雄宝殿、天王殿和两厢,中开天井,面积560平方米,坐艮加寅。供奉三宝、伽蓝、韦驮、弥勒等佛像。2008年建砖混结构宿舍楼一座,占地面积100多平方米。

2012年,僧题鸿投资140多万元,募资20余万元,将福兴寺拆除扩建。新建的福兴寺大殿宽25.5米,深25.5米,占地面积650平方米,共32根莆田产浮雕石柱。佛殿前面大坪宽约50米,深17米,占地面积850平方米。

2013年2月,新建斋堂、住宿楼各一座。福兴寺占地面积共2700多平方米,寺院四周用砖墙圈围。2012年,从温州定塑32尊佛像。原有佛像因与新塑佛像不相配套,除2尊继续供奉外余均拟移送邻庵供奉。

5. 天池庵 位于南溪、亭下、岭后三村交界处,明洪武十四年(1381)建。主峰白岩头,海拔979米。因庵附近有一片天然湿地,旱不涸,涝不溢,俗称"天池"。

清咸丰年间，天池庵香火十分兴旺，田产广置，租谷收入丰厚，榛林达百余亩。庵僧饱暖思淫逸，以求子灵验为名，在庵中设置密室，诱奸年轻貌美的进香信女村姑。咸丰八年（1858）六月，太平军由政和县入境平溪，途经庚岭时听闻庵僧劣行，杀死恶僧，将天池庵焚毁。

2003年易址建天池宫，占地面积500多平方米。2010年筹资30多万元，开通天池庵沙石路面公路。

6. 福宁寺 又名福宁庵，位于白岩尖下的山腰中，清乾隆三十九年（1774）建。民国元年（1912）毁于火。1928年，重建土木结构大雄宝殿、天王殿，供奉释迦牟尼、观音、弥勒等佛像。1986年，新建土木结构斋房一座，坐庚酉，占地面积250平方米。1999年，在寺后建土木结构观音堂，占地面积100平方米。

7. 上窑庵 位于南溪村上窑自然村，始建时间不详，年久失修。1982年捐资重建，供奉三宝佛像。占地面积200平方米，建筑面积160平方米。南溪李廷森赋《西刹林曦》，诗云：谁把西来证法王，一林疏影透曦光。山深锁断烟霞路，日出酣薰苦葡香。禽语树梢迎早旭，笛吹牛背下斜阳。遥知佛座金轮转，刹刹圆融遍十方。

8. 南峰堂 位于长溪村西的小涧上游，传为许姓族人在此肇基后创建，具体时间不详。1958年拆毁。1986年9月14日重建，坐乙加辰，土木结构。占地面积700平方米，建筑面积635平方米。2021年，山东青岛僧人释然论在此住持。2022年动工修建的周宁县纯池至寿宁二级公路，从南峰堂后山上经过。

9. 慈济老佛 在岭兜村。

10. 庵门里庵 位于柯洋村口，清乾隆年间建。1986年重修，新建右楼。

11. 长溪观音阁 位于长溪村下游，2006年8月建。坐乙加卯，占地面积100平方米，供奉观音。

12. 莲花坂观音宝殿 位于南溪村上窑自然村附近的莲花坂，海拔1200多米。2004年，建砖木结构二层宿舍楼，建筑面积700平方米。2006年建观音宝殿，坐癸加丑，建筑面积300平方米。

殿前有近百亩的抛荒水田，水田中间的水塘边建一石雕观音立像。2003年，修通从上党村坑底自然村至莲花坂4.5千米机耕路。2017年，浇灌南溪至莲花坂宽3.5米的水泥公路。

13. 浦林禅寺 位于政和县牛途村普城林，海拔1200多米。明弘治十二年（1499），禾溪村许韬三率族亲80余人皈依三宝，将全部家产捐给灵显庵（灵峰寺）重建殿宇。并在周边建八座寺庵，浦林禅寺为其中之一，黄立云总纂《寿宁寺庙志》有载。

数百年来，浦林禅寺历经风雨，残破欲倾几近荒废。2011年，亭下村在福州工作的吕祥松先生退休后，捐出毕生积蓄筹资约千万元修路、引电，建成圆通殿、停车场、食宿综合楼等。浦林禅寺方圆面积近千亩，新建的圆通殿内供奉的一尊缅甸玉观音，高3.2米，重约5吨。

浦林禅寺山门石牌坊正面横额：浦林禅寺；楹联：禅自有道道通天地有形外、佛岂无法法在乾坤无尽中，系著名书法家孟天宇撰书。背面横额：道法自然；楹联：为人有德天长佑、行善无求福自来，为中国道教协会副会长黄信阳书写。

二、奉祀观音的廊桥

平溪境内的溪底桥、屏峰桥、岭根桥、龙头坑桥、南溪村泮洋桥，均供奉观音。

三、废弃寺庵

1. 长溪庵 位于长溪村，始建时间不详。

2. 马坑庵 位于东溪村马坑自然村岭尾，始建时间不详。

3. 木场庵 位于木场村内，始建时间不详。

4. 屏峰庵 位于屏峰村路下，始建时间不详。

5. 燕前庵 位于平溪村燕前自然村，始建时间不详。

6. 根竹坑庵 位于溪底村仓楼后。始建时间不详，庵基尚存。

四、名　僧

1. 释题福 字源忠，俗名叶忠福，湖潭村人，1964年3月生。九岁在周宁县灵峰寺皈依，拜品春法师为师，十岁剃度出家。

1979年9月，在福州鼓山涌泉寺佛学班学习；1982年，在福州鼓山涌泉寺受具足戒；1984年9月，在中国佛教学院灵岩山分院佛学专科班学习；1996年4月，参加新加坡净宗学会弘扬佛法人才培训班学习。

1997年10月，当选周宁县佛教协会会长。1997年筹建瑞龙寺，建成大雄宝殿、天王殿、山门、僧寮及两座综合大楼。2013年3月13日圆寂。

2. 释题晶 俗名叶岩禄，湖潭村人，1964年2月8日生。1981年12月以来，先后在周宁县灵峰寺、浙江苍南县瑞岩寺、江苏苏州灵岩山寺修行。1985年、1988年、1998年，先后在中国佛学院灵山分院、浙江普陀山佛学院、新加坡净土宗弘法人才培训班学习。1996年9月，作为中国佛教参议团团员前往韩国，参加中国佛教协会主办的中、日、韩三国佛教交流会议。

先后当选寿宁县政协委员，寿宁县第五届佛教协会会长、第六届佛教协会名誉会长，宁德市佛教协会常务理事、泉州市佛教协会副会长、福建省佛教协会第六、七届理事。2017年，任周宁县佛教协会副会长、灵峰寺首座。

第三节　基督教

1985年，基督教从浙江泰顺县传入环溪村，发展教徒40多人。2005年，在环溪村建水泥砖木结构基督教堂一座，占地面积120平方米，2006年投入使用。2013年，平溪境内有基督教徒70人，其中男20人，女50人。

第四节　俗神崇拜

民间俗神五花八门，包容了与人类生活相关的方方面面的神灵，如居家保佑的门神、灶神；帮助繁衍子孙的送子神；医治人间病痛的药神；以及抗旱祈雨神等等。

一、宅第保护神

1. 门　神　20世纪50年代以前，民间信奉的门神是威猛雄壮的唐朝武将——秦琼、尉迟恭。50年代至今，门神淡出被人遗忘。

2. 灶　神　常年供奉在家中灶台神龛，两侧贴对联：上天言好事，下界降吉祥。人们认为灶神受一家香火，保一家康泰，所以每年除夕祭灶以感谢灶神功德。

民间传说，灶神有"察一家善恶，奏一家功过"之职责，被举告者会受到减寿责罚。因此家家祭灶时，都在灶王神像前供奉糖果，好让灶王上天奏报时说的都是甜言蜜语。

20世纪50年代以前，平溪境内流行供奉灶神。"大跃进"和"文革"时期，灶神被视为迷信而扫除。80年代以后，民间又恢复供奉灶神。

二、送子神

是主宰并赐佑人间生育子嗣、繁衍后代的神灵。民间崇尚多子多福，重视传宗接代。特别是国家强制推行"独生子女"政策期间，信众格外信奉送子神灵。

1. 大腹岩　环溪村上游"忠平侯王宫"附近古道边的"大腹岩"，犹如孕妇圆鼓鼓的肚子。明万历间，平溪村信女五二娘捐资在"大腹岩"镌"佛"字；僧宗衍镌"太方广佛华严经"七字石碑。至今，仍有妇女前往"大腹岩"祭拜。

2. 三关虎墓　在长溪村下游，为长溪、南溪、东溪、修竹、印潭李氏祖妣王德娘之墓，明成化十三年（1477）葬。2010年7月，三关虎墓信俗列入寿宁县"非遗"名录；2018年10月，三关虎墓信俗列入宁德市"非遗"名录。

三、祈雨神

平溪境内久旱祈雨，以马仙为主。平溪、岭根、燕窠等村建有马仙宫。

1. 平溪仙殿　坐落在平溪村下游仙殿潭上方的突出小山岗上，祀马仙，清雍正九年（1731）建。清廪生周绍濂赋《仙宫奇迹》，诗云：仙山屹立叠层岩，俯水依山境不凡，保障一方崇懿政，数棵松老倚云巉。清源贡生卓观澜依韵和之：我闻海外有仙岩，隔断红尘判圣凡。料想女仙心此地，为分一片石嵌巉。

"文革"时马仙宫被拆毁，1987年重建。占地面积30多平方米，内塑马仙及柳、杨、倪诸元帅像。每年农历六月初六，村民用五乘轿子抬着五仙巡游。一路彩旗飘扬鼓乐喧天游行到村头的奶娘宫，斋醮三日后再送驾还宫。

2012年3月，马仙宫拆旧重建，深6.4米，宽6米，大门前有空坪。宫殿上层是太子亭，下层为宫。门额书"瑶台胜景"，中堂悬匾"灵机妙应"。

传说，仙宫之下的仙殿潭，潭中神龟大如斗笠，龟浮则暴雨山洪至。周绍濂赋《月印潭心》，诗云：仙潭晚涨水悠悠，碧落高悬月一钩。最爱清辉看不厌，波心滚滚印金球。卓观澜和诗：秋水长天一色悠，月圆如镜缺如钩。万川印处明如许，为有当头挂玉球。

2. 岭根仙宫　在岭根村后的兰花顶，有一机耕路通山上。2011年建仙宫，祀马仙、财神、元帅、杨柳倪等神仙。占地面积500平方米，建有仙宫、膳厅、停车场。每年六月初一为迎仙庙会。

四、药　神

神农氏，信众尊为药王、五谷王、神农大帝，传说他遍尝百草，教人医疗与农耕，被医药行业奉为守护神。

黄槐，宋韶托人，徽州知府。为赈灾救民而弃官，更名黄山隐居鹤溪，无偿为民采药治病，邑人誉为神医，《寿宁县卫生计生志》为其立传。信众奉为大德至善之神——黄山公，"水旱疫疾，祷之必应"。其庙宇详见《道教·黄山公庙》。

1. 日洋五谷仙宫　在日洋桥东，清道光十二年（1832）迁桥头山坡上，占地面积80平方米。

2. 岭根五谷仙宫　在岭根村下游。

五、其他俗神

1. 仙　殿　在屏峰村，清道光廿三年（1843）建，神龛供奉四尊木雕神像。"文革"时改为屏峰小学教室。1985年再次借用为教室，1987年新教学楼建成归为仙殿。

2. 天王宫　在柯洋村到宫仔下的公路边，清光绪间建，1973年修公路时被拆。1986年重建，占地面积约60平方米。

3. 师公庙　在庾岭村岭头。

4. 将军宫　在南溪村洋墩桥头。

5. 灵感宫　在长溪村。

6. 双龙阁　在溪底村桥头。

7. 元帅宫　燕前、上洋、大垄等自然村均建有。

8. 虎马宫　在南溪村折柳桥畔。始建时间不详，"文革"时毁。

9. 张觅娘宫　1949年（1949）建，坐落屏峰村智洋，坐癸向巳，占地面积100多平方米。1966年"破四旧"，宫内"太子亭"等建筑被拆除。1980年12月重修。2015年八月初三拆旧扩建，占地面积200多平方米，年底竣工。

10. 东山头仙宫　在东山头村后门山。

11. 杨柳倪仙宫　一座在木场村，2002年8月16日建，两侧为童男童女。此外，龙头坑村、白岩头村各有一座。

第十九编　方言与传说

　　平溪境内有平溪、寿宁、周宁、屏南、汀州、庆元六种方言，流行较广的是平溪、寿宁方言。

　　平溪村的唐代古墓——叶氏夫人墓和平溪"梧桐墓"的传说，将平溪的开发史由南宋宁宗庆元四年，向前推进到唐朝宣宗大中十年。

　　平溪境内流传的有关冯梦龙除虎患、禁溺女、惩恶霸、情系鬼足洞等故事，为平溪打造"梦龙文化小镇"奠定了坚实基础。特别是坊间广为流传的冯梦龙与王祁、朱常湖在平溪举义抗清的故事，为史学界破解一代文豪冯梦龙魂归何方之谜，提供了宝贵线索。

第一章　方言与土语

第一节　方　言

平溪镇共有30多个姓氏，各姓氏均从不同地区迁入。因此平溪境内有平溪、汀州、屏南、庆元、周宁、寿宁等6种方言，使用最广的是平溪、寿宁方言。

1. 平溪方言　平溪境内通用平溪方言的村庄占绝大多数，主要有平溪、环溪、溪底、南溪、柯洋、亭下、岭后、屏峰、岭根、长溪、龙头坑等村庄。南溪村通用平溪方言，略带政和音；屏峰、溪底、长溪、岭根、龙头坑村通用平溪方言，但略有变音。

2. 寿宁方言　平溪境内通用寿宁方言的有岭兜村、东溪村、东山头村。东溪村的寿宁方言略带福安腔。

3. 汀州方言　平溪境内通用汀州方言的村庄有溪底的云雾坑自然村，南溪的栗坂自然村，亭下的三角洋、牛墩坂自然村，岭后的白岩头自然村。

4. 屏南方言　平溪境内通用屏南方言的有东木洋村、东木洋的白岩下自然村、燕窠村、燕窠的于岭自然村、湖潭的大场自然村。

5. 庆元方言　平溪境内通用庆元方言的有木场村、燕窠的彭地、上洋坪自然村。

6. 周宁方言　平溪境内通用周宁方言的有湖潭村、木场的狮子岩自然村。

第二节　土　语

一、词

妹纸（女孩）　　攀讲（聊天）　　病囝（怀孕）　　爽快（舒服）　　家私（工具）
盘嘴（斗嘴）　　墟（游玩）　　　麻宁（打人）　　裸徐（下雨）　　瀑章（晒太阳）
徐督（吃午饭）　徐忙（吃晚饭）　督母宁（男人）　督母囝（男孩）　阿娘宁（妇女）

二、句

1. 一锄头两畚箕①
2. 汗马（身材）如门扇②
3. 矮子中间挑高哥（高个）③
4. 上半暝肖鸡，下半暝肖鸭④

三、谶　语

既民间流传的古老预言，寄寓着平溪境内人们善良美好的愿望。主要有——

1. 搬走犀牛山⑤，平溪出大官；
2. 填平冬瓜洋⑥，平溪出大将；
3. 峡头⑦绿三重，福禄寿相逢；
4. 纱帽露溪滩⑧，平溪出大官；
5. 上坂、下坂⑨，三十六把龙伞；
6. 仙殿潭⑩水映彩虹，家家户户财禄隆。

---

① 形容办事干净利落。
② 形容身材高大健硕。
③ 形容差中选优。
④ 形容说变就变。
⑤ 犀牛山：在寿宁五中新校区旁。
⑥ 冬瓜洋：在平溪村下游北岸，冬瓜洋前面的溪流状似道教"太极图"。
⑦ 峡头：平溪千排岭头的峡口，俗称峡头。
⑧ 纱帽：平溪碇步下方溪流中一岩状似纱帽，俗称纱帽岩。
⑨ 上坂、下坂：清洋茶场一带山场，俗称上坂、下坂。
⑩ 仙殿潭：在道教"太极图"的溪流下方，因北岸溪畔建有仙殿而得名。

第二章 民间传说故事

第一节 民间传说

平溪梧桐古墓

每年清明时节,政和县澄源、镇前的许姓和叶姓后裔,都会相约前来祭拜坐落在平溪村中的一座唐代古墓,墓里安葬的是许延一、许延二兄弟的母亲——叶氏夫人。

传说唐宣宗时,许延一兄弟俩同朝为官,许延一任正三品金紫光禄大夫,许延二任从三品银青光禄大夫。后因御史刘姑司构陷,许延一被贬为楚州山阳县令,许延二被削职归家。目睹官场黑暗,兄弟俩决定携眷遁隐山林。

唐宣宗大中十年(856)四月,兄弟俩带着母亲和妻子儿女一家人,远离故土弃官南下,辗转来到了福建寿宁平溪境内。为免除后患,兄弟俩决定改随母亲姓叶。母亲说:你们俩只能一人随我姓叶,一人仍要随父姓许。至于哪个随我姓叶,还是看天意吧。

说完,母亲让兄弟俩在梧桐树旁跪下。自己从梧桐树上摘下一片叶子,虔诚地向上苍祷告:妾将梧桐叶子抛到空中,梧桐叶子落到哪个儿子身上,哪个儿子就依从上苍之意随我姓叶。祷罢,母亲将梧桐树叶高高抛到空中,只见那片梧桐叶子随风徐徐盘旋飘舞,缓缓地落在了大儿子的身上。

从此,老大延一姓叶,老二延二姓许,兄弟俩就在政和境内择址肇基定居。不久母亲仙逝,兄弟俩将母亲安葬在平溪村中这棵见证兄弟分姓的梧桐树下,让后人永远铭记叶、许两家同胞兄弟的血脉亲情。

平溪社仓神蛇

清朝年间,平溪葫芦门岭边的社仓有一条护仓神蛇。巨蟒身长丈余,头如巴斗,口似血盆,眼若灯笼闪闪发光,日夜巡回守护在社仓前后,以捕捉鼠雀为食。因为社仓有蟒蛇守护,不仅鼠雀绝踪,盗贼也畏之如虎,避而远之。因此,平溪社仓无须人员守卫,仓谷颗粒无失。

太平军火烧天池庵

古时,天池庵一度产业兴旺,榛林达百余亩,租谷收入丰厚。庵堂经济宽裕,庵僧饱暖思淫欲,在庵中设密室,以求子灵验为名,诱奸年轻美貌的进香妇女。

399

一些多年未育的妇女，自天池庵进香归来，肚子就一天天大起来。因此，天池庵求子十分灵验之说传遍邑内邑外，来天池庵进香求子的妇人越来越多。也有一些妇人为图风流快活，每逢初一、十五，常以进香礼佛为名流连庵中。

后来，周边百姓渐渐有所察觉。但恶僧凶狠，人们也拿不出证据，因此官府也奈何不得。清咸丰八年（1858），太平军由政和入境平溪。听闻僧人淫行，半夜进庵突袭搜查。发现庵内有密室三间，几个进香妇女正在与光头和尚苟合，被太平军当场抓获。太平军杀死庵中淫僧，随行村民趁机一把火将天池庵烧毁。

东溪雷公潭

在东溪村上游的深山密林之中，松柏溪从数十丈高的悬崖飞泻而下，势若万马奔腾。瀑布之下有一深潭，相传古代有一条巨蟒潜伏潭中，经常出没捕食人畜，为附近村庄一大祸害，上帝命雷公予以惩罚。一日，天昏地暗，电闪雷鸣，巨蟒被雷公击毙。因此，人们将此称为"雷公潭"。

南溪奶殿洞

古时，南溪村南里许，两山在夜深人静之时会互相结合，拂晓分开。山下有洞，宽约二米，洞口常有黄水流溢。每值黄水出口，即有洪灾降临。

一天，村民夜梦神女告之：山上有洞通古田临水宫下，内伏一南蛇，要建奶娘殿永镇其上。否则人畜遭殃，灾难连绵。

次日，众人寻至洞口，只见洞中黑雾腾腾。为镇蛇消灾，全村筹资建成奶娘殿，从此妖氛平息，村民安居乐业。

屏峰三十六村

相传，过去屏峰附近有36村，分别是东部的岭尾、桥下、山后、下坑、孔雀洋、际下洋、墓下洋、白山头、下洋子；西部的缸窑、白基、龙头、后门上、米磨手、水竹坂、上窑后、下窑后、大长湾、溪底坂、草楼仔坂；北部的亭下、厝壑子、上八角洋、下八角洋以及丰楼、官田、担斗、面前岗、岗仔厝、八十园、仙殿垄、半厝岗、磊仔排、厝仔排等等。随着历史的变迁，除了孔雀洋、际下洋、墓下洋之外，其他小村庄都不存在了，有的连村名都被人淡忘了。

草楼仔坂为古代交通要道，罗姓曾在这里烧制陶器，生意兴隆。现在这一带随处可见碎陶片。上窑后、下窑后也是古代交通要道，陆姓曾在上窑后、下窑后开染坊、布店，生意兴隆。

据说，岗仔厝的张姓、面前岗的王姓是屏峰最早的居民。面前岗的王姓早就迁往政和、澄源、大里溪一带。后门山的先民迁松溪；白基的村民迁孔雀洋；大长湾的鄢姓迁下屏峰；缸窑后的江姓迁建阳侣口；溪底坂的吴姓迁溪源头；水竹坂（犁田洋）的朱姓迁丰谷；下坑的周姓迁平溪、尤溪等地；龙头的林姓不知去向；亭下的王姓，一部分迁托溪乡洋尾、下洋坑，建阳的仁寿、溪东，欧宁的外塘；一部分迁途厝、桥下洋及屏峰村；牛楼、半厝岗、八十园、磊仔排、厝仔排、下洋仔等村的原住民有的去向不明，有的入迁屏峰。

屏峰乞丐墓

传说，屏峰的缸窑坂有36个像馒头一样的小山峰，其中有一风水宝地，谁能葬得去，代代出将军。

有一个乞丐带着一个儿子，父子俩相依为命，白天要饭，晚上就住在缸窑坂的亭里。一天老乞丐死了，好心的屏峰人帮助小乞丐料理后事，将老乞丐的尸体葬在亭后的岩下。结果，尸体被"山龙口"吞下。

小乞丐回家后，家境一天天好转，再也不用过那乞讨为生的生活了。小乞丐长大后，应征入伍立下战功当了将军，回来祭扫父墓。由于乞丐之墓，经不起朝廷官员祭拜，结果墓前的大石——"美女照镜"被拜倒了。从此，乞丐墓的风水破了。不久，将军得罪了皇帝，解甲归田了。

溪底仙岩

溪底村上游里许的山上，有一巨石昂然兀立，高约20多米，人称"仙岩"，寿政公路从仙岩山脚通过。每年八月初一，村民都用饭团祭拜仙岩，然后将饭团带回给小孩子吃，俗称"仙饭"。

传说仙岩附近有一座肖家之墓，每年清明山西肖家都会来此祭墓。有一个乞丐，每年清明都会来这里讨饭团吃。后来墓主安排乞丐为他守墓，乞丐经常到墓下面的"肖家潭"抓鱼。肖家怕潭中之鱼被抓会影响肖家风水，不让乞丐抓鱼，但乞丐不听。如此三年，墓主实在无法忍耐，就不再给乞丐饭团吃。

一仙人路过这里，见墓主不给乞丐饭团，以为墓主欺负乞丐。便伸手从祭墓酒菜中拿下一个饭团，放在墓后化成石头压住龙脉。饭团压下龙还会动，仙人又取出一块肉压在饭团化成的石头上面，龙再也不会动了，肖家的风水也就破了。至今，仙人用饭团、肉块化成的"仙岩"，依然高高耸立在山上。

东木洋村名由来

古时候，东木洋村下游一里处两山相望，溪面狭窄，形成"天门"。每当夜幕降临，两山即慢慢靠拢闭合。于是溪水上涨，淹没原野村庄。天明，两山又渐渐退回原处，溪水流泄，河流如初。上游的人们每晚庄稼被淹，家园被毁，困苦不堪。于是这里被称作"当源洋"，意即挡住了溪流的地方。

后来，村民得到高人指点，夜幕降临之前，人们屠宰了一只狗，带着备好的狗血登上两座山头。当两座山开始靠拢，人们即把狗血涂染在山头上。奇迹发生了，只见两座山停止了移动。从此"天门"不再闭合，溪流畅通了，人们将"当源洋"改称"东源洋"，后又更名为"东木洋"。

白岩底鬼洞

距环溪村2千米的白岩底山上怪石嶙峋，陡壁之间有一石洞，人们传为"鬼洞"。洞口约2平方米，晴天早晨有白雾从洞口冒出。据传，洞通长溪村。长溪村妇女晒红衣，洞口同时出现红衣;晒白衣立即现白衣。夜间有鬼出洞,头如锅底,发长数丈,眼若闪电。白天则变成千娇百媚的女人,引诱年轻男性。附近村民路过此地,毛骨悚然。1978年建设大连坑水电站,鬼洞怪石被炸之后,鬼洞之说顿息。

屏峰张觅娘

住在屏峰岗仔厝的张觅娘,是屏峰最早的居民之一。张觅娘虽年纪轻轻,但法术很高,周围村庄都会请他去捉鬼降魔,治病救人。

相传,有一天张觅娘在厝门前的岭尾洋放鸭,一位过路的老婆婆向张觅娘要水喝。好心的张觅娘就将老婆婆带到家中,不仅给老婆婆泡茶解渴,那天她家正在蒸糯米饭酿酒,张觅娘还送给老婆婆一团糯米饭。老婆婆十分感动,便将随身携带的一本"法书"、一把"龙角"送给张觅娘,并教她法术。此后,张觅娘早上龙角一钩,田洋的水就会排掉;龙角吹三声,鸭子就会成群结队自己去田洋觅食;傍晚,龙角一钩,鸭子就会自己回家。

一次,下坑村有人生病,请了很多医生都治不好。请法师做道场施法,也无济于事。眼看病情越来越重,患家有病乱投医,听说张觅娘有法术,就请张觅娘去给病人施法救命。张觅娘来到下坑村,拿出龙角一吹,病人就清醒过来。张觅娘救活了病人,病家万分感激,就用大米答谢张觅娘。张觅娘也不多要,只装满一龙角就行了。病家就往龙角里装大米,一箩筐大米都装完了,还装不满一龙角,原来,张觅娘将大米通过龙角送回家了。

从此,张觅娘名声远扬,大家都知道张觅娘法术高超,会捉鬼降魔治病救人。四邻八乡凡有疑难病症,都来请她施法医治。张觅娘总是有请必去,龙角一吹,病人不治而愈。人们将张觅娘视为救苦救难的活神仙。张觅娘死后,安葬在智洋后门。

民国二十二年(1933)的一天,一阵狂风暴雨将智洋下游的三棵大榀树连根拔起,倒在蔡众正厝的土墙上。可是,那么大的树倒在房上,竟没砸坏房屋。此时,正在跳神的神汉说是张觅娘显灵,要大家为她建宫塑像。同年,屏峰村民在智洋建张觅娘宫。1967年,神宫被拆、神像被砸。1980年,屏峰村民重建张觅娘宫、重塑神像。每月初一、十五,信众到此烧香祭拜,香火兴旺。

第二节 民间故事

冯梦龙禁溺女婴

冯梦龙年轻时喜欢采集坊间歌谣韵语,32岁那年曾将历年收集的曲谣汇集为《挂枝儿》付梓刊行。当了七品知县的冯梦龙依然难改积习,在走村串寨办理公务之余,也会留心民间歌谣、小曲。

一次,冯梦龙来到平溪的牛栏头(湖潭)村,看到一个面目清秀的小女孩在路边拔草,一边唱着:

月光光，照四方，照遍人间爹和娘，
爹虑养女吃恩报，娘愁养女吃衣穿。
生鸡生犬且喜欢，为何生女毒如狼！
留得性命恩还在，纵然赤贫也无妨。
只愿生男莫生女，生女便出恶心肠。
爹呀爹，娘啊娘！如何不思量？
劝爹爹，劝娘娘，溺女不如弃路旁，
我幸爹娘收去养，今宵能唱月光光！

小女孩那哀怨凄婉的曲调，不禁让冯梦龙想起县衙前面的"子来桥"上，常有被遗弃的女婴在竹筐里撕心裂肺地哭啼。他将此事放在心上，沿途注意了解弃婴情况。不问不知道，一问吓一跳。冯梦龙发现寿宁非常重男轻女，民间遗弃女婴、溺死初生女婴的现象十分普遍。回程路过仙崖寺，冯梦龙看见许多妇女在虔诚地烧香拜佛。他灵机一动，寺庵乃善男信女聚会之所，何不借积善种德之名，来宣扬珍惜女婴生命？

回到平溪公馆，冯梦龙展纸挥毫写下一联："神灵有赫不溺女定生奇男、天道无私能孝亲必生贵子"，命人张贴在仙崖寺里。清顺治元年，平溪奶娘宫建成，人们又将冯梦龙所撰之联镌板烫金，悬于奶娘宫正殿木柱。此后，这一楹联一直在邑内外流传。

为了禁止溺女陋习，回到县衙的冯梦龙又亲自动笔，用通俗易懂的白话文写下一篇语重心长，可操作性很强的专项治理溺女恶俗的《禁溺女告示》——

"寿宁县正堂冯，为严禁淹女以惩薄俗事：访得寿民生女多不肯留养，即时淹死或抛弃路途。不知是何缘故？是何心肠？一般十月怀胎吃尽辛苦，不论男女总是骨血，何忍淹弃！为父者你自想，若不收女，你妻从何而来？为母者你自想，若不收女，你身从何而活？况且生男未必孝顺，生女未必忤逆。若是有家的收养此女，何损家财？若是无家的收养此女，到八九岁过继人家，也值银数两，不曾负你怀抱之恩。如今好善的百姓畜生还怕杀害，况且活活一条性命置之死地，你心何安？今后，各乡、各堡但有生女不肯留养，欲行淹杀或抛弃者，许两邻举首，本县拿男子重责三十，枷号一月，首人赏银五钱。如容隐不报他人举发，两邻同罪。或有他故必不能留，该图呈明，许托别家有奶者抱养。其抱养之家，本县量给赏三钱，以旌其善。仍给照，养大之后不许本生父母来认。每月朔望，乡头结状中并入'本乡并无淹女'等语。事关风俗，毋视泛常，须至示者。"

冯梦龙写好《禁溺女告示》，命书吏抄写了几十份，盖上大红公章，派衙役们到全县各村去张贴宣传。冯梦龙还令行禁止，严格执行《告示》中规定的四项赏罚举措，从此寿宁溺女之风渐息。冯梦龙挽救了无数女婴的生命，做了一件功德无量的大善事。

冯梦龙返闽抗清

话说顺治二年，冯梦龙已经七十二岁了。虽然年逾古稀，但仍然耳聪目明，身子骨十分健硕。他想：外面的世界很精彩，自己口袋里还有几两碎银，何不出去散散心，开开眼界？

冯梦龙办事果断，一过完春节就带着儿子离开苏州，一路向浙江的苕溪、武林、石梁、天姥等地游山玩水去了。父子俩一路游览石梁飞瀑、怪石奇峰，一边寻觅李白、杜甫的足迹，日子倒也过得逍遥快活。

可是好景不长。不久，清世祖顺治即传檄江南"剃发投顺"，不服就派兵镇压。顿时,中原大地烽火连天,到处兵荒马乱。四月,就传来了清军在扬州血腥屠城的消息,数十万无辜生灵惨遭杀害,举国震惊!

冯梦龙再也无心游历山水,决心追随南明政权,投身抗清之旅。六月,明唐王朱聿键在福州称帝,国号隆武。冯梦龙立即赶赴福州投身隆武皇帝麾下,并在福州刊行了《中兴伟略》一书,署名"七十二老臣冯梦龙恭撰"。

同年秋,清兵攻占福州,隆武君臣匆匆逃往汀州。冯梦龙辗转来到古田县,暂寓山中僧寺。时江苏金坛人,三十五岁的明朝大将王祁,为逃避清廷缉查也在古田县落发为僧。王祁以讲经传教为名,广收门徒,联络旧部,伺机反清复明。

冯梦龙与王祁在古田僧寺相逢,两位江苏老乡志同道合一见如故,遂成忘年之交。冯梦龙认为寿宁地处闽浙边界,险隘雄关易守难攻,邑人重义悍勇尚武,建议王祁一同潜往寿宁待机举事。王祁一听大喜,当即与冯梦龙一起前往寿宁。

仙崖寺谱《乱离歌》

冯梦龙与王祁晓行夜宿,经过泗洲桥、纯池村,来到阔别七年之久的平溪村。冯梦龙在寿宁任知县的五年间,多次往来于寿宁、建瓯之间,常在平溪公馆驻留,对这里的山川人文、风俗民情十分熟悉。为避人耳目,冯梦龙与王祁就在离村二里的元代古刹——仙崖寺住下。

民谣云:"宁为太平犬,莫做乱世人。"在白骨露于野,千里无鸡啼的兵荒马乱岁月里奔波的古稀老人冯梦龙,洒泪抚读吴嘉纪描述清军扬州屠城的血腥纪实之诗——《挽饶母》:"忆惜荒城破,白刃散如雨。杀人十昼夜,尸积不可数",令身在异乡的冯梦龙常常在夜梦乡关中被清兵的残暴恶行所惊醒。伴着仙崖寺的暮鼓晨钟,冯梦龙将亡国之恨,悲愤之情,谱成一曲催人泪下的《乱离歌》——

数年以来,朱门娇嫒,穷巷幽姿,尽于兵燹者多矣。玉碎香消,花残月缺。魂销蓟北之烟,埋青无地;泣尽江南之血,化碧何年?凤台一梦,鸾箫何处吹云;燕市皆空,马髻当年堕月。时惟静夜,听远笛以哀秋;坐对清宵,黯孤灯而泣雨。为怜冷翠摧残,牵情异域;更恨怨红零落,堕节终天。聊兴嗟乎翰墨,遂致叹于咏歌。

大厦倾圮,良莠皆毁。山河破碎,不管是富贵闺秀还是贫贱村姑,均在劫难逃。当时民间流传的三句歌谣:"第一喜,无粮米;第二喜,无妻儿;第三喜,能挑一担起!"是冯梦龙《乱离歌》的最好注脚。

柳汝霖大义反清

话说清兵南下,一路攻城略地,到处烧杀奸淫,亡国之民的悲惨境遇猪狗不如。在江西九江府任通判的寿宁鳌阳人柳汝霖,见九江已被清兵所占,一介书生,纵有一腔热血,却也报国无门,只好携妻挈子,栖栖惶惶地随着逃难人群往福建老家而来。

谁知回到寿宁鳌阳不久,凶残的清兵又像魔鬼一样杀到了寿宁县城。柳汝霖不愿剃发易服屈膝投降,只好带着妻儿躲到平溪亲戚家中避避风头。

顺治二年冬,柳汝霖陪同妻子来到仙崖寺上香,祈祷全家安康,万事吉祥。柳汝霖见妻子在佛前虔诚祷告,自己闲来无事就随处遛遛。踱进一间客房,见房内虽仅一床一桌一凳,陈设甚为简陋,但桌上的文房四宝倒也一件不缺。

柳汝霖走到桌前,看见桌上用镇纸压着一本翻着的簿子,只见一首《乱离歌》尚未写完。柳汝霖饶有兴致地读着:"数年以来,朱门娇媛,穷巷幽姿,尽于兵燹者多矣。玉碎香消,花残月缺,魂销蓟北之烟,埋青无地;泣尽江南之血,化碧何年。凤台一梦,鸾箫何处吹云;燕市皆空,马髻当年堕月。时惟静夜,听远笛以哀秋;坐对清宵,黯孤灯而泣雨。为怜冷翠摧残,牵情异域;更恨怨红零落,堕节终天。……"

这时,一位老者走进房间,看见有人在桌前欣赏自己的诗作,开口问道:"客官何人,怎么擅入他人私室?"柳汝霖抬起头来,见是一位古稀老者,忙躬身施礼,答曰:"小的乃鳌阳柳汝霖,陪内人到宝刹进香,闲来无事,因而误入贵室,见桌上诗文颇佳,不免失礼,惭愧!惭愧!"

冯梦龙听见"鳌阳柳汝霖"之语,忙问:"客官可是鳌阳柳元之孙,九江府通判柳汝霖?"柳汝霖忙应曰:"在下正是,先生怎么知道乃祖柳元?"

冯梦龙回曰:"当年曾到邑内南阳庵一游,见庵内墙上题诗一首:'风落缃桃泛碧湾,似随流水武陵间。春山有色新莺巧,野寺无尘老衲闲。飞翠昙云移竹影,垂红丽日醉红颜。游余唱咏狂僧态,夕雾横溪弄月还。'不仅文句佳丽,书法也颇上乘,因此询问庵中女尼,墙上题诗的是何人?女尼告知,题诗人柳汝霖,乃鳌阳柳元之孙,知县柳春芳之子。泰昌元年拔贡,现任江西九江府通判。因柳氏乃鳌阳望族,柳氏祖孙三代,家学渊源,事业有成,故印象深刻。"

柳汝霖听后,问曰:"先生流寓之人,对敝县情况怎么如此清楚?"冯梦龙没有回答柳汝霖,而是一边招呼就座,自己也在床沿坐下。反问:"你是九江府通判,怎会来到此地?"柳汝霖见问,长叹一声:"大明覆亡,我这个通判还算什么东西?因清兵强迫剃发易服,小可不愿引颈受辱,故至平溪亲戚家中暂避。"

冯梦龙见柳汝霖乃深明大义之人,于是不再隐瞒身份,就将自己曾在寿宁任过知县,清兵南下后返闽抗清来到平溪一一告之。并动员柳汝霖加入抗清队伍,为反清复明而战。柳汝霖虽深为冯梦龙崇高的民族气节所感动,但仍心存疑虑:"先生之志固然可嘉,但百无一用是书生,你我手无缚鸡之力,怎么抗清?"

冯梦龙见问,就将自己在古田县寺院与王祁将军相遇,两人志同道合来到平溪,前些日子又和郧西王朱常湖在仙崖寺相逢。目前三人正在召集旧部,等待时机,准备大干一场,将入侵者逐出神州大地。柳汝霖一听大喜,俩人当即击掌为誓,驱逐鞑虏,还我河山。不达目的,誓不罢休!

从此,柳汝霖在冯梦龙引导下加入抗清队伍,成为郧西王朱常湖麾下重要骨干。柳汝霖又联络了一批亲朋故旧,一路追随郧西王攻寿宁、克政和、夺取建宁府,为反清复明冲锋陷阵。

顺治五年四月初四,清兵攻破建瓯,大举屠城。建瓯全城房屋被焚,四十多万居民惨遭屠杀,幸存者不足二百人。柳汝霖宁为玉碎,拒不降清,从容赋诗慷慨赴难建瓯兴贤坊。其墓葬寿宁城东,形取"金猫捕鼠"。

冯梦龙与"平安灯"

清顺治三年,寿宁全境已被清兵占领。在侵略者的残暴统治之下,"留头不留发,留发不留头"成为亡国之民的痛苦抉择。

在这民族危亡之际,冯梦龙、王祁等一批铁骨铮铮的爱国志士,面对强敌,宁可站着死,不愿跪着生,绝不剃发易服,屈辱地向清廷投降。他们隐身平溪仙崖寺,在平溪人民的支持下,宣传抵抗异族侵略,号召爱国人士投身抗清队伍,准备绝地反击,拼死一搏。

清知县吴允焞,浙江云和县人,拔贡出身。他为了自己的功名利禄,卖身投靠清廷,追随清兵一路征剿屠杀,由浙江来到福建寿宁,用同胞的鲜血染红自己的顶戴,当上了清廷第一任寿宁知县。

为了稳固自己的统治,向上司邀功请赏,以取得更大的仕途富贵,吴允焞派兵四出探查、抓捕反清人士。怎样才能及时通报信息,保证王祁、勋西王等抗清人士的安全?冯梦龙日夜苦思冥想。

一天,冯梦龙看见一股黑烟从隔岸的文昌阁升起,他脑袋一拍,计上心来。原来,寿宁县城通往平溪的官道要从文昌阁下方经过,清兵由县城到平溪,从文昌阁上远远就可以看到。只要安排几个人在文昌阁瞭望,如果清兵白天来,就在文昌阁点火燃起浓烟,在仙崖寺活动的抗清人士就可以提前躲到寺后的深山老林之中。如果清兵夜晚来,则在文昌阁燃起一堆篝火,抗清人士就可以提前安全撤离。如果清兵撤退回城,就在文昌阁升起一盏天灯,让缓缓升上天空的"天灯",给藏身鬼足洞的郧西王和大山中的抗清人士报平安。

从此以后,平溪人民就将这种传递平安信息的"天灯"称为"平安灯"。每年春节期间,人人动手制作平安灯,以纪念冯梦龙等抗清英雄,也祈祷新年风调雨顺、五谷丰登、六畜兴旺。

冯梦龙建"白亭"

在平溪村通往木场、禾溪村的古道途中,有一座粉墙黛瓦的古凉亭——白亭,这是当年平溪境内唯一一座内外墙体都用白灰粉刷的亭子。这座凉亭,还与冯梦龙、王祁、朱常湖等人在平溪抗清有关。

清顺治三年,失去封地的郧西王朱常湖由江西建昌府辗转来到平溪,在仙崖寺化身为僧。朱常湖是明太祖朱元璋的第十代孙,益宣王朱翊鈏的第十三子。建昌府在江西,明洪武二年设,辖南城、泸溪、新城、南丰、广昌五县。府治南城,素有"赣地名府、抚郡望县"之称。

冯梦龙、王祁、郧西王朱常湖在平溪仙崖寺偶然相逢,三人十分高兴。为保证郧西王的安全,冯梦龙将郧西王安置在传说有鬼怪出没的鬼足洞中。鬼足洞既隐秘又宽敞,且攻守兼备，万无一失。但鬼足洞距平溪有十里之遥，且途中无避雨歇脚的凉亭。为让皇室出身的郧西王在往来平溪的路上有个遮风避雨之所，冯梦龙就在鬼足洞与平溪的中途，建了一座凉亭。

冯梦龙心想，当下郧西王虽然落魄流亡，但他毕竟是大明嫡系王爷，又是众人拥戴的抗清首领，这座凉亭不能像平常亭子那般简陋。但目前国难当头，也不能用红墙、琉璃瓦，那样会暴露身份引来杀身之祸。因此，冯梦龙让工匠将土墙从里到外刷上白灰。这样，既与普通凉亭有所区别，又能时时提醒郧西王莫亡国恨家仇，卧薪尝胆，击败入侵之敌，复兴大明江山。

有人说，顺治四年春在平溪爆发的那场轰轰烈烈的反清复明战火，从将领到士卒全部都用白布缠头，跟早前修建的"白亭"一样，都是冯梦龙的创意与安排，都寄寓着冯梦龙提醒国人，莫亡国恨家仇，卧薪尝胆，击败入侵者，复兴汉江山的伟大抱负与崇高理想。

徐马二改名

明末清初，与平溪相邻不远的纯池村出了个徐马二。徐马二从小爱耍枪弄棒、翻跟头、拿大顶，长得像水牛牯，头平额阔，浑身长满腱子肉疙瘩。使一把关刀重八十斤，腾挪劈砍，虎虎生风。

徐马二生在小康之家，仓里有谷，柜里有钱，因此花钱大方，出手阔绰，身边跟着一班同年哥学武练功，天天挥拳踢腿舞刀弄枪。但坐吃山空，没几年就把老郎爸留下的钱财败了个精光。

顺治二年冬，眼看年关到了，家里米没一斗，肉没半两，怎么过年？一班同年哥凑到一起，抓破头皮也想不出一个好主意。总不能活生生地被饿死，有人提议如今天下乱纷纷，不如大家做几桩没本钱的生意——抢劫。大伙一听，也没有比这更好的办法了，饿死倒不如搏一搏。上哪拦道抢劫呢？徐马二说："兔子不吃窝边草，要抢就去浙江庆元、泰顺一带，专抢那些有钱的主儿，不抢穷人，更不杀人。"

一个月黑风高的晚上，徐马二一伙前往庆元、寿宁交界处打劫。没想到出师不利，对方早有准备，几十个彪形大汉一路追杀，一直追到寿宁平溪境内。徐马二等人本就做贼心虚，见对方人多势众喊杀连天，人人慌不择路各自逃窜。

黑暗中徐马二被树根一绊，狠狠摔了一跤，身子向前一扑，将手臂折断。偷鸡不成蚀把米，徐马二十分懊丧。一路忍痛跌跌撞撞来到平溪仙崖寺，想请寺僧将骨头接上。

在仙崖寺隐居的冯梦龙，见这个虎背熊腰的后生虽衣裳不整，手臂受伤，样子有几分狼狈，但仍难掩一脸英气。就上前问道："来者何人？"徐马二应道："小的是纯池徐马二，因不慎摔断手臂，想请师傅施治。"冯梦龙见此人相貌堂堂，今日虽然落魄，他日前程难以限量，就将其收留寺中好生治疗。年轻人生命力旺盛，在冯梦龙的悉心照料下，经过三十多天的治疗，徐马二伤已痊愈。

徐马二对落难之际救助自己的冯梦龙十分感激敬重，就将自己结识一帮弟兄，整日舞枪弄棒，荡尽家产。因身无长技无法谋生，与一帮弟兄上庆元打劫被人追杀摔断手臂之事，全盘向冯梦龙道出。冯梦龙心想，此人性格豪爽，一身武功，如好生调教，倒是反清复明的可用之材。遂将徐马二上上下下仔细端详一遍，又绕着徐马二缓缓转了一圈，说道："看你骨格清奇，相貌气质殊佳，就是名字太俗，有碍前程。老夫为你改个名字，可好？"

徐马二十分乐意，说道："敬请先生赐教。"冯梦龙稍一沉思，问道："改名'徐援'怎样？一是'徐援'二字，既响亮又好听好记；二是'援'的意思是牵引、帮助，老夫希望你一辈子多助人，多积善，莫作恶。"徐马二连连点头，"很好！很好！"从此，徐马二就改名为徐援。

徐援见老人不但为人友善，而且知识渊博，又对自己恩重如山，就问："恩公何方人士，怎会来到此地？"冯梦龙见问，就将自己是苏州人，曾在寿宁任过知县，因清兵南下不愿剃发易服做亡国之奴，与王祁将军潜藏平溪待机举事等说了一遍。血气方刚的徐援听后马上表态："恩公要打清狗，算我一个！我将一帮弟兄也招来，我这一身功夫也有用武之地了。"冯梦龙十分高兴，就将徐援介绍给了王祁将军。

顺治四年春，徐援率一帮弟兄先期潜入寿宁县城。到了约定日期与王祁大军里应外合一举夺取了鳌阳城，杀死寿宁第一任清知县吴允焞。郧西王朱常湖令徐援领兵三百镇守鳌阳，自己亲率大军继续攻打政和、松溪、建瓯等地。

顺治五年夏，清兵用红衣大炮攻破建瓯城，王祁、朱常湖当场阵亡。清兵血腥屠城，将建瓯40多万居民尽数屠戮。此时形势已十分危急，当年蜂起云涌的八闽义军多被清兵剿灭，鳌阳已成一座孤城，内无粮草，外无援兵，但徐援仍苦苦坚守孤军作战。

顺治五年十月，饶崇秩率清兵五百将鳌阳团团围住，城内绝粮，连猫狗老鼠、草根树皮都吃得精光，兵将士民饿得头昏眼花举不起刀枪。饶崇秩派人招降，否则将血洗鳌阳。为使鳌阳免遭屠城之祸，徐援无奈只好打开城门。

徐援归顺后，被授为浙江杭州府督标左营参将，后升任广西平乐府副总兵。康熙十三年，徐援奉诏讨伐"三藩"叛乱，收复柳州、梧州等府，征战有功升任左都督。

康熙二十年，徐援辞官回归故里，整肃盐仓弊害、修复毁坏塘陂、倡办学馆、修葺般若禅寺，为家乡做了许多好事。康熙四十二年病逝，终年79岁，墓葬寿宁鳌阳城东笔架山。

冯梦龙打番兵

平溪镇有木场村名和滚石垄的地名。这两个地方，分别位于当年明世裔郧西王朱常湖藏身开展反清复明斗争的鬼足洞上端和下方。讲来可就有来头呦。

那是非常早的年代，番兵入侵，明朝官兵节节败退，不久番兵就自北向南打过来，寿宁也不例外被番兵所占而建立起清朝的政权，不过，新政权建立伊始，到处还是一片纷乱。在寿宁平溪，就躲藏着由明世裔郧西王朱常湖带领的一群人，他们白天装扮成和尚，在离鬼足洞不远的仙崖寺练功夫，晚间就躲回鬼足洞密谋策划反清复明的大事。

当时，已经卸任回苏州老家的原寿宁知县冯梦龙，不知是什么时候来到这，居然是这群人的军师，初来乍到，他们都没什么像样的武器，人也不多，大概就五六十人。而这时的平溪作为寿宁通往建宁府的军事要地，还驻扎着一营番兵，足足有三、四百号人。鬼足洞、仙崖寺就在平溪村的对面山上，距离还没铺把路，对这群人来说非常危险。为了保守秘密，人们就用"龙知县"来称呼冯梦龙。

　　龙知县计谋确实深，正如他自己编的《智囊》中故事一样，"智用于人，犹水行于地，地势坳则水满之，人事坳则智满之。"他根据鬼足洞地处悬崖绝壁中间，四面岗峦环抱，林木丛生，洞门崖上一落石恰如屏风拦剩左右两个小口，人从左口入洞，右口胜似观察窗。其隐易于躲藏，其险易于据守，其位易于观察，冯梦龙利用此地形，在鬼足洞的悬崖上端设置檑木、滚石。晚间，手下人全部安排在上面，冯梦龙和郧西王朱常湖、大将王祁就住在鬼足洞里，并用几条粗大的苎麻绳悬挂于洞崖悬壁上。绳的上端系上铃铛，绳的下端伸到洞内，一则通过麻绳传递信息、发布命令；二则采用麻绳作为悬梯沟通上下，并在悬崖边堆上大量成尺长、成尺大的檑木和圆圆滚滚成搂大的岩头。

　　不久，一个月光夜里，番兵去鬼足洞捉拿这群人。全营的兵都出动，来到鬼足洞下，将鬼足洞团团围住。忽然，一声铃铛响，崖际壁上头的檑木、滚石放将下来。霎时，只见山崖壁上一排排檑木、一块块或大或小的石头，似老虎冲的峡谷溪流，又如崖际壁崩裂，檑木夹杂滚石，滚石连着檑木，居高临下毫无忌惮地翻滚下来，发出惊天动地的啸声，密如雨点，铺天盖地砸向番兵。当时那场景，神仙见了也心惊，鬼怪撞着亦远遁。擦着些儿皮开肉绽，骨折筋离。碰着的或脑袋开花而毙命，或肝肠寸断以归阴。几百号番兵中有的形如肉饼，有的皮毛无存。就这样命断黄泉，只剩下几个机灵的番兵拖拖拉拉躲在后边，看见上面放将檑木滚石下来，脚底揩油，早早地溜掉，留下一条性命，连夜就逃回寿宁县城。

　　这一仗，打出了龙知县的威风，抢夺豪取无恶不作的番兵再也没有胆略驻扎平溪。龙知县和郧西王朱常湖、大将王祁顺势在平溪广收门徒，没多久就募集壮士数百人。大伙以白布缠头，举旗反清，连续攻克寿宁、政和两县。继而攻克建瓯、福州、浦城、崇安诸地，一时威震江南。

　　后来，平溪人就把龙知县加工堆放檑木滚石的鬼足洞上方叫作木场，把鬼足洞下方的山坳取名滚石垄，两个地名就一直沿用至今。

冯梦龙墓葬之谜

　　清顺治三年春，冯梦龙不幸病逝平溪仙崖寺。清廉知县、文学巨匠驾鹤归天，平溪人民十分悲痛。时值故国沦亡，异族秉政，血腥高压统治之际，人们无法为反清义士高规格地发丧举哀。敬仰冯老先生的有识之士，为使老人不至身后寂寞，就在平溪村头寻一方风水宝地，好让第二故乡的袅袅炊烟、星星灯火能与其朝夕相伴。这座原本无名的小小山包，因冯梦龙在此安息长眠，从此有了一个内涵丰富的响亮名字——蟠龙山。

　　顺治四年十一月，清廷以陈泰为靖南将军，统兵南下福建配合浙闽总督陈锦攻打明鄢西王部义军。顺治五年三月廿九,清军团团包围建瓯城。四月初四,清军调集红衣大炮炮轰城墙,炸毁城门,鄢西王朱常湖、国师王祁等死于乱军之中。清军入城大举屠戮,"男女老幼身碎锋镝之间,骨穿矢镞之内。其中有比邻约纵火而举家自焚者;有挈妻携子同赴池井者;有率亲属闭门自经者;有稚子少妇生离死别掠之而去者;更有义士烈女守死不回甘蹈白刃水火而不辞者。烈火亘天七日夜不息,玉石焚尽靡有孑遗,尸积如山血流成河"。"衙署寺观,悉付一炬。间有走出城者,比至马坑不能过,亦被清军擒获。朝天门、豪栋外各处鱼塘,男女尸骸不计其数。城厢各处堆满尸骸,其未曾出门之老人小孩焚死屋内者,遗骨山积。时正初夏,天气炎热,陈尸体腐,臭气难堪。火后焦土,触目惊心"。"二十五日,乡人来城送粮,只见满目颓墙败瓦,满街血迹臭气。亲戚故旧,百无一存"。当时建瓯城数十万人,幸存者不足二百人,史称"建州戊子之役"。

《福建史稿》对王祁义军反抗异族侵略的英雄壮举予以高度评价,书中载有沈白娄咏赞王祁义军勇敢善战和描述惨烈悲壮的"戊子之役"之诗:

州县义兵起,歃血遍村墟。　　主将辱推戴,揭竿厉夏硝。
杀声动天地,拒守百日余;　　士卒多勇敢,大将亲援桴。

敌军遂登陴,谁能尚支吾?　　短刀夹长戟,格斗血成渠。
烈火复四起,烟焰达街衢。　　满城十万户,无一存妻孥。

顺治五年十月初六,江西丰城举人饶崇秩率五百清兵驰攻寿宁,击败守城义军,夺回寿宁县城,接任寿宁知县。清军复辟之后,强令邑人剃发易服,四处缉捕抗清人士。为使冯梦龙之墓免遭清兵挖掘凌辱,平溪群众偷偷将冯梦龙墓前的标记除去,并将抗清志士的尸体悄悄安葬在其左右,以蒙混清兵。

谁知,当年这一保护冯梦龙之墓的无奈之举,后来竟在平溪相沿成俗——人们仰慕冯梦龙等抗清志士的耿耿丹心浩浩正气铮铮铁骨,纷纷将蟠龙山视为掩埋亡者的首选之地,使一方圣地神山变成了青冢遍地,坟头累累的乱坟岗。

木场天堂湖

木场村边里许有一个天然水塘,人称"天堂湖"。清顺治初年,一位游方僧人隐居天堂湖边,常为附近百姓无偿治病。后来僧人外出云游,木场村民怀念这位好心僧人,将天堂湖加以保护,禁止鹅鸭、牛群进入湖内。

不久,湖中长出一种奇葩——午时莲。此花一到午时,即莲叶上浮,花朵舒展。随着瓣展蕊现,湖面飘来阵阵幽香。午时一过,一朵朵奇葩又隐没水下,皈依宁静。人们传说,游方僧人就是隐身在鬼足洞的朱元璋的第十代孙——鄢西王朱常湖。

情系鬼足洞

话说冯梦龙任寿宁知县期间,有一天因故前往建宁府,途经平溪在平溪公馆驻留。平溪历史悠久,早在新石器时代就有人类在这里活动。明朝时已是寿宁最大的村庄,人烟稠密。村中一水中流、卧龙桥、平津桥两座木拱廊桥如长虹饮涧,贯通两岸。两桥之间还有一条长85米,共116齿的古老琴桥,一头连着古老的葫芦门,另一头连着通往木场、纯池的官道。平溪是寿宁通往建宁府的必经之道,官府在村中建有驿站、公馆、粮仓,"内外官司往来,舆马仆从咸萃"。冯知县每次经过这里,都爱稍事停留,了解平溪的百姓生活,也看看平溪的美景,听听平溪的民情。

傍晚时分,冯梦龙沿着葫芦门逐级而下,走到了琴桥边。只见宽阔的溪面上碧水缓缓流淌,到了琴桥处忽的倾泻而下。那水被桥石分成一绺一绺的,飞溅的水花晶莹剔透,琴桥真的成了一把有声有色的古琴了。那水声就是古琴演奏的曲子,变幻着各种调子,让人百听不厌。冯知县听得如痴如醉,他好像听到风过竹梢的清幽、虎啸龙吟的雄浑、雨打芭蕉的轻灵、如诉如泣的哀怨……抬头看时,但见那河的上游拐过一个弯,隐入群山之中。那拐弯处的岩石甚是奇异,形如孕妇怀胎待产时得鼓鼓"肚子"。陪同的老者告诉冯知县,那是"大腹岩",这块岩石还有一个动人的传说。

传说大腹岩是女妖的化身,那女妖住在平溪到禾溪村途中的鬼足洞里。鬼足洞上方有瀑布倾泻而下,洞旁树木丛生,十分隐蔽。女妖不仅不伤人,砍柴的樵夫、过路的商人如不慎失足或遭猛兽攻击,女妖还会出手相救。被救者都说女妖身材窈窕,长发披肩,宛如仙女下凡,因此村里人都叫她神仙姐姐。

一日,一位赶考的书生经过鬼足洞前,就着清冽的瀑布洗了把脸。就在他仰头的瞬间,看到瀑布中央水帘背后有个窈窕的白色身影正凝神注视着前方。在夕阳的余晖中,那姣好的面容、忧郁的神情让书生顿生怜爱之心。书生痴痴地看着,那白衣女子似乎也发现了书生,羞涩的隐入洞中。

书生在瀑布前踟蹰良久,眼看天色将晚只好郁郁前行。且说那官道两旁树木丛生,不仅各种野兽出没,更有强人藏身其间打劫路人。书生还没走到风雨亭,一伙强人从路边闯出,将手无缚鸡之力的书生打翻在地,抢过书生的包袱就走。眼看书籍盘缠被抢走,书生拼死追赶。强人恼羞成怒,拔刀向着书生就砍。就在这生死关头,一个白色身影长袖一挥,将强人砍刀卷入长袖之中。"神仙姐姐来啦!"强人惊叫一声作鸟兽散。

书生对眼前这位衣袂飘飘的绝世女子、救命恩人的爱慕之情溢于言表,他宁愿放弃科考,也要与神仙姐姐白头偕老。女妖羞涩地点点头,轻舒衣袖揽着书生飞回鬼足洞。原来,女妖也喜欢上了这个清秀俊逸的书生,因此一路暗中护送,没想到救了书生一命。一见钟情的两人从此在鬼足洞中过着幸福的日子。

转眼中秋到了,月亮分外明朗,书生和女妖在洞口吟诗赏月,一句"月是故乡明"勾起书生怀乡之情,他想起家中年迈的父母,想起临行前和父母许下诺言,考试结束就回家,不知现在家中如何了。想到这里不由双眉紧锁,连声叹息。女妖善解人意,她默默地收拾行囊,劝慰相公明日回乡探亲,安顿好父母再来鬼足洞团聚。书生十分感动,对着明月发誓,此生必不负娘子。第二天,书生踏上了回乡的道路。

日子一天天过去,女妖的肚子一天天隆起,可是书生却不见踪影。秋去冬来,又是一个滴水成冰的月圆之夜,女妖沿着书生回乡的方向痴痴地走着,她相信书生一定在不远的前方等她。不知不觉女妖走到了平溪上游，望着不远处的琴桥默默伫立。几个月前，两人就是在这里依依相别，女妖就是在这里看着书生走过琴桥，慢慢地在自己的视野中消失的。现在，流水依旧但物是人非。女妖就这么呆呆地站着、看着、想着……不知不觉天渐渐亮了，沉醉在思念中的女妖忘了，太阳一出，她就会化成坚硬的石头。

东方的第一缕阳光如期地照在琴桥上，也照在了女妖的身上。刹那间，女妖化成了一块巨石，挺着大肚子痴痴地遥望着远方的情人。她的脚下，潺潺流水声声悲切，似乎在为女妖流着相思的泪。至于那书生，有人说父母怕他远离，以死相逼将他留在了身边。也有人说书生照顾好生病的父母，再赶回鬼足洞时，娘子已经化为大腹岩，肝肠寸断的书生天天在大腹岩边陪伴，也化作一棵参天大树为大腹岩遮风避雨。

冯知县听了老者的故事，早已热泪盈眶。"好一个奇女子，好一个大腹岩，多少痴情在此间！"冯知县脱口吟道，"巧妻村汉，多少苦埋怨！偏是才子佳人不两全，年年此日泪涟涟。好羞颜，单相思万万不值半文钱。"说也奇怪，冯知县话音一落，那水声似乎变得欢快了，哽咽之声自此不闻。人们都说冯知县一语惊醒梦中人，那守候了千年的大肚女妖终于释怀，从此不再纠结那擦肩而过的一段情缘了。

后来，冯知县途经鬼足洞时还冒险到洞里一游。那洞口有一巨石如屏风，挡在中间，左侧为门，右侧为窗，洞口上方有水流下，十分幽深。洞内能容三五十人，内侧有一巨石平如床铺，的确像是有人住过。

不知是平溪山水吸引了冯知县，还是鬼足洞凄美的故事给冯知县留下了深深的印象。传说，冯梦龙后来又回到了寿宁，与郧西王朱常湖、明朝大将王祁一起以平溪鬼足洞为据点开展反清复明活动。后来冯梦龙因病去世，据说就葬在平溪蟠龙山。蟠龙山与大腹岩隔溪相望，有美丽的神仙姐姐和琴桥如泣如诉的天籁陪伴，冯大人一定不会寂寞的。

文人义举

云樵

冯梦龙，明末通俗文学家，讲故事的顶级高手。正是这样的一个文人，在明清鼎革之际，却以古稀之年举起反满旗帜，呼啦啦成了革命家。

1638年，65岁的冯梦龙在福建寿宁知县任上退休，回到老家苏州。此时的冯梦龙潜心文学创作，相继出版了《今古奇观》《新列国志》等一系列著作。冯梦龙在苏州看书写书泡茶访友，日子过得如同江南烟雨一样闲适潇洒。

1644年10月，爱新觉罗·福临定都燕京，改元顺治，随后颁诏各省"剃发投顺"，所谓留头不留发，留发不留头。"剃发令"激起江南汉族人民的普遍反抗，清廷派兵残酷镇压。血雨腥风刮到苏州，72岁的冯梦龙再也无法静坐书斋。他决心到浙江福建一带，追随南明政权，反抗清朝。

1645年春节刚过，冯梦龙告别家人，离开苏州悄悄南行。同年秋，冯梦龙几经辗转来到古田，暂住山中的僧寺。巧的是，明朝大将王祁避祸古田，就在这座庙里出家。冯梦龙和王祁乱世相逢，一见如故。

冯梦龙说:"将军大名早有耳闻!值此板荡之际,将军理应纵横疆场,力挽狂澜,为何学升斗小民,苟全性命于山中?"

王祁说:"大厦已倾,我一个武人怎么撑得起来?能保住性命,就很不错了!"

冯梦龙说:"这话不对!既是大明人,就要以匡扶大明为己任!再说,满清入关,脚跟未稳,各地抗清斗争如同云涌,隆武皇帝又在八闽招揽旧部。只要我们发动民众,齐心协力,恢复大明不是不可能的!"

王祁的心立刻活了起来:"先生说得很对,那我们该怎么做呢?"

冯梦龙说:"此去不远的寿宁县地处闽浙边境,到处都是险隘雄关,易守难攻,民风强悍尚武。我们若以寿宁为根据地,不怕大业不成!"

王祁大喜,当即就雇了一顶小轿,和冯梦龙一起前往寿宁。二人晓行夜宿,几日后就到了寿宁,住进平溪村的仙崖寺。随后,二人以说书为名,走村过户,暗中联络义士,发动民众。

不久,明郧西王朱常湖也来到平溪村,在鬼足洞避难。三人就这样聚在了一起。冯梦龙向朱常湖说出了自己的计划,还提出了首攻寿宁,次取政和,后夺建宁府为反清基地的策略。朱常湖静静听完,紧紧抓住冯梦龙的手说:"先生真乃大明的忠臣啊!"几个月后,冯梦龙病逝。

1647年春,王祁率众攻破寿宁县城,之后相继拿下政和、建瓯、崇安、邵武、顺昌、建阳、松溪以及浙江部分府县。东南为之震动。1648年3月,清军攻下建瓯城,朱常湖和王祁战死。同年10月,寿宁也落入清军手中。

起义失败后,平溪民众将冯梦龙墓前的标记除去,又把牺牲的抗清义士葬在冯梦龙墓地周围。

一代文豪,终于躲过了被掘墓曝尸的耻辱!

【作者简介】

云　樵　福建省三明市沙县虬城人。《文人义举》一文原载2014年9月《三明新周报·古今传奇》。

第二十编 诗 文

平溪历史文化底蕴深厚，朱松、阮宾、郭斯垕、陈时范、冯梦龙、查继佐、沈墨庵、陈朝俨、周昉、方伯、杨中迪、胡效曾、李经文、丁居信、卢金锜、巴杨河、宋际春、柯寅斗、来裴、李枝青等历代文人墨客，给平溪留下了丰富的文化瑰宝。

清乾隆年间，南溪李挺穗、李毓姬均有诗文入选《福宁府志》；嘉庆年间，南溪李廷森师法舅舅吴峨，书画精湛，名扬邑内；光绪年间，环溪周绍濂题咏家乡山水风光的诗文，是平溪弥足珍贵的文化遗产。

近年，中国诗歌学会会长、中国作协诗歌专业委员会主任雷抒雁，中国道教协会副会长、中华全国青年联合会副主席张继禹，福建省文史研究馆馆长、福建省历史名人研究会会长卢美松，中国文联党组副书记、副主席覃志刚，中国新闻社福建分社社长周景洛等专家学者相继为平溪撰文、题联。

第一章 古代诗文

第一节 宋 诗

南溪道中
朱松

千峰踏遍一筇随,草软沙平路却宜。
细径忽攀飞鸟外,故知腰脚未应衰。

【作者简介】

朱 松 朱熹之父。字乔年、号韦斋,宋绍圣四年(1097)生,徽州婺源县万年乡松岩里人。政和八年(1118)同上舍出身,授迪功郎。历任建州政和县尉、南剑州尤溪县尉、左从政郎、左宣教郎、著作佐郎、尚书度支员外郎兼史馆校勘、奉议郎、承议郎、主管台州崇道观。绍兴十三年(1143)卒,著《韦斋集》。《南溪道中》是目前已知最早描述平溪境内山水风光之诗,同时也证明早在北宋年间南溪就已形成村落。

第二节 明 诗

过平溪作
郭斯垕

立马溪边唤渡船,绿杨烟暖向波悬。高峰碍日疑天近,阴壑犹霜觉地偏。
处处鱼盐间草市,家家鸡犬类桃源。隔溪茅屋门孤掩,重忆杨雄草太玄。

夜宿田家作

冰轮秋正满,天宇水同清。扫却山河影,圆光分外明。
湛湛天垂碧,辉辉月正圆。自吟心垢净,转觉素光妍。

山行杂咏（十首）

一

山青水绿散晴辉，迢迢乡村匹马迟。花坞家家茅盖屋，秧田处处竹编篱。
傍溪鹅鸭浮红掌，沿路桑榆长嫩枝。为吏但应民不识，深怜耆老候多时。

二

雨散山光极望青，马头时见白云生。半溪红杏流春色，一路长林杂涧声。
山鹿经过微有迹，野禽飞起不知名。频从峭壁牵萝度，后夜闲眠梦亦惊。

三

过一山坳又一村，小桥流水映柴门。桑间少妇自采叶，舍下老翁闲弄孙。
山雾欲收红日晏，蕨根新洗碧池红。停舆暂上岩亭坐，隐隐樵歌隔溪闻。

四

疏篱草屋小桥边，坐久唯闻鸟雀喧。一片竹荫凝古径，数枝松影落幽轩。
饭牛青草晴耕地，分水方塘夕灌园。野老不知门有吏，荷锄来往独忘言。

五

霹雳一声山忽雨，洪荒乱出路成溪。寒塘水满看鱼跃，空屋云归并雀栖。
野碓轮飞春自急，菜园墙外砌还低。扬鞭笑指前村去，一路残花衬马蹄。

六

荒径横烟日色微，森森松竹掩柴扉。邻翁乞火蒸藜藿，童女临流浣草衣。
弱弱柳丝烟外细，青青梅子雨中肥。老农蛮语留人宿，儿出耕田暮欲归。

七

拂拂轻风谷雨初，绿杨堤上步行徐。竹林生笋长过母，巢燕扑虫归哺雏。
雨散山溪平岸出，云开岩树倚天孤。凭谁唤起王摩诘，写入秋毫作画图。

八

孤村欲暝绝飞鸦，落日高原树树霞。野水含风微绉縠，林峦横雾薄笼纱。
山边磷火逢人灭，云际星光到地斜。自做幕宾今五载，几回乘月到田家？

九

伊轧篮舆绕涧阿，云林缺处夕阳多。花开花落怜春色，山送山迎拥翠波。

野雉飞从林外起，流莺啼向柳荫过。田家借宿眠常早，疲倦无心对素娥。

十

青山行尽见平田，一簇人家绿水边。啼鸟休呼脱布绔，隔溪撑过钓鱼船。
山村路滑苔痕湿，茅店墙低酒望悬。三尺丝鞭敲几响，又随花柳过前川。

【作者简介】

郭斯垕　字伯载，浙江会稽人，生卒时间不详。明建文四年（1402）任政和县典史，永乐年间主编《政和县志》。邑人重其文学，称为会稽先生。永乐年间，寿宁尚未建县，平溪及邑内大部分乡镇均隶属政和县。《过平溪作》《夜宿田家作》《山行杂咏》等原载永乐《政和县志》。

南溪公馆
阮宾

秋来陵谷景逾常，飒飒风清透葛凉。隔岸翠屏添黛色，悬崖瀑布闪寒光。
爱奇暂憩山亭赏，促驾偏嫌案牍忙。天地此身闲未得，且将行乐趁行装。

【作者简介】

阮　宾　福建建宁人，生卒时间不详。建宁府按察佥事，明弘治十八年（1505）分巡寿宁县，檄知县吴廷瑄修筑寿宁县城墙。正德八年（1513），分巡宁德市，以砖筑宁德城墙。《南溪公馆》原载清康熙《寿宁县志·艺文志》。

石门隘
冯梦龙

削壁遮天半，扪萝未得门。凿开山混沌，别有古乾坤。
锁岭居当要，临溪势觉尊。笋舆肩侧过，犹恐碍云根。

春日往府

春日下山腰，春风寒欲消。草丝逢石罅，桃叶衬花娇。
水道将添笕，烧痕渐减焦。只愁零雨至，尚有未成桥。

【作者简介】

冯梦龙　苏州市相城区东桥镇冯梦龙村人，明万历二年（1574）生，著名通俗文学家。崇祯七年（1634）知寿宁县，崇祯十一年秋满返乡。崇祯十七年（1644）明朝覆亡，冯梦龙不愿做亡国奴，毅然返闽与王祁、朱常湖在寿宁平溪举义反清。清顺治三年（1646）春因病逝世，享年七十三岁，墓葬平溪蟠龙山。主要作品有《喻世明言》《警世通言》《醒世恒言》《寿宁待志》等。《石门隘》原载冯梦龙《寿宁待志·城隘》,《春日往府》原载钟惺、谭元春《明诗归》。

第三节 清 诗

歌鬼足洞
沈墨庵

天将鬼之,天复回顾之。
天晚顾之,天复鬼之。
噫！鬼足洞兮,可以一用兮。
王祁拥郧西王起鬼足洞,全闽震动。

【作者简介】

沈墨庵 名起,字仲方、号墨庵,浙江秀水人,生卒时间不详。明末诸生。明亡,沈起入沙门,圆寂后葬东禅寺东南隅。好友曾王孙为其作志,并题其墓曰:墨庵沈公之塔。

明崇祯十年（1637）,沈墨庵拜查继佐为师。查继佐,人称东山先生。沈墨庵与东山先生合作《东山国语》一书,康熙八年为东山先生的《鲁春秋》作序。并著《东山先生年谱》《墨庵经学》《学园集》等。《歌鬼足洞》原载查继佐《东山国语·墨子语后自序并诗十九章·歌鬼足洞第十一》。

石 门
陈朝俨

何年上帝运神工,巧凿瓒岘一径通。岂有古今坚壁垒,不妨尔我拜玲珑。
吞来天上三更月,吐出人间万壑风。欲向此中寻去路,晚山犹恐白云封。

【作者简介】

陈朝俨 字陛来,号望庵,浙江仁和县人,生卒时间不详。例监。康熙三十六年（1697）署浦城县。康熙四十五年（1706）,至武夷任瓯宁令。著《公余集》《武夷游草》。《武夷山志》录其《武夷游记》《滩行五首》《三杯石》等诗文。

石 门
周昉

何年师禹凿,突见石门高。漫说当关险,也知结构牢。
乱流趋大壑,杂草隐平皋。渐觉南溪近,顿忘此际劳。

【作者简介】

周　昉　福建莆田人，生卒时间不详。岁贡。康熙年间（1662~1686）任寿宁县学训导。《石门》原载清康熙《寿宁县志·艺文志》。

南溪途中
方伯

石路石门石板桥，时来未觉是荒寥。四围稻色出山顶，一派溪声通海潮。
木客无人惊迹静，吴牛长睡柳荫饶。烁光犹带春温气，好绘丹青报圣朝。

【作者简介】

方　伯　字戴滨，颍州人，生卒时间不详。进士。雍正七年至十一年（1729~1733）春知寿宁县。乾隆《福宁府志·秩官志·循吏》载："方伯，字戴滨。颍州进士。由湘潭令调知寿宁。性严肃，苞苴不入，人无敢干。先是里长催征，名曰'排年'，受累最苦。方至，改滚单法，吏胥无所容其奸。民甚德之。"

韶托桥
李挺穗

出亭沿麓去，田尽见炊烟。
黄石今何在？红桥空自悬。

【作者简介】

李挺穗　字伊嘉，南溪村人，康熙四十四年（1705）十月初一申时生。雍正十三年（1735）乙卯杨炳科以第一名入寿庠，乾隆年间援例由庠士入国学生。嘉庆二年（1797）五月廿八日巳时逝，墓葬山谷村后门。妻吴福妈，岱阳吴峨胞姐。乾隆《福宁府志·建置志·津梁》载："南桥，原名韶托桥。相传宋黄槐登仙，托始于此。李挺穗诗：出亭沿麓去，田尽见炊烟。黄石今何在？红桥空自悬。"

南　溪
李毓姬

道是来家哪有家，愀然惭对旧烟霞。早知刻鹄难如鹜，悔不荷锄学种瓜。
痴意每犹学伏枥，壮怀全淡掀须发。眼前景物都无异，扼腕伤心在岁华。

三峰寺

菁葱古刹缘芙蕖，五瓣离披结梵居。林木扶疏深霭霭，幽途纡曲静如如。
虚堂舞燕凉忘暑，古壁蒙尘隐怪书。信是秋宗饶慧眼，试看画锦几非虚。

茗溪清泉

茗香万树傍天梯，一涧清泉对小溪。羞逐浊流分泾渭，独涵云影伴凫鹭。
雪花不羡卢同饮，石乳休夸陆羽题。诗渴几回思玉露，扶持藜杖过桥西。

官亭草色

浮天翠绿绕旗亭，槛外青青过客停。晓曙微开烟径远，斜晖返照画图明。
池塘有句生春梦，书卷盈眸落晓星。今日销魂无别路，子规啼处不堪闻。

七星长桥

西山形胜接三洲，鳌驾长空出地浮。隐起星文横碧汉，遥开虹影挂清流。
授书自昔传黄石，入海何年泛女牛？多少登临郑子繁，曲栏斜倚数沙鸥。

翠屏爽气

南山叠叠画屏开，俯挹江城亦壮哉！爽气朝飞凌北极，岚光暮影入西台。
鳌峰分峙双峦合，蟾水中流一嶂回。指顾峻增堪入画，挥毫欲赋愧非才。

丛珠霁雪

梅花六出待谁收？掩映明珠岂暗投。爽朗迎晞光远射，晶莹散玉润方流。
华盘乍见晖山采，照乘今看出谷浮。莫为清寒轻弹雀，预知丰稔故长留。

仙岩石乳

何年辟谷此骖鸾，石乳于今尚可餐。露滴苍岩融玉液，霞陂绛壁见金川。
鹤翔鼎灶朝烟起，云锁桐峰月夜寒。闻道仙人今不远，登岩几欲着椰冠。

炉峰宿霭

烟火氤氲宿霭回，天然大冶铸三台。双辉合照千年鼎，五纬分燃百和煤。
朝暮有香通帝座，古今无秽渎灵台。博山鹊尾难为匹，历尽人间几劫灰。

古洞昏雅

崔巍古洞白云隈，斜映夕阳日影回。苦口惊人原不恶，何须守默免群猜。

仙桥卧象

一峦如像郁云烟，阆苑长虹仰鼻连。莫道宣威身力倦，临流鼻息不知年。

422

【作者简介】

李毓姬 字守朋,南溪村人,生卒时间不详。清乾隆年间诸生。著《卜筮正宗》《松亭诗文集》,为邑内诗文入选《福宁府志》最多者。《南溪》一诗录自南溪《李氏宗谱》,《三峰寺》《茗溪清泉》《官亭草色》《七星长桥》《翠屏爽气》《丛珠霁雪》《仙岩石乳》《炉峰宿霭》《古洞昏雅》《仙桥卧象》等原载乾隆《福宁府志》。

石门烟雨
李廷森

巨灵劈处石门通,一片迷离烟雨中。佛迹凭谁书梵宇,青山有客度蚕丛。
岚光半掩藤萝湿,野翠时流景色蒙。磴道盘空幽折甚,好将图画写溟蒙。

黄山公赞

神功德泽播闽疆,显迹威灵千古扬。初觉溪清为履洁,谁知岩老果呈祥。
宦情未等河山永,仙篆应堪天地长。欲问当年成点化,重阳佳节正飘香。

【作者简介】

李廷森 谱名周书,字良材、少维,号玉堂、石门、槐卿、心斋,南溪村人,清乾隆十九年(1754)六月十九日寅时生。嘉庆十二年(1807)岁贡生,擅书画。道光十一年(1831)逝,墓葬南溪村头亭后。

寿南溪李廷森先生
卢金锜

郡守当年试士频,量才玉尺必躬亲。君为脱颖无双士,我是扶轮第二人。
同是恩深俱未报,每思堂后独伤神。门生老师今何在,弹指流光五十春。

【作者简介】

卢金锜 字于湘、号兰斋,寿宁县斜滩人,清乾隆廿八年(1763)三月廿二日生。乾隆四十二年(1777)补弟子员,乾隆五十一年(1786)丙午科乡试中第53名举人。嘉庆元年(1796),主讲寿宁鳌阳及罗源、霞浦诸书院。嘉庆十三年(1808)吏部大挑一等,授湖南岳阳知县。上任仅数月,阅处积案百起,邑民悦服。任上操守清廉,黎民戴德。嘉庆廿四年(1819),任满归里。道光六年(1826)五月十七日卒,墓葬斜滩镇过岗杨家楼旁。次子赞虞将其遗诗224首集为《兰斋老人遗草》四卷。

石 门
李蓁

嶙峋古壁峭摩空，路绝风云径可通。不肯缘崖依俗见，独开生面显神功。
天成险镇潼关壮，地辟洞门积石雄。谁谓龙门矜禹迹，南溪何减五丁踪。

【作者简介】

李 蓁 字得泉，生卒时间不详，斜滩镇印潭村人，后裔迁居福安县垮坞。清乾隆四十四年（1779）己亥恩科张经邦榜中式第四名，官直隶保定府唐县，历署内丘、博野县。

石 门
佚名

嵯峨怪石插南津，洞口天开一径新。此地凿疑神禹幻，当年擘想巨灵真。
娲皇炼出愁难补，精卫衔来恨莫填。我到门前无限感，夕阳流水送行人。

【作者简介】

佚 名 作者籍贯、生卒时间不详。《石门》一诗录自清道光廿一年南溪《李氏宗谱》，标题下注"前人"二字。

烟迷渡口
周绍濂

晓烟淡淡抹江中，唤渡人音隔岸通。摇曳橹声知不远，因教系缆认孤篷。

卓观澜

指点白云一片中，当年曾道有船通。招招舟子今何在，错认浮烟隐短篷。

古井神龙
周绍濂

古井澄清水一湾，神龙奋跃去仍还。甘霖旱祷随车注，变化飞腾顷刻间。

卓观澜

一泓清水泻湾湾，中有神龙数往还。瞬息为霖周八极，教人失措捉摹间。

【作者简介】

周绍濂 字少溪、号莲舫，环溪村人，清咸丰七年（1857）生。光绪四年（1878）以全县第一名入县学；光绪七年（1881）考取一等第五名补增生；光绪十六年（1890）考取一等第三名补廪生。光绪年间，为首倡建平溪文昌阁。一生以教学为业，民国三年

(1914) 卒。

卓观澜 行怀谦、字子澄、号达泉、别号和本,寿宁县清源镇清源村人,清道光十七年(1837)十二月初十日亥时生。光绪年间贡生,曾在屏峰任塾师。与平溪廪生周绍濂相交甚厚,两人览景赋诗依韵酬答,留下一段忘年之交诗友相契的佳话。光绪廿七年(1901)十二月卒。

南溪即景
李经文

一入南溪思渺然,柴门流水夕阳边。云山四面疑无路,烟火千家别有天。
蓬岛漫寻方外幻,桃源只在杖头前。石门况复饶佳趣,好景遥临快若仙。

【作者简介】

李经文 字章甫、号培基,福安市察阳人,清光绪二年(1876)生。郡廪生,直隶法律别科毕业,光绪廿八年(1902)壬寅科举人。宣统时任南台商埠检察厅检察官,延年、峡阳县佐。周宁县杉洋詹氏宗祠有李经文所书楹联。

第四节 艺 文

南溪公馆记
陈时范

南溪,寿之西鄙也。自政和历胡屯以东,崇崖峻岗,盘屈颠越。抵石门方履平陂,是宜驻节之所。然先时馆唯一楹,靡有堂室。内外官司往来,舆马仆从咸萃,甚非所以壮观瞻也。

癸卯冬,邑侯张公税驾于此,心切病之。乃捐俸金,买民田拓基地,仍命里胥李尚德等督工量材,计日而就。自外门循仪门,历阶升堂,堂三间,制仍其旧。堂北新筑寝室三间,室东西两厢为厨舍,堂东西两厢以处门隶。且前绕墙垣,竹卉青葱;后际土阜,松楹苍郁;山源如翼,溪流若带,隐然驻节之奇观也。

事竣,尚德等就而征之于余以志。余曰:"此而志之,可胜志哉!"佥曰:"张侯之尹吾邑也,严而节,慈而断,明而不讦,察而不矫,民归服焉。且于城隍、社稷、学宫、公署无不修葺,令焕然一新,真所谓百废俱举。而兹馆之役,特其一耳,讵足以尽侯哉?"余曰:"果若是,是可以观政矣!"

盖饬祠以祀神,敬也;峻防以奠民,仁也;崇署以明分,义也;兴学以育贤,礼也,为政之道德矣。夫志者,记也。继往可以鉴来,庶后之令兹土者,过此而有玩焉,未必不追踪于侯也!此诚不可以不志者也,故遂书之,以寿诸石。

【作者简介】

　　陈时范　字敷畴，号望川，福建长乐古槐镇井门村人。明嘉靖二十年（1541）沈坤榜进士。初授户部主事、员外郎，迁刑部郎中。嘉靖廿二年（1543）冬途经南溪村，夜宿南溪公馆撰《南溪公馆记》。陈时范任四川夔州知府时，当地百姓为建筑宫殿采木，困苦不堪。陈时范为民请命上疏请求蠲免，使几千户人家摆脱死亡困境。陈时范为官清廉，薪俸外一无所取。后官至四川、云南按察使，历左右布政使。著《世槐堂录》《狮江集》二卷。《南溪公馆记》原载清康熙《寿宁县志·艺文志》。

重修平溪公馆记
叶仁佐

　　平溪公馆在县南五十里，土名大石坂，往返所必宿也。后枕平田，前带溪流；左环石马，右列犀牛；又溪有神鲤潜藏，喷浪则时雨辄至。其山川畜灵，亦颇足驰忆。岁久而奠之恤也，今废址存。

　　平溪公馆以公名，意亦庐宿侯馆之遗乎？故通衢有驿，要冲有馆，所以驻皇华之轺，荂旬宣之辙，税灵雨之驾，典綦重哉。

　　嘉靖癸卯冬张侯来篆，见其不堪舍宿，遂建东大门，次堂宇，后寝室。堂之左二间，徒属休寝之；右二间，居馈事。墙壁周苔润色，以壮伟观。又建文昌亭于中，远水道于前，一一完备。

　　事竣，佥属予记之。寿，山邑也，鸟道盘纡去都会特远。倘舍馆废，恐不免壅滞误事。今吾侯仅月余，举此数十年驰异之典，厥功何过完葺驿传桥道？履斯馆者仰叹称贤政矣。

【作者简介】

　　叶仁佐　字良弼，寿宁县坊四都人，生卒时间不详。明万历十六年（1588）贡生，任浙江丽水训导。《重修平溪公馆记》录自平溪《周氏宗谱》。

王祁传
查继佐

　　王祁，字如止，号拱哲，太仓王氏奴也。昵青楼某，滥，遂干没主租无算。后青楼怀巨赀为尼，怜祁，与千金，亦数月豪尽。

　　乙酉，不肯剃发，走闽建宁之净慈庵，披剃为僧，尝寄单大中寺。祁短身，面黧铁，体丰大，缁衣相向，多唏嘘动人。僧戒秘而坚，盖许祁以死者数百跐矣。诡称谙术数，能缩水令干、便步入海。民间遍插杨枝以迓观世音大士，众惑之。

　　时郧西王常湖亦度为僧。丙戌唐事败，王托钵寿宁之鬼足洞。王颀长，读书明机事，性好讖,曰:"鬼得足不死矣。"虽荷笠、衣缁单,意气自别。王或言佛事,神其众。洞内外人咸异之,争饭王。

明年丁亥春,祁亦僧服募洞见王。王曰:"僧何山?"祁曰:"行脚耳。"王见祁髻在,曰:"今髯衲皆非僧,有脚能行乎?"祁亦知王非僧,曰:"行脚欲行,杀髯鬼矣。"王曰:"鬼有足,无妨也!"因指洞名为讖。祁笑曰:"请与鬼以足。"夜共寝处,密言所欲。祁别去,遍以王踪迹微致所善僧跏。久乃露王于洞之内外人,且曰:"王佛祖再生,为主运。"又自言精天文家及奇门、六壬等数学,测无漏;有法呼天兵至。于是众顶礼惟命,得壮士三百人,成习槊,惟左右。

且起,而稍稍为寿宁官将所知,出捕洞。洞故壁起不可蹑,梯空而上。时洞外人皆入洞,官兵仰洞,无如何。祁乃夜间穴地洞侧身出,疾走寿宁。寿宁兵壁洞外,城单,开门走其县官。时府檄政和兵共援寿宁,祁又间释寿宁,破政和,逡巡复还洞。

会建安令李甲躬诣乡督粮,仆役颇扰。里老率众前罗诉,不与直。众喧,欲入建宁鸣上官。令恐上官见督,猝传语镇将:"乡之人且为乱。"明日,众共诣城,镇将闭门,登城睨弓。众有好事者大呼:"令以我等为贼,贼无赦,与一决之!"遂夺城外所设保甲兵器,咸仰城以防镇兵之开门遂出也。初无窥城意,偶火枪中镇,镇倒。众知不可解,各使人呼其乡。乡无不怨其令,哄起。揖出祁洞中,祁以郧西常湖主兵,而身为国师,用唐隆武年号。王无所裁进止,惟国师祁。祁以王令部众,亦署官属。

四月,攻府治。建宁道顾南泾弃妻子,匹马走浦城索援。援未至,而镇部骑者易祁等开门纵骑出,祁伏卒桥下,火击骑倒,众愕。而先是祁所善僧,各以义微示城斋主:城外或警,则出木器投巷,妨马足。遂有好事者夺门入祁等,而骑兵还,碍木不得展,尽被杀。为是月之七日也。祁令但残官府,余无所犯。迎王洞中居城,于是寿阳、政和复下。时方国安从子元科已卒,其余部散走山砦者,咸就祁。曹大镐者,亦以兵来会,战力;而城绅士愿给饷,守精。北兵攻围数月,辄不利去。

明年戊子,建国公郑彩乘势以鲁监国命,督海师与乡较合攻福州城。垂破,而去之。是时桂主立肇庆,驰封祁郧国公。祁乃分捣浦城,欲断仙霞为固。浦城不即下,北师总督陈谨等重师来援,祁出战不胜,闭门严备。久之,饥。往贷粟海上国姓成功,成功许诺。而闰四月之四日,天雾四塞,守而怠。北师梯木上,迷无从睨炮。祁登城举大炮,炮裂反焚,祁创。猝令一城中尽起火,四十万人无活者。祁乃自投火中死,而王为乱兵所杀。成功以饷至,无及矣。

论曰:祁叛其主,走去而卒,捐躯以报国。无主而有君,本末异,何也?以穷而遁、以穷而起,顾能以诚信感人,卒之咸投火自焚。然则盟于中,非一日之故矣。以其生效于大,不在金粟屑也。恨郑永胜欲乘北自为功,而不与呼吸。孤城力竭,各种俱敝。所为事不出一手,缓急不为能。闽仆匿主,武仆谏主,岂若琅琊苍头能为万世不北哉!

【作者简介】

查继佐 号伊璜、与斋，别号东山钓史，浙江海宁人。明万历廿九年（1601）生，崇祯六年（1633）举人。明亡后随鲁王监国绍兴，授兵部职方，在浙东地区抗击清军。清顺治三年（1646）清军攻占绍兴，隐居海宁硖石东山万石窝，改名左尹非人。顺治九年（1652）在西湖觉觉堂讲学，旋至杭州敬修堂讲学，人称敬修先生。康熙元年（1662），罹南浔庄廷鑨私刻《明史》案，下狱论死，经粤督吴六奇奏辩获救。康熙十六年（1677）卒，享年77岁。著《罪惟录》《国寿录》《鲁春秋》《东山国语》《班汉史论》《续西厢》等。《王祁传》原载《罪惟录》《东山国语》。

募建庾岭岭头亭序

李毓姬

日来俗氛侵入，余正拂几危坐，见陈昧三、许明壹持短簿至，欲竭赑屃之力，建庾岭头亭。虞力不继，丐余笔为缘，望涓滴助。余怪其妄，嘿然良久。

二子请尽力。余曰：吁！斯亭之废，阅有年矣，胡以萧然，二子欲图成耶？余尝披览图志，自构栈锁铁外，独益州与七闽号称崭绝。南丰先生谓，闽路或逆坂如缘组，或垂崖如一发，或侧径钩出于不测之溪。时先生知齐、襄、洪三州，量移福州，势必入杉关，顺流三溪而下，此犹吾闽之通都孔道耳。乃闽中枕北岭参嵯而上，视吾寿，势若颓焉。

寿岭甲全闽，车岭、九岭、庾岭、乌石岭其最著者也。他岭嵚崟碨砬，虽一去数武，节有息亭，犹病其少。惟庾岭北注南溪，南垂平溪，自下抵巅，各距十余里，仅于二村附近各见一亭。舟车不通，往来贸易悉任肩荷。游客、殷商，优游者无论矣。若乃遥程负重气索神疲，欲登反却血沸鼻烟，度阜越陵蜿蜒层折，矫首白云之端旧址所在，惴惴以望不啻其户阈焉，其阃槷焉。至则芜秽蒙茸颓然瓦砾，罔不曰："此乡之人其不善也有如此夫？"

斯亭眼界所及，掺牙筹剌利孔，不矢纤黍拥厚赀者。若而人，顶峨冠曳长裾喑哑叱咤，鸠形鹄面之夫不敢仰观者；若而人，燕冀孙子堂构苞茂，冀王槐期窦桂务得此而食朝者；若而人，乃竟置斯亭苍莽数十年无有过而问者？

今二子身为赁佣，四体之外毫无所有，不惜劳瘁汗赀，奋然以建造为己任。虑若不瞻，望吾侪助其一腋噫！亦是吾侪之所戚，腴欣从而恐后者矣。假令以二子为规轨，诈者法其直，贪者法其惠，畏葸者法其果敢，而又合之同出于推己及人之一念，何善不可以延颈而成。于戏！有志于善者，观二子之行，其亦可以慨然兴矣。余琴书之余了无长物，谨赠二子以言。

【作者简介】

李毓姬 字守朋，南溪村人，生卒时间不详。清乾隆年间诸生，著《卜筮正宗》《松亭诗文集》。《募建庾岭岭头亭序》原载乾隆《福宁府志》。

平溪地舆赋

佚 名

盖闻：天皇氏生六子，乘六龙以御天；地皇氏育五男，乘五龙以布地；开乾坤一数之先，作阴阳三才之始。日月星辰系乎中，山川草木错于内；彼苍者天而垂象，载厚者地以成类；万物并育于其间，精灵庶品唯人异。

矧夫平溪胜概，自皇宋而拓启，历元明以厥成。地虽偏小，路通帝京。其西去也，达名区兮固于斯而登道；驰上国兮莫外此以发程。遐观白岩兮雾涌云蒸，仿佛融融蜃光布；迩觑丹丘兮烟霏雨散，依稀霭霭瑞气腾。此皆文章之大块，抑亦毓秀而钟灵。

既观于西，岂忽其南。而南也，泱泱江水则滔滔逶迤兮，不啻夏禹之治；苍苍云山则兀兀鼎峙兮，奚须唐尧之驰封。左顾右盼兮，触目而雅趣叠叠；仰观俯察兮，搁笔而英华溶溶。梵阙仙阁，在在红楼翠馆；玩水观山，处处甘泉巫峰。弗为南游之多景，亦须向东而搜踪。

其东也，峻峰聚奇矗矗耸美兮，高插碧落探日月；丘峦环列层层拔翠兮，远接丹极摘星辰。凤鸣高冈，原是凤附英士；龙飞在天，何非龙生大人。声彻云表兮上方钟韵；影射九天兮渊跃锦鳞。

且览东舆之胜，岂抛北山之岑。其北也，仁山郁郁，智水漪漪。林畔童歌兮，当年宋玉难和赓；川源垂钓兮，前代吕尚岂让伊。既有局外之伟品，岂无间内之奇英？其屋也，桂殿兰宫，势列冈峦；其川也，鹤汀凫渚，形绕岛岱。山原旷其盈视，川泽纡其骇瞩。宇则雕甍而辐辏，户则绣闼而阛阓。虹桥屡挂其素月，草亭常驻其德骥。

歌曰：渺茫绿水，澹荡碧山。花芬芳兮含翠，鸟颉颃兮知还。草畅兮木茂，流曲兮峰环。斯井漫道惟栖隐，我为化龙即此间。

【作者简介】

佚 名 作者籍贯、生卒时间不详。《平溪地舆赋》原载平溪《周氏宗谱》。

平溪社主记

平溪土主之坛设在水头，官仓坐其东北。余因公诣乡，启视仓谷，剩谷发蝗，欲除无策。适乡绅请会，皆言其乡之土主灵验极神，凡乡间之瘟疫瘴疠、豺狼虎豹、螟螣蟊贼之属，为民物害者，诣庙祷祝无不即除，余因沐浴焚拜驱蝗。

越翌日起视，仓蝗果灭，不知何来何去。积谷虽稍毁，依然无害无伤。苟非神功浩荡，何以灵验至斯也。故为记。

大清嘉庆十三年
知县杨中迪拜撰

【作者简介】

杨中迪 广东梅州市大埔县百侯镇人，清乾隆四十五年（1780）举人。嘉庆三年知泰宁县。嘉庆七年十月、嘉庆十一年知清流县。嘉庆十三年至十八年（1808~1813）知寿宁县。《平溪社主记》录自平溪《周氏宗谱》。

平溪文昌阁序

阁之名兮自黄帝，阿阁尚已自是结绮凌烟，文窗绣户，卜策峥嵘，难更□数，亦不过是供游览焉。已若夫太乙鉴忱，黎燃天禄，伯□启宴，珠卷滕王，此又艺圃文涵濡士林之韵事也。

方今圣天子文教昌明，四海之内，咏仁蹈德，于□文昌祀典，有加礼焉。是以或建阁，虽远乡僻壤所在多有，非谓借以祈祷之谓。其谓神明之显赫，司禄命于微垣，必其圭璧束躬，无惭衾影者，而后百福骈臻，如响斯应也。

余因公诣平溪之乡，见夫阁势高襄，题以文昌。询其巅末，乃周生履绥等廿余人所建也。以文会友，俾岁时得以瞻仰其中，则凡所以砥砺；隅者在斯，所以触目惊心者，亦在斯矣。夫人虽至愚，一望神灵，无不生畏。此古昔圣王，端赖神道以设教也。况身列教庠，青云志切，而奋不耸然动念者乎？然则斯阁之建，其有益于世道人心者良非小补，余因喜而叙之。

行见异日者，士品□端，文名蔚起，又其所自若耳，周生勉乎哉。高明者伺察之严，屋漏者铭心之要，毋惑于祷媚之情，毋视为具文之奉。书曰：作善降之百祥，此物此志也夫。

知县　胡效曾

【作者简介】

胡效曾 安徽合肥人，清嘉庆廿二年丁丑科（1817）三甲第112名进士。嘉庆廿四年至道光元年（1819~1821）知寿宁县。《平溪文昌阁序》录自平溪《周氏宗谱》。

文昌阁赋

环溪之东，有文昌阁焉。村居行里许，有地半月，势不甚高，里人建阁其上。其间石涧飞泉，禽声上下，溪流环出其旁。西望云树苍茫中，隐隐有人烟数百，亦天地奇观也。数年来乡愚无知，频加剥削，蓬高满径，荆棘盈庭，四壁萧条，凄然若绝，幸有善士周承烈（编者注：周尚颐，字承烈）等旋出而募修焉。

壬午（编者注：清光绪八年）春，余假馆于此，见其规模依旧，而栋宇门户似皆更新，询而知为旧年重修也。噫嘻！破屋坏垣不绝如缕，而里人卒能复整于已废之后，以视夫巍然庙貌，无故倾圮者，其相去为何如耶？余既喜此乡之好善有人，且乐与诸子共相磨琢，为得其地也。爰为之赋曰——

有楼兮，凌云气壮，流水溪春。名殊玳瑁，景异芙蓉，则见苔青石古，院静云封。通蚕丛而径仄，耸鱼岫而灵钟，为环溪之胜概，为驻马之名峰。四辅遥临，拱文星而聚气；一层更上，临水郭兮汤胸。依稀红粉三千界，仿佛画图十二重。里人告余曰：此文昌阁也。

乙丑之年（编者注：清同治四年）鼎建，辛巳之岁（编者注：清光绪七年）重修。乌斯革而壮彩，狐集腋以成裘。奎曜之楼，奎璧则辉联翰墨；文帝之阁，文光则远射斗牛。门开智慧之花，预占人瑞；地种科名之草，共仰神庥。此斯文所为特重，而庙貌于以长留也。尔乃片云横汉，半月含秋；凤飞远岫，虎踞荒丘。右引仙宫而对峙，俯通略彴以横流。迷万窜之晓烟，雨中春树；渺一溪之新涨，浪里金球。万顷良田，恍睹桑麻陌上；千茎瑞草，如游蒙石山头。则欲揽一时之形胜，试与临百尺之高楼。三间两间，一圻一壑；寂寂柴门，亭亭院落；屋晓莺啼，檐低燕掠。标八景之佳名，据一乡之锁钥。东偏西序，成堂室之观瞻；上圆下方，仿乾坤之制作。庶几雍在宫肃在庙，共钦文武神圣；岂必松之茂竹之苞，始见规模台阁。云梯直上，耸尔楼危；雕甍环列，鸳瓦参差。栋宇则乾霄磨顶，纱窗则远岫列眉。南浦云飞之外，西山雨卷之时。八面疏棂，引清风而入胜；一声长笛，倚明月以敲推。问谁客，是庾公也作胡床之话；到此人，非王粲莫题粉壁之词。则有乡愚无知，弃之如遗，频加剥削，致使离披。效鼠偷之故智，肆蚕食以潜滋。不堪碎瓦颓垣，皆在户蟏蛸之境；无数荒榛断梗，等故宫禾黍之诗。流水空山，送落花而杳杳；夕阳故道，对青冢之累累。如此凋残，是可忍也！几经浩劫，不觉凄而□□。

然而物不终穷，天必默佑。得志士以倡修，赖善人为补救；捐资不计其锱铢，兴工必期于成就。既是究而是图，亦肯堂而肯构。类蒙泉之剥果，居然轮奂争辉；喜革故而鼎新，直与河山并寿。从兹重新庙貌，馨无不宜；庶几丕振人文，许乎可复。遂乃初开讲席，特设文坛，举惟三反，叩必两端。功宜深于蛾术，志共矢于鹏搏。借文阁以修文，好爱梓潼之泽；居月山而咏月，定成苜蓿之盘。竹简一编，坐青毡而昼读；篝灯四照，通红焰而更阑。愧非鹳雀堂中，兆升庸于杨伯起；敢谓滕王阁上，凝著作于王子安。

清光绪十一年乙酉
拔贡　郭鸿翔　拜撰

【作者简介】

郭鸿翔　寿宁县斜滩人，清光绪年间拔贡，生卒时间不详。光绪八年至十一年（1882~1885），在平溪文昌阁坐馆授徒。《文昌阁赋》录自平溪《周氏宗谱》。

第二章 现代艺文

第一节 诗 词

咏石门
李烈刚

悬崖峭壁耸天空，巧辟石门道径通。村北溪南遗胜概，插天拔地有神功。
仙翁去矣犹龙著，儒舍巍然气象雄。谁识洞中深寄意，长留佛字阐寻踪。

【作者简介】

李烈刚 字芝光、号耀唐，南溪村人，清光绪廿一年（1895）十一月廿九日辰时生。寿宁鳌阳高等学校毕业，精研岐黄，擅长书法。民国六年（1917）创办南溪国民学校，历任南溪、亭下两保国民学校校长，平溪乡民代表会代表。1953年五月初四卯时卒。

咏石门
龚尊德

壁立千寻不碍空，羊肠路尽石门通。无为莫信鞭移力，造化难言斧凿功。
初入缩身嶙骨峻，一过豁眼快心雄。垂悬宏愿夷更显，不念弥陀现圣踪。

【作者简介】

龚尊德 学名奉璋、字达三，清光绪廿七年（1901）生，寿宁县南阳镇南阳村人。私塾先生。《咏石门》录自南溪《李氏宗谱》。

咏石门
李振汉

巍岩孤耸障晴空，不异桃源洞口通。胜地自然多乐趣，壶天造化有神功。
回旋水曲源流远，屏蔽山环石壁雄。代有骚人成美韵，莫疑禹迹剩余踪。

【作者简介】

李振汉　南平市政和县澄源人，生卒时间不详。《咏石门》录自南溪《李氏宗谱》。

游仙岩
环溪　黄强

羡公脱迹此峰巅，结踞盘空势插天。蹑足宛临仙世界，身心顿罢利名缠。
仰观云汉虚虚像，俯察尘寰处处烟。一望无垠凭远眺，千山疑后又疑前。

黄公庙（四首）

一

精灵永著薄云天，留与斯人不置传。磬发虚声清若籁，瓶承甘露久常鲜。
鸟吟花笑春光里，鱼跃鸢飞古岸边。景物依稀心向往，仰公还自忆公先。

二

云蒸霞蔚景超然，风送炉烟缥缈连。利客何心忙逐鹿，高人适意静闻蝉。
宫临胜地长昭显，龟似名山更永年。一片清神潇洒处，入门谁不慕神仙。

三

挂冠垂钓乐长年，此地曾经三度迁。启我深思遗鹤迹，对公申意假香燃。
悟来纷扰都成梦，眯得清闲便是仙。满眼秋光澄若许，悠悠一色水天联。

四

灵笺一首叩公前，释得黔黎多少煎？世远泽新垂万古，年丰人寿仗周全。
雪飘大地堆堆玉，雨过寒江叠叠钱。长此精神应不老，留传继有锦花笺。

咏石门
南溪　李式中

削壁当流障半空，行人均讶路难通。遥知夸父将驻足，早有巨灵运化功。
口昇桃源光仿佛，形同巫峡势豪雄。徘徊试进三三武，旷野纵横任放踪。

红　梅
环溪　周玉美

守住一帘夜寒，温一壶酒。喜听春雨，又上小楼。
我写在那山岩树梢的诗，如今开花了没有？
那东风第一枝，还要吟味多久？

今夜，你怎么静悄悄？心是否在奔突？

情是否，如倚江楼畔的梅花潮？

明朝啊明朝，你能为我 用血来溅上枝头？

风雨桥

你在山溪上弓着背，驮着沉重的木楼，为田夫野老遮蔽风雨。

桥上敦厚的木板，印满泥土的脚趾，也烙着牛蹄的印记。

木楼两旁的长凳，搁着乾隆年月的叹息，又重叠着如今的笑语。

曾经风雨的每扇木窗，终于迎来春花秋月，早霞短笛。

【作者简介】

周玉美　女，1974年11月生，平溪镇环溪村人。大专文化，福建省作家协会会员、福鼎市作家协会副秘书长，现任福鼎市文联办公室主任、《太姥山》杂志编辑部主任。出版散文集《山溪集》、长篇小说《绿萝裙》。

第二节　民　谣

旧时三件宝

旧时三件宝，火笼当棉袄，

棕衣当被倒，番薯当粮草。

九岭爬九年

车岭车到天，九岭爬九年。

三条蜡烛过岩川①，三日三暝三望洋。

第三节　艺　文

平溪文昌阁序

文昌者，乃天上文昌帝君，人间文章司命。千百年来，屡现圣贤身，以教群伦；降著《阴骘文》，以训士子。宋元以来，天下通祀。宫祠楼阁，遍布寰宇；崇文之风，化育十方。

今平溪文昌新阁，重开文运于寿宁，再启福瑞于闽东北。居仙崖金牛山巅，群峰拱卫，万山来朝。拾级而上，极目远望，湖光山色，尽收眼底。但见天朗气清，紫气氤氲，

---

① 三条蜡烛过岩川：岩川，指平溪镇南溪村的石门隘。

青山叠翠，气象万千。更闻山涧流水潺潺，林中鸟鸣幽幽，心神超然，徜徉忘返。

治世须兴文，太平乃修业。庚寅年，周氏小川、武波惜旧有文昌阁无存，乃为别择胜地，新成佳构。石雕亭台，重檐八角，门拱凌云，古雅庄重。阁内阁外碑柱，集多位名家书法于一堂，行草隶篆楷，各体兼备，颇为珍贵。更得覃志刚先生之楹联，吕济民先生之匾额，笔意苍劲，尤为增色。至于陈柳女士及四方贤能，共襄善举，令人感佩。文昌佐天行化，功德自在人心。今立文昌之阁，愿遵文昌之教。载道载物，广行阴骘。传承文脉，昌隆国运，百福千祥，云集骈臻。

张继禹　谨撰
辛卯年初夏

【作者简介】

张继禹　中国道教协会副会长、第十一届全国人大常委会委员、中华全国青年联合会副主席。1962年9月生于江西省贵溪市上清镇天师府，系中国道教创始人——"嗣汉天师"张道陵第六十五代裔孙。

平溪文昌阁功德碑志

地生百业，天设诸神；各司其职，遂成星辰。文昌帝君，司掌文运。乡举里选，大比制科；服色禄秩，封赠奏予；凡此种种，统归帝君。文章司命，贵贱所系，故宋元至今，奉祀不衰。文昌阁乃文昌帝君之宫阁，举佑学子之盛地，唯四方香火，千种祈愿，当聚于此矣。

公元二〇一一年，岁在辛卯。金秋十月，平溪文昌阁辉煌落成。八方宾众，齐聚一堂；各界人士，共襄盛举，以兹庆贺。感念仁善之君，慷慨解囊，文昌阁得以顺利竣工。此乃泽被当代，惠及千秋，功德无量之举。无以为颂，谨勒石铭文以记之。其名共扬，其德共彰，百世共仰，万古流芳。

雷抒雁　撰文
写于辛卯年夏

【作者简介】

雷抒雁　陕西泾阳人，1942年8月18日生，1967年西北大学中文系毕业。历任中国诗歌学会会长、中国作协诗歌专业委员会主任、《诗刊》社副主编、鲁迅文学院常务副院长。出版诗集《父母之河》《踏尘而过》《激情编年》《小草在歌唱》等；散文随笔集《秋思》《悬肠草》《分香散玉记》等。2013年2月14日逝世，享年71岁。

《寿宁待志校辑》序

　　黄立云同志校辑的冯梦龙撰《寿宁待志》即将出版，为此邀我写点文字，我因而有幸先读书稿，令我大感意外。原以为"冯志"总共不过数万字，如作者所言，"未成乎志""逊焉而待之"，故谦称"待志"。该志自二十世纪80年代以来续有再版，人们已不难寻见，此次再版是否必要？存此疑问，故有心翻阅并比较原著，方知此次校勘补辑出版实属必要而有益。

　　冯梦龙莅寿任职不过五年，于穷乡僻邑中开辟荆榛，创制规模，订立条规，又于政务倥偬之中访问故老，搜稽往籍，以一人之力草就一志，其名"待志"，诚望为后之修志者提供史料。但于寿邑而言，此志不啻空谷足音，允为开山之作。"待志"也给续志、补志留下了空间。后继者虽有撰著《寿宁县志》者，可惜内容依然不够详赡，相较于省内其他县志，实多缺憾。如今立云主任亲自对《待志》进行辑校，依照原著内容，分门别类，征文考献，补辑校勘，大大充实了《待志》的内容；且其所辑录之资料，皆有所本，尤多取资省志、府志、县志，内容翔实可靠，于原志体例不仅无伤，且有补裨充实之功效，实为难得。

　　我亦由此连类想及，在本省诸多旧志中，实在不乏如"待志"类因历史或个人原因而编修不尽完善者，如有心且有力之士能锐身自任，不避艰巨辛劳，不畏寂寞琐屑，爬罗剔抉，拾遗补阙，积腋以成裘，使旧志更臻完善，则其于地方文献实有再造之效，于地方历史文化亦具"补天"之功。当然，从事如此"补苴罅漏"工作，并非率尔操觚、粗枝大叶者所可成就的。相反，必须下大力气、费大功夫，勤恳细致地进行。因为，前史文献汗牛充栋，历代载籍浩如烟海，必须努力搜寻，悉心检索，方能有得。而一得之功，实费十分之力，其造福于后人者又岂止千秋百世，若度德量功自不可以屈指数矣。

　　立云主任之所以邀我为本书撰文，乃缘于数年前我曾与他一样在地方志编纂岗位上工作过，对修志之要之难有着深切体会。地方志工作是易被忽视的部门，因为党政工作千头万绪，似此"不急之务"，难入主政者法眼或议程；同时，也因地方志工作是难显"绩效"的岗位，因其事务内容简单平凡、默默无声，故非有长才大志者似难有大作为大影响；更遑论于今日熙熙攘攘、利来利往者心目中，可能存有另类的价值评判呢？因此，从来之修志者，需先立志，即志在事业，志在历史。寿宁邑侯冯梦龙以大才子之身，于晚年方供一职，虽在遐荒远邑，亦不避阻陋，悉心治理，如烹小鲜，"待志"即其记录。似此精神极令后人感佩，后之生长于斯者及官于斯土者，如能效法先贤，尽职于政事，尽责于史事，用以造福后世，自可光勋业于竹帛，垂令名于不朽。

福建省文史研究馆馆长　卢美松
2011年9月28日

【作者简介】

　　卢美松　福州人，1944年10月生，1968年北京大学中国历史专业毕业。历任福建财会管理干部学院副院长、福建省地方志编纂委员会副主任、福建省文史研究馆馆长,兼任中国社会科学出版社和方志出版社特约编审、福建省历史名人研究会会长、福建省考古博物馆学会副会长、福建省民族研究会副会长、福建省姓氏源流研究会副会长、北京大学福建校友会副会长。出版《闽中稽古》《福建北大人》《福建历代状元》《中华卢氏源流》《福州名园史影》《芸窗谈故》《松轩谈史》等;主编《福建省志·人物志》及多部《福建省志》专业志。

《天道酬善——爱民清官黄槐的传奇人生》序

癸巳年冬,寿宁县政府邀我前往该县考察。此行,使我了解到寿宁位于福建省宁德市东北部,系明景泰六年置县,至今已有558年历史;寿宁山水,富含锌硒等多种有益人体健康的微量元素,百岁长者比比皆是;寿宁民风淳朴,盛产道德英模人物,曾连续三届摘得全国道德模范奖、提名奖桂冠。

我受邀前往考察的宋代道教人物——黄槐,是一位古代府、县志书均有记载,民间口碑极佳的爱民清官。"达则兼济天下"的坦荡襟怀,让黄槐在徽州知府任上,为了拯救灾民于水火,断然开仓放粮赈灾。数十万灾民有了一线生机,而黄槐却牺牲了自己的仕途富贵。从此更名黄山,告别名利场,走上修仙路。

告别喧嚣红尘,隐身鹤溪修道,一袭道袍的黄山,本可无欲无求地徜徉山水,悠然南山。但目睹鹤溪山区的落后与贫困,"不为良相,则为良医"的人生追求,驱使黄山将开发开化鹤溪的重任揽上自己的肩头——狩猎除害、设馆施教、采药驱瘟、创建廊桥、抗旱防涝,好事做了一件又一件。

天道酬善,黄山逝后升天成仙。邑内百姓知恩回报——将其故里水库命名为"黄槐湖";将其修道之山称为"黄山仙岩";将黄山尊奉为神仙——"黄山公",在闽浙一带为其建庙塑像达数百座。我为闽东拥有这样一位大善大德的道教历史人物而自豪,欣然应邀题写:"闽东道教宗祖——黄槐"。

走进黄槐故里——韶托,深感地灵人杰之言非虚。只见韶托村前湖水碧波荡漾,湖中小岛绿树葱茏,村中民居粉墙黛瓦,四围青山环耸苍翠,好一幅如诗如画的江南水乡风光。

今年,寿宁县政府依托平溪境内山清水秀、富锌富硒的资源优势,正在紧锣密鼓地打造"寿宁——养生休闲、健康长寿之乡"。中国道教注重养生延寿之术,以长生不老为追求目标。道教的养生文化与黄槐湖、黄山仙岩的优美山水风光,将是寿宁构筑"养生休闲、健康长寿"品牌的理想平台。

黄立云是一位勤奋的文史专家,先后编著出版了《寿宁待志校辑》《康熙寿宁县志注辑》《寿宁乡贤》《寿宁寺庙志》等书。壬辰年,我曾为《寿宁寺庙志》题词:"弘扬文化,和谐社会——贺寿宁寺庙志出版"。去年,黄立云与副县长刘新秀全程陪同考察韶托黄槐湖、平溪文昌阁,一路如数家珍地介绍家乡寿宁的山水人文,给我留下十分美好的记忆。借此，衷心祝福这一方山水这方人——硒锌呵护，富健寿宁！

今秋，黄立云编著的《天道酬善——爱民清官黄槐的传奇人生》行将付梓，该书内容丰富，史料翔实，将黄槐由一代爱民知府嬗变为一位在民间拥有广泛信众的道教神仙的人生轨迹，以及世人对黄山公的崇拜敬仰之情一一展现在读者面前。《天道酬善——爱民清官黄槐的传奇人生》的出版发行，不仅对寿宁地方历史和道教文化的挖掘、传承、保护具有积极意义，同时也向世人撩开了韶托黄槐湖、溪州黄山仙岩的美丽面纱，为寿宁打造"养生休闲、健康长寿之乡"增添了一方潜能巨大的旅游天地。我为《天道酬善——爱民清官黄槐的传奇人生》一书的付梓出版而高兴，特为之序。

张继禹
甲午年秋于北京白云观

不朽的纪念

吕祥松

正直的中国人民，永远不会忘记一九七六年一月八日这一天。在这一天，一颗巨星陨落——万恶的病魔使人们的中流砥柱，我们敬爱的周总理的心脏，停止了跳动。

九日清晨，当中央人民广播电台的播音员，用颤抖的慢低音，把这不幸的消息通告全国，在我们这块九百六十万平方公里的土地上，瞬间爆发了难以压抑的悲伤，从喧闹的城市到遥远的山村，从党政各级机关到普通老百姓的每一个家庭，纯洁的眼泪，像是透明的珍珠，挂满了人们的脸庞。它凝聚着人民对这位已故者的无限热爱和永恒的敬意。

当革命特别需要总理的时候，他的逝世，成倍地加重了人民的悲痛——人民无法想象离开总理的情景！

按照总理的遗愿，他的骨灰撒在祖国的江河里和土地上。在生命的最后一刻，他没有忘记把自己的全部生命，丝毫不留地交给人民，交给革命，交给他毕生鞠躬尽瘁服务的祖国。

自然法则无情地夺走了我们敬爱的周总理的生命。但历史是忠实的，他必将真实地记载这位伟大的政治家和革命家的全部丰功伟绩，热烈地颂扬他崇高的共产主义精神和高尚的品质。白玉，不因为苍蝇的到处遗污，就失去光芒照人的洁白。

清明节，在肃静的气氛里，瞻仰雨花台上高大精致的、汇集着人民心意的献给总理的花圈，在我的耳旁，又仿佛响着总理逝世后那震撼人心的，我永生难忘的哀乐。全国人民带着黑纱，佩着白花默默流泪的情景；几十万首都人民在寒风中站立几小时等待灵车通过的情景；天真无邪的小学生在教室里泣不成声的情景……这一切，都一起在我眼前重现。我想，总理逝世后，虽然没有放电影，没有出版纪念性书籍和文章，没有在各地组织追悼会，更没有建造纪念碑。但是，总理的纪念碑筑在全国人民心的深处。这是任何本领通天的巨匠用任何形式的大理石，也建造不起来的，更不是任何心怀叵测者所能摧毁的。

这就是不朽的纪念！

【作者简介】

吕祥松 寿宁县平溪镇亭下村人，1950年12月出生，1978年华东工程学院炸药制造与设计专业毕业。历任龙岩市连城县常务副县长、福建省人民政府对口支援办副主任（正处），兼任福建省省外大学校友会联合会会长。

【附 录】

《新华日报》编者附记

此文是华东工程学院学员吕祥松于一九七六年清明节写的一张大字报，贴在学院内和南京鼓楼、新街口等处。今天，我们将此文发表出来，纪念周总理，鼓舞后来人。

1979年3月4日

《华东工学院院史》摘录

《华东工学院院史》载："一九七六年一月八号，伟大的马克思主义者、杰出的无产阶级革命家、中共中央副主席、国务院总理周恩来与世长辞。他的逝世引起全党全国各族人民的无限悲痛。

全国各族人民深切怀念周恩来，自动地采取各种不同的方式，开展悼念周恩来的活动。但是，'四人帮'却以种种借口加以限制和破坏，对悼念的群众进行迫害，'四人帮'的倒行逆施，进一步激起了全国人民的义愤和反抗。

一九七六年三月下旬，我院广大师生员工和南京市人民一起进行了英勇的斗争。三系74—321班学生吕祥松，在院内和南京市内贴出了'不朽的纪念'为题的大字报，以赤诚炽热的感情表达了对周恩来总理的崇敬和怀念。以嘲弄和蔑视的口语怒斥'四人帮'是几只苍蝇。他的大字报在人们心目中引起共鸣。"

亲历香港 难忘的几件事

范韩生

时间过得真快，香港回归祖国都15年了。

1996年至1998年间，我是驻港记者，见证了香港回归这段历史，亲历政权交接仪式和特区政府就职仪式。2008年，我赴台参访，两次途经香港。2012年春节，我还带家人到港旅游。对我来说，"香港"二字始终觉得很亲切。讲几件亲身经历的事情吧。

第一件事

那是1996年5月15日，我和张惠铃飞抵香港启德机场，花了很长时间才办好入境手续，因为我们持公务护照。出机场大楼，已在香港站工作过两年的张葭萍领我们上了出租车。司机问上哪里？我用广东话说："去湾仔，在轩尼诗道消防局旁边停车就可以了。"

又问:"走湾仔的隧道很堵,走东隧行不行?"我说:"可以",司机挂挡上路。一路无语,快到目的地时,我用普通话感慨地说了一句:"香港这么热的天,出租车如果没有空调那太难受了!"司机顿时惊愕,透过车内的反光镜深深地望了我一眼,那眼神背后透露着蔑视、惊奇、无奈,许久,他才说了一句:"内地叫空调,我们香港叫冷气。"语气中特别强调"我们香港"四个字。张葭萍看出司机的用意不善,迅速用标准的英式英文对司机说:"北京、上海、广州都叫空调,只有香港叫冷气。"司机被这冷不丁的英文噎得半晌说不出话来。这一"交锋"让我郁闷了好几天,港人对内地"表叔"的抵触情绪还是蛮大的。

第二件事

时间到了1997年6月下旬,香港回归直播大队人马抵达香港。香港回归直播新闻中心位于会展中心,每个新闻机构一个或几个方格,面积大小不等,国际台也分得较小的一块场地。香港特区政府只提供场地,每个媒体的门脸要自己布置,这样,直播队伍抵达的第一件事是布置新闻中心。国际台从北京带来了各种标识和自我宣传画,因大台标无法带上飞机,只好在香港临时制作。时任华语部主任孔令保和我到了湾仔摩理臣道立交桥下的一家制作工艺字画的商店,我们用普通话说明来意,还展示了台标图纸,店老板似乎没有"明白"我们的意图,用本地白话与我们交涉了很长时间,期间还夹杂了一点英文,似有不愿"接活"的意思。幸亏我的白话还能应对,她的那些英文也没有"憆"倒我,买卖最后还是成交了。其实后来我了解,店老板能说普通话,但她不愿意用普通话与我们沟通。我想,她一方面不愿意与内地来的"表叔"拉得太近,但又得罪不起;送上门来的生意不愿意放弃,但又不愿意让你看出她对金钱的渴望。总之,心情复杂。其实,这一经历,我的心情也是很复杂的。港人在英国长期殖民统治下,大都犯有"恐共"症,对中央政府"一国两制""港人治港"政策精髓缺乏了解,所以,对我们这些"表叔""拒之不能,受之不甘"。

第三件事

离直播还有几天时间,我领着大家参观香港,其中一个景点是新界的粉岭,这里很特别,这是香港俯瞰深圳的地方。据说,早在20世纪60年代,与港一河之隔的宝安县(现深圳市)穷得只有苍蝇、蚊子、沙井蚝三件"宝贝",港英当局常组织香港青年和外国人到这里瞭望"穷困潦倒的社会主义中国"。

那个年代,数以百万计的内地人前赴后继,在港深边界掀起一股股汹涌的"逃港潮"。部分人泅渡到彼岸,如愿以偿地成为"资本主义香港"的居民。更多的人则功亏一篑,生还者解押回境,溺毙者浮尸海上,陆路偷渡被港英警察发现则当场击毙,如今在粉岭山头上还密布许多面朝深圳的墓坑。当地人说,这是20世纪70年代被击毙的偷渡知青的坟墓,这些人有一条不成文的规矩,死了也要面朝祖国。

1979年后,深圳建设如火如荼。不几年工夫,深圳繁荣景象完全超过了港英当局管辖下的新界上水、粉岭等镇。上水、粉岭等镇居民每次登上过去瞭望"穷困潦倒的社会主义中国"的高台，心中升起的是对港英当局的不满。所以，粉岭这个高台倒成了瞭望"欣欣向荣的社会主义中国"的地方，成了宣传改革开放的好地方。

如今，不但新界居民纷纷在深圳买房，连九龙、港岛的大量居民都在深圳安家置业，这也就有了深圳香港各关口24小时开放这一事实。粉岭已成为一个历史名词。深圳人大代表、政协委员呼吁多年的"深港融城"，在不断交流中已逐渐向"现实"靠拢。

第四件事

要说港人说普通话，笑话还不少。特区政府官员就职典礼，时间在1997年7月1日凌晨1时30分。最让人捧腹欲笑的是，特区官员很多是港英时期的人马，他们用惯了英文，一时要用普通话宣誓就职，南腔北调，半生半熟，煞是热闹。让人印象最为深刻的是钟士元老爵士，在董建华宣誓就职后，80多岁的钟士元走上前台，率领曾荫权等特区行政会议成员，用很不纯正的普通话说："我宣誓……"，就职场上很多"观众"报以鼓励的掌声和笑声。其实在6月29日上午，进行回归仪式彩排，当老爵士以极不灵光的普通话向董建华模拟宣誓时，便引得全场大笑，董建华更是一度笑得流泪。为了帮助老爵士在7月1日那个庄严的场面上不致出错，香港广播处长专门送了一盒以普通话宣誓的录音带，让他反复练习。他的同僚梁锦松更是主动请缨，担任他的临时普通话导师，即便是在交接典礼和宣誓仪式之间一个多小时的空隙时间，梁锦松都一直把他牢牢"捉住"，督促他苦练普通话版本的宣誓词。那短短的几分钟，老爵士终于顺利"过关"。在随后与国家领导人拍照留念时，走到他面前的江泽民突然用广东话对他说："你的普通话我听得懂。"钟士元立即用普通话回答："主席的广东话比我的普通话好。"一时间，引得身旁的人都大笑起来。如今，普通话在香港特区政府人员中已"基本普及"，在民众中也被人接受。2012年我带家属赴港旅游时，港人都用普通话与我们交流。

第五件事

1997年，香港回归祖国不久，亚洲金融危机爆发，时任总理朱镕基借参加在港举行的世界银行国际会议之机，会见了在港工商界人士。他结束简短的发言后走下主席台，与工商界人士一一握手，勉励大家精诚团结，共克时艰，"中央会支持你们"。我作为记者，目睹了整个场景。那握手，完全不是礼节性的，而是"紧紧地"，以至许多老者握着朱镕基的手不愿放开。什么叫"真诚"，什么叫"情谊"，什么叫"力量"，什么叫"支持"，那一刻，不用语言来表达。我想，金融风暴如果爆发在回归前，那情形可能就没有这么"轻松"了，英国人不可能也拿不出那么多外汇帮香港渡过难关。这就是后盾的力量。

香港回归祖国15年了。这15年里，香港变化大的是人的思想，不变的是制度和生活方式。1995年，美国《财富》杂志预言："香港回归后，未来赤裸裸的真相可以用两个字概括：'完蛋'"。12年后，《财富》杂志主动认错："这座城市比以前更繁荣——好吧，好吧，我们错了……"。这就是"一国两制""港人治港"的香港。

【作者简介】

范韩生 平溪镇湖潭村人，1963年10月生，1980年录取暨南大学新闻系。1996~1998年任国际台驻香港记者站记者。现任中国国际广播电台华语环球传播中心副主任。《亲历香港 难忘的几件事》原载《国际在线》《中国青年网》。

黄立云：十年不辍，研究黄山公文化[①]

《福建日报》记者黄琼芬 通讯员吴苏梅

黄立云与黄山公结缘于2004年。当年，黄立云的妻子作为寿宁县实验小学的老师，带领学生到韶托秋游，黄立云随行。

在韶托水库坝头，一座小庙引起了黄立云的注意。黄立云走进庙中，只见小庙四壁密密麻麻挂满了"有求必应"的旗幡，足有几百幅，这让他大感惊奇。这么不起眼的小庙，为何会有那么多信众？不知庙里祭祀的是哪位神仙？

走出小庙，黄立云看到一位老农，便向老农打听庙里祭祀的是何方神仙。老农告诉黄立云，这是黄山公庙，祭祀的是韶托村走出去的一位爱民清官。

这座小庙，给黄立云留下了深刻印象。2005年，黄立云参与撰写《乡土寿宁》一书，到托溪一带开展田野调查，看到百姓对黄山公持续千年的虔诚礼敬，再次让他的心灵深感震撼。黄槐心系天下苍生，一心为民的高尚情怀，让黄立云由衷折服。自此，他开始查阅《福建通志》《福宁府志》《寿宁县志》等史书，寻访散布各地的黄山公庙，搜集各姓宗谱记载的有关黄山公的诗文，走上了漫长的"黄山公文化"的研究之旅。

后来，黄立云调任寿宁县地方志编纂委员会主任。任职期间，他主持编著了《寿宁乡贤》，书中首次提到黄山公文化；在其总纂的《寿宁寺庙志》中，则用专门章节介绍了黄山公文化。此后，黄立云继续对黄山公文化进行深入细致的研究，并着手编著《寿宁黄山公文化》一书。尽管在2013年5月，黄立云调离了县方志委，他还是坚持利用业余时间继续撰写这本书稿。2014年12月，《寿宁黄山公文化》[②]初稿完成，并将于今年出版。

凭着一股锲而不舍的执着精神，黄立云以一己之力，用数年之功，挖掘整理了约20万字的黄槐珍贵资料。在其努力下，黄山公文化先后被列为寿宁县、宁德市非物质文化遗产[③]。近年来，黄山公文化逐渐引起学术界的重视。

【注 释】

①《黄立云：十年不辍，研究黄山公文化》：2015年春，黄槐被中共福建省委宣传部列为"闽文化的精神力量"代表人物。5月14日，《福建日报》"探访闽文化的精神力量（30）"以彩色专版图文并茂发表《黄槐：从一代清官到百姓心中神祇》一文。《黄立云：十年不辍，研究黄山公文化》也在同一版面刊载。

②《寿宁黄山公文化》：2016年8月，群言出版社出版时更名《天道酬善——爱民清官黄槐的传奇人生》，全书29万字。第十一届全国人大常委会委员、全国青联副主席、

中国道教协会副会长张继禹为《天道酬善——爱民清官黄槐的传奇人生》作序。

③2017年3月，在黄立云的倾力配合下，"黄山公信俗"被福建省人民政府列入"非物质文化遗产"名录。

【作者简介】

黄琼芬　福建泉州人，女，郑州大学新闻系毕业，福建日报记者。

吴苏梅　寿宁县托溪乡人，女，1981年2月生。2000年福安师范毕业，先后在平溪、托溪小学任教，后改行到县委报道组任记者。

一代英灵　魂归何方？
——冯梦龙抗清之旅与归宿之地探析①

黄立云

冯梦龙，苏州府长洲（今苏州市相城区东桥镇新巷村冯埂上）人，明万历二年（1574）春生。清顺治三年（1646），即南明唐王隆武二年春卒，终年七十三岁。冯梦龙的一生大致可以分为五个阶段——

一、少年时期，家道殷实。天资聪颖，饱读诗书；

二、青年时期，流连风月，痴恋名妓侯慧卿；

三、中年时期，勤奋著述。一部"三言"，家喻户晓。但在科举路上，命运却给他开了一个残酷的玩笑。他编写教材供生员们学习，不少士子金榜题名，而他自己却屡考不中，直到五十七岁才得了一个贡生；

四、晚年时期，冯梦龙来寿宁当了五年知县。他减轻徭役、改革吏治、明断讼案、革除弊习、整顿学风、兴利除害，将积弊丛生百废待举的寿宁，打造为百姓安居乐业之县。一代廉吏，名标青史；

五、古稀之年，冯梦龙以铮铮铁骨，耿耿丹心，奔走宣传反抗异族入侵，给自己的人生画上一个闪耀着民族气节的光辉句点。

由于历史原因，目前所能看到的相关史料、作品，多为冯梦龙青年、中年及晚年时期的著述、诗文。因此，众多冯梦龙研究学者、专家的研究方向，多集中在冯梦龙青年、中年及晚年阶段，而对冯梦龙以古稀之躯，反抗异族入侵，为民族存亡奔走呼号之壮举，却鲜有研究。本文抛砖引玉，对冯梦龙的抗清之旅与归宿之地进行粗浅探析，望有识之士多多指教。

一、冯梦龙南下抗清路线

崇祯十七年（1644）是大明王朝的国难之年，史称"甲申之变"。三月十九日，李自

---

① 《一代英灵　魂归何方？——冯梦龙抗清之旅与归宿之地探析》一文原在2014年11月"福建·寿宁冯梦龙文化高峰论坛"宣读；2015年6月载入海峡文艺出版社《福建·寿宁冯梦龙文化高峰论坛论文集》。本次转载，略有增删。

成攻陷北京，崇祯皇帝朱由检自缢煤山。五月初三，吴三桂引睿亲王多尔衮入北京，明朝覆亡。十月，清世祖爱新觉罗·福临定鼎北京，改元顺治。

顺治二年（1645）刚刚过了春节，七十二岁的冯梦龙就离开苏州，告别家人亲友南行旅游。冯梦龙一路经过苕溪、武林、石梁、天姥等地，在浙江的苍山碧水间徜徉，在李白、杜甫留下《壮游》《梦游天姥吟留别》等千古绝唱的天姥仙境中悠游，在天台县的石梁飞瀑、怪石奇峰间寻觅李白、杜甫、徐霞客等先贤足迹。

江苏太仓人王挺①，在赋于清顺治三年的《挽冯犹龙》一诗中写道："去年戒行役，订晤在鸳水。及泛西子湖，先生又行矣。石梁天姥间，于焉恣游履。"冯梦龙的朋友沈自晋②也在《重定南词全谱凡例续纪》中写道："甲申冬杪，子犹送安抚祁公至江城，即谆谆以修谱促予，予唯唯。越春初，子犹为苕溪、武林游，道经垂虹言别，杯酒盘桓，通宵话榻，两夜不知倦也。别时，与予为十旬之约。不意鼙鼓动地，逃窜经年，想望故人，鳞鸿杳绝。"

顺治二年（1645），清廷传檄江南各省"剃发投顺"，不服即加兵镇压。四月，清军扬州屠城的消息传来，举国震惊。年逾古稀的冯梦龙再也无法从容自在地游历山水，宁静平和地安度垂暮余年。眼见山河破碎，生灵涂炭，冯梦龙不愿剃发易服，做那卑躬屈膝逆来顺受的亡国之奴。青春不再的冯梦龙虽不能慷慨激昂地奔赴抗清前线，跃马横刀与异族入侵之敌厮杀，但作为一位壮怀激烈的爱国文人，冯梦龙毅然投身抗清之旅，用手中的笔为反清复明呐喊助威。

此时，明太祖朱元璋的第十世孙、封地在山东兖州的鲁王朱以海也南逃到浙江，寓居台州，被浙江复明势力拥立为监国。一路追随而来的冯梦龙也到了台州府治——临海，住在天宁寺。到了临海后，冯梦龙见到应明德③后人保存的杨继盛手书诗册，在诗册上题跋并赋诗三首。

顺治二年（1645）闰六月，明唐王朱聿键在福州称帝，国号隆武。冯梦龙在台州闻知南明新朝在福建建立，立即动身赶赴福州，并在福州刊行了其人生最后一部著作——《中兴伟略》。

顺治二年（1645）秋，冯梦龙来到福州十邑之一的古田县，在寺院中与化身为僧的

---

① 王挺：字立臣，号减庵，江苏太仓人，明万历四十七年（1619）生。官明中书舍人，尝使两浙，不宿官舍，不饮公宴。明亡后杜门著书，有司举贤才，不就。清康熙十六年（1677）卒。著《太仓文献志》《减庵文稿》《不盲集》等。《挽冯犹龙》一诗作于清顺治三年（1646），原载陈瑚《离忧集·卷上·减庵》。

② 沈自晋：字伯明、长康，号西来，江苏吴江人，明万历十一年（1583）九月生。清康熙四年（1665）二月卒。明末清初著名戏曲家，著《鞠通乐府》《南词新谱》等。

③ 应明德：字在明、号养虚。明嘉靖三十二年（1553）进士，翌年授刑部云南司主事。时杨继盛弹劾严嵩父子，受杖下狱。是年夏狱疫大作，杨染病，危殆间，提牢主事曹天佑欲置之死。适明德视狱，亲至杨枕侧抚摩存问，检医药、视饮食，说尚书何鳌出之老监，迁置外库。杨继盛狱中手书数百言赠之。次年冬，杨继盛当论决，明德尽力挽救，无果。作诗曰："市曹闻说戮言官，公论须当属盖棺；汝与谁人游地下，我将何面立朝端！"时论壮之。后出知黄州府，以不合于时而致仕。

江苏金坛人、明朝故将王祁相识，两人一同潜往寿宁平溪开展反清斗争。

二、冯梦龙为反清复明鼓与呼

顺治二年（1645）四月，冯梦龙来到台州。在台州府治——临海，冯梦龙见到应明德后人保存的杨继盛①手书诗册②，不禁感慨万分地在诗册上写道——

自古忠义之事，虽本天性，亦由培植。东汉之节士酿于客星，南宋之忠臣胎于秘誓。故有永乐之惨毒，而逆知牧息之风必微；有嘉靖之摧折，而逆知龙比之气必短。培植之效，已见于前矣。顾培植者，国家激发人心之大端，而天性则士君子所以自立也。性之所至，不爱爵禄，不惜躯命，并不贪后世之名誉，灼然于好恶是非之公，而挺然直达其中之所不得已。愈惨毒，节愈明；愈摧抑，气愈励，夫是之谓真忠义。

养虚先生与忠愍无半面识，而不难违众犯忌，力为周旋于桁杨垂毙之中，幸则与赵岐同生，不幸则与臧洪同死，血诚一片，能令三公辱而斧砧荣，金石柔而肝胆韧，此岂俟有所激发而然者哉？

养虚不自言而忠愍言之，忠愍言之而诸君子和之。应氏孙子又从而装潢成帙，珍重而传之。每一展诵，忠愍如生，则养虚亦如生。是养虚之生忠愍者三年，而忠愍之生养虚者千秋万载，与人心俱无穷极也。忠义亦何负于人乎？而借口于培植之虚，此又愈于不忠不义之甚者矣！虽然，当分宜之日，火烈风发，司刑诸大臣不能扶忠愍以生，而终不能波养虚以死。此又以见天性无人不具，而培植之不可以已也。余偶游台郡，闻应氏有是册，借杨明府力求观，因题如左：

（一）

忠臣一日千秋远，何况三年活命恩。
比部生前无片语，福堂赖有手书存。

（二）

何曾知面独知心，一片丹诚日月临。
松柏由来同骨气，任教恶木自成荫。

（三）

拼得无官舍得躯，世间何事不由吾。
侍郎墓冷尚书朽，千古犹传应大夫。

---

① 杨继盛：字仲芳、号椒山，河北容城县北河照村人，明正德十一年（1516）生。嘉靖廿六年（1543）进士，明代著名谏臣，官兵部员外郎、户部员外，疏劾严嵩而死。赠太常少卿，谥忠愍。著《杨忠愍文集》。

② 诗册：即杨继盛赠予应明德的手书诗册。诗册上除了冯梦龙题"杨忠愍赠养虚先生诗册"的诗与序，还有王世贞、屠隆、吴执御等人的题跋。冯梦龙的诗与序原载清陈焯撰《湘管斋寓赏编》卷三，文曰："冯《跋》小行书，四十五行，用红文'犹龙'，白文'冯梦龙'印。"陈焯，字英之、号无轩，浙江乌程人。贡生，镇海训导。工书法，擅山水画。有自绘《湘管斋图》，著《湘管斋寓赏编》《湘管斋诗稿》《清源杂志》等。

吴门后学七十二老人冯梦龙书于天宁僧舍

斯时,正是异族入侵,国难当头之际。冯梦龙怀揣国家兴亡,匹夫有责的爱国之心,多么希望能有许许多多像杨继盛、应明德那样的忠烈之士挺身而出,力挽狂澜,恢复中兴大明江山。

顺治二年(1645)五月,清军攻克南京,在南京即皇帝位的福王朱由崧被杀。闰六月,明唐王朱聿键在福州称帝,七月初一起改年号为隆武元年(1645)。冯梦龙在浙江台州闻知南明新朝在福建建立,立即动身风尘仆仆赶赴福州。冯梦龙在福州刊行了《中兴伟略》一书,署名"七十二老臣冯梦龙恭撰"。

此前,冯梦龙在浙江临海杨继盛手书诗册上署的是"七十二老人冯梦龙",而在福州刊行的《中兴伟略》上署的却是"七十二老臣冯梦龙"。"老人"与"老臣"虽仅一字之差,但却告诉我们,冯梦龙在浙江临海时还是一介布衣,到了福州的冯梦龙已投身唐王朱聿键麾下,为隆武新朝反清复明鼓与呼了。

《中兴伟略》不分卷,扉页题"南窗梓行",标明为"合南北邸本""附唐王监国令谕"。《中兴伟略》以极快的速度向四方流布,日本正保三年(1646),即有《中兴伟略》的翻刻本①,可见其影响之广。

《中兴伟略》目次列《弘光皇帝登极诏》等十八篇,但实有十一篇。其中,有目有文的十一篇是:《弘光皇帝登极诏》《崇祯皇帝血诏》《揭大义以明臣节疏》《北京变故殉难实录节要》《难民确报》《议建南都中兴奇策》《定中原奇策》《制虏奇策》《吴三桂合番兵谋杀李贼要录》《监国唐王令谕》《鞑鞑考》。有目无文的七篇是:《南变摧报(附杀虏快报)》《龙飞纪略》《史相公死节报》《唐王诏书》《郑南安同诸老臣迓唐王监国纪略》《虏使递战书报》《治乱相因说》。

冯梦龙编撰《中兴伟略》一书的目的就是宣传抗清复明。冯梦龙对隆武新朝寄予厚望,在《中兴伟略·引言》中写道:"新主登极,此反虏为明之策,莫大之勋,莫大之泽,……此人人共快,万姓欢呼者也。……黄公道周等恭迓唐王监国,固守闽广一隅,诏谕彰明,招贤纳士,待天下之清,协扶幼主,中兴大务,恢复大明不朽之基业在此举矣。"

冯梦龙深知两军交战不胜即败,统兵之将事关战局危亡,因此在《中兴伟略·制虏奇策》中写道:"无善将将者,则将不知兵;无善将兵者,则兵必不能战。"在清兵挥师南下,气势汹汹大军压境之际,一心抗清复明的冯梦龙多么希望能有一个像岳飞那样,即能运筹帷幄决胜千里之外,又能冲锋陷阵斩将夺旗之人来统帅明军,将入侵之敌逐出关外。

---

① 日本正保三年的《中兴伟略》翻刻本:柳州市图书馆藏此刊本,一卷,大黑口,四周双边,无格。前有冯梦龙叙,题"七十二老臣冯梦龙恭撰"。卷末牌记:"正保三岁下春风月宗知刊行"。正保三岁,即隆武二年(1646)。

顺治二年八月清军大举入闽，隆武君臣仓皇逃往汀州。秋，冯梦龙辗转来到古田县，暂寓山中僧寺。冯梦龙对古田十分熟悉。明崇祯七年（1634）七月，冯梦龙由苏州赴任寿宁知县，就是经古田乘船溯闽江而上到建宁府，而后转陆路到寿宁县。崇祯十一年（1638），冯梦龙宦寿五载任满归梓，也是由建宁府乘船顺流而下到古田码头上岸，转陆路回老家苏州。那年，文友曹学佺①还在古田为冯梦龙置酒践行，并赋诗《赠别冯犹龙大令》。

顺治二年，江苏金坛人，三十五岁的明朝大将王祁②为逃避清廷缉查，也在古田县寺院落发为僧，以讲经传教为名，广收门徒，联络旧部，伺机反清复明。当冯梦龙得知王祁乃明朝故将，正在暗中集结部众，伺机反清复明，不禁喜出望外。两人志同道合，一见如故，遂成忘年之交。冯梦龙认为寿宁地处闽浙边界，险隘雄关易守难攻，邑人重义悍勇尚武，建议王祁一同潜往寿宁待机举事。王祁一听大喜，当即与冯梦龙一起前往寿宁。

当时，古田与寿宁仅一县之隔。崇祯十年（1637）孟春，冯梦龙在《寿宁待志·卷上·铺递》中写道："泗洲桥在七都政和里，为政和、宁德、古田三县之总途。宁德只隔一山，政和连界，古田距二十里。"寿宁任上，冯梦龙曾将"泗洲桥公馆增添一进为巡检衙门"，还"因郡归之便"，将泗洲桥"一方之霸"陈伯进"亲往索之"，"申究问徒"并"丹书垂戒"。

冯梦龙对古田往寿宁的古道十分熟悉，俩人晓行夜宿，穿过宁德县，经过寿宁泗洲桥、纯池，来到了阔别七年之久的平溪村。平溪历史悠久，早在新石器时代，就有先民在这里渔猎生息。平溪谷地宽广，溪流平缓，人烟稠密，是当时寿宁最大的村庄。村中一水中流，"卧龙""平津"两座木拱廊桥如长龙卧波，横跨南北两岸；两桥之间的溪流上还有一条长85米，共116齿的古老琴桥将两岸村庄联为一体。这里是寿宁通往建宁府的必经之道，官府在村中建有驿站、公馆、粮仓，"内外官司往来，舆马仆从咸萃"。冯梦龙在寿宁任知县的五年间，多次往来于寿宁、建瓯之间，常在平溪公馆驻留，对这里的山川人文、风俗民情十分熟悉。为避人耳目，冯梦龙与王祁就在离村二里的元代古刹——仙崖寺住下。

斯时，大批仁人志士、明室遗臣，也像冯梦龙一样不甘做亡国之奴，纷纷南下。浙江永嘉教谕徐栢龄南下途中在寿宁县城与故人艾千子相逢，赋诗《寿宁逢艾千子》："白

---

① 曹学佺：字能始、号石仓，别号雁泽、西峰居士，福建侯官洪塘乡人，明万历二年（1574）生。因生前曾官大理寺正，死后一百多年又获清廷追谥"忠节"，故后人又称其为曹大理、曹忠节。曹学佺18岁中举，万历壬十三年（1595）进士，历任四川右参政，四川按察使，广西右参议，广西副使。天启六年（1626）撰《野史记略》得罪魏忠贤，被削职赋闲20年。隆武元年（1645），授礼部尚书加太子太保。隆武二年九月清军攻陷福州，次日自缢殉国。曹学佺学识渊博，著书30多种，涉及文学、经学、史地、文字、天文、宗教、文献学等。崇祯十一年（1638），曹学佺应冯梦龙之邀游历寿宁，为鳌阳狮子球岩"一览亭"题联"占山占水些些地，宜月宜风小小亭"；为南阳大莲庵题匾"妙净觉场"。

② 王祁：清道光孙尔准纂修《福建通志·台湾府》载："祁，金坛人，逃古田山中为僧，借讲经聚众"。葛应中撰《清初建州大事记》，指王祁为"明朝故将"。

日黯无色，城门半掩开。故人何地别，问到此时来。乡梦远难寄，官程近莫催。江关庾开府，辞赋不胜哀。"诗中的寿宁县城萧瑟凋零、凄凉冷落，充满了国破家亡的悲哀。艾千子即艾南英，江西临川东乡人。崇祯十七年（1644），清军先后攻占北京、南京。艾南英应罗川王之邀，共同起兵抗击清军，并以车战获胜于金溪山谷中。后江西为清军所克，艾南英在入闽途中与徐柏龄在寿宁相逢，后被唐王拜为监察御史。

顺治三年（1646），朱元璋的第十代孙，明世裔郧西王朱常湖①也在平溪仙崖寺剃度为僧。朱元璋有26个儿子，他给儿子们制定了后代裔孙排辈分、取名字的20字"昭穆诗"。规定从他的孙辈开始，中间的一个字按"昭穆诗"依序而定；后一个字则以五行"火土金水木"的偏旁来循序命名。朱常湖是永乐皇帝朱棣的第九代孙，封地在江西建昌。

随着甲申之变和清朝定鼎中原，朱元璋的裔孙们纷纷逃离世居的分封之地。朱常湖也由江西辗转来到了寿宁县平溪村，潜藏在距仙崖寺约十里的一个天然石洞——鬼足洞中。

鬼足洞在平溪至禾溪村古道的中途，与长洋、木场两村相距约2千米。这里岗峦环抱，危峰幽壑，崖壁陡峭，一望林莽。沿着险峻山径攀行，只见左侧悬崖一道瀑布宛悬云端，倾泻而下的水流如丝发飘坠，在洞壁前喷珠溅玉。沿着灌木星点的壁立悬崖，躬着身体手抓古藤脚踩苔藓来到鬼足洞口，只见一石如屏挡在洞门中央，形成一左一右两个洞口。人可从左口入洞，而右口如窗，可将洞外风光一览无余。鬼足洞深十米，宽五米，高三米许，可容纳数十人。洞内昏暗，石洞底部乱石累累。洞内宛如寝室，天生一石似床如桌置洞穴深处。由于鬼足洞幽深神秘，阴森森令人毛骨悚然，村民皆不敢贸然入内。

冥冥天意与机缘巧合，让冯梦龙、王祁与朱常湖在平溪仙崖寺相逢了。共同的事业，神圣的使命，将冯梦龙、王祁、朱常湖推上了历史舞台，在山清水秀的平溪点燃了八闽大地反清复明的燎原烈焰。从此，明清鼎革之际的那一场绝地反击、惊天地泣鬼神的烽火硝烟，将冯梦龙、王祁、朱常湖和平溪的仙崖寺、鬼足洞，一起载入了星光灿烂的英雄史册。

冯梦龙对建宁府所辖的寿宁、政和、建安、瓯宁、建阳、松溪、崇安、浦城等闽北八县情况非常熟悉，他详细地向郧西王介绍了闽北的地域风情——建宁府的东北与浙江相邻，西北与江西接壤，东南与福宁州交界，西南可通往汀州、广东。这一区域山岭耸峙，河谷与山间盆地错综其间，民谣云"浦城米，吃不尽"，是福建著名的鱼米之乡。那里地灵人杰，李纲、袁枢、宋慈、严羽、柳永、朱熹、杨荣等均出自闽北。武夷岩茶、顺昌竹纸、建窑黑釉瓷器、建阳麻沙雕版印刷等均闻名于世。冯梦龙献策郧西王：首攻寿宁，次取政和，然后夺取建宁府为反清复明基地，最后恢复大明江山。

---

① 朱常湖：益宣王朱翊鈏的第十三子，封郧西王。

著名史学家查继佐在纪传体明史《罪惟录》①中,对郧西王朱常湖化身为僧在平溪鬼足洞聚众抗清一事记载的颇为详细。书中写道:"时郧西王常湖,亦度为僧。丙戌唐事败,王托钵寿宁之鬼足洞。王顾长,读书明机事。性好谶,曰:'鬼得足不死矣。'虽荷笠、衣缊单,意气自别。王或言佛事,神其众。洞内外人咸异之,争饭王。明年丁亥春,祁亦僧服摩洞,见王。王曰:'僧何山?'祁曰:'行脚耳。'王见祁髯在,曰:'今髯衲皆非僧,有脚能行乎?'祁亦知王非僧,曰:'行脚欲行,杀髯鬼矣。'王曰:'鬼有足,无妨也!'因指洞名为谶。祁笑曰:'请与鬼以足'。夜共寝处,密言所欲。祁别去,遍以王踪迹,微致所善僧跏。久乃露王于洞之内外人,且曰:'王佛祖再生,为主运。'又自言精天文及奇门、六壬等数,测无漏,有法呼天兵至。于是众顶礼惟命,得壮士三百人,成习槊,惟左右。且起,而稍稍为寿宁官将所知,出捕洞。洞故壁起,不可蹑。梯空而上时,洞外人皆入洞。官兵仰洞,无如何。祁乃夜间穴地洞,侧身出,疾走寿宁。寿宁兵壁洞外,城单。开门,走其县官。时府檄政和兵共援寿宁,祁又间释寿宁,破政和,逡巡复还洞。"

顺治四年(1647)春,朱常湖命王祁率众首攻寿宁县城。经过一番激战,一举攻破鳌阳城,杀死清朝第一任寿宁知县吴允焞。吴允焞,浙江云和拔贡,顺治三年随清兵征福建,以军功任寿宁知县。其妻瞿氏闻变投环而死,一女流落安昌(现更名安宁)村。郧西王所部大军从将领到士卒全部以白布缠头,故民间称为"白头变乱"②。

朱常湖、王祁以反清复明为口号,号召人民反抗异族入侵,不当亡国奴。众多草莽布衣、明朝旧臣纷纷挺身响应,决心与凶残剽悍的异族入侵之敌做殊死搏斗。一时之间,星星之火成了燎原烈焰。王祁义军一路势如破竹,相继克复政和、建瓯、崇安、邵武、顺昌、建阳、松溪及浙江庆元诸府县。一时威震江南,让立足未稳的清廷十分震骇。清浙闽总督张存仁接到建瓯失守的消息,大惊失色,忙具疏上奏,称福建"遍海满山,在在皆贼"③。

三、冯梦龙归宿之地探析

史学界公论:清顺治三年(1646)春,冯梦龙因病辞世,终年七十三岁。但对于冯梦龙在什么地方病逝,一直存在两种说法——

一是多数专家认为:顺治三年(1646)春,冯梦龙由福建返回苏州老家,郁郁而终,但不知其墓葬何处。1979年版《辞海》也这样写道:"冯梦龙(1574~1646),明文学家、戏曲家。字犹龙,别署龙子犹,顾曲散人,墨憨斋主人等,长洲(今江苏吴县)人。曾任寿宁知县。清兵渡江时,参加过抗清活动,后死于故乡。……"

笔者认为:返回苏州老家而逝,有违冯梦龙的民族气节与抗清志向。在明朝覆亡之

---

① 《罪惟录》:查继佐纂,1936年商务印书馆影印出版。
② 白头变乱:1992年版《寿宁县志·军事·反清复明之役》。
③ 张存仁揭帖:清顺治四年八月,浙江福建总督张存仁揭帖,见《明清史料》丁编,第一本。

后，冯梦龙的故友如祁彪佳、许琰等纷纷以死殉国。冯梦龙在《和许琰绝命诗》中，以"肉食偷生藿食死，儿童亦自别奸忠""他年史笔修吴志，点缀幸编有一忠"等诗句来高度评价他们宁死不屈的民族气节，他自己怎么可能再从福建回到那铁蹄统治下的苏州，去剃发易服、屈膝受辱呢？

其次，福建、苏州两地相距遥远，七十三岁的冯梦龙如何上路远行？想当年，六十一岁的冯梦龙由苏州到寿宁赴任，一路有仆役服侍、驿馆迎送，尚且走了约两个月。而顺治三年，时值王朝更迭、兵荒马乱之际，古稀之年的冯梦龙怎么可能步行千里回到苏州老家？

第三，冯梦龙生前挚友的悼亡之诗，也证实冯梦龙不是在苏州老家去世的。如王挺在《挽冯犹龙》诗中写道："忽忽念故国，匍匐千余里。感愤填心胸，浩然返太始。"就隐隐约约地告诉人们，冯梦龙是为了恢复大明王朝，在远隔家乡千余里的抗清事业中与世长辞。沈自晋的《和子犹〈辞世〉原韵》一诗也写道："忆昔离筵思黯然，别君犹是太平年。杯深吐胆频忘醉，漏尽论词剧未眠。计日幸瞻行旆返，逾期惊听讣音传。生刍一束烽烟阻，肠断苍茫山水边。"这首深情悼念故友之诗，其尾联"生刍一束烽烟阻，肠断苍茫山水边"，更是明白地告诉世人——冯梦龙魂归遥远的异地他乡。

二是一些专家认为：清顺治二年（1645），冯梦龙南下抗清，顺治三年春在福建病逝。但冯梦龙病逝福建何地？墓葬哪里？则一直无人论及，成了千古之谜。

笔者根据冯梦龙的南下抗清路线，结合顺治四年春发生在寿宁县的"白头变乱"，以及在平溪一带流传的大量有关冯梦龙与王祁、朱常湖共同反清复明的传说，大胆推断——顺治三年（1646）春，冯梦龙在平溪仙崖寺病逝，墓葬平溪蟠龙山。理由如下——

首先，冯梦龙与王祁虽是江苏老乡、明朝旧臣，但此前两人并不认识。顺治二年秋，同为天涯沦落人的冯梦龙与王祁在古田县佛寺相遇，为了反抗异族入侵，二人决定前往寿宁。因为反清复明需要一个立足之地，而冯梦龙在寿宁任过五年知县，对寿宁地理民情十分熟悉，有着深厚的社会基础，因此寿宁是冯梦龙、王祁最理想的反清复明基地。

其次，顺治四年（1647）春，寿宁平溪爆发了一场轰轰烈烈的史称"白头变乱"的反清复明斗争。1992年版《寿宁县志·明清兵事·反清复明之役》载："清顺治三年（1646），明郧西王朱常湖托钵平溪的鬼足洞。顺治四年春，明将王祁僧服入洞见朱常湖，共商'复明'大计。尔后，集壮士数百人，以鬼足洞为据点，举旗反清。王祁亲率军众，攻下寿宁县城，俘杀知县吴允焞，抛尸于溪头岭下。因王祁军以白布缠头为号，民间称'白头变乱'。事后，建宁府尹檄政和知县共援寿宁。王祁获悉，撤出县城，绕道攻政和。王部军纪严明，所到之处，不取民间一物，沿途投附者甚多。不日即攻陷政和县城，杀死知县沈孚远，清朝廷震骇。"谁都知道，要发动一场声势浩大遍及闽浙两省十几个府县的"白头变乱"，事前必然需要精心筹谋与准备。而顺治二年秋到顺治四年春，其间刚好有一年多的时间进行组织动员、兵力积聚。

其三，平溪一带至今流传着许多有关冯梦龙、王祁与郧西王朱常湖在仙崖寺、鬼足洞反清复明的传说故事。如与冯梦龙相关的就有"平安灯""建白亭""打番兵""徐马二改名"等等。

其四，寿宁是山区县，到处是山。平溪也一样，举目皆山。由于山太多，因此许多大山都没有名字。但平溪村头的一座小山，却有一个十分响亮大气的名字——"蟠龙山"。

传说，顺治三年春，冯梦龙因年事已高，常年奔波风餐露宿积劳成疾卧床不起，不幸病逝仙崖寺，终年七十三岁。时值故国沦亡、异族秉政，血腥高压统治之际，人们无法为反清义士高规格地发丧举哀。敬仰冯老先生的有识之士，为使老人不至身后寂寞，就在平溪村头寻一方风水宝地，好让第二故乡的袅袅炊烟、星星灯火能与其朝夕相伴。这座原本无名的小小山包，因为冯梦龙在此安息长眠，从此有了一个内涵丰富的响亮名字——"蟠龙山"。

不幸的是，顺治四年（1647）十一月，清廷以陈泰为靖南将军统兵南下福建，配合浙闽总督陈锦攻打郧西王部义军。顺治五年（1646）三月廿九日，清军团团包围建瓯城。四月初四日，清军调集红衣大炮炮轰城墙，炸毁城门，朱常湖、王祁等死于乱军之中。清军入城大举屠戮，"男女老幼身碎锋镝之间，骨穿矢镞之内。其中有比邻约纵火而举家自焚者；有挈妻携子同赴池井者；有率亲属闭门自经者；有稚子少妇生离死别掠之而去者；更有义士烈女守死不回甘蹈白刃水火而不辞者。烈火亘天七日夜不息，玉石焚尽靡有孑遗，尸积如山血流成河。"①"衙署寺观，悉付一炬。间有走出城者，比至马坑不能过，亦被清军擒获。朝天门、豪栋外各处鱼塘，男女尸骸不计其数。城厢各处堆满尸骸，其未曾出门之老人小孩焚死屋内者，遗骨山积。时正初夏，天气炎热，陈尸体腐，臭气难堪。火后焦土，触目惊心"。"二十五日，乡人来城送粮，只有满目颓墙败瓦，满街血迹臭气。亲戚故旧，百无一存。"② 寿宁鳌阳人柳汝霖，系明泰昌元年（1620）拔贡，曾任江西九江通判。清兵南下，柳汝霖不愿做亡国奴，投奔王祁将军反清复明。清兵攻破建瓯后，柳汝霖宁为玉碎，拒不降清，从容赋诗慷慨赴难，举家被害于建瓯兴贤坊。当时建瓯城数十万人，幸存者不过二三百人，史称"建州戊子之役"。③

顺治五年十月初六日，江西丰城举人饶崇秩率五百清兵驰攻寿宁，击败守城义军，夺回寿宁县城，接任寿宁知县。清军复辟之后，强令邑人剃发易服，四处缉捕抗清人士。为使冯梦龙之墓免遭清兵挖掘凌辱，平溪群众偷偷将冯梦龙墓的标记除去，并将抗清志士的尸体悄悄安葬在其左右，以混淆真伪。谁知，当年这一保护冯梦龙之墓的无奈之举，后来竟在平溪相沿成俗——人们仰慕冯梦龙等抗清志士的耿耿丹心浩浩正气铮铮铁骨，纷纷将蟠龙山视为掩埋亡者的首选之地，使一方圣地神山变成了青冢遍地，坟头累累的乱坟岗。

由于代远年湮，特别是发生在顺治五年的那场战火以及康熙、雍正、乾隆三朝长达

---

① 道霈法师著《旅泊庵稿语录·悲思堂记》。
② 葛应中撰《清初建州大事记》。
③ 建州戊子之役：民国十八年版《建瓯市志·卷三·大事》。

451

一百多年的文字狱,将冯梦龙在平溪抗清的史迹毁灭殆尽。但有关冯梦龙古稀之年返回寿宁在平溪一带抗清的传说一直在民间流传,这些应该不是空穴来风。笔者殷切期待冯梦龙的墓葬之谜能早日破解,让一代文豪、廉吏——冯梦龙的英灵有一方安息长眠之地,不要再遥遥无期地在荒山野岭孤独漂泊。

【作者简介】

黄立云 寿宁县平溪镇平溪村人,福建省作家协会会员、宁德市政协文史研究员、寿宁县黄山公文化研究会会长、寿宁县地方志编纂委员会原主任。编著出版"福建省寿宁县地方志丛书"——《寿宁待志校辑》《康熙寿宁县志注辑》《寿宁乡贤》《寿宁寺庙志》《天道酬善——爱民清官黄槐的传奇人生》《田园芹洋》《寿宁县卫生计生志》《平溪镇志》及《寿宁县革命老区发展史》等。

平溪葫芦门[①]

黄立云

平溪村的葫芦门,是寿宁县唯一一座至今依然保存完好的宋代民间村庄城堡门。

那是距今 860 多年前的南宋高宗绍兴年间,平溪周氏始祖周理经松源周墩迁居剌坪墩肇基。当时寿宁尚未建县,剌坪墩隶属政和县。到了南宋后期,在周氏族人历经百余年的垦拓耕耘下,当年荆棘遍地的剌坪墩,已是田园盈野厝屋林立人丁兴旺。孟子曰:"衣食足而知荣辱"。随着家族的强盛,有读书识字者觉得村名"剌"字不雅,就以谐音字"厝"字代之,将"剌坪墩"改为"厝坪墩",一直沿用至今。

宋末元初,蒙古骑兵挥戈南下,大江南北兵荒马乱。厝坪墩周氏为了家族安全,倾全族之财力,依据厝坪墩左右两山拱卫,村口居高临下的有利地形修堡筑寨,以资自卫。因厝坪墩形似一只硕大的葫芦,故将堡门命名为"葫芦门"。传说,很久很久以前,葫芦门每当夜半子时就会自动关闭,凌晨自动开启。后来,周家出了一个好赌之徒,经常外出赌博,深夜回来常被关在门外。赌徒怨恨,就去买了一只白狗在葫芦门宰杀,并把狗血淋在葫芦门上,此后,葫芦门就再也不会自动开关了。

葫芦门高3米,宽2米,厚3米,状如城门。堡墙用河卵石垒砌,堡门以雕琢方整的青石环拱。门楣上浮雕楷书"葫芦门"三字,笔画圆厚稳健,雕工精致细密,历七百余年风风雨雨至今仍完好如初。

葫芦门前是一条长 65 米的岭道,从这里通过堡门可以进入厝坪墩。当年,这是进出厝坪墩的唯一通道,舍此别无他路。登上高高的葫芦门,居高临下俯视平溪村,远山近水尽收眼底。在以刀枪剑戟为主要武器的冷兵器时代,只要将葫芦门紧闭,青壮年登上堡墙凭险据守,就可以拒敌于堡外,让厝坪墩固若金汤。

数百年来,厝坪墩经历了宋元明清的朝代更迭和民国乱局,葫芦门像一位威严的守护神,将刀光剑影,血雨腥风拒之门外,让厝坪墩成为一个富足而安宁的世外桃源,使周氏族人得以世世代代安居其间与世无争。在那社会动荡匪寇纷起的岁月里,厝坪墩的居民能平平安安地春种秋收,安享农耕之乐,葫芦门功莫大焉!

随着一缕缕炊烟年复一年的袅袅升腾,时间像那静静流淌的平溪河水,近千年的时光不知不觉地从葫芦门溜走。当初刺坪墩的那一间茅舍,现在已经发展成了平溪两岸数以千计的砖楼瓦房;当年刺坪墩那屈指可数的数口之家,今天已经繁衍成为一个有着5000多人口的偌大村庄。

令人遗憾的是,1966年修筑的平溪至政和县公路,挨着葫芦门横穿厝坪墩而过,环拱厝坪墩的龙虎砂被挖掉,令厝坪墩门户大开。葫芦门随之也丧失了防卫功能,变成了一个游离在厝坪墩之外的老古董。更令人不解的是,在历史文物行情不断看涨的今天,寿宁唯一的民间村庄古城堡——葫芦门,至今依然被默默地遗忘在那人来车往的喧嚣中。

【注 释】

①《平溪葫芦门》:原载2002年9月海潮摄影艺术出版社出版的《寿宁文物》,略有增删。

山麂琴桥话沧桑[①]

黄立云

"立马溪边唤渡船,绿杨烟暖向波悬。高峰碍日疑天近,阴壑犹霜觉地偏。处处鱼盐间草市,家家鸡犬类桃源。隔溪茅屋门孤掩,重忆杨雄草太玄"。这首题为《过平溪作》的七言律诗,将六百多年前,明朝永乐二年《政和县志》主编郭斯垕在杨柳垂荫的平溪河畔,一手牵马,一边挥手呼唤船夫摆渡过河的历史画面清晰地定格下来。

那是明朝初年,平溪村没有桥梁联结两岸,村民们只能靠船只往返来回,生产生活很不方便。建造桥梁,溪流宽阔工程浩大资金困难,只能望河兴叹。村民们退而求其次,决定修建碇步以交通南北。所谓碇步,就是在溪流平缓处立石为磴,一步一石,稍露水面的水上通道。每一齿碇步都由一高一低两块长条青石组成,这样既可稳固碇步,又能让来往行人在中途相遇时相互避让通行。因其形似琴键,故雅称琴桥。

村民们说干就干,大家募捐筹款组织劳力工匠拦河砌石,经过数月努力,碇步顺利完工。孰料天有不测风云,一场暴雨,一阵洪峰,刚刚建成的碇步一夜之间被洗刷殆尽。乡亲们强忍悲痛,重整旗鼓集资再建。谁知,重新修建的碇步没过多久又被洪水冲垮。如是者三番五次,碇步总是屡建屡毁。

村民无奈,只好在河滩摆上三牲五果燃香点烛祈求神灵护佑。当晚,首事者梦见仙人指点:某日某时,有一只山麂从河中涉过,按照山麂走过的脚印修建碇步,就不会被洪水冲毁。首事者梦醒,诉诸众人,大家将信将疑。谁知到了那日那时,真的有一只山麂在众目睽睽之下从容涉水过溪。村人惊异,认为是仙人显灵,就按照山麂走过的脚印重新修建。依麂迹修建的平溪碇步长85米,116齿,略呈波浪形。这是寿宁平溪境内最长的碇步，也是全县唯一不按直线修建的琴桥。

说来也怪，自此以后的数百年来，平溪碇步屡遭险波恶浪冲击，一直砥柱中流坚如磐石。特别令人难以置信的是，1969年农历八月十六日，平溪发生肇基以来千年不遇的特大洪水，平溪流域十几座木拱廊桥、石拱桥被冲垮，平溪、环溪两村防洪堤被全线冲毁，数百座房屋淹没倒塌，金州洋水电站大坝被夷为河床，碇步南岸护坝也被洪水冲垮一截，而116齿碇步仍安然无恙傲然屹立溪中。

平溪碇步特别令后人称道赞赏的是碇步与水库、水渠、水碓的科学设计，它充分体现了古代劳动人民高超的治水技术和先进的设计理念。平溪碇步两岸各修建一段长十多米的护坝与岸堤相接。护坝有三大功能：一是保护碇步；二是蓄水入渠推动水碓运转；三是方便行人行走和便利村姑们洗洗刷刷。北岸（平溪村）水渠较短，修建在护坝上方，这里是村姑闺秀们浣衣洗菜、数说家长里短的场所，一天到晚叽叽喳喳非常热闹。南岸（环溪村）水渠在护坝下方，沿着防洪堤修建到寿山大石桥下，为环溪村民的饮水用水提供了极大便利。

南岸护坝上方水库的岸堤上有数十株百年垂柳，低垂的柳枝在波光云影里摇曳着曼妙的身姿。夏秋时节，一群光屁股的孩子一天到晚在清澈透底的水库里扑腾。夕阳西下，月上柳梢，蛙声鸣唱，常有少男少女在护坝上消暑纳凉；也有对对恋人选一方碇步，惬意地把双足淹浸在哗哗流淌的溪水里，枕一弯明月，沐一溪清风，双双呢喃低语倾吐心曲海誓山盟。

那隔河两岸一南一北两架水车一天到晚悠然地转动着，咿咿呀呀地吟唱着，给古老的村落增添了一道美丽的风景；碓房里的水碓有节奏地起起落落着往石臼里舂着稻谷，村妇们在水碓旁扬扬扫扫忙碌着，古老的碓房氤氲着浓郁的农耕生活气息。令人痛惜的是，南岸水渠和两岸水车、碓房均毁于1969年的特大洪水，现仅存一片废墟供后人追怀凭吊。

【注　释】

①《山麂琴桥话沧桑》：原载2002年9月海潮摄影艺术出版社出版的《寿宁文物》，略有增删。

"碉式土楼" 源佳墩

李安

初次踏进源佳墩村，可能会有平淡无奇的感觉。原因是村落由上、中、下三块相对独立板块组成。且刚进村的下村就那么几座古民居不规则的依山而建着，虽有一定的气势，却并无规模。只有浏览了整个村落的布局并完全了解了这种建筑风格的特定作用，才会惊叹这个古村落精巧的布局和建筑的科学。

源佳墩村是寿宁县平溪乡长溪行政村下属的自然村，海拔542~615米，全村130多户700多人,年平均气温16.5℃,温暖湿润,四季分明,距县城40多公里。系李姓氏族血缘村落。李氏迁徙始祖大闽公自中原南下经政和里后弯于南宋绍兴戊午年(1138)转居长溪村,清朝中期田园已遍及长溪周边方圆十余平方公里,至第二十代仲文公在兄弟析产后,为便于管理与耕作,寻遍山水,于清嘉庆元年(1796)择居这方祥瑞之地。村落成三点一线筑在龙凤相拥的山谷间。村前的山体呈凤状惟妙惟肖,山顶植被繁茂,数棵古松恰似缕缕凤冠霞帔于凤首。而呈腾龙状的山脊衬于村后,雄浑耸立,岗尖恰似龙口之处是古时火山爆发遗留的圆周状火山口,因其久旱不竭、久雨不溢,被村人视为风水宝地雅称"金脸盆"。

一方山水一方人,一个村落一部史。源佳墩在寿宁建县前隶属于闽北的建宁府政和县辖地。村里的古民居多倚山而建,五至七榴,三层建筑,总共才20多座,大多坐北朝南,粗犷而神秘,全村人就都住在这些民居里。如果说这个古村落是一个军营,那么上、中、下三块就是三个相对独立且相为互补的准军事化驻扎营地,每座古民居则是一个守卫与攻击的阵地。民居立面简洁,构架坚固,土墙青瓦,鳞次栉比,出于自卫、保障安全和抵御当地匪乱及械斗的需要,均由居住的主屋、防卫的碉楼和放杂物偏房组成,墙体厚且高,用田下的二层土以夯土版筑的方法舂成,高度普遍在10余米,且整体采用围墙式小庭院双重门构建,第一重门朝东。屋内均为大天井、大厅堂、大进深。前左右厢房、绕天井上方修悬木构廊庑沟通全屋;中一般配以方形近百平方米面积、高两层的厅堂,左右安排居室、仓储用房,登楼用梯对称排布于厅堂与厢房间的左右;后伙房、饭厅、小天井。中轴线贯穿整体,左右对称的布局十分鲜明,其外形大多为方形或曲尺形,转角处过道边的主屋墙体腰部均开有外小内大集采光、瞭望、射击、通风、散热于一体的多功能小圆洞。碉楼建在房屋的前后角,每幢两座,比主屋高一层,一角与主屋相连,三角均有瞭望孔和枪眼。农具杂物、畜栏、厕所、柴草间均安排于屋旁另建的一层偏楼里,以一小门与主屋相通。主屋与碉楼处用木料建成一条长长的廊庑相连通。这种设计,结构严谨、实用,其主要优点是适应山区潮湿、多雨的特点,既可防盗、防匪、防野兽,也可防山洪、避潮,干爽、卫生、通风,采光度好,与永定土楼的功能相较比有过之而无不及,富有很强的乡土性和地域性。最大的一座大型民居在中村,其实中村也就这么一座房屋,占地一亩多,有99根立柱近百个房间,多时住着20来户人家,村里的大型活动如文艺演出、电影播放、村民大会等都在这座屋里举办。可以说,源佳墩村的古民居是当时社会民生的缩影,用独特的建筑风格展示了源佳墩村的历史。

在源佳墩村还有种与寿宁县各村镇迥然不同的年俗,翻阅地方史料也未见记载。即"点火把、放天灯",从元宵节下午开始筹办,一时村人齐聚,各司其职,妥后待夜色全暗开始放灯到深夜或第二天天明,此起彼消,彻夜不绝,邻村与源佳墩人有亲戚的青年男女也会前来观赏,呈现祥和、热闹、欢乐的节日气氛。追本溯源,天灯又称孔明灯。相传是三国时的孔明发明的。当年,孔明被司马懿围困于平阳,无法派兵出城求救,孔明算准风向,制成会升空漂浮的纸灯笼。里面扎着求救讯息,其后果然脱险,于是后世就传承了放天灯的做法。尤其是源佳墩村分上、中、下三小山庄组成，昔日小有财富，曾被他乡人称为"银家村"，李氏宗先名声在外，常遭来盗匪打劫，便仿效孔明以"放天灯"作为互报匪情与召集乡民的讯号。日久后，"放天灯"便被赋予娱乐、祈福的功能，并逐渐成为源佳墩人元宵夜的一种固定的民俗活动。

放天灯还有一个十分重要的寓意，据源佳墩人讲村庄虽小，人才辈出，古时秀才频出，民国时期还出过两名分别毕业于北京大学警官系和法律系的高级知识分子李光华、李慰藩，二者书文精湛，遗迹遍布寿宁乡间。源佳墩人认为这与孔夫子有关，尊称孔子是"文曲星"，说他是"魁星下凡""主管文事"。认定乡贤辈出是玉皇大帝派来孔子的功劳。所以，在祭祀至皇元君的上元之夜，"点火把、放天灯"，禀报玉皇大帝，表示源佳墩人以奇风异俗的祭祀礼节以报答。

至今源佳墩人制作火把、天灯技艺依然十分娴熟。火把是用尺把长竹筒捆扎一根木棍，尔后在竹筒中塞满棉絮加入煤油而成。一般情况下为十八把，多时视参加的人数和放天灯的规模而定。天灯制作工艺则较为烦琐，结构可分为主体与支架两部分，支架要用毛竹破成篾，扎成灯身呈圆周形或四方形，高约一米至两米不等、宽六十至八十厘米的灯架，底部制成一直径约二十厘米的点灯口，点灯口中央置放一削成薄罐似塞满棉絮的竹筒，尔后是主体部分用白色宣纸黏糊而成。糊扎天灯首重平衡，否则升上天空即刻就会燃烧起来，化为乌有。放前需检查待放的天灯，纸张黏糊的是否密不漏气，每盏天灯放时由四位青年人平平托起，一人小心翼翼地将煤油倒入竹筒，旁人点亮火把围成圈，再由村里德高望重的老人将火源递给放灯的年轻人点燃竹筒。此时天灯便会徐徐而升，犹如一个个闪烁的火球，与夜空中的繁星融为一体，一直到消失在高高的天空中，妙不可言。人们更相信，天灯放得愈高，运气就愈好。点燃天灯前人们都要在灯的周围许着心中的愿望与祝福，与天灯一起冉冉升向苍穹，以祈求心愿能实现。据说所许的愿还是相当灵验的。

掘开时间隧道，拂去历史尘沙。源佳墩村，一个寄托着长治久安、祥和幸福希冀的军营式村落，民居有着多元化功能，民俗也同防御相融，虽几经数百年的风雨沧桑，至今却仍旧貌依然、固若金汤。

【作者简介】

李　安　寿宁县平溪镇长溪村源佳墩自然村人，历任寿宁县委报道组组长、中共寿宁县委宣传部副部长、寿宁县文联主席，寿宁县传统文化研究会会长。

第三章 书法楹联

第一节 书 法

清朝以来,平溪境内先后涌现一批颇有艺术造诣的书法爱好者。邑内知名者有李廷森、李映淮、李奎光、李烈刚、黄强等人。

一、清 朝

乾隆年间,南溪贡生李廷森师承舅舅吴峨成为邑内书画名家。知县杨中迪赞其"书传欧楷八法,步羲献后尘"。邑人进士、山西浮山知县卢赞虞誉其"诗学温厚和平,追迹踪前明十子。书法初学右军,变化从心直欲,自成一家,求者满户庭。水墨写意,色色俱佳,兰草牡丹,更为世所宝。"李廷森现存墨宝有:为平溪周士尧古稀之寿撰写的真、草、隶、篆四体绿绸金字寿联八副;清道光九年(1829)撰书的《沐殿增田碑记》;李廷森署石门生小幅卷轴式书画二幅,现存县文化馆。

乾隆年间,邑人名医吴珏赞南溪太学生李映淮:"字究欧阳,篆隶并臻其妙"。清道光年间,浙江余杭、遂昌、永康知县李枝青赞李廷森之子李奎光:"善书法,王、欧、赵、蔡诸名家,莫不临池致精,草行隶俱妙,而怀素尤有坠石悬崖之胜。"李奎光为南溪村南古殿所题匾额——"灵机妙应",因2023年2月南古殿失火而焚毁。

二、民国时期

南溪村李烈刚擅书法,鳌阳镇后墩木拱廊桥"飞云桥"三字、周宁县灵峰寺"大雄宝殿"匾额均李烈刚墨宝。坑底乡小东寺"含裹十方""弘漓万品"匾额,为长溪村源佳墩自然村李蔚蕃所题。环溪村周峰(编者注:《寿宁县志》载:"平溪周汾,福清市县长",有误。应为:平溪周峰,罗源县县长)擅行楷。1948年2~7月任罗源县长,罗源县城众多商家请他题写店铺招牌。

三、共和国时期

环溪村黄强,民国十三年(1924)生。寿宁县立初级中学、福建省第八区地方行政干部训练班毕业。民国年间先后任九岭乡、鹤溪乡中心国民学校校长。书法、诗文俱佳。南山顶的"天池"和"平溪桥"等楷书石刻系其墨宝;环溪大王宫的"恩波驻马""芳亭隐翠"等均其所题。

南溪村李式山，幼承父亲李烈刚书法熏陶，亦擅书法。南溪李氏宗祠门楼上的"陇西世家""昊天罔极"和祠内"尊祖敬宗""世泽长垂"等牌匾，以及南溪村的"全国第一家农民车站"、柯洋村的"南古殿"匾额等均系其手书。

【附　录】

李奎光行略

族兄奎光，余同年友也，忽忽二十载事矣。戊寅，寿宁拔兄一名，福安辖是余附骥，同受知于学使吴师门。交相阅卷，见兄文章诗赋，超超豪迈，几莫测其涯岸。厥后，余仆仆风尘，而兄退栖盘谷，兄风韵高矣。

兹兄五旬，亲友谋征诗。适予以内艰归，嘱小启。予思族谊而忝年谊，何敢辞。兄讳奎光，字宗斌，一字元精，行公蓁，号梅亭，不廉卿其别号也。少聪慧，性旷达，不汲汲于沉吟，而心得已裕如。博览群书，文尚华赡，诗赋典丽幽雅。弱冠出试，辄冠其曹。曾忆同门时，郡守诚器重之，于堂联赞其"诗文字品"，四好字案定兄元。缘阅卷师取其诗，偶出与谈，成触之挟，狐疑不果。旋疑释，深自悔。

其明年入泮，元诚鼓掌曰："仍是弁冕"。旋录科历一等，愈青睐。初，兄伯兄应童子试时，里有神许夺标，果然。至兄又许，复不诬人，又果然之。自是多夺前茅，阻于饩缺。陈师时爱甥郭文澜与易卷兄名一等四，而文冠一军矣。叹运舛焉，秋闱三战不售，遂杜门以天伦聚首为乐。

生平廉义急公，邑侯孙周刘整顿鳌阳书院，重建文庙，采访通志，诸公举均会兄宴议，甚礼待。有烟雾坑山者，周围数十里吾南溪族故物。赖出息者伙，被汀强高某侵占，兄公愤出力，被断归祠。今春秋祭有资，微兄力不及此。且当时众虑失久难挽，以公金交兄区划。兄识才裕如致大令公断，兄将原金归公。时有人笑兄愚，兄正色曰："不如此，豺狼也。"

余事善书法，王欧赵蔡诸名家，莫不临池致精，草行隶俱妙，而怀素尤有坠石悬崖之胜。其他难赘述，姑启一斑。俾称觥者以吾兄之风韵，铸满纸琳琅。余虽读礼，亦附俚言于壁，带间引诸客觥筹交错，不亦一时称快哉。

明通进士大挑一等　历任浙江余杭、遂昌、永康知县
族年弟　枝青　顿首

【作者简介】

李枝青　字芗园、号西云，福安人，故居"大夫第"在福安市阳头栖云巷内。清嘉庆四年（1799）七月三日生。道光二年（1822）乡试五十二名举人。其仕途坎坷，历任浙江余杭、新昌、龙泉、常山、仙居、长兴、仁和、嘉兴等县知县。其间两次升为同知又被黜，亦两次任乡试同考官。封文林郎、奉政大夫（正五品）。咸丰八年（1858）殁于任

所,晋朝议大夫(从四品),墓葬福安虎山。李枝青之妻是林则徐夫人的亲侄女,林则徐曾题赠一副木刻对联"慧业文人主持风雅,清时仙吏管领湖山";并为李枝青小花厅题刻横额"读骚山房"。著名书法家何绍基亦题赠木刻对联"浊酒寻陶令,丹砂访葛洪"。著《西云诗钞》《芗园笔记》《仓颉字考》等,现仅存《西云诗钞》二卷。《李奎光行略》录自南溪《李氏宗谱》。

第二节 楹 联

一、平溪奶娘宫楹联

冯梦龙撰　神灵有赫　不溺女定生奇男
　　　　　天道无私　能孝亲必生贵子

【作者简介】

冯梦龙　苏州市相城区东桥镇冯梦龙村人,明万历二年(1574)生。著名通俗文学家,主要作品有《喻世明言》《警世通言》《醒世恒言》《寿宁待志》等。崇祯七年至十一年(1634~1638)知寿宁县。七十二岁返闽抗清,墓葬平溪蟠龙山。

二、平溪村平水大王宫楹联

杨中迪撰　山色灵光同普照　溪声惠泽共长流

【作者简介】

杨中迪　广东梅州市大埔县百侯镇人,生卒年月不详。清乾隆四十五年(1780)举人。嘉庆三年知泰宁县,嘉庆七年十月、嘉庆十一年知清流县,嘉庆十三年至十八年(1808~1813)知寿宁县。平溪平水大王宫楹联系嘉庆十八年(1813)题。

宋际春撰　黍谷景风回凤律　桑田灵雨渥鸿麻

【作者简介】

宋际春　字孟礼、号拓耕、自称凌虚子,福建莆田人,清嘉庆十八年(1813)生。道光十五年(1835)中举,道光廿六年(1846),先后委其为德化、永春、汀州学官,均不就。咸丰十年(1860)任寿宁教谕,任满调任闽清教谕。同治九年(1870)赴任台湾府凤山县教谕,光绪元年(1875)卒于任所。著《绿天偶笔》校抄本一册,系杂录闽莆人之遗闻轶事;《宋拓耕诗文集》十卷,亦名《瑶荔山房集》。

　　　　　　柯寅斗撰　　　福缓比屋隆金岫　　　德惠编氓普玉溪

【作者简介】
柯寅斗　籍贯、生卒时间不详。清寿宁县教谕。

　　　　　　来　裴撰　　　降其永祥功藏灵迹　　受斯茂祉乐极休成

【作者简介】
来　裴　籍贯、生卒时间不详。清同治元年至二年（1862~1863）知寿宁县。

三、环溪村文昌阁楹联

　　　　　　覃志刚撰　　　文当雄才大略　　　昌应国泰民合

【作者简介】
覃志刚　广西柳城人，壮族，1953年5月生。历任中国文联党组副书记、副主席、书记处书记，全国政协常委、全国政协教科卫体委员会副主任，北京大学客座教授。自幼喜操翰墨，临习碑帖，醉心国画研作。

　　　　　　周景洛撰　　　四面云山皆入眼　　万家灯火总关心

【作者简介】
周景洛　福建泉州人，中国新闻社福建分社原社长。现任福建省新闻工作者协会副主席、闽台新闻联谊会副会长、中国新闻社高级记者，海峡西岸杂志编委会副主任、总编。2009年出版《周景洛书法集》，2011年出版《周景洛书法作品展览》。

　　　　　　贾诚隽撰　　　司马文章元亮酒　　右军司法少陵诗

【作者简介】
贾诚隽　山东平度人，1943年生于北京，北京师范大学中文系毕业。中国书法家协会会员、北京西城书法家协会副主席、中国书画函授大学教授。出版《水写纸字帖》《初学书法浅谈》《楷书章法》《欧阳询九成宫临习指要》《贾诚隽楷书文心雕龙》等。

　　　　　　孙展文撰　　　男儿壮志畅游学海书山　　文昌兴建问鼎清华北大

【作者简介】

孙展文 福建福州人,福建省书法家协会会员、福建省美术家协会会员、海峡百姓书画院副院长、福州华严书画院副秘书长、海峡书画报艺术总监、福建军旅书画院委员。国画作品"春风颂"获2013年司法部第十届美术书法展优秀奖。

　　周　野撰　　世间数百年旧家无非积德
　　　　　　　　天下第一件好事还是读书

【作者简介】

周　野 福建永泰县人,厦门大学毕业,国家一级美术师。出版篆刻作品集《周野刻石》《周野和你聊篆刻》,散文作品集《岁月流觞》。主编《艺海新歌》《中国寿山石雕刻艺术家集》《中国印纽艺术》等寿山石专业丛书。

四、岭根村福寿亭楹联

　　　　　　浮生若梦,劝君不必多忙
　　　　　　且住为佳,到此何妨小坐

五、环溪村大连坑转水亭楹联

　　　　　　天地一寄庐,到此不妨少住稍歇息
　　　　　　光阴如过客,从今各勉前程万里云

第二十一编　人　物

平溪地灵人杰、英才辈出。明清两朝，平溪境内先后考取贡生的有29人。清朝，秋闱传捷的文举人有周尚功；武举人有周则波、周步高。

李毓姬为邑内诗文入选乾隆《福宁府志》最多之先贤。李廷森、周尚颐、黄士寿、吴丹梅、王道芝、张显林等乡贤热心公益，倾力修路建桥、抚养遗孤，捐助教育、医疗事业，传为千秋佳话。

恢复高考制度以来，平溪境内先后有12位考场翘楚夺得寿宁县高考文理科"状元"；有105人读取硕士研究生学历，30人读取博士研究生学历，9人走上高校讲坛成为讲师、教授。历年来，先后有19人荣获省部、地厅级科技、学术及新闻报道奖；有74位先进工作者荣获省部、地厅级表彰。

第二十一章 人 口

第一章 人物传

第一节 古代人物

李挺穗好善建桥亭

李挺穗，名伊嘉、乳名荣官、号朴斋，南溪村人，清康熙四十四年（1705）十月初一申时生。少颖敏，过目成诵。雍正十三年（1735）杨炳科以第一名考取县学。乾隆年间，援例由庠士加捐国学生。为文理解精微，笔力雄健，晚尤得力于诗，《咏韶托》一诗收入乾隆《福宁府志》。

挺穗一生好善乐施，凡桥亭舟路，无不捐倡。如灵鹫、王渡、丹溪、九岭、浦南等桥梁，龙首、龙珠、莲花坂诸凉亭。南溪村苦于水患，挺穗相地势，捐资筑长堤横丈，纵二百余尺，以障狂澜，乡人德之。

挺穗性刚毅，有智略，遇不平事，不避汤火。时大水，上游有木头自政和平溪境内漂来，从弟挺芳拾之。邱某图诈，纠集数十人持凶械黑夜搜掠。芳亦械迎，几祸。挺穗以理斥之，事乃平；从弟某，因谷被欺奔扣，挺穗毅然出力，对方乃逊谢；族人某蚀公帑40多万，挺穗慨然代偿。种种善行，难以枚举。泰宁教谕、内弟吴峨赞曰："此其为特达之圭璋，品之粹，才之良。心之所欲，随念而长；素位而行，何用不臧；陶情诗酒，青莲之客，学久而流芳。"

知县金鼎锡赞云："若某谨言慎行，君子也，吾以为今日之子羽。"知县马大纪赠以"读书行义"；知县郭令宣以"风迈玉溪"赠之；乾隆福宁知府李拔旌以"上林仪羽"；知县王露为其撰生平概略。嘉庆二年（1797）恭逢覃恩，优奖正七品。同年五月廿八日巳时卒，享年93岁，墓葬山谷村后山。

李挺穗原配吴福妈，县城庠生吴选之女，康熙四十二年（1703）十月初七卯时生，乾隆廿五年（1760）卒。生子尹滋、尹辰。续娶托溪刘钟英，乾隆元年（1736）生，嘉庆二十年（1815）十月初七卒。

李毓姬名扬福宁府

李毓姬，名守朋、字天锡、号松亭，南溪村人，生卒时间不详。清乾隆年间诸生，著

《松亭诗集》《卜筮正宗》。

李毓姬的《三峰寺》《茗溪清泉》《官亭草色》《七星长桥》《翠屏爽气》《丛珠霁雪》《仙岩石乳》《炉峰宿霭》《古洞昏雅》《仙桥卧象》及《募建庾岭头亭序》等诗文，均被知府李拔载入乾隆《福宁府志》，为邑内诗文入选《福宁府志》最多者。

清乾隆《福宁府志·人物志·列女》载："范庄女，李行佐妻。年廿六未育而夫死，抚义子毓姬为邑诸生。年九十九乃卒。郡守李拔闻而表之。"南溪李氏谱载：李毓姬长子则业，名豫，未育；次子方珏（编者注：吴珏，邑内名医，《寿宁县志》有传），字二玉，庠生，复归吴宗。李毓姬墓葬南溪村栗坂自然村后门山，莲花形。

李廷森乐捐倡公益

李廷森，名周书，字良材、少维，号石门、槐卿、心斋，晚号玉堂，南溪村人，清乾隆十九年（1754）六月十九日寅时生。李廷森童失怙，冠失恃。嘉庆十二年（1807）岁贡。娶桐洋监生张景佺之女张阿妹，生三子三女。长适斜滩增生郭鸿；次适县城庠生叶宗祥；三适斜滩廪生卢思赞。

乾隆四十四年（1779）、嘉庆十二年（1807），李廷森两次分别捐银20两修建南溪李氏宗祠。其他如文庙、书院、文昌阁、临水殿、折柳桥之类，罔不竭力捐倡。先世所创桥亭道路，亦节次遵修。九旬老祖父奉养独承，姻族善之。道光十一年（1831）正月十四日酉时卒，寿78岁，墓葬南溪村头亭后。

周定邦好善修义冢

周定邦，名汝葵，号照琴，环溪村人，清乾隆廿八年（1763）生。生而颖异，13岁选入国学，多才识胆略，有儒者风，历任邑侯器重之。

生平重义轻财，好为人排解，济急扶危。悯尸骸之暴露，亲葬义冢九十九骸。值荒年，常为贫人赈米。乡邻有不平事，皆请其调解，贫弱者均感之，至今仍啧啧人口。

周邑尊赐匾"名标上国"；赵邑尊赐匾"堂开四代"；童邑尊赐匾"大雅不群"；董邑尊赐匾"立品端方"，足见公之为人矣。道光十七年（1837）闰四月初二丑时卒，寿75岁。

周尚颐募建寿山桥

周尚颐，字承烈、正卿，环溪村人，清道光廿六年（1846）生。出生农商之家，幼读私塾，考取太学生。同治四年（1865），与族兄周绍濂等筹建文昌阁于平溪村半月山。

光绪十三年（1888）七月十日，平溪村木拱廊桥——飞虹桥被洪水冲毁。翌年九月，周尚颐为首募集八千银圆，动工兴建平溪村石拱大桥——寿山桥。由于工程浩大资金不敷，搭建桥架缺乏木料，周尚颐将自家准备盖房的木料全部捐出；工匠人等将要断炊，建桥工程难以进行，周尚颐又将自家田中尚未熟透的稻谷提前收割回来，加工成大米供工匠食用，使工程得以继续；大桥竣工，善款不够支付工匠工钱，周尚颐将自家厝基、农田典卖以发放工资。

大桥竣工之日，周尚颐在桥上摆设香案，祷告天地神灵。将建桥收入、支出账务，详详细细公之于众，在众目睽睽之下逐项核算，毫无弊端。光绪二十八年（1902），周尚颐因病去世，享年57岁，墓葬环溪村下游敬老院后面的飞燕山。

第二节 近现代人物

周绍濂诗文咏平溪

周绍濂，字尚师、少溪，号莲舫，环溪村人，清咸丰七年（1857）生。光绪四年（1878）戊寅科以全县第一名考入县学，光绪七年（1881）辛巳科考取一等第五名补增生，光绪十六年（1890）庚寅科考取一等第五名补廪生。

周绍濂一生以塾师为业，光绪七年参与重修平溪文昌阁。周绍濂与屏峰塾师、清源贡生卓观澜为忘年之交。俩人雅好吟咏，常览景抒怀相互唱和，不仅为平溪留下诗文数十首（篇），也为邑内教坛留下了一段诗友相契的千古佳话。民国二年（1913）因病逝世，享年57岁。

周郁文、周继炽创建平溪小学

周郁文，名继龙、号昭卿，环溪村人，清同治九年（1870）生，民国三十年（1941）卒。光绪十六年（1890），考取府学第十八名；光绪十九年（1893），考取一等第十三名补增生；光绪廿二年（1896），考取一等第七名补廪生。

民国元年（1912），周郁文为首筹建平溪第一座新型小学。学校占地面积4亩，建教室8间，还有教师、学生宿舍、厨房等。民国五年（1916），周郁文旅居榕城。民国七年（1918），任省临时参议院议员。

周郁文事母至孝，每天晨昏向母亲请安，定时为母亲洗脚剪脚趾甲。母患眼疾，每天早晚两次用舌头舔母眼部，连续年余始痊愈。

周继炽，字敬庵、号裴臣，环溪村人，清同治十二年（1873）生。光绪三十年（1904），考取第8名加捐贡生。宣统元年（1909）3月，福建谘议局初选当选议员。

民国元年，周继炽与族兄周郁文一起筹建平溪第一座新型小学。周继炽任平溪小学主办教员，民国二十年（1931）继任校董。周继炽教学认真，每日凌晨，亲自到村中挨户询查，看妇女是否早起煮饭，学生有否早起诵读，如有人偷懒即予以严厉批评。民国二十三年（1934）卒。

周树恩悬壶济世

周树恩，字子荣、号露丹，环溪村人，清光绪十一年（1885）生。清太学生，全闽师范、福建法政大学法律科毕业。

周树恩自幼爱好医学，对《伤寒论》《金匮玉涵经》等医著多有涉猎。民国八年（1919），建瓯县霍乱流行。时任建瓯、政和、松溪等县承审员的周树恩，利用业余时间为民治病，药到病除，医名遂扬。

为医治霍乱，建瓯县长赵模及署内诸君捐资，赞助周树恩制成"经验灵通万通万应丹"，治愈患者无数。因"经验灵通万通万应丹"功效显著，建瓯县长赵模让他编辑治疗方药简本广为传播。周树恩采撷诸家方书，参以临床经验，辑成万余言的《霍乱辨要》一书，同年八月间刊印发行1370册。

民国后期周树恩弃政从医，先后在平溪、鳌阳开设中药铺。他医术高明，精于儿科，周围数十里村民纷纷上门求医，鳌阳一带群众都称他"露丹先生"。民国三十四年（1945），周树恩被选为寿宁县临时参议会议员。次年，聘任寿宁中学国文教员。

1951年，周树恩因家庭成分、曾任松溪等县承审员等原因被捕入狱。后因寿宁县城麻疹流行，众多患者亲属再三恳求县政府释放周树恩，让他出狱为患儿治病。周树恩出狱后悉心诊治，许多麻疹危重患者转危为安。1953年，周树恩因病返里养病，不久病逝环溪家中。

黄士寿、吴丹梅夫妻抚养遗孤

黄士寿，平溪村人，清光绪三十二年（1906）二月初二丑时生。妻吴丹梅，芹洋尤溪村人，光绪三十四年（1908）正月初九亥时生。夫妻二人住在"寿山桥"上方的临溪老街，以手工制售糖、饼、豆腐为生。

黄士寿夫妻数十年如一日地在糖饼铺里烧水烹茶，一年四季无偿为过往行人供应热水凉茶；每逢庙会社戏，黄士寿总是一头挑着糖饼筐，一头挑着茶水，边售卖糖饼，边为人们免费供应茶水。

民国二十五年（1936），村民黄士珊因病早逝。因家庭十分贫困，其妻无奈携子改嫁。继父性情暴烈，对妻子改嫁带来的一双幼儿——年仅4岁的黄登春、6岁的黄登规百般虐待，兄弟俩常常被打得浑身青紫，伤痕累累有家难归。黄士寿、吴丹梅夫妻见兄弟俩孤苦无依十分可怜，将其义务抚养至18岁长大成人。

民国二十八年（1939），环溪村13岁少年周光寿连遭不幸，在短短的两年内父母相继不幸亡故。黄士寿、吴丹梅夫妻不仅将孤儿周光寿领回家中抚养，还将加工糖饼技术悉数传授给他，直至周光寿娶妻成家之后方回环溪村自立门户。

黄士寿、吴丹梅夫妻义务抚养三位孤儿的善行义举，赢得乡邻钦敬，至今传为佳话，事迹载入《寿宁县卫生计生志》。黄士寿墓葬芹洋乡武济（牛替）村外公路内侧的景山林场管理楼后山，形取"黄龙吐珠"；吴丹梅，1986年3月27日卒，墓葬东木洋村上充自然村岭头茂竹，形取"黄蛇出草"。

周孝钦平溪小学铸辉煌

周孝钦，平溪村人，民国八年（1919）生。7岁入学，18岁考取霞浦师资培训班，学习期满安排屏峰初级小学任教。民国三十年（1941），22岁任平溪中心小学校长。

任职校长期间，周孝钦运用滚木原理，将整幢教学大楼升高一米并后移50多米，将原楼址拓为操场，使校园建筑呈四合院形式，布局更合理，管理更方便。

周孝钦还以收墓租、油灯租以及募捐等方式筹集资金，制作学生课桌椅150副，教师办公桌十几张及其他教学设备；在校内挖井汲水，并用毛竹150余根从300多米外引泉水至学校，以解决师生用水问题；民国三十二年（1943），建教师、学生宿舍楼一座。1959年不幸病逝，年仅40岁。

周孝钦所规划修建的平溪小学教学楼、办公楼、宿舍、操场、水井等，一直延续使用到20世纪70年代。此后，平溪小学虽多次拆旧建新，但校园的四合院布局至今基本未变。

胡明乐坚贞不屈干革命

胡明乐，溪底村上山头自然村人，清光绪三十四年（1908）生。兄弟四人，排行第四。少时家贫，12岁离乡背井在政和县为地主牧牛，21岁回上山头村务农。

民国三十三年（1944）以来，陈贵芳、张翼、叶凤顺、池云宝、江作宇等领导的游击队以平溪境内莲花山为根据地，在平溪一带进行革命活动，胡明乐积极为游击队送粮食、打探情报、传递消息。

1947年11月15日，胡明乐为陈贵芳部队当向导攻克平溪区公所，缴获大批物资、弹药。同年底，国民党福建省保安四团进驻平溪围剿游击队，胡明乐被押送南溪团部惨遭严刑拷打，要他供出游击队和地下党的秘密活动情况。敌人三次将其绑赴刑场，以枪毙相威胁，胡明乐坚贞不屈，始终不泄露党的机密。

后经保释出狱，但房屋被焚毁，妻离子散，无家可归。他忍受悲痛，继续为革命效劳。1949年革命胜利后，胡明乐加入共产党，历任平溪区副区长、平溪公社副社长，1982年病逝。

李鸿儒血洒七宝岗

李鸿儒，山西省垣曲县皋落乡回村人，民国十年（1921）生。1945年入党，任中共皋落区委副书记。

1949年初，垣曲县抽调85人组成"中国人民解放军长江支队第6大队第4中队"南下福建。4中队设4个分区委，李鸿儒任第二分区委书记。10月，第4中队到达寿宁县，李鸿儒任中共寿宁县平溪区委书记。

1951年4月，南路刀会管带李承柳召集会首策划暴动。5月7日，会首杨德洁派杨达弟等30多个会徒去政和县取回"法兵符带"和法刀，并将碑坑等村会徒40余人纠集到杨溪头村大王坪集中，号称"太平救国军"发动暴动，杀害杨溪头村农会主席杨显云等4人。

8日上午，区委书记李鸿儒闻讯后，一面将情况转告区驻军县大队一连，一面率领区干部、区中队武装30余人火速奔赴杨溪头平乱。双方在七宝岗相遇激战,区中队击毙刀匪2名,李鸿儒同志在战斗中不幸壮烈牺牲。县大队一连援兵赶到,当场毙匪1名、伤数名、活捉2名,会首李承柳一伙遁山逃命。

随后,中共寿宁县委立即召集驻军和三区、四区民兵及党政干部千余人,合围刀会匪徒。经数天围山搜捕,击毙刀会首杨德洁、李启章,活抓刀会首张宗祥、张邦居,103名刀会匪徒全部落网。5月12日,县、区领导和干部群众一千多人在平溪中心小学操场举行李鸿儒同志追悼大会。

李承棠祸害乡民被镇压

李承棠,长溪村源佳墩自然村人。生于小康之家,少年时代父母爱若掌珠,倾力悉心培养。福建省立法政中学毕业,民国三十一年(1942)任平溪中心小学校长。

民国三十三年(1944),李承棠晋升平溪乡乡长。民国三十六年(1947),任寿宁县驻平溪区联防队队长。任职期间,李承棠以抓壮丁为名,搜刮钱财,鱼肉乡民,中饱私囊。民国三十六年(1947)后,李承棠积极配合福建省保安四团剿共,平溪老区人民遭其祸害,鸡犬不宁。

1949年7月寿宁解放,李承棠畏罪潜逃被民兵抓获。1950年8月18日,寿宁县临时人民法庭依法判处李承棠死刑。

【附 录】
修职佐郎赠文林郎玉堂公传

癸巳岁,余幸捷南宫,奉简命即用山西。假归省,因得与亲朋辈作别。李君梅亭,余总角时与之交,凤慕才名,拟偕之晋。因以余将远行,且以其尊甫玉堂先生传嘱。余虽不文,义不容辞也。

先生讳廷森,字槐卿,行周书,号少维,晚号玉堂,自号心斋,乳名葆年,良材其弃字。龄甫四失恃,依祖朴斋公,母周孺人。孺人贤,使训之曰:"汝先人八传,皆以遗书世其家,今幸延一线,敢坠前徽乎。"先生跪膝下,痛哭领命,慨然自立。朴斋公窃喜,爱弥笃。于是内事节母,外事老祖,养志养体,曲尽其道。但母因过哀成疾,先生侍寝蓐,衣不解带者累月。即中裙厕,亦不假手于婢仆,犹以不及事父为幸恨。母卒,哀毁骨立,数十年谈及节况,泪潸然下曰:"君子不以天下俭其亲。"随请旌建坊入祠,所耗不下千金,时论多之。朴斋公,寿九十三,先生窃幸得长事,然忧喜交迫。时当人每邀外游,均以公春秋高而婉辞。先生中龄,孺慕尤切,丧葬尽礼。知叔父稍艰于计,悉独任之。叔父曰:"尔祖非吾父耶,第莫能如贤孝耳,今附加庄剩谷若干,汝纳之以与吾父兮,而慰子职。"先生尚婉辞至再,乃承命。更继祖妣刘孺人颇有难色,先生事八旬如一日,孺人亦为腹子。孝廉王成渠赠曰:"千秋令伯陈情表,纯孝天成合与齐。良有以也笃学业,颖异非常少从明。"

明经叶亚元、范从矩两先生竞赞叹焉。冠出应岁试,县居第二。入郡考夺标已定,霪被□缘。又移二追科，邑尊张、郡守双两拔案元。丙戌，受知于督学吉梦熊门，又泮元且榜序整齐，岁则三一二二大案，二科则三二二一大案。一时有三元，天下有七一，世间无之，赠美谈也。续试于院，三冠其军，十列一等。学使沈、朱、吴、陆、赵、陈、钱，叠有国士之目。与大宪观风月、课古学，历超高等，无不击节称赏。邑侯张鹿城、王兰泉优其文行，延为子师（张即是岁鉴拔案元者）。嗣童肖孙周陶，均礼重最切者。杨终杨任，六载诗酒文字相往还，为文尚高古，无一语及私者。秋试丙午，借荐子卷已备，惜碍于额。丁卯，领乡荐岁进士。战棘围闹者十三，终不入时眼，自是不复出山矣。

生平不存理不过之心，不行心过不去之事。宾张王任时，王欲厚之，一日以刑名事付，先生正色正辞，于是待以义礼，不复犯。有控王某殴婶者，王私捧三十金托解，事后尚当重报，先生幡然拂袖而去。王遍告四方曰："第一功名不爱钱，李先生其人乎。"族弟有媳暴卒，媳族本有芥意，且有诬其不明事，遂架词倾族攻之，几祸。先生以一言解之，仍姻好。堂弟早逝，妇寡子幼，虑其难成立也，百计维持。且嘱儿辈曰："某等未获一衿，汝当护之，勿被受辱。"又房侄某，产荡性乖，争遽辄寻衅凌逆，先生弗较，且周济不赘。先是有祖宅半座典先生，阅困甚，先生白以券归偿，自此化于善。凡公务，如文庙、书院、祖祠、文昌阁、临水殿、折柳桥之类，罔不竭力捐倡。先世所创桥亭道路，亦节次遵修，其廉正尚义如此。

居恒好宾客，论如日星；处宗复恂谨，彬彬有礼。虽和易，人终畏其严惮。诗学温厚和平，追迹踪前明十子。书法初学右军，继临摹日伙，变化从心直欲，自成一家，求者满户庭。水墨写意，色色俱佳，兰草牡丹，更为世所宝。素有文生之好，广购碑帖、印章、笔墨文玩，不惜巨资。而书籍尤富，甚爱惜无一污残者。晚益好学，拥书博览，每开卷必端坐，用笔无弛懈意。易箦之日，梅亭将赴席，先生旧其冠曰："吾辈衣冠中人岂可苟耶。"爱以己新冠易其首。越数刻，巍坐中堂，谈笑而逝，年七十有八。

所著有《绍邺集梦》《柳轩诗草》《尺牍新裁》并墨迹存于家。汪大中丞举以真品实学，周明府称其品学词翰，可法可传不虚矣。曩者常训诸嗣君曰："读书贵明道，明道首端品，不然纵掇巍科无济也。"味斯言，则先生之大概可知。先生其有道者也，后之读斯传，有不望风下拜者乎。余固愿与伯仲交勉之，且讯梅亭之所以世守家训者，为何若也。

赐进士即用山西浮山县

世姻愚侄　卢赞虞　韶庭氏

【作者简介】

卢赞虞　名应璋、字居蒲、号韶庭，寿宁县斜滩镇人。清道光十三年（1833）汪鸣相榜进士，钦授山西浮山县知县。厘奸别弊，虚心下士，晨理案牍，夜必出巡，地方赖以安谧。《修职佐郎赠文林郎玉堂公传》录自南溪村《李氏宗谱》。

第二章 科举人士

第一节 举 人

乡试考中者称举人。乡试，就是逢子、卯、午、酉年的八月，在省城举行的考试。只有通过本省学政巡回举行的科考的秀才，才有资格参加乡试。清朝，平溪境内文武举人有——

周则波 字尚泮，平溪村人，道光十年（1830）生。咸丰九年（1859）武举人，同治元年（1862）卒。

周步高 字远峦、一峰，平溪村人，道光十七年（1837）生。同治元年（1862）武举人，同治九年（1870）卒。

周尚功 名作新、字惟风，环溪村人，道光十七年（1837）生。文举人，同治十二年（1873）卒。

第二节 贡 生

明清两朝，入府、州、县学就读者称生员，经考选升入京师国子监者称贡生。清朝有恩贡、拔贡、副贡、岁贡、优贡，均为正途出身；以捐纳获贡生者称例贡。贡生名义上是国子监的太学生，但并不入国子监读书，只是取得太学生的资格，可以直接参加乡试。贡生也可以出任地方学校的教职或出仕为官。如苏州冯梦龙，57岁补为贡生，次年即授丹徒训导，61岁知寿宁县。

一、明朝贡生

1. 南溪村贡生

李 坦 岁贡出仕。

李 施 字德蕴，嘉靖四十四年（1565）贡生。

李方遂 字德生，嘉靖四十四年（1565）贡生。

李 旗 字行豫，万历八年（1580）贡生。

李德达 万历年间贡生。

2. 平溪村贡生

周　钟　贡生。

周文举　字登三，贡生。

二、清朝贡生

1. 南溪村贡生

李茂达　字守道，顺治八年（1651）岁贡。

李行奕　名如兰、行藻一、号友芝，万历四十四年（1616）五月初一戌时生，顺治十二年（1655）岁贡，官德化县学训导，卒于任。

李守谦　名向健、号益庵，顺治十三年（1656）八月初七寅时生。康熙四十五年（1706）岁贡，康熙五十一年（1712）二月廿七日卒。

李则需　名汝栋，雍正元年（1723）癸卯科恩贡。

李则苤　名豁，字润玉，号静庵、石门，康熙十三年（1674）十一月十四日辰时生。雍正七年（1729）岁贡，授兴化莆田学训导，以疾辞不就。

李　灼　乾隆廿七年（1762）附贡。

李春槐　乾隆五十五年（1790）例贡。

李廷森　乾隆十九年（1754）六月十九日寅时生。嘉庆十二年（1807）岁贡，道光十一年（1831）正月十四日酉时卒。有传。

李公鉴　名文光，字斗杓、腾万，号韅岩，乾隆四十四年（1779）六月三十日辰时生。嘉庆十八年（1813），癸酉科方宗师选拔岁贡第一名。嘉庆十九年（1814）八月十二日未时卒于浙江平湖乍浦镇。

李周征　名清蒲、字培瑞、号剑溪，乾隆十九年（1754）三月十七日子时生。乾隆四十四年（1779）沈宗师岁考县学第一名；嘉庆廿四年（1819）吴宗师考取恩贡第一名。道光四年（1824）十一月廿七日子时卒，葬栗坂后门山。

李宣信　名殿言、字直臣、号听卿，嘉庆十二年（1807）十一月廿五日酉时生。例贡。光绪七年（1881）九月十八日卯时卒。

李宣院　名庆祥、号翰林，道光廿二年（1842）二月初九卯时生。例贡。光绪十一年（1885）卒。

李成名　字锦云、号缦亭。光绪十九年（1893）考列一等一名补廪，光绪三十年（1904）科贡，民国九年（1910）四月初五日卒。

2. 平溪村贡生

周锡龄　附贡生。

周济洸　例贡生，授修职郎。

周怀柔　字连元、和风，例贡生。

周济川　增贡生，官修职郎，诰封朝议大夫。

周大谟　同治四年（1865）贡生，诰封朝议大夫。

周温文 贡生，修职郎，宣统元年（1909）谘议局初选议员。

3. 长溪村贡生

李尹载 乾隆十年（1745）例捐贡生。

李公选 字春魁，乾隆三十年（1765）生。贡生。嘉庆三十三年（1818）卒。

李承铨 字玉成，嘉庆十四年（1809）生。例贡。咸丰八年（1858）卒。

【附　录】
修职左郎岁进士益庵传

李氏为邑望族，代有文人，益庵先生尤著也。先生讳向健，字守谦，益庵号也。少聪颖，授以图籍，一目数行下。尊甫台宿先生奇之，爱甚笃。

弱冠补博士弟子，试辄冠军，饩上庠。兄守一、守机，弟守祖，均妙龄入泮，文采风流。而晰理深沉，伯仲之间独推巨手，学者宗之。性真挚，又复恭以持己，和以待人。凡有关名教事，未尝不踊跃以图。思无栽培之地，倡建义塾，号"半万书楼"以养后进。一时族中人士彬彬辈出，非先生力乎！故以益庵号之。

康熙丙戌以乡荐贡天府，北上廷试。方束装，阻于疾。度不起，嘱其子静庵曰："余生平于承启诸大端颇了事，惟课子孙尚未另谋一斋，虽'半万'已有义塾，汝当树家塾以益之，吾愿毕矣。"静庵领命去，刻建"梦柳轩"，旬草创而先生溘然长逝，是未可以觇大概也耶。

自古文人多矣，而文如其人者，不数数觏。如先生品诣，富图史美秀而文也，著手笔美秀而文也，讲道德美秀而文也，处庭帏而族党美秀而文也，然则先生之文与言与行一肖其人也，先生其文人者也。

赐进士第广东同考官　世愚侄　韦基烈

【作者简介】

韦基烈 又名启翰、字成之、号赤存，寿宁县清源镇青竹岭（外韦村）人。清雍正十年（1732）壬子科中试第二名举人，次年联捷癸丑科陈倓榜进士。官广东同考官，旋迁浙江兰溪知县（未到任）。清源《韦氏宗谱》载：韦基烈享年49岁，清雍正十一年中进士后不久逝世。据此推算，其生年为康熙廿五年（1686），卒年为雍正十三年（1735）。《修职左郎岁进士益庵传》录自南溪村《李氏宗谱》。

静庵翁七十寿序

松柏老于山河，苍郁奇古贯四时而不改柯易叶，人之过之未有问者。及其移根道左，天地之所笃培，鬼神之所呵护，雨露之所灌滋，日月之所注射，挺然翠盖如厦屋。然其庇人也，行者喘息，耕者辍耒，樵者披襟，牧者散发，皆思憩翠荫引凉飙作羲皇上。人因相与德之，戒居人勿剪，拜之且祝之曰：其享大年，长为物庇。执是而衡物，莫不以有利于人为者，唯人尤然。

癸丑岁余莅寿宁。甫下车，叩其中与行君子，卓荦魁特倡导乡邑者。久之邑人为余言：己酉岁进士静庵先生，家于邑之南溪，其大父行垣先生，苦心力学为士林冠冕；厥考守谦先生，明经行修，赝丙戌岁进士。先生学有渊源，质甚古茂接人有长者风，缓急叫门便解衣推食。尝曰："瓶之罄矣，维叠之耻。"远近因其资，皆若富岁。子弟不扶自直，家尤重礼教。令器长挺秀、次挺燧、三挺和，凤推黉序。参苓孙辈林立，断断者其度时论方之万石君焉。余闻而愿遘之，念先生良士非公不至。安得公余之暇，携素琴披鹤氅从先生作十日欢，兼资治理？

岁在癸亥，先生行年古稀，里人金谋制锦轴丐余言为寿。余曰：此骈蒙道周之松柏也。世之人豪纵自喜略无所顾，其甚者乡井以为苦。而先生家号素封义不独瞻，俾阃里之人为善有资皆先生力。是非神予不速者耶？

方今，圣天子礼贤士、重真儒，夒铄是翁行将秉铎。倡道接武苏湖，为国家值誉髦之隽，则又不仅泽在桑梓，化在一门矣。称觞之日，予当为得人庆而枯于其寿也。乐其为庇人之松柏，走笔为之序。

乾隆八年癸亥岁履端之吉

文林郎知寿宁县事　年家眷弟　马大纪　拜撰

【作者简介】

马大纪　字冀周，上元人，生卒时间不详。孝廉（一说举人），清雍正五年（1727）知长汀县；雍正十一年秋至乾隆十年（1733~1745）知寿宁县。《静庵翁七十寿序》录自南溪村《李氏宗谱》。

李文光传

宰一邑，而不知一邑之名儒，贤宰之耻也。昔陈仲举为豫章太守，未下车即问徐孺子所在。余于鳌阳虽十室，岂无孺人子？

其人者李君梅亭，与余有风月交，其令郎虞卿，余所拔门士。乙酉公务过南溪，谒其太翁玉堂，先生道貌超然，真无负余素所心钦焉。翌早饮于堂，甚欢洽，谈文行及长嗣君即虞卿尊人也。虞卿从旁以其行略见，并请立传。余展诵之余，不觉叹曰："此非徐君也耶！"昔欧阳永叔为王子明画像记，叹想其人，余于李君得毋慨叹想慕乎？适壁间有粤东杨受昭与太翁唱和诗，有"未见阿戎意"，悯然之句良有以也。

君讳文光，字为章，一字腾万，号黻岩，行公鉴，小字茂恒，斗枸其少名也。性谨厚，敦孝友。晨昏定省，时恋恋二尊身侧。每遇晋垣、入都，跪于前不忍别。嘱二弟曰："我养志，不能不离膝下亲老矣，弟等当竭力服侍，匡予不逮，勿禆禅二人劳。"少时逮事九十三龄曾祖，奉几膳、侍汤沐、亲厕腧，无少懈色。翁爱之笃，易箦时尚卧君臁，君涕泣之，扶之不忍下者终日，其孺慕如此。

475

辛未，引季弟初赴县试，恐弟慊抚而壮之。及揭晓，首场第三，次第二。外议论纷纷，有疑其传递者，君即避嫌童洋亲戚家。讵三场落十三名，君忧悁不伸。壬申院试，二弟落孙，君对季弟太息曰："汝自达第务远大耳，仲弟如斯乎。"呜咽不能言，其友爱如此。处乡里，恂不能言。弗与是非干已，弗交臭味差池。品行端方，虽燕私言动不苟。过山东道中有"红尘莫惹登龙客"之句，其大概可见。

洵荡荡其躬，温其度者。读书得间，为文得体。崇雅正黜浮华，嗜学不倦，即岁时伏腊不少间。应童子试，郡守王乙斋（都中名士也）夺其文，录第一名。督学侍郎恩普补弟子员。翰林钱赵邵取前茅。庶吉士叶超一等第六人擢上舍，四踬棘闱。

越癸酉，以廪中式拔萃科（主试者内阁学士江右方蓉斋也）。甲戌北上廷试，得三等十六，不称意束装甫行。方师劝其留京曰："子勿行，旋当特达，日用费吾代备之无虑也。"君恺告以亲老故，再挽留仍辞归。其才名，见重于当世名公矣。

君初入塾时，蒙师梦君堂有"文光"二金字灿烂异常，尊人即以此命名。迨与选泥金报悬于堂，一与梦符，知事业完矣。考旋，果卒于浙地平湖乍浦镇，惜哉。

昔叔向闻幽明一语，知为非常人。孟嘉在度亮座中，褚太尉能默识之。余莅寿，未及闻君一言，又不能于座中摸索。君凤范欲如陈仲举，悬一榻以俟君之言论风采而不可得，有不拊膺扼腕而不能以已乎。夫名贤自千古，愧予文之不二，敢云中郎之传。有道允叔之传，彦芳略其实而质言之，特以言示都下人士，知吾邑之有人，兼之余之得人，则余之宜寿四载为不虚矣。且载之籍中或遇轩采焉，余尤得借光国史也。

赐进士文林郎知寿宁县事　汝南世愚弟
周立宰　甫梅阁　拜撰

【作者简介】

周立宰　字梅阁，光州（河南信阳市）人，生卒时间不详。举人。清道光七年至十年（1827~1830）知寿宁县；道光十年至十五年（1830~1835）知宁德县。《李文光传》录自南溪村《李氏宗谱》。

第三节　廪膳生　增广生

明清两朝，生员有五等。一等者曰廪膳生；二等者曰增广生。生员经岁、科两试，一等前列者由公家发给膳食，称廪膳生，简称廪生。

一、明朝廪膳生

明初，廪膳生的名额为府学40人，州学30人，县学20人。每人月给廪米6斗，每年发廪饩银四两。一等前列者，视廪膳生有缺，依次充补，其次补增广生。

1. 平溪村邑廪生

周景甸　字之坤，万历四十一年（1613）生。

2. 南溪村邑廪生

李　辂　字于素、行潲四，乙卯十月生。

李守旦　名向旭。

李守瞻　名向阳、号仙植。

李锡畴　字伊九、号箕峰，康熙五十一年（1712）十月初九辰时生，乾隆五十二年（1787）八月廿八日申时卒。

二、清朝廪膳生

1. 环溪村邑廪生

周　斌　字启荣、号静庵，乾隆十三年（1748）生，乾隆三十九年（1774）卒。

周绍濂　字尚师、少溪、号莲舫，咸丰七年（1857）生，民国二年卒。有传。

周继焘　字道南，光绪三年（1877）生。

2. 南溪村邑廪生

李宣声　名毓灵、号运生，咸丰元年（1851）生，崑宗师岁考取入县学第七名。

李成盛　名仕安、号莲仙，咸丰七年（1857）生。

李成名　名锦云，字昭显、从龙，号缦亭，同治四年（1865）曹宗师岁考取入县学第三名，光绪十九年（1893）王宗师岁考取入一等第一名，补廪生。

3. 平溪村邑廪生

周继策　字宗文、宪卿，同治二年（1863）邑廪生。

周蔚文　省议员。

4. 长溪村邑廪生

李承鹤

三、增广生

1. 平溪村

周澄源。

周继龙（郡增生）。

2. 南溪村

李则郁　名开苑、号从庵，康熙十七年（1678）六月生，邑增广生。

李公蓁　名奎光、字宗斌、号梅亭，乾隆五十七年（1792）三月廿六日生。娶县城庠生吴诏灵女贞娥，生四子三女。长适峡兜贡生詹鸿吉、次适斜滩贡生卢守畴、三适政和县胡屯贡生周应文。

李成锵　名树瀛、号仙洲，道光廿一年（1841）四月生。

李宣苞　名殿飏、字赓友、号虞卿，嘉庆九年（1804）生。

3. 环溪村

周学雁　字锡祚，道光廿一年（1841）生，邑优增生。

周继坊 字章清、澄臣，同治四年（1865）生，邑增广生。

第四节 太学生 国学生 监生

太学，即国子监的俗称。学生多由省、府、州、县学的生员中选拔，亦有由捐纳而得者，就学者称太学生、监生。国子监虽号称国家最高学府，但其毕业生地位却相对较低，他们只有秀才的功名，若想再进一步，仍须参加乡试。

一、清朝太学生

1. 平溪村太学生

周师铭 字希鼎。

周学平 字若均。

周金古 字岐、皎五，顺治二年（1645）生。

周士恒 康熙五十三年（1714）生，乾隆廿七年（1762）卒。

周士材 字冕，雍正五年（1727）生。乾隆六十年（1795）卒。

周汝灼 字以华，雍正十年（1732）生。乾隆五十七年（1792）卒。

周继昌 字成銮、世珍，道光十八年（1838）生。光绪七年（1881）卒。

2. 环溪村太学生

周潇生 名岐文、字启益，康熙四十九年（1710）生。乾隆廿八年（1763）卒。

周汝耀 乾隆十二年（1747）生，乾隆三十八年（1773）卒。

周士尧 字宜安，乾隆十六年（1751）生，道光十二年（1832）卒。

周怀书 字孝山，乾隆廿一年（1756）生。

周定邦 名汝葵，乾隆廿八年（1763）生，道光十七年（1837）卒。有传。

周德钲 字□衔，乾隆四十四年（1779）生。

周怀荫 字连魁、射斗，乾隆四十八年（1783）生。道光廿三年（1843）卒。

周尚漠 字缉照、丕显，乾隆五十七年（1792）生。同治五年（1866）卒。

周学举 字则选，嘉庆八年（1803）生。道光廿九年（1849）卒。

周学彭 字锡登、东山，嘉庆十二年（1807）生。光绪六年（1880）卒。

周德宏 字步升、六堂，嘉庆十三年（1808）生。咸丰七年（1857）卒。

周学香 字待蒲、则发，嘉庆十四年（1809）生。光绪八年（1882）卒。

周学美 字锡藩、宣庭，嘉庆十六年（1811）生。光绪三年（1877）卒。

周德香 字步辉、尚鹤，道光元年（1821）生。光绪十九年（1893）卒。

周学治 字锡昌、朝海，道光四年（1824）生。光绪廿年（1894）卒。

周德喜 字步霖，道光八年（1828）生。

周德孔 字步丰，道光十一年（1831）生。光绪九年（1883）卒。

周尚雄 字汉春，道光十一年（1831）生。光绪廿八年（1902）卒。

周学亮　字锡云、出岫，道光十三年（1833）生。同治八年（1869）卒。

周尚俭　道光十四年（1834）生。光绪廿五年（1899）卒。

周德枢　字步昌、鸣岐，道光十五年（1835）生。光绪廿年（1894）卒。

周尚善　字做人、寿臣，道光十八年（1838）生。光绪廿六年（1900）卒。

周德茂　字步衢、云亭，道光十九年（1839）生。光绪廿四年（1898）卒。

周德清　字步英，道光廿一年（1841）生。

周德善　字步康，道光廿四年（1844）生。

周尚颐　字承烈、正卿，道光廿六年（1846）生。光绪廿八年（1902）卒。有传。

周继鼎　字成武，道光廿七年（1847）生。光绪四年（1878）卒。

周汝澍　字定蓁、灼园，咸丰二年（1852）生。

周尚璇　字咸正、守经，咸丰三年（1853）生。

周继需　字大春，咸丰五年（1855）生。

周尚鲁　字咸仲、守篪，咸丰五年（1855）生。光绪廿八年（1902）卒。

周尚先　字咸庆、守善，咸丰七年（1857）生。

周继仲　字大烈、少岐、显卿，咸丰八年（1858）生。

周继佩　字宪文、玉瑛，同治四年（1865）生。

周继庭　字大观、国臣，同治十二年（1873）生。

周继嵘　字樾南、荫堂，同治十二年（1873）生。

周俊陈　字焕章，同治十三年（1874）生。

周俊畴　字建义、昌铭，光绪十年（1884）生。

周雍时　字照九。

周宝生　字岐昌。

周祚生　字岐凤、启丰。

3. 南溪村太学生

李伊平　名挺和、鹤龄，号淡山，康熙五十三年（1714）十一月十三巳时生。乾隆五十三年（1788）九月三十日午时卒。

李则景　名云龙、汝梅，康熙六十一年（1722）生，乾隆四十七年（1782）卒。

李伊滋　名映淮，号仁翁，雍正五年（1727）六月初二日辰时生。乾隆廿二年（1757）二月廿六日未时卒。

李伊克　名光宗，号善庵，乾隆元年（1736）三月初二寅时生。乾隆四十八年（1783）九月初二卯时卒。

李廷魁　字清言，号德园，乾隆四年（1739）九月初九日辰时生。

李周遇　名廷蔚，号易斋，乾隆廿四年（1759）闰六月廿日卯时生。恩赐八品，咸丰二年（1852）四月廿一日戌时卒。

李周燊　名廷勋、号质堂，乾隆三十七年（1772）十二月二十日寅时生。

李周润　名廷魁、字清言、号德园，乾隆四十年（1775）九月初九辰时生。
李公召　名烈光、字承谟，乾隆五十一年十二月生，道光三十年正月卒。
李公焙　名荣光、字绍盛，乾隆五十七年（1792）四月廿一日亥时生。
李公建　名芳春、字茂材，嘉庆四年十二月生，咸丰八年三月卒。
李公棨　名文彬、字昌大，嘉庆五年九月生，同治十一年十二月卒。
李公卫　名芳麒、字鹿材，嘉庆十一年九月生，光绪五年正月卒。
李宣蓝　名景蓉、号镜卿，嘉庆廿二年（1817）生。
李公芹　名梅松、字绍荐，道光四年（1824）生。
李宣洪　名庆升、字常宽，道光十二年闰七月生，光绪廿一年卒。
李宣诣　名步高、字尚升，道光二十年（1840）生。
李成姚　名树荣、字重庆，道光廿三年（1843）正月生。
李成燊　名长春、字池生，道光廿三年（1843）生。
李公坤　名华顺、字承乾，道光廿五年（1845）九月生。
李成梓　名士安、字秉全，道光廿六年（1846）生。
李成锦　名士珍、字帛金，咸丰元年（1851）生。
李宣禹　名树材、字秀林，咸丰元年（1851）生。
李宣虞　名芝忠、字书卿，咸丰二年（1852）生。
李成武　名士铨、字秉衡，咸丰四年（1854）生。
李宣鲤　名步升、字守正、号榕齐，咸丰五年（1855）生。
李成龙　名士云、字从雨、号长发，咸丰五年（1855）九月初六卯时生。
李宣夏　名芝恒、字易卿，咸丰十年（1860）生。
李成祚　名春恩、号恩卿，同治四年（1865）生。
李宣礼　名步云、字梯帆、号恒升，同治四年（1865）生。
李成献　名登瀛、字蓬仙，同治四年（1865）十一月生。
李宣潭　名正生、字开成，同治八年（1869）生。
李成玑　名锦章、列明、号玉璇，同治九年（1870）七月廿六日申时生。
李宣韶　名春城、字宗虞、号处新，同治十二年（1873）生。
李成鋐　名琼久、字兰仙、号莲琛，同治十三年（1874）生。
李宣提　名春开、字连机、号根深，光绪三年（1877）生。
李启禄　名气膺、字子服、号中美，光绪三年（1877）十二月初五酉时生。
李宣仓　名春华、字有年、号冠山，光绪四年（1878）生。
李启授　名琼章、字传经，光绪十八年（1892）十月生。

4. 屏峰村太学生

蔡汝杰。

二、清朝国学生

屏峰村 蔡行洭。蔡行廷。

南溪村 李挺穗，名伊嘉、号朴斋，康熙四十四年（1705）生。雍正十三年（1735）以第一名考取县学，乾隆年间援例加捐国学生。有传。

三、清朝监生

1. 屏峰村 蔡则厚、蔡则馨。

2. 平溪村 周汝灼、周连魁、吴荣图、周步卫。

3. 亭下村 吕盛渠，同治六年（1867）生，光绪十九年（1893）监生。

4. 岭根村 周启京，字集英，康熙十一年（1672）生，乾隆八年（1743）卒。

5. 长溪村 李启仁、李启銮、李启涵、李启秀、李启殷、李烈华、李烈回、李烈山、李烈举。

6. 南溪村

李成乐 名树珍、字化陶，道光十年（1830）七月生。

李宣枧 名春材、字桂材，道光十八年（1838）十月生。

李启方 名义方、字训斋、号斌侯，咸丰十年（1860）二月生。

李成图 字负龙，同治四年（1865）十月初六子时生。

李成亮 字似深、号烈卿，光绪元年（1875）生。

李启乾 名琼琚、号寿康，光绪三年（1877）二月生。

【附　录】

一、朴斋翁七十寿序

闷宫之诗曰：俾尔寿而臧，俾尔寿而富，非富无以为基，非寿无以为用也。人固有历期颐而不获丰亨之一日，寿于何贵乎？故有拥巨资而不得历算之多年，富又何贵乎？故器万斛者贮必盈，而大瀛之孕众流也渤懈。善其所用，则畴离之集，贵有臧以受之矣。余尝执是以求其人，往往而鲜。

乾隆三十四年（1769）己丑岁八月，奉简命视篆寿宁。喜其邑名之嘉矣，此中必多寿而康，宁而攸，如好德，如箕畴，所称五福者。惟迹稀偃室，未获一接见也。

癸巳夏得重摄寿篆。岁在甲午履端，有由庠士入国学李号朴斋者览揆七秩之辰，诸绅士谋为制锦，欲征余文为祝嘏羔雁。细述其里居行谊，因于前所熟闻，愿见而未得见者也。

翁世居石门，其高曾咸于明经，显善事。厥考兴化、莆田县司训，静斋庵先生母徐氏孺人以孝闻。少颖异，试辄冠军。受知于督学杨先生门，推为国士。由其家学渊源而敦友之谊，花萼联辉其陈元方之家风欤。子弟辈肃若朝仪，表则既树，刁民咸安，其华子鱼之流亚也。

世人拥赀丰亨，恒骄其故旧而夸于里许。悭吝且鄙，凡贫乏困顿者莫之恤。翁则焚券好施,人以太邱推之。所以砼梁每倾囊以助,功不在渡蚁下。秉性严毅,以礼自持,若人所难,近者如古道人。虚舟自若,汪洋雅量,人每乐与之游。

今寿登古稀,精神强固过于少年壮,唯日课孙曹以力学。与其兄庠士伊升年将八十,弟国学伊平年六十余,恬然一堂,相与赋诗以娱暮景。较古之魏公浩兄弟皆老,绘图传为盛事,又何多让焉。兹孙树潘、树琳、树瑚、树琏皆头角峥嵘,异日成义方之训,将必光大德门,俾昌而炽正未有艾也。再十年后,晋爵称觞不尤有增美者乎。吾闻君子乐道,人善宁为溢美之词。如翁之行谊,司风教者宁不乐为之序也。天既俾以寿,寿者受也,存乎人之自受云尔。

乾隆三十九年甲午岁履端谷旦
文林郎知寿宁县事　年家眷弟　熊　琛　拜撰

【作者简介】

熊　琛　江西新建人,生卒时间不详。举人。清乾隆三十四年(1769)八月、乾隆三十九年(1774),先后两任寿宁知县。乾隆四十年知福鼎县。《朴斋翁七十寿序》录自南溪村《李氏宗谱》。

二、朴斋先生九十寿序

余同郡寿邑李君茂才,以其令祖朴斋先生于来年甲寅孟春寿九十,邮寄行实征文于予,予不敢辞也。予谓古诗人行寿之辞,大抵遇燕则祝,亦非其人之果登高年也。今人以寿庆燕则必自其人艾年以上,每旬期而重成数,则其寿固古人之所期而未可,必益难得而可贵矣。况如先生寿至耄耋之期,益难得而可贵矣。

先生本陇西世族,静庵公以岁贡官莆田司训。先生少有声庠序,旋以援列入上舍。然先生为人,大抵似不言而躬行,至晚益壮其德机。今年登九十开宴授爵,其庞眉黄发,羡先生不知其何以至是也,先生其有道耶。予虽未见先生,意先生必健步强饭,精神矍铄,无谆谆老人之态可知也。其玉貌仙风道气,人望之亦如松乔可知也。

先生育丈夫子二,长国学映淮、次映斗。长君虽早谢世,而茂才廷森公方以名诸生食饩邑庠,历试学使者皆有国士之目。诸孙、曾孙绳继起,先生之晚祉盖未可量矣。古人之寿,以九十著者莫如卫之武公,汉之申公。然则先生,尚好学进德如武公,旷甫车待聘如申公,区区开燕行祝亦何足重,然其礼固未可废也。同茂才李君游者,皆欲为诗歌以寿先生,余亦不辞而序之。所以重茂才君之请,而难先生之寿云尔。

乾隆五十九年甲寅岁孟陬月　谷旦
庚子科解元拣选知县　年家眷会侄　陈从朝　顿首拜撰

【作者简介】

陈从朝　福安县上杭(故居坐落在福安城区后巷路31号)人,清乾隆四年(1739)

生。16岁中秀才,乾隆四十五年(1780)获乡试第一,为"八闽第一解元"。主讲紫阳书院30余年,嘉庆廿三年(1818)卒。著《韩川诗集》二卷,《福安县志》收录其颂、论、考、序、记、书、跋、诗等多篇。《朴斋先生九十寿序》录自南溪村《李氏宗谱》。

三、王考朴斋府君行述

呜呼,王考音容渺矣,所存者凤范耳。不肖不能立身行道,慰亲一时,显亲千古,而顾使先型没没耶。

王考字伊嘉,号朴斋,小字融官,挺穗其讳也。少侍皇考静庵府君,庭训最颖敏,过目成诵,有磊落不羁之致。年十三偶偷闲散步通衢,偕同辈携手行,值曾叔祖则姚斥曰:"此某之豚狗乎?"王考惭奋曰:"不肖子累吾亲矣!"遂独力延又庵叶师,力学三载,太尊遴取亚元。旋授受于学使杨炳之门,拔为第一,人极欣赏。因矮屋数椽,援列入成均。为文理解精微,笔力雄健;晚尤得力于诗,见之郡志。与伯祖上林、叔祖淡山交相唱和,明府郭(编者注:乾隆三十至三十四年知县郭令宣)曾以"风迈玉溪"赠之。

居恒好善乐施,凡创桥亭舟路,无不捐倡。竭杖头所有,三五十缗不等,如灵鹫、王渡、丹溪、九岭、浦南各桥之类。是独力者,如吾地旧值洪水,每汜滥村落。王考相地势,筑长堤横丈,纵二百余尺,以障狂澜。自是人地无恙,乡人德之。他若龙首、龙珠、莲花坂诸亭,其小焉者也。

性刚毅,有智略,遇不平事,不避汤火。时大水,上流有木头漂自政和平溪境内来,从弟挺芳拾之。里有唆客邱某图诈索,黠凶械数十人黑夜搜掠。芳亦械迎,几祸。适王考以理斥,事乃平。从弟某,因谷被欺奔扣,王考毅然出力,敌乃逊谢。族有荡业蚀某公帑者,王考慨然代偿,计钱四十余万。里党中一切争竞,两造每以考言为曲直。种种善行,难以枚举。率大义之所在,踊跃以从。

郡伯李讳拔莛以"上林仪羽";邑宰马讳大纪赠曰:"读书行义"。至于承先启后诸大端,此分内事也,无复赘述。而于整纲饬纪,移风易俗之处,略陈梗概。年九十三恭逢覃恩,优奖正七品。

不肖幼孤,微王考何以至今日?今长矣不能扬先烈以万一,徒以前后训不肖者述之。追味囊言,不犹在新,触乎笔泪交洒,抱终天恨矣。不孝嫡孙李廷森沐乎泣述。

乡进士文林郎 知寿宁县事
愚弟 王 露 顿首拜填讳

【作者简介】

王 露 山东黄县人,生卒时间不详。举人。清乾隆四十八至五十年(1783~1785)知寿宁县。《王考朴斋府君行述》录自南溪村《李氏宗谱》。

第三章　耆宾醇儒孝行善举

第一节　耆　宾

明清两朝，全县各地推选治家有方、内睦宗族、外和乡里、义举社会、德高望重的长者为乡饮大宾，县财政每年支出十两官银用于举办乡饮活动。

县儒学给乡饮耆宾颁发《乡饮耆宾执照》。《乡饮耆宾执照》用毛边纸木版印刷，人名、时间等用毛笔填写，执照用纸宽40厘米、高45厘米，印刷版心宽24厘米、高36厘米。

每年农历正月十五和十月初一，杀猪宰羊置办丰盛的酒宴，县令率僚属对前来赴宴的乡饮大宾们行三揖三让礼，升堂后再行拜礼后方入座宴饮。

一、明朝乡饮大宾、耆老

1. 乡饮大宾

李德贤　长溪村人，县乡饮大宾冠带。

李　廉　长溪村人，县乡饮冠带。

2. 耆　老　六十曰"耆"，七十曰"老"。指村中老年而有地位的士绅。

李于杰　长溪村人，赐寿官冠带。

李　轩　字子昂，长溪村人。

二、清朝耆宾、耆老、耆民

1. 平溪村耆宾

周怀书。

2. 南溪村耆宾

李尹樨　名焜绪，雍正八年（1730）五月二十日生，嘉庆八年（1803）卒。

李尹上　名映林、育驷，雍正八年（1730）生，八品。嘉庆十五年（1810）卒。

李周宣　名廷璋、号健亭，乾隆三十年四月廿三日午时生，道光廿一年卒。

李周山　名廷祥、字树北，乾隆三十年（1765）生，咸丰二年（1852）卒。

李周德　字肇丰，乾隆三十一年（1766）五月生。

李周几　字肇邦，乾隆三十五年（1770）九月生。

李公安　名大章、字恭居，嘉庆元年（1799）五月生，同治六年（1867）卒。

李周权　名廷权、字树兴，嘉庆四年（1799）生。

李公殿　名登挥、字试材，嘉庆六年（1801）八月生，光绪九年（1883）卒。

李公棘　名大恩、字闱材，嘉庆七年（1802）生。

李宣为　嘉庆十九年（1814）六月廿七日巳时生。

李公魁　名锦魁、字友星，道光六年（1826）十月十一日生。

李宣振　名朝贤、字枝询，道光十七年（1837）七月初二亥时生。

李宣泾　名春锭、字广渭，道光二十年（1840）正月生。

李成品　名锦台、字昭金、号钟灵，道光廿三年（1843）八月廿九戌时生。

李启福　名气蓁、字锡五，道光廿六年（1846）六月初九戌时生。

李成学　名锦墀、字昭禄、号铭丹，道光廿六年（1846）二月廿三戌时生。

2. 南溪村耆老

李　模　字守一、向中，号允齐，顺治五年（1648）十月初一日酉时生，康熙五十八年（1719）五月初三丑时卒。

李则苾　字润玉，号静庵、别号石门贡士，康熙十三年（1674）十一月十四日辰时生，雍正七年（1729）岁贡。

李伊乔　字松龄、号静远，康熙三十二年（1693）七月廿五日戌时生。乾隆四十四年（1779）正月十七卯时卒。

李伊升　名挺秀，号上林，康熙三十六年（1697）四月廿八日丑时生，乾隆四十三年（1778）正月廿三日亥时卒。

李伊嘉　名挺穗，康熙四十四年（1705）十月生。雍正十三年（1735）杨宗师科考取县学第一名，加捐国学生。有传。

李锡畴　字伊九、号箕峰，廪生。康熙五十一年（1712）十月初九辰时生，乾隆五十二年（1787）八月廿八日申时卒。

李　堂　字伊明、淑官，乾隆七年（1742）正月三十日亥时生，道光廿九年（1849）三月廿四日巳时卒。

李周德　字肇丰，乾隆三十一年（1766）五月初一日子时生。

李椿龄　字伊寿，乾隆三十八年（1773）二月廿九日未时生，道光十三年（1833）六月十八日巳时卒。

李廷璋　名培山、号健亭，乾隆五十四年（1789）四月廿三日午时生，道光廿一年（1841）九月十五日申时卒。

3. 南溪村耆民

李尹明　名堂、字淑官，乾隆七年（1743）正月生。

李公全　名荣春、字道德，嘉庆廿一年（1816）六月生。

李宣勋 名春晖、字景勉，道光十九年（1839）三月生。

【附　录】

一、乡饮耆宾执照

□□府□□县儒学为举行乡饮事案，查《学政全书》内载：顺治元年（1644），钦定京府及各直省、各府州县每岁于正月十五日、十月初一日两次举行乡饮酒礼，引年尚齿礼至隆也，养老尊贤典至重也。本学谨遵定例，采访举行。兹据廪生□□□、增生□□□、附生□□□公举□□□前来，复查无异，除取具该□□宾年貌、履历并族邻各甘结以备汇案，详请藩宪颁发执照外，合先由□□□□，□□宾验准，由单收执以照慎重而杜买滥，此照。

耆宾□□□，年□□岁，面赤有髭，住□□县□□村。

三代：曾祖□□，祖□□，父□□

右给耆宾□□□收执。

光绪□□年□月□□日发

（盖□□县儒学大印）

二、莆田市广文静庵翁传

余风尘闽峤有日矣，历任晋江、长泰、长汀，见闽中山水之胜甲天下，知其间必有高人逸士。及莅寿，阅其邑辟在万山之上，得天地清宁之气尤甚，而不见甚奇伟者，心窃疑之。

甲戌，缘公抵南溪，得李氏生挺穗义士也，蒙招饮作竟夕欢。得其尊人静庵先生模范，则向之不获晋接者，余是以知先人行谊高矣。

静庵先生字则苾，小字润玉，别号石门贡士，益庵先生之子。性恬静，潜心力学。髫龄籍诸生旋拔上舍，岁己酉射策金门。越甲子，铨授莆田县司铎。前明府金（编者注：知县金鼎锡）曾以"今之子羽"赠之，又以文介其寿。

时耿藩兖，有测以道梗故者，有揣以年高故者，又有力劝纳聘者，均浅之乎。视先生也，居恒口不妄言，足不妄履。内无机利，外敦礼让。存胞与心，行阴骘事。里有某素凌之，悉优容。一日治第落成，某曰："汝所用土石瓦填，皆我所有。"先生曰："不妨，折价而偿之。"某又不依，欺凌如此，亦弗之较。岁歉，先生平粜以济，阖乡竞取。有某外出未与，至粟尽回。曰："赈已偏，我何独缺？"遂言肆詈。时李生侍侧，欲斥之。先生阻曰："某平生不侮我，今若此反常也，殃在眉睫。"次早采樵而坠毙，其先见之明乎，亦包容之报。他如济困扶危，赈孤恤寡，难更仆数。明府马（编者注：知县马大纪）曾称其为"庇人之松柏"。而口不妄言，足不轻履，明府金故以"今之子羽"赠之。

初居祖宅，缘邻误火，株失内堂，遂弃而他营。购址十三主，券定备席交兑，席散又难之，如是者七，无芥主意。售主各天良曰："真长厚君子也，今我等仍故辙，狗弗若。"

事乃成。越二载又遭回禄，小人乘机占夺不少，先生若不知之。讵识从善如登，家愈充饶，为一方冠。而先生终处澹如，日以德业进修为荣。常勉儿曹曰："读书岂求富贵耶！"旋嗣君长上林泮，壁参苓三淡山，蜚声国学。次则文章声气，超超豪迈之。朴斋即余素友善者也，孙映莲补庠序，映淮列成均。其余孙曾如圭、如章，如大鹏之翼，如神驹之足，腾远未有穷期。

诗曰：相逢尽道休官好，林下何曾见一人。先生独能退居幽谷，不贪利禄，大度豁达，自然充足，实行实修，福其戬谷。余是以知先生之意之深且远也，谓斐地山川之所钟毓者乎。

原任翰林院庶吉士，改授福宁府寿宁知县
丁居信　撰

【作者简介】

丁居信　字南屏，江苏仪征人。清乾隆七年（1742）壬戌科二甲第廿八名进士，授庶吉士散馆。乾隆十六至十九年（1751~1754）知寿宁县。乾隆二十年（1755）九月，调任台湾府凤山知县，任内修建高雄屏山书院。乾隆廿四年闰六月初一调任福建南平知县，十二月廿七日卒于官。《莆田县广文静庵翁传》录自南溪村《李氏宗谱》。

第二节　醇　儒

学识精粹纯正的儒者，虽以布衣终其一生，但情系乡梓，其行足以示人，其学足以传世者，谓之醇儒。

南溪村

李广坺　字则坦，清康熙十年（1671）十一月初三日亥时生。率真乐易，旷达宽和。里党之仁人，士林之翘楚也。乾隆元年（1736）四月初十日戌时卒。

李开苑　字则郁，清康熙十七年（1678）六月初九日寅时生。持躬严肃，丰度端凝，为一时推重。雍正十三年（1735）八月初六日申时卒，人多以有志未逮惜之。

李伊乔　字松龄、号静远，清康熙三十二年（1693）七月廿五日戌时生。雍正四年（1726）考取县学第四名。事双亲，奉养葬祭引为已劳，不责诸昆弟；质量鲁，以勤而便诗书之腹；资更薄，以养而享耄耋之年。乐施不倦，自爱之士，好德之儒。乾隆四十四年（1779）正月十七卯时卒。

李挺穗　名伊嘉、乳名荣官、号朴斋，清康熙四十四年（1705）十月生。妻吴福妈，岱阳人，泰宁教谕吴峨胞姐。有传。

李尹滋　名映淮、育驄，字有滋、圣有，号仁翁，清雍正五年（1727）六月初二日辰时生。资质聪颖，力学能文，应童子试辄冠军。乾隆廿二年（1757）二月廿六日未时卒，年仅三旬，修文地下，闻者无不痛惜。壬午亚元范念怒曰："此吾畏友也。"妻平溪

周士娥，雍正五年（1727）十月十三子时生，生一子二女。乾隆三十七年（1772）五月廿五日辰时卒，葬瓦窑垅。奉旨旌表节孝坊入祠。

李汝栋 字则需。赋性笃孝，秉资颖慧，金玉不屑，征利无拘，繁文殆无怀氏之遗老欤。

李 广 字则岸。谦恭和顺，胸无城府。家资以砚耕，士之游其门者化之，皆知礼教而进于德。

李 崇 字则姚。生平敦戚族，好学不倦，坦荡襟怀，磊落行止。

李伊升 名挺秀。少笃学，妙龄游庠，为人朴约，里中推为纯士，四方争法之。

李烈刚 名芝光、字自疆、耀唐，清光绪廿一年（1895）十一月廿九辰时生。历任南溪、亭下国民学校校长，先后获县长赵毓沧记功嘉奖，县长郭振华题匾"荻教廷龄"祝贺。

【附 录】

一、李松龄赞

翁笃诚心坎，皎洁襟期。质最鲁，以勤而便诗书之腹；资更薄，以养善而茂耄耋之年。明大体，见义必为；喜周急，虽财不吝。捐选桥梁，看破悭吝之囊；训诲子孙，常援败荡之戒。毋轻然诺，恕以待人；不事敷张，忠以处己。爱敬于昆弟，笃厚于亲朋。贫而后富，无谄无骄之操持；因而能享，不忮不求之志节。第谨厚，益挚莫化浇漓之；习和易，可亲偏来侮慢之。凌然终于无损于自爱之士，好德之儒也。

赞曰：快哉先生，心何古也。悃愊无华，神何栩也。胸净机关，景何楚也。宠辱无惊，木石侣也。深山中人，得其所也。

补泰宁教谕 愚表弟 吴 峨

二、李挺穗赞

公志气果毅，智略深沉。畏经学之未精，独力延师，师北浦叶基远，字景行、号又庵。著有《尚书要义》《易经太极图说详解》。三年参究易经孔壁，伤气运之不挽，厌鄙吝之难化。乐施囊金百两，创建险道巨梁。遵父命，越境理积逋，乘风破浪任己志，勉力而为图所愿，直撞烟楼。笃亲谊，历久弥新；慎交游，比匪必饬。工诗赋，能文章，此其长技。六十，学益进。若夫河润长下，海纳细流，又行事之大概也。

赞曰：此其为特达之圭璋，品之粹，才之良。心之所欲，随念而长；素位而行，何用不臧；陶情诗酒，青莲之客，学久而流芳。

选泰宁教谕 愚内弟 吴 峨

【作者简介】

吴 峨 字雪岑，号一峰、蔚垣，又名砚耕，寿宁县清源镇岱阳村人，清康熙四十六年（1707）生。雍正五年（1727）取庠生，雍正七年（1729）补廪，乾隆十五年（1750）庚午科恩贡生。乾隆廿五年（1760）应福宁知府李拔之邀，参与采辑编修《福宁府志》。擅丹青、书法，著《刻图书谱》《雪岑书谱》，绘画代表作有《墨牡丹图》《倚松听涛图》。尤擅画牡丹，后人以"吴峨牡丹"誉之。乾隆四十三年（1778）选授邵武府泰宁县教谕。乾隆四十五年（1780）卒于任所，扶柩归里。《李松龄赞》《李挺穗赞》录自南溪村《李氏宗谱》。

三、吴福妈

生员李挺穗妻，生员吴选女。待字时，母韦氏病笃，服药不效，氏割臂疗母。归李，侍奉舅姑以孝闻。　　　　　　　　　——原载清乾隆《福宁府志·人物志·贤媛》

四、吴福妈传

吴福妈，庠士吴选女，贡士吴峨之姐也。李挺穗之妻，映淮、映斗母，周书、周辉祖母。当待字时，母韦氏病笃，服药不效，刈臂疗母。归李，侍奉舅姑以孝敬无失。家素饶裕，人有以困告者，无不周恤。相夫力学，以成名士，晓以大义，人咸美之。

邑贡士　长乐　司训
范光表　拜撰

【作者简介】

范光表　字常被，号约园，寿宁县鳌阳镇人，清康熙三十五年（1696）生。乾隆廿六年（1761）由岁贡任福州府长乐县训导，诰授正八品微仕郎。乾隆三十七年（1772）卒，葬茗溪西山莲花墓。《吴福妈传》录自南溪村《李氏宗谱》。

五、李映淮赞

映淮，字伊滋、乳名育骢。入国学，温其度，恂其行。蔼其言，棱其介。笃爱在兰室藜火，沉浸乎子史巴经。文效司马，诗赋各擅其长；字究欧阳，篆隶并臻其妙。但秘惜之深，为名未显。不欲借此微长炫耀，轻付与人，因得而见者不多，而知之者亦罕。兼之秉资脆薄，因笃学而病肺。遂援例入国学，以精锐好学之英才，含有志而未逮之恨，行年未三十，竟为地修文。造物忌才，如此其促，夫人之恸其能已乎。然品行粹纯，至今啧啧人口。每为道及，无人不为痛惜者。

乾隆丁亥岁八月十一日
七十六叟愚舅公　吴方珏　二玉氏为之记

【作者简介】

吴方珏　字二玉、名吴珏、号逐庵，寿宁县鳌阳镇吴家厝人（后裔迁居清源镇下楼村),清康熙三十六年(1697)十二月廿一日生。精研《黄帝内经》,擅长针灸、麻痘诊疗。从医数十载治愈患者无数,邑人尊为"吴太医"。福宁知府李拔赠予"一郡久彰卢扁望,三年徒抱树云心"板联;《寿宁县志》《寿宁县卫生计生志》为其立传。《李映淮赞》录自南溪村《李氏宗谱》。

六、李映淮墓志铭

　　南溪李翁,讳映淮,字伊滋,别号安仁,寿之名太学也。纯孝性成,慈祥博爱,以仁者心行仁者事,至今里人犹以仁翁称之。少英异,善读父书,厥祖莆田县广文静庵先生,早以伟器卜之。初应童子试辄冠军,奈数奇不逢。督学厥考庠雍朴斋先生知其所志者大,惟悯其质薄,勉就入雍以图远。到乃笃学,病肺未几,玉楼驾速竟为地下修文。

　　仁翁生于雍正五年(1727)六月初二日辰时,终于乾隆廿二年(1757)二月廿六日未时。呜呼!仁翁若寿又宁蹶于太学已哉。论者遂病其未享大年,而异乎仁者之何以未寿?而不知仁翁寿固再也,字擅钟王,文工韩柳,文之可寿也;敦伦饬纪,履洁怀清,行之可寿者也。且德配周孺人,早失所天,而矢志冰霜,抚孤成立,今咨铨秉铎,廷森明经是也。孙文光等前后游庠,为儒林望。孺人生某年月日时,终某年月日时。现经请旌节孝,他日入祠,春秋崇祀,宠锡方长,食报未艾,孺人之贞节不朽,即仁翁之寿为弥永矣。以视世之没齿无闻,仅诧耄耋者其相云为何如耶。

　　予戊戌奉旨東发来闽,历任永定、泰宁。庚申秋闱,分校竣蒙题请视篆寿宁。典童子试,得门士李生文光,相与评骘文品,故得其先世大凡。兹廷森以考妣合葬某地,问志于余。余虽不文,与文光谊关友生,知祖武之克纯也。祖德之馨,约略记之以昭示来许云。爰为之铭曰:扶舆磅礴,正气坚刚,高风劲节,潜德幽光。同室共穴,而炽而昌。松楸远荫,露集鸟翔。诏衔丹凤,瑞蔼焚香。

乡进士　知寿宁县事
年家眷弟　古滇　肖　颖　拜篆

【作者简介】

　　肖　颖　字汝愚、号仙泉,云南晋宁州(今云南昆明市晋宁区六街镇六街村)人。曾以贡生任曲靖、南宁学正。清乾隆三十五年(1770)中庚寅科第23名举人,授琅井、路南学博,嘉庆五年至十年(1800~1805)知寿宁县。历任寿宁、泰宁、永定知县,从福建引栎树遍植家乡,至今尚有百株大树挺立翠峰山。嘉庆十九年(1814)创建象山书院,亲自讲习。著《五宁集》,部分诗作收录《晋宁州志》。《李映淮墓志铭》录自南溪村《李氏宗谱》。

第三节 孝 行

百善孝为先。孝是中华民族的传统美德，是千百年来中国社会维系家庭关系的道德准则。从古至今，孝的故事永不落幕。

一、明 朝

李 祖 字德表，南溪村人。官至知州，事继母以至孝闻。

李贞元 字行垣，南溪村人，明天启二年（1622）四月十四日午时生。庠生。事嗣父克尽子职，人交称之。清康熙十五年（1676）二月廿四日戌时卒。

二、清 朝

李伊乔 字松龄、号静远，南溪村人，事双亲，奉养葬祭引为己劳，不责诸昆弟；质最鲁，以勤而便诗书之腹；资更薄，以养而享耄耋之年。乐施不倦，自爱之士，好德之儒。

李廷森 字周书、槐卿，又号心斋，南溪村人。童失怙，冠失恃。九旬老祖父奉养独承，姻族善之。

李汝栋 字则需，南溪村人。赋性笃孝，秉资颖慧，博洽坟典诙谐，金玉不屑，征利无拘，繁文殆无怀氏之遗老欤。

李伊电 字映鏻，南溪村人。侍奉父母，子道无忝。父八旬终犹恋恋叮嘱，其为人生平可见。

【附 录】

一、玉堂翁六十寿序

余莅鳌阳五年矣，城乡绅士有数相往来时通话语者，有等一会面不及细谈者，要亦同时晋接于文字之交无与也。即间有时艺质订者，不过据予所见，率加评笃俾知弃取。若声韵之学关乎性情，非平日研练有素，求其一投词、拈一韵，辄能唱和赠酬者，恒不数数觏而独得之。

南溪明经玉堂李君，为泰宁广文吴雪岑先生甥孙。雪岑字学、画学名噪一时。曩尝因公下乡寄宿人家，见其真迹辄敛乎屈服，以为古色古香，非时辈所能步趋。惜予生也晚，不及与雪岑晤对一堂。然见其字，见其画，即以古人复生可也。君承雪岑指授，钦钦在抱，规抚临摹，独得遗法。余初抵任即聆嘉名，第未经谋面，其丰采学问不能窥见一斑也。

庚午夏，因公务抵南溪。承君亲迎道左，欢若平生。次日迎予到草堂，见四壁琳琅，率乔梓吟咏之什，知为诗教独深。席中偶出劝民咏短句求订，阅二日随示和章，调声协律，骨韵俱佳。自此间有投赠，辄见酬答，含英咀华，信不愧为当今鼓吹休明之士矣。君之书法与画，大率宗法雪岑，当第不知雪岑当日诗之工，且多亦如君否也。读君之诗，恍读雪岑之诗矣。生平颖异过人，采芹旋食廪饩；应试屡夺前茅，膺明经之首选。辛酉年，大中丞汪稼门行文各邑，攫真品实学。寿宁学博即以君特荐，名实并茂，品题不虚也。君早岁而孤，太孺人周氏以妇道兼子妇道，节孝并垂。现蒙圣恩，旌表建坊间里。

予去岁，家眷自建溪来，道宿君家。屡述主人盛情，诚恳周至。妇若孙规行矩步，嘻呵无闻，固知太孺人家训流传弗替。然益信君平昔持己正人，修齐兼善也。今年春，学使至宁郡，嗣君以优生拔取贡元。是秋来署款谒，称明年正月为君花甲将周，亲友谋制锦称觞，乞一言为序。予自愧谫劣，何能道扬盛美？然念与君有文字诗酒之交，不敢以不文辞，谨濡笔挥毫书成一幅，归之嗣君。明正春日融和，倘得便复抵南溪，将与君遍探半月石门诸名胜，游屐所至觥筹交错，一时群英湜湜，登临与介寿诸诗更唱迭和。拟之南山有台之章，歌乐止而美德英音，或堪仿佛也欤，是为序。

乡进士知寿宁县事
岭南　杨中迪　顿首拜撰

【作者简介】

杨中迪　广东梅州市大埔县百侯镇人，清乾隆四十五年（1780）举人。嘉庆三年知泰宁县。嘉庆七年十月、嘉庆十一年知清流县。嘉庆十三年至十八年（1808~1813）知寿宁县。《玉堂翁六十寿序》录自南溪村《李氏宗谱》。

二、贺玉堂六十寿　　林鹏飞

　　重向人间见谪仙，词林艺圃驻华年。云霞自写长庚字，花鸟平分太乙篇。
　　阶上桂兰真有案，壶中日月更无边。性和善兮凭修炼，辟谷何须白石煎。

【作者简介】

林鹏飞　清道光年间浙江缙云知县。籍贯、生卒年月不详。道光四年（1824），邑民扩建缙云县胡源乡招序村北的献山庙，知县林鹏飞为之撰记。《贺玉堂六十寿》录自南溪村《李氏宗谱》。

三、贺玉堂六十寿　　叶钟珍

　　昔年剪烛晤榕城，龟息潜闻夜静声。笔底有花皆称意，函中无表不陈情。
　　天开石髓延诗骨，人进霞觞结酒盟。顾把锦囊时作枕，八风入窍即长生。
　　寻到南溪访义山，玩云老叟尚童颜。频分玉液千杯醉，只炼金丹一味□。
　　仓颉后身工点画，袭师奇质舞烂斑。贤良绍举公孙仕，乔梓偕荣瞬息间。

【作者简介】

叶钟珍　字待卿、号阐斋，寿宁县犀溪村人，清乾隆五十二年（1787）生。14岁以福宁府第二名入府学，23岁以岁试一等补郡廪膳生。嘉庆廿三年（1818），岁科两试均列一等第一名，选入福州鳌峰书院就读。道光四年（1824），获福宁府五县会试第一名（贡元），夺冠不久即去世。《贺玉堂六十寿》录自南溪村《李氏宗谱》。

四、贺玉堂六十寿　刘　錞

文星辉万丈，寿星复朗朗。霄中一齐明，荣光任瞻仰。
翁家号德门，素行重乡党。况且谪仙才，诗文众欣赏。
学耽王右军，终日勤临仿。壮士老未衰，精神时迈往。
春来会蟠桃，笑扶乡人杖。义山有娇儿，花萼称竞爽。
孙曹列阶前，美秀俱无两。彩袖舞翩翩，一堂集少长。
共颂祝南山，歌声成清响。翁顾而乐之，寓意犹宽广。
笑笑语儿孙，秋闱将放榜。益寿无奇方，只在扶摇上。
不须承露盘，何必仙人掌。努力望前程，慰老人怀想。
语毕心悠然，天怀常澹荡。

【作者简介】

刘　錞　福州副贡，籍贯、生卒时间不详。《贺玉堂六十寿》录自南溪《李氏宗谱》。

五、贺玉堂六十寿　王树槐

论甲子于桂阳，遇老人于绛县。
绿醑黄封之酒，朱轮丹谷之宾。
烧犀蜡于盘中，按瑶筝于指上。
丁年玉树跪进长寿之觞，亥字铜仙笑奏延年之曲。

【作者简介】

王树槐　霞浦县举人。生卒时间不详。《贺玉堂六十寿》录自南溪村《李氏宗谱》。

六、贺玉堂六十寿　柳遇春

晴窗睡起暖朝曦，春到人间信息迟。元旦椿花欣早放，高堂萱草若先知。
风和竹屋儿欢彩，昼永铜壶妇对綦。两朵白梅符易数，好将春酒介齐眉。
柱下云霓织锦裳，函关望气姓名彰。高门久擅长生术，绮阁犹传不老方。
天上星辰辉映日，阶前兰桂惜流光。登堂共祝长春树，岁岁花开丽夕阳。
身似孔融品已奇，更钦全德出慈帏。井边早美金鱼跃，膝下今觇骏马驰。
雁序当年闻式好，龙孙此日遍含饴。欲从太老稽丹诀，甲子还应溯帝羲。

苍松翠柏耸岩前，遍阅年华几万千。泰岳峰高欣晋颂，瑶池曲舞定添弦。
□修不让大夫后，绩纺应联文伯肩。允卜家声从此振，人生五福寿居先。

【作者简介】

柳遇春 字荣卿、行月二、号泽生，寿宁县鳌阳镇鳌东人，清咸丰四年（1854）四月初九日寅时生。光绪廿九年（1903）岁贡，候选儒学教授。曾任民国城区议事会议长兼自治会会长。民国九年（1921）卒。《贺玉堂六十寿》录自南溪村《李氏宗谱》。

第四节 善 举

王道芝挽救患病孤儿

王道芝，东木洋村上洋自然村人。2006 年 6 月，12 岁少女卓美辉因养父病故沦为孤儿。8 月 5 日，王道芝发现卓美辉躺在床上发高烧，便将她抱到村卫生所、乡卫生院治疗。因病情严重，卫生院建议转往县、市医院。王道芝与几个村民急忙将卓美辉送到宁德市医院，经诊断为病毒性脑炎。

卓美辉病情严重，浑身抽搐、昏迷不醒。8 月 25 日，她从宁德转到原南京军区福州总院儿科治疗。在总院治疗 53 天，社会各界爱心人士捐助的 5 万多元善款，连同王道芝家中的储蓄全部花光。不得已，王道芝只好为卓美辉办理离院手续，并在福州鼓山镇的一处菜市场楼房安顿下来，继续为卓美辉院外治疗。

离院后，卓美辉仍口不能言，大小便失禁。医生说："救活的希望不大，即便有生的希望，也可能落个痴呆。"但王道芝没有放弃，她抱着奄奄一息的卓美辉四处求医，并将在外地打工的丈夫、女儿也一起叫来护理。在义工们的帮助下，一位擅长针灸的老中医，用针灸、药物将卓美辉奇迹般地救活了。

从离家治疗到康复回家，200 多个日日夜夜，王道芝一直在医院为卓美辉熬药、喂药、喂饭、洗衣服，因过度劳累曾多次病倒。今年 2 月，卓美辉终于回到老家，但又无家可归。王道芝让她住在自己家里，并送她到平溪中心校读书。

王道芝，这位普通的农村妇女用自己的善心谱写了一曲爱的感人赞歌。她的事迹被《福建日报》《东南电视台》等多家媒体报道。2008 年 3 月 5 日，王道芝被评选为寿宁县首届孝老爱亲道德模范。颁奖晚会献给王道芝的致敬词——

真爱有魂！您用一份坚定的信念和一颗美丽的善心，拯救了一个病魔缠身、无依无靠的生命。您是一个平凡的农民，却用自己并不强大的翅膀撑起了一片蔚蓝的天空，庇护着孱弱的花苗，写下了人间的大爱之美……

张显林乐捐善款助公益

张显林，柯洋村人（现定居上海浦东），上海川源国际物流有限公司董事长。他情系桑梓，豪爽大气，慷慨解囊，乐善好施，至今累计为公益事业捐赠善款七百八拾多万元。

2006年，寿宁托溪遭"桑美"台风重创，他捐款38万元支持灾后重建。2007年10月，他个人出资创立寿宁县第一个"敬老基金会"，每月为62位柯洋村60岁以上老人（村中老人逐年略有增加）发放100元慰问金，一直坚持到2013年10月止，六年累计发放48.96万元。2008年汶川地震，张显林第一时间向灾区捐赠善款20多万元。2007、2010年，张显林分别向宁德市"见义勇为"基金会、寿宁县老干部互助会捐赠善款10万元。

2009年，寿宁县政府为奖教助学、振兴教育事业，决定成立"寿宁县教育发展基金会"，张显林被选任为首任理事长，率先捐赠善款500万元。在其带动下乡贤们踊跃响应，共募集教育基金3300多万元。

2012年，寿宁县政府为奖医、助医，改善卫生医疗条件，决定成立"寿宁县健民卫生基金会"，张显林捐赠善款100万元。同年，他又捐款45.5万元修建南溪—柯洋—亭下至周宁县的乡村公路。2020年，张显林为修建平溪卧龙桥捐款14万元。此外，还在上海为卧龙桥筹募善款7万多元。

第四章 仕宦人士

第一节 宋元仕宦人士

一、宋 朝

周　朝　平溪村人，徽州二府。

周之冕　字德衡，平溪村人，安徽滁州通判。

周　海　字巨百、号东谷，平溪村人，北直广平府同知。

周　理　字正玉、号荆山，平溪村人，绍兴廿六年（1156）生。平溪周氏谱载：官江西南康知县，嘉熙四年（1240）卒。

二、元 朝

周　藻　平溪村人，吏员。

周仲十　平溪村人，职员。

周东明　名进三，平溪村人，州同衔。

周　禄　字夫受、号爵轩，平溪村人，处州青田县丞。

周　山　字寿南、俗名九四，平溪村人，浙江缙云典史。

第二节 明朝仕宦人士

一、岭根村

周于德　字体仁、明亮，广东高州府吴川县训导。

二、长溪村

李　敷　字德阳，嘉靖三十六年丁巳（1557）岁贡。任广东肇庆府高要县丞，升广东乳源知县。军门李奖曰："年力壮健，官守持循，听讼清明，临下不扰"。巡抚赵保本赞曰："心术刚正，操守勤谨，才干优长，年力强壮"。署高要一年十一月，署阳江市一月，士民留回。升乳源县尹，未到任而卒高要，寿六十三。

李　膺　字德存、行玖二，万历三十八年（1610）七月初二生。赠修职郎，九品。

三、平溪村

周　虎　广东博罗县训导。

周　惠　广东博罗县训导。

周世明　浙江瑞安县训导。

周文鸾　浙江江山县训导。

周文海　广东河源县长吉里巡检。

四、南溪村

李　材　直隶颍上县知县。

李　坤　浙江仙居县训导。

李　宏　广东开建县教谕。

李　技　由庠生援例为侯门教读。

李　寿　字德静，援例由监生授七品散官。

李　城　字于京，嘉靖廿六年（1547）贡。云南临安府照磨，升江西永宁主簿。抚宪蒋奖：靖年雅度，摄二见称。巡按匕奖：居幕职而官守匪懈，署州篆而民情相安，此幕职之优者也。

李　明　字德昭，嘉靖三十二年癸丑（1553）贡生。任丹阳训导，升分水教谕。都院何奖：化被士民，才堪有司。代巡庞荐云：居官克慎，征税知勤，文仕士子，德感黎民。明永乐十六年（1418）八月十四日丑时卒。

李　阊　字德启，万历廿三年（1595）贡。邵武府建宁县训导。

李　肮　字德达，万历廿九年（1601）贡。任严州训导，升延平府教授。

李　燧　字德望，万历四十年（1612）贡。任汀州清流县训导，升琼州府教授。

第三节　清朝仕宦人士

一、平溪村

周锡恩　卫千。

周尚文　乾隆间，卫千。

周士祯　字时俊、芝官。州同衔，康熙三十二年（1693）生。

周怀江　字连澄、廉泉。例授卫守府，晋封中军府。嘉庆三年（1798）生，同治三年（1864）卒。

周继驹　字成随、成砚。卫千总。道光五年（1825）生，同治十三年（1874）卒。

周继述　字成功、江汉，卫千总。道光八年（1828）生，光绪七年（1881）卒。

周大谟　同治四年（1865）贡生，诰封朝议大夫。

周连澄　中军府，卫守府衔，赠修职郎。

497

周济川　增贡生，官修职郎，诰封朝议大夫。

周济洸　例贡生，授修职郎。

周尚拔　武生，卫千总。

周邦新　州同衔。

周继曾　赏军功。

周继虞　卫千总。

周俊德　团练衔。

周宗文　廪生，授修职郎。

周温文　修职郎，宣统元年（1909）谘议局初选议员。

二、南溪村

李如兰　字行奕，顺治十二年（1655）贡，德化县教谕。士林颂德不衰，制有城南五里亭序。

李静庵　字则苾，雍正七年（1729）岁贡，兴化莆田学训导，以疾辞不就。

李成鹏　字搏九，六品军功。道光八年（1828）生，同治十二年（1873）卒。

李公琅　名大魁、字拾功，千总。道光九年（1829）生。

李宣言　名朝恩、字有中、号覃敷，道光十三年（1833）七月生。加捐卫千。

李宣严　名庆冠、字常谨，道光十六年（1836）四月廿五日辰时生。卫千。

李宣鹏　名庆銮、字常程。卫千。道光二十年（1840）五月初三日子时生，同治十一年（1872）卒。

李宣清　名步洲、号祥开，卫千总。道光三十年（1850）生。

李向日　字守虞，庠生，札授康亲王军前游击。

李向升　名继贤、字守晓。庠生，札授康亲王军前守备。配孙氏、吴氏，生5子。墓葬三角洋角池，取凤形。

三、环溪村

周鼎华　字希严，迪公郎、八品农官。康熙四年（1665）生，雍正九年（1731）卒。

周尚绪　名尚徐、号良模，千总。

周士瑶　字汤光，承信校尉。乾隆十二年（1747）年生，嘉庆二十年（1815）卒。

四、岭根村

周士进　九品登仕郎。乾隆五十九年（1794）生，同治二年（1863）卒。

周士升　字日如，九品登仕佐郎。嘉庆二年（1797）生，同治六年（1867）卒。

周汝鉴　九品登仕佐郎。道光九年（1829）生，光绪十五年（1889）卒。

周汝纲　九品登仕郎。道光十三年（1833）生。

周汝贤　九品登仕佐郎。道光十八年（1838）生。

第四节 民国仕宦人士

一、环溪村

周　汾　字俊赡、荫山，罗源县县长（编者注：《寿宁县志》载：平溪周汾，福清县县长）。

周树恩　字子荣、号露湛，清光绪十一年（1885）生。清太学生，全闽师范、福建法政大学法律科毕业。历任建瓯、政和、松溪等县承审员。有传。

周树志　清光绪三十年（1904）正月十六日酉时生，寿宁县中学毕业。1946~1948年，任平溪中心国民学校校长。

周郁文　名继龙，清光绪廿二年廪生。省临时参议院议员、律师。有传。

周庄毅　名光益、字周健、号宏达，清光绪三十一年（1905）生。6岁入私塾，12岁就读县高等小学。民国十四年（1925）考入黄埔军官学校第四期，任国民政府49师146旅参谋。民国二十五年（1936）回家病逝。

周光武　民国十四年（1925），考入黄埔军官学校第四期，任连长。

蔡孟孙　寿宁初中毕业，平溪乡长。

周光道　联保主任。

周祖宣　平溪乡长。

周　康　平溪乡长。

吴绍岳　平溪镇长。

周荫南　平溪区长。

二、屏峰村

蔡众功　乡长。

三、长溪村

李光华　源佳墩自然村人，厦门市警察局长。

李启培　源佳墩自然村人，北京朝阳大学毕业。

李秉忠　源佳墩自然村人，省立第二学校毕业，平溪区长。

李蔚藩　源佳墩自然村人，民国十八年（1929）北京朝阳大学法律专业毕业。寿宁县立初级中学教员、校长。

李承棠　源佳墩自然村人，福建省立法政中学毕业。历任平溪乡乡长、平溪区联防队队长。任职期间积极剿共，祸害人民，1950年8月被依法判处死刑。

四、南溪村

李芝蕃　字毓灵、号乡圃。福建省立第一师范讲习所毕业，历任南溪国民学校校长、南溪乡联保主任。

李烈刚 字芝光、号耀唐，光绪廿一年（1895）十一月廿九日辰时生。寿宁鳌阳高等学校毕业，历任南溪、亭下国民学校校长，平溪乡民代表会代表。1953年五月初四卯时卒。

李式忠 乡长。

李芝奎 省立第一师范讲习所毕业，任南溪校长。

李时英 号小雄，鳌阳高等学校毕业。寿宁县国语讲习所录选参加闽海道国语竞赛，获优胜奖。第三区第二联保主任。

第五章　共和国时期人物表

一、厅级职务人员（按出生时间排序）

姓名	籍贯	出生	第一学历	第二学历	单位　职务
郑兴灿	东木洋	1963	厦门大学	哈工大博士	中国市政工程华北设计研究总院有限公司总工程师、研究所主任
李秋斌	平溪	1963	福建师大政教系	武汉理工大学博士	福建电大福州分校校长（副厅）
蔡淑萍	屏峰	1963	集美财经学校财政	中央党校	福建省财政厅二级巡视员（副厅）
吴汉斌	木场	1964	宁德师院中文	福建教育学院硕士	中共福建省委巡视专员（正厅）
凌继平	湖潭	1969	海军航空工程学院	—	91640部队总工程师（军衔大校）

二、处级职务人员（按村庄任职人数、出生时间排序）

姓名	籍贯	出生	第一学历	第二学历	单位　职务
卢万康	平溪	1930	三都澳中学（高中）	—	寿宁县教育局调研员
柳经纬	平溪	1955	厦大法律系	厦大　法律博士	中国政法大学科研处长
刘美森	平溪	1957	福建农学院	福建省委党校党政	寿宁县政协主席
李林平	平溪	1958	福安农校	湖南大学法学	宁德市政府办副调研员
黄立辉	平溪	1966	武警福州指挥学校	中央党校　法律	三明市公安局教育训练处长
陈林福	平溪	1971	汕头气象学校	中央党校大学学历	宁德市卫生健康局纪检组长
刘在翔	平溪	1972	闽东技校	中国农大　法律	寿宁县人大常委会副主任
周道元	平溪	1973	福建农垦学校	中央党校函授学院	宁德市农业农村局四级调研员
陈金平	平溪	1974	沈阳建筑大学	—	厦门市集美区交通局长
肖夷	平溪	—	—	—	南平市水利局纪检书记
魏发光	平溪	—	—	—	三门江林场总支书记
王奕城	屏峰	1924	穆阳师范	中国人民大学	寿宁县人大副调研员
蔡得沛	屏峰	1926	初中	—	解放军守备3601后勤处长
蔡友功	屏峰	1929	穆阳师范	—	宁德地区检察院纪检组长
蔡义楠	屏峰	1933	小学	福建林业学校	福建省林业厅人事处副处长
王运潘	屏峰	1944	初中	南昌陆军学院函授	寿宁县人大常委会副主任

续表

姓 名	籍贯	出生	第一学历	第二学历	单 位 职 务
蔡万平	屏峰	1961	福建师大 政教	—	寿宁县政协4级调研员
蔡光镜	屏峰	1963	福建省粮食学校	中央党校函授法律	寿宁县政法委4级调研员
陈信文	屏峰	1964	商业学校财会	中央党校函授法律	寿宁县政协主席
蔡春平	屏峰	1965	中国科技大学	—	福建省检疫局技术中心副主任
蔡立新	屏峰	1966	福建机电学校	中央电大函授法学	广东省佛山南海区政法委副书记
周少平	环溪	1958	宁德师范	福建电大 法律	寿宁县移民局局长4级调研员
李招钦	环溪	1962	高中（部队退伍）	中央党校函授经管	寿宁县人防办副主任4级调研员
钟春妹	环溪	1962	高 中	中央党校函授经管	寿宁县政协民宗委主任4级调研员
周少波	环溪	1966	省供销学校	中央党校函授法律	寿宁县医疗保障局长4级调研员
周少洪	环溪	1971	福建警察学校	西南师大法律专业	市交警支队一大队长3级调研员
李式刚	长溪	1928	—	—	周宁县政协主席
李 安	长溪	1961	1979寿宁一中高中	北京人文函授大学	寿宁县文联主席4级调研员
李杏莹	长溪	1966	福建商业学院计统	中央党校函授行管	宁德市公安局副调研员
李 斌	长溪	1968	福建农学院畜牧	中央党校函授政法	宁德市检察院政治部4级调研员
王招录	溪底	1933	高中肄业	南昌步兵学校	福安县人武部政委、县委常委
王光锋	溪底	1974	福建警校	中央党校党政管理	厦门集美公安分局治安大队长
王光武	溪底	1977	山东大学历史系	厦大金融系研究生	厦门海翼集团运营部副总经理
李勤勇	东山头	1960	福建师大数学系		宁德市政府驻榕办调研员
叶宝元	东山头	1968	福安师范	省委党校法律	寿宁县政府党组成员4级调研员
李进兴	东山头	—	—		广东海军某部团级军官
周林山	长洋	1937			闽东电机分公司书记
吴龙兴	长洋	1965	初 中	中央党校函授法律	寿宁县政协4级调研员
周卫星	长洋	1972	东北师大	—	宁德市委办纪检组常务副组长
李妙勋	南溪	1964	厦门大学中文		厦门海峡导报社副总经理
李少玉	南溪	1972	吉林省轻工学校	东北财经大学行管	宁德市商务局副局长
李建军	南溪	1973	厦门大学 中文	—	厦门市湖里区殿前街道办主任
吕祥松	亭下	1950	南京理工大学	—	福建省政府对口支援办常务副主任
吕晓文	亭下	1973	三明林校林业	电大法学本科	福州市森林警察支队综合科长
吕 昕	亭下	1982	福州大学		中信银行福州左海分行副行长
魏锦发	柯洋	1958	福建师大地理	—	寿宁县人大常委会副主任
张江平	柯洋	1967	中国语言大学	—	厦航运行标准部副总经理
周志明	岭根	1983	厦门大学	厦大历史系博士	宁德市委政法委政治部主任

续表

姓　名	籍贯	出生	第一学历	第二学历	单　位　职　务
范韩生	湖潭	1963	暨南大学中文	—	中国华语环球广播中心副主任
吴康年	木场	1958	寿宁一中	厦门大学函授	宁德市经贸局调研员

三、正科职务人员（按村庄任职人数、出生时间排序）

姓　名	籍贯	出生	第一学历	第二学历	单　位　职　务
周寿生	平溪	1918	小　学	—	寿宁县委组织部组织员
黄登一	平溪	1935	福安农校	—	寿宁县公安局纪检组长
周应彭	平溪	1936	小　学	—	寿宁县委组织部组织员
李观绍	平溪	1937	寿宁一中	—	寿宁县民政局局长
李烈苍	平溪	1939	寿宁一中	—	下党乡党委书记
周乃会	平溪	1942	福安农校	—	寿宁县委常委、县政协常委
周祖南	平溪	1945	初　中	—	寿宁县物资局局长
刘美贵	平溪	1949	寿宁一中高中	福建师大现代经管	寿宁县供电公司经理
周岩雄	平溪	1952	初中（部队转业）	郑州电子技术学院	寿宁公路分局局长
周东斌	平溪	1952	部队营级转业	—	三明市永安市旅游局局长
黄立云	平溪	1954	宁德师院政教	—	寿宁县地方志编委会主任
周东灿	平溪	1956	宁德师范	中央党校函授	寿宁县移民局主任科员
黄立意	平溪	1957	部队营级转业	集美大学工商管理	三明市工商局办公室主任
周道芳	平溪	1958	宁德师范	福建电大	寿宁县委政法委副书记
周青美	平溪	1960	宁德卫校	福建电大法律	寿宁县委政法委副书记
周道琨	平溪	1962	平溪中学	厦门大学哲学	平溪镇人大主席
周乃勋	平溪	1962	宁德师院中文	—	宁德市委农办政策法规科长
谢妙寿	平溪	1962	平溪高中	福建电大（本科）	寿宁县计生协会主任科员
周明东	平溪	1963	福建供销学校	中央党校函授法律	寿宁县建设局局长
张福森	平溪	1965	宁德财经学校	中央党校经济管理	南平市财政局经建科长
周爱晶	平溪	1971	宁德师范	福建师大　文学	寿宁县教师进修学校校长
刘在国	平溪	1973	上海交大土木系	—	厦门电力勘察设计院院长
王马燕	平溪	1973	福建银行学校	西南交通大学	寿宁县工商银行行长
周坤荣	平溪	1974	宁德师院中文秘书	中央党校函授法律	宁德市公路事业发展中心科长
黄　翔	平溪	1982	华中师大公共管理	—	中新社福建分社新闻部主任
刘文丽	平溪	1987	福建农大	—	共青团寿宁县委书记
刘荣通	平溪	—			平溪乡乡长
蔡友三	屏峰	1921	福安穆阳师范	—	寿宁一中校长

续表

姓 名	籍贯	出生	第一学历	第二学历	单位 职务
蔡众义	屏峰	1935	初中	—	福安县财委纪检组长
陈齐俭	屏峰	1945	初中	县委党校行政管理	寿宁县建设局主任科员
蔡众回	屏峰	1947	初中	福建师大函授经管	寿宁县委农委主任
陈齐员	屏峰	1948	福建财贸学校	—	寿宁工商银行行长
周明兴	屏峰	1957	福安农业学校	福建电大函授党政	寿宁县党史室主任科员
蔡少剑	屏峰	1961	高中	省委党校函授行管	寿宁县应急管理局一级主任科员
王晓春	屏峰	1965	中国人民警官大学	—	宁德市交警支队正科干部
蔡万叶	屏峰	1972	—	福建人武学校	福州市马尾区街道人武部长
王发平	屏峰	1974	福建师大	—	福州市仓山区进修校长
蔡万都	屏峰	1975	南昌保险学校	—	周宁县财保公司经理
蔡万平	屏峰	1976	福州大学	—	南平联通公司经理助理
陈信文	屏峰	1978	福建金融学校	—	屏南县工商银行行长
蔡旭钊	屏峰	1979	保定金融学院	—	宁德市农发行信贷部经理
毛兆丰	溪底	1918	小学	—	芹洋公社社长
王运程	溪底	1929	私塾	—	周宁县教育局局长
王运定	溪底	1931	小学	—	寿宁县老干局长
周乃根	溪底	1941	—	—	寿宁县二轻局长
王光良	溪底	1947	高中	—	寿宁县台办主任
谢岩强	溪底	1976	农大经管	—	寿宁县南阳镇镇长
王芬芬	溪底	1988	宁德师院教育	省委党校管理	宁德市工信局产业科科长
王安生	溪底	—	初中	—	周宁县粮食局长
王雁明	溪底	—	—	—	建瓯市邮电局长
吕观禄	亭下	1938	福安农校进修班	—	寿宁县农机局长
吕家余	亭下	1958	福州大学专科	—	宁德电业局"两改办"主任
吕家梅	亭下	1962	—	—	宁德市建行营业部经理
吕祥贵	亭下	1963	暨南大学历史	—	福州日报总编室主任
吕丽芳	亭下	1963	太原机械学院	—	福安811化工厂质检科长
吕日平	亭下	1964	集美财经学校	湖南大学政法	福安市财政局局长
吕妙雄	亭下	1965	浙江大学	—	福建省建材科研所科研室主任
吕锦铭	亭下	1968	福建中医学院	—	宁德市法院技术鉴定处长
吕 春	亭下	1976	宁德电大	湖南大学网络学院	寿宁县清源镇党委书记
李启何	南溪	1944	初中	—	寿宁县茶业局长
李式文	南溪	1949	部队退伍	—	寿宁县退休办主任
吴厚华	南溪	1957	福安师范	福建师大函授中文	寿宁县脱贫办主任科员

续表

姓 名	籍贯	出生	第一学历	第二学历	单位 职务
许华宝	南溪	1960	大 专	—	南平市延平区工商局纪检组长
李式夏	南溪	1962	福安农校	省农学院函授	寿宁县卫健局副局长主任科员
许陈全	南溪	1965	福建工程学院	省委党校函授管理	寿宁县交通局主任科员
李卫兵	南溪	1969	福建农学院农学	—	寿宁县卫健局副局长、主任科员
黄高荣	上充	1926	初 中		宁德市民政局局长
吴仕弟	上充	1927	—		托溪公社党委书记
郑林财	长洋	1933			寿宁县广播站站长
周继康	长洋	1963	初 中	省委党校函授行管	寿宁县卫健局一级主任科员
卓礼兴	上洋	1963	福建公路职工中专	省委党校函授法律	寿宁县公路稽征所所长
周卫国	长洋	1970			福安市公安局主任科员
郑万江	东木洋	1971	宁德师院中文	福建农林大学	寿宁县法院党组成员、政治部主任
张廷发	岭兜	1949	寿宁二中	省委党校理论班	寿宁县水电局局长
张厚永	岭兜	1953	退伍军人	县委党校党政	寿宁县老干局主任科员
张福弟	岭兜	1958	解放军南京政治学院	中央党校本科	泉州市电业局党总支书记
张福义	岭兜	1964	宁德师院	中央党校函授法律	寿宁县农办副主任
张秋生	岭兜	1971	福州大学	福州大学硕士	宁德市公安局网络科长
王金红	岭兜	1971	福州大学	—	宁德市老干局地市科科长
刘立金	岭兜	—	—		政和县澄源乡乡长
周光恩	环溪	1929	初 中	—	寿宁县司法局局长
周茂和	环溪	1937	初 中		寿宁县纪委正科纪检员
周少敏	环溪	1957	集美财经学校		宁德市公路局政治处主任
周小春	环溪	1966	宁德师院中文	福建师大 历史	海都报闽南版编委
周康明	环溪	1969	福建电大宁德分校	华东政法学院法律	寿宁县公安局治安管理大队长
周少洪	环溪	1971	福建警察学校	西南师大法律专业	宁德市交警支队第一大队长
李灿央	长溪	1968	1989闽东工业学校	中央党校行管	寿宁县粮食局局长
李仕明	长溪	1969	集美大学		周宁县建设银行行长
曾乃庄	柯洋	1962	福建交通学校	长沙理工大学	福安市公路局局长
张显林	柯洋	1966	平溪中学		浦东新区政协法制委副主任委员
陈 锋	岭根	1959	寿宁一中高中	福建电大	寿宁县粮食局局长
吴明江	岭根	1988	龙岩学院	云南大学有机化学	云南警官学院一级主任科员
范建桃	湖潭	1973	福安农校	中央党校函授法律	寿宁县委宣传部主任科员
林金容	东溪	1964	—	福建电大法律	寿宁县卫计局主任科员
吴光桃	龙头坑	1945	中 专	省委党校党政管理	寿宁县委宣传部部长

续表

姓 名	籍贯	出生	第一学历	第二学历	单位 职务
胡光俊	龙头坑	1981	武汉科技大学硕士	—	福建省中闽水务集团运管部总经理
曾良运	白岩头	1972	1991集美师专	北师大汉语言文学	人民日报福建数传办副主任
吴典贵	东山头	1967	福建供销学校	中央党校函授法律	县茶研中心副主任、二级主任科员

四、副科职务人员（按村庄任职人数、出生时间排序）

姓 名	籍贯	出生	第一学历	第二学历	单位 职务
周寿山	平溪	1919	—		平溪公社副社长
周孝新	平溪	1927	高 小	—	平溪公社武装部长
周 腾	平溪	1928	福建穆阳普师		寿宁县司法局副局长
周东培	平溪	1949	初 中（转业军人）		坑底乡副科调研员
周岩个	平溪	1958	—	福建农学院 经管	平溪乡政府副主任科员
周石平	平溪	1962	福建机电学校		寿宁县发改局副主任科员
卢霹霆	平溪	1964	福建供销学校	中央党校函授本科	寿宁县财政局总会计师
周爱晶	平溪	1971	宁德师范	福建师大 文学	寿宁县进修校副校长
周木尧	平溪	1971	福建机电学校	福建电大法律	寿宁县城市管理局副局长
周晓明	平溪	1975	泉州市农校	中央党校函授法律	平溪镇党委副书记
刘 斌	平溪	1977	宁德财经学校	中国农大 法学	寿宁县公安局森林警察大队长
周义寿	平溪	1979	宁德师院	中央党校函授法律	寿宁县城市管理局副局长
周良杰	平溪	1980	闽江大学	福建农林大硕士	永安市安沙镇纪委书记
周坤荣	平溪	—			宁德市公路局办公室主任
肖吓平	平溪	—	—		武夷山度假区办公室副主任
郑明溯	平溪	—			平溪乡党委副书记
罗会同	屏峰	1927	小 学		平溪区农会主席
周光财	屏峰	1934	—		平溪公社纪检书记
王奕福	屏峰	1938	初 中		寿宁县民政局副主任科员
王乃龙	屏峰	1939	中专毕业		漳州市医院药剂科主任
蔡万津	屏峰	1958	福州卫校	省委党校函授行管	寿宁县卫生局副局长
王成钟	屏峰	1965	福建农学院		寿宁县农业农村局副局长
罗青华	屏峰	1971	省工商管理学校	—	宁德市工商局副主任科员
陈广信	屏峰	1979	—	厦大法律本科	竹管垅乡武装部长
罗晓春	屏峰	1981	福建农林大学	—	南阳镇派出所教导员
黄观银	上充	1936	高 中		鳌阳公社副社长
陆桂荣	东木洋	1944	初 中		凤阳乡党委副书记

续表

姓　名	籍贯	出生	第一学历	第二学历	单位　职务
周奶明	上充	1947	小学	—	平溪乡武装部部长
黄仕益	上充	1949	初中	—	寿宁县邮电局副局长
吴岩树	长洋	1961	高中	—	寿宁县民政局纪检组长
黄仕臻	上充	1963	—	中央党校	蕉城区工商局4级主任科员
卓光树	上洋	1970	福建气象学校	中央党校经管大专	周宁县公安局李墩派出所教导员
毛兆银	长洋	1975	宁德地区农校	中央党校函授法律	寿宁县水利局副局长
肖岩兴	东木洋	1980	厦门大学法律	—	福州市公安局鼓楼分局
李试行	长溪	1938	小学	—	平溪乡副科调研员
李典钦	长溪	1948	初中	宁德农校	寿宁县农委副主任科员
李典好	长溪	1965	高中	湖南大学法律	东侨公安分局指挥中心教导员
李典平	长溪	1968	—	中央电大法律	寿宁县行政服务中心副主任
李刘胜	长溪	1975	福建省警官学校	厦大社会工作	蕉城区三都司法所长
李凡	长溪	1989	泉州师院教育技术	—	蕉城区委机要局局长
李承助	长溪	—	小学	—	芹洋公社副主任
胡明乐	溪底	1908	文盲	—	平溪区副区长
周乃兴	溪底	1927	高小	—	平溪公社副书记
王妙妹	溪底	1953	初中	—	寿宁县公安局副主任科员
王光天	溪底	1966	—	中央党校 法律	政和县委保密局局长
周道山	溪底	1967	福建经管干部学院	—	鳌阳镇4级主任科员
王光松	溪底	1968	南平师专	—	寿宁县教育督导室督学
王杨根	溪底	1984	南京航空学院	—	湖南省军区长沙平安金融副主任
许安物	南溪	1949	—	—	寿宁县粮食局纪检员
李烈富	南溪	1950	部队退伍	县党校党政中专	寿宁县信访局副局长
李建忠	南溪	1951			武夷山市生态保护站站长
李建设	南溪	1964	建阳财校		建阳区税务局副局长
李忠贵	南溪	1966	福建银行学校		寿宁县人民银行副行长
李金峰	南溪	1977	宁德师院		凤阳乡副乡长
周光勇	环溪	1963	福安卫校		寿宁县公安局经警大队长
周道财	环溪	1965	宁德地区农校	福建农学院专科	县民政局4级主任科员
唐蜜	环溪	1965	—	中央电大	平溪镇副镇长
周光强	环溪	1967	二中高中	中央党校函授	寿宁县检察院监所检察科长
蔡雄夫	环溪	1975	福建农大		武曲镇副镇长
范立俭	湖潭	1946	寿宁二中	—	平溪乡副乡长
凌秀平	湖潭	1965	宁德师院	中央党校函授政法	寿宁县教育督导室督学

续表

姓　名	籍贯	出生	第一学历	第二学历	单位　职务
范岩发	湖潭	—	—	—	平溪公社副社长
吕　彦	亭下	1927	高中	—	寿宁县财政局副局长
吕　蓉	亭下	1970	福建农学院	省委党校函授行管	寿宁县科技局副主任科员
叶作健	东溪	1967	宁德师院	中央党校函授管理	寿宁电大工作站站长
李义兴	东溪	1972	华侨大学	—	宁德市国家税务总局副科长
许　斌	燕窠	1987	泉州师院音乐	—	寿宁县委办事务会议成员
刘同利	柯洋	1922	—	—	平溪公社副社长
吴灿铭	木场	1924	初中	—	寿宁县交通局副局长

五、高考状元（按录取时间排序）

姓　名	性别	籍贯	出生	时间科别	录取院校　专业	单位　职务
李妙勋	男	南溪	1964	1980 文科	厦门大学中文系	厦门《海峡导报》社副总经理
张江平	男	柯洋	1967	1985 文科	中国语言大学英语	厦航飞行标准运行部副总经理
李兴权	男	长溪	1968	1986 理科	北京大学物理系	密歇根大学健康管理研究中心
李建军	男	南溪	1973	1991 文科	厦门大学	厦门市湖里区殿前街道办主任
王光武	男	溪底	1977	1995 文科	山东大学	厦门海翼集团运营部副总经理
黄　翔	女	平溪	1982	1999 文科	华中师大公共事业管理．广播电视新闻	中国新闻社福建分社新闻部主任；澳大利亚维州福建同乡会副秘书长
周　琨	男	环溪	1983	2000 理科	复旦大学医学院	上海市第九医院医生
温金辉	男	东木洋	1987	2004 理科	南京大学	南京爱立信公司
魏　旸	女	柯洋	1991	2008 理科	天津大学建筑专业	厦门绿城房地产有限公司
李梅芳	女	长溪	1993	2008 文科	福建师大文学院	寿宁一中　教师
王　均	男	屏峰	1990	2009 理科	浙大电气信息工程	浙江大学博士
王　琨	男	屏峰	1992	2011 理科	湖南大学金融工程	—

六、硕士学历人员（按村庄读研人数与录取时间排序）

姓　名	籍贯	出生	录取	院校　专业	单位　职务
柳经纬	平溪	1955	1982	厦门大学法学院法律系	中国政法大学教授、博导
吴瑾旻	平溪	1983	2005	中国民航学院企业管理	厦门舞刀弄影传媒公司董事长
李闽川	平溪	1983	2007	南京工业大学建筑设计	四川省广安市国土局
周宇宾	平溪	1985	2008	四川大学心理学	福建农林大学讲师

续表

姓 名	籍贯	出生	录取	院 校 专 业	单 位 职 务
周良杰	平溪	1980	2009	福建农大农业推广	—
周虹薇	平溪	1985	2012	英国南安普顿大学	厦门厦信律师事务所
王秀花	平溪	1990	2014	华南理工大学金融学	—
周芳敏	平溪	1991	2016	中山大学	（续读德国汉堡大学博士学位）
周 敏	平溪	1990	2017	福建师大学科教学	浙江金华市湖海塘小学
李梦颖	平溪	1995	2017	西南大学动物科学	浙江新和成股份有限公司（嘉兴）
周 洁	平溪	1994	2018	福州大学电子系统	福州市电网
周文超	平溪	1989	2018	集美大学音乐 在职读研	厦门翔安区大嶝岛中学
李典源	平溪	1997	2019	福州大学计算机	（在 读）
周书锴	平溪	1998	2019	中央财经大学会计	深圳龙岗区坂田华为总部办公室
李文铠	平溪	1986	2019	厦大工商管理 在职读研	闽三盛集团有限公司品牌总监
吕佳健	平溪	1998	2020	上海交大电子科技	（在 读）
李韦嘉	平溪	1999	2020	福大土木工程地质	（在 读）
胡闽伟	平溪	1998	2021	东南大学电子信息	（在 读）
柳 衣	平溪	1987	—	瑞士伯尔尼大学	北京天元律师事务所律师
王思洁	平溪	1988	—	中山大学	—
李秋斌	平溪	1963	—	福建省委党校研究生班	闽江大学招生处长（在职读研）
张晓辉	屏峰	1982	2004	西安公路交通大学	—
王 均	屏峰	1990	2012	浙江大学电气信息工程	（续读浙江大学博士学位）
曾巧铃	屏峰	1991	2015	浙江大学医学院	北京大学深圳医院影像科
蔡建雄	屏峰	1993	2017	哈工大机械自动化工程	—
罗文字	屏峰	1993	2017	厦门大学海洋物理	—
杨泓婧	屏峰	1998	2020	厦门大学法学专业	（保研 在读）
蔡雯迪	屏峰	1992	2022	香港大学法律金融合规专业	（在 读）
蔡春平	屏峰	1956	—	中国科技大学	福建出入境局技术中心副主任
蒋月仙	屏峰	1967	—	北京师范大学	广东佛山律师事务所主任
罗时鑫	屏峰	1984	—	浙江大学	绍兴成盛集团部门经理
王 琨	屏峰	1992	—	湖南大学金融工程	—
李兴权	长溪	1968	1992	美国密歇根大学	美国密歇根大学数据分析员
李金旺	长溪	1974	2001	福建师大	（续读博士）
李小晓	长溪	1984	2008	湖南大学企业管理	广 州
李金招	长溪	1985	2011	厦门大学法学	厦门福建天衡联和律师所律师
李建聪	长溪	1990	2012	福州大学生态学	福州摩界贸易有限公司

续表

姓　名	籍贯	出生	录取	院　校　专　业	单　位　职　务
李苏峻	长溪	1989	2013	福州大学社会经济学	—
李锦陵	长溪	1996	2019	福州大学生物学	（硕博连读）
李海文	长溪	1998	—	广州大学土木水利	（在　读）
吕晓莹	亭下	1988	2010	美国丹佛大学金融学	深圳招商总行私人银行部高级投资顾问
吕芷君	亭下	1988	2011	美国罗格斯新布朗斯威克大学	香港建设银行部门经理
吕竞鈜	亭下	1992	2014	英国华威大学项目管理	深圳腾讯公司
叶烨烨	亭下	1995	2019	英国谢菲尔德大学	（续读博士）
王浩锋	亭下	1996	2020	华侨大学新闻与传播	（在　读）
吕家煌	亭下	1996	2020	西藏农牧学院兽医	（在　读）
王月琴	亭下	1998	2020	福建医大社会医学	（在　读）
吕家恺	亭下	1989	2021	厦大工商管理（在职）	（在　读）
李振锋	南溪	1983	2005	福大机械工程及自动化	厦门友达光电有限公司
吴森辉	南溪	1985	2008	印度奥斯马尼严亚大学	上海银行
蔡　烨	南溪	1987	2010	贵州大学化学	—
李烈友	南溪	1991	2010	福建医大心血管内科	福建协和医院住院医师
李东升	南溪	1989	2011	福建农大交规设计管理	—
李韦嘉	南溪	2000	2017	北京大学医学部	（2017—2025·本硕连读）
李润泽	南溪	1997	2019	福大物理与信息工程	（在　读）
刘美婷	南溪	1999	2022	厦门华侨大学机械	（在　读）
叶邦斌	东溪	1985	2002	四川大学材料加工工程	广州小朋汽车电池研发专家
李式真	东溪	1990	2011	福大机械制造及自动	宁德特种设备检验研究分院
叶邦宇	东溪	1991	2012	中国科学院大学计算机	北京快手总部工程师
李正荣	东溪	1992	2015	上海理工大学电子工程	深圳西部数据高级固件工程师
叶恩萌	东溪	—	2020	温州大学	（在　读）
叶　楠	东溪	—	—	福州大学	海峡教育学院
叶清林	东溪	—	—	福建师大	
周　琨	环溪	1983	2004	复旦大学医学院	上海第九人民医院主治医生
周锦辉	环溪	1988	2010	华北电力大学环境工程	南京国电环研咨询室主任
郑华龙	环溪	1991	2010	福建医大临床医学	福建协和医院住院医师
周捷阳	环溪	1995	2018	英国利物浦大学建筑学	清华同衡规划设计研究院建筑师
周国城	环溪	1996	2018	北京理工大学光电学院	（续读北京理工大学博士学位）
曾小娟	环溪	1995	2020	兰州大学临床医学	（在　读）
吴　坚	环溪	1982	—	厦门大学对台研究	深圳电视台　记者

续表

姓名	籍贯	出生	录取	院校 专业	单位 职务
郑兴灿	东木洋	1963	1996	天津大学环境工程	中国市政工程华北设计研究总院
卓光嵩	上洋	1973	—	新加坡南洋理工大学商学院	上海敦复医疗投资管理公司
郑国明	东木洋	1986	2007	中国地质大学环境地质	福建地质调查研究院工程师
黄妙娟	上充	1985	2008	吉林大学对外汉语	福建三明学院
吴妙鑫	上充	1989	2011	温州大学光量子信息存储	江苏省扬中高级中学教师
郑琬琳	东木洋	1990	2012	同济大学环境工程	北控水务集团
曾春华	白岩头	1995	2018	中科大物理研究所	（续读博士）
王光武	溪底	1977	2001	山东大学	厦门海翼集团运营部副总经理
王陈春	溪底	1978	—	西安交通大学	西安烽火电子有限公司副经理
周怀洋	溪底	1983	—	上海交大 计算机	美国微软公司高级软件工程师
王杨根	溪底	1984	—	南京航空学院	湖南省军区长沙平安中合金融副主任
王明娥	溪底	1986	—	复旦大学	香港锦旗集团中国分公司三产运营总监
王明旺	溪底	1992	—	上海理工大学	体向教育上海科技有限公司市场总监
范 锦	湖潭	1989	2012	北京林业大学园林设计	中国城市规划设计院工程师
陈善斌	湖潭	1993	2013	中国农业大学食品工程	（续读中国农业大学博士学位）
范庆彬	湖潭	1992	2016	上海大学管理学	北京睿信致成管理顾问有限公司
范圣辉	湖潭	1996	2019	福州大学生物医学	（在 读）
阮家椿	湖潭	1998	2019	福州大学地质工程	（在 读）
黄绍福	燕窠	1994	2017	福建农大资源与环境	（硕博连读）
范飞龙	燕窠	1994	2017	福州大学分析化学	寿宁县发改局
吴斯蔚	燕窠	1996	2018	东华大学纺织科学与工程	（在 读）
郑树泉	燕窠	1996	2019	广西桂林电子科技大学	（在 读）
黄贝宁	燕窠	1997	2020	福州大学工业工程与管理	（在 读）
陈树荣	东山头	1984	2007	中山大学人文地理学	陕西省规划院规划师
李林斌	东山头	1990	2013	布伦瑞克工业大学汽车工程	德国布伦瑞克市汽车服务公司
叶靓鋈	东山头	1995	2019	英国谢菲尔德大学创意文化	上海东航国际融资租赁有限公司
吴志浩	东山头	1997	2020	福州大学环境工程	（在 读）
周志明	岭根	1983	2004	福建师大宗教	（续读博士）
吴明江	岭根	1988	2013	云南师大化学系	（续读博士）
周建敏	岭根	—	—	北京广电学院美术广告	浙江电视台栏目编辑
范庆情	木场	1995	2018	河海大学土木与交通	—
吴汉斌	木场	1964	—	福建教育学院（在职）	福建省委组织部
曾富财	岭后	1985	2009	武汉工程大学	浙江台州

续表

姓 名	籍贯	出生	录取	院 校 专 业	单 位 职 务
谢军伟	岭兜	1991	2014	厦门大学	—
胡光俊	龙头坑	1981	2009	武汉科技大学安全及工程	福建中闽水务集团运营管理部总经理

七、博士学历人员（按村庄读博人数与录取时间排序）

姓 名	籍贯	出生	录取	院 校 专 业	备 注
柳经纬	平溪	1955.10	1982	厦门大学法学院法律系	中国政法大学教授、博导
卢春华	平溪	1983.03	2005	福州大学 分析化学	福州大学化学学院教授、博导
李闽川	平溪	1983.10	2010	东南大学 建筑设计	四川广安市国土局副局长
周芳敏	平溪	1991.03	2018	德国汉堡大学分子神经科学	国家公派出国
周舒妍	平溪	1996.04	2018	美国卡耐基梅隆大学	在 读
周宇宾	平溪	1985.08	2019	台湾彰化师大辅导与咨商学系	在职读博
李秋斌	平溪	1963.08	—	武汉理工大学经济学	在职读博
郑华龙	环溪	1991.08	2010	福建医大 临床医学	在职读博
周小川	环溪	1976.04	2011	北师大 经济管理	在职读博
周陈平	环溪	1988.10	2014	中国农业大学果然学专业	广东省果树研究所助理研究员
郭金菊	环溪	1987.08	2014	中国农业大学蔬菜学专业	广东省农业研究所助理研究员
周国城	环溪	1996.02	2019	北京理工大学仪器科学与技术	在 读
姜 靖	环溪	1989.07	2019	复旦大学 医学	上海华山医院
周 琨	环溪	1983.08	2020	上海交通大学 医学院	在 读
张晓晖	墓下洋	1982.10	2007	同济大学 地质工程勘测	—
王 均	屏峰	1990.10	2015	浙江大学电气信息工程	
蔡吴兴	屏峰	1979.02	—	华南理工大学	华南理工大学副教授
王世林	屏峰	1992.02	—	南京工业大学城建与设备	—
蔡永余	屏峰	1971.09	—	西安交通大学	在职读博
郑兴灿	东木洋	1963.05	1998	哈工大市政与环境工程	中国市政工程华北设研总院
郑琬琳	东木洋	1990.04	2015	清华大学环境工程	北控水务集团
曾春华	白岩头	1995.06	2021	中国科学院大学 粒子物理	在 读
李兴权	长溪	1968	1997	美国密西根大学物理学	
李金旺	长溪	1975.11	2010	厦门大学法学	厦门培训公司经理
周志明	岭根	1983.09	2007	厦门大学人文学院历史系	宁德市委政法委政治部主任
吴明江	岭根	1988.10	2013	云南大学有机化学专业	云南警官学院讲师
陈善斌	湖潭	1993.10	2015	中国农大农产品加工及贮存	—

续表

姓　名	籍贯	出生	录取	院　校　专　业	备　注
叶传铭	南溪	1976.06	2019	清华大学 EMBA（在职读博）	中非共和国驻华大使馆高级顾问
黄绍福	燕窠	1994.02	2020	福建农大　资源与环境	在　读
叶烨烨	亭下	1995.02	2020	英国谢菲尔德大学传媒专业	在　读

八、大学教授、讲师（按出生时间排序）

姓　名	籍贯	出生	工作单位	职　务
柳经纬	平溪	1955.10	中国政法大学法学院	教授、博导；台湾东海大学兼职教授
郑兴灿	东木洋	1963.05	中国市政工程华北设计总院 国家城市给水排水工程技术研究中心	享受国务院政府特殊津贴专家 清华、同济、河海大学兼职教授、博导
李秋斌	平溪	1963.08	福建电大福州分校	校长、教授
吴家林	平溪	1966.03	宁德师院马克思主义学院	教授
蔡吴兴	屏峰	1979.02	华南理工大学	副教授
周建敏	岭根	1983.01	浙江省动漫产业学会（常务副秘书长）	浙江传媒学院硕士研究生导师（兼职）
卢春华	平溪	1983.03	福州大学化学学院	教授、博导
周宇宾	平溪	1985.08	福建农林大学心理学教研室	讲　师
吴明江	岭根	1988.10	云南警官学院	讲　师

九、省部、地厅级表彰人士（按获奖时间排序）

姓　名	籍贯	单　位	时间	荣　誉　称　号
周寿生	平溪	平溪村	1956	福建省劳动模范
李烈苍	平溪	解放军6661部队 平溪乡政府	1958 1992	"金门炮战"三等功； 福建省人大系统先进工作者。
王运定	溪底	平溪营业所	1959	福建省劳动模范
吕观禄	亭下	南溪小公社 岭后水库指挥部 寿宁县农机局 寿宁县农机局	1959 1963 1991 1991	福建省共青团水电厅水利先进工作者； 福建省政府茶叶增产先进工作者； 福建省机械厅农机化管理先进工作者； 福建省农业机械管理局先进科普工作者。
李式良	长溪	寿宁县交通搬运站	1979 1993	宁德地委、行署生产工作成绩显著奖 宁德地委、行署先进生产（工作）者
吕祥柳	亭下	平溪公社妇联	1980	福建省计划生育工作先进个人
周寿松	环溪	寿宁县卫生局	1983	福建省卫生厅"卫生先进工作者"
张贵花	平溪	平溪村	1983	全国三八红旗手
刘梅生	平溪	平溪卫生院	1984	福建省卫生厅"卫生先进工作者"

续表

姓 名	籍贯	单 位	时间	荣 誉 称 号
李招钦	环溪	83231 部队重炮连 犀溪乡政府 寿宁县人武部 寿宁县人武部	1982 1988 1996 2000	赴安徽抗洪抢险三等功; 宁德行署军分区退伍军人脱贫致富成绩显著; 宁德军分区人武部干部手枪射击成绩优异; 宁德军分区政治部工作表现突出三等功。
黄立意	平溪	尤溪县武警中队 三明市武警支队 三明市工商局 三明市工商局 三明市工商局	1985 1991 2007 2008 2009	三明市武警支队工作表现突出三等功; 三明市武警支队轮训队成绩显著三等功; 福建省人事厅 04~07 工商系统先进工作者; 福建省工商局"工商所建设先进个人"; 福建省工商局 06~2008 年考核优秀三等功。
吴厚华	南溪	平溪学区 寿宁县扶贫办 寿宁县扶贫办	1986 2002 2005	宁德地区行署"先进教育工作者"; 福建省委、省政府"扶贫开发先进个人"; 宁德市委、市政府"扶贫开发先进个人"。
刘美森	平溪	寿宁县人事局 寿宁县政府	1987 2000	福建省人事厅"人事编制系统先进工作者"; 福建省"精神文明建设先进个人"。
周光钦	环溪	南阳乡司法办	1987 1987	福建省司法厅"司法行政系统先进个人"; 福建省司法厅"防止民间纠纷激化"三等奖
周姿花	平溪	平溪乡政府	1988	福建省妇女维权工作先进个人
周光伟	环溪	寿宁县卫生局	1988	卫健委贯彻药品管理法先进工作者
钟春妹	平溪	坑底乡政府	1988	福建省妇联"优秀妇干、三八红旗手"
李 安	长溪	寿宁县委报道组 寿宁县委报道组 寿宁县委报道组 寿宁县委宣传部	1989 1999 2000 2010	福建日报社 88~89 年度"积极通讯员"; 福建日报社 1998 年度"优秀通讯员"; 福建日报社 1999 年度"优秀通讯员"; 福建省委宣传部"党报党刊发行先进工作者"。
周青美	平溪	平溪乡计生办 寿宁县政法委	1989 1999	国家计生委生育调查国家级优秀调查员; 福建省委"优秀党务工作者"。
周道芳	平溪	寿宁县鳌阳小学	1989	共青团中央"少先队优秀辅导员"
周少平	平溪	斜滩学区	1990	福建省教委教育工会教书育人先进工作者
李典伟	南溪	南溪村	1990	福建省劳动模范
陈信文	屏峰	凤阳乡党委	1991 1991	福建省优秀党务工作者; 福建省优秀纪检干部。
周木尧	平溪	平溪乡政府	1991 1997 2012 2018	宁德地委、行署计生先进工作者; 福建省第一次全国农普工作先进个人; 宁德市国防动员委国防动员工作先进个人; 宁德军分区"优秀专武干部"。

续表

姓　名	籍贯	单　位	时间	荣　誉　称　号
黄立云	平溪	寿宁县保密局 寿宁县方志委	1992 2012	福建省保密工作先进工作者； 福建省方志委方志工作先进工作者。
黄　翔	平溪	寿宁县实验小学 寿宁县第一中学 中国新闻社福建分社	1992 1999 2007	福建省红领巾读书读报金钥匙红读奖； 福建省优秀共青团员； 福建省委省政府防抗台风抢险救灾先进个人。
周少波	环溪	大安乡党委 寿宁县卫生局	1992 2012	福建省村级组织建设先进个人； 福建省卫生系统创先争优工作先进个人。
蔡万辉	屏峰	平溪中学	1993	福建省优秀老师
周应根	平溪	寿宁县食品公司	1993 1999 2000 2003 2009	福建省商业厅商业系统先进工作者； 福建省人事厅贸易系统先进工作者； 福建省贸易厅商管协会贸易系统优秀企业家； 福建省经贸委牲畜定点屠宰工作先进个人； 福建省委党校函授大专班优秀学生干部。
蔡众回	屏峰	寿宁县委农办	1993	农业农村部全国农村省柴节煤先进工作者
叶新光	岭兜	平溪小学	1994	福建省优秀农村教师
周金英	环溪	平溪中心小学	1994	中国青少年发展基金会希望工程园丁奖
黄立辉	平溪	三明市武警中队 三明市公安干警学校 三明市公安干警学校 三明市公安干警学校	1996 2005 2005 2009	中国武警部队"三等功"； 福建省公安厅"全省优秀教官"； 公安部"三等功"； 福建省公安厅全省公安机关优秀教师。
张廷发	岭兜	寿宁县水电局	1998	省委政府扶贫与小康建设先进个人
蔡光镜	屏峰	寿宁县粮食局 寿宁县粮食局 寿宁县卫生局	1999 2001 2003	福建省人事厅粮食系统先进工作者； 福建省人事厅粮食局粮食系统先进工作者； 福建省委省政府防治非典工作先进个人。
周爱晶	平溪	寿宁县鳌阳小学 寿宁县鳌阳小学 寿宁县教师进修学校 寿宁县教师进修学校	1999 2008 2016 2019	福建省教委"中小学优秀班主任"； 福建省教育厅中小学学科教学带头人； 福建省妇联巾帼志愿者协会优秀巾帼志愿者； 福建省人大办公厅"履职优秀代表"。
叶仁义	南溪	平溪学区	1999 2002	宁德行署"优秀教师（教育工作者）"； 福建省委宣传部省教育厅星星火炬奖章。
柳经纬	平溪	厦门大学法学院	2001 2003 2003	福建省"优秀教师"； 福建省首届"高校教学名师"； 厦门大学首届"高校教学名师"。
李灿央	长溪	犀溪乡政府	2001	福建省政府"计生先进工作者"

续表

姓　名	籍贯	单　位	时间	荣　誉　称　号
叶作健	东溪	寿宁县教育工委	2001 2015	福建省"先进德育工作者" 宁德市委"优秀党务工作者"。
李启何	南溪	县"清基"办	2002	福建省政府清理整顿基金会先进个人
周乃会	平溪	寿宁县政协	2002	福建省政协办文史委优秀文史工作者
周道银	环溪	寿宁县实验小学	2003 2004 2009	福建省教育厅优秀辅导员； 福建省教育厅优秀辅导员； 福建省教育厅学科带头人。
周道扬	平溪	平溪村卫生所	2005	福建省卫生厅扶贫基金会优秀乡村医生
李清花	南溪	凤阳卫生院	2006	宁德市政府践行"八荣八耻"先进个人
李　云	平溪	平溪乡政府	2008	福建省第二次全国农普工作先进个人
张彬彬	岭兜	平溪中学	2008	福建省教育厅"三好学生"
蔡玉美	屏峰	寿宁县医院	2008 2009 2010	全国三八红旗手； 福建省优秀共产党员； 福建省总工会五一劳动奖章。
肖家兴	平溪	平溪村委	2008	福建省综治办先进综治协管员
周城钰	平溪	鳌阳中学 寿宁一中	2009 2011	福建省教工委、教育厅优秀学生干部； 福建省教工委、教育厅"三好学生"。
周秀美	平溪	寿宁职业技术学校	2011	福建省总工会　五一劳动奖章
周继康	长洋	寿宁县卫生局	2010	福建省卫生厅卫生系统先进个人
唐　蜜	环溪	平溪乡政府	2010	福建省公务员局防范处理邪教工作先进个人
凌继平	湖潭	湛江海军某部	2011	解放军作战部队优秀专业技术人才奖
李少玉	南溪	清源乡党委	2012	福建省委省政府社会治安综合治理先进个人
吴呈明	龙头坑	龙头坑村	2012	福建省抗洪抢险救灾"优秀锣长"
周扬灿	平溪	寿宁一中	2012	福建省教工委、教育厅"三好学生"
周小川	环溪	福建日报社	2012	福建日报报业集团党组"十大标兵"
刘文丽	平溪	竹管垄乡政府	2013	团省委省青联"五四青年奖章"个人标兵
李妙勋	南溪	厦门海峡都市报	2013 2014 2015	福建日报报业集团下基层活动先进个人； 国务院扶贫领导小组社会扶贫先进个人； 福建日报报业集团下基层活动先进个人。
郑万江	东木洋	寿宁县人民法院	2014	福建省法院全省法院系统优秀共产党员
黄乃培	上充	寿宁五中	2016	教育部"从事乡村教育30年"荣誉证书
吴高华	环溪	平溪中心小学	2017	福建省人保厅、教育厅"优秀教师"
吴延女	平溪	平溪中心小学	2017	福建省教育厅实事助学基金杰出教师奖

续表

姓　名	籍贯	单　位	时间	荣　誉　称　号
周玉美	环溪	福鼎市人力资源局	2018	《中国劳动保障报》社优秀通讯员
李刘胜	长溪	蕉城区三都司法所 蕉城区三都司法所	2019 2020	福建省司法厅"人民调解先进个人"; 宁德市委市政府海上养殖综治工作嘉奖。
毛兆康	长洋	寿宁五中	2020	福建省教育厅"优秀教师"
周小川	环溪	福建商盟公益基金会	2020	中国民盟"社会服务先进个人"
周应彭	平溪	平溪乡政府	—	福建省劳动模范
魏锦发	柯洋	斜滩镇党委	—	中共福建省委"优秀党务工作者"
刘美贵	平溪	寿宁县供电公司	—	国家计委水利部农村电气化建设先进工作者
蔡万平	屏峰	武曲镇党委	—	国家计委农业农村部全国节能先进工作者
周明星	岭根	平溪中心卫生院	—	福建省卫生厅农村卫生工作先进工作者
周美玉	平溪	清源小学	—	福建省教育厅教育系统先进工作者

十、省部、地厅级科技、学术及新闻报道获奖人士（按获奖时间排序）

姓　名	籍贯	单　位	时间	荣　誉　称　号
黄立云	平溪	寿宁二中	1985	论文《怎样做好班主任工作》获福建省教委一等奖
李　安	源佳墩	寿宁县委报道组 寿宁县委报道组 寿宁县委报道组 寿宁县委报道组 寿宁县委报道组 寿宁县委报道组 寿宁县委报道组 寿宁县委报道组 寿宁县委报道组 寿宁县文联 寿宁县文联	1987 1990 1991 1991 1991 1993 1993 2002 2002 2002 2012 2017	"我与中国交通安全报"征文竞赛二等奖； 《书记的'午餐帐'》获福建行业报好新闻二等奖； 福建新闻协会全省行业报好新闻二等奖； 福建广播电台理论部"党旗颂"征文二等奖； 福建省新闻工作者协会福建新闻奖一等奖； 水利部中华新闻协会黄河杯第二届水利好新闻三等奖； 福建日报社、省人保公司"保险好新闻"二等奖； 福建省新闻工作者协会第八届福建新闻奖二等奖； 福建省新闻工作者协会第八届福建新闻奖二等奖； 《大山里的"119"》获中国地市报新闻奖通讯二等奖； 《石山花海》获《散文选刊》杂志社二等奖； 照片《深入山野的方志人》获省方志委摄影类三等奖。
蔡众回	屏峰	寿宁县委农办	1988 1989 1989 1991	福建省政府（科技）"推广杂交水稻"三等奖； 福建省政府（科技）"粮豆总产超历史"二等奖； 福建省政府（科技）"中低产田综合治理"二等奖； 福建省农业区划委员会农业区划成果应用三等奖。

续表

姓　名	籍贯	单　位	时间	荣　誉　称　号
郑兴灿	东木洋	中国市政工程华北设计总院	1991 1992 1995 1997 2000 2000 2003 2003	建设部科技进步奖二等奖； 国家科技进步三等奖； 建设部优秀勘察设计奖二等奖； 建设部科技进步奖一等奖； 建设部优秀勘察设计奖二等奖； 全国优秀工程设计奖铜奖； 全国十大建设科技成就奖； 华夏建设科学技术奖一等奖
李妙勋	南溪	三明日报社 三明日报社 三明日报社 三明日报社 三明日报社 三明日报社 三明日报社 厦门海峡导报社 厦门海峡导报社 厦门海峡导报社 厦门海峡导报社 厦门海峡导报社 厦门海峡导报社 厦门海峡导报社	1995 1996 1997 1997 1997 1997 1998 2008 2011 2012 2012 2013 2014 2015	《追稻种的故事》获福建新闻协会福建新闻奖一等奖； 《顾客买劣质肉工商所先赔偿》获福建新闻奖二等奖； 《三明道德评议会扶正去邪》获福建新闻奖一等奖； 《才女考乡官力试真功夫》获福建新闻奖三等奖； 《农民销粮争先恐后》获福建新闻奖三等奖； 编辑作品获省新闻协会获福建新闻奖一等奖； 《大学讲师办起了养鸡场》获福建新闻奖三等奖； 《安监副局长酒后打伤一女子》获福建新闻奖二等奖； 《农民自拍专题片上访维权》获福建新闻奖三等奖； 省新闻协会福建新闻奖报纸版面二等奖。 《调戏人妻还蹀死人家》获福建新闻奖三等奖； 《校车无法挂牌》获福建新闻奖三等奖； 《拉颗孝心去广东》获福建新闻奖二等奖； 《一群村民的跨海大爱》获福建新闻奖三等奖。
周青美	平溪	寿宁县政法委	1998	论文获省妇联"男女平等与妇女发展"三等奖
周啸翔	环溪	大安中学	1998	福建省第三届中小学教学改革优秀成果一等奖
柳经纬	平溪	厦大法学院 中国政法大学 中国政法大学 中国政法大学 中国政法大学	2000 2002 2009 2012 2015	厦门市社科优秀成果一等奖； 司法部优秀成果三等奖； 中国高校科学研究优秀成果三等奖； 北京市哲学社会科学研究优秀成果二等奖； 北京市哲学社会科学研究优秀成果一等奖。
周应根	平溪	县食品公司	2003 2003	论文获《发现》杂志社、中国管理科学院一等奖； 论文获《发现》杂志社、中国管理科学院三等奖。
黄　翔	平溪	中新社福建分社	2003 2003 2004 2005 2005 2006 2006	《余光中吟诗鼓岭月明中》获福建新闻奖一等奖； 《余光中吟诗鼓岭月明中》获福建对外好新闻三等奖； 《破解福建边缘化危机》获福建对外好新闻三等奖； 通讯《追'风'记》获福建新闻奖一等奖； 专稿《土楼走进世遗》获福建对外好新闻一等奖； 《连战谒祖寻根：人亲不如土亲》获福建新闻奖一等奖； 《建设海峡西岸》系列获福建新闻奖二等奖。
凌继平	湖潭	海军湛江某部	2007	中国人民解放军科技创新二等奖
周晨晨	平溪	实验小学	2010	《那道门》获《中国教育》全国小学生作文赛特等奖

续表

姓　名	籍贯	单　位	时间	荣　誉　称　号
叶仁义	南溪	平溪学区	2010	福建师大网络教育本科"优秀毕业论文"
周爱晶	平溪	鳌阳小学	2000 2008 2010	论文《整体构建学校德育体系》获中央教科所一等奖； 论文《融素质教育于课堂教学》获省教学年会一等奖； 论文《信息技术与学科教学整合》获省教育厅三等奖。
周玉美	环溪	福鼎市文联	2008 2011	《边城春早》获"我与改革开放30周年"省优秀奖； 散文《白茶诗》获省扶贫协会、闽东日报"优秀奖"
李式标	东溪	寿宁一中	2008	辅导《崛起的寿宁》获省教育关工委优秀奖
肖婷	平溪	平溪小学	2012	指导艺术特长生"优秀指导教师"奖
卢春华	平溪	福州大学	2013 2014 2015 2015 2017	获全国优秀博士学位论文提名奖； 入选福建省"闽江学者"特聘教授； 入选海外高层次（青年）人才引进计划； 入选省第四批引进高层次创业创新人才计划； 福建省委组织部、省科协第14届福建青年科技奖。
李秋斌	平溪	闽江学院	—	《区域产业升级的关键技术选择》一书省社科院三等奖

十一、全国、省级、市级党代表、人大代表、政协委员

姓　名	籍贯	出生年月	工作单位、职务	时间、届别	党代表、人大代表政协委员
陈信文	屏峰	1965.10	寿宁县发改局局长	2004年第一届	宁德市党代表
李少玉	南溪	1972.02	清源乡党委书记	2011年第三届	宁德市党代表
蔡玉美	屏峰	1958.10	寿宁县医院妇产科主任	2012年十八大	全国党代表
张显林	柯洋	1966.03	上海显凌钢材市场董事长	2008年十一届	福建省人大代表
周爱晶	平溪	1971.12	寿宁县进修校副校长	2008年第十一届 2013年第十二届 2018年第十三届	福建省人大代表
黄登寿	东木洋	1965.10	东木洋村民主任	2011年第二届	宁德市人大代表
周武波	平溪	1974.04	环溪村	2022年第五届	宁德市人大代表
刘美森	平溪	1957.12	寿宁县政协主席	2004年第一届 2007年第二届 2012年第三届	宁德市政协委员
陈信文	屏峰	1965.10	寿宁县政协主席	2016年第四届 2022年第五届	宁德市政协委员
刘文丽	平溪	1987.07	共青团寿宁县委书记	2022年第五届	宁德市政协委员

第廿二编 杂 记

将平溪境内历代事无统属者，兼收并录之谓为杂记。如明清年间的"周木匠制阱捕虎""周仕恒猎蛇"；"文革"时期的"李玉山买'红宝书'""知识青年插队落户平溪"；强制推行"计划生育"年代的"平溪'4.14'事件"等。

此外，平溪境内历代灾患，乡贤向县委、县政府建议将平溪命名为"梦龙文化小镇"的建言献策，以及《兴建平溪蟠龙山冯梦龙陵园倡议书》，台海网《致力打造"梦龙文化小镇"！宁德平溪镇举行冯梦龙陵园安碑仪式》的新闻报道等，姑附拾遗，以资稽考。

一、周木匠制阱捕虎

冯梦龙《寿宁待志·虎暴》载：明崇祯七年（1634）八月十一日，冯梦龙莅任寿宁知县，闻县城西门外老虎伤人百余，夜入城咬走猪犬。祷于城隍，不能止。

冯梦龙探悉平溪村有周姓木匠能造木阱捕虎，急忙赶赴平溪。见木阱状如小屋，分为三直，内外壮梱，闭羊左右以饵虎，空其中设机。触之，则两闸俱下虎困其中。

冯梦龙见木阱捕虎可行，但县衙无钱定制，就捐俸令周木匠造捕虎木阱三具。冯梦龙派人将木阱安置在老虎经常往来处，虎困毙之，获一虎赏银三两。半年间，平溪、山后、溪头连毙三虎，虎患遂绝。

二、周仕恒猎蛇

清乾隆间，平溪金州洋有一巨蟒，身如圆桶，长达10多米，张开血盆大口能将羊、猪一口吞下。巨蟒捕食牲畜，危及行人，人们谈蟒色变，但束手无策。

乾隆廿五年（1760）夏，平溪村猎手周仕恒正在家中睡觉，梦见神人催其立即动身前往金州洋，称将助其猎杀巨蟒。

周仕恒梦中醒来，即持铳前往金州洋潜伏以待。这时，原本月朗星稀的天空，突然乌云密布电闪雷鸣，巨蟒被突兀而至的雷电惊吓，忙昂首朝天张望。周仕恒趁巨蟒昂首之际扣铳击之，巨蟒中弹应声而毙，周仕恒为村民除却大害。周士恒，太学生。康熙五十三年（1714）生，乾隆廿七年（1762）卒。

三、李玉山买"红宝书"

李玉山，长溪村农民，1945年农历十一月廿七日生。1970年8月，26岁的李玉山被同村未婚妻叶某毁约退婚，心情十分郁闷。8月25日，李玉山专程坐车到福州，将600元退婚礼金全数拿到新华书店购买《毛主席语录》。

依照惯例，购买《毛主席语录》的一般都是机关单位，都需要开具发票回单位报销。因此，书店工作人员收好购书款后，随口问李玉山："发票开什么单位？"李玉山回答："书是个人所买，不需要发票。"书店工作人员感到十分惊奇，忙追问："买书何用？"李玉山说："送给全县生产队长学习。"书店工作人员一听惊呆了，六百元！那可是一笔天大的巨款！因为当时农民在生产队劳动一天的工值才0.3元左右，机关单位工作人员的月工资也只有30元上下。

一个人用600元买1715本《毛主席语录》送人，这可是天大的新闻！书店工作人员急忙将电话拨到福建日报社，福建日报社火速派记者来书店采访李玉山。次日，"李玉山自费购买红宝书"的新闻登上了《福建日报》头版显目位置。

寿宁县革命委员会的领导闻讯，专程派车将李玉山和红宝书接回寿宁，在影剧院召开隆重的红宝书接收仪式。随后安排李玉山到全县各公社传经送宝，介绍活学活用毛泽东思想的心得体会，全县掀起一股向李玉山学习的热潮。1971年2月，平溪公社毛泽东思想业余文艺宣传队还创作排演了说唱《李玉山送宝书》，参加寿宁县第十届业余文艺会演。

不久,李玉山被破格安排到平溪供销社工作,先后在平溪供销社,南溪、长溪购销站当售货员。1975年正月,李玉山与长溪村姑娘李美花结婚,婚后育2男2女。2012年7月,67岁的李玉山在家中病逝。

四、知青插队落户平溪

1968年,第一批城镇居民户口的初中、高中毕业生被安排到长溪大队源佳墩生产队插队落户。此后,分散安排在南溪、亭下、湖潭、屏峰、东木洋等大队插队落户的初中、高中毕业生有几十人。这些原本家在城镇的年轻学生,一夜之间来到人生地不熟,生产、生活条件都非常艰苦的农村自食其力,境遇可想而知。

1973年4月25日,福建莆田上林公社小学教师李庆霖给毛泽东主席写信,反映儿子在插队中的不公平遭遇。毛泽东亲笔复信:"李庆霖同志:寄上三百元,聊补无米之炊。全国此类事甚多,容当统筹解决。"6月22日,国务院召开全国知青上山下乡工作会议。

会议期间,新华社的一份《情况反映》引起中央领导和与会者的震动。云南生产建设兵团一营长贾小山,强奸女知青20余人;一师某指导员张国亮强奸女知青几十名;黑龙江兵团一团长黄砚田、参谋长李耀东强奸女知青50多人;内蒙古兵团被奸污的女知青达299人。在中央领导的关注下,以上罪犯均被处以死刑。寿宁县南阳公社党委书记张××、平溪公社党委副书记刘××,利用手中掌握的推荐知青招工、招干、上大学的权力,玩弄奸淫插队女知青也受到法律制裁。

1974年7月以后,到平溪公社插队的初中、高中毕业生,都是集体安置在清洋茶场、长溪大队。1976年7月,主动要求回原籍溪底村插队的有初中毕业女学生王某。政策规定,县财政给插队知青每人补助15元、6尺布票,另外一次性拨发安置费300元。还规定插队知青第一年,每月可以领取8元生活补助费和37斤粮票(后来增加到45斤),并参加当年生产队的收益分配;第二年,每月领取5元生活补助费,由生产队分配口粮,国家不再供应粮油;第三年,每月补助生活费3元。

1. 知青插队东木洋 1969年3月,寿宁一中高中毕业生梅小瑜、徐兴堂、李世敏、陈元衡、范连杉,初中毕业生梅晓春、叶新彪、李惠蓉、宋建榕、吴小山、吴素兰、卢明月等12人,被县知识青年上山下乡办公室安排在平溪公社东木洋生产大队插队。李世敏、梅小瑜、范连杉、吴小山分配在第1生产队;徐兴堂、叶新彪、陈元衡、吴素兰分配在第2生产队;梅晓春、宋建榕、李惠蓉、卢明月分配在第3生产队。在1969~1979年的10年间,11位插队知青先后离开东木洋,各奔前程。只有女知青卢明月在东木洋村结婚成家,1979年安排在东木洋小学任教。

2. 湖潭大队知青点 1971年,原插队落户亭下生产大队的男女知青10余人,转到湖潭生产大队插队落户,集中住在福兴庵,伙食自办。

3. 清洋茶场知青点 1974~1979年,有5批共计33名知青在清洋茶场插队。1974年7月20日,第一批知青12人,其中男6人、女6人。因新建的知青楼尚未完工,茶场安排男知青在仓库楼上打地铺，女知青住在场部二楼，3人一间；1974年7月，第二批知青4人，其中男2人、女2人；1975年7月，第三批知青7人，其中男5人、女2人；1976年7月，第四批知青4人，其中男2人、女2人；1977年7月，第五批知青6人，其中男5人、女1人。

清洋知青楼土木结构，二层，楼下8个房间，楼上7个房间，1个会议室。随着知青增多，后来将楼梯改在墙外，上下两层各增1个房间。食堂由堆放杂物的旧房改建而成，单层，土木结构。知青们住集体宿舍，集体办伙食，集体参加公社茶场劳动。

4. 长溪大队知青点 1976年插队的17人，1977年插队的3人，1969年插队的老知青1人。

1976年7月5日，第一批17名高中毕业生到长溪大队知青点插队，其中寿宁一中毕业生7人，寿宁二中毕业生10人。开始，男女知青们分别住在长溪村的两座旧民房中。9月，大队在长溪村对岸的上洋墩村公路边动工建设一座占地面积600平方米的二层砖木结构知青楼，1977年12月竣工，安置知青21人。

五、平溪"4.14"事件

2001年4月12日，平溪乡岭兜村民张某因违反计划生育政策，被关押在平溪乡政府大院一层的车库内。

4月14日，张某因殴打同车库的计生对象遭乡干部围打。张某跑到金洋街上，手挥铁锤、扳手伤及3人（其中一女孩系平溪派出所王某女儿），派出所王某闻讯前来鸣枪制止，不慎击中头部张某当场身亡。数百群众涌进乡政府大院打砸计生办、派出所，毁坏部分办公设备及档案资料。并在大街拉起横幅、搭起灵台，要求严惩杀人凶手，事件轰动全县。

经上级调查处理，决定赔付死者家属子女抚养费、生活困难补助费、赡养费等共计人民币15万元；相关干部10余人受到党纪政纪处分。经法院审理，派出所王某犯故意伤害罪，判处有期徒刑三年六个月；乡干部林某、朱某犯非法拘禁罪，各判处有期徒刑八个月，缓刑一年二个月。

六、平溪历代灾患

（一）明　朝

洪武十八年（1385），平溪境内闹饥荒。

洪武二十年（1387），连续饥荒，乡村巨蟒出现，伤害牲畜亦伤人。

成化廿三年（1487），连年饥荒，斗米百钱。

正德三年（1508），米价三分，村民掘蕨根充饥。

正德十六年（1521），夜半地震。

嘉靖十四年（1535）五月，饥荒。七月，地裂成河。十月，病疫成灾。

嘉靖廿三年（1544），九都境内群虎往来，出入无常，行旅维艰。

嘉靖廿八年（1549）八月初旬，飓风大作。

万历三十二年（1604）十一月初九夜，地大震如雷，山谷回应。

崇祯九年（1636），平溪境内竹生米，状类小麦，是年收成大损。

（二）清　朝

康熙廿三年（1684），平溪境内猛虎成群。日伤一二人，路无行踪。

康熙廿四年（1685）三月，天降冰雹如鸡蛋，平溪村房屋瓦片受损严重。十一月，连续响雷20天。

康熙三十五年（1696），长溪村"万安桥"水毁。

乾隆十六年（1751），平溪境内暴雨，南溪村浦南桥水毁。

嘉庆四年（1799），南溪村浦南桥又遭水毁。

光绪十三年（1887）春，长溪村"万安桥"遭回禄之灾。

光绪十四年（1888）七月十日晨，南溪村"折柳桥"水毁。同日，山洪暴发，水位涨至平溪上村岭七阶，冲毁平溪村木拱廊桥——飞虹桥。

光绪廿五年（1899）六七月间，连续40多天干旱，溪河断水，禾苗枯萎。

光绪廿六年（1900）夏，干旱69天，田土龟裂，禾苗枯死，民心惶恐。

（三）中华民国

民国十四年（1925），下洋坪村一魏姓大户参与为匪，官府派兵围剿，全家50多人被杀，仅一人幸存逃往政和。全村房屋被付之一炬，仅留村头一座。

民国十七年（1928）七月廿二日，屏南营土匪烧毁屏峰村肇基房屋上下2厅。

民国十七年（1928）九月，屏南股匪300余人围攻屏峰，焚毁桥头民房15座，致使60多户，300多人无家可归。杀死民团团兵9人，村民2人，劫掳1人。

民国十八年（1929）冬，屏南营土匪攻破平溪村3栋大厝，杀害村民1人，烧毁民房2座，逼掠饷银2000元，驻扎平溪村过年。

民国十九年（1930）正月，屏南营土匪到长溪村派饷不成，烧毁民房48座，屠杀46人。

民国十九年（1930），凤阳刘厝陈营土匪烧毁东山头村民房10座，打死打伤村民10人。

民国十九年（1930），发生严重旱灾，大闹饥荒，村民挖草根、刮树皮以食。

民国二十年（1931）夏，铁炉坪周玉光股匪进攻屏峰民团，烧毁蔡氏祠堂（民团团部），枪杀9人。

民国二十年（1931）秋，周营土匪到东木洋村劫掠，郑姓村民3人被杀。其中1人被枭首，置平溪桥头示众。次日，200余名土匪再次进村报复，劫持妇女1人。村民四散奔逃，部分藏身于防守坚固的郑氏大屋。土匪久攻不下，放火焚烧民房，全村仅2座房屋幸存。

民国二十年（1931），土匪到东溪村抢劫，临走时放火烧村。大火从村西烧至村东，全村仅4座房子得以幸存。

民国二十年（1931），岭兜村不慎失火，全村房屋全部烧毁。

民国二十六年（1937），平溪村瘟疫流行，山垄尾、下坝、三栋厝、坂头等处疫情严重，死亡多人。

民国二十七年（1938），平溪、湖潭村天花流行，许多患者死亡。

民国二十八年（1939）八月，福建省保安团张生林部到湖潭清剿游击队，焚毁民房25座。

民国二十八年（1939）十二月十八日，屏峰村民晚上睡觉用火笼取暖，不慎烧毁民房一座，7户、50多人受灾。

民国二十八年（1939），土匪30余人流窜柯洋，被寿宁县保安队包围，激战中保安队彭队长中弹殉职。土匪脱围，纵火烧毁全村房屋。

民国三十年（1941）农历八月初一日午时，日食。历时3分钟，昏暗如黑夜，家畜乱窜。同年，饥荒。野菜、草根挖光，掘蕨根充饥。

民国三十四年（1945），东木洋村在蟹仔潭以木筏摆渡过溪，2个学童乘木筏从南岸到北岸读书，被"贼水"突袭，木筏倾覆。一13岁学童溺亡，一在下游被救。

民国三十五年（1946）农历三月十三夜，猛虎窜入湖潭村阮昌厚厝，咬死张有厚家猪一头，村民鸣锣击鼓，虎弃猪而遁。

民国三十八年（1949）三月，李延年兵团200余人，全部美式装备，并有战马、随军家属等，沿途零零落落溃不成军，夜宿平溪小学。当夜蜂拥四出沿街抢夺，次日用手榴弹狂炸村规民约禁捕的溪中鲤鱼。

民国三十八年（1949）四月十六日，中共闽浙边地委、闽浙边游击纵队的活动据点——溪底村大岗自然村，被匪军保安四团烧毁房屋5座，16位村民被杀害。

（四）中华人民共和国

1951年5月7日，大刀会在杨溪头村发动暴动，杀害村农会主席杨显云等4人。8日上午，平溪区委书记李鸿儒率队前往征剿，在七宝岗与大刀会徒激战不幸牺牲。

1953年夏，连续两个月干旱，滴雨未下，田土龟裂，禾苗枯黄。同年，溪底村外村火灾，烧毁民房4座。

1956年冬，屏峰村漈下洋自然村失火，烧毁老厝2座。

1961年6月，连日暴雨，交通中断10天，平溪供销社食盐脱销。

1961年12月20日，屏峰村王运足老厝厨房失火，2户、12人受灾。灾后，在旧址重建新房。2007年11月18日，小孩看电视，因电压不正常导致火灾，新房又被烧毁。4户、30多人受灾。

1965年8月20日晚12时许，溪底村云雾坑自然村后山滑坡，毁坏民房3座，死亡19人。

1969年9月27日下午，平溪流域山洪暴发，全县冲毁木拱廊桥4座、石拱大桥3座、小桥 11 座。

1975 年 6 月，屏峰村麻疹流行，全村 580 多人传染。

1976 年，溪底村面前洋烧毁民房 2 座。

1979 年，岭后村烧毁房屋 9 座，受灾 20 多户。

1981 年，岭后村烧毁房屋 2 座，仓库一座。

1981 年 5 月 11 日暴雨，平溪茶站围墙塌 30 多米，平芹水利塌 3 处。平溪、燕窠茶园被流沙覆盖 40 余亩，秧田淹没损失杂优种子 71 担。燕窠一农民失足溺水而亡。

1982 年，柯洋村拆除木拱廊桥，在原址改建石拱桥，因设计失误造成塌方，死 2 人、伤 5 人。

1983 年 1 月下旬，平溪中心小学失火，烧毁旧教学楼一座，烧死一老人。

1983 年 6 月，长溪村大垄自然村烧毁民房一座，烧死一人。

1984 年 7 月，东山头村烧毁民房 9 座，烧死小孩 2 人。

1986 年 8 月，燕窠村于岭自然村烧毁房屋 2 座，6 户、20 多人受灾。

1987 年 11 月 15 日凌晨地震。平溪境内村庄普遍橱、窗、桌晃动，碗、碟作响。

1988 年 3 月 15 日午后，平溪境内降冰雹 5 分钟；木场村最大的一粒冰雹重 1.5 公斤。全乡房屋瓦片、农作物受损严重，直接经济损失 85600 多元。

1988 年 6 月，平溪境内旱情严重，田地龟裂，部分村民求神祷雨。

1988 年 7 月 4 日，十七号台风暴雨，将上充村一座新建房屋刮塌。

1990 年 5 月 30 日中午，屏峰村一座旧厝，因煤油倒在地板上撒草木灰除油，不慎引起火灾。烧毁仓楼仔一座，6 户、40 多人受灾。

1992 年，南溪村烧毁房屋 1 座，受灾 3 户。

1992 年 10 月，长洋村烧毁房屋 4 座，受灾 16 户。

1995 年，燕窠村彭地自然村烧毁房屋 2 座，4 户、20 多人受灾。

1997 年 7 月 31 日，平溪信用社大楼拆旧建新。因施工时旧楼坍塌，致施工人员 2 死 4 伤，工程中止。塌楼纠纷直至 2021 年初才得以解决，3 月在原址重建信用社大楼。

1998 年 11 月 19 日晚，屏峰村里洋因电线老化烧毁民房一座，1 户、5 人受灾。

1999 年 6 月 15 日、20 日、22 日，平溪乡暴雨成灾，造成山体滑坡、泥石流，农田损坏、民房倒塌、公路、水利设施受损严重。

2002 年 4 月，南溪村上窑（洋坪）自然村一座民房烧毁，4 户、21 人受灾。

2003 年 7 月 15 日，长潭尾水库、电站及一座石拱桥被冲毁。当夜，湖潭青奶洋李家民房被大水冲毁。

2003 年 7 月，湖潭村大场自然村烧毁房屋 7 座，10 户、80 多人受灾。

2005 年 7 月，湖潭村发生两次火灾，烧毁范姓民房 5 座，张姓民房一座，共 11 户、90 多人受灾。

2007 年 1 月 6 日，屏峰村烧毁民房 3 座，12 户受灾。同日，屏峰村店基 10 号民房失火，烧毁民房2座，7户受灾；长溪村5号民房失火，烧毁民房3座，13户受灾。

2007年8月20日11时许，台风"圣帕"造成龙头坑村山体滑坡，摧毁民房4座、教学楼一座，冲走猪两头，6户受重灾。

2008年4月30日晚9时许，屏峰村因电线老化烧毁民房一座，5户、30多人受灾。

2009年11月20日，木场村烧毁民房2座，8户受灾。

2009年11月25日，屏峰村烧毁民房3座，10户受灾。

2010年3月2日，长溪村长景巷14号民房失火，烧毁民房2座，6户受灾。

2010年5月2日，长溪村大垄自然村3号民房失火，烧毁民房2座，7户受灾。

2011年2月1日，屏峰村途厝巷8号民房失火，烧毁民房2座，8户受灾。

2011年8月18日，环溪村金鹅巷8号民房失火，烧毁民房3座，23户受灾。

2012年2月1日，东溪村马坑自然村10号民房失火，烧毁民房3座，11户受灾。

2012年3月10日，柯洋村17号民房失火，烧毁民房2座，8户受灾。

2012年7月7日上午10时，溪底水电站开闸放水，东木洋村一6岁女孩被突然上涨之水淹死，电站赔偿死者家属38万元。

2012年8月5日，长溪村石门巷39号民房失火，烧毁民房1座，6户受灾。

2012年12月16日，环溪村金鹅巷32号民房失火，烧毁民房1座，12户受灾。

2013年2月8日，强冷空气来袭，最低气温降至零下6度，亭下支线配电线路因线路覆冰最厚达5mm，导致停电。

2013年3月4日，南溪村烧毁民房4座，24户受灾。

2013年4月，屏峰村店基巷10号一座罗姓民房烧毁，6户受灾。

2013年5月6日，长溪村源家墩自然村烧毁民房1座，2户受灾。

2013年10月，屏峰村途厝一座王姓民房烧毁，4户受灾。

2014年11月，屏峰村途厝一座王姓民房烧毁，10户受灾。

2015年7月，屏峰村途厝一座占地450平方米大厝烧毁，9户受灾。

2015年12月，燕窠村一座民房烧毁，3户、15人受灾。

2016年端午节，平溪村桥北巷1号一座刘姓民房烧毁，4户、60多人受灾。

2016年7月，南溪村东山洋自然村一座民房烧毁，1户受灾。

2016年9月，屏峰村途厝两座民房烧毁。其中陈姓一座，6户受灾；周姓一座（79—1号），3户受灾。

2017年1月，平溪村后路巷一座民房烧毁，2户、10多人受灾。

2017年4月2日，岭后村位置最高的一座民房烧毁，1户7人受灾。

2017年11月，南溪村栗坂自然村2座民房烧毁，6户受灾。

2018年8月28日，东山头村后坪自然村一座民房烧毁，1户受灾。

2018年12月24日，平溪村后路巷3座民房烧毁，7户受灾。

2020年1月19日，环溪村金鹅巷烧毁连排民房20座，22户受灾。

2020年7月20日，平溪村源兴巷一座民房烧毁，6户受灾。

2020年11月28日，南溪村新桥头自然村烧毁灰楼两间。

七、平溪特大洪灾亲历记

黄立云

1969年9月27日午饭后，邻居小伙伴周乃平来到我家。我和乃平同龄，自小一起上学，一起拔猪草、砍火柴、拾稻穗、捡番薯剩、下河游泳。这几天连续下雨我俩无处可去，就到楼上二层的临街房间下棋。

将"车马炮"等各就各位后，我从衣袋里掏出一个火柴盒，盒里装着半块中秋饼。昨天是中秋节，爸爸将用"中秋饼票"买来的中秋饼切成七份，全家除还差一天就要满月的弟弟外，人均一块。我舍不得全部吃掉，留下了一半。当我将中秋饼撕下一块递给乃平时，乃平高兴的眼睛都亮了，接过去就往嘴里送，一个"谢"字也顾不上说。

窗外的雨越下越大，就像天上有人打开了水龙头往下浇灌。雨水不时地被风刮到窗前，"啪啦啦""啪啦啦"地响个不停。窗内，我俩虽飞车走炮、拱卒跃马，但心里却担忧这几天下雨，家里的柴草不多了，商量着只要雨一停，就一起到山上挖树根。

这时，街上传来"匡匡"的锣声和外号"藤梨"的退伍军人吴启春的报警声："溪水快满到街道了，猪要赶到安全的地方啊！"我家世代临溪而居，对洪水涨到门前街道已经司空见惯。我探身窗外一看，溪水距街道还有一米多。返身坐到棋盘前，准备继续调兵遣将一决输赢。这时只听楼下传来奶奶的呼唤："阿云、阿云，溪水快满到街道了，快把猪赶到仓楼阿婆家！"听到奶奶的呼唤，我迅即起身一看，妈啊！才一转身溪水就要涨到街道了，忙飞奔下楼。我赶着两头猪，母亲随后也带着妹妹与三弟，抱着刚满月的四弟，到与我家一巷之隔的地势较高的仓楼阿婆家暂避。

将两头猪关好，我转身跑回家和奶奶、二弟一起，把一层房间的衣被、锅盆碗瓢和桌椅等往二楼搬。才一会儿水就涨到脚背了，我忙叫裹着小脚的奶奶也撤到仓楼，奶奶不肯丢下我俩，坚持要和我们一起往楼上搬东西。这时，街上又传来"匡匡"的锣声，只听"藤梨"又在喊："大水来了！大家快撤啊！门要关好啊！"我一听"门要关好啊！"头脑一激灵，不行！大水来了不能关门，应该让洪水通行无阻房子才不会被摧毁。我忙叫弟弟别再搬碗碟等杂物了，快跟我去拆门板。

我家住在平溪临溪老街"寿山桥"上方的仓楼岭尾，是一榴清后期建的前店铺、后厨房的老房子，面宽约4米、进深约23米，共6间。前面临街的两间，旧时作店铺，加工、经营糖饼、豆腐生意。20世纪50、60年代不准私人开店，改作猪圈养猪。后面两间有个小门通小巷，一间垒锅灶作厨房，一间摆餐桌供吃饭、会客和孩子们写作业。中间两间为卧室，因为要隔一条通道连接店铺、厨房，因此卧室很小，仅容一床一桌一橱。

我动手拆门板时，水已经漫到脚脖子了，我将拆下的门板推到比我小5岁的弟弟立意面前，弟弟将门板从过道推到餐桌间的楼梯口，奶奶再将门板搬到二楼。这时，与我家一壁之隔的堂婶婆媳俩正在忙着关大门,我急忙大声阻止,并要她俩与我一样拆掉门板,减少水流阻力以保存房子。她俩见我说得有理,也将门板拆下送到楼上。

1959年,我和堂叔家的店铺都被公社无偿征用为托儿所,公社将我们两家相邻的板壁全部拆除改作通透的木栏。托儿所停办后,家里没钱请木匠修复,只好自己动手在木栏上钉木板代替板壁。为减小水流阻力,我拿起斧头飞快地将钉在木栏上的木板全部敲下,让弟弟、奶奶将木板也送到楼上。

待我拆完门板、敲完板壁,水已漫到大腿根了,楼梯也被漂起来了。我们三人用尽全力,把漂浮着的楼梯也推到楼上去。这时水已经漫到弟弟的胸口,奶奶忙拉着弟弟和我一起撤到仓楼。待我们换上干衣服,门外又传来报警声,说大水漫到仓楼岭道了。为安全计,大家又拿着衣被,抱着孩子撤往村中地势最高的小学。待我们来到小学,校园已经挤满了逃难的人群,大家呼儿唤女哭成一片。

我们找了间教室坐下,奶奶对我说:"你爸在供销社,那里地势低,不知怎么样了,你去看一看,千万要注意安全!"我站起来走到学校门口,雨不知什么时候已经停了,天空仍然布满乌云。居高临下一看,两岸村庄成了一片汪洋,"寿山桥"也不见了,像黄河一样浑浊的水面上翻卷着树木、家具和黑压压的垃圾。我沿着砂土公路向供销社走去,走到公社大门看到里面也乱糟糟地挤满了避难人群。距公社数十米的供销社、卫生院因地势低洼,洪水已经淹到二层。由于全村被淹的粪楻、尿桶全被洪水掀翻,因此水面上不仅漂满了家具、木料、垃圾,还漂浮着许多臭烘哄的粪楻、尿桶。望着前面那孤岛般的供销社楼房,我看不见一个人影,也不知道爸爸在不在里面?平安否?

这时,只听公社门前的公路上传来一声声幸灾乐祸的笑声,原来是一个比我小几岁的大男孩,看着别人家的房子一座座相继在洪水中倒塌,正在高兴地跳着脚大笑:"真有味!真有味!"还没笑多久,报应来得快。只见男孩家的房子也在震耳的"轰隆"声中腾起一股冲天粉尘。眼看自家房子瞬间在眼前倒塌,男孩立时满地打滚、嘶声哀号!

天慢慢地黑了下来,水还在缓缓地往上涨,我打听不到爸爸的消息,只好无奈地回到学校。奶奶已经在教室中打好地铺,劳累至极的我一躺下就睡着了。至今,我都不知那天有没有吃晚饭。一觉睡到天亮,奶奶告诉我洪水已经退了。

我不知房子有没有被洪水冲走,立马冲出学校跑到家中。只见房前屋后一片狼藉,面目全非。凡被洪水淹没的地方,土墙全部崩塌,地上是没膝的污泥;一层的板壁全被冲走,左邻右舍全部通透一览无遗;二层的楼板被水浪顶起,一条板凳高高地挂在我家二楼的楼串上;家门前的街道变成了溪流边的乱石滩,沿街由几十座凉亭相连而成的千米长廊也荡然无存;我家店内地面也被掏空约2平方米,一只柱子悬空着;自我家以下的临溪店铺全都被水冲走了两间,整条临溪老街仅我和堂叔家的店铺幸存;河面上空荡荡的,那壮观的三孔两墩的石拱"寿山桥"不见了;沿溪两岸的村道和溪岸上一排排如列兵般的柳树、桑树也全都被水冲走了;平溪、坂头两岸的两座碓房、两架水车也消失了。劫后废墟,满目疮痍,犹如末日般苍凉。南岸的坂头(环溪)村因地势平坦,灾情更为严重，全村墙倒屋塌无一幸存。洪水还漂走一栋房子，一家男女老幼四口全都葬身波涛。

凌晨，不知从哪里飞来了那么多乌鸦，那嘶哑的"哇—哇—"声不时地在废墟上响起，听着格外地瘆人。随着逃难的人群陆续回到家中，两岸废墟中不时传来一阵阵伤心欲绝的哭声，和女人那撕心裂肺的"没家了！""没家了！"绝望的哭喊声。

不久，爸爸也回到一片废墟的家中。知道全家平安后，因供销社灾情更为严重，又赶回去处理灾后事宜。下午，邻村的亲朋好友闻讯，带着粮食、工具来帮我们清除污泥，冲洗、修理房子，将拆下的门板重新安装上去。路人经过我家门前，十分惊诧：整条街道的房子都被洪水冲走两间，怎么独独这家的房子完好无缺？！不明真相的人都将此归结为"这家人真有风水！"当邻居告诉他们：是这家的孩子拆除了门板、板壁，减少了洪水阻力才保住了房子。路人又连声赞叹："这仔真聪明！"

那时，我家的户口在坂头生产大队。有一天，广播通知坂头灾民去领取救灾物资。我妈听了很高兴，就叫我去领取。我准时来到指定地点，只见公社领导、大队干部、灾民挤满了大厅，连天井也挤进了人。分发救灾物资之前领导们要讲话，先公社领导、后大队干部，把毛主席语录念了一遍又一遍，最后逐户发放救灾物资。好不容易轮到我家了，我挤上前去，大队干部用竹筷从一个陶罐里夹出一块腐乳递给我，我将腐乳连同筷子一起接过来，他说筷子不能拿走，叫我拿个汤匙来盛。我跑到不远处的外婆家借了个汤匙，回来领了那块腐乳，接着问还有其他东西吗？大队干部很不耐烦地说："没了，没了，就这块腐乳。"这块腐乳，是我家在那场百年不遇的洪灾中领到的唯一的救灾物资。

灾后，坂头村因受灾特别严重，公社决定将全村移往山上重建。一天来了十几个壮汉，要将我家寄存在朋友家准备建房子的杉木柱子抬走。我爸听到消息急忙赶来制止，质问他们："为什么搬我的柱子？"领头的说："公社规定，坂头全村移到山上重建，各户的新旧木料、石料一律归公。"我爸说："我家户口在坂头，但房子在平溪，情况不一样啊！"领头的说："不管在哪里，大家都要把旧房子拆掉，石料、木料归公，不然你就把户口迁走。"就这样，为了保住房子和那十几根柱子，我家的户口又从坂头生产大队迁移到平溪生产大队。

以前，奶奶告诉我："平溪最大的一次洪水，曾漫到上村岭的第7个石阶。"1969年9月27日的洪水则涨至上村岭的第21个石阶，为平溪流域百年不遇之灾。那年，平溪境内流域村庄普遍受灾，具体灾情如下：

1. 漂走房屋 柯洋村1座、栗坂村2座、溪底村10座、上洋村2座、长洋村1座、东木洋村8座、平溪村沿溪老街店铺60多间、坂头村1座、岭兜村4座、长溪村4座，东溪村民房十几座、李氏宗祠1座、奶娘宫1座。

2. 淹塌房屋 因水位上涨，土墙被浸泡松软致墙倒屋塌。南溪村3座、溪底村20多座、上洋村16座、东木洋村6座、长洋村3座、平溪村50多座、坂头村80多座、长溪村30多座、东溪村10多座；岭兜村倒塌房屋2座、众厅1座，房屋损坏12座。

3. 冲毁桥梁 平溪境内流域水毁桥梁共10座。其中木桥1座、木拱廊桥4座、石拱桥3座、石拱公路桥2座。

木　桥　上洋村1座。

木拱廊桥　南溪村折柳桥1座、溪底村双龙桥1座、长洋村1座、东溪村1座（乾隆年间建）。

石拱大桥　平溪村寿山桥1座（光绪十五年建）、坂头村往长洋村古道中途石拱桥1座、长溪村"万安桥"1座。

石拱公路大桥　南溪村1座、东木洋村1座。

4. 冲毁碇步　溪底村2条、东溪村1条、东木洋村1条；坂头村碇步护坝被冲毁。

5. 冲毁河堤　南溪村800多米、溪底村南北两岸各300多米、上洋村300多米、东木洋村500多米、平溪村1000多米、坂头村1000多米、岭兜村300多米、长溪村200多米、东溪村南北两岸各200多米。

6. 淹浸单位　平溪茶站、平溪卫生院、平溪供销社、平溪邮电所、平溪公社旧址（肖家大院）。

7. 淹溺人员　东木洋村8人（其中本村6人、外村2人；男3人、女5人；成年7人、少年1人）、平溪金州洋水电站职工1人、坂头村一家4人、长溪村源佳墩自然村2人（一30多岁妇女在村中山涧洗猪菜被突发山洪冲走，一女童在长溪村被冲走），平溪境内共淹溺15人。

8. 冲毁水电站　平溪金州洋水电站大坝被荡为河床，水渠被沙石填埋，水电站大楼连基础被冲走。水电站一工人撤出电站大楼门外，再返身冲进厂房拿财务账簿，瞬间连人带楼被洪水冲走。

9. 冲毁水碓、油坊　平溪村油坊、水碓各1座、坂头村油坊、水碓各1座，南溪村水碓1座，溪底村南北两岸水碓各1座，长溪村油坊、水碓各1座，东溪村油坊、水碓各1座。

10. 冲走家畜、家禽　平溪境内流域冲走猪、牛、羊、鸡、鸭、鹅、兔子等家畜、家禽不计其数。

八、关于将平溪命名为"梦龙文化小镇"列为"乡村振兴"重点乡镇进行规划建设的建议

冯梦龙是习近平总书记多次高度评价、赞赏的古代清官廉吏，也是省委、省政府确立的福建六大历史名人之一。平溪，不仅是冯梦龙入闽宦寿的第一站，也是冯梦龙宦寿履新即捐俸制阱剿除虎患之地；平溪，还是冯梦龙惠民仁政——"禁溺女婴"的发祥地；尤为难得的是，平溪还是苏州冯学专家们认可的冯梦龙古稀之年返闽抗清的归宿地。

一、平溪山水人文开发潜力无穷

（一）冯梦龙在平溪留下许多史迹、传说

明清两朝，平溪是寿宁县城前往建宁府治——建瓯的必经之地。冯梦龙宦寿期间，

每年都要在寿宁、建瓯两地间奔波往返，经常在平溪公馆、南溪公馆驻留。因此，冯梦龙在平溪的遗迹、遗址，传说、故事俯拾皆是。

1.《寿宁待志》记载的冯梦龙在平溪的史迹

冯梦龙赋诗石门隘　明崇祯七年（1634）八月十日，冯梦龙赴任寿宁途经平溪镇南溪村，夜宿南溪公馆。赋诗《石门隘》："削壁遮天半，扪萝未得门。凿开山混沌，别有古乾坤。锁岭居当要，临溪势觉尊。笋舆肩侧过，犹恐碍云根。"

平溪周木匠为冯梦龙制阱捕虎　明崇祯七年（1634）八月十一日，冯梦龙莅任寿宁知县，闻县城西门外老虎伤人百余。冯梦龙探悉平溪村周姓木匠能造木阱捕虎，急忙赶赴平溪寻访周木匠。只见这捕虎木阱状如小屋，分为三直，内外壮棿，闭羊左右以饵虎，空其中设机。触之，则两闸俱下虎困其中。冯梦龙见木阱捕虎可行，但县衙无钱定制，就捐俸令周木匠造捕虎木阱三具，置虎常游处，虎困毙之，获一虎赏银三两。半年间，平溪、山后、溪头连毙三虎，虎患遂绝。

冯梦龙在南溪建"政寿交界"牌坊　明崇祯七年（1634）夏，冯梦龙自苏州到寿宁赴任，由于亲身经历旅途问道之苦，因此上任之初即在官道沿线村庄"标铺立坊"。冯梦龙在《寿宁待志·铺递》中写道："余每铺立一牌坊，标名某铺。至南溪界首，复立坊题曰'政寿交界'，使入吾境者可计程而达也。"冯梦龙在平溪境内立的就有：平溪铺、南溪铺和南溪界首的"政寿交界"牌坊。

冯梦龙抓捕恶霸陈伯进的"平禾古道"　平禾古道既平溪至周宁县纯池镇禾溪村的古道。明清两朝乃至平溪公路通车以前，平禾岭为平溪通往纯池、泗洲桥、周墩和屏南、古田县的交通要道。沿岭有2亭3泉和百龄柳杉2棵。岭头亭旁有数百龄柳杉3棵，胸径达数围，高几十米。

《寿宁待志》载，知县冯梦龙借郡归之机抓捕邑内泗洲桥恶霸陈伯进，经平禾岭将陈伯进押回寿宁县衙惩治。平禾古道旁有一个鬼足洞，因明郧西王朱常湖在此举义反清而载入明史，闻名遐迩。

2. 冯梦龙在平溪的传说故事

冯梦龙在平溪留下了许多传说故事，仅《平溪镇志》（即将出版）收录的就有下列12篇——

①《情系鬼足洞》；　　②《木场天堂湖》；　　③《冯梦龙禁溺女婴》；
④《冯梦龙返闽抗清》；⑤《徐马二改名》；　　⑥《冯梦龙谱〈乱离歌〉》；
⑦《冯梦龙建白亭》；　⑧《冯梦龙打番兵》；　⑨《柳汝霖大义反清》；
⑩《冯梦龙与平安灯》；⑪《文人义举》；　　　⑫《冯梦龙墓葬之谜》。

3. 平溪是苏州冯学专家们认可的冯梦龙归宿之地

（1）论文《一代英灵　魂归何方》　2014年，宁德市政协文史研究员、寿宁县方志委原主任黄立云的《一代英灵　魂归何方——冯梦龙抗清之旅与归宿之地探析》（简称《一代英灵　魂归何方》），被"中国·寿宁冯梦龙文化高峰论坛"列为重点论文向大会推介；2015年，《一代英灵　魂归何方》入选海峡文艺出版社出版的《福建·寿宁冯梦龙文化高峰论坛论文集》。

《一代英灵　魂归何方》首次以确凿的证据，确定冯梦龙不可能在故乡苏州辞世。同时指出冯梦龙的归宿之地在平溪仙崖寺，墓葬平溪蟠龙山。这篇论文的发表，改写了1979年版《辞海》："冯梦龙死于故乡"的结论。

（2）电影《冯梦龙传奇》　2017年6月，苏州市委、市政府耗资千万元摄制了冯梦龙在寿宁为官一任，造福一方的古装电影《冯梦龙传奇》。研究冯梦龙的专家、学者们认可了黄立云的研究成果——"冯梦龙墓葬平溪蟠龙山"。因此，影片艺术地再现了"冯梦龙墓葬平溪蟠龙山"之情节。

（二）千年古镇平溪，人文史料十分丰富

1. 考古发现　早在新石器时代就有先民在平溪刀耕火种。1999年，平溪村出土的石器工具——石戈、石锛，现存县博物馆。

2.《平溪镇志》记载　宋宣和五年（1123），时任政和县尉的朱松（朱熹之父）赋诗《南溪道中》；宋淳熙九年（1182），宋状元、福州知府梁克家主纂的《三山志》，就有"长溪县永乐乡平溪里：大小鱼溪、西溪、麻竹、斜滩。"的记载。

3. 明清两朝诗文　明朝，文人墨客在平溪留下的诗文有：建文四年，政和县典史、《政和县志》主编郭斯垕的七律《过平溪作》；弘治十八年，建宁府按察佥事阮宾赋诗《南溪公馆》；嘉靖廿二年，四川夔州知府陈时范撰《南溪公馆记》；万历十六年，浙江丽水训导叶仁佐撰《重修平溪公馆记》；崇祯七年八月，知县冯梦龙赋诗《石门隘》。

清朝，文人墨客在平溪留下的诗文有：顺治间，海宁举人查继佐将明郧西王朱常湖在平溪鬼足洞举义反清载入明史《罪惟录》；康熙八年，浙江秀水沈墨庵赋诗《歌鬼足洞》；康熙三十六年，浦城知县陈朝俨赋诗《石门》；雍正年间，知县方伯赋诗《南溪途中》；嘉庆十三年，知县杨中迪撰《平溪社主记》；道光元年，知县胡效曾撰《平溪文昌阁序》；光绪廿八年，福安举人李经文赋诗《南溪即景》；光绪年间，拔贡郭鸿翔撰《平溪文昌阁赋》。

此外，乾隆十九年知县丁居信，乾隆年间湖南岳阳知县卢金锜，嘉庆四年知县巴杨河，嘉庆十九年探花伍长华，道光年间举人、教谕宋际春、柯寅斗，同治元年知县来裴，光绪年间浙江余杭知县李枝青等也在平溪留下了雪泥鸿爪。因为平溪人烟繁茂，文化昌荣，所以早在民国年间就设立了平溪镇。

近年，相继为平溪撰文、赠序、题联的还有中国诗歌学会会长、中国作协诗歌专业委员会主任雷抒雁，中国道教协会副会长、第十一届全国人大常委会委员、中华全国青年联合会副主席张继禹，福建省文史研究馆馆长、福建省历史名人研究会会长卢美松，中国文联党组副书记、副主席、书记处书记、全国政协常委、全国政协教科卫体委员会副主任覃志刚，中国新闻社福建分社社长周景洛等著名专家、学者。

（三）历代史志记载的平溪古迹名胜

1. 明史《罪惟录》记载的平溪"鬼足洞" 鬼足洞是一个天然洞窟，位于古道平禾岭附近。清顺治间，浙江海宁举人查继佐在《罪惟录》中为王祁立传，将明郧西王朱常湖与王祁在平溪鬼足洞举义反清之事迹载入明史。

康熙八年（1669），浙江秀水人沈墨庵赋《歌鬼足洞》，诗云："天将鬼之，天复回顾之。天晚顾之，天复鬼之。噫！鬼足洞兮，可以一用兮。王祁拥郧西王起鬼足洞，全闽震动。"

寿宁唯一载入明史的就是平溪鬼足洞。明末清初，平溪义士云集，人啸马嘶，一场烽火连天的反抗外敌入侵之战，就在鬼足洞策划、爆发，令立足未稳的清朝政权寝食难安。令人遗憾的是这一条绵绵古道，这一个幽幽古洞，这一段血与火的悲壮历史，至今仍"锁在深闺人不知"。

2.《福宁府志》记载的"庾岭古道" 明清两朝乃至民国年间，庾岭为寿宁县城通往建宁府的必经之道，也是政和、寿宁最早的茶银古道之一。清顺治三年（1646），明世裔郧西王朱常湖化身为僧隐藏的鬼足洞与庾岭相邻。

庾岭从海拔565米的长洋村蜿蜒而上，至海拔845米的岭头亭，长5千米，沿岭有3亭2泉，亭旁有清泉、瀑布。岭头亭古名庾岭头亭，始建于明代，清乾隆年间陈睐三、许明壹为首重建。乾隆《福宁府志》载有南溪李毓姬的《募捐庾岭头亭序》。

3.《政和县志》记载的"平溪老街" 明清以来，平溪老街临溪而建。这条街上有数十家店铺，每家店铺前的官道上都建有一座凉亭，座座凉亭无缝相连形成一条千米长廊。人们在这条长廊行走，晴天不必遮阳，雨天无须张伞。每座凉亭的临溪一侧都建有"美人靠"，人们往来或购物之余，可以坐在"美人靠"上小憩或悠闲地观赏沿溪风光。平溪老街长廊历史之悠久，南国水乡之风情，方便商旅的人性化设计，堪称八闽一绝。

明建文四年（1402），浙江绍兴人、《政和县志》主编郭斯垕来到平溪，为平溪两岸美景所陶醉，留下一首七律《过平溪作》："立马溪边唤渡船，绿杨烟暖向波悬。高峰碍日疑天近，阴壑犹霜觉地偏。处处鱼盐间草市，家家鸡犬类桃源。隔溪茅屋门孤掩，重忆杨雄草太玄。"以及"花坞家家茅盖屋，秧田处处竹编篱。傍溪鹅鸭浮红掌，沿路桑榆长嫩枝。"；"半溪红杏流春色，一路长林杂涧声。山鹿经过微有迹，野禽飞起不知名。"；"桑间少妇自采叶，舍下老翁闲弄孙。山雾欲收红日晏，蕨根新洗碧池红。"等美丽诗篇。

（四）"平溪功夫"誉满八闽

早在明代，茶叶就是平溪的特产和对外流通产品。冯梦龙在《寿宁待志》中写道"茶出七都"；"三甲住初垄，出细茶"。"七都"即今平溪部分地区；"初垄"原属平溪，1955年改隶周宁县。

民国年间，平溪茶叶在福建占有重要地位。1936年，福建省建设厅在《福建茶产之研究》第四章《福建茶之品质》第三节《茶叶之成分》中记载，当年全省共送检红茶97种，由建设厅"委托省立科学馆分析"。平溪"振泰春"茶庄送检的"玉团"红茶，名列全省第一。

《福建茶产之研究》在第八章《福建茶叶之运销状况》第二节《茶叶之茶庄及茶价》的《福建内地茶庄一览表》记载,全省共有20个县、43家茶庄入选,寿宁县的"振泰春"等3家茶庄名列其中。"振泰春"茶庄就设在平溪村肖振泰的肖家大院内。

《福建之茶》在"产茶种类·红茶"篇中写道:"市场上所谓平溪功夫,亦寿宁产也"。当年,"平溪功夫"声名远播,为茶市中人所熟知。在寿宁县送检的14种红茶中,除平溪外其他地方送检的茶叶,都要在产地前面冠以"寿宁"二字,如"寿宁斜滩"。甚至连坦洋送检的茶叶,也要写"福安坦洋"。唯独平溪之茶不必标注"寿宁"二字,由此可知当年平溪茶叶在福建的知名度之高。

1941年,唐永基、魏德瑞在《福建之茶·产区概况》中记载全省茶叶产区时,寿宁县共有140个村庄名列其中,名列全县茶产区之首的是平溪的南溪村。当年,平溪境内名列茶产区的村庄有52个,占全县产茶村的37%。

2010年春,在海拔1096米的平溪镇木场村,发现面积约6亩,8000多株树龄百年以上的成片野生灌木型茶树。其中一株径粗8~12厘米,树高2~4米,树冠1.5~2米。

2018年8月24日,人民网又报道"木场村荒野发现一片明末清初古茶树林,最老的野茶树龄达300多年。"

(五) 平溪是寿宁独具特色的红土地

1. 平溪是红军长征先遣队入境寿宁第一村　1934年8月,寻淮洲、粟裕率领的中国工农红军北上抗日长征先遣队,由福安入境平溪并在屏峰村驻扎宿营,因此平溪是红军长征先遣队入境寿宁第一村。

2. 平溪是寿宁唯一将武装斗争坚持到全国胜利的革命老苏区　1947年,中共闽浙边游击纵队在平溪人民的支持下,神出鬼没地袭击国民党军警部队。4月,闽浙边游击纵队攻打平溪国民党区公所,缴获机枪1挺,步枪10支及一批弹药物资。11月15日深夜,闽浙边游击纵队再次攻打平溪区公所,缴获长短枪20支、轻机枪1挺及一批弹药物资。12月9日,闽浙边游击纵队第三次攻打平溪区公所,歼敌一个排,缴枪31支。一年之内,平溪人民配合闽浙边游击队取得三战三捷之辉煌战绩,在寿宁革命史上书写了浓墨重彩的光辉篇章。

为了"清剿"共产党游击队,敌人对平溪进行疯狂扫荡。1949年4月16日,敌保安四团突袭中共闽浙边地委、闽浙边游击纵队的活动据点——溪底村大岗自然村,威逼村民说出游击队去向。大岗村民宁死不屈,敌人恼羞成怒,放火烧毁房屋5座,16位村民惨遭杀害。为了夺取革命胜利,平溪人民用鲜血染红了这片红土地,平溪成为寿宁唯一将武装斗争坚持到全国胜利的革命老苏区。

3. 平溪吴绍俊组织"善后委员会"为寿宁和平解放做出贡献　1949年5月,国民党寿宁县书记长、县长弃城逃跑。6月,吴绍俊为首组织"寿宁县善后委员会",接管了国民党县政府,并建立了拥有340多人枪的"寿宁游击指挥部",攻打设在斜滩的国民党

"闽东绥靖公署",为寿宁的和平解放做了大量工作,其事迹载入《平溪镇志》。

4. 平溪区委书记李鸿儒为保卫红色政权而牺牲 1951年5月,平溪区委书记李鸿儒在与大刀会暴徒的战斗中壮烈牺牲。李鸿儒是寿宁县唯一一位在全国革命胜利后,为保卫红色政权而英勇献身的基层领导干部。《寿宁县志》为其列传;其事迹载入《寿宁县革命老区发展史》。

5. 平溪是习近平书记徒步前往下党现场办公的第一站 1989年7月19日上午,习近平书记一行经平溪清洋茶场到屏峰村。在屏峰稍事休息后,徒步前往下党村现场办公。平溪是习近平书记徒步前往下党的第一站,也是习近平总书记倡导的"四下基层"走群众路线思想的重要策源地。

二、建设"梦龙文化小镇"的几点设想

鉴于平溪山水人文景观十分丰富,开发潜力巨大,也为了不忘初心、反哺为革命做出重大牺牲与奉献的平溪老区,特建议县委、县政府将冯梦龙的第二故乡平溪命名为"梦龙文化小镇",列为寿宁"乡村振兴"重点乡镇进行规划建设。具体设想如下——

1. 复建一条"梦龙老街" 在上至寿宁五中新校区,下至杨梅桥外公路的平溪临溪老街(现桥北路),复建一条千米长廊——"梦龙老街"。长廊内的木柱楹联精选冯梦龙的警句、名言;临溪的"美人靠"铭镌"冯梦龙年谱";长廊上盖红色琉璃瓦,如一条红色巨龙蜿蜒在平溪河畔。

2. 扩建一个梦龙文化广场 将位处平溪环平街丁字路口的旧粮站、粮库拆除,扩建为"梦龙文化广场"。广场塑冯梦龙石雕像及除虎患、禁溺女、惩恶霸、石门隘赋诗、鬼足洞举义反清等群雕;广场墙壁题书冯梦龙及历代名人咏赞平溪的诗文。

3. 建设一个冯梦龙陵园 在平溪蟠龙山兴建一座全国唯一的冯梦龙陵园,园区内复建冯梦龙墓,建一尊冯梦龙石雕像和与冯梦龙相关的步道、亭阁、牌坊等建筑。每年八月桂花飘香之时,在冯梦龙陵园举办隆重的"冯梦龙入闽宦寿"纪念活动。

4. 将"寿宁五中"更名"梦龙中学" 寿宁五中新校区与冯梦龙陵园毗邻,将寿宁五中更名为梦龙中学,在校园内建一座"冯梦龙纪念馆",让年青学子从小接受优秀传统文化的熏陶。

5. 在梦龙中学大门前建一座"梦龙廊桥" 在梦龙中学大门前建一座形如"双龙戏珠"的石拱廊桥,将覆盖着红色琉璃瓦的两岸长廊与梦龙廊桥相连。白天,两岸长廊如两条红色巨龙蜿蜒在平溪河畔;晚上,灯光辉映下的两岸长廊五彩缤纷。届时,这条网红巨龙将吸引天下粉丝来寿宁一游!

6. 重振"平溪功夫"雄风 名闻八闽的"平溪功夫"产自平溪肖家大院"振泰春"茶庄。肖家大院系清朝后期平溪最大的一座私家建筑,也是民国年间邑内最大的一座茶叶加工厂。时任福建省政府主席刘建绪曾赠匾"福寿绵长",庆贺肖家大院主人肖振泰六十大寿。

7. 建一个冯梦龙旅游景区 以平溪将军山叶蜡石矿区为中心,将与冯梦龙相关的景

点、文物、遗址，如名闻天下的鬼足洞和仙崖寺、平禾古道、庾岭古道，木场天堂湖、古茶园等山水人文景观，以及公馆、驿站、碇步、粮仓、白亭、葫芦门、仙崖寺、驻马亭、周木匠旧居等，统一规划建设为冯梦龙旅游景区。

平溪将军山是全国为数不多的叶蜡石矿山之一，储量、规模均居全省前列。将军山距平溪村5公里，矿区龙环虎抱，自然风光十分秀美，可开发为全国唯一的既可以让游客在矿区寻宝，又可以参与石雕艺术制作的旅游景区。

2024年是冯梦龙诞辰450周年，也是冯梦龙入闽宦寿390周年。建议届时将"梦龙文化小镇·平溪"与苏州冯梦龙村结为友好村镇，并在2024年8月中秋佳节举办一场隆重的"冯梦龙诞辰450周年暨入闽宦寿390周年"纪念活动，让冯梦龙这张金色名片成为助力寿宁"乡村振兴"的鲜艳旗帜，在寿宁大地高高飘扬！

特此建议

执笔 黄立云

二〇二一年十月十二日

建议人：

十八大党代表 蔡玉美； **省人大代表** 周爱晶； **市政协委员** 刘美森；

寿宁县人大代表 周春明、周金福、周道妃、李左平、李寿明、李清兴、黄高英；

寿宁县政协委员 周武波、周玲丽、周少华、周道生、王荣华、王世光、张显莲。

九、兴建蟠龙山冯梦龙陵园倡议书

冯梦龙是我国著名的通俗文学家，其编著的"三言"家喻户晓；寿宁是冯梦龙唯一施政之地，习近平总书记多次高度评价冯梦龙"为政清廉，务实为民"。2017年，在郑义正、陈增光、龚守栋等领导的努力下，冯梦龙被省委、省政府列为"福建六大历史文化名人"之一。

2014年，黄立云在"中国·寿宁冯梦龙文化高峰论坛"发表"冯梦龙返闽抗清，墓葬平溪蟠龙山"的论文。此后，苏州市与央视电影频道合作拍摄电影《冯梦龙传奇》，影片艺术地再现了"冯梦龙墓葬平溪蟠龙山"之情节。

为了纪念一代文豪冯梦龙，弘扬中华优秀传统文化，进一步发展寿宁的旅游事业，特决定成立以郑义正、陈增光、龚守栋、叶恩发、吴发金、王宜新等老领导任顾问的"冯梦龙陵园筹建组"，筹集社会资金建设蟠龙山冯梦龙陵园。

蟠龙山面积数百亩，规划修复冯梦龙墓，在园区新建梦龙亭、姑苏亭、宦寿亭、梦龙塑像、梦龙著作石雕、梦龙年谱步道、梦龙诗文步道、梦龙名言长廊、梦龙索桥、陵园牌坊、陵园建设功德碑以及园区绿化等，约需资金六百多万元。

这是全国第一座由民间筹资兴建的冯梦龙主题文化园，也是全国唯一的一座冯梦龙陵园，对寿宁宣传冯梦龙这张"金色名片"和打造"梦龙文化小镇·平溪"都具有极其深远的意义。且冯梦龙陵园与中学校园毗邻，沁人心脾的梦龙文化不仅会润物无声地熏陶师生心灵，也会昌盛邑内文风，助推寿宁人文蔚起！

兴建冯梦龙陵园是造福千秋万代之善举，也是千载难逢之机遇！特敬请社会各界人士慷慨解囊，为陵园建设助一臂之力。冯梦龙陵园筹建组将由捐资十万元或为首筹集善款十万元以上者组成。陵园竣工后，筹建人员及捐资五千元以上者芳名将镌碑以流芳千古！

冯梦龙陵园筹建组
二零二二年八月二十六日

十、致力打造"梦龙文化小镇"！
宁德平溪镇举行冯梦龙陵园安碑仪式

台海网 10 月 15 日讯　昨天，宁德市寿宁县平溪镇举行"蟠龙山冯梦龙陵园（一期工程）安碑"仪式。这也标志着全国第一座由民间筹资兴建的冯梦龙主题公园，也是全国唯一一座冯梦龙陵园拉开实际建设序幕。

冯梦龙是中国古代文学家、戏曲家，江苏苏州人，他所编撰的"三言"（即《喻世明言》《警世通言》《醒世恒言》）等作品家喻户晓。崇祯七年（1634），冯梦龙从丹徒训导升任福建寿宁知县，寿宁是其唯一施政之地。崇祯十一年（1638），冯梦龙寿宁知县任期结束后返苏。据有关专家考证，崇祯十七年（1644），李自成攻入北京后，清兵入关，冯梦龙又返闽抗清，最终"墓葬平溪蟠龙山"。2015 年，由苏州市与央视电影频道合作拍摄的电影《冯梦龙传奇》，也艺术地再现了"冯梦龙墓葬平溪蟠龙山"之情节。2017 年，冯梦龙被福建省委、省政府列为"福建六大历史文化名人"之一。

为了纪念一代文豪、廉吏冯梦龙，弘扬中华优秀传统文化，宣传冯梦龙这张"金色名片"，进一步推进寿宁旅游事业的发展，近年来，寿宁县平溪镇党委、政府致力打造"梦龙文化小镇"，成立了以郑义正、陈增光、龚守栋、叶恩发、吴发金、王宜新等老领导任顾问的"冯梦龙公园筹建组"，筹集社会资金建设平溪蟠龙山冯梦龙公园。

冯梦龙公园位于寿宁县平溪中学蟠龙山，山体面积三百多亩，计划总投资 600 多万元，规划修复冯梦龙墓，新建梦龙亭、姑苏亭、宦寿亭、冯梦龙塑像、梦龙著作石雕群、梦龙年谱步道、梦龙诗文步道、梦龙名言长廊、梦龙陵园牌坊、梦龙索桥以及陵园建设功德碑、园区绿化等。

跋

  平溪镇历史悠久，山川灵秀，人文荟萃，但至今尚无一部载述古今世事变迁之镇志，令人深以为憾！依惯例，乡（镇）志书的编修属地方政府之责。为了挖掘乡邦历史，传承乡邦文化，回报家乡的养育之恩，刘美森、黄立云等平溪乡贤主动承揽了编修出版《平溪镇志》之重任。

  俗话说好事多磨，《平溪镇志》的编修出版也一波三折，从筹资倡修到付梓出版，前后历时达十年之久。令人欣慰的是，《平溪镇志》的出版不仅填补了平溪志书之空白，使乡邦文脉得以延续传承，也为邑人编修乡（镇）志书开创了一条可资借鉴之路。同时，《平溪镇志》的出版还创下了邑内乡（镇）志书编修的四项第一。

  首先，《平溪镇志》是邑内第一部由乡贤倡议编修、筹资出版之志。2011年8月，县政协主席、乡贤刘美森提议：为家乡平溪编修一部志书，出版经费由其召集乡贤筹集；史料采集、编纂、出版等事宜则由时任县地方志编纂委员会主任的黄立云负责。

  9月，刘美森主席召集在县直单位、乡镇任职之乡贤，在县邮电酒家召开《平溪乡志》筹备会，《平溪乡志》的编修由此拉开了序幕。会后，县委常委、政法委书记周乃松，县委常委、常务副县长陈信文各赞助三万元；县人大副主任魏锦发、县卫生局局长周少波、县计生局局长蔡光镜、县移民局局长周少平、县安监局局长周道奇、县水利局局长吴龙兴、县方志委主任黄立云、县粮食局局长陈峰、县建设局局长周明东，清源乡党委书记叶宝元、竹管垄乡党委书记刘在翔等各赞助一万元，县妇联主席李少玉赞助三千元。上述善款共计拾柒万叁千元，暂存平溪乡政府为日后《平溪乡志》出版之经费。

  其次，《平溪镇志》是邑内第一部由乡贤义务编纂，历十年之久方始付梓出版之志。《平溪乡志》筹备会召开后，黄立云主任详细列出志稿纲目，并物色了14位同志负责资料采集工作。9月中旬，刘美森主席在平溪乡政府主持召开《平溪乡志》编修工作会议，参加会议的有乡党委书记龚迪奎、乡长梅春强、乡人大主席周道琨，平溪乡18个行政村的支部书记、村民主任和资料采集人员等共60多人。接着，黄立云主任以会代训，对负责资料采集的14位同志进行田野调查工作培训。

  参与《平溪镇志》资料采集的人员、村庄及报酬如下：平溪周庭芳五千元、环溪周浦明壹仟五百元、亭下李妙文贰仟元、柯洋李妙文壹仟元、南溪李妙文贰仟元、溪底王运涛壹仟五百元、岭后周道新壹仟元、燕窠李式洪壹仟元、木场吴增良壹仟元、湖潭阮永通壹仟元、屏峰罗时兴贰仟元、岭根周明华壹仟元、岭兜周道新壹仟元、长溪凌继森贰仟元、东溪凌继森壹仟元、东木洋吴越金、李金顺壹仟五百元、东山头凌继森壹仟五百元、龙头坑王运涛壹仟五百元；乡直单位周光钦五千元，以上合计金额叁万叁仟伍佰元。

斯时，恰值县委书记李海波专门为县方志工作召开常委会，同意借用三位教师协助编修二轮《寿宁县志》。由于三位教师长期在乡下任教，借用到方志委后一时难以适应县志编修工作，因此黄立云主任特安排吴加元老师以干代训，为《平溪乡志》查找史料。

2012年，三位借用教师因无法调入县城、借用修志影响职称评聘等原因相继离去。自此，《平溪乡志》、二轮《寿宁县志》的编纂工作全部压在黄立云主任身上。2013年5月黄立云主任调县卫生局任主任科员，11月又调县委宣传部筹备召开"中国·寿宁冯梦龙文化高峰论坛"。从此，《平溪乡志》的编修也就成了乡贤黄立云的业余工作。2013年12月平溪撤乡设镇，《平溪乡志》也随之更名为《平溪镇志》。

第三，《平溪镇志》是邑内第一部召开两次"评稿会"，反复修改增删之志。2013年秋，黄立云将《平溪乡志》（一审稿）交给在县直单位工作的乡贤们审改后形成《平溪乡志》（二审稿）。同年冬，刘美森主席在平溪镇政府主持召开《平溪镇志》审稿会，参加审稿会的有平溪镇党委书记龚迪奎、镇长梅春强、镇人大主席周道琨，各行政村的党支部书记、村民主任以及镇直单位领导等50多人。会后，黄立云根据与会同志的意见、建议，再次对《平溪镇志》进行修改增删形成出版稿。2015年夏，拟将《平溪镇志》付梓出版时，发现乡贤们筹集的出版经费被镇政府挪用，《平溪镇志》的出版因此搁浅。2017年秋，刘美森专题向县长张成慧报告《平溪镇志》编修出版情况，张县长当即拨款10万元用以出版《平溪镇志》。不久，又因镇党委、政府人事变动等原因，致使《平溪镇志》的出版再次束之高阁。

2020年春，平溪镇新任党委书记金维姿（女）、镇长李木清将《平溪镇志》的出版工作摆上议事日程。此时，因新冠疫情暴发航班中断，黄立云滞留澳大利亚，直至2020年8月中旬才归来。8月26日，乡贤刘美森在平溪镇政府主持召开《平溪镇志》第二次审稿会。参加会议的有镇党委书记金维姿、镇长李木清、镇人大主席叶水尧，乡贤李启何、吕观录、张廷发、蔡众回、李烈苍、吴龙兴、周道奇、周少平、蔡万平、周光钦、王乃敦及镇直单位人员等50多人。根据与会同志的建议，《平溪镇志》的下限由原定的2013年12月延续至《镇志》正式付印出版前，《镇志》照片采用无人机航拍。会后，黄立云又加班加点对《平溪镇志》进行补辑增删、修改润色，并陪同缪福森先生到各行政村航拍照片。

第四，《平溪镇志》是目前邑内字数最多，内容最丰富，可读性最强之乡（镇）志书，也是邑内第一部由国家级出版社精装出版之乡（镇）志书。2021年10月《平溪镇志》全面完稿，全书共22编、58章、205节、70多万字。12月下旬，经平溪镇党委、政府研究，决定将《平溪镇志》交出版社出版发行。

志者，揽千年于一瞬，熔百业为一炉；记历史之更替，叙事物之兴衰，乃一域之重典。编修一部上下千年、纵贯古今，七十多万字的镇志，无疑是一项浩大的文字工程。

回首十载修志之历程，我们不会忘记刘美森先生筹资倡修之功；不会忘记张成慧县长拨款出版之情；不会忘记诸位乡贤踊跃筹资之劳；不会忘记资料采集人员田野调查之苦辛；不会忘记主编、总纂黄立云先生义务笔耕之心血；不会忘记历届平溪镇党委、政府领导对镇志编修工作之支持。此外，我们也不会忘记乡贤吕祥松热心邀请著名书法家孟天宇先生为《平溪镇志》题写书名，不会忘记著作等身、德高望重的省文史研究馆馆长卢美松先生为《平溪镇志》赠序；不会忘记乡贤李启何、吕观录、蔡众回、张廷发、李妙勋、罗会南、肖丰平、李式岩、李云、余仙明、周继福、王光华、龚迪发、周道文等积极提供、核实镇志资料；缪福森、卓仕尉先生为《平溪镇志》航拍平溪境内村庄照片，乡贤黄立云、周武波、周晓明、周爱晶、周茂金、刘玉芹、李式洪、周光钦、吴祖妃等热心提供相关镇志照片，谢庆林热心为《平溪镇志》照片修图制版。值此镇志付梓之际，谨向所有为《平溪镇志》的编修出版付出辛勤劳动的人们致以诚挚的感谢！

《平溪镇志》的付梓出版乃一镇之盛事，可喜可贺！其"存史、资治、教化"的意义和价值不可估量，愿当世者惜之，后来者续之。《平溪镇志》煌煌数十万言，虽经各方人士筚路蓝缕，编纂者呕心沥血，但仍难免讹误、遗珠之憾，希望读者不吝赐教，以便日后纠谬补遗。

编 者

二〇二一年十二月